HENRI PLON, éditeur,
8, rue Garancière.

TRAITÉ
DE
LA CONTREFAÇON

COSSE, éditeur,
27, place Dauphine.

EN TOUS GENRES,

ET DE SA POURSUITE EN JUSTICE,

CONCERNANT LES INVENTIONS BREVETÉES ; LES DESSINS ET LES MARQUES DE FABRIQUE ; LES ÉTIQUETTES, ENSEIGNES ET NOMS DE COMMERÇANTS ; LES DÉSIGNATIONS ET ENVELOPPES DE MARCHANDISES ; LES ŒUVRES LITTÉRAIRES, MUSICALES, DRAMATIQUES ET ARTISTIQUES ; LES TITRES D'OUVRAGES ET LES NOMS D'AUTEURS.

PAR ÉTIENNE BLANC,
Avocat à la Cour impériale de Paris.

[illegible]e édition. — Un fort volume in-8° de plus de 800 pages.

« Le premier devoir de l'artiste, de l'auteur et de l'industriel » est de connaître la légalité qui règle et protége son œuvre, » parce qu'à côté de ses droits se trouvent placés ses devoirs, » droits et devoirs de chaque jour, et dont la connaissance lui est » aussi nécessaire que celle de l'équilibre pour se mouvoir sans » danger. » Cette pensée si juste, et cependant si généralement méconnue, nous l'avons puisée dans la préface de l'ouvrage que nous offrons aujourd'hui au public ; elle explique nettement le but que s'est proposé l'auteur, et donne en même temps la mesure de l'incontestable utilité de son livre.

Près de vingt années se sont écoulées depuis le jour où, pour

1855

la première fois, M. Étienne Blanc a traité cette partie de notre droit, matière si intéressante et si peu étudiée. La doctrine était alors incertaine, et la jurisprudence elle-même hésitait sur certains points qui sont aujourd'hui consacrés comme élémentaires. Ainsi les sculptures en relief appliquées aux boutons de vêtements, la taille du verre et du cristal, les papiers peints, qui butinaient, sans plus de façon, dans le riche domaine des éditeurs d'estampes, tout cela se croyait en dehors des conditions légales. M. Étienne Blanc a eu, le premier, l'honneur d'engager, au nom des vrais principes, une lutte longue et acharnée qui, après une série de revers par lesquels sa conviction ne s'est pas laissé ébranler un seul instant, aboutissait à plusieurs arrêts solennels consacrant le droit absolu de propriété sur les créations de l'intelligence, quelque futiles ou imparfaites qu'elles fussent.

L'ouvrage de M. Étienne Blanc porte les traces visibles de la part qu'il a prise à toutes les discussions qui se sont engagées sur les questions importantes de la propriété intellectuelle. Il cite textuellement ou analyse près de 700 jugements ou arrêts, sources abondantes où viendront puiser le magistrat, l'avocat, le praticien et même le justiciable. On peut dire sans hésiter qu'aucun ouvrage de doctrine ne présente un tel luxe de documents judiciaires.

M. Étienne Blanc a déjà publié un traité des brevets d'invention sous le titre de *l'Inventeur breveté*, etc.; peu après, en collaboration avec M. Al. Beaume, le *Code général de la propriété industrielle, littéraire et artistique*, recueil très-intéressant des législations de tous les pays. La nouvelle édition du *Traité de la contrefaçon* vient donc compléter dignement la série des travaux de l'auteur sur les droits si précieux de la propriété intellectuelle.

PRIX.

	fr.	c.
Traité de la Contrefaçon	10	»
L'Inventeur breveté	7	50
Code général de la propriété industrielle, littéraire et artistique	7	50
Les trois ouvrages réunis	18	»

PARIS. — TYPOGRAPHIE HENRI PLON, RUE GARANCIÈRE, 8.

TRAITÉ

DE LA

CONTREFAÇON.

Un volume in-8° de plus de 800 pages. —Prix : 10 fr.

BULLETIN DE SOUSCRIPTION [1].

Je soussigné

demeurant à

déclare souscrire à *exemplaire* *du* Traité de la Contrefaçon, *dont je m'engage à payer le prix, à la réception de l'ouvrage à Paris, sur la quittance de M.* Henri Plon, *libraire-éditeur, rue Garancière,* n° 8, *et en province contre remboursement, en ajoutant* 1 *franc pour le port, ce qui mettra à* 11 *francs le volume reçu* franco *au chef-lieu d'arrondissement.*

(Signature très-lisible.)

(1) Remplir ce bulletin, le détacher, le plier et le mettre à la poste sans l'affranchir. — On peut encore se procurer l'ouvrage en le demandant chez tous les libraires de la localité.

Les personnes qui voudront souscrire aux trois ouvrages réunis devront l'indiquer au-dessus de leur signature.

Monsieur HENRI PLON,

Imprimeur-Éditeur,

rue Garancière, 8,

A PARIS.

TRAITÉ
DE LA
CONTREFAÇON
EN TOUS GENRES
ET DE SA POURSUITE EN JUSTICE,

Concernant :

LES ŒUVRES LITTÉRAIRES, DRAMATIQUES, MUSICALES
ET ARTISTIQUES; LES DESSINS DE FABRIQUE;
LES TITRES D'OUVRAGES ET LES NOMS D'AUTEURS;
LES INVENTIONS BREVETÉES; LES ENSEIGNES,
LES DÉSIGNATIONS DE MARCHANDISES,
LES ÉTIQUETTES ET LES NOMS DE COMMERÇANTS;
LES MARQUES DE FABRIQUE:

Avec le texte des Lois et Décrets, et les principaux monuments de Jurisprudence sur la matière.

PAR ÉTIENNE BLANC,
AVOCAT A LA COUR IMPÉRIALE DE PARIS.

QUATRIÈME ÉDITION.

PARIS.
HENRI PLON, ÉDITEUR, RUE GARANCIÈRE, 8. | COSSE, ÉDITEUR, PLACE DAUPHINE, 27.
1855

TRAITÉ
DE
LA CONTREFAÇON.

PARIS. — TYPOGRAPHIE HENRI PLON, RUE GARANCIÈRE, 8.

TRAITÉ

DE LA

CONTREFAÇON

EN TOUS GENRES

ET DE SA POURSUITE EN JUSTICE,

Concernant :

LES ŒUVRES LITTÉRAIRES, DRAMATIQUES, MUSICALES ET ARTISTIQUES;
LES DESSINS ET LES MARQUES DE FABRIQUE;
LES TITRES D'OUVRAGES ET LES NOMS D'AUTEURS; LES INVENTIONS BREVETÉES;
LES ENSEIGNES, LES DÉSIGNATIONS DE MARCHANDISES,
LES ÉTIQUETTES ET LES NOMS DE COMMERÇANTS;

Avec le texte des Lois et Décrets, et les principaux monuments de Jurisprudence sur la matière.

PAR ÉTIENNE BLANC,

AVOCAT A LA COUR IMPÉRIALE DE PARIS.

QUATRIÈME ÉDITION.

PARIS.

HENRI PLON, ÉDITEUR, RUE GARANCIÈRE, 8. | COSSE, ÉDITEUR, PLACE DAUPHINE, 27.

1855

INTRODUCTION.

Nous publions cette nouvelle édition au moment où la France obtient enfin, au delà de ses frontières et par une juste réciprocité, la protection que, dès 1810, elle avait si généreusement accordée aux étrangers. Grande et pacifique conquête, qui promet d'être fertile en bienfaits!

Hâtons-nous de le dire, toutefois, cette conquête si précieuse ne sera complète que le jour où les traités internationaux, étendant leurs dispositions tutélaires à toutes les richesses qui portent si haut et si loin notre renom industriel et artistique, feront du monde entier la patrie des auteurs. Qu'il formule sa pensée par la plume, le pinceau ou la lime, le génie n'est-il pas toujours et partout le génie?

Il serait donc bien temps de répondre au cri d'alarme de tous les industriels, sans distinction de genre. Parmi eux, il en est que les traités internationaux laissent sans protection; tels sont, entre autres, les propriétaires de marques ou de dessins de fabrique. Ils ont besoin, eux aussi, d'être protégés contre la contrefaçon étrangère, cet ennemi commun; car, de quelque pays qu'elle vienne et quel que soit l'objet usurpé, la contrefaçon est toujours ce que le vol est à la propriété, vol plus facile à commettre et toujours lâchement commis, puisqu'il porte sur une chose confiée à la foi publique.

Pourquoi les fruits de l'industrie et le travail de la science ont-ils obtenu si tard et si difficilement leur droit de bourgeoisie dans le domaine de la loi, tandis que le vol, aussi ancien que la propriété, a été défini et réprimé dès que les notions du juste et de l'injuste furent comprises, dès que la probité des nations eut inscrit sur le frontispice de ses lois le *suum cuique* (à chacun le sien), formule des droits et des devoirs, si imposante et si laconique dans son expression complexe? Puisque la pénalité du vol fut contemporaine de la propriété, pourquoi les législateurs qui ont vu naître l'industrie n'ont-ils pas accordé une pensée de protection à ses produits qui faisaient la gloire et la fortune du pays? C'est qu'il en est sans doute de l'industrie comme des fruits que les insectes ne rongent qu'à leur maturité : la contrefaçon attendit le progrès.

Ne pourrait-on pas encore expliquer le long silence de la loi par cette raison que l'industrie, la science et les arts, n'étant qu'une ressource et qu'un moyen d'acquérir, durent être longtemps le lot exclusif du peuple, et par conséquent relégués parmi les petits soucis des législateurs ; tandis que la propriété, premier besoin de toute société naissante, est un droit dont le bénéfice fut toujours commun à tous, quoique dans des proportions diverses? Enfin, et cette raison a servi souvent d'excuse à l'oubli du législateur, quelques théoriciens, plus zélés que prudents, ont épuisé en vaines discussions sur la différence de la propriété intellectuelle et de la propriété ordinaire des efforts qui auraient été plus utilement employés à plaider uniquement la cause du droit. Au prix même de l'imperfection de la loi, et de quelque confusion entre ces deux propriétés si distinctes par leur nature, on eût été heureux encore d'obtenir la révision et surtout la codification des lois sur la matière.

Il n'y a guère plus d'un demi-siècle que notre industrie a vu se former l'abri légal à l'ombre duquel elle devait si promptement atteindre le degré de puissance et de prospérité auquel elle est arrivée. Longtemps aussi la propriété littéraire fut dédaignée par le législateur. Ce droit sommeilla tant que les lettres furent le lot exclusif du vagabondage romanesque des trouvères ou des patientes veilles des moines copistes. Avant, et même dans les premiers temps de l'imprimerie, les auteurs ne pouvaient compter sur le profit à tirer de leur œuvre par la reproduction; ils s'estimaient trop heureux de trouver un marchand qui voulût bien se charger *gratis* de la publication dont il avait soin de se réserver tout le produit.

Si l'ancienne législation fut indifférente à la contrefaçon, ce ver rongeur de l'industrie, la législation actuelle n'est ni assez généreuse, ni assez intelligente. Pressé de tous côtés par les besoins nouveaux, le législateur a bien de temps en temps formulé quelques règles incomplètes, mal assurées, pour répondre aux exigences du jour, donnant le provisoire au présent et la réforme à l'avenir; mais on attend encore une législation complète, épurée par l'expérience, prévoyante dans ses prescriptions, et surtout efficace dans son application. C'est encore la terre promise. On avait commencé l'œuvre en 1826 pour la propriété littéraire, et une commission, composée d'illustres spécialités, avait formulé un code auquel il n'a manqué que la sanction légale. Cependant, ce travail renfermait le germe d'une législation nouvelle, que les mouvements industriels auraient dû féconder depuis, mais qui n'a donné pour rejeton, après trente ans de stérilité et les plaintes réitérées du commerce, que le travail nouveau d'une commission nouvelle dont le projet, lentement étudié, fut soumis à la discussion des Chambres. Après de longs débats, où les vrais principes furent altérés ou péniblement reconnus, la Chambre, mécontente à bon droit d'une œuvre sans unité, repoussa la loi dans son ensemble. Que n'eut-elle le même courage quand la loi sur les brevets lui fut soumise en 1844! Elle n'aurait pas, pour longtemps peut-être, compromis la réforme par un semblant de progrès. Cette loi, inintelligente et rigoureuse à l'excès, ose dénier aux inventeurs le droit de propriété et prononce contre eux la confiscation s'ils sont en retard de payer la dîme. Œuvre informe, que la conscience repousse et que la pratique a déjà vieillie d'un siècle.

Indépendamment des vues étroites qui l'ont inspirée, cette loi a été rédigée, à tort, au point de vue exclusif de l'invention. INVENTION, mot malheureux dont le sens légal n'est pas clairement défini; mot dangereux surtout, car il ne donne qu'une idée fausse de la nature de la propriété industrielle, aussi bien que de l'étendue de la protection qui lui est due. Ajoutons que le brevet est un titre pompeux, souvent mensonger, et dont le charlatanisme abuse pour tromper la crédulité publique. Il eût été plus sage de lui substituer un simple certificat de dépôt, titre purement industriel.

Ce certificat pourrait protéger, par une seule et même loi, les procédés et les produits, les marques, les modèles et les dessins de fabrique. Ainsi se trouverait tarie cette source de procès qui mettent en péril la propriété industrielle et qui naissent de l'impossibilité, même pour le légiste le plus exercé, de déterminer sûrement si un objet nouveau est susceptible d'être breveté, ou s'il suffit d'en effectuer le dépôt au conseil des prud'hommes.

Voilà ce qu'une longue pratique nous a enseigné. Voilà ce qui sera certainement un jour, mais quand? Après la promulgation des cinq codes qui ont fait la véritable gloire de l'Empire, il restait encore une belle page de notre législation à écrire. La propriété intellectuelle n'était régie que par des lois incomplètes, depuis longtemps dépassées, et dont les textes, malgré les efforts de la jurisprudence, ne protégeaient que bien faiblement les droits si précieux des auteurs.

Comment se fait-il que, parmi les gouvernements qui se sont succédé depuis plus d'un demi-siècle, il ne s'en soit pas trouvé un seul qui ait compris qu'il était juste et qu'il était surtout souverainement politique de placer la propriété industrielle au premier rang de ses préoccupations?

Plus de quatre millions de Français sont intéressés à cette législation. Ils la désirent et la réclament depuis longtemps en signalant au pouvoir les réformes à adopter pour simplifier la loi, pour supprimer surtout ces mille formalités qui entravent et découragent l'industrie sans lui offrir la compensation d'une protection efficace.

Rappeler que ceux qui doivent recueillir le fruit de cette réforme constituent la partie la plus éclairée et la plus influente de la population, c'est dire assez de quelle gloire ils payeraient ce bienfait. On peut affirmer que celui qui attachera son nom au *Code de la propriété industrielle* aura fait plus qu'aucun de ses devanciers pour populariser et affermir son autorité.

Mais si depuis longtemps la loi n'a rien fait d'utile pour l'œuvre de l'intelligence, la jurisprudence était là, législation progressive, fille des mœurs nouvelles et des besoins nouveaux. Vigilante et attentive, elle a donné à la pensée une place fixe et assurée dans le domaine de la propriété, en frappant d'une sévère répression la contrefaçon cachée sous les formes les plus innocentes et les plus variées. Néanmoins, il n'est pas un fruit nouveau de l'industrie dont les contrefacteurs ne guettent la maturité pour le dévorer. Aussi l'inventeur n'a pas seulement à lutter contre les difficultés inhérentes à la conception de son œuvre et contre la routine qui le menace d'insuccès; il doit compter encore, dans les chances aléatoires de son exploitation, les tentatives de la contrefaçon. Aussi ingénieuse qu'elle est active, la contrefaçon épie le succès; puis, quand il est assuré, elle imite sourdement et confisque ainsi à son profit ce qui a coûté à l'auteur tant d'études et de veilles, et à l'industriel tant de sacrifices. Elle joue donc à coup sûr dans cette grande loterie du commerce, où l'inventeur a toutes les chances à braver, et où il met pour enjeu honneur et fortune.

La législation, tout imparfaite qu'elle est, doit suffire encore au besoin du jour. Sa pénalité, bien comprise et sévèrement appliquée, peut arrêter les progrès du mal; mais il faut pour cela que les parties intéressées connaissent la force et l'étendue de leurs droits, qu'elles sachent quand et comment elles peuvent armer la sévérité des tribunaux. Or, combien l'ignorance des droits et la crainte d'une poursuite téméraire n'ont-elles pas laissé de préjudices irréparés et de ruines consommées sans défense! Cependant la justice ne peut aller au-devant de la plainte et chercher le malaise dans le réduit où il gémit, en silence, par le sentiment erroné de son impuissance. Aussi le génie abattu, découragé en voyant le fruit de ses pénibles veilles dévoré par la contrefaçon, n'a-t-il pas souvent laissé imparfaite l'œuvre qui eût immortalisé son nom et enrichi la science?

La connaissance des lois est imposée à tous, et le législateur répond à l'ignorant par cette formidable sentence : NUL N'EST CENSÉ IGNORER LA LOI. Par malheur, ce n'est là qu'une fiction; et si l'on n'est pas forcé de croire à sa logique, il faut bien croire à sa nécessité.

Cette fiction de la loi peut être quelquefois indulgente pour l'ignorance des lois générales, mais elle est et doit être inflexible pour les lois spéciales. Le premier devoir de l'homme industriel est de connaître la légalité qui protége ou règle son industrie; parce qu'à côté de ses droits se trouvent placés ses devoirs, droits et devoirs de chaque jour, et dont la connaissance lui est aussi nécessaire que celle de l'équilibre pour se mouvoir sans danger.

Le projet que nous réalisons ici a été conçu dans une vue d'utilité incontestable pour tous ceux qui, auteurs, artistes, inventeurs ou industriels, ont besoin de connaître une législation éparse et une jurisprudence noyée, pour ainsi dire, dans les vastes recueils où nous l'avons puisée. Le plan que nous avons suivi est le plus simple et le plus logique. D'abord, nous plaçons en tête du traité un aperçu historique des lois antérieures. Nous avons pensé que l'étude d'une législation est toujours incomplète si, quelque connaissance qu'on ait de ses textes et de son esprit, on ne cherche pas à l'interroger dans son passé. Ce n'est donc pas un spectacle sans intérêt que ce travail, d'abord lent et pénible, du législateur consacrant un droit nouveau. On voit, en effet, que timide et incertaine à sa naissance, la loi ne prête au droit qu'un bien faible appui, et que sa naïveté première se débat longtemps contre l'abus. Mais instruite par cette lutte même, elle met à profit les ruses, les subtiles interprétations de la mauvaise foi, et finit bientôt par l'enlacer dans les prévoyantes dispositions d'un texte que l'expérience rend chaque jour plus exigeant et plus précis.

Indépendamment de l'attrait que peut offrir à la méditation ce long enfantement de la loi, il y a utilité incontestable, pour ne pas dire nécessité, de connaître les anciens monuments d'une législation, source du droit actuel, où l'on se voit souvent contraint d'aller puiser les éléments nécessaires à l'interprétation des textes. Non pas qu'il soit dans nos projets de nous livrer à un examen philosophique du droit de propriété intellectuelle; nous laissons à de plus habiles le soin et l'honneur d'explorer ces hautes régions de la science, et nous nous résignons, non sans cause, à un travail plus modeste.

Nous faisons suivre l'historique de chaque législation par le texte de la loi, isolé de tout commentaire. Le traité vient ensuite. Ce travail intéresse au plus haut point le commerce, qui doit, aujourd'hui plus que jamais, sentir le besoin de concentrer ses efforts contre l'ennemi commun. Les procès en contrefaçon dont nos tribunaux sont chaque jour encombrés disent assez que si les produits de l'intelligence ont progressé, la contrefaçon a suivi pas à pas la marche de l'industrie et s'est tenue à son niveau.

Le but que nous nous sommes proposé est donc utile à l'industrie, nécessaire à son existence et à ses progrès. Nous croirons l'avoir atteint si nous avons jeté quelques lumières dans cet obscur assemblage de lois sans unité, de principes indécis et de règles toujours trop facilement éludées. Au moins aurons-nous réussi, guidé par l'expérience, à fournir au législateur quelques jalons à suivre pour le travail de réforme que l'industrie réclame et que la pratique a depuis longtemps signalé.

TABLE
DES MATIÈRES.

LIVRE PREMIER.

DE LA PROPRIÉTÉ DES OEUVRES LITTÉRAIRES.

LIVRE II.

DES OUVRAGES DRAMATIQUES.

LIVRE III.

DES OEUVRES MUSICALES.

LIVRE IV.

DES PRODUITS DES ARTS.

LIVRE V.

DES DESSINS DE FABRIQUE.

LIVRE VI.

DES TITRES D'OUVRAGES ET DES NOMS D'AUTEURS.

LIVRE VII.

DES BREVETS D'INVENTION.

LIVRE VIII.

DES ENSEIGNES, DES NOMS ET DES ÉTIQUETTES.

LIVRE IX.

DES MARQUES DE FABRIQUE.

TRAITÉ
DE
LA CONTREFAÇON.

LIVRE PREMIER.
DE LA PROPRIÉTÉ LITTÉRAIRE.

CHAPITRE PREMIER.
HISTORIQUE DE LA LÉGISLATION.

Les premiers monuments de législation sur les œuvres littéraires suivirent de près l'invention de l'imprimerie ; on pensa, dès lors, non pas à protéger mais à entraver la manifestation de la pensée. L'article 77 de l'ordonnance de Moulins, rendue en 1566, la déclaration de Charles IX du 16 avril 1571, les lettres patentes de Henri III du 12 octobre 1586, celles du 27 décembre 1617, et plusieurs autres dispositions enchaînèrent la pensée en asservissant la presse. Mais, par une juste quoique incomplète compensation, ces divers règlements reconnurent le droit des auteurs. — Il est vrai que ce droit de propriété était inerte et sans force dans les mains de l'auteur ; il ne prenait vie, pour ainsi dire, et ne lui profitait que par le privilége, qui n'était autre chose que la permission de publier. On peut donc dire avec raison que le privilége d'autrefois correspond avec la propriété exclusive de notre législation, à cette seule différence que la propriété exclusive découle du seul fait de l'invention ou de la composition de l'auteur, tandis que le privilége n'était qu'une faveur octroyée par le bon plaisir. Pour déterminer la durée du privilége accordé à un libraire, on consultait l'acte de cession de l'auteur. — C'était déjà un hommage rendu au droit de propriété.

Louis XIII fut le premier qui porta des peines contre les contrefacteurs ; l'article 33 du règlement de 1618 faisait *inhibitions et défenses aux libraires, imprimeurs et relieurs, de contrefaire les livres dont il avait été obtenu privilége, d'acheter ou vendre ceux ainsi contrefaits, sous les peines portées auxdits priviléges*, c'est-à-dire à peine d'amende et de confiscation. Près d'un demi-siècle plus tard, et par l'arrêt du 11 septembre 1665, le roi permit aux libraires et imprimeurs, porteurs de priviléges, de poursuivre les contrefacteurs « devant son conseil, » et de faire saisir les exemplaires contrefaits.

Cependant les contrefaçons se multiplièrent à un tel point, que, par un arrêt du conseil du 27 février 1682, le roi fit défense aux imprimeurs et libraires de Lyon, et autres, de commettre le délit de contrefaçon, sous peine de *punition corporelle*. Quatre ans après, et par un édit du mois d'août 1686 (art. 65), la punition corporelle fut limitée au cas de récidive ; mais alors les contrevenants étaient, en outre, *déchus de la maîtrise, et ne pouvaient plus directement ou indirectement s'entremettre du fait de l'imprimerie ou du commerce de livres*.

L'article 109 du règlement du 28 février 1723 reproduisit et rajeunit les mêmes dispositions.

Jusqu'à cette époque la législation, comme on le voit, se divisait en règlements et en priviléges. Les règlements consacraient le droit en général, dont l'usage était ensuite permis à chacun en particulier par un privilége spécial, et chaque privilége portait la peine du contrefacteur. Il est bien entendu que cette peine variait suivant l'importance de l'œuvre, et peut-être aussi suivant le crédit de l'auteur.

Il est à remarquer que, lorsqu'à la mort d'un auteur ou à l'expiration d'un privilége, l'ouvrage était tombé dans le domaine public, le pouvoir avait le droit de le faire rentrer dans le domaine privé, en accordant un nouveau privilége; les libraires avaient seulement le droit d'y former opposition, et le pouvoir admettait ou rejetait leur *humble remontrance.* — Nous en avons un exemple mémorable dans un arrêt du 14 septembre 1761, qui déclare nulles les oppositions des libraires à l'enregistrement d'un privilége sollicité par les demoiselles de Lafontaine, petites-filles de l'immortel fabuliste, soixante-six ans après sa mort.

Cette législation imparfaite, faible protection du droit des auteurs et du commerce de la librairie, se traîna au milieu des abus qui la débordaient de toutes parts, jusqu'au règne de Louis XVI, qui rendit en son conseil les deux mémorables arrêts du 30 août 1777 (1). La loi devint alors plus uniforme, et

---

(1) *Arrêt du conseil d'État du roi, portant règlement sur la durée des priviléges en librairie, du 30 août 1777.*

Art. 1er. Aucuns libraires et imprimeurs ne pourront imprimer ou faire imprimer aucuns livres nouveaux, sans avoir préalablement obtenu le privilége ou lettres scellées du grand sceau.

Art. 2. Défend Sa Majesté à tous libraires ou imprimeurs qui auront obtenu des lettres de privilége d'en solliciter la continuation à moins d'augmentation d'un quart.

Art. 3. Les priviléges qui seront accordés à l'avenir, pour imprimer des livres nouveaux, ne pourront être d'une moindre durée que de dix années.

Art. 4. Ceux qui auront obtenu des priviléges, en jouiront non-seulement pendant tout le temps qui y sera porté, mais encore pendant la vie des auteurs, en cas que ceux-ci survivent à l'expiration des priviléges.

Art. 5. Tout auteur qui obtiendra en son nom le privilége de son ouvrage, aura le droit de le vendre chez lui, sans qu'il puisse, sous aucun prétexte, vendre ou négocier d'autres livres; et jouira de son privilége, pour lui et ses hoirs, *à perpétuité*, pourvu qu'il ne le rétrocède à aucun libraire, auquel cas la durée du privilége sera, par le fait seul de la cession, réduite à celle de la vie de l'auteur.

Art. 6. Tous libraires et imprimeurs pourront obtenir, après l'expiration du privilége d'un ouvrage et la mort de son auteur, une permission d'en faire une édition, sans que la même permission accordée à un ou plusieurs puisse empêcher aucun autre d'en obtenir une semblable.

Fait au conseil d'État du roi, Sa Majesté y étant, tenu à Versailles, le 30 août 1777. *Signé :* AMELOT.

Arrêt du conseil d'État du roi, concernant les contrefaçons des livres, soit

partant plus efficace; sous certains rapports même, elle était plus complète, plus libérale et plus favorable aux auteurs que notre législation actuelle, car on n'avait pas imaginé alors que la propriété littéraire fût moins inviolable, moins importante que les autres. — C'était bien toujours le système des priviléges et des permissions, sans lesquelles nulle publication n'était possible; mais lorsque l'auteur avait obtenu pour lui-même ce privilége, il le transmettait à ses héritiers à perpétuité, à moins qu'il ne l'eût cédé à un imprimeur, auquel cas le privilége cessait à la mort de l'auteur.

Les priviléges accordés aux libraires ou imprimeurs ne pouvaient être de moins de dix ans, et ils en jouissaient non-seulement pendant tout le temps qui y était fixé, mais même jusqu'à la mort des auteurs, si ceux-ci survivaient à l'expiration du privilége. On pouvait solliciter la prolongation de la jouissance exclusive, si l'on justifiait que le livre était augmenté au

---

antérieures au présent arrêt, soit celles qui seraient faites en contravention des défenses portées audit arrêt du 30 *août* 1777.

Art. 1er. Défend Sa Majesté à tous imprimeurs-libraires du royaume de contrefaire les livres pour lesquels il aura été accordé des priviléges, pendant la durée desdits priviléges, ou même de les imprimer sans permission après leur expiration et le décès de l'auteur, à peine de 6,000 livres d'amende pour la première fois, de pareille amende et de déchéance d'état en cas de récidive.

Art. 2. Les éditions faites en contravention à l'article 1er seront saisissables sur le libraire qui les vendra, comme sur l'imprimeur qui les aura imprimées; et le libraire qui en aura été saisi, sera soumis aux mêmes peines.

Art. 3. Les peines portées en l'article 1er n'empêchent pas les possesseurs du privilége, au préjudice duquel une édition aura été faite, de former, tant contre l'imprimeur qui aura contrefait l'ouvrage que contre le libraire qui aura été trouvé saisi d'exemplaires de ladite contrefaçon, sa demande en dommages-intérêts, et d'en obtenir de proportionnés au tort que ladite contrefaçon lui aura fait éprouver dans son commerce.

Art. 4. Autorise Sa Majesté tout possesseur ou cessionnaire de priviléges, ou de portions d'iceux, à se faire assister, sans autre permission que le présent arrêt, d'un inspecteur de librairie, ou à son défaut d'un juge ou commissaire de police, pour visiter à ses risques, périls et fortunes les imprimeries, boutiques ou magasins des imprimeurs, libraires ou colporteurs, où il croirait trouver des exemplaires contrefaits des ouvrages dont il a le privilége ou par-

moins d'un quart. Après l'expiration du privilége ou de sa prolongation, l'ouvrage tombait dans le domaine public; mais nul ne pouvait l'imprimer ou le débiter sans permission. Il y avait donc cette différence entre le privilége et la permission, que le privilége était exclusif, et ne s'accordait qu'à l'auteur ou au libraire cessionnaire de l'auteur; tandis que la permission, qui ne s'accordait qu'aux libraires pour un ouvrage tombé dans le domaine public, n'avait rien d'exclusif, et n'empêchait pas la concession de nouvelles permissions à d'autres libraires pour le même ouvrage.

La pénalité nouvelle fut sévère; mais au moins elle devint uniforme, générale, et non plus, comme les anciens règlements, variable et spéciale à chaque privilége. La peine contre quiconque imprimait ou vendait sans privilége ou permission était de six mille livres d'amende, et, en cas de récidive, de pareille amende et de *déchéance d'état*. Les éditions contrefaites

---

tie; à la charge cependant qu'avant de procéder à aucune visite il exhibera, à l'inspecteur ou au juge ou au commissaire de police, l'original du privilége ou son duplicata collationné. Autorise aussi Sa Majesté, ceux chez qui on fera de semblables visites, à se pourvoir en dommages-intérêts contre ceux qui les feront, s'ils ne trouvent pas de contrefaçons des ouvrages dont ils auront exhibé le privilége, encore qu'ils en eussent trouvé d'autres.

Art. 6. Quant aux contrefaçons antérieures au présent arrêt, Sa Majesté voulant user d'indulgence, relève ceux qui s'en trouveront saisis des peines portées par les règlements, en remplissant par eux les formalités prescrites par l'article suivant.

Art. 7. Les possesseurs des contrefaçons antérieures au présent arrêt seront tenus de les présenter, dans le délai de deux mois, à l'inspecteur et à l'un des adjoints de la chambre syndicale dans l'arrondissement de laquelle ils sont domiciliés, pour être, la première page de chaque exemplaire, estampillée par l'adjoint et signée par l'inspecteur.

Art. 9. Ledit délai de deux mois expirés, l'inspecteur renverra à M. le garde des sceaux l'estampille qu'il en aura reçue, avec le procès-verbal de ses opérations; et, dès ce moment, tous les livres contrefaits qui seront trouvés dénués de la signature de l'inspecteur, et de la marque de l'estampille, seront regardés comme nouvelles contrefaçons, et ceux sur lesquels ils seront saisis, soumis aux peines portées par l'art. 1er.

Fait au conseil d'État du roi, Sa Majesté y étant, tenu à Versailles, le 30 août 1777.

Signé : AMELOT.

étaient saisies, confisquées et mises au pilon. Cette pénalité était prononcée sans préjudice du droit réservé aux possesseurs de privilége de poursuivre les contrefacteurs pour obtenir la réparation du préjudice causé.

Cette législation, qui déracinait un vieil abus, froissait plus d'un intérêt frauduleux; aussi l'interprétation subtile chercha-t-elle bientôt à en torturer le sens, à le fausser et à en restreindre ou paralyser l'application. L'autorité en fut avertie par de nombreux mémoires, au milieu desquels le roi distingua les plaintes respectueuses de *son Académie française*, et le 30 juillet 1778, c'est-à-dire moins d'un an après, un nouvel arrêt du conseil dut intervenir pour interpréter ceux de 1777 (1). Indépendamment de l'interprétation, cet arrêt ajoutait à la pénalité en revisant la peine corporelle de l'édit de 1686, et il en étendait même l'application à tous *auteurs*, *possesseurs*, *distributeurs* et *fauteurs* de contrefaçons. Il n'est pas inutile de remarquer que le conseil du roi se chargeait lui-même de l'application de ses propres règlements. Il prononça, en 1749, sur un délit de contrefaçon des *Œuvres de Crébillon;* en 1781, contre un sieur Raget, libraire, contrefacteur des *Contes moraux* de Marmontel, et

(1) *Arrêt du conseil d'État du roi, portant règlement sur les priviléges en librairie et les contrefaçons du* 30 *juillet* 1778.

Art. 1er. L'art. 3 de l'arrêt du conseil du 30 août 1777, portant règlement sur la durée des priviléges en librairie, sera exécuté selon sa forme et teneur; en conséquence, ceux qui obtiendront à l'avenir des priviléges pour imprimer des livres nouveaux, en jouiront pendant tout le temps que M. le chancelier, ou garde des sceaux, aura jugé à propos d'accorder, suivant le mérite ou l'importance de l'ouvrage, sans qu'en aucun cas ces priviléges puissent être d'une moindre durée que de dix années.

Art. 2. L'article 5 du même arrêt du conseil sera exécuté selon sa forme et teneur; en conséquence, tout auteur qui aura obtenu en son nom le privilége de son ouvrage, non-seulement aura le droit de le faire vendre chez lui, mais il pourra encore, autant de fois qu'il le voudra, faire imprimer pour son compte son ouvrage par tel imprimeur, et le faire vendre aussi pour son compte par tel libraire qu'il aura choisi, sans que les traités ou conventions qu'il fera pour imprimer ou débiter une édition de son ouvrage puissent être réputés cession de son privilége.

Fait au conseil d'État du roi, Sa Majesté y étant, tenu à Versailles, le 30 juillet 1778. *Signé :* AMELOT.

contre deux autres libraires qui avaient contrefait l'*Histoire universelle* et l'*Histoire de l'Ancien et du Nouveau Testament*.

Telle était l'ancienne et la précédente législation sur la propriété littéraire, ses principes et sa pénalité, lorsque éclata notre grande révolution. La presse fut émancipée; mais, comme la propriété littéraire avait le tort de s'appeler privilége, elle succomba dans la mémorable nuit du 4 août. Cette brusque abolition, qui l'atteignit par ricochet, vint remettre en question les principes sur lesquels elle reposait; toutefois, ils ne pouvaient être longtemps négligés, et la convention nationale décréta bientôt la loi du 19 juillet 1793, qui forme encore aujourd'hui, modifiée par les lois subséquentes, le droit protecteur de la propriété littéraire.

Il appartenait au nouveau législateur d'étendre à toutes les œuvres de l'intelligence le bénéfice du droit d'auteur, aussi accorde-t-il, non plus le *privilége*, mais le droit exclusif aux auteurs d'écrits en *tous genres*, aux compositeurs de musique, peintres et dessinateurs. Le privilége fut donc converti en un droit exclusif qui, affranchi du capricieux arbitraire du pouvoir, ne dépendait plus que du fait, et découlait nécessairement de la qualité d'auteur.

La pénalité fut aussi modifiée; sa sévérité fut graduée suivant le degré de culpabilité des délinquants. Elle devint donc plus efficace parce qu'elle était plus juste.

Les ouvrages destinés à l'instruction de la jeunesse devaient éveiller la sollicitude du législateur; un décret du 9 pluviôse an 2 vint soumettre leur admission dans les écoles, et leur adoption comme livres élémentaires, à l'appréciation d'un jury d'examen, et la loi du 11 germinal an 4 ordonna que ces livres seraient imprimés aux frais de la république. Il tombait sous le sens que la récompense accordée par la loi aux auteurs des ouvrages élémentaires, couronnés au concours, n'était qu'un encouragement, et non pas le prix d'acquisition de l'ouvrage, qui restait incontestablement la propriété de l'auteur. Mais la contrefaçon, toujours active à profiter des faiblesses ou de l'imperfection de la loi, prétendit que les livres ainsi couronnés étaient acquis au domaine public par la récompense et par l'impression faite aux frais de la république. Le commerce voulut donc s'en emparer. Cette prétention nécessita le décret du 10 fructidor an 4, voté d'urgence par le conseil des Anciens, et qui déclarait que les livres adoptés comme élémentaires restaient la propriété exclusive de leurs auteurs, conformément au droit commun, c'est-à-dire à la loi du 19 juillet 1793.

Quelques doutes s'élevèrent sur l'étendue et la durée du droit de propriété pour les œuvres posthumes. La loi étant muette sur ce point, on prétendit que ces œuvres ne pouvaient être publiées sans tomber dans le domaine public, en même temps que les œuvres édictées du vivant de l'auteur. Cette incertitude pouvait priver le public d'une foule d'ouvrages utiles, que les possesseurs hésitaient à publier. Le décret du 1er germinal an 13 vint dissiper ces craintes en accordant aux propriétaires de ces œuvres le bénéfice du droit d'auteur, à la seule condition de les imprimer séparément.

Un décret, du 20 février 1809, attribua au gouvernement le droit d'auteur sur les manuscrits des bibliothèques et autres établissements publics, dont l'industrie particulière menaçait de s'emparer, sous le prétexte que ce qui est au gouvernement appartient à tous.

Enfin, le gouvernement impérial, au milieu des préoccupations qui l'agitaient sur la liberté de la presse, et voulant en fixer d'une manière plus précise les limites, rendit le décret du 5 février 1810, dans lequel on intercala, pour ainsi dire, deux articles (39 et 40) qui renfermaient une innovation importante. Le droit d'auteur y était accordé à la veuve pendant toute sa vie, et fut étendu à vingt ans pour les enfants de l'auteur.

Ces dispositions nouvelles et si bienveillantes, insérées en faveur de la propriété littéraire, dans une loi qui n'avait pour but que la police de la presse, n'étaient évidemment qu'une fiche de consolation accordée pour les entraves dont on embarrassait la manifestation publique de la pensée.

On a voulu contester la constitutionnalité de ce décret, par le motif que, émané du chef seul du gouvernement, il n'avait pu déroger à la loi du 19 juillet 1793. C'est une erreur : lorsque le chef du gouvernement impérial rendait un décret qui modifiait ou détruisait un acte de la puissance législative, il avait force de loi si, dans les dix jours de son émission, il n'était point attaqué devant le sénat pour cause d'inconstitutionnalité. Or, nul ne s'est avisé de cette téméraire censure, qui eût été au moins inutile devant un sénat asservi et si complétement dévoué au maître. La charte constitutionnelle qui vint ensuite conserva les lois et règlements antérieurs.

La contrefaçon, prévue et punie par la loi de 1793, n'avait pas le caractère bien net et bien franc du délit. La loi ne s'y préoccupait que de l'indemnité due à l'auteur, c'est-à-dire des intérêts privés. C'était une lacune aussi indulgente que la législation précédente avait été aveuglément sévère en portant une amende invariable de 6,000 francs; ainsi la législation de 1777, toute fiscale, avait concentré son zèle répressif sur l'intérêt public, et le législateur de 1793, négligeant complétement la pénalité, sanction nécessaire de toute loi répressive, n'avait prévu et réglé que l'intérêt privé de l'auteur. Les rédacteurs du Code pénal tracèrent nettement le caractère légal du fait de contrefaçon ; il fut rangé au nombre des délits par les art. 425 et suiv. Moins sévère que le législateur de 1777, plus logique que la loi de 1793, le Code pénal a complété la pénalité de cette dernière, en portant une amende prudemment laissée à l'appréciation du juge, dont l'indulgence ou la sévérité peuvent se mouvoir entre un minimum de 100 fr. et un maximum de 2,000 fr.

Lorsque le droit de conquête réunit la Hollande à la France, les libraires du pays réuni, se trouvant soumis à la loi de 1793 par le seul fait de cette réunion, voyaient leur industrie paralysée par l'impossibilité où ils étaient de débiter des éditions contrefaites qu'ils avaient éditées avant la réunion, et pour lesquelles des capitaux importants avaient pu être engagés. Il eût été trop injuste de les exproprier ainsi par le fait brutal de la conquête; et cependant on ne pouvait tolérer un délit qui portait à la librairie française et aux auteurs un préjudice notable.

On chercha les moyens de concilier ces intérêts divers, et le décret du 29 décembre 1810 vint résoudre la question, en soumettant les exemplaires existants à des formalités qui eurent pour résultat de permettre l'écoulement des éditions antérieures à la réunion, et d'empêcher que de nouvelles éditions contrefaites pussent être débitées sous le couvert des anciennes.

Les dispositions du décret de 1810, la généreuse hospitalité qu'il offrait aux auteurs étrangers étaient depuis longtemps l'objet d'amères critiques, surtout d'incessantes tentatives des contrefacteurs. On soutenait que les ouvrages publiés en pays étranger, avant de l'être en France, tombaient dans le domaine public. La jurisprudence hésitait influencée par l'intérêt, bien ou mal compris, de l'industrie française. Le décret du 28 mars 1852 est venu trancher la question en faveur du droit de propriété exclusive.

Enfin tout récemment, effrayé, bien à tort selon nous, des difficultés que présentent la révision et la codification complète des lois éparses sur la propriété des lettres et des arts ; mais, en même temps, désireux d'effacer des inégalités blessantes, le législateur a doté nos codes de la loi du 8 avril 1854. Désormais, assimilés par la loi comme ils le sont par une commune origine, les veuves et les enfants de tous les ouvriers de la pensée jouiront des mêmes droits. Ainsi l'écrivain, l'auteur dramatique, le compositeur de musique et l'artiste lègueront à leur famille une jouissance trentenaire. Cette loi bienfaisante, qui prolonge de dix ans la protection légale, est comme un reflet des tendances qui viennent de se révéler chez les nations les plus avancées dans la civilisation et l'industrie, tendances qui se sont formulées en nombreux traités d'alliance contre la *piraterie* littéraire.

Le législateur a soumis depuis longtemps à une législation spéciale la publication des livres d'église, législation empreinte du caractère exclusif de la religion qui a été longtemps déclarée dominante en France, et qui fut, dans la charte de 1830, décorée du titre oiseux de religion de la majorité. La censure des livres d'église ne fut pas toujours confiée au pouvoir spirituel ; au seizième siècle, ainsi que cela résulte d'un arrêt rendu le 18 avril 1586 par le roi, *estant en son conseil*, sur les réquisitions de l'avocat général Simon Marion, l'impression des livres d'église, *messels, bréviaires* ou *heures*, avait lieu sans l'intervention de l'autorité ecclésiastique. Le roi octroyait le privilége directement ou le signifiait aux parties intéressées; et, s'il survenait des oppositions à l'entérinement du privilége, l'autorité judiciaire était appelée à prononcer. Plus tard, les livres se multipliant, on laissa intervenir les évêques, non pas pour accorder les priviléges d'imprimer et de vendre, qui devaient, comme mesure de police et de gouvernement, émaner toujours de la puissance publique, mais seulement pour contrôler et approuver la doctrine dans l'intérêt de l'Église, et en ordonner l'usage dans leur diocèse. Le pouvoir temporel conservait toujours son droit d'autoriser l'impression, et il n'est pas sans exemple qu'il ait, même dans les temps reculés dont nous parlons, ordonné la suppression de certains livres approuvés par l'autorité ecclésiastique. La sollicitude du pouvoir à ce sujet allait jusqu'à choisir et désigner les imprimeurs des livres ecclésiastiques, ainsi que le prouve le *Ceremoniale episcoporum*, dont l'édition de 1633 porte qu'elle a été faite par une société d'imprimeurs constituée par le roi pour l'impression des livres ecclésiastiques.

Les choses restèrent ainsi jusqu'à l'époque de la révolution de 1793. On proclama le principe absolu de la liberté de la presse, limitée seulement par la propriété des auteurs et la répression des délits. (Loi du 19 juillet 1793.) Il devint libre à chacun de réimprimer et publier tous les livres tombés dans le domaine public; les livres d'église n'en furent pas exceptés. Cet oubli d'une surveillance reconnue nécessaire jusqu'alors fut réparé par le concordat publié en 1801. Il porte article 14 : *Les archevêques veilleront au maintien de la foi et de la discipline dans les diocèses dépendant de leur métropole.*

Le droit de surveillance sur les livres d'église était la conséquence de ces dispositions; il fut bientôt organisé par le décret du 7 germinal an 13, qui déclare délit le fait d'impression et même de réimpression des livres d'église sans l'autorisation de l'évêque diocésain, sous les peines portées par la loi du 19 juillet 1793, et ce décret veut, en outre, que l'autorisation de l'évêque soit imprimée en tête de l'ouvrage.

Telle a été la marche progressive et tel est l'état actuel de la législation qui régit la propriété littéraire en général.

CHAPITRE II.

LÉGISLATION.

LOI

Du 19 juillet 1793 (an 2 de la république),

Relative aux droits de propriété des auteurs d'écrits en tout genre, des compositeurs de musique, des peintres et des dessinateurs.

La Convention nationale, etc., etc.

Art. 1er. Les auteurs d'écrits en tout genre, les compositeurs de musique, les peintres et dessinateurs qui feront graver des tableaux ou dessins, jouiront durant leur vie entière du droit exclusif de vendre, faire vendre, distribuer leurs ouvrages dans le territoire de la république, et d'en céder la propriété en tout ou en partie.

Art. 2. Leurs héritiers ou cessionnaires jouiront du même droit durant l'espace de dix ans après la mort des auteurs.

Art. 3. Les officiers de paix seront tenus de faire confisquer, à la réquisition et au profit des auteurs, compositeurs, peintres ou dessinateurs et autres, leurs héritiers ou cessionnaires, tous les exemplaires des éditions imprimées ou gravées sans la permission formelle et par écrit des auteurs.

Art. 4. Tout contrefacteur sera tenu de payer au véritable

propriétaire une somme équivalente au prix de trois mille exemplaires de l'édition originale.

Art. 5. Tout débitant d'édition contrefaite, s'il n'est pas reconnu contrefacteur, sera tenu de payer au véritable propriétaire une somme équivalente au prix de cinq cents exemplaires de l'édition originale.

Art. 6. Tout citoyen qui mettra au jour un ouvrage, soit de littérature ou de gravure, dans quelque genre que ce soit, sera obligé d'en déposer deux exemplaires à la bibliothèque nationale ou au cabinet des estampes de la république, dont il recevra un reçu signé par le bibliothécaire, faute de quoi il ne pourra être admis en justice pour la poursuite des contrefacteurs.

Art. 7. Les héritiers de l'auteur d'un ouvrage de littérature ou de gravure, ou de toute autre production de l'esprit ou du génie qui appartient aux beaux-arts, en auront la propriété exclusive pendant dix ans.

LOI

Du 25 prairial an 3 (13 juin 1795),

Relative aux magistrats chargés de constater les délits de contrefaçon.

La Convention nationale, après avoir entendu le rapport de ses comités de législation et d'instruction publique sur plusieurs demandes en explication de l'article 3 de la loi du 19 juillet 1793, dont l'objet est d'assurer aux auteurs et artistes la propriété de leurs ouvrages par des mesures répressives contre les contrefacteurs, décrète ce qui suit.

Art. 1er. Les fonctions attribuées aux officiers de paix par l'article 3 de la loi du 19 juillet 1793 (vieux style) seront à l'avenir exercées par les commissaires de police, et par les juges de paix dans les lieux où il n'y a pas de commissaire de police.

LOI

Du 10 fructidor an 4,

Concernant l'impression des ouvrages adoptés comme livres élémentaires.

Art. 1er. Les auteurs des ouvrages adoptés comme livres élémentaires, et leurs héritiers ou cessionnaires, sont maintenus dans le droit exclusif que tout auteur d'écrits a de les faire imprimer, vendre, distribuer, conformément aux dispositions de la loi du 19 juillet 1793.

Art. 2. Le directoire exécutif est autorisé à traiter pour le nombre de mille exemplaires avec lesdits auteurs, leurs héritiers ou cessionnaires qui auront fait imprimer leurs ouvrages.

Art. 3. Les ouvrages élémentaires dont les auteurs ou leurs cessionnaires auront déclaré qu'ils ne veulent ou ne peuvent en faire l'édition, seront imprimés aux frais et à l'imprimerie de la république.

DÉCRET

Du 1er germinal an 13,

Concernant les droits des propriétaires d'ouvrages posthumes.

Napoléon, etc. : — Considérant que la loi sur la propriété littéraire déclare propriétés publiques les ouvrages des auteurs morts depuis plus de dix ans;

Que les dépositaires, acquéreurs, héritiers ou propriétaires des ouvrages posthumes d'auteurs morts depuis plus de dix ans, hésitent à publier ces ouvrages dans la crainte de s'en voir contester la propriété exclusive et dans l'incertitude de la durée de cette propriété;

Que l'ouvrage inédit est comme l'ouvrage qui n'existe pas, et que celui qui le publie a les droits de l'auteur décédé et doit en jouir pendant sa vie;

Que cependant, s'il réimprimait en même temps et dans une seule édition, avec les œuvres posthumes, les ouvrages déjà publiés du même auteur, il en résulterait en sa faveur une espèce de privilége pour la vente d'ouvrages devenus propriété publique ; décrète ce qui suit :

Art. 1er. Les propriétaires, par succession ou à autre titre, d'un ouvrage posthume ont les mêmes droits que l'auteur, et les dispositions des lois sur la propriété exclusive des auteurs et sur sa durée leur sont applicables, toutefois à la charge d'imprimer séparément les œuvres posthumes, et sans les joindre à une nouvelle édition des ouvrages déjà publiés et devenus propriété publique.

DÉCRET

Du 7 germinal an 13,

Concernant l'impression des livres d'église, des heures et des prières.

Napoléon, etc., etc., décrète ce qui suit :

Art. 1er. Les livres d'église, les heures et prières, ne pourront être imprimés ou réimprimés que d'après la permission donnée par les évêques diocésains, laquelle permission sera textuellement rapportée et imprimée en tête de chaque exemplaire.

Art. 2. Les imprimeurs ou libraires qui feraient imprimer ou réimprimer des livres d'église, des heures ou prières, sans avoir obtenu cette permission, seront poursuivis conformément à la loi du 19 juillet 1793.

DÉCRET

Du 20 février 1809,

Concernant les manuscrits des bibliothèques et autres établissements publics.

Art 1er. Les manuscrits des archives de notre ministère des relations extérieures, et ceux des bibliothèques impériales, départementales et communales, ou des autres établissements de notre empire, soit que ces manuscrits existent dans les dépôts auxquels ils appartiennent, soit qu'ils en aient été soustraits, ou que leurs minutes n'y aient pas été déposées aux termes des anciens règlements, sont la propriété de l'État, et ne peuvent être imprimés et publiés sans autorisation.

Art. 2. Cette autorisation sera donnée par notre ministre des relations extérieures, pour la publication des ouvrages dans lesquels se trouveront des copies, extraits ou citations des manuscrits qui appartiennent aux archives de son ministère; et par notre ministre de l'intérieur, pour celle des ouvrages dans lesquels se trouveront des copies, extraits ou citations des manuscrits qui appartiennent à l'un des autres établissements publics mentionnés dans l'article précédent.

DÉCRET

Du 5 février 1810,

Contenant règlement sur l'imprimerie et la librairie.

TITRE VI. — *De la propriété et de sa garantie.*

Art. 39. Le droit de propriété est garanti à l'auteur et à sa veuve pendant leur vie, si les conventions matrimoniales de celle-ci lui en donnent le droit, et à leurs enfants pendant vingt ans.

Art. 40. Les auteurs, soit nationaux, soit étrangers, de tout ouvrage imprimé ou gravé, peuvent céder leur droit à un imprimeur ou libraire, ou à toute autre personne, qui est alors substituée en leur lieu et place pour eux et leurs ayants cause, comme il est dit à l'article précédent.

SECT. II. — *Du mode de constater les délits et contraventions.*

Art. 45. Les délits et contraventions seront constatés par les inspecteurs de l'imprimerie et de la librairie, les officiers de police, et, en outre, par les préposés aux douanes, pour les livres venant de l'étranger.

Chacun dressera procès-verbal de la nature du délit et contravention, des circonstances et dépendances, et le remettra au préfet de son arrondissement, pour être adressé au directeur général.

Art. 46. Les objets saisis seront déposés provisoirement au

secrétariat de la mairie ou commissariat général de la sous-préfecture ou de la préfecture la plus voisine du lieu où le délit ou la contravention seront constatés, sauf l'envoi ultérieur à qui de droit.

Art. 47. Nos procureurs généraux ou impériaux seront tenus de poursuivre d'office, dans tous les cas prévus à la section précédente, sur la simple remise qui leur sera faite d'une copie des procès-verbaux dûment affirmés.

TITRE VIII. — *Dispositions diverses.*

Art. 48. Chaque imprimeur sera tenu de déposer à la préfecture de son département, et, à Paris, à la préfecture de police, cinq exemplaires de chaque ouvrage, savoir : un pour la bibliothèque impériale, un pour le ministre de l'intérieur, un pour la bibliothèque de notre conseil d'État, un pour le directeur général de la librairie.

CODE PÉNAL.

Du 19 février 1810.

Art. 425. Toute édition d'écrit, de composition musicale, de dessin, de peinture, ou de toute autre production, imprimée ou gravée en entier ou en partie, au mépris des lois et règlements relatifs à la propriété des auteurs, est une contrefaçon, et toute contrefaçon est un délit.

Art. 426. Le débit d'ouvrages contrefaits, l'introduction sur le territoire français d'ouvrages qui, après avoir été imprimés en France, ont été contrefaits chez l'étranger, sont un délit de la même espèce.

Art. 427. La peine contre le contrefacteur, ou contre l'introducteur, sera une amende de cent francs au moins et de deux mille francs au plus; et contre le débitant, une amende de vingt-cinq francs au moins et de cinq cents francs au plus. La confiscation de l'édition contrefaite sera prononcée tant contre le contrefacteur que contre l'introducteur et le débitant. Les planches, moules ou machines des objets contrefaits seront aussi confisqués.

Art. 429. Dans les cas prévus par les articles précédents, le produit des confiscations, ou les recettes confisquées, seront remis au propriétaire pour l'indemniser d'autant du préjudice qu'il aura souffert : le surplus de son indemnité, ou l'entière indemnité, s'il n'y a eu ni vente d'objets confisqués ni saisie de recettes, sera réglé par les voies ordinaires.

DÉCRET IMPÉRIAL

Du 6 juillet 1810,

Portant défense d'imprimer et débiter certains documents officiels avant leur insertion au Bulletin des lois.

Napoléon, etc., etc. Des spéculateurs avides se hâtent de faire imprimer et débiter les lois, avant même qu'elles aient été adoptées par le corps législatif; il résulte de là des éditions fautives qui peuvent égarer les parties, leurs conseils, et même quelquefois les juges; mais en réprimant cet abus nous n'entendons en aucune manière priver nos sujets de l'avantage de connaître, comme par le passé, par la voie des journaux, l'objet des sénatus-consultes, lois et règlements, au moment où ils sont annoncés;

Nous avons, en conséquence, sur le rapport de notre grand-juge, ministre de la justice, et notre conseil d'État entendu, décrété et décrétons ce qui suit :

Art. 1er. Il est défendu à toutes personnes d'imprimer et débiter les sénatus-consultes, codes, lois et règlements d'administration publique avant leur insertion et publication par la voie du *Bulletin* au chef-lieu du département.

Art. 2. Les éditions faites en contravention de l'article précédent seront saisies à la requête de nos procureurs généraux, et la confiscation en sera prononcée par le tribunal de police correctionnelle.

LOI

Du 21-23 octobre 1814,

Relative à la formalité du dépôt.

Art. 14. Nul imprimeur ne pourra imprimer un écrit avant d'avoir déclaré qu'il se propose de l'imprimer, ni le mettre en vente ou le publier, de quelque manière que ce soit, avant d'avoir déposé le nombre prescrit d'exemplaires, savoir : à Paris, au secrétariat de la direction générale; et dans les départements, au secrétariat de la préfecture.

ORDONNANCE DU ROI

Du 24-25 octobre 1814,

Contenant les mesures relatives à l'impression, au dépôt et à la publication des ouvrages, etc.

Art. 3. Les dispositions dudit article s'appliquent aux estampes et aux planches gravées, accompagnées d'un texte.

Art. 4. Le nombre d'exemplaires qui doivent être déposés, ainsi qu'il est dit au même article, reste fixé à cinq, lesquels seront répartis ainsi qu'il suit : un pour notre bibliothèque, un pour notre amé et féal chevalier le chancelier de France, un pour notre ministre secrétaire d'État au département de l'intérieur, un pour le directeur général de la librairie, et le cinquième pour le censeur qui aura été ou qui sera chargé d'examiner l'ouvrage. Le nombre d'épreuves des estampes et planches gravées sans texte, qui doivent être déposées pour notre bibliothèque, reste fixé à deux, dont une avant la lettre ou en couleur, s'il en a été tiré ou imprimé de cette espèce; en outre trois épreuves, dont une pour notre amé et féal chevalier le chancelier de France, une pour notre ministre d'État au département de l'intérieur, et la troisième pour le directeur général de la librairie.

Art. 9. Le dépôt ordonné en l'article précédent sera fait, à

Paris, au secrétariat de la direction générale, et dans les départements, au secrétariat de la préfecture. Le récépissé détaillé qui en sera délivré à l'auteur formera son titre de propriété, conformément aux dispositions de la loi du 19 juillet 1793.

ORDONNANCE DU ROI

Du 9 janvier 1828,

Qui modifie celle du 24 octobre 1814, relative au dépôt des exemplaires, des écrits imprimés et des épreuves des planches et estampes.

Art. 1er. Le nombre des exemplaires des écrits imprimés et des épreuves des planches et estampes dont le dépôt est exigé par la loi, et qui avait été fixé à cinq par les art. 4 et 8 de l'ordonnance royale du 24 octobre, est réduit, outre l'exemplaire et les deux épreuves destinés à notre bibliothèque, conformément à la même ordonnance, à un seul exemplaire et une seule épreuve pour la bibliothèque du ministère de l'intérieur.

LOI

Du 6-7 mai 1841,

Relative aux douanes.

Art. 8. Les contrefaçons en librairie seront exclues du transit accordé aux marchandises prohibées par l'art. 3 de la loi du 9 février 1832.

Tous les livres, en langue française, dont la propriété est établie en pays étranger, ou qui sont une édition étrangère d'ouvrages français tombés dans le domaine public, continueront de jouir du transit, et seront reçus à l'importation en acquittant les droits établis, et sous la condition de produire un certificat d'origine relatant le titre de l'ouvrage, le lieu et la date de l'impression, le nombre des volumes, lesquels devront être brochés ou reliés et ne pourront être présentés en feuilles.

Les livres venant de l'étranger, en quelque langue qu'ils soient, ne pourront être présentés à l'importation ou au transit que dans les bureaux de douanes qui seront désignés par une ordonnance du roi.

Dans le cas où des présomptions, soit de contrefaçon, soit de condamnations judiciaires, seront élevées sur les livres présentés, l'admission sera *suspendue*, les livres seront retenus à la douane, et il en sera référé au ministre de l'intérieur, qui devra prononcer dans un délai de quarante jours.

Les dispositions contenues en cet article sont applicables à tous les ouvrages dont la reproduction a lieu par les procédés de la typographie, de la lithographie ou de la gravure.

Nulle édition ou partie d'édition imprimée en France ne pourra être réimportée qu'en vertu d'une autorisation expresse du ministre de l'intérieur accordée sur la demande de l'éditeur, qui, pour l'obtenir, devra justifier du consentement donné à la réimportation par les ayants droit.

DÉCRET

Du 28 mars 1852,

Sur le droit de propriété littéraire et artistique pour les ouvrages publiés en pays étranger.

Louis-Napoléon, — Vu la loi du 19 juillet 1793, les décrets du 1er germinal an 13 et du 5 février 1810, la loi du 25 prairial an 3, et les articles 425, 426, 427 et 429 du Code pénal; — Décrète :

Art. 1er. La contrefaçon, sur le territoire français, d'ouvrages publiés à l'étranger et mentionnés en l'article 425 du code pénal, constitue un délit.

Art. 2. Il en est de même du débit, de l'exportation et de l'expédition des ouvrages contrefaits. L'exportation et l'expédition de ces ouvrages sont un délit de la même espèce que l'introduction sur le territoire français d'ouvrages qui, après avoir été imprimés en France, ont été contrefaits chez l'étranger.

Art. 3. Les délits prévus par les articles précédents seront réprimés conformément aux articles 427 et 429 du code pénal.

L'article 463 du même code pourra être appliqué.

Art. 4. Néanmoins, la poursuite ne sera admise que sous l'accomplissement des conditions exigées relativement aux ouvrages publiés en France, notamment par l'article 6 de la loi du 19 juillet 1793.

LOI

Du 8 avril 1854,

Sur le droit de propriété garanti aux veuves et aux enfants des auteurs, des compositeurs et des artistes.

Article unique. — Les veuves des auteurs, des compositeurs et des artistes jouiront, pendant toute leur vie, des droits garantis par les lois des 13 janvier 1791 et 19 juillet 1793, le décret du 5 février 1810, la loi du 3 août 1844 et les autres lois ou décrets sur la matière.

La durée de la jouissance accordée aux enfants par ces mêmes lois et décrets est portée à trente ans, à partir, soit du décès de l'auteur, compositeur ou artiste, soit de l'extinction des droits de la veuve.

TRAITÉS INTERNATIONAUX.

Les auteurs français sont garantis contre la contrefaçon en pays étranger par les traités passés avec les nations dont les noms suivent (1) :

ANGLETERRE. — Convention du 3 novembre 1851.

Procès-verbal d'échange du 8 janvier 1852. Décret relatif à

(1) Le cadre de cet ouvrage ne permet pas de donner ici le texte des traités internationaux; on les trouvera *in extenso* dans le *Code général de la propriété industrielle, littéraire et artistique*, par Et. Blanc et Al. Beaume, avocats à la cour impériale de Paris.

l'importation et au transit des livres en langue anglaise, en date des 25 mars — 12 avril 1852.

Les actes ci-dessus garantissent réciproquement, en France et en Angleterre, la propriété des auteurs de livres, d'ouvrages dramatiques, de compositions musicales, de dessins, de peintures, de sculptures, de gravures, de lithographies et de toutes autres productions analogues. La même protection est étendue aux traductions.

La garantie réciproque est subordonnée, dans chacun des deux pays, à l'accomplissement des formalités qui y sont exigées pour protéger la propriété littéraire et artistique.

Ces formalités doivent être remplies dans les trois mois de la publication de l'ouvrage.

Bade. — Convention du 3 avril 1854, promulguée en France le 30 mai 1854.

La convention ci-dessus garantit réciproquement, en France et dans le grand-duché de Bade, la propriété des auteurs de livres, écrits périodiques, compositions dramatiques ou musicales, tableaux, gravures, lithographies, dessins, travaux de sculpture et autres productions du même genre.

Pour jouir de la protection réciproque, il suffit que les auteurs établissent, par un témoignage émanant de l'autorité publique compétente en chaque pays, que l'ouvrage en question est une œuvre originale qui, dans le pays où elle a été publiée, jouit de la protection légale contre la contrefaçon.

Belgique. — Convention du 22 août 1852.

Article additionnel du 27 février 1854.

Déclaration supplémentaire du 12 avril 1854.

13 avril 1854. Décret réglant l'exécution de la convention du 22 août 1852.

Les actes ci-dessus garantissent réciproquement, en France et en Belgique, la propriété des auteurs de livres, brochures ou autres écrits, de compositions dramatiques ou musicales, d'œuvres de dessin, de peinture, de sculpture, de gravure, de lithographie et de toutes autres productions analogues.

La garantie de la propriété est subordonnée à l'accomplissement dans chaque pays des formalités qui y sont prescrites pour protéger la propriété littéraire et artistique.

Cette formalité doit être remplie dans les trois mois de la publication de l'ouvrage.

BRUNSWICK. — Convention du 8 août 1852, promulguée en France le 19 octobre 1852.

Décret réglant l'exécution de la convention du 18 mai 1853.

(Même résumé que pour le grand-duché de Bade.)

ESPAGNE. — Convention du 15 novembre 1853.

Cette convention assure aux auteurs d'œuvres littéraires ou artistiques, ainsi qu'aux traducteurs, la garantie réciproque dans les deux pays de leur droit de propriété sur leurs ouvrages leur vie durant. La même protection est accordée pour vingt ans à leurs héritiers directs ou testamentaires, et pour dix ans à leurs héritiers collatéraux.

La garantie de la propriété est subordonnée à l'accomplissement dans chaque pays des formalités qui y sont prescrites aux auteurs. Ces formalités doivent être remplies dans les trois mois de la publication de l'ouvrage.

HANOVRE. — Convention du 20 octobre 1851.

Décret de promulgation du 16 janvier 1852.

Décret réglant l'exécution de la convention du 17 mai 1853.

(Même résumé que pour le grand-duché de Bade.)

HESSE (grand-duché de). — Convention du 10 novembre 1852.

(Même résumé que pour le grand-duché de Bade.)

HESSE (landgraviat de). — Convention du 20 octobre 1852.

(Même résumé que pour le grand-duché de Bade.)

NASSAU. — Convention du 2 mars 1853.

Décret de promulgation des 27 avril — 17 mai 1853.

Décret réglant l'exécution de la convention du 8 juin 1853.

(Même résumé que pour le grand-duché de Bade.)

OLDENBOURG. — Convention du 1er juillet 1853.

Décret de promulgation du 30 novembre 1853.

(Même résumé que pour le grand-duché de Bade.)

Portugal. — Convention du 12 avril 1851.

Décret de promulgation de la convention des 27 août — 5 septembre.

Les actes ci-dessus assurent aux auteurs de livres, de compositions dramatiques ou musicales, de peintures, de sculptures ou gravures, la garantie réciproque dans les deux pays de leur droit de propriété sur leurs ouvrages leur vie durant. La même garantie est accordée pendant vingt ans à leurs héritiers ou ayants cause.

La garantie de la propriété est subordonnée à l'accomplissement, dans chaque pays, des formalités qui y sont prescrites aux auteurs, et en outre à un dépôt réciproque. Le dépôt doit être effectué dans les trois mois de la publication de l'ouvrage.

Reuss (branche aînée). — Convention du 24 février 1853, promulguée en France les 29 avril — 9 mai 1853.

(Même résumé que pour le grand-duché de Bade).

Reuss (branche cadette). — Convention du 30 mars 1853, promulguée en France les 10 — 24 juin 1853.

(Même résumé que pour le grand-duché de Bade).

Sardaigne. — Convention du 28 août 1843.

Lois du 9 — 13 juin 1845, pour l'exécution de la convention.

Convention supplémentaire du 22 avril 1846.

Convention du 5 novembre 1850.

Les actes ci-dessus garantissent réciproquement, en France et en Sardaigne, aux auteurs d'écrits, de compositions dramatiques, d'œuvres musicales, de peintures, sculptures ou gravures, le droit de propriété sur leurs ouvrages, leur vie durant. La même protection est accordée, pendant vingt ans, à leurs héritiers ou ayants cause.

La garantie de la propriété est subordonnée à l'accomplissement des formalités imposées, dans chaque pays, aux auteurs, qui doivent en justifier par un certificat régulier.

SAXE-WEIMAR. — Convention du 17 mai 1853, promulguée en France les 27 juin — 2 juillet 1853.

(Même résumé que pour le grand-duché de Bade).

SCHWARZBOURG-SONDERSHAUSEN. — Convention du 7 décembre 1853, promulguée en France le 24 février 1854.

(Même résumé que pour le grand-duché de Bade).

TOSCANE. — Convention du 15 mars 1853.

Interdiction respective de la contrefaçon et réimpression des œuvres artistiques et littéraires.

WALDECK (principauté de). Convention du 27 avril 1854.

CHAPITRE III.

CARACTÈRES DE LA PROPRIÉTÉ.

SECTION 1re. — *Quel est le sens légal du mot* ouvrage.

On ne peut entendre par le mot *ouvrage* ni la pensée de l'auteur, ni le sujet qu'il traite, ni l'idiome qui lui a servi d'instrument pour rendre sa pensée et pour traiter le sujet qu'il a choisi. La raison en est simple : l'emploi d'un idiome appartient à tous, comme le sujet, quel qu'il soit, et même comme la pensée qui, prise isolément, a été le plus souvent, et à l'insu même de l'écrivain, glanée dans le vaste champ des connaissances acquises. C'est ce qui faisait dire à Pascal, avec autant d'esprit que de raison : « Les auteurs, en parlant de leurs » ouvrages, disent : *Mon* commentaire, *mon* livre, *mon* histoire. » Ils sentent leurs bourgeois qui ont pignon sur rue et toujours » un *chez moi* à la bouche. Ils feraient bien mieux de dire *notre* » commentaire, *notre* livre, *notre* histoire, vu que, d'ordinaire, » il y a plus en cela du bien d'autrui que du leur. »

La loi n'a voulu protéger et n'a protégé, en effet, que ce qui porte le caractère de nouveauté, l'empreinte du travail personnel de l'auteur. Ainsi on peut dire que par *ouvrage*, le législateur n'a entendu parler que de la composition de l'auteur, c'est-à-dire de l'ensemble du travail, ensemble composé des pensées exprimées, de la forme qui leur a été donnée, de leur enchaînement et de l'application qui en a été faite à telle ou telle matière.

SECTION 2. — *Quel est le sens légal du mot* auteur.

La jouissance intellectuelle des productions littéraires appartient au public. C'est là précisément ce qui constitue le caractère particulier de cette propriété, et ce qui doit la rendre, plus qu'aucune autre, digne de la protection de la loi et du respect de tous. Mais si chacun peut enrichir son esprit par l'étude des travaux littéraires, à l'*auteur* seul est réservé le privilége exclusif d'*exploiter*, c'est-à-dire de *reproduire* et de *vendre* son œuvre. De plus, c'est sur la vie de l'auteur qu'est mesurée la durée du droit de propriété. Il importe donc de déterminer exactement les caractères auxquels la loi reconnaît l'*auteur* d'un ouvrage.

Le législateur, ne pouvant prévoir toutes les combinaisons de fait qui se présentent dans l'application des règles qu'il pose, s'est contenté de formuler sa pensée en termes généraux. Sans se préoccuper de toute la portée du mot, et sans en fixer les limites, il a dit : *Les auteurs d'écrits en tout genre*. Aussi, profitant de l'élasticité du texte, l'amour-propre d'auteur et l'avidité des contrefacteurs ont essayé, l'un de l'étendre au delà des limites légales, l'autre de le resserrer dans des bornes étroites. C'est entre ces deux intérêts opposés que s'est placée la jurisprudence pour interroger l'esprit de la loi, et déterminer à qui le législateur a voulu attribuer le droit de propriété, et quelles œuvres il a jugées dignes de sa protection spéciale.

L'auteur est, tout naturellement et d'abord, celui qui, Français ou étranger, a conçu et exécuté l'ouvrage, soit seul, soit en collaboration.

L'auteur est encore celui qui a conçu l'ouvrage, mais qui l'a fait composer et exécuter pour lui et en son nom, soit que l'œuvre ait été rédigée par un seul, ou bien collectivement par plusieurs écrivains : tel est, par exemple, l'éditeur sous le nom duquel a été publié le *Dictionnaire des sciences médicales*, rédigé par un grand nombre de savants ; tels sont encore Panckoucke, éditeur des *Classiques traduits*, et Michaud, qui a mis son nom à la *Biographie universelle*, dont les différents articles sont dus à des écrivains qui travaillaient sous ses ordres. Seulement il faut observer que, dans ces sortes d'ouvrages, celui sous le nom duquel ils ont été publiés n'est auteur que pour l'ensemble de l'œuvre composée par ses ordres et sous sa direction. Chacun des articles, pris isolément, conserve pour auteur celui qui l'a composé (1). Celui-là même qui, sans avoir créé l'ou-

---

(1) 10 juillet 1854. C. imp. Orléans. — Thoisnier-Desplaces c. Didot. — En ce qui touche l'usurpation du titre : — Considérant qu'il est justifié que sur la couverture de chacune des six premières livraisons du *Dictionnaire historique*, publié par les frères Didot en concurrence avec la deuxième édition de la *Biographie Michaud*, en même temps que dans les déclarations faites au bureau de la librairie, dans les prospectus imprimés, dans les affiches placardées, dans des insertions faites tant au *Journal de la Librairie* que dans neuf journaux de Paris, les prévenus ont annoncé leur dictionnaire sous ce titre : *Nouvelle Biographie universelle ancienne et moderne*. — Considérant que le Code pénal punit comme contrefaçon toute édition en tout ou en partie d'un écrit en contravention aux lois sur la propriété des auteurs, laissant au juge le soin d'arbitrer dans quelles limites raisonnables doit se renfermer l'application de la loi à la reproduction partielle ; — Considérant que le titre d'un écrit en forme une partie souvent importante au point de vue littéraire et toujours indispensable pour spécifier et individualiser l'ouvrage ; — Qu'il n'est pas justifié que l'association de ces mots : *Biographie universelle ancienne et moderne*, ait été employée en France pour former le titre d'un dictionnaire historique avant l'application qu'en ont faite les frères Michaud en 1811, et l'appropriation qu'ils ont créée par là à leur profit ; que les expressions consacrées jusque-là par l'usage pour désigner et définir ce genre d'ouvrage étaient celles de : *Dictionnaire historique universel* ; — Considérant que ce titre avait acquis, en 1852, par le succès de la Biographie Michaud, une autorité et une célébrité qui entraient dans les conditions du placement facile d'une deuxième édition ; — Considérant que le titre d'un ouvrage connu par un éclatant succès, en promettant tous les mérites de l'œuvre déjà appréciée, forme à lui seul comme le prospectus le plus complet, le plus éloquent, et dès lors le plus propre à exciter la curiosité et l'intérêt aussi bien qu'à appeler la faveur du

vrage, a donné des conseils pour son exécution, peut, quoique

---

public; — Qu'évidemment c'est à raison des qualités et des avantages qu'ils regardaient comme attachés à ce titre que les frères Didot se sont décidés à l'adopter plutôt qu'un autre; mais qu'il ne pouvait devenir un élément de succès pour eux sans qu'il n'y eût, par cela même, préjudice pour la dame Desplaces; — Que ce préjudice résultant de l'usurpation du titre principal était indépendant des accessoires par lesquels les prévenus prétendent avoir différencié le titre général et complet de leur dictionnaire; —. Que, d'ailleurs, en offrant au public une *Nouvelle Biographie ancienne et moderne*, avec indication qu'elle était publiée par les frères *Firmin Didot, sous la direction du docteur Hœfer*, les prévenus ont pu induire plus d'un lecteur à penser qu'il s'agissait d'une refonte et d'une réimpression par eux entreprise de la *Biographie Michaud*, avec lequel ils pouvaient avoir traité; — Considérant qu'il résulte de tout ce que dessus qu'il n'a pu être permis aux frères Didot de solliciter, pour un ouvrage qui devait nuire à la publication de la dame Desplaces, l'attention et la faveur des souscripteurs, par l'emprunt même du titre qui était la propriété de l'entreprise rivale; qu'ils n'ont pu le faire sans porter atteinte aux droits et intérêts de la plaignante; — En ce qui touche la reproduction dans les six premières livraisons de la *Biographie Didot* de 59 notices, chiffre auquel les conclusions prises devant la cour ont réduit le nombre des articles incriminés comme copiés textuellement dans le premier volume de la *Biographie Michaud*; — Considérant en droit que la loi protége les publications de tout genre sans faire acception de l'effort plus ou moins énergique et plus ou moins heureux de génie ou d'intelligence que révèle la composition: — Considérant en fait qu'il ne peut être contesté et qu'il n'a pas été dénié, en effet, que les frères Michaud n'aient été, en 1811, les entrepreneurs et les créateurs du dictionnaire historique publié sous le titre : *Biographie universelle ancienne et moderne*; — Que cet ouvrage constituait une œuvre collective, un ensemble, un tout dont les notices, portant des signatures individuelles, n'étaient que les parties indivisibles; qu'aucun autre nom que celui des frères Michaud n'était indiqué au public comme celui des créateurs et des organisateurs de l'œuvre collective; que ce fait avait, bien longtemps avant la plainte, acquis la notoriété la plus complète; qu'indépendamment de la publicité que lui ont donnée les deux procès soutenus contre Prudhomme et contre Furne par les auteurs de la *Biographie*, il a été, en quelque sorte, notifié solennellement au public, aux biographes et à la librairie, par l'avis imprimé en 1828, en tête du cinquante-deuxième volume de la *Biographie Michaud*, et dans lequel celui-ci déclare que la *Biographie universelle* a été, depuis plus de quinze ans, continuée par lui seul; que c'est par ses soins que fut d'abord formée l'association la plus honorable et la plus nombreuse qui ait jamais exécuté une entreprise littéraire; que c'est par ses soins encore que le plan et le système de l'ouvrage ont été adoptés et que les résultats les plus satisfaisants ont été obtenus; — Qu'enfin sa part dans la création de la *Biographie uni-*

étranger à la rédaction, mais eu égard à l'importance de ses

---

verselle a été tout récemment encore constatée et confirmée par l'addition au titre des volumes de la deuxième édition de ces mots : *Sous la direction de M. Michaud;* — Considérant que les notices composant le *Dictionnaire historique*, par leur introduction et leur réunion dans ce recueil ont perdu le caractère et l'existence d'œuvres distinctes et individuelles pour devenir parties intégrantes et inséparables d'un tout dans lequel elles se sont absorbées; que la réunion de toutes ces notices dans un seul cadre a rendu au public un service littéraire, et communiqué à l'ensemble un mérite particulier, service et mérite que ces mêmes compositions, livrées toutes séparément à la publicité, n'auraient pu réaliser; — Considérant que dès lors l'entrepreneur et le créateur de ce recueil a, par ce fait seul, un mérite d'auteur de l'ensemble et non pas seulement de simple éditeur, et par suite un droit distinct et personnel à raison de cet ensemble, droit supérieur à celui des écrivains signataires des notices, qui n'ont fourni chacun que quelques-unes des parties de l'œuvre collective; qu'il est donc juste et conforme à l'esprit de la loi de récompenser par un privilége d'auteur la publication dont le créateur du recueil a enrichi la société; — Qu'au surplus, le discours préliminaire placé en tête du premier volume de la *Biographie universelle* révèle et permet de mesurer tout ce qu'une œuvre collective de cette nature, conçue dans de telles proportions, exigeait d'intelligence, de discernement, d'expérience littéraire et bibliographique, d'esprit de suite, d'organisation et de discipline, ainsi que de fermeté et de persévérance dans le caractère; que, d'une part, la seule mise à fin de l'entreprise, indépendamment du plus ou moins de perfection de l'œuvre, a justifié que toutes ces qualités de l'esprit avaient été, dans une plus ou moins large mesure, déployées dans ce grand travail de création, et que, d'autre part, les faits déjà rappelés ont manifesté que la pensée et la volonté, nécessairement uniques, qui y avaient présidé, ne pouvaient être autres que la pensée et la volonté de Michaud jeune; — Considérant qu'alors que le privilége pour l'œuvre collective dure encore, les articles dont les signataires sont décédés n'en continuent pas moins à faire partie inséparable du tout pour lequel ils ont été composés, et au préjudice duquel les auteurs n'auraient pu de leur vivant faire une disposition de leurs écrits, de nature à lui nuire dans une mesure quelconque; que le domaine public dès lors n'a pu recueillir par leur décès un droit de concurrence préjudiciable qui n'avait jamais reposé sur leurs têtes, et à l'exercice duquel le privilége de l'auteur de l'ensemble continue à faire obstacle après le décès de ces écrivains; que la première condition constitutive du délit de contrefaçon, la violation des lois sur la propriété des auteurs, se rencontre ainsi dans l'espèce à l'égard de l'emprunt des 59 articles; — En ce qui touche la question de préjudice : — Considérant que l'emprunt de ces 59 articles dépasse la nature et l'étendue des citations permises; qu'en admettant même que quelques-uns des articles incriminés dussent être considérés comme ne constituant pas une reproduction textuelle et complète; le nombre des autres emprunts, dont quel-

conseils, être considéré comme coauteur. C'est là une pure

---

ques-uns si importants et si considérables, comme ceux par exemple d'*Adanson* et d'*Adisson*, suffisait encore pour motiver et légitimer la plainte en présence d'une contrefaçon qui pouvait et devait continuer dans les livraisons et les volumes suivants; — Qu'évidemment on ne pourrait détacher matériellement et supprimer ces articles du recueil pour lequel ils ont été rédigés sans diminuer le prix et le mérite reconnus par l'opinion publique à cette collection, et sans nuire par suite à sa valeur vénale; — Qu'il en est de même, jusqu'à un certain point, de la reproduction de ces articles dans un recueil de même nature que le premier et destiné à lui faire concurrence; que cette reproduction, en effet, en plaçant ces articles dans la main des lecteurs par une autre voie que celle de la *Biographie universelle*, tend à diminuer également, dans une certaine mesure, pour le public, l'intérêt de curiosité et d'utilité pour les recherches qui s'attachait au premier ouvrage, et, par conséquent, à diminuer la demande de ce livre, la facilité de son placement, et par là les produits de sa mise en vente; que le préjudice s'aggrave surtout par cette circonstance que les emprunts, en réduisant les frais de la concurreuce, permettent d'en assurer le succès par le bon marché du second ouvrage, fait en partie aux dépens du premier; — Considérant qu'après avoir admis l'exactitude du reproche qui leur était adressé d'avoir copié textuellement les 59 articles dont s'agit, les frères Didot ont, en désespoir de cause, essayé, sans succès, de se défendre en fait de ce reproche, et vainement allégué que les articles de la *Biographie Michaud* étaient eux-mêmes puisés dans des ouvrages grecs, anglais ou italiens, ou empruntés à d'autres dictionnaires historiques, puisque, d'une part, les droits d'auteur sont protégés pour une traduction aussi bien que pour une composition originale; et que, de l'autre, les vérifications ont fait reconnaître qu'un certain nombre des articles qu'on accuse les auteurs de la *Biographie Michaud* d'avoir empruntés à leurs devanciers ne se rencontrent point dans la première édition de ces Biographies, publiées avant 1811, mais uniquement dans leur seconde édition, postérieure à l'apparition de la *Biographie universelle*, dans laquelle, au contraire, ces publications rivales ont elles-mêmes puisé; — Qu'en reconnaissant d'un autre côté que quelques-uns des 59 articles ont été réduits et ont reçu quelques autres modifications bien légères, on y constate toujours que le plus grand nombre des phrases ont été servilement copiées sur les notices de la *Biographie Michaud*; — Qu'on y rencontre ainsi le caractère essentiel de la contrefaçon et du plagiat préjudiciables qui consistent à faire une concurrence à l'aide des résultats mêmes du travail d'autrui; — En ce qui touche les 22 articles incriminés comme entachés de plagiat : — Considérant que bien que les règles de la bonne foi commerciale fassent en général à un éditeur une loi de s'abstenir de toute espèce d'emprunt et de secours demandés à une entreprise rivale en cours d'exécution, à laquelle on veut faire concurrence, et que l'on se propose dès lors de paralyser plus ou moins complétement; cependant les articles ci-dessus isolés de l'usurpation du titre

question de fait qui échappe à toute règle et à tout contrôle au point de vue du droit (1).

---

et de la reproduction des 59 autres notices ne présenteraient pas suffisamment les caractères de la contrefaçon, mais que par les emprunts évidents, quoique partiels et plus ou moins déguisés faits à la *Biographie Michaud* ces 22 articles concourent à caractériser et aggraver la contrefaçon résultant des deux autres éléments; — Considérant qu'il résulte de tout ce qui précède que, par l'usurpation du titre de *Biographie Michaud*, les plagiats commis dans 22 articles et la reproduction volontaire de 59 notices, les frères Didot ont commis le délit de contrefaçon; — Condamne; etc., etc.

Voir, dans le même sens, l'arrêt du 16 juillet 1853 (Cour de cassation), qui avait cassé l'arrêt de la cour de Paris.

(1) 20 août 1852. — Trib. Paris. — Auger c. Laferrière et Pierron. — En ce qui touche la réclamation d'Auger contre Pierron: — Attendu que, tout en se prétendant auteur d'une pièce de théâtre, jouée à l'Odéon, ayant pour titre: *Livre III, Chapitre Ier*, et originairement ayant pour titre: *Un Moyen dangereux*, Auger reconnaît dans sa demande que des changements ont été faits par Pierron dans cette même pièce; — Que, lors de la comparution des parties à l'audience, Auger a reconnu de nouveau ce fait, et a consenti à ce qu'un tiers des droits d'auteur fût accordé audit Pierron; — Attendu que, dans cet état de choses, le Tribunal n'a pas à se préoccuper du mérite, d'ailleurs fort contestable, des modifications émanées de Pierron, et qu'il suffit de lui attribuer le tiers que l'auteur veut bien lui concéder; — En ce qui touche la même demande vis-à-vis de Laferrière: — Attendu qu'il résulte des documents du procès, de l'examen des divers manuscrits et des explications des parties à l'audience, que le sieur Auger est l'exécuteur de la pièce dont il s'agit, sauf les modifications faites par Pierron, comme il a été dit ci-dessus; — Attendu que Laferrière ne prouve point avoir participé à cet œuvre; — Qu'il est constant, en fait, que le manuscrit lui a été confié par Auger, en raison de prêts d'argent que ce dernier avait reçus et qu'il espérait voir se continuer pour l'avenir; — Que si, dans sa correspondance, Auger dit une seule fois à Laferrière: *Votre pièce*, on voit, dans les termes suivants, que cette expression était ironique, et n'attribuait pas à Laferrière la participation qu'il revendique; — Attendu que Laferrière ne conteste pas à Auger l'invention première de l'ouvrage; qu'il prétend seulement y avoir opéré des changements; — Attendu que, faute de justification à cet égard, les droits d'Auger subsistent dans leur intégrité, sauf le tiers concédé à Pierron; — Dit qu'un tiers des droits d'auteur, à raison des représentations de la pièce de théâtre dont s'agit, jouée à l'Odéon sous le titre de *Livre III, Chapitre Ier*, sera attribué à Pierron; — Déclare, quant aux deux autres tiers des droits d'auteur, bonne et valable l'opposition formée par Auger sur Laferrière, et fait mainlevée en ce qui touche le tiers attribué à Pierron; — Condamne, etc.

Sans refuser la qualité d'auteurs, dans le sens grammatical et même légal, aux écrivains qui ont produit leur œuvre dans certaines conditions, on a cherché à leur enlever les avantages attachés à ce titre et les bénéfices du droit exclusif. Ce sont ces difficultés que nous allons examiner.

On a prétendu, à tort, que l'auteur qui a gardé l'*anonyme* en publiant son ouvrage a, par ce fait, perdu son droit de propriété. Décider que l'ouvrage *anonyme* tombe dans le domaine public, c'est introduire dans la loi un cas de déchéance qu'elle n'a pas admis, et qui est d'ailleurs contraire à son esprit. Quand elle a formulé les règles auxquelles devait être soumise la propriété, et les formalités que l'auteur aurait à remplir pour la revendiquer en justice, la loi n'aurait pas manqué de déclarer cette déchéance. Elle ne l'a pas fait et ne devait pas le faire, car la raison se refuse à imposer à un auteur l'obligation de signer une production qu'il peut avoir intérêt à ne pas avouer. Il ne paraît pas plus raisonnable de conclure qu'il est censé avoir renoncé à son droit de propriété parce qu'il n'a pas signé et avoué son ouvrage. Le bon sens et la loi s'y refusent; une pareille renonciation devrait être formellement stipulée pour lui être opposée. Elle ne pourrait pas même s'induire, comme nous le verrons, de l'absence du dépôt, seule formalité que la loi ait imposée, non pas pour obtenir le droit de propriété, mais pour le revendiquer en justice. Les ouvrages anonymes ont été assimilés, il est vrai, aux ouvrages tombés dans le domaine public, par une circulaire ministérielle sur l'interprétation du décret du 29 avril 1811, mais cette instruction n'a pas pour but de régler la propriété; elle ne s'occupe que de la perception du droit imposé à chaque feuille d'un ouvrage dont l'auteur ou les héritiers n'existent plus (1).

L'État peut être, dans le sens légal, auteur d'un ouvrage

(1) 2 décembre 1814. — C. Cass. — Leclerc : Brunet et Savy. — Leclerc se plaignait de la contrefaçon des *Lectures chrétiennes*, publiées sans nom d'auteur, par l'abbé Cardon, et qui n'étaient qu'une compilation mot à mot des œuvres de *Bossuet*, *Fénelon*, *Cochin* et du *Pastoral de Paris*. — Brunet et Savy ont été condamnés.

composé sur ses ordres et par des salariés. Mais s'il s'agit de manuscrits ou d'objets d'art appartenant soit aux archives, soit aux bibliothèques publiques, aux termes du décret du 20 février 1809, ou qui sont devenus la propriété de l'État en vertu du décret du 6 thermidor an 2, l'État alors n'est pas réputé l'auteur, il est seulement le propriétaire desdites œuvres (1); cette distinction entre le propriétaire et l'auteur est importante, puisqu'elle sert à fixer la durée du droit exclusif.

---

(1) 7 prairial an 2. C. Cass. — Bossange : Moutardier et Leclerc. — Le gouvernement, devenu propriétaire des manuscrits de l'Académie, après sa dissolution par décret du 12 août 1793, céda à Bossange le droit de publier la 5me édition du *Dictionnaire de l'Académie*. — Quelque temps après, Moutardier et Leclerc publient une *nouvelle édition* de ce dictionnaire, *augmentée de plus de vingt mille articles*. Poursuite. — Arrêt. — Attendu que, par les décrets des 8 et 12 août 1793, toutes les académies et sociétés littéraires patentées ou dotées par la nation ont été supprimées; que les tableaux, statues, livres et manuscrits dont elles avaient la jouissance, ont été déclarés par le décret ultérieur du 6 thermidor an 2, faire partie des propriétés de la république; que l'exemplaire du *Dictionnaire de l'Académie française*, chargé de notes marginales et interlinéaires, reconnu au procès-verbal pour la véritable et unique copie destinée pour servir de type à la 5me édition, faisait partie des manuscrits et livres appartenant à l'Académie; que ces manuscrits étant devenus une propriété de la nation, elle a pu en disposer au profit de Bossange; que le *véritable propriétaire* d'un écrit, dans le langage de la loi, peut être tout autre individu que l'auteur, puisqu'elle reconnaît pour tels les cessionnaires en tout ou en partie de l'ouvrage; que, par les art. 4 et 5 de la loi précitée, ces mots, *véritable propriétaire*, mis en opposition à celui de contrefacteur, ne permettent pas de restreindre les dispositions de la loi au seul propriétaire du fond d'un ouvrage; qu'elles doivent s'étendre à tous ceux qui en sont cessionnaires en tout ou en partie; que celui qui a reçu d'un auteur, ou d'un représentant de l'auteur, le droit d'en débiter une édition, est subrogé dans tous les droits et qualités de l'auteur; qu'il est dans le texte comme dans l'esprit de la loi que le véritable propriétaire à indemniser par le contrefacteur est le propriétaire de l'édition originale, c'est-à-dire l'éditeur, puisque, dans le délit de contrefaçon, il n'y a que l'éditeur dont les intérêts soient lésés par la contrefaçon de l'édition originale, et que la peine prononcée par la loi contre le contrefacteur est l'indemnité due à l'éditeur, qui souffre seul de cette contrefaçon; — Attendu enfin qu'il résulte de ces considérations, que le Tribunal criminel, en déclarant que Bossange était sans qualité pour poursuivre la contrefaçon, parce que cette action n'était donnée par la loi qu'au véritable propriétaire, a fait une fausse application des art. 4 et 5 de la loi du 19 juillet 1793. — Casse.

Les académies ou sociétés littéraires, et en général tous les corps savants sont *auteurs*, dans le sens légal, des ouvrages qu'ils composent. Ils peuvent donc les publier soit par eux-mêmes, soit par l'éditeur de leur choix. C'est ce qui résulte d'abord des termes généraux de la loi de 1793, et ensuite du décret du 6 thermidor an 2, qui, après la dissolution des corps savants en 1793, attribua à l'État la propriété de tous leurs manuscrits; d'où il faut conclure que les corps savants, ayant été rétablis, sont rentrés, au moins pour l'avenir, dans la pleine propriété de leurs travaux. Toutefois, nous devons ajouter que le droit de propriété, attribué à une société, ne peut faire obstacle au droit particulier que chaque membre conserve de publier séparément ses œuvres, même après les avoir réunies à la collection générale des travaux publiés par la société à laquelle il appartient.

L'auteur qui a d'abord publié son ouvrage en pays étranger peut-il encore revendiquer en France le bénéfice de la loi française? Cette question n'a plus d'intérêt pour l'avenir en présence du décret du 28 mars 1852. Ajoutons que si, sous l'empire de la loi de 1793 et du décret de 1810, elle avait un intérêt incontestable, elle n'en était pas pour cela plus sérieuse au point de vue de la doctrine. Le droit de propriété consacré par la loi est large et absolu. Le législateur n'impose à son existence et à son exercice aucune condition de lieu ni de temps. L'auteur conserve donc son droit entier pendant sa vie, et il l'exerce où et quand il lui plaît d'en user (1), sans qu'on

(1) 10 juillet 1844. — Trib. Paris. — Escudier : Schonenberg. — Attendu qu'Escudier frères demandent, comme substitués aux droits de l'auteur, que le défendeur soit tenu de ne plus publier à l'avenir des morceaux extraits de l'opéra *I Lombardi alla prima crociata*, et, en outre, des dommages-intérêts; — Attendu que le défendeur prétend que cet opéra a été publié à l'étranger; — Que, par cette publication faite avant le dépôt voulu par la loi, cet ouvrage est tombé dans le domaine public; — Qu'en conséquence l'auteur ne peut plus exercer son droit de propriété en France; — Attendu que le décret du 5 février 1810, qui a fixé la durée de la propriété des auteurs, a reconnu des droits égaux pour les nationaux et les étrangers; — Que, pour admettre que la publication à l'étranger enlève à un auteur étranger son droit de propriété,

puisse même lui opposer qu'il a laissé, pendant longtemps, reproduire et vendre son ouvrage en France. Cette tolérance ne peut, en aucun cas, être considérée comme la renonciation à un droit acquis (1).

---

il faudrait admettre que les nationaux eux-mêmes perdent ce droit par la publication de leurs œuvres à l'étranger, puisque la loi ne fait aucune distinction entre les droits des uns et des autres; — Attendu que rien dans la loi ne justifie cette doctrine, déjà repoussée par la jurisprudence à l'égard des nationaux; — Que ce serait admettre une déchéance; que les déchéances comme les priviléges sont de droit étroit, et ne sauraient être appliquées par assimilation; — Attendu que la loi n'a prononcé aucune déchéance contre les auteurs, soit nationaux, soit étrangers, qui auraient publié leurs œuvres à l'étranger avant de les publier en France, ou qui n'auraient pas fait le dépôt avant cette publication; — Que le droit de publier résulte évidemment du droit de propriété, et ne peut en aucune façon lui porter atteinte; — Que le dépôt n'est qu'une formalité nécessaire à l'auteur quand il veut exercer son droit, mais ne constitue pas le droit lui-même, qui naît de la création de l'ouvrage; — Qu'aucune époque n'ayant été fixée pour remplir cette formalité, l'auteur peut s'y soumettre quand il juge convenable de faire valoir ses droits; — Attendu que les auteurs peuvent céder leurs droits à des tiers, qui sont alors substitués à leur lieu et place; — Attendu que, de ce qui précède, il résulte que l'auteur de *I Lombardi alla prima crociata* ou ses ayants cause peuvent faire valoir leurs droits de propriété sur les morceaux dont ils ont fait le dépôt; — Attendu qu'Escudier frères justifient suffisamment avoir acquis la propriété dudit opéra; — Qu'ils sont par là substitués aux droits de l'auteur; — Attendu que la seule publication antérieure au dépôt fait en séance par l'auteur, est la représentation théâtrale; — Que le dépôt des œuvres gravées a été fait simultanément à Paris et à Milan; — Que ce n'est que lorsque le défendeur a connu la vente de l'opéra au profit des demandeurs qu'il s'est empressé d'en publier des morceaux détachés; — Attendu que la formalité du dépôt n'a été remplie par les demandeurs qu'à l'égard du terzetto, et ne l'a pas encore été à l'égard des deux quadrilles publiés par Schonenberger; — Déclare les demandeurs, quant à présent, non recevables dans leur demande concernant les deux quadrilles; — Fait défense à Schonenberger de publier à l'avenir le terzetto de l'opéra *I Lombardi alla prima crociata*.

(1) 27 juin 1844. — C. R. Paris. — Beaudouin : Vatel. — Attendu, en fait, que Beaudouin d'Aubigny est l'un des auteurs du mélodrame français intitulé la *Pie voleuse;* que cette pièce, représentée d'abord sur le théâtre de la Porte-Saint-Martin, a depuis, sans le consentement des auteurs, seuls propriétaires, été transportée sur le Théâtre-Italien, après avoir été traduite et arrangée en forme de libretto pour la scène de ce théâtre; — Attendu que Beaudouin d'Aubigny a fait défense au directeur du théâtre susdésigné de continuer à repré-

Notre doctrine sur les ouvrages publiés d'abord en pays étrangers a été pleinement justifiée par le décret de 1852, qui n'a eu d'autre but que de résoudre la question ci-dessus, jusqu'alors très-controversée.

---

senter la *Gazza ladra*, cette pièce, suivant le plaignant, n'étant que la reproduction du mélodrame la *Pie voleuse*; — Attendu que, malgré la réclamation de Beaudouin d'Aubigny, la *Gazza ladra* a été représentée; — Attendu que, de l'examen des deux brochures, il résulte la preuve que le libretto italien la *Gazza ladra* est, quant à la charpente de la pièce, la conduite de l'action, sa contexture et l'agencement des scènes, la reproduction de la pièce française; que, de plus, certaines parties du dialogue sont la traduction presque littérale des expressions dont se sont servis les auteurs français; que les variantes ont été nécessitées par la mise en scène sur un théâtre d'un autre genre, et par les exigences du chant; — En droit, — Attendu que le législateur, en protégeant les droits des auteurs, et en réprimant la contrefaçon, a voulu atteindre les moyens indirects de nuire à la propriété littéraire aussi bien que les moyens directs, les contrefaçons partielles, mais notables, comme les contrefaçons complètes, pourvu qu'il en résultât concurrence dommageable pour l'auteur; — Attendu qu'il est constant pour le Tribunal que la reproduction même sur une scène tout à fait différente de l'œuvre de d'Aubigny a pu lui causer quelque préjudice; — Attendu que le silence gardé pendant un certain temps par le plaignant n'est pas de nature à lui faire perdre le droit qu'il tient de la loi, et à faire supposer qu'il a renoncé à ce droit; — Attendu que si la traduction dite libretto de la *Gazza ladra*, faite à l'étranger par un sieur Gherardini, et la représentation, aussi en pays étranger, de l'opéra en question, constitue un fait que la loi française ne peut atteindre, il n'en saurait être de même lorsque, comme dans l'espèce, ce fait a été reproduit en France par des représentations théâtrales et par la vente de la brochure incriminée, comme étant entachée de contrefaçon; qu'alors il y a délit, droit pour l'auteur d'agir et devoir pour les tribunaux d'appliquer la loi; — Attendu que vainement on oppose qu'il s'agit d'un fait historique tombé dans le domaine public, et dont chacun peut s'emparer à son gré; — Que ce fait historique n'a été que l'idée mère, le germe que les auteurs du mélodrame ont déchiffré et arrangé pour la scène, au moyen d'un travail de l'esprit; que c'est ce travail de l'intelligence qui constitue la propriété littéraire que d'Aubigny revendique avec raison; — Attendu que dans les ouvrages dramatiques destinés principalement aux représentations des théâtres, le plan de l'ouvrage, l'ordonnance du sujet, la conception des caractères, la conduite de la pièce, ont une importance capitale, indépendamment du style, de la forme du langage, prose ou vers; — Attendu que s'il est vrai qu'au Théâtre-Italien la musique a beaucoup plus d'importance pour le public que le canevas ou poëme, cependant ce dernier ouvrage a aussi sa valeur, puisque c'est d'après les situations plus ou moins dramatiques que le

Les dispositions dudit décret doivent s'appliquer non-seulement aux œuvres littéraires qui paraissent pour la première fois depuis sa promulgation, mais encore aux nouvelles éditions de celles qui ont été publiées antérieurement, car le décret ne distingue pas (1).

---

compositeur donne à la forme musicale les développements dont elle est susceptible; que, de plus, la vente, surtout au Théâtre-Italien, de la brochure contenant le libretto avec la traduction, est aussi l'objet d'une spéculation productive pour le directeur ou ses représentants; — Attendu que de tout ce qui précède résulte qu'il y a, dans l'espèce, contrefaçon de l'ouvrage original, concurrence réelle, dommageable; que, par conséquent, la demande de d'Aubigny est fondée; — Attendu que le livret, avec traduction, ne peut, pris isolément, faire une concurrence sérieuse et préjudiciable à la vente de la brochure du mélodrame la *Pie voleuse;* — Déclare qu'il y a contrefaçon, en conséquence condamne le prévenu à payer à Beaudouin d'Aubigny 40 fr. par chaque représentation; — Renvoie Beaudouin, Thiboust et Buding des fins de la plainte portée contre eux à raison de la vente de la brochure incriminée; — Fait défense à Vatel de plus, à l'avenir, publier, vendre ou faire vendre et faire représenter au théâtre dont il est le directeur privilégié la pièce dite la *Gazza ladra* sans le consentement exprès de Beaudouin d'Aubigny, etc., etc. — Sur l'appel, la Cour a confirmé.

Id. 30 janvier 1818. C. Cass. — Chaumerot : Michaud. — Chaumerot, cessionnaire des héritiers Cléry, a édité en France un ouvrage intitulé : *Captivité de Louis XVI au Temple*, que l'auteur avait, bien antérieurement, publié en Angleterre, et dont il avait laissé circuler des exemplaires en France. — Condamnation de Michaud comme contrefacteur. — Rejet du pourvoi.

(1) 8 décembre 1853. Paris. C. imp. — Lecou : Barba. — Considérant que la création d'une œuvre littéraire ou artistique constitue au profit de son auteur une propriété dont le fondement se trouve dans le droit naturel et des gens, mais dont l'exploitation est réglementée par le droit civil; — Considérant que sous la législation antérieure au décret du 28 mars 1852 on contestait aux auteurs étrangers le droit exclusif de vendre et éditer, en France, leurs ouvrages publiés en pays étranger; — Que le décret du 28 mars 1852 a eu précisément pour but de leur déférer ce droit dans les limites concédées et sous les conditions imposées aux auteurs français, et de donner ainsi aux nations étrangères l'exemple de la consécration la plus large de la propriété littéraire et artistique; — Que l'esprit et la généralité des termes de ce décret étendent le bénéfice de ces dispositions aux ouvrages publiés antérieurement à sa promulgation, alors même qu'ils auraient été réimprimés en France par des tiers avant cette dernière époque; que cette interprétation ne porte atteinte à aucun droit acquis et ne donne au décret aucun effet rétroactif; — Que le fait de réimpression, en France, de l'ouvrage d'un auteur étranger, en l'absence de

Le décret de 1852 ne stipule rien relativement aux auteurs étrangers. Il ne concerne que les ouvrages qui, sans distinction sur la nationalité des auteurs, ont été publiés en pays étranger avant d'être publiés en France. Sans doute ce sont les étrangers qui auront le plus souvent à invoquer ses dispositions; mais, néanmoins, les droits de l'auteur étranger, en dehors des traités internationaux, restant régis par la loi de 1793 combinée avec le décret de 1810, il importe encore aujourd'hui de fixer le sens et la portée de ces lois en ce qui concerne les droits des étrangers.

Ne pouvant contester à ces derniers la généreuse hospitalité que leur offre la législation française, on a cherché à leur imposer des conditions qui ne sont pas dans l'esprit de la loi et que la généralité de ses termes repousse. Ainsi on a décidé

---

tout droit pour celui-ci de s'y opposer, n'impliquait point effectivement de sa part une renonciation à sa propriété; que le dépôt nécessaire pour conserver le droit de poursuite, mais non le droit de propriété, n'a pu, lorsqu'il a été effectué par un tiers, transmettre cette propriété ni au reproducteur ni au domaine public; — Que la liberté de réimpression accordée à tous par la loi civile a seulement protégé les faits consommés sous son empire, et conservé, comme conséquence nécessaire, aux tiers qui ont usé de cette liberté, la faculté de vendre des exemplaires des éditions créées ou en cours d'exécution lors de l'accomplissement par les auteurs étrangers ou leurs cessionnaires des conditions auxquelles est subordonnée l'application du décret précité; — Considérant que, dans le sens de ce décret, un tirage nouveau, au moyen de clichés établis antérieurement à sa promulgation, équivaut à une édition nouvelle, surtout lorsque ce tirage n'a été obtenu, comme dans l'espèce, qu'à l'aide du remaniement des clichés avec changement de format et addition de gravures; — Considérant que si les *Nouvelles génevoises*, de Töpffer, étranger, ont été publiées en Suisse de 1832 à 1840; si elles ont été depuis réimprimées en France par plusieurs libraires, la veuve de Töpffer, décédé en 1846, a cédé à Lecou, le 24 décembre 1852, le droit d'éditer en France les *Nouvelles génevoises;* — Que cette cession a été connue de Barba dès le mois de février 1853; que Lecou a effectué, le 7 mars 1853, le dépôt exigé par le décret, et que, postérieurement à ce dépôt, Barba, à l'aide de clichés par lui établis en 1851, mais remaniés, ramenés à un format différent et avec addition de gravures, a réimprimé les *Nouvelles génevoises*, et s'est ainsi rendu coupable du délit de contrefaçon prévu et puni par l'article 1er du décret du 28 mars 1852 et les articles 425 et 427 du Code pénal; — La cour confirme le jugement du 23 juillet 1853.

qu'ils ne peuvent revendiquer le droit de propriété littéraire en France qu'autant qu'ils y ont publié leur ouvrage. On leur impose cette condition surtout lorsque l'ouvrage a été primitivement publié en pays étranger (1). Enfin on a voulu ne leur

---

(1) 22 novembre 1853. — C. imp. Paris. — Escriche : Rosa et Bouret. — Considérant, d'une part, que le *Dictionnaire raisonné de législation espagnole,* composé par Escriche de Ortega, et imprimé par Dupont en 1831, n'a point été publié en France; qu'il résulte en effet, de documents certains, qu'au fur et à mesure de l'impression les feuilles ont été remises à l'auteur; qu'après les avoir réunies en ballot, il les a transportées en Espagne, et que l'édition entière a été vendue soit dans la métropole, soit dans les colonies auxquelles l'œuvre était destinée ; — Que ce défaut de publications, en France, est confirmé et par l'absence du dépôt imposé par la loi du 19 juillet 1793, et par ces diverses circonstances constantes au procès, que le frontispice du livre n'indique pas d'éditeur français ; que, contrairement à l'usage invariable dans le commerce des livres, il n'a pas été fait mention du *Dictionnaire* dans le *Journal de la Librairie;* qu'il n'a point été publié de prospectus, qu'aucune annonce n'a été faite; qu'en 1850, enfin, lorsque la veuve Escriche a voulu déposer l'ouvrage, pour être en mesure de poursuivre les libraires auxquels elle imputait le délit de contrefaçon, elle n'a pu trouver qu'en Espagne les deux exemplaires exigés par la loi; — Considérant, d'autre part, que depuis 1831, notamment dans les années 1838, 1842, 1845, bien avant le dépôt effectué par la veuve Escriche, de nouvelles éditions du Dictionnaire ont été publiées, soit en Espagne, soit au Mexique, avec des additions plus ou moins importantes; — En droit : — Considérant que si la propriété consacrée par la loi du 19 juillet 1793, au profit des auteurs, a son principe dans la composition des ouvrages de littérature ou de gravure, c'est de la publication que dérivent son existence légale et ses prérogatives; — Que l'article 6 n'accorde l'action en contrefaçon, c'est-à-dire l'attribut et la sanction du droit de propriété, qu'au citoyen qui met au jour une production intellectuelle; — Qu'ainsi, dans la pensée du législateur, la publication de l'ouvrage et l'institution légale de la propriété littéraire forment les éléments d'une convention indivisible; que la propriété, juste récompense du génie ou des efforts de l'auteur, est la compensation des avantages, quelquefois même de la gloire dont la publication a doté le pays; — Que la conséquence du système contraire serait de créer à l'industrie des gênes et des dangers sans dédommagement d'aucun genre pour la société; — Qu'il suit de là qu'en déposant, en 1850, des exemplaires d'un livre qui n'a jamais été mis au jour en France, la veuve Escriche n'a pu créer à son profit une propriété dont la cause n'existe pas; qu'elle n'a pu davantage porter atteinte au droit qui, jusqu'au traité fait avec l'Espagne en 1852, appartenait aux libraires français de reproduire les ouvrages édités en pays étranger; — Considérant toutefois que le préjudice causé

accorder le droit de poursuite qu'autant qu'ils justifieraient de l'autorisation de résider en France. Il suffirait, pour repousser ces doctrines, de rappeler qu'elles ne se fondent que sur l'intérêt bien ou mal compris de l'industrie française, et qu'elles sont obligées de faire de la publication et du dépôt la base du droit d'auteur. C'est le renversement des notions les plus élémentaires et la violation la plus manifeste des textes. La loi de 1793 ne distingue pas entre l'auteur français et l'auteur étranger. Elle stipule donc pour l'auteur, quel qu'il soit. En présence d'un texte si absolu, on ne peut soutenir que l'auteur étranger doive, aux termes de l'article 13 du Code civil, être autorisé à résider en France pour pouvoir y revendiquer la jouissance exclusive du droit de reproduction. La loi civile française n'a pas été rédigée en vue de la propriété littéraire, ainsi que nous l'avons déjà plusieurs fois constaté (1). Quant au décret de 1810, il est encore plus explicite et tout aussi absolu que la loi de 1793. L'auteur français et l'auteur étranger sont traités sur le pied de la plus parfaite égalité; c'est donc à tort qu'on a prétendu que le décret du 5 février 1810, étant introductif d'un droit nouveau, ne devait s'appliquer qu'aux ouvrages publiés par les étrangers postérieurement à sa pro-

---

par le procès à Bouret et Rosa n'est pas suffisamment établi, et que les circonstances permettent de réduire à une simple condamnation de dépens les dommages-intérêts par eux demandés; — Considérant, à l'égard de Dupont, que la solution qui précède rend superflu l'examen de l'action en garantie intentée contre lui; — Infirme en ce que Bouret et Rosa ont été condamnés à payer à la veuve Escriche des dommages-intérêts à donner par état; — Déboute la veuve Escriche de sa demande.

(1) 20 août 1852. C. Cass. — Escriche : Bouret et Morel. — Attendu que la loi de 1793, en définissant la propriété littéraire, ne distinguait pas entre les Français et les étrangers; que l'article 39 de la loi de 1810, en établissant les droits de l'auteur, de sa veuve et de ses enfants, ne fait pas davantage de distinction; mais que la généralité de ses dispositions se trouve expliquée et formellement étendue aux étrangers par l'article 40; — Attendu que si l'auteur de l'ouvrage n'avait pas lui-même effectué le dépôt prescrit par la loi de 1793, son imprimeur ou éditeur a déposé les exemplaires exigés par la loi d'octobre 1814; que cette formalité a suffi pour lui assurer la conservation de ses droits; — Rejette.

mulgation. Pour que cette prétention fût fondée, il faudrait établir que la loi de juillet 1793 était, à l'égard des étrangers, en opposition directe avec le décret de 1810. Or cela n'est pas, et tout au plus pourrait-on dire que la loi de 1793 prêtait au doute; le décret est donc purement interprétatif et doit réagir sur le passé (1).

Le professeur qui fait un cours public a-t-il un droit de propriété exclusive sur son œuvre, et peut-il seul la publier? Rien ne froisserait plus le simple bon sens que de refuser à un auteur le privilége exclusif de la publication de son ouvrage, parce qu'il l'aura produit dans un cours public. Cette question avait pris un caractère sérieux depuis les prétentions formulées par la sténographie. Cet art a su se résigner longtemps au rôle secondaire qui lui était désigné par sa nature. Il s'associait à la science, dont il secondait la puissance par ses merveilleuses ressources. Suivant pas à pas et saisissant la parole, la sténographie se soumettait d'abord loyalement à l'examen préalable et à l'autorisation de l'auteur; mais depuis, enhardie par la facilité de prendre, elle a pris en silence et frauduleusement. Elle s'est emparée de la propriété la plus intime, la plus individuelle de l'intelligence, celle de l'improvisation.

Mais il n'en est pas de la propriété littéraire comme de la propriété des choses mobilières. Celle-ci est fondée sur le fait de possession, et, si l'on donnait à la propriété littéraire la même base, il s'ensuivrait que, dès qu'une pensée serait émise, elle appartiendrait à celui qui l'aurait reçue comme à celui qui l'aurait exprimée. C'est ce que la loi n'a pu vouloir, puisqu'elle désirait accorder aux conceptions intellectuelles une protection efficace; c'est ce qu'elle n'a pas voulu, puisqu'elle a formellement attribué le droit de propriété exclusive à la création même de l'œuvre. L'auteur est propriétaire par le fait seul de la composition. Or, puisqu'on admet que le professeur est l'auteur de l'œuvre en question, on reconnaît donc qu'il a la propriété exclusive aux termes de la loi.

(1) 23 mars 1810. C. Cass. — Demoiselles Érard : Siéber.

Aussi n'est-ce pas là le point le plus controversé de la question. Les contrefacteurs, forcés par les termes si explicites et si impérieux de la loi, se résignent à reconnaître que le fait seul de la composition, que la qualité d'auteur, enfin, donne le droit de propriété ; mais ils disent que l'auteur perd ce droit lorsqu'il livre sa pensée au public avant de l'avoir fixée, et que cela résulte de la loi qui ne parle que des *écrits*, c'est-à-dire des ouvrages formulés par l'écriture après être sortis de la tête de l'auteur. D'où il résulte qu'elle ne veut protéger que l'œuvre qui a été publiée matériellement, et non les discours qui n'ont que l'existence éphémère d'un son qui naît et meurt en même temps, qui n'est pas palpable et ne peut par conséquent servir de base à la propriété.

Cette interprétation judaïque est indigne d'une loyale et sérieuse discussion, et d'ailleurs ceux qui oseraient se prévaloir de la rigueur des termes se verraient bientôt repoussés par les termes mêmes. En effet, si l'on donne au mot *écrit* le sens exclusif de l'objection, il faudra dire que la loi n'aura entendu protéger que les manuscrits, et que le droit exclusif se perdra par le fait de l'*impression;* car qui dit *écrit* ne dit pas *imprimé, gravé, lithographié*. D'où il faudrait conclure que la loi n'aurait accordé le droit exclusif aux auteurs qu'à la condition qu'ils ne publieraient pas leurs œuvres, ou, ce qui est la même chose, à la condition qu'ils ne les publieraient que par manuscrits. N'est-il pas évident que le législateur, en disant : *les auteurs d'*ÉCRITS *en tout genre*, ne s'est servi de cette expression que dans le sens générique et parce qu'elle était la seule qui pût exprimer et définir les œuvres dont il s'occupait. L'auteur d'une production littéraire est auteur d'un écrit, tandis qu'un peintre est auteur d'un tableau, un graveur d'une gravure ; et si, comme on le prétend par cette judaïque interprétation, la loi n'avait voulu protéger que l'œuvre rédigée par écrit, et avait refusé le droit de propriété aux œuvres seulement conçues et non encore rédigées, elle se serait grossièrement contredite, puisqu'elle dit en même temps, comme nous l'avons démontré plus haut, que l'on est propriétaire par cela seul qu'on est auteur, c'est-à-dire qu'on a conçu une œuvre quelconque. Donc une œuvre non écrite n'en a pas moins son auteur, qui, aux termes de la loi, a seul le droit de la publier; donc le droit préexiste à la rédaction et, à plus forte raison, à l'impression. Au surplus, qui prouve au contrefacteur sténographe que ce discours, cette leçon qui lui paraissent improvisés et qui tombent si facilement des lèvres du professeur, n'ont pas été le fruit de longues et pénibles veilles, et que toutes ces pensées, ces périodes, ces mots mêmes, n'ont pas été fixés sur le papier dans le silence du cabinet? — L'interprétation judaïque du mot *écrit* n'a donc rien de rassurant pour les contrefacteurs.

L'auteur perd-il son droit de propriété parce qu'il a professé ou parlé en public? Pour cela il faudrait qu'il eût eu l'intention de renoncer et qu'il eût renoncé à son droit; et il n'aurait pu y renoncer que par une cession formelle; car on n'a jamais admis, en bonne logique, une cession tacite, présumée et résultant du fait seul de la lecture en public. Autrement si les grands orateurs du siècle de Louis XIV revenaient parmi nous, ils devraient consentir à voir, sans murmurer, la sténographie s'enrichir audacieusement du fruit de leur génie et de leurs veilles.

Mais, dit-on, si le professeur est salarié, le salaire établit bien la cession, puisqu'il en est le payement. Nous répondons que, dans ce cas, la solution du point de droit découle tout naturellement de l'appréciation du fait. Quelle est la nature de l'engagement réciproque pris par le professeur et celui qui le paye? L'un s'engage à professer publiquement, et il recevra en échange le prix convenu; quand il a professé, il a donné tout ce qu'il devait livrer; il n'est obligé à rien de plus. Si donc on attribue à celui qui paye le droit d'imprimer et de vendre les paroles écrites de son salarié, on lui donne plus que ne porte la convention, et le pacte est violé au préjudice du professeur.

Dira-t-on que donner au professeur le droit exclusif de publier sa doctrine, lorsqu'il a été déjà salarié pour l'enseigner, c'est lui payer deux fois la chose vendue? Ce reproche d'un double gain peut être aisément rétorqué; car, après avoir reçu la leçon qui est la seule chose promise et payée, on voudrait encore avoir la publication et le bénéfice qu'elle produit; il y aurait là, pour l'élève contrefacteur ou le sténographe, un gain plus que doublé. Le reproche, au contraire, ne peut atteindre le professeur. Il ne se fait pas payer deux fois le même objet lorsqu'il retire un bénéfice exclusif de la publication de son cours. En effet, le salaire ne payait que ses paroles, son enseignement, c'est-à-dire une chose immatérielle; tout ce qui n'est pas sa parole est en dehors du contrat; or, s'il matérialise sa parole, s'il lui donne un corps par l'impression, s'il publie enfin sa doctrine, il fait une chose nouvelle en dehors de la convention, et pour laquelle, par conséquent, il a le droit de se faire payer. Sans doute chacun des auditeurs peut recueillir par écrit, ou fixer dans sa mémoire les pensées du professeur; mais il faut bien distinguer entre les pensées elles-mêmes et le profit matériel que peut rapporter une publication. A qui ce profit doit-il appartenir? Entre l'auteur et les spéculateurs la question ne peut être douteuse.

Pour intéresser les progrès de l'humanité à cette spoliation, on n'a pas été avare d'éloges et de gloire; on a dit que la mission si noble du professeur était de former l'esprit public et de servir la patrie; que cette publicité nouvelle, en portant au loin sa parole, lui faisait un auditoire du monde entier, et que la science se propageait en immortalisant son nom.

Est-il donc vrai qu'il y ait dans cette immense publicité que la sténographie procure un bienfait réel pour la science, et, pour l'auteur, une gloire qui puisse racheter cette spoliation? La science ne profite pas de telles publications livrées au génie de la spéculation des contrefacteurs et aidées par les ressources, toujours incertaines, de la sténographie. Tout est rigoureux, tout est mathématique, dans les sciences exactes surtout; l'erreur d'un chiffre peut fausser tout un système, et dans la manipulation des substances vénéneuses l'élève, trompé par la plus légère différence dans les doses, peut voir sous ses mains inhabiles le remède se changer en poison. La science n'a donc rien à gagner à ces publications, puisqu'elle perdrait en exactitude ce qu'elle gagnerait en renommée. — Quant à la gloire, l'auteur en est le seul arbitre. D'ailleurs, loin de la servir utilement, la sténographie lui porterait un préjudice moral que toutes les indemnités pécuniaires ne sauraient compenser. Le professeur verrait livrer à l'impression, c'est-à-dire fixer à jamais, et sous une forme impérissable, des pensées qu'il ne voulait pas encore publier, un système assez compris pour suffire au but éphémère de l'enseignement improvisé, mais qu'il fallait mûrir encore avant de le soumettre à l'épreuve solennelle d'une lecture attentive. Son œuvre, encore imparfaite, serait publiée sans lui et malgré lui; sa pensée incomplète, travestie et mutilée, serait livrée ainsi, sous son nom, à l'étude de la jeunesse et à la critique de la science, sans avoir été soumise au contrôle de celui qui seul en est responsable devant le monde savant. Les bienfaits de la publicité sont donc plus que douteux.

Ajoutons que, si la gloire de servir la patrie, le désir de former l'esprit public, devaient être regardés comme une abnégation absolue de tout autre bénéfice, les spéculateurs ne manqueraient pas d'exploiter ces généreux sentiments pour dépouiller les hommes de lettres dont les ouvrages se vendraient avec avantage.

Mais d'ailleurs qu'importe l'utilité si le droit est violé? Y a-t-il réellement utilité? qu'une loi vienne alors régler les formes et les conditions de l'expropriation littéraire, et l'indemnité en sera la base inévitable; mais jusque-là il y aura spoliation, vol, et il n'y a pas un progrès qui rachète la violation d'un principe.

Au surplus, les contrefacteurs n'ont pas songé au circuit de spoliation qui résulte de leur système et qui suffirait à sa réprobation. Si un élève ou un sténographe prétend avoir le droit de publier le cours public d'un savant qu'il écoute, à plus forte raison, un éditeur, aussi bon logicien en fait de propriété, qui aura acheté au sténographe un exemplaire de sa publication, pourra-t-il prétendre qu'il a acquis pour 25 centimes le droit de la reproduire? Sa prétention serait moins inique, car il a payé au sténographe ce que celui-ci n'a payé à personne. Cependant le sténographe s'écrierait qu'il n'a vendu que le droit de lire, et non celui de reproduire. C'est aussi ce que dit le professeur; il n'a vendu que le droit d'écouter ses leçons, de les copier si l'on veut, mais non de les publier, car la publication par l'impression est un droit qu'il n'a pas voulu aliéner en vendant ses paroles. Que dirait-on d'un client qui prétendrait publier les plaidoyers de son avocat, sans son consentement et même contre sa volonté, sous prétexte qu'il l'a payé pour plaider? Le ridicule et l'injuste se réunissent pour proscrire une telle prétention.

Que deviendra cette doctrine des contrefacteurs, si nous supposons maintenant le cas d'un professeur non salarié? Toute médiocre qu'elle était, la raison tirée du salaire s'évanouit. On le voit, il n'y a pas de question où la logique soit plus à l'aise, et il ne reste rien à l'appui de ce système spoliateur, qui s'épuise en vains efforts pour saisir le défaut de la loi et blesser mortellement la plus chère, la plus sainte des propriétés qu'elle abrite.

On a dit que la formalité du dépôt garantissait seule la propriété littéraire; que c'était à ce prix que la loi en autorisait la revendication, et qu'une composition non écrite ne pouvant être déposée, il n'y avait pas lieu à poursuivre les contrefacteurs. C'est une grave erreur; les précautions, les exigences de la loi s'arrêtent aux bornes du possible; elle ne pouvait ordonner le dépôt d'une improvisation pas plus que d'un manuscrit, pas plus qu'elle n'impose cette formalité aux sculpteurs et aux peintres dont elle protége formellement les ouvrages, et dont le droit exclusif ne fut d'ailleurs jamais contesté. Nous verrons du reste, quand nous parlerons du *dépôt*, quels sont son caractère, sa nature et ses effets.

Enfin, et pour ne rien laisser sans réponse, nous dirons qu'on est allé jusqu'à fouiller dans les dispositions d'un décret de l'an 11 (2e jour complémentaire), dont l'article 70 porte que les professeurs seront tenus de faire des dictées et de les développer à leurs élèves. Qu'y a-t-il de commun entre le droit de copier une leçon, droit reconnu par tous les professeurs, et le droit de faire de cette copie un *écrit* dont on n'est pas l'auteur, et dont on voudrait pourtant usurper la publication? Il n'y a évidemment nulle analogie, et ce décret laisse la question entière.

Après la logique du droit vient la logique de l'équité. Comment admettre qu'un homme vieilli dans le professorat et le culte des sciences dont il a peut-être étendu les limites, et vivant médiocrement du fruit d'un médiocre salaire, soit privé des bénéfices de la propriété exclusive? Il doit seul récolter le fruit de cette publication. La contrefaçon lui porte donc un préjudice incontestable sous le double rapport de sa réputation et de sa fortune.

Ainsi, soit qu'on envisage cette question vitale sous le point de vue légal ou sous le point de vue philosophique, soit qu'on examine les considérations d'ordre public qui l'entourent, il faut s'arrêter à cette solution qui satisfait à toutes les exigences, c'est qu'une composition littéraire est toujours et dans tous les cas la propriété de son auteur (1).

---

(1) 18 juin 1840. — C. R. Paris. — Héritiers Cuvier : Crochard. — Attendu, en droit, qu'aux termes de la loi de 1793 la propriété de tous les ouvrages qui peuvent être considérés comme une production de l'intelligence, appartient exclusivement à leurs auteurs, qui ont seuls le droit de les faire vendre, distribuer, et d'en céder la propriété en tout ou en partie; — Que les leçons qu'un professeur fait en public et qui sont le fruit de longs travaux et de pénibles et studieuses recherches constituent bien évidemment une œuvre de l'intelligence; — Que le salaire qu'il reçoit de l'État ne peut pas donner à ses auditeurs le droit de les produire par la voie de la presse, pour les vendre ensuite à leur profit; — Qu'en effet, ce salaire ne doit être considéré que comme la juste rémunération de l'obligation qu'il a contractée de faire un cours et du temps qu'il est obligé d'y consacrer; — Que vouloir y voir le prix de la propriété même de ses leçons serait donner au contrat qui se forme entre le professeur et l'État une extension qu'il ne comporte pas, puisqu'on ne peut pas supposer que la personne qui consent à faire un cours public moyennant un salaire déterminé consente par cela même à abdiquer la propriété des travaux auxquels elle a dû se livrer préalablement; — Que ce serait d'ailleurs dépouiller le professeur sans utilité véritable pour l'État et au profit seulement des spéculateurs, et qu'il est plus naturel et plus juste que si une production de l'intelligence peut produire des fruits utiles, ils ne profitent qu'à celui qui

Les principes que nous venons de développer s'appliqueront à plus forte raison au cas où le professeur ne fera que reproduire dans sa chaire un cours qu'il aura précédemment publié ou fait publier. Les solutions qui précèdent doivent être adoptées également pour les orateurs de tout genre, car ce sont les mêmes raisons de décider (1).

---

les a fait naître; — Que l'impossibilité où le professeur se trouve pour ses leçons de satisfaire à la formalité du dépôt prescrit par la loi de 1793, ne peut pas non plus faire obstacle à ce qu'il exerce tous les droits que cette loi garantit aux auteurs, puisqu'il est depuis longtemps reconnu et jugé que le dépôt n'est exigé que pour les ouvrages imprimés ou gravés; qu'ainsi on ne peut pas opposer aux héritiers Cuvier que le droit de propriété qu'ils viennent revendiquer aujourd'hui n'a jamais existé légalement entre les mains de leur auteur; — Mais attendu, en fait, qu'il est constant que Cuvier a eu connaissance de la publication de ses leçons, faite par Madeleine de Saint-Agy et Bechet, au droit duquel se trouve Crochard; — Qu'il ne s'y est jamais opposé; que seulement, ainsi que cela résulte de la correspondance alors intervenue entre lui et Madeleine de Saint-Agy, il a exigé que l'on rayât des enveloppes la mention de son consentement, parce que, disait-il, il y a une grande différence entre ne pas s'opposer et consentir; — Attendu qu'il n'y a, il est vrai, qu'un consentement positif et formel donné par un auteur à la publication de ses œuvres qui puisse lui en faire perdre la propriété; — Qu'il est manifeste que Cuvier n'a jamais donné un pareil consentement; mais que si les faits rapportés ci-dessus ne sont pas de nature à lui faire perdre son droit à la propriété de ses leçons, ils établissent du moins une tolérance suffisante pour légitimer la publication dont s'agit; — Que de ce qui précède il résulte donc que tout en étant propriétaires des notes et matériaux qui ont servi aux leçons professées par leur auteur, et en restant maîtres de les publier si bon leur semble, les héritiers Cuvier ne peuvent cependant pas empêcher Madeleine de Saint-Agy et Crochard de continuer et d'achever la publication qu'ils ont commencée; — Par ces motifs, déboute les héritiers Cuvier de leur demande; en conséquence, autorise les défendeurs à mettre fin à ladite publication. — Appel. — Arrêt confirmatif.

Idem. 30 juin 1836. — C. R. Paris. — Blondeau, Pouillet, professeurs : Ebrard, éditeur de la *Sténographie des cours*.

Idem. 27 août 1828. — C. R. Paris. — Pouillet : N.

(1) 17 juillet 1845. — C. R. Lyon. — Lacordaire : Marle. — Attendu qu'il est constant que Marle a édité et publié les *Conférences de l'abbé Lacordaire prêchées à Lyon et à Grenoble*, conférences qui ont été recueillies à l'aide de la sténographie ou par tous autres procédés; — Attendu que cette violation de la propriété littéraire ne peut trouver son excuse ni dans la nature religieuse de l'œuvre reproduite, ni dans le caractère et les fonctions ecclé-

Le traducteur est-il auteur dans le sens légal? Le droit de propriété exclusive est attribué au traducteur sur son œuvre,

---

siastiques de l'auteur, ni dans la circonstance qu'il s'agit de la reproduction non d'un écrit proprement dit, mais d'un discours, d'un ouvrage non susceptible de dépôt préalable; — Attendu, en effet, que, quel que soit le sujet traité, quelle que soit la forme primitive sous laquelle l'œuvre intellectuelle s'est produite, l'auteur a un double et légitime intérêt à conserver le droit exclusif d'éditer son ouvrage et d'en conserver la propriété; — Qu'au point de vue pécuniaire, il ne peut être permis au premier venu de s'attribuer, sans égard pour les droits du travail et de la création, le profit matériel, dont un ouvrage même religieux peut être susceptible; — Qu'au point de vue de la personnalité morale, et dans l'intérêt même de ses doctrines, l'auteur doit toujours conserver le droit de revoir et corriger son œuvre, d'en surveiller la fidèle reproduction et de choisir le moment et le mode de sa publication; — Attendu que si l'impression de la prédication peut être quelquefois pour le prêtre un devoir moral, ce n'est jamais qu'un devoir facultatif dont sa conscience seule est arbitre, et qui ne saurait donner à personne le droit de s'emparer de son œuvre pour la reproduire dans un but de spéculation; — Qu'aucune règle ne défend aux ecclésiastiques de choisir un imprimeur et de lui conférer le droit exclusif de vendre leurs ouvrages; — Attendu qu'il est conforme à la pensée et même aux termes des lois qui ont organisé la propriété littéraire d'étendre leur garantie à toutes les productions de l'esprit; que cette pensée, qui ressortait déjà de l'ensemble des dispositions de la loi du 19 juillet 1793, notamment de son art. 7 combiné avec l'art. 1er, est mise plus clairement encore en relief dans l'art. 425 du Code pénal, qui incrimine comme contrefaçon l'édition non autorisée par l'auteur, non-seulement des *écrits*, mais de toute production; — Qu'il importe donc peu que ce travail intellectuel ait revêtu telle forme plutôt que telle autre, qu'il se soit manifesté par la parole ou par l'écriture; — Qu'il importe encore moins qu'un discours ait été écrit ou non avant d'être prononcé; qu'il serait déraisonnable de fonder des distinctions dans les droits de propriété de l'orateur sur les procédés particuliers de l'élaboration et sur les différentes pratiques dans le travail préparatoire; qu'on ne comprendrait pas que quand l'opuscule le plus léger, l'écrit le plus futile est protégé par la loi, on ait laissé sans protection des productions qui peuvent être, comme celles de l'abbé Lacordaire, le fruit de longues études et de profondes méditations sur les sujets les plus élevés; — Attendu que d'après les termes mêmes de l'art. 6 de la loi du 19 juillet 1793, l'obligation du dépôt préalable n'est imposée qu'aux auteurs d'ouvrages *imprimés* ou *gravés;* qu'ainsi le texte de la loi, d'accord avec la nature même des choses, indique que la propriété d'un discours, comme celle d'un manuscrit, se conserve indépendamment de tout dépôt; — Condamne, etc. — Sur l'appel, la Cour royale de Lyon a confirmé en adoptant les motifs des premiers juges.

Idem. 28 mai 1852. — C. R. Paris. — Lacordaire, de Ravignan et autres :

et il conserve ce droit sur sa traduction, soit qu'il la publie en regard du texte original, soit qu'il la publie séparément. Si le texte est publié en regard de la traduction, et qu'il vienne à tomber dans le domaine public, la traduction n'en restera pas moins une propriété privée. Vainement prétendrait-on disputer ce droit au traducteur, sous le prétexte qu'étant l'accessoire du texte, la traduction doit subir le même sort. Une traduction n'est pas un accessoire, elle est la copie plus ou moins fidèle, plus ou moins élégante du texte. Comme production de l'intelligence, elle forme toujours un ouvrage principal, original. Le texte mis en regard ne peut lui enlever ce caractère. Entre deux traductions d'une même œuvre, il y a et il doit y avoir nécessairement des traits nombreux de ressemblance; mais ce n'est plus là qu'une appréciation de fait laissée à la sagesse des tribunaux, qui, aidés par la comparaison, décideront s'il y a contrefaçon ou seulement rapprochement inévitable (1). Il est

---

Lapeyrière et autres. — Considérant que si les publications des sermons de plusieurs des plaignants ont eu lieu en 1846, 1847 et 1848, il résulte des documents de la cause que la vente en a été continuée dans les années qui ont suivi et jusqu'au jour de la plainte; que le point de départ de la prescription devant être celui des dernières publications et des dernières ventes, il est établi qu'il s'est écoulé moins de trois ans depuis l'époque de ces ventes jusqu'au jour de la plainte du 15 décembre 1851, et qu'ainsi l'exception de prescription n'est pas fondée; — Considérant que si une publication semblable à celle poursuivie a déjà été faite, soit sans opposition, soit même du consentement des plaignants, il n'en peut résulter la preuve de l'abandon du droit de propriété de ce dernier et la faculté pour tous de les reproduire et de les vendre; — Considérant que les publications arguées de contrefaçon ne constituent pas des extraits ou des analyses des sermons des plaignants, mais la reproduction entière et complète de ces sermons recueillis et publiés, soit dans le journal de Lapeyrière, soit dans des volumes séparés; — Confirme le jugement du 11 février.

(1) 23 juillet 1824. — Bobée : Ladvocat. — Attendu que la traduction publiée par Ladvocat est, principalement dans les trois premiers actes, à la seule exception des mots changés et de quelques membres de phrase omis ou transportés, la copie de celle publiée antérieurement par Bobée; que même quelques fautes d'impression, qui se trouvaient dans cette dernière traduction, sont reproduites dans celle de Ladvocat; que Ladvocat ne peut prétendre que Bobée a lui-même copié la traduction de cette même pièce, publiée en 1786,

bien entendu que le traducteur n'acquiert sur l'ouvrage original aucun droit de propriété. Tout autre pourra le traduire, mais à la condition de ne pas copier la première traduction.

Les évêques ont-ils la propriété exclusive des mandements, sermons, instructions pastorales ou catéchismes qu'ils ont composés ?

La question n'a jamais été soulevée, et ne pouvait pas l'être sérieusement, en ce qui concerne les œuvres d'un prélat composées en dehors de ses fonctions. Il ne s'agit donc ici que de celles qu'il compose à l'occasion de l'exercice de son ministère religieux.

Les principes que nous avons développés en parlant des orateurs et professeurs trouvent ici leur application naturelle. La Convention nationale, par la loi du 19 juillet 1793, a stipulé pour les auteurs d'écrits en *tout genre*. Ces termes sont généraux, et non-seulement ils n'exceptent rien, mais ils excluent même toute espèce d'exception. En vain l'on voudrait soutenir que, dans l'espèce, et pour les évêques, l'exception résulte de la nature des choses, par exemple des fonctions du prélat, qui, d'une part, sont salariées, et qui, de l'autre, imposent à ce dernier l'obligation de livrer au public ses mandements et ses instructions pastorales. Quant au salaire, d'abord nous répondrions comme nous l'avons fait pour les discours ou les leçons publiques, et nous ajouterions qu'à l'époque où la

---

par Friedel et de Bonneville, puisque l'ouvrage publié par Bobée ne contient, avec celui des susnommés, que des rapports et des ressemblances inévitables, lorsqu'il s'agit de la traduction du même original; tandis qu'au contraire la traduction publiée par Ladvocat, où se trouvent les différences essentielles avec Friedel et de Bonneville, reproduit presque littéralement celle de Bobée; qu'à la vérité la traduction de Ladvocat fait partie d'une collection en plusieurs volumes et d'un ouvrage complet, intitulé *Chefs-d'œuvre des théâtres étrangers;* mais que cette circonstance, qui peut être prise en considération pour l'appréciation du dommage causé à Bobée, ne peut toutefois faire disparaître le délit de contrefaçon d'une pièce même isolée insérée dans cette collection; qu'autrement le délit serait souvent impuni. — Condamne, etc.

Idem, 14 janvier 1830. — C. R. Paris. — Gosselin : Albert Montémont. — Traduction d'*Ivanhoé* de Walter Scott.

loi de 1793 a été rendue, les fonctions ecclésiastiques étaient déjà salariées et essentiellement gratuites (1). Alors, comme aujourd'hui, les évêques faisaient des mandements. Si donc la loi du 19 juillet 1793 n'eût pas voulu étendre jusqu'à eux le droit exclusif qu'elle conférait aux auteurs en général, elle l'aurait dit et aurait dû le dire, car son silence devait naturellement s'interpréter par l'application de cette maxime : *qui tout dit, rien n'excepte*. Si elle ne l'a pas fait, c'est qu'elle n'a pas voulu les excepter de sa disposition générale. De plus, une lettre du ministre des cultes, du 14 nivôse an 12, écrite dans ce sens à l'évêque de Nantes, si elle n'est pas une raison légale et déterminante, prouve au moins comment le gouvernement entendait la loi de juillet 1793, en ce qui concerne les écrits que les évêques composent dans l'exercice de leurs fonctions salariées.

Quant à l'obligation de livrer au public ses mandements ou ses sermons, nous dirons qu'il doit sans doute les rédiger et les faire afficher gratuitement pour l'instruction des fidèles; mais quand il les a mis ainsi à portée de s'instruire, il ne leur doit rien de plus. Il serait absurde en effet de soutenir qu'il est obligé de les faire imprimer et de les distribuer à chacun des fidèles. Ses devoirs remplis, il lui reste un droit que la loi de 1793 n'a pas excepté, qui résulte du fait seul de la composition de ses sermons ou instructions, c'est le droit d'auteur, qui n'a rien d'incompatible aux yeux de la loi avec son caractère. Il est auteur, cela suffit pour trancher la question, et l'impression comme le débit de ses mandements sont placés hors de ses fonctions salariées. Il faut, pour que ce droit ne soit pas stérile, qu'il puisse l'exercer; or il ne peut l'exercer qu'en faisant imprimer ses œuvres, ou en les cédant à un libraire. Les évêques ont donc la propriété exclusive des sermons ou mandements qu'ils ont composés (2).

---

(1) Décrets du 24 août 1790, art. 3 et 12, titre 3; du 7 juin 1793, et du 27 juin même année.

(2) 29 thermidor an 12. C. Cass. — Ve Malassis : Busseuil. — La veuve Malassis,

On s'est demandé si les évêques ont, sur les livres d'église qu'ils n'ont pas composés, les droits de l'auteur, ou, en d'autres termes, quels sont les droits du véritable auteur en présence de la haute censure réservée aux évêques?

Aux termes du décret du 7 germinal an 13, nul ne peut imprimer ou réimprimer les livres d'église sans l'autorisation de l'évêque diocésain, sous peine d'être poursuivi conformément à la loi du 19 juillet 1793. C'est là, comme on le voit, un empiétement sur les droits d'auteur, attribué exceptionnellement, et dans un intérêt bien compris, au chef spirituel du diocèse.

Mais, armés de ce texte, quelques évêques ont prétendu qu'ils avaient un droit de censure discrétionnaire et illimité sur les livres d'église; qu'ayant le droit exclusif d'autoriser l'im-

---

prenant la qualité d'imprimeur du clergé et de M. l'archevêque, avait publié à Nantes un ouvrage dont ce prélat était l'auteur et qu'il lui avait cédé gratuitement sous le titre de : *Publication d'une indulgence plénière en forme de jubilé, avec le mandement de Mgr l'évêque de Nantes, suivie d'une instruction en forme de catéchisme.* — Arrêt. — Attendu que la loi de 1793 assurant aux auteurs d'écrits en tout genre le droit exclusif de disposer de leurs ouvrages et d'en céder la propriété et prohibant toute édition imprimée sans la permission des auteurs, on n'a pas pu, sans violer cette loi, contester à l'évêque de Nantes le droit de disposer de son ouvrage et maintenir une édition qui avait été faite sans son consentement; — Que c'est à tort qu'on voudrait trouver dans l'art. 5 des articles organiques de la convention du 26 messidor an IX une exception à cette règle générale; que cet article, en déclarant que toutes les fonctions ecclésiastiques sont gratuites, sauf les oblations qui seraient autorisées par les règlements, n'a fait qu'énoncer un principe qui a toujours été reconnu et exécuté en France; mais que cette règle n'impose pas aux ecclésiastiques l'obligation de faire imprimer à leurs frais leurs ouvrages, et ne leur défend pas de choisir un imprimeur et de lui conférer le droit exclusif de les vendre; que les évêques étant, ainsi que tous les autres auteurs, responsables des ouvrages imprimés et distribués sous leur nom, il est impossible de leur ôter le droit d'en surveiller l'édition, et de donner leur confiance à un imprimeur; que plus les ouvrages sont d'une utilité générale et ont de rapport à l'instruction publique, plus il est essentiel d'écarter les éditions contrefaites et qui ne sont pas avouées par les auteurs; que, bien loin que le gouvernement ait voulu priver les évêques de cette faculté, accordée à tous les auteurs, il paraît par la lettre du ministre des cultes à l'évêque de Nantes qu'il approuve que les évêques continuent d'user de cette faculté. — Casse.

pression, ils étaient, par cela seul, assimilés au véritable auteur, et pouvaient conséquemment céder leur droit à un tiers. Les imprimeurs privilégiés des évêques ont aussi argumenté de ce prétendu droit, et ils ont poursuivi, comme contrefacteurs, ceux qui imprimaient les livres pour lesquels ils avaient obtenu l'autorisation de l'évêque; ce sont ces prétentions que nous allons examiner.

On ne peut méconnaître que le but du décret du 7 germinal an 13 n'ait été d'attribuer aux évêques un droit de haute et souveraine censure. Mais si cette censure est discrétionnaire, il ne faut y voir qu'une garantie pour la morale religieuse et la pureté de la foi, et non le germe de discussions civiles et d'intérêts matériels; c'est dire assez que l'autorisation de l'évêque ne peut être refusée par des considérations étrangères à la doctrine religieuse; et, si ce principe était inconnu, le conseil d'État devrait en réprimer la violation.

Sous l'ancienne législation, le droit d'approbation était concédé aux évêques non à titre d'auteurs bien entendu, mais comme censeurs, gardiens de la pureté des doctrines religieuses. Du reste, l'impression restait sous l'autorité du roi, soit pour permettre, soit pour défendre, soit pour punir. L'autorisation de l'évêque n'était donc qu'une sorte d'*exequatur* que chacun donnait pour son diocèse. Voyons si l'esprit, le texte et l'application des lois actuelles peuvent justifier les prétentions des évêques et de leurs cessionnaires.

En l'an 13, le culte venait d'être rétabli, mais on ne peut nier la tendance du pouvoir, qui, certes, ne penchait pas à se dépouiller lui, gouvernement né d'hier d'une révolution qui avait tout ébranlé, pour concéder aux évêques un droit de propriété à la place de la censure, seul droit qu'ils eussent auparavant sous un gouvernement plus religieux. C'est bien évidemment leur approbation seule qu'on leur a demandée, et cette approbation une fois donnée aux doctrines, le livre reste et doit rester dans le droit commun; c'est-à-dire que, selon les circonstances, il doit, dans l'esprit du législateur, retourner à son auteur pour le bénéfice à retirer de la publication, ou tomber dans le domaine public s'il s'est écoulé un certain temps depuis la mort de l'auteur.

Le texte répond fidèlement à cette interprétation. Si le décret de germinal an 13 avait voulu créer un droit de propriété, il l'aurait dit formellement, et il en aurait réglé la transmission et la durée, comme le fait la loi du 19 juillet 1793 pour les auteurs et leurs héritiers, ainsi que toutes les lois qui l'ont précédée sur cette matière. Si l'on examine ensuite l'application du droit de propriété réclamé par les évêques, on le trouve gêné par mille impossibilités logiques, et la position des évêques comme propriétaires est embarrassée de contradictions. Après la mort du prélat, considéré comme propriétaire des livres d'église, qui héritera de son droit? Sera-ce sa famille ou son successeur? Si c'est sa famille, voilà le successeur déshérité de ce droit de propriété, qu'on veut rendre inséparable de l'épiscopat; car les héritiers, ayant légalement tous les droits de leur auteur, pourront en disposer à leur gré. Si on transmet ce droit au successeur, sera-ce pour dix ans ou pour sa vie? Si c'est pour dix ans, au bout de ce temps, il perd son droit qui tombe dans le domaine public, et le diocèse n'aura plus la garantie d'une censure éclairée. Si c'est pour la vie du successeur, à sa mort le même droit passera à son remplaçant, et d'évêque en évêque se perpétuera contrairement à la loi de juillet 1793, qui ne reconnaît aux auteurs qu'un droit de propriété temporaire.

L'obstacle renaît encore quand on songe à la pénalité. Celle des dommages-intérêts n'a pour but que de réparer le préjudice causé. Or, quel intérêt aurait-on à venger? Quel préjudice aurait éprouvé l'évêque qui n'a rien créé, qui n'a fait qu'approuver? Quelle sera la base de l'indemnité? L'évêque oserait-il souiller ses mains du fruit d'une réparation mensongère? De deux choses l'une : ou le livre d'église est l'œuvre de l'évêque, et alors son successeur n'aura que le droit d'en faire un nouveau; quant à lui, il le transmettra à ses héritiers par la force de la loi, ou le lèguera à son successeur par disposition testamentaire, et celui-ci, comme ses héritiers, en sera propriétaire exclusif pendant le temps déterminé par les lois; après quoi il tombera dans le domaine public; alors nul n'aura à réclamer les droits d'auteur, et tout imprimeur pourra l'imprimer, en se conformant à la loi, c'est-à-dire en obtenant l'approbation de l'évêque, laquelle n'aura rien de privilégié ni d'exclusif : ou il n'est pas l'œuvre de l'évêque, et alors il n'a qu'un droit de censure, et l'approbation qu'il donne ne peut avoir pour résultat d'en absorber la propriété au profit de l'épiscopat et de le confisquer au préjudice de l'auteur. L'ouvrage restera donc à son auteur; et une fois approuvé, il en disposera à son gré en faveur du libraire ou des libraires qu'il aura choisis, et il transmettra cette propriété à ses héritiers.

Le livre, une fois approuvé par l'évêque, peut donc être imprimé par tel ou tel libraire. Le prélat n'a, en aucune façon, à moins qu'il ne soit l'auteur, le droit de conférer, par l'approbation du livre, un privilége exclusif à tel ou tel imprimeur. Ce choix appartient à l'auteur ou à ses héritiers (1).

---

(1) 17 juin 1809. Conseil d'État. — Enguin, imprimeur à Meaux, avait reçu de son évêque l'autorisation d'imprimer exclusivement les livres d'église du diocèse. — Sachant qu'un sieur Guesdon, aussi imprimeur à Meaux, continuait à imprimer et réimprimer des livres d'église, il obtint du maire de Meaux qu'il rendît un arrêté afin de mettre un terme à ces publications. En conséquence de cet arrêté, le juge de paix apposa les scellés sur tous les livres d'église trouvés chez Guesdon; celui-ci se pourvut devant le tribunal pour faire lever les scellés, mais le préfet éleva un conflit. C'est dans cet état que l'affaire fut portée au conseil d'État, qui rendit le décret dont la teneur suit : Vu la loi du 19 juillet 1793 et le décret du 7 germinal an 13; — Considérant que le tribunal de première instance était seul compétent pour prononcer sur l'apposition de scellés faite par le juge de paix, lequel n'avait pu légalement agir dans la discussion existante entre Guesdon et Enguin que comme officier judiciaire, et comme constatant une infraction matérielle au décret du 7 germinal an 13; — Considérant que le décret du 7 germinal an 13, en statuant que les livres d'église, d'heures et de prières ne pourraient être imprimés ou réimprimés que d'après la permission donnée par l'évêque diocésain, n'a point entendu donner aux évêques le droit d'accorder un privilége exclusif, à l'effet d'imprimer ou de réimprimer les livres de cette nature; que, dans tous les cas, les infractions à ce décret devant être poursuivies conformément à la loi du 19 juillet 1793, toutes contestations élevées à son sujet sont du ressort de l'autorité judiciaire; que dès lors le maire de Meaux a outre-passé ses pouvoirs en prenant

La permission ou approbation porte donc sur l'œuvre et les doctrines qu'elle contient ; et non sur les individus. C'est ce que confirmaient encore une instruction du directeur général de la librairie, du 20 juin 1810, et une décision du ministre de l'intérieur, du 10 octobre de la même année. Les doctrines et les prescriptions de ces circulaires ont été confirmées par une circulaire encore plus explicite, en date du 26 octobre 1814 (1), et c'est toujours ainsi que l'a décidé le conseil d'État, notam-

---

une mesure qui pouvait porter atteinte à la propriété Guesdon, et qui ne pouvait résulter que d'un règlement d'administration publique, sur lequel il ne pouvait lui appartenir de prendre l'initiative. — Art. 1er. L'arrêté du préfet du département de Seine-et-Marne en date du 17 octobre 1806, lequel élève le conflit entre l'autorité judiciaire, est annulé. — Art. 2. Sont pareillement annulés les arrêtés du maire de Meaux, pris dans la discussion existante entre Guesdon et Enguin, et notamment celui du 1er juillet 1806. — Art. 3. Le jugement du tribunal de première instance de Meaux en date du 6 octobre 1806 et l'arrêt de la cour d'appel rendu par défaut le 15 mars 1808 recevront leur plein et entier effet.

(1) Principales dispositions des documents officiels ci-dessus visés. *Circulaire du* 20 *juin* 1810. — Il est bon de rappeler que les heures, livres d'église ou prières sont de plus assujettis à une formalité spéciale. Suivant le décret du 7 germinal an 13, on ne peut les imprimer ou réimprimer qu'avec permission des évêques diocésains, laquelle doit être textuellement rapportée et imprimée en tête de chaque exemplaire. Cette disposition subsiste dans toute sa force ; il est expressément recommandé à MM. les imprimeurs de s'y conformer. Il est bien entendu que la permission dont il est question n'est point un privilége, et que tout imprimeur peut imprimer les heures, prières ou livres d'église permis par l'évêque de son diocèse.

Idem du 13 mars 1811. — Si les déclarations sont relatives à des livres de prières, heures d'église ou de liturgie, comme ces sortes d'ouvrages, en vertu du décret de germinal an 13, ne peuvent être imprimés ou réimprimés qu'après avoir été soumis à l'examen et revêtus de l'approbation de l'évêque diocésain, cette approbation ou *original* devra toujours accompagner la déclaration de l'imprimeur; son omission arrêterait l'envoi du récépissé, qui seul peut autoriser à commencer l'impression, même après l'approbation épiscopale. Il est à remarquer que cette censure ecclésiastique, applicable seulement aux livres de prières destinés au culte public, ne porte que sur le fond des ouvrages, qu'elle ne confère aucun privilége, et que l'administration conserve toujours la plénitude de son droit de permettre ou de suspendre l'impression du livre approuvé ; mais comme il est juste que MM. les évêques puissent s'assurer que l'ouvrage imprimé est en tout conforme à l'ouvrage qu'ils ont approuvé, un exem-

ment dans la contestation élevée entre un imprimeur de la Seine et Mgr l'évêque de Versailles. Il est donc bien évident que la précaution prise en faveur des mœurs ou des doctrines religieuses n'avait aucun rapport à la propriété, ne la donnait ni ne l'ôtait à personne.

La doctrine des évêques ou de leurs cessionnaires conduirait directement à la renaissance des priviléges, et serait par conséquent une atteinte portée au droit de propriété littéraire, et à la liberté générale du commerce.

Pour établir le droit de poursuite des évêques ou de leurs imprimeurs, on a encore argumenté de ce que le décret de germinal renvoie à la loi de juillet 1793 pour la pénalité. La conséquence n'est pas rigoureuse. Ce renvoi est limité et n'a trait qu'à la poursuite et à la pénalité, aujourd'hui remplacée par l'art. 427 du Code pénal. Sans doute ceux qui auront imprimé sans l'approbation de l'évêque seront poursuivis et punis comme les contrefacteurs; mais ils ne seront pas pour cela réputés contrefacteurs et exposés à l'action civile en dommages-intérêts. La qualification d'un fait ne dépend ni de la forme de la poursuite, ni de la pénalité. Par exemple, l'art. 3 de la loi sur les loteries veut que les délinquants soient punis des peines portées par l'art. 411 du Code pénal, qui punit les prêteurs sur gages; doit-on en conclure qu'elle répute *prê-*

---

plaire doit être déposé à leur secrétariat, suivant la décision de S. E. le ministre de l'intérieur, en date du 10 octobre 1810.

Idem du 26 octobre 1814. — La législation actuelle de la librairie n'admet aucun privilége exclusif pour l'impression des livres d'église. Les imprimeurs ont le droit d'imprimer et de mettre en vente ces sortes de livres, en se conformant au décret du 7 germinal an 13. On a cru que la permission exigée avait rapport à l'imprimeur, et que MM. les évêques auraient le droit d'interdire l'impression de ces livres à ceux qu'ils n'auraient pas choisis; ce n'est pas dans ce sens que ce décret doit être entendu. L'ouvrage seul doit être l'objet de l'approbation de MM. les évêques; cette approbation est la preuve que l'ouvrage est conforme à celui qui avait déjà été approuvé, et qu'il ne contient rien de contraire aux maximes de l'Église et aux lois du royaume. C'est ainsi que le conseil d'État l'a décidé dans une contestation de cette nature qui s'était élevée entre un imprimeur de la Seine et Mgr l'évêque de Versailles.

teurs sur gages ceux qui distribuent des billets de loterie (1)?

Pour conclure sur ce qui concerne l'application du décret de

---

(1) 28 mai 1836. — C. Cass. — Caron-Vitet : Ledien. — L'évêque d'Amiens avait concédé à Caron-Vitet le privilége exclusif d'imprimer les livres d'église pendant quarante années. Caron fit saisir en 1835 chez Ledien, imprimeur-libraire, plusieurs livres d'église qu'il prétendit avoir été imprimés et publiés au mépris de son privilége exclusif. Il l'assigna donc en contrefaçon devant le tribunal correctionnel, où Ledien fut condamné. — Appel. — Arrêt de la cour d'Amiens du 14 décembre 1835. — Attendu que Caron-Vitet fonde sa demande sur le privilége que l'évêque d'Amiens a accordé tant à lui qu'à ses successeurs, pour l'espace de quarante années, d'imprimer les livres d'église à l'usage du diocèse d'Amiens, privilége exclusif, selon Caron-Vitet, et résultant du droit de propriété qu'auraient les évêques sur tous les livres de même nature publiés dans l'étendue de leur diocèse; — Attendu que, présentée sous ce point de vue, l'action de Caron-Vitet ne serait fondée qu'autant que les lois attribueraient, en effet, aux évêques le droit exclusif qu'il prétend leur avoir été transmis; — Attendu que le principe fondamental des lois sur la presse est la liberté et le droit pour tout imprimeur de publier toute œuvre tombée dans le domaine public, sous les seules modifications introduites dans l'intérêt de la religion, des mœurs et de l'ordre public; qu'un privilége dont l'effet serait de restreindre cette liberté ne pourrait être invoqué qu'autant qu'il serait établi sur le texte formel de lois particulières dérogeant aux principes généraux; — Attendu que le décret du 1er germinal an 13, invoqué par Caron-Vitet, ne contient aucune disposition d'où l'on puisse inférer qu'il ait conféré aux évêques un droit de propriété sur les livres d'église imprimés dans leur diocèse, avec faculté de le transmettre à des tiers par voie de privilége exclusif, temporaire ou perpétuel; que, si l'article 1er porte que les livres d'église, heures et prières ne peuvent être imprimés qu'avec la permission des évêques, il en résulte seulement que, dans l'intérêt des doctrines religieuses et pour la conservation de leur unité, les évêques ont été investis d'un droit d'examen sur les ouvrages de cette nature; qu'ils ont été appelés à prévenir par une utile surveillance les altérations qui pourraient s'y introduire; mais qu'il ne s'ensuit pas que la propriété même de ces livres leur ait été concédée et qu'ils aient été autorisés à la transmettre à certains imprimeurs à l'exclusion des autres; qu'une pareille faculté, outre qu'elle sortirait de l'objet que s'est proposé le décret (la conservation des doctrines), outre qu'elle excéderait les prérogatives dont jouissait l'épiscopat à une époque où ses priviléges étaient plus étendus qu'ils ne le sont aujourd'hui, concentrerait dans le cercle d'un intérêt particulier un commerce où la concurrence et la liberté ne sont pas moins désirables que dans tout autre genre d'industrie, et exposerait la dignité épiscopale aux obsessions de l'intrigue et aux ressentiments des intérêts lésés; — Attendu que l'interprétation qu'a reçue le décret susdaté, dans un temps voisin de sa publication (décret du 17 juin 1809. — Circul. du dir. gén. de la li-

germinal an 13, il faut donc reconnaître que, si l'évêque a composé un livre, il peut revendiquer les droits d'auteur que

---

brairie, 26 novembre 1814), se joint à l'esprit et aux termes mêmes dans lesquels il est conçu, pour repousser l'extension que l'on voudrait y donner; qu'on ne peut, pour la justifier, se fonder sur l'article 2, qui, pour la poursuite et la répression, renvoie les contrevenants à la loi du 19 juillet 1793, depuis modifiée par les articles 425 et suivants du Code pénal; que cette disposition, purement relative à la procédure et aux peines, ne peut être considérée comme ayant eu pour but de dénaturer, en l'étendant, le principe qui est l'objet de la déposition principale; que, si le législateur eût voulu attribuer aux évêques un droit de propriété sur les livres d'église *dont ils ne sont pas auteurs*, au lieu de le faire par une simple relation d'un décret à une loi antérieure, il eût exprimé nettement sa volonté, un droit de propriété ne pouvant s'induire, surtout quand il tend à tirer du domaine public les choses qui depuis longtemps y sont entrées, et à les soustraire, par un privilége contraire à toutes les lois, aux améliorations de l'industrie et aux diminutions de prix que produit la concurrence; — Attendu que si la loi du 19 juillet 1793 parle des auteurs et propriétaires des ouvrages contrefaits; si elle trace les règles à suivre pour constater les contraventions, les poursuivre et en assurer la réparation, on ne peut induire du renvoi du décret de germinal à cette loi que les évêques sont assimilés aux auteurs ou propriétaires, la loi de 1793 n'ayant en vue que les intérêts civils et pécuniaires des auteurs ou propriétaires lésés par les contrefaçons, et les évêques étant sans qualité pour les réclamer, et n'ayant d'autre droit, d'après la combinaison du décret avec la loi, que de surveiller les ouvrages assujettis à leur examen, et de signaler à la vindicte publique ceux qui tenteraient de se soustraire à cette surveillance; — Attendu que le système proposé par Caron-Vitet, excipant d'un privilége exclusif à lui concédé pour quarante années, aurait pour conséquence d'attribuer à l'évêque un droit plus étendu que celui des auteurs, puisqu'il serait illimité dans sa durée; que la durée du privilége n'étant renfermée dans aucune limite, l'évêque non-seulement engagerait ses successeurs, mais s'engagerait lui-même à l'égard des successeurs non encore connus de l'imprimeur privilégié; que de pareilles conséquences, suites naturelles du privilége réclamé, suffisent pour en faire écarter le principe et pour justifier l'exception qui y est opposée; — En ce qui touche l'action publique et d'abord la question de savoir si la prescription invoquée par Ledien est fondée : — Attendu, quant au fait d'impression, sans permission de l'évêque, de l'*Office du matin et du soir*, et du Catéchisme du diocèse d'Amiens; que l'*Office* portant la date de 1827, le *Catéchisme* n'étant pas daté, Ledien prétendant que ces deux ouvrages ont été imprimés par son père, en vertu de l'autorisation que l'évêque lui avait accordée, rien ne faisant connaître la véritable époque de l'impression, il demeure impossible de savoir si cette impression a eu lieu à une époque assez rapprochée de la poursuite pour rendre inadmissible le moyen de prescription; que

la loi de juillet 1793 consacre et protége pour tous ; que, s'il autorise ou approuve l'impression d'un livre d'église dont il n'est pas l'auteur, il n'acquiert pas pour cela les droits d'auteur, et que par conséquent, les imprimeurs qui ont obtenu de lui cette permission, n'ayant pas reçu un droit exclusif, ne peuvent pas poursuivre en contrefaçon ou réparation civile ceux

---

si des circonstances relevées dans le jugement dont est appel on doit conclure que la date donnée à l'*Office du matin et du soir* n'indique pas la véritable époque de son impression, et que le *Catéchisme* a été lui-même imprimé postérieurement à 1827, il ne résulte pas suffisamment des indices rapportés que l'impression ait eu lieu depuis moins de trois années avant la saisie faite à la requête de Caron-Vitet ; — Attendu, quant au débit desdits ouvrages, que si le décret du 1er germinal an 3, base de la poursuite, soumet aux peines énoncées dans la loi du 19 juillet 1793 quiconque imprime sans permission de l'évêque les livres d'église, heures et prières, il ne contient aucune disposition relative au débit de ces ouvrages ; que la loi du 19 juillet 1793 parle seule du débit des ouvrages *contrefaits ;* qu'elle attribue au propriétaire une indemnité calculée sur le prix de l'édition originale ; que l'art. 427 du Code pénal prononce également une amende et la confiscation contre le débitant d'un ouvrage contrefait, mais que ni la loi de 1793 ni le Code pénal ne disposent à l'égard du débitant d'un ouvrage imprimé sans autorisation ; que le renvoi que fait le décret de germinal an 13 à la loi de 1793, aujourd'hui remplacée par les art. 425 et suivants du Code pénal, n'ayant pour objet que *l'impression* et non *le débit* des ouvrages imprimés sans permission, on ne peut, dans le silence de ce décret, prononcer une peine dont lui-même ne commande pas l'application. — Par ces motifs, la cour met l'appellation et le jugement dont est appel au néant, décharge Ledien des condamnations, le renvoie de la plainte sans dépens.

Pourvoi de Caron-Vitet. — Arrêt. — Attendu que le décret du 7 germinal an 13, en disposant que les livres d'église, les heures et prières, ne pouvaient être imprimés ou réimprimés sans la permission de l'évêque diocésain, n'a pas conféré aux évêques la propriété de ces livres ; qu'il n'a fait qu'établir, dans l'intérêt des doctrines religieuses ou de leur unité, un droit de haute censure épiscopale, duquel il résulte, pour les évêques, celui de porter plainte, et, pour le ministère public, le droit et le devoir de poursuivre, même d'office, les imprimeurs qui contreviendraient à sa disposition ; qu'il suit de là que les évêques ou les imprimeurs auxquels ils ont accordé la permission d'imprimer ou de réimprimer les livres de cette nature sont sans qualité pour intenter l'action résultant de la loi du 19 juillet 1793 et des articles 425, 427 et 429 du Code pénal ; — Qu'en le jugeant ainsi, l'arrêt attaqué, loin de violer le décret du 7 germinal an 13, s'y est au contraire exactement conformé ; — Rejette.

Nota. Cet arrêt a été rendu sur les conclusions conformes de M. le procureur général Dupin. C'est de son réquisitoire que nous avons extrait notre discussion.

qui impriment le même livre. En un mot, et nous le répétons, ils n'ont pas les droits d'auteur.

Cette question, relative au droit des évêques, divise encore aujourd'hui les tribunaux. La cour de cassation elle-même n'a pu fixer sa jurisprudence, car dans ses derniers arrêts elle est revenue au droit absolu des évêques. Les motifs sur lesquels elle se fonde n'ont point ébranlé notre conviction (1).

---

(1) 9 juin 1843. — C. Cass. — Dufaure : Augé. — Attendu que le décret du 7 germinal an 13 a son principe et sa source dans les art. 14 et 39 de la loi du 18 germinal an 10, sur l'organisation des cultes, portant que les évêques veilleront au maintien de la foi et de la discipline; qu'il n'y aura qu'une liturgie et un catéchisme pour toutes les églises de France; que le décret défend, dans les termes les plus absolus, d'imprimer ou de réimprimer des livres d'église, heures et prières, sans la permission des évêques diocésains, cette permission devant être textuellement rapportée et imprimée en tête de chaque exemplaire; qu'il veut que les imprimeurs et libraires qui, sans l'avoir obtenue, feraient imprimer ou réimprimer des livres d'église, des heures ou prières, soient poursuivis conformément à la loi du 19 juillet 1793; — Attendu que, pour la solution de la question soumise à la décision de la Cour, il n'est pas nécessaire de déterminer la nature des droits que le décret du 7 germinal an 13 confère aux évêques diocésains; qu'il suffit de considérer ce qu'il ne permet pas d'entreprendre contre l'autorité et l'inspection qu'il leur a donnée sur la publication des livres d'église; — Attendu que ce décret est impératif et formel; qu'il subordonne l'impression et la réimpression de ces livres à l'accomplissement d'une condition toujours nécessaire, savoir : la permission de l'évêque diocésain; que celui-ci est donc le maître de l'accorder ou de la refuser; qu'il est hors de doute que cette permission est personnelle et spéciale pour l'imprimeur qui l'obtient, puisque, d'une part, il est tenu d'en justifier et de la rapporter en tête de chaque exemplaire, et que, de l'autre, l'imprimeur ou le libraire qui ne s'en serait pas muni avant toute publication encourrait la pénalité de la loi du 19 juillet 1793; que l'évêque donnant, sous sa responsabilité, les livres de liturgie nécessaires à son diocèse, il faut bien qu'il ait le choix de l'imprimeur qui sera chargé de les publier sous sa direction; que s'il suffisait d'une permission une fois donnée pour que tout imprimeur ou libraire se crût autorisé à faire de ces livres une édition nouvelle, ces spéculations intéressées rendraient vaines les mesures que l'évêque lui-même aurait prises pour les publications qu'il aurait ordonnées; que l'exercice du droit de haute censure qui lui appartient incontestablement serait impossible, ou qu'il donnerait lieu à des discussions dangereuses, soit sur les retranchements ou les additions qui auraient été faits aux textes sacrés, soit même sur leur altération; que cependant il y aurait péril pour la pureté du dogme; que l'unité de la liturgie et de la discipline serait compromise; que ce serait mé-

Le décret de germinal an 13 soulève deux autres questions importantes, celles de savoir si la constitution qui abolit la censure et proclame la liberté des cultes n'a pas abrogé le décret de germinal, et si ce mot *réimprimer* doit s'entendre d'un livre dont la première publication a été déjà approuvée.

Pour résoudre la première question, il faut d'abord faire une distinction essentielle. Le droit de censure accordé aux évêques ne peut et ne doit s'appliquer, aux termes du décret, qu'aux livres *d'église*, c'est-à-dire à ceux que leur titre, non moins que leur contenu, impose en quelque sorte à l'usage des fidèles. D'où il faut conclure que les ouvrages composés sur les matières religieuses, les traités de doctrine ou de controverse religieuse, peuvent être publiés sans autorisation. Il en serait de même d'un recueil de prières, que tout individu a incontestablement le droit de composer et de faire imprimer. Ce n'est pas à de pareilles compositions que s'applique le décret. Mais celui qui publie un ouvrage de sa composition, qu'il vend comme *rituel catholique*, bien qu'il n'ait pas été approuvé par le ministre de ce culte, doit-il encore aujourd'hui se soumettre à une autorisation préalable? Nous pensons d'abord qu'il ne doit pas l'annoncer et le vendre comme *catholique*, s'il n'a pas reçu l'autorisation préalable, autrement il tromperait la foi publique, en présentant comme *approuvé* par l'autorité compétente ce qu'il a eu le soin de soustraire à sa censure.

Nous ajoutons que cette censure est obligatoire pour lui, même sous l'empire de la constitution. En effet, notre consti-

---

connaître tout à la fois le but du décret du 7 germinal an 13 et enfreindre les prohibitions les plus expresses; — Et attendu que l'arrêt attaqué a constaté, en fait, que Dufaure avait, sans la permission de l'évêque de Versailles, imprimé et publié les livres d'église, heures et prières, intitulés la *Sainte quarantaine*, l'*Eucologe* et le *Petit Paroissien;* — Qu'en décidant que par là il avait contrevenu au décret du 7 germinal an 13, combiné avec la loi du 19 juillet 1793, et en prononçant contre lui les peines établies par le Code pénal, ledit arrêt, loin de violer le décret précité, en a fait une juste application; — Rejette le pourvoi.

Idem. 5 juin 1847. — C. Cass. — Langlumé : Leclerc.

tution abolit la censure en général; mais il n'a pas été dans son esprit d'abroger le décret de germinal. Cependant cette abrogation aurait dû être formelle, car le décret précité, et toutes les lois qui régissent les hautes fonctions du clergé, imposent, en quelque sorte, aux prélats de chaque diocèse la responsabilité des livres d'église et des doctrines qu'ils contiennent, et elle leur fait même un devoir de rédiger certains livres à l'usage des fidèles. Pour abroger cette censure spéciale, il eût donc fallu changer toute l'économie des lois sur cette matière, ce que la constitution n'a pas fait.

La liberté des cultes ne souffre aucune atteinte de cette censure. En effet, la liberté des cultes n'est autre que la liberté de penser et de prier chacun selon les formes consacrées par sa croyance. Or, il y a loin du culte à la publication d'un livre relatif au culte. Celui qui n'aura pas la liberté d'imprimer et de publier même les compositions les plus orthodoxes, n'en aura pas moins pour cela une entière liberté pour sa croyance. Ainsi, pour nous servir d'un exemple qui nous paraît concluant bien qu'il appartienne à un tout autre ordre d'idées, un médecin ne pourra pas se plaindre des entraves portées à l'exercice de la médecine, parce qu'il ne lui sera pas permis d'annoncer un remède secret, qu'il pourra d'ailleurs toujours employer dans la pratique de son art. Nous pensons donc que le décret de germinal, ainsi que toutes ses dispositions préventives, n'ont rien d'incompatible avec les principes proclamés par la constitution.

La seconde question que nous avons soulevée est relative à l'interprétation du mot *réimprimer*. Il faut bien comprendre le sens de cette expression. Nous ne pensons pas que celui qui veut faire une édition nouvelle d'un livre d'église déjà autorisé, soit obligé de solliciter une seconde autorisation. L'approbation de l'évêque ne portant que sur les doctrines, elle doit raisonnablement, une fois donnée, autoriser toutes les réimpressions successives, pourvu qu'elles soient scrupuleusement identiques; autrement ce ne serait plus une réimpression, mais l'impression d'un livre nouveau, au moins dans ses parties, et pour lequel une autorisation nouvelle serait exigée. Qu'on ne dise pas que cette réimpression libre serait incompatible avec la censure préalable attribuée aux évêques ; car, si la réimpression n'est pas identique, ce qu'on sera toujours à portée d'examiner, celui qui aura publié sans l'approbation de l'évêque pourra être poursuivi conformément au décret de germinal. Pour comprendre le véritable sens du mot *réimprimer*, il suffit de se rappeler qu'à l'époque où le décret de germinal fut porté, plusieurs éditeurs, profitant de l'interrègne du pouvoir spirituel, avaient publié des livres peu orthodoxes. Ces livres n'ayant pas été censurés et ne présentant pas les garanties nécessaires, on a voulu qu'ils ne pussent être reproduits sans subir cet examen préalable. Tel est, à notre avis, la seule acception de cette expression *réimprimer*, qui a pu être mal comprise, mais à laquelle il ne nous paraît pas difficile de rendre son véritable sens.

Section 3. — *Des différents genres d'écrits.*

La loi n'admet pas l'aristocratie des genres ; elle leur accorde à tous une égale protection. C'est ce qui ressort clairement de ces mots : *les auteurs d'écrits en tout genre*. Le droit de propriété est donc reconnu aussi bien pour l'écrit le plus modeste ou le plus vulgaire que pour un chef-d'œuvre (1). Le législateur,

(1) 29 juin 1836. — Trib. corr. Paris. — Jugement qui décide qu'une simple notice constitue un *ouvrage* dans le sens de la loi. Il s'agissait d'une réclame sur le *clyso-pompe*.

Idem. 23 mai 1836. — C. R. Paris. — Barba : Camuseaux. — *Le nouveau Cuisinier royal*.

Idem. 11 avril 1853. — C. R. Paris. — Henrichs : Dormeuil. — En ce qui touche Benou et Dormeuil, directeurs du théâtre du Palais-Royal ; — Considérant qu'ils ne dénient pas avoir laissé chanter sur le théâtre du Palais-Royal des airs composés par les appelants et en avoir tiré profit, mais qu'ils allèguent qu'en adaptant ces airs à des couplets de vaudeville, ils ont tout à la fois usé d'une faculté consacrée par l'usage et exercé un droit, les priviléges de la propriété ne pouvant s'étendre à ces légères compositions qui, par le seul fait de la publication, tombent dans le domaine de tous ; — Considérant que la loi qui reconnaît aux auteurs un droit de propriété ne mesure point la pro-

d'accord avec la raison, n'impose qu'une condition à la protection qu'il accorde, c'est que l'œuvre présente, soit dans ses détails,

---

tection à la longueur des productions; que ses dispositions sont générales; qu'elles ont eu pour objet de consacrer le droit de l'homme sur sa pensée et de récompenser les travaux qui honorent l'intelligence; qu'on ne pourrait, dès lors, sans les violer dans leur essence, y apporter des exceptions et subordonner leur effet à des conditions que le législateur n'a point imposées; — Considérant que si la propriété intellectuelle n'a pas le caractère exclusif, absolu, permanent qui s'attache à la propriété commune, elle n'en comporte pas avec moins d'énergie l'application du principe fondamental en cette matière, que nul ne peut sans son consentement exprès ou présumé être dépouillé de ce qui lui appartient, si minime qu'en soit la valeur; — Que ce principe, écrit dans la loi de 1791, mérite d'autant plus de respect que, d'une part, une propriété que le juge pourrait, au gré de son caprice et selon l'appréciation du moment, ou reconnaître ou nier, cesserait en réalité d'être une propriété, et que, d'autre part, la faculté déférée aux Tribunaux de prendre pour règle de décision, quand l'auteur d'une composition musicale se plaindrait d'une usurpation de son droit, la dimension de l'œuvre usurpée conduirait aux plus injustes résultats; — Qu'en effet le mérite des productions musicales ne tient point à leurs proportions; que tous les jours des partitions considérables tombent dans l'oubli, tandis que de simples airs trouvés par le génie, composés par le goût, se perpétuent comme des chefs-d'œuvre ou des souvenirs nationaux dans la mémoire des peuples; — Que de ce qui précède il faut conclure qu'en laissant chanter sur le théâtre qu'ils dirigent des airs dont ils n'ont point acquis la disposition, Dormeuil et Benou ont porté atteinte aux droits des appelants et leur doivent une réparation; — Condamne, etc.

Idem. 12 janvier 1853. — C. imp. Lyon. — Henrichs : Delétang.

Idem. 19 avril 1845. — C. R. Paris. — Colin : Vatel. — Considérant que la loi du 19 janvier 1791 s'applique à tous les ouvrages, qu'ils soient chantés ou déclamés, et quelles que soient d'ailleurs leur importance et leur étendue; — Considérant qu'aux termes de ladite loi un directeur de spectacle ne peut faire représenter sur son théâtre l'ouvrage d'un auteur vivant, sous peine de confiscation des recettes, sans avoir obtenu son consentement par écrit; — Considérant qu'il est indifférent que les paroles constituant la propriété dramatique soient adaptées à une œuvre musicale; qu'il ne peut y avoir en cet état modification du droit de l'auteur des paroles; — Considérant que Colin n'a pas donné à Vatel le consentement qui était nécessaire; — Considérant néanmoins que Vatel a pu être induit en erreur pour le passé par le silence que Colin a gardé lors du traité avec Félicien David et en présence des frères Escudier, qui avaient obtenu le droit de publication; que Colin a eu connaissance de la représentation du 29 décembre 1844, puisqu'il a reçu une somme de 500 francs; que dès lors il n'a pas de motifs suffisants pour autoriser la confiscation des recettes qui ont été faites; — Considérant qu'il y a lieu seu-

soit dans son ensemble, le caractère de nouveauté qu'imprime le travail personnel.

Langue étrangère. — Est-il nécessaire que l'ouvrage soit écrit en français, pour donner à l'auteur le droit de propriété exclusive?

La loi française n'a de force que sur le territoire français; mais aussi dans cette limite sa puissance protége les écrits en

---

lement de fixer le chiffre des dommages-intérêts qui peuvent appartenir à Colin relativement aux recettes des représentations effectuées; que la Cour a dès à présent les documents nécessaires pour se déterminer à cet égard; — Met l'appellation et ce dont est appel au néant; émendant, décharge l'appelant des condamnations contre lui prononcées; — Fait défense à Vatel de représenter à l'avenir l'ode-symphonie *le Désert*, avec les paroles de Colin, sans avoir obtenu le consentement de ce dernier; — Condamne Vatel à payer à Colin pour chacune des représentations qui ont eu lieu, autres toutefois que celle du 29 décembre 1844, une somme de 100 francs, à laquelle la Cour fixe les dommages-intérêts; déclare le présent arrêt commun avec le syndic de la faillite Colin, et condamne Vatel aux dépens, etc.

Idem. 6 avril 1842. — Trib. Paris. — Teyssèdre : Garnier. — Attendu qu'en 1832 Teyssèdre a vendu à Constant Chantpie, en toute propriété et pour en disposer comme bon lui semblerait, un ouvrage intitulé *le Conducteur général de l'étranger à Paris*; — Attendu que le 2 septembre 1834, Constant Chantpie a cédé cet ouvrage à Garnier frères aux mêmes conditions; — Attendu qu'en 1835 Garnier frères, avant de publier la troisième édition, ont chargé Teyssèdre de faire à son ouvrage, moyennant un prix convenu, les modifications devenues nécessaires, mais que pour les éditions suivantes ils ont négligé de réclamer son secours et se sont adressés à d'autres pour corriger son ouvrage; — Attendu que par ce fait Garnier frères ont violé les droits de Teyssèdre; — Qu'en principe, lorsqu'un auteur cède la propriété de son manuscrit, même de la manière la plus absolue, il n'abandonne pas implicitement le droit de le corriger; qu'autrement il mettrait sa réputation à la merci de son acheteur; que si des modifications sont apportées à son œuvre sans son consentement, et qu'il les juge de nature à lui nuire, il peut à bon droit réclamer des dommages-intérêts, qu'il appartient aux Tribunaux de fixer; — Attendu que si l'ouvrage de Teyssèdre est d'une faible importance littéraire, le droit de Teyssèdre comme auteur n'en est pas moins respectable; que, lors de la troisième édition, Garnier frères paraissent l'avoir reconnu en chargeant Teyssèdre de revoir lui-même son œuvre; — Attendu que les modifications apportées au livre de Teyssèdre sont nombreuses et importantes; que les articles modifiés ou ajoutés par les correcteurs n'occupent pas dans l'ouvrage une place distincte; qu'ainsi Teyssèdre est exposé à ce qu'on les lui attribue et qu'ils sont de nature à donner une idée peu favorable de son talent littéraire; — Condamne, etc.

tout genre (art. 1er de la loi). Il importe donc peu que l'œuvre soit écrite en langue étrangère ou en français. La seule condition, c'est que l'œuvre soit nouvelle par ses détails ou par son ensemble. Le droit découle de la composition même. On ne pourrait donc pas introduire dans la loi une exception que son texte, loin de faire supposer, repousse de la manière la plus formelle en protégeant *tous les genres* d'écrits.

COMMENTAIRES, NOTES, SUPPLÉMENTS. — Indépendamment des œuvres originales et principales, il est d'autres productions qui, quoique secondaires, ne sont pas indignes de la protection de la loi. Telles sont les *notes, commentaires, suppléments* ou *additions*. Ainsi celui qui, par son travail personnel, additionne, complète, annote ou commente l'œuvre d'autrui, fait incontestablement acte de composition. Auteur de ce travail, il peut justement en revendiquer la propriété exclusive, puisque la loi étend sa protection sur tous les genres d'écrits. Il serait, en effet, souverainement injuste de sacrifier une œuvre qui, bien que secondaire, peut par un savant glossaire ou un lumineux appendice éclairer un texte obscur, et doter les lettres ou les sciences d'une conception utile. L'auteur du travail secondaire a donc un droit de propriété incontestable.

Il importe d'envisager ce droit dans toutes les hypothèses qui peuvent se présenter; aussi qu'arrivera-t-il si l'auteur de l'œuvre secondaire a fondu ses additions dans le texte, et s'il les a publiées sous le nom de l'auteur principal, de telle sorte que rien ne puisse avertir les tiers et leur indiquer là où commence son travail personnel et là où il finit? Perdra-t-il son droit de propriété, dès lors absorbé par l'ouvrage principal? L'affirmative conduirait à une confiscation qui n'est pas dans la loi (1); toutefois il est juste d'admettre, de la part des tiers,

(1) 27 février 1845. — C. Cass. — Colombier : Richaud. — La méthode de Viguerie est composée de trois parties : 1° Les principes élémentaires de la musique, 2° des gammes et des exercices, et 3° un choix d'airs faciles pour le piano avec le doigté. La dame Farrenc, professeur de musique, a fait à cette méthode des modifications et des augmentations plus ou moins importantes, surtout dans la seconde partie, qui contient les exercices. Elle a, en outre,

l'excuse de bonne foi, car ils peuvent ignorer, en publiant un ouvrage du domaine public, quelle est la partie qui y a été nouvellement ajoutée et que rien ne signalait à leur attention. Dans ce cas, la bonne foi aura pour conséquence, non pas de légitimer la reproduction des additions ou notes, mais de soustraire le prétendu contrefacteur à l'action correctionnelle. La question entre les parties se bornera donc alors à la réparation du préjudice causé, et dans cet ordre d'idées les tribunaux pourront même, dans certaines circonstances, ordonner que les exemplaires contrefaits ne seront remis à l'auteur qu'à la charge par lui d'indemniser le prétendu contrefacteur, qui a été induit en erreur par la publication originale.

Quelle sera la position de l'auteur des notes ou additions, suivant que l'ouvrage annoté appartiendra ou n'appartiendra pas encore au domaine public? Dans le premier cas, son droit de propriété particulière n'aura rien à craindre du contact de l'œuvre principale dont le sort était fixé antérieurement; de

---

substitué aux airs qui composaient la dernière partie vingt airs de son choix, qu'elle a également arrangés pour le piano, avec le doigté. Colombier, propriétaire de l'édition de la méthode de Viguerie, ainsi augmentée et arrangée par la dame Farrenc, a poursuivi Richaud comme ayant publié une contrefaçon de cette édition. — Jugement du 24 avril 1844. — Attendu que la loi du 19 juillet 1793 et l'art. 425 du Code pénal s'étendent aux compilations et à tous les ouvrages de cette nature, lorsque ces ouvrages ont nécessité un travail d'esprit et ont pris un caractère nouveau; — Attendu que la composition musicale publiée par Colombier, loin d'être comme, on l'a prétendu, la reproduction facile d'un ou de plusieurs ouvrages tombés dans le domaine public, a été en grande partie le produit de conceptions propres à son auteur et qui ont exigé de sa part la connaissance des règles de l'art, et qu'elle constitue dès lors une œuvre dont Colombier a droit de réclamer la propriété exclusive; — Attendu qu'il est établi que la méthode publiée par Richaud, et qui est actuellement incriminée, est en grande partie une copie à peu près servile de l'œuvre dont il s'agit, et que Colombier en a éprouvé un préjudice; — Attendu qu'eu égard aux faits et circonstances de la cause, Richaud ne saurait être considéré comme ayant agi de bonne foi et qu'ainsi il est coupable du délit de contrefaçon; — Condamne Richaud, etc., etc. — Sur l'appel, la Cour a confirmé. — Pourvoi en cassation et rejet.

Contra. 9 décembre 1831. — Warée : Defoulan. — 7 novembre 1835. — Beuchot c. Furne.

même qu'il ne pourra pas prétendre que son travail additionnel et personnel a pu lui faire acquérir la propriété de l'ouvrage primitif. Dans le second cas, il faut bien se garder de croire que les notes, additions ou commentaires devront être considérés comme un accessoire qui suit le sort du principal. La composition étant étrangère à la création de l'œuvre originale, doit avoir aussi sa propriété avec sa durée particulières. Ces deux causes différentes ont chacune leur effet. Le droit de propriété est résulté de la création même de l'œuvre additionnelle; c'est sur elle qu'il repose, c'est avec elle et par elle qu'il subsiste; il doit donc la suivre dans toutes les conditions légales où elle se trouve placée à l'égard de son auteur ou de ses héritiers, et survivre à l'œuvre principale dont la jouissance exclusive a cessé. Celle-ci devient bien alors la propriété de tous, mais dégagée des additions qui resteront propriété privée.

Quelques auteurs ont cru trouver dans le décret du 1er germinal an 13, appliqué par analogie, une preuve que, pour conserver son droit, l'auteur d'un complément, d'additions ou de notes, devait nécessairement les publier séparément et en faire un livre séparé. Indépendamment des raisons que nous avons données plus haut sur la propriété distincte d'une création étrangère à l'auteur, création qui doit, en bonne logique, ouvrir aussi un droit distinct comme elle, nous dirons que l'analogie tirée du décret du 1er germinal an 13 est fausse en tous points. Lorsque les œuvres d'un auteur étaient tombées dans le domaine public, les propriétaires de ces œuvres inédites, autrement dites posthumes, hésitaient à les publier, dans la crainte de s'en voir contester la propriété exclusive, et dans l'incertitude de la durée de cette propriété. Les sciences et les lettres pouvaient souffrir de cette crainte bien ou mal fondée; la sollicitude du gouvernement s'en inquiéta, et le décret vint accorder aux propriétaires des œuvres posthumes les mêmes droits qu'à l'auteur, *à la charge de les imprimer séparément*. On le voit, ce décret a répondu à un doute jusque-là fondé en droit et en logique. Mais ce doute n'existe pas pour les additions, car elles ne sont pas l'œuvre de la même conception; il n'y a pas pour elles, comme pour les œuvres posthumes liées aux œuvres complètes du même auteur, réunion d'une partie à son *tout* naturel, puisque nous supposons au contraire que les additions sont une composition à part, étrangère à l'auteur principal. Il n'y a donc nulle analogie à tirer de ce décret. Au surplus, la déchéance étant une pénalité, ce caractère suffirait pour écarter l'analogie. Les peines ne s'appliquent pas par induction.

COMPILATIONS. — Une compilation est une œuvre littéraire. Sans doute il en est de bien modestes, mais souvent aussi de pareils ouvrages, faciles en apparence, ont imposé de longues et studieuses recherches. Le choix des matériaux n'est pas, d'ailleurs, sans mérite; abstraction faite du discernement nécessaire pour composer une utile compilation, la nouveauté de l'ensemble suffit seule pour justifier la protection légale. Il y aurait donc violation de la loi, si les tribunaux refusaient à la compilation le bénéfice du droit exclusif, par la seule raison que les divers matériaux seraient, en totalité ou en partie, étrangers à la conception du compilateur et tombés dans le domaine public (1).

Ce que nous avons dit sur la compilation serait mal com-

---

(1) 8 mai 1840. — C. imp. Paris. — Roret : Béchet et Lebigre. — Attendu que s'il n'est pas justifié que Béchet fût l'auteur de la contrefaçon, il est constant qu'il a débité sciemment l'ouvrage contrefait; que le débit de sa part résulte de son aveu relativement au fait de la vente par lui faite au commis de Roret et de la facture signée de lui, et qu'il n'est nullement établi au procès que le fait soit isolé; qu'en outre il a débité cet ouvrage contrefait avec connaissance de son origine frauduleuse; — Attendu qu'il est constant, de l'aveu même de Lebigre, qu'il a débité l'ouvrage intitulé *Histoire des animaux célèbres, par Thierry;* qu'il a dû connaître l'origine frauduleuse de cet ouvrage; que vainement il allègue, pour établir sa bonne foi, qu'il tenait les exemplaires qu'il a débités du sieur Witterkeim, aujourd'hui décédé, ou du sieur Renaud, et qu'une telle excuse ne saurait être accueillie de sa part; — Qu'en admettant la réalité de l'origine alléguée, le fait du débit de l'ouvrage contrefait ne subsisterait pas moins contre lui; — Condamne, etc. — Sur l'appel, arrêt confirmatif.

Idem. 2 décembre 1814. — C. Cass. — Leclerc : Brunet et Savy. — Voy. page 33.

pris si l'on pensait que le compilateur, par cela seul qu'il a arrangé ou choisi avec discernement certains matériaux, peut se soustraire à l'action d'un auteur dont il aurait mis l'ouvrage à contribution. S'il a fait porter sa compilation sur des œuvres qui n'étaient point encore tombées dans le domaine public, l'auteur auquel il a fait ainsi des emprunts aura toujours le droit de le poursuivre en contrefaçon, car la reproduction, même partielle, de l'ouvrage d'autrui constitue un délit. Seulement les Tribunaux auront alors à examiner si les emprunts faits à l'auteur *compilé* sont de nature à lui porter préjudice, s'ils sont importants, soit par leur sujet ou leur nature, soit par leur étendue (1).

ABRÉGÉS. — L'abrégé d'un ou de plusieurs ouvrages tombés dans le domaine public est une œuvre littéraire dans le sens légal. Pour que l'auteur de l'abrégé puisse prétendre au droit exclusif, il suffit qu'il ait mis dans son œuvre quelque chose de son travail personnel, ne fût-ce que l'ordre et le choix des extraits; c'est là ce qui constituera sa propriété particulière. Il est bien entendu qu'il ne peut, dans aucun cas, revendiquer la propriété exclusive des textes qu'il a empruntés et réunis (2).

---

(1) 15 juin 1844. — C. Cass. — Guérin, Didier : Charpentier. — Sur le moyen tiré de ce que les premiers juges ayant déclaré que le fait avait eu lieu sans intention de nuire, l'arrêt attaqué aurait dû s'expliquer à cet égard, ce qu'il n'a pas fait et ce qui laissera subsister les premières déclarations ; — Attendu qu'en posant en fait que les prévenus savaient que les poésies dont il s'agit étaient la propriété exclusive des auteurs ou de leurs représentants, ils n'ont fait leur publication que dans un intérêt de spéculation, et qu'elle a nui à celle de Charpentier, et en les déclarant coupables de contrefaçon l'arrêt attaqué s'est suffisamment expliqué sur l'intention qui avait fait agir les prévenus; qu'il a suffisamment imprimé au fait tous les caractères d'un délit; — Rejette.

(2) 22 mars 1834. — Delalain : N. — Trib. corr. Paris. — Attendu, en fait, qu'il résulte de l'instruction et des débats que Delalain a acheté, en 1813, la propriété du *Nouvel abrégé de géographie* de Nicolas Delacroix et Dufrenoy; Attendu, en droit, que l'abréviation d'un ouvrage peut, par la composition et l'ordonnance des matières, le choix et la nature des extraits, faire un acte de création, d'intelligence et d'industrie, et constituer, par le fait, un droit de propriété; Attendu que le *Nouvel Abrégé* publié par Delalain n'est la reproduction d'aucun des ouvrages publiés précédemment, et qui sont représentés par

DICTIONNAIRES. — Les dictionnaires de langues peuvent constituer une propriété exclusive. Mais on conçoit de reste que cette propriété est forcément limitée aux textes explicatifs introduits par l'auteur, au choix des exemples, en un mot aux parties du dictionnaire qui portent le cachet d'un travail personnel; car les mots, leur ordre alphabétique, leur genre, tous ces détails sont du domaine public (1).

TABLES. — Ce que nous venons de dire des extraits et abrégés s'applique aux tables. Elles peuvent dans certains cas, par le travail personnel de leur auteur, s'élever au rang des œuvres protégées par la loi; comme aussi elles peuvent constituer un empiétement sur les droits d'un auteur, ainsi que nous le démontrons au chapitre de la *contrefaçon.*

JOURNAUX. — Le journalisme à son origine fut réduit, à peu de chose près, au rôle secondaire de nouvelliste; il n'avait donc rien de précieux à revendiquer. Aussi n'a-t-il pas trouvé dans la loi la place distincte qui était due à sa nature spéciale. Quoi qu'il en soit, ignoré ou négligé, le journalisme a longtemps fait bon marché de ses productions. Mais

---

le prévenu; qu'ainsi il n'est pas établi que l'abrégé dont s'agit soit du domaine public, et que le prévenu ait eu le droit de se l'approprier; condamne, etc., etc.

(1) 2 juillet 1840. — Peltier : Saintin et Thomine. — Attendu qu'il est constant au procès que le *Petit Dictionnaire* de Hocquart faisait partie des ouvrages de librairie cédés en 1829 par Saintin père au plaignant; que dès lors Saintin fils devait plus qu'un autre s'abstenir de porter atteinte, ainsi qu'il l'a fait, à l'exercice de leurs droits en publiant et débitant le *Petit Dictionnaire* objet de la saisie; — Attendu que la contrefaçon est constante, qu'elle résulte de la comparaison et de l'examen des deux ouvrages; que ces deux ouvrages présentent dans leur majeure partie une identité presque complète, qu'on ne peut attribuer au hasard; — Attendu que Saintin et Thomine ne peuvent échapper à l'application de la loi parce qu'ils ont pris la précaution de changer le titre de leur publication et de faire précéder cette publication d'un petit traité sur les participes; lorsqu'il est constant qu'ils ont copié ou fait copier textuellement la plus grande partie de l'ouvrage des plaignants dans le but évident de faire une concurrence dommageable pour ces derniers; — Condamne, etc.

Idem. 9 mars 1842. — C. R. Paris. — Peigné : Auvray.

il est venu un moment où il a rendu les arts, les sciences et les lettres tributaires de son domaine; alors il a revendiqué ses droits, et on s'est demandé si les articles publiés dans les *journaux* ou *revues* constituaient une propriété littéraire dans le sens absolu du mot. Hâtons-nous de dire que la jurisprudence n'a jamais hésité sur cette question. La généralité des termes de la loi ne laisse aucun doute sur le droit exclusif des *auteurs* de ce *genre* d'écrits. Les productions du journalisme viennent, ainsi, tout naturellement s'abriter sous la loi de 1793, aux mêmes conditions que toute autre œuvre littéraire (1).

Il est donc incontestable, en principe, que la propriété du journalisme est inviolable; toutefois il faut distinguer avec soin ce qui appartient en propre à la création du journaliste de ce qui lui est étranger et commun à tous. Les nouvelles politiques ou autres, même quand le journaliste les a obtenues à ses frais, par une correspondance privée, sont des faits du domaine public, et ne peuvent constituer une propriété exclusive (2); mais les articles de *rédaction* politique ou littéraire, et même les *correspon-*

---

(1) 29 octobre 1830. — C. Cass. — Le *Pirate* : la *Gazette littéraire*. — Arrêt. Attendu que d'après les termes généraux de la loi de 1793 les Tribunaux peuvent, selon les circonstances, en faire l'application aux journaux et feuilles périodiques; — Attendu qu'en décidant que, par l'insertion de plusieurs des articles de la *Gazette littéraire*, faite sans le consentement de son éditeur, dans le journal intitulé *le Pirate*, l'éditeur-gérant de ce dernier journal avait commis un délit de contrefaçon, préjudiciable à celui de la *Gazette littéraire;* et qu'en appliquant à ce fait ainsi déclaré les dispositions prohibitives et pénales de la loi, la Cour de Paris n'a pas fait une fausse application de ces dispositions; — Rejette.

(2) 11 avril 1835. — Trib. corr. Paris. — N... : l'*Écho* et l'*Estafette*. — Attendu qu'un journal est une propriété littéraire composée soit d'articles *nouvelles*, soit d'articles de politique et de littérature; que les premiers par leur nature, et lorsqu'ils ne contiennent que l'annonce des faits, plus ou moins publics en France et en pays étranger, appartiennent au domaine public; que les seconds, qui sont l'œuvre de l'esprit et dont la rédaction est pour les journaux l'objet d'une dépense souvent considérable, forment une propriété privée, etc.

Idem. 5 juin 1833. — Trib. com. Paris. — Le *Constitutionnel* : l'*Écho*. — Attendu que la propriété d'un journal se compose non-seulement des articles de *rédaction*, mais encore de la correspondance étrangère qui, étant le fruit de

dances qui sont acquises à prix d'argent par le journal, bien qu'elles ne portent que sur des faits publics, sont la propriété du journal, sinon quant au fond, au moins quant à la forme.

Il en est de la propriété des articles d'un journal à l'égard du rédacteur, comme des travaux publiés par les membres d'une académie, c'est-à-dire que l'insertion des articles d'un rédacteur de journal ne le prive pas du droit de les publier plus tard

---

travaux rémunérés, ne peut être reproduite sans porter atteinte et préjudice aux droits du journal, etc., etc.

Idem. 31 mars 1853. — Trib. Paris. — Denain : Vassal. — Attendu qu'un journal est un écrit; qu'il est un produit de l'intelligence; qu'il peut en conséquence constituer une propriété; que les articles de ce journal appartiennent aux auteurs et aux coauteurs de ces écrits ou à leurs représentants ; qu'à l'égard des journaux, le dépôt d'exemplaires au parquet doit être considéré comme l'équivalent du dépôt à la direction de la librairie pour les autres écrits; — Attendu qu'il résulte du rapprochement fait par le Tribunal d'un grand nombre de numéros du *Journal des Faits*, géré par Vassal et imprimé par Prève, avec les numéros de la même époque du journal le *Constitutionnel*, que le *Journal des Faits* a reproduit à différentes reprises et des articles du *Constitutionnel* provenant de correspondants particuliers et des articles de fonds ou premiers-Paris politiques, littéraires et autres ; — Attendu que Vassal et Prève, malgré les avertissements qui leur ont été donnés et les défenses qui leur ont été faites par Denain, gérant du *Constitutionnel*, ont continué ces reproductions et ont puisé dans le *Constitutionnel* de nouveaux articles par voie d'analyse et par la reproduction totale ou partielle du texte; — Attendu que les numéros du *Constitutionnel* reproduits ont été régulièrement déposés au parquet ; — Attendu qu'en reproduisant les articles du *Constitutionnel*, Vassal, gérant du *Journal des Faits*, et Prève, imprimeur dudit journal, ont causé à Denain un dommage dont l'importance a été d'autant plus grande que la reproduction a été faite le jour même ou le lendemain de la publication desdits articles dans le *Constitutionnel;* — Condamne, etc.

Idem. 12 juin 1851. — Trib. Paris. — Schlesinger : Baraton. — Attendu que si l'article 1er de la loi de 1793 accorde aux auteurs un droit exclusif pour la reproduction de leurs œuvres, cette disposition législative ne saurait être appliquée dans l'espèce qu'en effet les nouvelles provenant à Schlesinger par le télégraphe électrique sont non-seulement vendues par lui, comme il le soutient, à différents journaux du soir, mais encore affichées dans différents cercles; qu'elles sont dès lors dans le domaine public; — Que le journal *le Pays* peut donc reproduire le lendemain ces nouvelles, quelle que soit la source à laquelle il les emprunte, sans être tenu de payer pour ce fait une rétribution au demandeur; qu'il ne cause par là aucun préjudice et ne nuit à aucun droit acquis; — Déboute Schlesinger.

en collection ou en corps d'ouvrage séparé, à la condition d'adopter une forme de publication qui ne puisse causer aucun préjudice au journal; il n'est jamais censé avoir renoncé à ce droit. Néanmoins il faut ajouter qu'il ne peut raisonnablement l'exercer qu'après un certain temps, pour ne pas léser les intérêts du journal (1). Si donc il publiait ses articles de façon à préjudicier aux droits acquis, il ne commettrait pas le délit de contrefaçon, mais ce fait de publication en temps inopportun pourrait l'exposer à une action civile en dommages intérêts.

TABLEAUX SYNOPTIQUES. — La propriété de ces tableaux n'a jamais fait de doute; car à la forme près, qui ne change ni ne modifie le droit de propriété littéraire, le tableau est une composition comme si les mêmes matériaux avaient été publiés en un ou plusieurs volumes. Ce qu'on a contesté, c'est le droit de propriété en ce qui touche les tableaux historiques, et l'on a prétendu que, l'histoire étant la même pour tous, un tableau qui ne contient que l'exposé synoptique des dates, des noms et des lieux historiques, ne pouvait constituer une propriété exclusive. Cette objection ne nous paraît pas sérieuse. Le doute n'a pu s'élever que parce que la question n'était pas nettement posée. Sans doute, on peut dire de l'histoire ce qu'on a dit de la nature, *qu'elle pose pour tout le monde*, et celui qui aura fait un tableau historique ne pourra prétendre au droit exclusif de publier les noms, les lieux et les dates. Mais, indépendamment de ces documents qui appartiennent à tous et sont les mêmes pour tous, il faut considérer ce qui est propre à l'auteur du tableau, ce qui est le fruit de son goût et de son esprit. Ainsi, par exemple, la forme, l'ordre et la classification des matières, les rapprochements de faits, de dates et de noms, en un mot, tout ce qui appartient en propre à l'auteur du tableau. C'est là ce qui constitue son invention, son idée, sa composition. C'est aussi là ce qui constitue exclusivement son droit de propriété,

---

(1) 2 janvier 1834. — Le *Journal des Enfants* : Louis Desnoyers. — Desnoyers avait composé une suite d'articles pour un journal. Plus tard il les publia en un volume. Poursuivi pour ce fait, il fut renvoyé de la poursuite.

et on ne saurait le méconnaître sans violer la loi protectrice des écrits en tout genre.

Lettres missives. — Les lettres privées constituent une propriété littéraire. Celui qui les a écrites a seul le droit de les publier, à l'exclusion même de celui à qui elles ont été adressées. Ce dernier n'en est pas l'*auteur*, et s'il est vrai de dire qu'il en est propriétaire, sa propriété ne repose que sur le manuscrit en tant qu'objet matériel et non sur le droit de reproduction, droit incorporel, essentiellement distinct, et qu'une convention spéciale pourrait seule lui conférer. Une lettre n'est écrite que pour être lue et non pour être publiée. Il en est ainsi, à plus forte raison, si les lettres sont confidentielles(1).

---

(1) 20 décembre 1850. — C. R. Paris. — Hérit. Benjamin Constant : Collet. — Considérant qu'une lettre confidentielle n'est pas une propriété pure et simple dans les mains de celui à qui elle a été écrite ; — Que le secret qu'elle renferme est un dépôt dont ce dernier ne peut seul disposer ; — Qu'en livrant sa pensée à un tiers dans une correspondance, une personne peut mettre pour condition à cet acte de confiance qu'il restera renfermé dans le domaine de l'intimité ; — Que cette condition a tous les caractères d'un pacte véritable ; — Qu'elle est même virtuellement renfermée dans toute lettre missive d'une nature confidentielle ; — Que si, contre le vœu de cette convention tacite, le secret d'une lettre était divulgué, ce serait non-seulement manquer aux engagements naturels de ce genre de rapports, mais porter l'inquiétude dans le commerce privé, et briser un des liens de la société des hommes ; — Considérant que ces principes ne reçoivent pas d'exception, alors même que l'auteur d'une correspondance confidentielle aurait rempli un rôle public ; — Que quelque étendus que soient les droits de l'histoire sur les personnages qui relèvent d'elle, ils doivent s'arrêter devant le sanctuaire du for intérieur ; — Qu'il peut y avoir dans la vie privée des hommes publics des sentiments, des affections, des épanchements que le respect de soi-même et des autres leur fait ensevelir dans le mystère ; — Que l'intérêt des familles a le droit de veiller sur ce domaine inaccessible, et de le défendre contre les empiétements d'une indiscrète publicité ; — Que c'est surtout lorsque les passions contemporaines ne sont pas encore refroidies qu'il leur importe de s'opposer à des publications dont le résultat serait de troubler la mémoire des morts dans ce qu'ils ont voulu emporter avec eux, d'exciter les malignités de la polémique, de blesser des tiers et d'altérer le culte des souvenirs et des affections domestiques ; — Considérant que la correspondance dont il s'agit au procès est une collection de lettres confidentielles écrites par Benjamin Constant à la veuve Récamier ; que celle-ci était liée par le pacte synallagmatique de ne les vendre publiquement qu'avec le con-

Ajoutons toutefois que si les lettres ont été écrites par un fonctionnaire à son inférieur ou à ses administrés et ne contiennent que des instructions destinées par leur nature à la publicité, ce ne sont plus là des lettres privées, et chacun des possesseurs pourra les publier pour les besoins du service, mais sans pouvoir revendiquer sur cette publication un droit exclusif.

ŒUVRES POSTHUMES. — Le décret du 1er germinal an 13 désigne sous le nom d'œuvres posthumes les ouvrages qui n'ont pas été publiés pendant la vie de l'auteur. Pour compléter cette définition, il faut ajouter que par *publiés* on doit entendre *imprimés et vendus;* tout autre genre de publication laisse aux ouvrages leur caractère de *posthumes* dans le sens de la loi; telle serait, par exemple, la publication par la parole pour les discours et les leçons d'un professeur, ou par la représentation pour une œuvre musicale ou dramatique.

Le décret du 1er germinal prive du droit exclusif le propriétaire des œuvres posthumes qui les confond dans une même édition avec les œuvres publiées du vivant de l'auteur et *qui sont devenues propriété publique*. Ces dernières expressions ont fait naître plusieurs questions. La première est celle de savoir si les prescriptions du décret ne s'appliquent qu'à la première publication des œuvres posthumes, c'est-à-dire si, d'abord publiées séparément, les œuvres posthumes peuvent être ensuite impunément publiées avec les autres productions du même auteur. Cette question trouve sa solution dans les termes généraux

---

sentement de leur auteur; que ce consentement n'a jamais été donné par Benjamin Constant; que la veuve Récamier ne pouvait donc les livrer à la publicité ni par elle-même, ni par mandataire, ni de son vivant, ni après sa mort; — que c'est ce qu'elle a reconnu elle-même dans une circonstance où elle déclarait que ces lettres n'étaient pas de nature à être publiées; que s'il suit de là que tout pouvoir qu'elle aurait donné dans un but de publication, soit par testament, soit par tout autre acte, irait au delà de son droit, bien qu'il fût dicté par de bonnes intentions, et ne saurait produire d'effet en présence de l'opposition formelle de la sœur de Benjamin Constant, qui représente ce dernier; — Ordonne la restitution de la copie confiée à la dame Collet, etc.

Id. Voy. Merlin. — Réquisitoires.

du décret, qui ne réserve la propriété exclusive que pour les œuvres posthumes publiées séparément (1).

---

(1) 6 juillet 1854. — Trib. Paris. — Lévy : Barba. — Attendu que Lévy, après avoir publié une première fois séparément la nouvelle inédite et posthume de Stendahl intitulée *San Francesco a Ripa*, a publié ensuite cette même nouvelle dans un recueil d'œuvres de Stendahl comprenant les œuvres de cet auteur tombées dans le domaine public; que postérieurement à cette seconde publication Barba a, de son côté, publié une édition d'une œuvre de Stendahl intitulée *le Rouge et le Noir*, tombée dans le domaine public, à la suite de laquelle il a inséré la nouvelle *San Francesco a Ripa*; — Attendu que Lévy, prétendant que la publication de Barba portait atteinte à ses droits, comme seul propriétaire de ladite nouvelle, a fait opérer, à la date des 21 et 22 avril 1854, une saisie de l'édition Barba, et demande aujourd'hui la validité de cette saisie ainsi que des dommages-intérêts, tandis que Barba soutient au contraire avoir eu le droit, aussi bien que tout éditeur, de publier cette nouvelle comme étant tombée dans le domaine public par le fait de sa publication dans une collection d'œuvres du même auteur appartenant déjà au domaine public, et demande lui-même des dommages-intérêts contre Lévy; — Attendu en droit que le décret du 1er germinal an 13 n'a accordé aux éditeurs d'œuvres posthumes la qualité de propriétaires exclusifs de ces œuvres qu'à la condition de les imprimer séparément et sans les joindre à une nouvelle édition des œuvres du même auteur tombées dans le domaine public; — Attendu que cette prohibition est absolue; qu'elle s'applique, d'après le texte de la loi, non-seulement à la première publication que peut faire l'éditeur d'une œuvre posthume, mais à toutes les publications subséquentes, en telle sorte que pendant toute la durée légale de sa propriété il lui est interdit, sous peine d'être présumé y avoir renoncé, de réunir l'œuvre posthume dans une même publication avec les autres œuvres du même auteur tombées dans le domaine public; et que, si cette condition cesse d'être observée par lui, sa propriété exclusive cesse d'exister de plein droit; — Attendu que cette interprétation est conforme à l'esprit de la loi aussi bien qu'à son texte; qu'en effet, si l'on remonte à l'intention du législateur, intention clairement exprimée dans le préambule du décret du 1er germinal an 13, on voit que son but a été d'empêcher l'abus que les propriétaires d'œuvres posthumes pourraient faire de leur privilége en publiant ces œuvres avec celles du même auteur tombées dans le domaine public, et en se créant ainsi, au préjudice des autres éditeurs, un avantage qui eût constitué à leur profit une sorte de monopole; — Que c'est pour éviter cet inconvénient que le législateur a cru devoir apporter au privilége du publicateur d'œuvres posthumes une restriction par la défense qu'il lui a faite de réunir ces ouvrages à celles qui étaient la propriété du public; qu'il est évident que cette défense serait illusoire, et que le but de la loi serait manqué si, après avoir fait une première publication séparée, l'éditeur pouvait, tout en conservant son privilége, imprimer les œuvres réunies, puisque

On s'est demandé si la jonction aurait les mêmes conséquences dans le cas où les œuvres déjà publiées ne seraient point encore devenues propriété publique. Bien que les termes du décret paraissent supposer seulement le cas où les autres écrits de l'auteur sont dans le domaine public, cependant ce n'est là qu'un sens apparent; en effet, pourquoi le législateur a-t-il imposé aux propriétaires des œuvres posthumes la nécessité de les publier séparément? c'est pour garantir les tiers de toute méprise et pour qu'ils sachent que ces œuvres sont l'objet d'un droit exclusif, indépendant de celui qui procède de l'auteur. Si donc il n'a pas parlé du cas où les œuvres principales sont encore dans le domaine privé, le motif n'est pas moins le même, car la bonne foi des tiers pourrait être encore plus facilement trompée, et ils n'auraient nul moyen de s'assurer si la totalité des œuvres ou seulement la partie des œuvres posthumes sont tombées dans le domaine public, et sur quelles parties réside encore le domaine privé. Le propriétaire des œuvres posthumes doit donc, toujours et dans tous les cas, pour conserver le droit exclusif pendant sa vie et l'assurer à ses héritiers pendant le délai de la loi, les publier séparément, sinon leur jonction avec celles publiées du vivant de l'auteur les confond toutes; et les posthumes n'eussent-elles été jointes ainsi que quelques mois avant la déchéance, elles suivront le sort des premières et tomberont avec elles dans le domaine public.

Cette confusion frappera les œuvres posthumes alors même qu'elles seraient beaucoup plus considérables que les œuvres publiées du vivant de l'auteur, car le décret n'a pas distingué, et les motifs de sa sévérité sont les mêmes. Le législateur a

---

la première publication ne l'empêcherait pas de profiter plus tard de tous les avantages et de l'espèce de monopole que le législateur a voulu lui refuser; — Attendu que de ce qui précède il résulte que Lévy, en publiant la nouvelle de Stendahl intitulée *San Francesco a Ripa*, dans une édition d'œuvres du même auteur appartenant déjà au domaine public, a, par ce seul fait, renoncé à s'en prétendre propriétaire exclusif; que, dès ce moment, tout éditeur a eu le droit de la publier, et que, par conséquent, la saisie opérée à la requête de Lévy doit être déclarée nulle; — Déboute Lévy de sa demande, etc.

d'ailleurs imposé une condition qu'il n'est pas difficile de remplir, et rien ne peut garantir l'éditeur qui a négligé de s'y conformer. En vain dirait-on, pour soutenir l'opinion contraire, que le législateur n'a pas eu pour but d'éviter les méprises possibles, mais seulement d'empêcher que, par cette jonction, le propriétaire des œuvres posthumes ne fît, en quelque sorte, rentrer les œuvres premières dans le domaine privé en s'assurant tous les avantages d'une édition plus complète, par conséquent toujours préférée. Si tel avait été le sens du décret, il aurait infailliblement manqué son but. En effet, par ce mot *séparément*, on ne peut nier que le législateur n'ait entendu dire *d'une manière distincte, et sans qu'il y ait confusion possible*, comme nous l'avons dit pour les notes et les commentaires. Or, peut-on raisonnablement empêcher un libraire propriétaire des œuvres posthumes de publier une édition nouvelle des œuvres premières, et en même temps, mais par un ou plusieurs volumes séparés, les œuvres inédites qu'il distinguera par le titre d'*œuvres posthumes?* Dans ce cas il aura suffisamment satisfait au vœu de la loi; la *séparation* résultera et du titre et de la distinction du volume, ou des volumes qui les contiendront. Cependant la préférence lui sera toujours infailliblement acquise sur tous autres éditeurs, parce qu'il vendra, ou pourra vendre en même temps toutes les œuvres du même auteur. Le décret de germinal an 13 doit donc s'entendre dans le sens que nous avons indiqué, et toutes les fois que le propriétaire publiera les œuvres posthumes avec les autres ouvrages du même auteur, elles en suivront le sort et tomberont en même temps dans le domaine public. Il importe peu pour la conservation de la propriété des œuvres posthumes, qu'elles aient été imprimées et déposées avec les œuvres non posthumes du même auteur; mais ce qu'il faut, selon les termes formels du décret précité, c'est qu'elles soient *publiées* séparément. On peut donc les déposer avec les œuvres non posthumes et les faire imprimer simultanément, pourvu que la publication en soit séparée (1).

---

(1) 11 octobre 1827. C. R. Paris. — Syffrein-Maury : Aucher-Éloi. — Arrêt :

MANUSCRIT. — Un ouvrage manuscrit, c'est-à-dire que l'auteur n'a point encore publié, n'en reste pas moins sa propriété exclusive. La seule objection qu'on pourrait faire serait celle résultant de l'impossibilité d'effectuer le dépôt préalablement à la poursuite du contrefacteur. Cette objection se trouve discutée et résolue au titre du dépôt (1).

ACTES OFFICIELS. — Les actes officiels, tels que lois, décisions administratives, rapports, arrêtés, décrets, ordonnances,

---

— La Cour, considérant qu'il résulte de l'instruction et des débats que, postérieurement à l'époque où les *Panégyriques de saint Louis et de saint Augustin*, ouvrages du cardinal Maury, publiés de son vivant, sont devenus propriété publique, Syffrein-Maury avait imprimé, collectivement avec les autres œuvres, en un seul et même volume, et sous une même pagination, le *Panégyrique de saint Vincent de Paul*, ouvrage du même auteur, non publié de son vivant ; — Que le dépôt du même ouvrage a été fait, conformément à la loi, à la direction générale de la librairie; — Qu'il n'importe aucunement que cette édition n'ait été tirée qu'à un petit nombre d'exemplaires, et n'ait pas été mise en circulation ; qu'il suffit qu'elle ait existé ; — Qu'ainsi, au moment où l'édition faite par Aucher-Éloi a été publiée, Syffrein-Maury se trouvait hors du terme du décret du 1er germinal an 13, qui n'accorde la propriété exclusive aux éditeurs des ouvrages posthumes qu'autant qu'ils les impriment séparément et sans les joindre à une nouvelle édition des ouvrages déjà publiés et devenus propriété publique; — La Cour déclare Syffrein-Maury non recevable, et le condamne aux dépens.

(1) 18 février 1836. — C. R. Paris. — Frédéric Lemaître : Barba. — Attendu que de l'instruction et des débats il résulte suffisamment que Barba a traité avec deux des auteurs de la pièce intitulée *Robert-Macaire*, du droit d'imprimer cet ouvrage; que ces auteurs ne lui en ont pas remis le manuscrit; que Fr. Lemaître, à son retour de Londres, a formellement refusé de ratifier le traité dont il s'agit et de livrer le manuscrit; qu'au mépris de ce refus et des droits d'auteur, Barba a fait sténographier la pièce dont il s'agit dans un théâtre où elle était représentée, et qu'en le faisant il a encouru les peines portées, etc., condamne, etc. — Appel. — La Cour, attendu qu'en subordonnant la poursuite du contrefacteur au dépôt des deux exemplaires de l'ouvrage, et en réglant les effets de cette poursuite, les art. 4 et 6 de la loi du 19 juillet 1793 ne disposent que pour les cas où l'ouvrage a été mis au jour par la voie de l'impression, et qu'à l'égard des écrits non publiés, le droit de propriété au préjudice duquel toute édition non autorisée constitue le délit de contrefaçon résulte, conformément à l'art. 1er de la loi précitée, de la seule qualité d'auteur. — En ce qui touche le fond, adopte les motifs des premiers juges.

Idem. 17 juillet 1845. — C. R. Lyon. — Lacordaire : Marle. — V. page 49.

exposés des motifs, ne peuvent constituer une propriété privée. Ils appartiennent à tous, mais leur publication est soumise à une condition, imposée par le décret du 6 juillet 1810 et par l'ordonnance du 12 janvier 1820, c'est que tous les actes qui ont un caractère légal ne pourront être publiés avant leur promulgation dans le Bulletin des lois.

PRIX COURANT. — Le prix courant des marchandises, établi et certifié par les courtiers de commerce assermentés près d'une bourse, n'est pas la propriété exclusive des courtiers, mais constitue un document officiel qui tombe dans le domaine public. — La reproduction de ce bulletin est donc licite, à moins que le reproducteur ne se soit emparé d'une classification, d'un ordre, en un mot de tout ce qui, en dehors des faits ou documents officiels, porte l'empreinte d'un travail individuel (1).

---

(1) 12 août 1843. — C. Cass. — Courtiers de Lille : Leleux. — Vu la loi du 28 ventôse an 9, l'arrêté du 27 prairial an 10, l'art. 78 du Code de commerce, l'art. 1er de la loi du 19 juillet 1793, les art. 425 et 427 du Code pénal ; — Attendu que les courtiers de commerce sont institués par les lois précitées pour servir d'intermédiaires légaux entre les commerçants, constater le cours des marchandises et certifier la vérité des transactions commerciales et du taux auquel elles ont été consommées ; — Attendu que la constatation de ces faits étant exigée dans un but d'utilité publique, le résultat n'en appartient pas à ces officiers, qui sont au contraire obligés, par l'art. 11 de l'arrêté des consuls du 27 prairial an 10, d'en tenir un journal timbré, coté et paraphé, qu'ils doivent représenter aux juges et aux arbitres ; — Attendu que là s'arrêtent les fonctions des courtiers de commerce et que, s'ils croient être utiles à leurs intérêts de livrer à la publicité par la voie de la presse le résultat des constatations qu'ils sont obligés d'établir, c'est un fait en dehors de leur ministère légal, et qu'à cet égard ils sont, aux yeux de la loi, sur la même ligne que tous les autres particuliers qui reproduisent les actes des officiers publics, destinés à la publicité et arrivés à leur connaissance d'une manière quelconque ; — Attendu que les prix courants des marchandises ne sont pas la propriété des courtiers de commerce qui les ont constatés ; que l'accomplissement d'un devoir imposé par la loi ne peut être assimilé à l'œuvre libre d'un auteur, qui est toujours maître de créer ou de ne pas créer tel ou tel produit de son intelligence, tandis que le courtier de commerce n'est pas libre de ne pas remplir la mission que la loi lui impose ; d'où il suit que la loi du 19 juillet 1793, ainsi que les art. 425 et 427 du Code pénal sont sans application à l'espèce ; — Attendu que si les courtiers de commerce ne sont pas

CHAPITRE IV.

DU DROIT DE REPRODUCTION.

SECT. 1re. — *Nature du droit de reproduction.*

Le droit de reproduction, garanti à l'auteur et à ses représentants, n'a jamais été envisagé par le législateur dans ses rapports avec le droit civil. Il faut donc, pour déterminer la nature de la propriété littéraire et la classe des biens dans laquelle on devra le ranger, recourir à des analogies. Dès lors il ne s'agit plus d'interpréter la loi, mais de suppléer à son silence. En effet, les articles 516 et 527 du Code civil divisent tous les biens en immeubles ou meubles. La propriété littéraire n'est immeuble ni par sa nature, ni par sa destination, ni par l'objet auquel elle s'applique. D'autre part, l'art. 527 se prête peu, à cause de la précision de son texte, à l'introduction de la propriété littéraire dans l'énumération qu'elle fait des choses réputées *meubles*. Guidé par l'analogie, nous dirons que la propriété est de nature mobilière par cela seul qu'elle ne peut être immeuble, et qu'il faut cependant la ranger dans l'une des deux classes admises par la loi civile. A part les motifs par lesquels chacun d'eux se détermine, tous les auteurs sont d'accord sur la nature mobilière du droit de propriété litté-

---

libres de ne pas dresser les prix courants, ils sont libres de ne pas les imprimer; mais qu'en les livrant à la publicité par la voie de l'impression ils ne sauraient leur donner le caractère d'une propriété privée, incompatible avec la nature essentielle de ce genre de documents; — Attendu que dès lors l'arrêt attaqué, en refusant de reconnaître le caractère de la contrefaçon aux faits imputés à Alexandre Leleux et à Léonard Danel, n'a violé aucune loi; rejette le pourvoi.

raire ou artistique, et la jurisprudence n'a pas démenti la doctrine (1).

---

(1) 8 avril 1854. — C. imp. Paris. — Brandus et Meissonnier : Schonenberger. — Jugement : — Attendu qu'on prétend qu'il faut au moins en tout état de cause qu'une disposition spéciale du contrat de mariage consacre le droit de la veuve à la propriété des œuvres du mari ; mais que tel n'est pas le sens dans lequel doit être entendu l'art. 39 du décret de 1810 ; — Que les expressions de cet article : *Si les conventions matrimoniales lui en donnent le droit*, doivent se traduire de la manière suivante : *Si les conventions matrimoniales le comportent;* qu'autrement le décret ne recevrait presque jamais d'application réelle et pratique, et que la situation de la veuve deviendrait plus défavorable qu'elle ne l'était antérieurement ; qu'en effet il n'existe et ne peut exister qu'un très-petit nombre de contrats où se rencontrent des stipulations expresses, relatives à la propriété littéraire ou artistique ; qu'il suffit donc, pour que la veuve jouisse de l'avantage résultant du décret, qu'elle soit mariée sous le régime de la communauté, soit légale, soit conventionnelle ; qu'alors, aux termes des principes généraux du droit, l'œuvre du mari, essentiellement mobilière, tombe dans la communauté et profite à la société conjugale, non-seulement dans ses produits, mais encore dans sa valeur capitale ; que c'est l'ouvrage même qui lui appartient et qu'une pareille propriété n'étant pas susceptible de division, ne pouvant pas surtout se partager avec le domaine public, la veuve est naturellement appelée à en recueillir viagèrement les fruits, etc., etc. — Arrêt : Considérant que le droit de propriété accordé aux auteurs de compositions musicales s'exerce utilement de deux manières : par la reproduction à l'aide de l'impression, et par l'audition publique à l'aide des représentations théâtrales ; que les deux modes d'exercice de ce droit étaient réglés, le second par la loi du 13 janvier 1791, le premier par la loi du 19 juillet 1793, mais que cette dernière loi a été modifiée par le décret du 5 février 1810 ; que la lettre et l'esprit de ce décret le rendent applicable aux œuvres musicales ; qu'en effet il a pour but principal de réglementer l'imprimerie, c'est-à-dire l'une des voies de reproduction de ces œuvres, et qu'en fixant les nouvelles limites de la durée du droit il détermine nommément les ouvrages imprimés ou gravés, et étend ainsi le bénéfice de ces dispositions aux auteurs de compositions musicales qui, à cette époque, se reproduisaient exclusivement par la gravure et l'impression ; — Considérant que, quelle que soit la généralité des termes de l'avis du Conseil d'État du 23 août 1811, les rapport et projet qui ont provoqué cet avis démontrent qu'il a eu en vue seulement de maintenir en vigueur la loi du 13 janvier 1791, et que l'application du principe émis dans cet avis doit être limitée aux représentations théâtrales, c'est-à-dire au second mode d'exercice du droit des auteurs ; qu'ainsi ont été interprétés ces divers actes législatifs par les discussions qui ont précédé les lois postérieures sur la matière ; — Considérant que Hérold, auteur des opéras de *Zampa* et du *Pré aux Clercs*, a cédé le droit de vendre et de reproduire ses partitions, savoir : à Meissonnier

SECT. 2. — *A qui appartient le droit de reproduire.*

Le droit de reproduction a sa source première dans le travail de l'auteur. Mais ce droit peut être paralysé dans son exercice, il peut aussi être partagé ou transmis.

Cette division nous conduit à envisager le droit de reproduction au point de vue des auteurs frappés d'incapacités civiles, des collaborateurs et des représentants de l'auteur.

§ 1er. — *Des auteurs incapables d'exercer leur droit.*

Si l'auteur n'est point affranchi des liens de l'autorité paternelle ou de la tutelle, il est incapable de contracter. Il ne peut donc s'engager seul pour la publication de l'ouvrage dont il est l'auteur. Si, au contraire, l'auteur mineur a été émancipé, il peut, dans la limite de ses revenus, contracter un engagement et, par conséquent, faire imprimer et publier son œuvre.

L'interdiction ayant pour effet de créer une sorte de minorité, il n'est pas nécessaire de dire que l'interdit n'a pas le droit de publier son œuvre, et que tous les engagements qu'il contracterait à ce sujet seraient nuls. Mais la question à examiner est de savoir si le tuteur pourra, librement et de sa seule autorité, publier une œuvre inédite de l'interdit. Nous ne le pensons pas, et il nous paraît que si l'auteur ne peut pas, par le fait de l'interdiction, publier sa pensée, le tuteur doit s'abstenir de livrer à la publicité ce que l'auteur n'a peut-être écrit que pour lui-même. A la mort de l'auteur, les héri-

---

celle de *Zampa*, à Troupenas, représenté par Brandus, celle du *Pré aux Clercs;* que Hérold est décédé le 19 janvier 1833; que son contrat de mariage avec Adèle-Élise Roller avait stipulé le régime de la communauté entre les époux; que ces conventions matrimoniales donnaient par là même à la veuve Hérold encore vivante, sur les œuvres musicales de son mari, le droit personnel, viager et de nature spéciale déterminée par les art. 39 et 40 du décret du 5 février 1810; qu'ainsi Schonenberger, en faisant imprimer et vendre en 1853 les partitions de *Zampa* et du *Pré aux Clercs*, a porté atteinte aux droits de Meissonnier et Brandus, — Confirme et condamne, etc.

Idem. 26 juillet 1837. — Trib. Paris. — Dlle Lyonne : Parquin. — Voy. chap. 5, sect. 3.

tiers, investis de tous ses droits, décideront souverainement du sort de l'ouvrage.

Quel que soit le motif pour lequel l'auteur a été pourvu d'un conseil judiciaire, il ne peut publier seul l'ouvrage qu'il a composé. Il faut lui appliquer les règles que nous venons de développer concernant l'interdit.

L'auteur peut, lorsqu'il est encore dans les liens de la faillite, publier son œuvre, puisque la loi lui reconnaît la capacité de s'obliger. Mais comme les engagements ainsi contractés par lui pourraient rester sans force, puisqu'il est dessaisi de l'administration de ses biens et à l'abri de toute poursuite, l'éditeur fera sagement d'exiger l'intervention des syndics au contrat.

La loi n'a pas prévu le cas, très-fréquent de nos jours, où l'auteur est une femme mariée. Aussi le silence du législateur laisse à décider toutes les questions relatives à l'exercice du droit d'auteur par la femme. Ces questions sont d'une solution facile en présence des règles si précises du droit commun sur l'autorité maritale. La femme n'a pas le droit, sans le consentement du mari, de publier ou de faire publier sous son nom l'ouvrage qu'elle a composé, puisqu'elle ne peut, sans l'autorisation de son mari, contracter aucun engagement. Si donc elle avait seule traité pour la publication de son œuvre, le mari pourrait toujours arrêter la publication en faisant prononcer la nullité de l'engagement. La solution sera différente, selon nous, si la femme est placée sous le régime de la séparation de biens. En effet, elle a, dans ce cas, et aux termes des articles 535, 1449 et 1536 du Code civil combinés, la libre disposition de ses biens meubles, au nombre desquels la propriété intellectuelle doit, sans contredit, prendre la première place.

§ 2. — *Des collaborateurs.*

Le droit de reproduire un ouvrage appartient également à tous ceux qui y ont collaboré, car on ne peut, sans blesser la raison et la justice, assigner à chacun la part distincte sur laquelle il exercera son droit absolu. Cette nature toute spéciale de la propriété littéraire et d'autres considérations tirées du repos des familles, de la moralité et du soin de la réputation de chacun des collaborateurs, les obligent à s'entendre pour exercer, d'un commun accord, leur droit de reproduction. En effet, le bon sens indique que l'on ne peut attribuer à la majorité le droit de décider. D'ailleurs, aux termes du droit commun, l'interprétation des conventions n'appartient à la majorité des contractants que dans le cas où une stipulation formelle lui en a attribué le pouvoir. Si donc il y a dissentiment entre les collaborateurs sur l'exercice de leur droit de reproduction, ils devront se pourvoir devant les Tribunaux. Appréciant les motifs d'opposition et tenant un compte sérieux de cette considération qu'un ouvrage, à moins de preuve contraire, est toujours censé avoir été composé pour être publié, les magistrats décideront si le droit de reproduction sera exercé ou dans quelles conditions il pourra l'être (1).

---

(1) 30 avril 1853. — Trib. Paris. — Hér. Bayard : Gaspari. — Attendu que le droit de concéder à un théâtre la faculté de représenter une œuvre dramatique appartient essentiellement au propriétaire de l'œuvre; que si l'œuvre a été composée par plusieurs auteurs, chacun d'eux a un droit égal à être consulté, et nul d'entre eux ne peut s'arroger le droit d'autoriser la représentation de la pièce sur un théâtre sans le consentement de son ou de ses collaborateurs; — Attendu qu'en cas de contrariété entre les volontés des auteurs de la pièce, c'est à la justice qu'il appartient de déterminer entre ces volontés opposées laquelle est la plus favorable à l'exploitation de l'œuvre commune; — Attendu que si le consentement de l'un des auteurs suffit à un directeur de théâtre, tant qu'il n'y a pas d'opposition de la part des autres, c'est parce que l'auteur qui a autorisé doit être présumé, jusqu'à preuve contraire et conformément à l'art. 1859 du Code Napoléon, être, quant à ce, le mandataire de ses collaborateurs; — Attendu que Gaspari, autorisé par la veuve Théaulon à faire jouer sur le théâtre qu'il dirige la pièce intitulée le *Père de la Débutante*, composée par Bayard et par Théaulon, s'est permis de passer outre à la représentation de cet ouvrage malgré l'opposition formelle des héritiers Bayard à lui signifiée dès la veille; qu'en agissant ainsi il a porté atteinte aux droits desdits héritiers Bayard, et leur a causé un préjudice dont il leur doit réparation; — Attendu qu'en cet état et tant que le mode de disposition de la propriété commune n'aura pas été réglé entre les héritiers Théaulon et les héritiers Bayard, il doit être fait défense à Gaspari de faire représenter le *Père de la Débutante* sur le théâtre qu'il dirige; — Fait défense à Gaspari de représenter sur le théâtre qu'il dirige la pièce dite le *Père de la Débutante*, etc., etc.

Nous ne reproduirons pas ici ce que nous avons dit au chapitre 3 sur les livres de liturgie et le droit de haute censure revendiqué par les évêques.

CHAPITRE V.

DE LA TRANSMISSION DU DROIT DE REPRODUCTION.

SECTION 1re. — *De la cession.*

§ 1er. — *Qui peut céder.*

Le droit de reproduction est transmis, soit par la cession ou la donation qu'en fait l'auteur, soit par l'ouverture de sa succession.

L'auteur peut, sans que le droit de propriété cesse de reposer sur sa tête, céder à des tiers le droit de reproduire son œuvre, et, en assurant les droits acquis au cessionnaire, c'est encore et toujours la propriété de l'auteur que la loi protége (1).

La cession ne peut être faite que par l'auteur ou par les auteurs si l'ouvrage a été composé en commun. La collaboration de plusieurs auteurs a donné lieu à quelques difficultés en ce qui concerne la validité de la cession. Aujourd'hui que l'esprit d'association a étendu ses progrès du domaine de l'industrie à celui de la littérature, les cessionnaires ont vu souvent leurs droits menacés par les réclamations de ces auteurs en commandite, qui, se réservant seulement une part dans le profit, restent inconnus au public. Cet état de choses ne saurait nuire à celui qui a traité avec l'auteur avoué. Il peut toujours, avec

(1) 7 prairial an 2. — Bossange : Moutardier et Leclerc. — Voy. pag. 34.

succès, exciper de sa bonne foi pour conserver le droit qu'il a acquis. Quant à celui des auteurs qui n'a pas avoué sa part dans la composition de l'ouvrage, et qui est resté ignoré des tiers, si ses droits ont été méconnus dans la cession, il ne peut exercer un recours utile que contre son collaborateur.

Mais si, pour éluder une cession plus onéreuse ou un consentement douteux, le cessionnaire a négligé de traiter avec l'auteur nommé, et s'est contenté du consentement d'un collaborateur anonyme, il y a de sa part mauvaise foi, fraude évidente, et il encourt toutes les peines que la loi prononce contre le contrefacteur (1). Il en est de même lorsque l'éditeur n'a traité qu'avec l'un des auteurs nommés en tête de l'ouvrage. Dans ce cas la cession est nulle, alors même que l'auteur cédant se serait porté fort pour l'autre.

§ 2. — *Forme de la cession.*

Quelques auteurs, et M. Favard de Langlade est du nombre, ont pensé que la cession, en matière de propriété littéraire, devait toujours être faite par écrit. La raison qu'ils en donnent est tirée de l'art. 3 de la loi de 1793, lequel autorise la saisie de toute édition imprimée sans la permission formelle et *par écrit* de l'auteur. Nous croyons que les dispositions de l'article 3 précité ont été mal comprises, et qu'elles ne doivent pas être appliquées d'une manière générale et absolue. En effet, il faut distinguer entre la cession opposée à l'auteur par celui qu'il poursuit en contrefaçon, et la cession opposée au contrefacteur par le cessionnaire poursuivant.

Dans le premier cas, et lorsque l'auteur intente l'action en contrefaçon, l'individu poursuivi est dans la nécessité de justifier d'un titre écrit. Cette prescription s'explique par plusieurs raisons. D'abord la loi n'a pas voulu que l'on pût paralyser la poursuite de l'auteur par une simple allégation. Ensuite, il ne faut pas oublier que la contrefaçon peut résulter non-seulement de l'impression faite sans le consentement de l'auteur,

---

(1) 18 février 1836. — Fr. Lemaître : Barba. — Voy. page 83.

mais encore de l'abus d'une cession ou d'un consentement de l'auteur, si, par exemple, le cessionnaire a dépassé le nombre ou le temps fixés pour sa publication. La nécessité d'un titre écrit ressort donc de la nature même des choses; car sans ce titre, comment les Tribunaux pourraient-ils apprécier les droits revendiqués par l'auteur et usurpés par le contrefacteur, ou l'usage que le cessionnaire a fait du droit concédé? Le texte de la loi vient encore justifier cette doctrine. Il n'est parlé, dans l'art. 3 précité, que du contrefacteur et de la poursuite dirigée contre lui, poursuite qu'il ne peut éviter que par la justification d'une cession écrite émanée de l'auteur ou de ses représentants.

Au reste, la loi, en exigeant du poursuivi la justification d'une cession écrite, n'a imposé à cet acte aucune forme sacramentelle. La cession sous seing privé, même non enregistrée, ou seulement enregistrée depuis les poursuites, la correspondance, les livres, en un mot toute preuve *écrite* doit suffire pour justifier le poursuivi, quelque imparfaite que soit cette preuve, pourvu qu'elle émane de l'auteur.

Dans le cas où la *cession* est opposée au contrefacteur, c'est-à-dire lorsque la poursuite est dirigée par le cessionnaire, la cession et les parties qui la contestent ou qui en excipent ne sont plus alors dans les termes de l'art. 3, et nous ne pensons pas que le cessionnaire soit dans la nécessité de justifier d'une cession écrite. Bien que le poursuivant doive, aux termes du droit commun, justifier de son titre, il peut le faire dans l'espèce par la correspondance de l'auteur, et à plus forte raison par le consentement de ce dernier soit écrit, soit verbal; il est même autorisé à poursuivre par le seul fait de la présence de l'auteur aux débats. A l'appui de cette doctrine, nous ajouterons que, dans ce cas, le cessionnaire pourrait encore argumenter des dispositions de l'art. 2279 du Code civil, et soutenir que la possession du manuscrit vaut titre à son égard, au moins contre le contrefacteur. On objecterait vainement qu'il n'en peut être ainsi, et qu'il faut nécessairement un écrit pour fixer la date de la cession, par la raison que le cessionnaire poursuivant en vertu de son titre doit établir que ce titre est d'une date antérieure aux poursuites. La question de date est ici sans importance; il n'en est pas de la cession d'un droit d'auteur comme de la cession de toute autre propriété. L'auteur par la cession ne cède pas la propriété, qui repose toujours sur sa tête; il ne transmet que la jouissance, et le droit de poursuivre les contrefacteurs en découle naturellement. Cette jouissance et les droits qui s'y rattachent ne peuvent être contrôlés et contestés par le contrefacteur, lorsque celui qui se dit cessionnaire excipe d'un consentement de l'auteur, fût-il sans date certaine. Ce consentement constitue alors une ratification des droits du cessionnaire contre laquelle on ne peut admettre les contestations du contrefacteur.

Il faudrait, pour que ce dernier pût contester la date de la cession, qu'il excipât lui-même d'une cession émanée de l'auteur; dans ce cas, en effet, il y aurait lutte entre deux possesseurs, et la constatation de la date deviendrait nécessaire pour fixer la priorité (1).

---

(1) 25 mars 1835. — C. Cass. — Hacquart : Pistole. — Arrêt. — Attendu que l'article 426 du Code pénal met au nombre des délits le débit d'ouvrages contrefaits; qu'aucune loi ne déroge, à l'égard de ce délit, aux règles établies par le Code d'instruction criminelle, pour l'exercice de l'action publique et de l'action civile, et spécialement aux articles 3 et 67 de ce Code; que l'article 3 de la loi de 1793, qui donne aux auteurs ou à leurs cessionnaires le droit de faire saisir les exemplaires contrefaits des ouvrages dont ils sont propriétaires, ne fait point de cette saisie une condition nécessaire de l'exercice de leur action; qu'ainsi le défaut de saisie, ou la nullité de celle qui a été pratiquée, ne les rend pas non recevables à poursuivre leurs droits dans la forme ordinaire; que cela résulte implicitement des dispositions de l'article 429 du Code pénal, qui détermine comment l'indemnité due au propriétaire doit être réglée lorsqu'il n'y a point eu d'objets saisis et confisqués; — Qu'en supposant que la saisie faite à la demande d'un cessionnaire, dont le titre de propriété n'a pas alors de date certaine, doive être, d'après les dispositions de l'article 1328 du Code civil, considérée comme entachée de nullité, cette nullité ne peut empêcher ce cessionnaire, ultérieurement et après qu'il a fait enregistrer son titre, d'intenter valablement son action soit par voie de citation directe, soit par voie d'intervention; — Attendu, d'un autre côté, que l'auteur de tout fait doit la réparation du dommage qu'il a causé par son délit; qu'en matière de contrefaçon ce principe est plus spécialement consacré par l'article 429 du Code

Ce n'est pas que cette priorité puisse autoriser contre le cessionnaire postérieur une action correctionnelle en contrefaçon. Cette action suppose un délit, et il n'y en a pas évidemment dans le fait de celui qui argumente d'un consentement de l'auteur, quelles qu'en soient la forme, l'authenticité ou la date; il a dû se croire suffisamment autorisé, et il est par cela seul à l'abri de toute poursuite devant les tribunaux de répression (1). Celui des deux cessionnaires qui se trouvera le premier en date ne pourra donc obtenir contre son concurrent qu'une simple condamnation portant défense d'imprimer et de publier à l'avenir. Il ne faut pas appliquer à cette espèce l'art. 1141 du Code civil, qui dit que, entre deux acquéreurs

pénal; qu'en cette matière la réparation est due au propriétaire de l'ouvrage contrefait, quel qu'il soit; que le prévenu, poursuivi par un cessionnaire de l'auteur, ne peut être admis à invoquer la règle établie par ledit article 1328 qu'autant qu'il excipe en même temps d'un droit de propriété que ce même auteur lui aurait transmis, faute de quoi il est sans intérêt et sans qualité pour critiquer la date de la cession en vertu de laquelle on agit contre lui; et attendu que le tribunal correctionnel de Bourges a été régulièrement saisi de la connaissance du délit de débit d'ouvrages contrefaits imputé au sieur Pistole et à la demoiselle Bidolet, quant à l'action publique, par la citation qui leur a été donnée à la requête du procureur du roi, et, quant à l'action civile, par l'intervention du demandeur à l'audience du 20 août dernier; que la Cour royale de Bourges a été saisie à son tour de cette dernière action par l'appel dudit demandeur; que cette Cour, dans l'arrêt attaqué, n'a point déclaré, comme l'avaient fait les premiers juges, que l'ouvrage dont il s'agit fût tombé dans le domaine public, ni qu'il n'existât aucun délit de la part des prévenus relativement audit ouvrage; et que, cependant, elle a déclaré le demandeur non recevable, sur le seul motif que l'acte de cession par lui représenté n'avait été enregistré qu'après la saisie, et qu'ainsi c'était sans droit ni sans qualité qu'il y avait fait procéder; — Casse, etc.

(1) 21 juillet 1852.—Trib. Paris.—Tresse : Sougère.—Attendu que Tresse, se prétendant cessionnaire du droit d'imprimer certains drames d'Alexandre Dumas, notamment *Henri III et sa Cour*, a assigné Sougère devant le Tribunal correctionnel, comme ayant lui-même publié ce drame, au mépris de son droit, comme s'étant par conséquent rendu coupable du délit de contrefaçon; — Attendu que de son côté Sougère se prétend cessionnaire de Perrée et de Troupenas, auxquels Alexandre Dumas, par un traité, aurait cédé le droit d'imprimer ses drames; — Attendu qu'il y a à juger une question de validité de contrat, question purement civile; — Le Tribunal se déclare incompétent.

d'une même chose purement mobilière, la préférence est acquise à celui qui en a été mis en possession. Cette disposition, juste et raisonnable pour la vente des objets mobiliers ordinaires, n'aurait aucune portée en ce qui concerne la cession d'un droit d'auteur. Un objet mobilier ne peut être livré en même temps à deux personnes différentes; voilà pourquoi le législateur a donné la préférence au possesseur; mais la possession d'un manuscrit peut être acquise à plusieurs cessionnaires en même temps, si l'auteur a conservé la copie du manuscrit vendu. C'est la date de la cession qui fixe seule le choix entre les deux cessionnaires concurrents.

Dans l'hypothèse que nous venons de soulever, les deux cessionnaires auront incontestablement le droit d'exercer un recours contre le vendeur : l'un pour le préjudice causé à son droit exclusif par le second cessionnaire, contre lequel il n'a pu obtenir qu'une défense pour l'avenir; l'autre pour se faire rembourser non-seulement du prix qu'il a payé, mais de toutes les pertes qui sont la conséquence de l'annulation de son contrat d'acquisition (1).

Néanmoins le cessionnaire second en date peut être condamné comme contrefacteur, lorsqu'il est prouvé qu'il a agi avec la connaissance de la cession antérieure à laquelle il portait atteinte. S'il en était autrement et que, même dans ce cas, le premier cessionnaire n'eût de recours que contre l'auteur pour obtenir la réparation du préjudice causé, il pourrait arriver qu'un éditeur de mauvaise foi s'entendît avec un auteur besogneux, derrière l'insolvabilité duquel il arbriterait sa contrefaçon jusqu'au jugement.

(1) 5 août 1846. — Trib. Paris. — Troupenas : Fellens et Dufour. — Attendu que de toutes les circonstances de la cause il résulte que Troupenas et Massé, ainsi que Fellens et Dufour, ont également acheté la même chose; que les demandeurs n'établissent pas que Fellens et Dufour aient eu connaissance de l'obligation prise par Alexandre Dumas envers Troupenas et Massé; que ces derniers ne peuvent par conséquent s'en prendre qu'à Alexandre Dumas s'ils sont troublés dans la jouissance de leurs droits, puisqu'il n'existe aucune obligation de Fellens et Dufour envers eux; — Déclare Troupenas et Massé non recevables.

Malgré les principes consacrés et les termes exprès de la loi sur la forme de la cession, on a décidé que la connaissance que l'auteur a eue de la publication de son œuvre et l'adhésion au moins passive manifestée par lui, suffisent pour légitimer cette publication et en autoriser la continuation. On a ajouté, il est vrai, que cette adhésion ne peut priver l'auteur du droit de publier concurremment son ouvrage si bon lui semble (1). Mais cette décision toute d'équité ne peut s'expliquer que par l'influence du fait, car il est de principe élémentaire que l'auteur exerce son droit où et quand il lui plaît de l'exercer, et que ni son silence ni sa tolérance n'ont pu mettre son droit en péril. Le reproducteur pourra peut-être y puiser un argument en faveur de sa bonne foi, mais rien de plus (2).

§ 3. — *Effets de la cession.*

L'art. 1er de la loi du 19 juillet 1793 autorisant la cession de tout ou partie des droits de l'auteur, la première loi à consulter pour régler les effets de cette cession, c'est le contrat qui a dû intervenir, comme nous venons de le démontrer, entre l'auteur et son cessionnaire. Ce contrat est la loi suprême des parties, et il n'est permis aux Tribunaux ni de le changer ni de le modifier. Ils ne peuvent que l'annuler s'il est contraire à l'ordre public ou aux bonnes mœurs. (Art. 1134 et suiv. du C. civ.)

Indépendamment des effets de la cession réglés par les conventions des parties, il en est qui sont inhérents à la propriété littéraire, à la nature du droit d'auteur, et qui existent en dehors même de toute stipulation. En thèse générale, celui qui achète voit passer en ses mains le droit d'user et d'abuser de la chose, *jus utendi et abutendi;* il peut en disposer comme il l'entend et de la manière la plus absolue (art. 544 C. civ.), c'est-à-dire qu'il peut la modifier, la changer complétement,

---

(1) 18 juin 1840. — C. R. — Héritiers Cuvier : Crochard. V. page 48.

(2) 28 mai 1852. Lacordaire : Divers. V. page 50.

Id. 30 janvier 1818. — C. Cass. — Chaumerot : Michaud. V. page 38.

la détruire même si bon lui semble, car la chose est sienne, et son droits ur cette chose n'a pour limites que les bonnes mœurs et l'ordre public. Il n'en est pas de même de la propriété littéraire, et la vente sans réserve que l'auteur fait de ses droits sur son œuvre, n'emporte pas pour l'acheteur le droit d'en disposer selon son intérêt ou son caprice, de l'augmenter ou de la réduire, de la fractionner, encore moins de la détruire. La raison en est simple et se puise dans l'objet même du contrat. Ce n'est pas positivement le droit d'auteur qui est cédé; c'est plutôt la jouissance de ce droit, c'est-à-dire la faculté de l'exploiter en publiant l'ouvrage; le cessionnaire n'a reçu que le droit de percevoir les fruits de la chose en conservant le fonds : c'est une espèce d'usufruit ou de bail. Or la plus légère altération dans l'œuvre est une violation du contrat, car ce n'est plus là une simple jouissance, c'est une aliénation du fonds. Cette violation du contrat serait d'autant plus grave, que la somme payée par le cessionnaire n'est pas le seul produit que l'auteur ait le droit d'attendre. Ce prix n'est que la représentation, l'équivalent du profit que l'ouvrage lui aurait procuré s'il l'eût publié lui-même et pour son compte. Mais il est un autre profit, bien plus cher à l'auteur, qui le récompense plus dignement de ses pénibles veilles, de ses longues et consciencieuses études; c'est la réputation, la gloire qui s'attache à son nom. Or ce prix inestimable, ce produit si nécessaire à l'auteur, que deviendrait-il avec le droit de disposer pleinement de l'œuvre vendue? Sans doute, l'auteur peut lui-même sacrifier le fruit de son intelligence, consentir à ce qu'il soit anéanti; mais il faut qu'il l'ait dit formellement dans le contrat (1).

---

(1) 22 août 1845. Trib. Paris. — Marquam : Lehuby. — Attendu que l'éditeur n'a le droit de rien ajouter ou retrancher à l'ouvrage qui lui a été confié par un auteur sans autorisation de ce dernier; — Que les retranchements opérés par Lehuby l'ont été à l'insu de Marquam, et que s'il les a faits de bonne foi, pensant que par suite de la cession de l'ouvrage en toute propriété, il pouvait modifier à son gré, le demandeur n'en a pas moins le droit de s'opposer à toute publication qui ne serait pas celle de son œuvre, telle qu'il l'a confiée pour être publiée; — Attendu que les retranchements opérés n'ont porté au

On a même décidé que l'éditeur n'a pas le droit d'ajouter à

---

demandeur aucun préjudice appréciable en argent, et qu'il sera suffisamment indemnisé par la suppression des éditions qui ne sont pas conformes à la première; qu'en conséquence il n'y a lieu à ordonner aucune publication du présent jugement; — Condamne Lehuby à supprimer les premiers exemplaires qui ne sont pas conformes à la première édition, etc., etc.

Id. 17 juin 1852. Trib. Paris. — De Saint-Priest : Malgaigne. — Attendu que Saint-Priest, directeur général de l'*Encyclopédie du dix-neuvième siècle*, a chargé Malgaigne de rédiger, pour ledit ouvrage, l'article *Médecine;* — Attendu que Malgaigne, ayant livré son manuscrit et corrigé les épreuves, n'a point reçu l'épreuve en pages, et n'a point conséquemment donné le *bon à tirer;* — Attendu que l'article *Médecine* a cependant paru dans l'*Encyclopédie* avec la signature Malgaigne; que l'article ainsi publié a subi de profonds changements du fait de Saint-Priest; que la comparaison faite du texte imprimé avec le manuscrit atteste de nombreux retranchements et des modifications; que ces mutilations sont de nature à altérer essentiellement le caractère des appréciations présentées par l'auteur et le sens général de l'œuvre; — Attendu que de Saint-Priest prétend que, directeur d'une œuvre collective, il a usé d'un droit légitime en opérant dans l'article *Médecine* plusieurs suppressions et modifications indispensables au point de vue de l'uniformité des principes qui dirigent l'*Encyclopédie;* — Attendu qu'il ajoute d'ailleurs que ces retranchements étaient impérieusement dictés par l'étendue du cadre réservé pour l'article de Malgaigne; — Attendu que la prétention de Saint-Priest ne saurait être accueillie; que, sans s'arrêter au caractère particulier de l'*Encyclopédie*, on ne saurait reconnaître, en principe, au directeur d'une publication quelconque, le droit d'apporter des changements essentiels à la pensée d'un auteur signataire de son œuvre; qu'une pareille tolérance, si elle était admise, ne tendrait à rien moins qu'à mettre la réputation et le crédit des auteurs à la merci des éditeurs; — Attendu, en outre, que le manuscrit de Malgaigne a été reçu par le défendeur sans réserves; qu'il est constant que les retranchements n'ont pas été motivés par le défaut de place, mais ont été opérés systématiquement en vertu de certaines idées et de certains principes; — Attendu qu'il suit de tout ce qui précède que Malgaigne a éprouvé un préjudice dont il lui est dû réparation; — Attendu que c'est à bon droit qu'il demande que les exemplaires du volume de l'*Encyclopédie* contenant l'article *Médecine*, et en possession de Saint-Priest, lui soient représentés, et que ledit article altéré y soit lacéré, et aussi que les clichés seront détruits; qu'il y a lieu d'ailleurs d'ordonner que l'article corrigé et réimprimé soit renvoyé en brochure, aux frais de Saint-Priest, à tous les abonnés ayant reçu le premier article; — Attendu que la réparation due au demandeur ne saurait justement s'étendre jusqu'à la reproduction dans l'*Encyclopédie* de l'article *Médecine*, corrigé conformément au manuscrit; que les doctrines professées par Malgaigne ne sont pas en complète harmonie avec la direction imprimée à l'ensemble de la pu-

l'ouvrage un chapitre supplémentaire écrit par lui sans la participation et le consentement de l'auteur (1).

Le droit de l'auteur est tellement absolu que l'éditeur ne doit pas publier une partie quelconque de l'ouvrage, même un avis ou une préface qui ne serait pas de l'auteur de l'ouvrage, sans le consentement de ce dernier. Cette doctrine, rigoureuse en apparence, n'est que juste. La responsabilité d'une préface est

---

blication dont l'unité doit être respectée; — Attendu que, par conventions verbales les parties ont arrêté que l'article dont s'agit serait payé à raison de ..., — Attendu que le manuscrit ayant été livré par Malgaigne, qui a ainsi satisfait à ses obligations, et l'article ayant reçu une publicité fâcheuse et dommageable du fait de Saint-Priest, ce dernier ne saurait se refuser au payement qui lui est réclamé; — Attendu que les cent exemplaires réclamés avaient été promis à Malgaigne à titre gracieux, en dehors des engagements verbalement contractés et postérieurement auxdits engagements, et que la nature de cette promesse ne saurait établir au profit du demandeur un droit vis-à-vis de Saint-Priest; — Ordonne que Saint-Priest représentera à Malgaigne les cent exemplaires du volume de l'*Encyclopédie*, contenant l'article *médecine*, en sa possession, pour l'article altéré être lacéré; que les clichés seront détruits; que l'article corrigé par Malgaigne sera réimprimé et envoyé en brochure, aux frais de Saint-Priest et par ses soins, à tous les abonnés ayant reçu le premier article, etc., etc.

(1) 16 juillet 1845. — Trib. Paris. — Suberwick : Boizard. — Attendu que Boizard, alors que l'ouvrage était terminé par un 50e chapitre intitulé *Adieu*, s'est permis dans le but de faire une livraison de plus d'ajouter un chapitre composé d'un extrait des journaux l'*Estafette* et le *Salon littéraire*, et d'un commentaire ou appendice rédigé par lui-même : — Attendu que si Boizard a signé ce chapitre de son nom, néanmoins il l'a intercalé à la suite de l'ouvrage de manière à faire croire qu'il en est le complément, sans changement de pagination, sous le même titre et en le numérotant 51e chapitre; qu'il a ainsi fait porter sur les auteurs la responsabilité de son style et des faits apocryphes ou non contenus dans ledit chapitre; — Attendu que le droit de l'éditeur doit se borner à imprimer, publier et vendre; qu'il ne peut s'étendre jusqu'à ajouter ou retrancher quelques parties d'un ouvrage; que le droit de l'auteur, quelque aliénation qu'il ait faite d'ailleurs de son œuvre, doit toujours demeurer plein et entier quant à la partie littéraire dont il reste moralement responsable devant le public et la critique; — Dit que Boizard sera tenu de supprimer et faire supprimer de tous les exemplaires en vente des *Mystères de l'Inquisition* le 51e chapitre dont s'agit, lui fait défense de publier à l'avenir aucune édition nouvelle avec ledit 51e chapitre, etc., etc.

toujours, aux yeux du public et dans une certaine mesure, partagée par l'auteur (1).

Toutefois les principes que nous venons de développer sur les limites apportées à la jouissance du cessionnaire, ne font pas obstacle au droit accordé aux directeurs de certaines publications de modifier l'œuvre cédée. Ainsi, par exemple, l'auteur signataire d'articles composés pour un recueil encyclopédique est soumis, à défaut de conventions contraires, au contrôle du directeur de ce recueil, chargé de maintenir à la publication son unité de vues et de doctrines. Néanmoins c'est à la condition que ce directeur n'apportera aucune altération aux doctrines de l'auteur, ne diminuera en rien la valeur scientifique de son œuvre (2).

---

(1) 29 décembre 1842. — Trib. com. Paris. — Comte : Bachelier. — Attendu que suivant conventions verbales Comte à concédé à Bachelier le droit d'imprimer et de vendre la première édition d'un ouvrage en quatre volumes et dont il est l'auteur, ayant pour titre : *Cours de philosophie positive*; — Attendu que Comte demande que Bachelier soit tenu de supprimer sur tous les volumes invendus et restant en magasin l'avis de l'édititeur mis à la tête du sixième et dernier volume dudit cours et signé Bachelier; — Attendu qu'il résulte des faits de la cause et de la correspondance des parties, que Bachelier n'avait consenti à publier le sixième volume du *Cours de Philosophie positive*, qu'à la condition de la suppression par l'auteur d'un passage de la préface injurieux selon lui pour un tiers; — Que Comte s'était refusé à la suppression demandée, mais qu'il avait autorisé Bachelier à faire précéder la préface d'un avis de l'éditeur, par lequel ce dernier récuserait d'avance la solidarité des assertions de l'auteur; — Attendu que Bachelier, dans l'avis de l'éditeur qui précède la préface dudit volume, ne s'est pas borné à récuser cette solidarité, mais qu'il a ajouté des expressions inconvenantes envers Comte; — Que cet avis n'a point été communiqué à Comte, qui n'en a eu connaissance que par la publication de son volume; — Attendu qu'un éditeur ne peut faire arbitrairement aucune addition ni aucune suppression dans un ouvrage qu'il publie, sans l'autorisation formelle de l'auteur, et que les usages constants de la librairie s'opposent à ce qu'une portion quelconque d'une publication soit mise sous presse sans que l'éditeur ait obtenu préalablement le bon à tirer de l'auteur; — Que l'autorisation donnée par Comte, conçue d'ailleurs en termes restreints, ne dispensait pas Bachelier de communiquer préalablement cet avis à l'auteur et d'en obtenir le bon à tirer; — Condamne, etc.

(2) 20 décembre 1853. — C. imp. Paris. — Malgaigne : de Saint-Priest. — Considérant qu'en s'engageant à composer un article pour un recueil encyclo-

L'éditeur d'une œuvre dramatique doit publier le manuscrit tel que l'auteur le lui a vendu, et non avec les modifications ou suppressions opérées, par exemple, par le théâtre et pour les besoins de la représentation; mais il peut, s'il lui convient, indiquer les modifications dans des notes, c'est-à-dire en dehors du texte (1).

Les obligations de l'éditeur sont moins étroites lorsqu'il ne s'agit que d'une traduction. Dans ce cas il peut faire les changements, les suppressions ou interversions qui n'affectent en

---

pédique Malgaigne, à défaut de conventions spéciales, se soumettait implicitement au contrôle du directeur de ce recueil; — Que l'unité de vue et de doctrine est en effet le principal mérite d'une publication de ce genre; — Qu'ainsi, en exigeant le retranchement d'assertions qu'il jugeait contestables ou contraires à l'esprit général de l'œuvre, de Saint-Priest a usé de son droit; — Considérant que s'il eût été dans les convenances que Malgaigne opérât de sa main les modifications que son article comportait, l'examen de quelques passages supprimés ou remaniés atteste que le travail de révision a été fait de manière à n'apporter aux doctrines et à la pensée de l'auteur aucune altération et à ne diminuer en rien la valeur scientifique de l'ouvrage; — Considérant, d'autre part, qu'en donnant le bon à tirer le rédacteur en chef n'a pas, dans la circonstance, violé le droit de l'auteur; qu'il a suivi l'usage établi du consentement de tous les écrivains dont le concours a servi à la publication de l'*Encyclopédie du dix-neuvième siècle;* — Infirme; déboute Malgaigne de ses demandes, etc.

(1) Avril 1853. — Trib. Paris. — Lauzanne : Bezou. — Attendu que de Lauzanne a écrit en 1830 une pièce ayant pour titre *Harnali ou la Contrainte par cor*, parodie en cinq tableaux et en vers; — Attendu que le manuscrit de cette pièce a été vendu à Bezou, éditeur; — Attendu qu'en livrant à Bezou son manuscrit pour en obtenir la publication, de Lauzanne n'a aliéné la propriété dudit manuscrit qu'à la charge par Bezou d'en conserver la substance; — Attendu que c'est donc au mépris des droits de l'auteur et en dehors d'ailleurs des conventions verbales qui ont existé entre les parties, que Bezou a pratiqué sur le manuscrit d'importantes modifications, en supprimant le quatrième acte, et en publiant dans la *France dramatique* l'ouvrage sous le titre d'*Harnali, ou la Contrainte par cor*, parodie en quatre tableaux; — Attendu que si Bezou invoque les représentations données au théâtre du Vaudeville en 1848 (lesdites représentations réduisant la pièce en quatre tableaux), il n'établit pas qu'il ait été autorisé par de Lauzanne à publier avec les mêmes retranchements; — Ordonne la destruction des exemplaires édités et publiés en quatre tableaux; — Fait défense à Bezou d'éditer, vendre ou laisser vendre l'ouvrage dont il s'agit autrement qu'en cinq tableaux, etc.

rien le mérite de la traduction. Il n'y a, dès lors, nul préjudice pour le traducteur (1).

---

(1) 3 décembre 1842. — C. R. Paris. — Laroche : Charpentier. — Jugement confirmé par la Cour. — Attendu que les conventions énonçaient la vente de la traduction de Byron et non d'une édition de cette traduction; que les conditions de la traduction ont été déterminées d'une manière précise; qu'au contraire il n'a rien été stipulé relativement au format et au nombre d'éditions à publier; — Attendu que Laroche déclarait vendre cette traduction sans aucune réserve; que cette clause donnait évidemment à Charpentier, pendant cinq ans, l'usage absolu de la traduction; qu'il pouvait donc sans excéder ses droits, publier à son gré une ou plusieurs éditions de l'ouvrage; — Attendu d'ailleurs que pendant près de cinq années, Laroche, informé des publications faites par Charpentier, n'a élevé à ce sujet aucune réclamation sérieuse; qu'il a donc tacitement reconnu le droit de ce dernier; — En ce qui touche les modifications apportées par Charpentier à l'édition primitive, relatives à la classification et au nombre des œuvres publiées, et aux changements apportés au texte de la traduction; — Attendu que ces modications consistent principalement dans la suppression d'une traduction de la *Vie de lord Byron* d'après John Gall, d'un *post-scriptum* du traducteur des œuvres en prose de Byron, dans l'addition de plusieurs notes rédigées par divers auteurs, et dans l'interversion de l'ordre des matières; — Attendu que pour apprécier si Charpentier avait le droit de faire ces divers changements il y a lieu d'abord d'établir une distinction entre une œuvre originale et une traduction; que les pouvoirs de l'éditeur sont moins limités à l'égard d'une traduction que lorsqu'il s'agit d'une œuvre originale; qu'en effet dans une œuvre originale chaque partie de la composition peut être nécessaire pour compléter la pensée de l'auteur; qu'en supprimant certains passages ou en changeant l'ordre des matières, l'éditeur s'expose à détruire l'harmonie de l'ouvrage et à nuire ainsi à la renommée de l'auteur; — Que dans une traduction au contraire, la pensée appartenant à l'auteur, le traducteur se borne à la reproduire dans une langue différente et son principal mérite consiste à l'y transporter fidèlement et en lui conservant la couleur originale; — Qu'ainsi chaque partie de l'ouvrage peut séparément manifester le talent du traducteur; — Qu'on en doit conclure que dans l'espèce si les modifications introduites par Charpentier avaient pu nuire à l'ensemble des *OEuvres de Byron*, elles auraient cependant laissé dans tout son jour le mérite du traducteur; — Attendu que les modifications indiquées, telles que suppression de certains ouvrages, interversion de l'ordre des matières, perdent leur importance par la nature même des *OEuvres de Byron*, qui se composent d'ouvrages indépendants les uns des autres, qui, sans perdre leur valeur, peuvent être détachés du recueil complet ou occuper dans le recueil même des places différentes; — Attendu que les altérations reprochées à Charpentier se réduisent à la mise en prose de vingt-six vers contenus dans la première édition; que ces altérations du texte, les seules qui puissent réelle-

On a jugé que l'auteur qui a aliéné la toute propriété de son œuvre n'a pas perdu le droit d'y faire les changements qu'il juge nécessaires (1).

Il est bien entendu que l'acheteur ne pourra pas publier l'ouvrage sous un autre nom que celui de l'auteur, ni se dispenser de placer en tête de la publication les noms de tous les auteurs, alors même qu'il aurait été autorisé à faire faire des corrections ou changements, et que cette substitution de nom aurait déjà eu lieu pour le même ouvrage. L'auteur n'est jamais censé avoir voulu renoncer à la gloire attachée à la composition de son œuvre; le cessionnaire s'exposerait donc, s'il agissait autrement, à être poursuivi en réparation du préjudice causé; action purement civile et qui n'a rien de commun avec le délit de contrefaçon qu'on ne peut reconnaître dans l'altération, l'absence ou la supposition du nom, surtout de la part du cessionnaire (2). Cependant il a été jugé que, bien que l'auteur qui vend son ouvrage, même en toute propriété, conserve le droit d'exiger que nulle modification ne soit apportée dans sa rédaction et qu'aucun nom ne soit substitué au sien, il n'en est plus ainsi lorsqu'il résulte de la nature de l'entreprise à laquelle les travaux de cet auteur sont destinés, que les parties ont entendu attribuer à l'entrepreneur le droit de disposer desdits

---

ment préjudicier à un traducteur, sont trop minimes pour avoir causé à Laroche un préjudice appréciable; — Le Tribunal déclare Laroche mal fondé.

(1) 6 avril 1842. — Teyssèdre : Garnier. — Voy. page 88.

(2) 21 mai 1847. — Trib. com. Paris. — Dauzats : Recoules. — Attendu que si Recoules justifie avoir acheté de Béthune, cessionnaire de Dauzats, le droit de publier l'ouvrage dont s'agit et si le nom d'Alexandre Dumas lui a été seul indiqué comme auteur dudit ouvrage, il ne peut néanmoins prétexter ignorance de la propriété du demandeur, notoire pour tous, par les trois éditions qui avaient déjà paru; — Que d'ailleurs en qualifiant sa publication de deuxième édition, il reconnaissait explicitement avoir fait imprimer et éditer une œuvre déjà publiée; — Attendu que la suppression du nom de Dauzats est une mission préjudiciable à ses intérêts, dont Recoules lui doit réparation; — Le Tribunal ordonne que Recoules sera tenu d'ajouter le nom de Dauzats aux exemplaires qu'il possède encore de l'ouvrage *Quinze jours au Sinaï*, etc., etc.

Idem. 27 janvier 1847. — Trib. com. Paris. — Guinot : de Naujeon.

Idem. 6 janvier 1853. — C. imp. Paris. — Rossini : Schlesinger.

ouvrages pour le plus grand intérêt de la spéculation (1).

En dehors des considérations que nous avons exposées, et qui découlent de la nature toute spéciale de la propriété littéraire, le contrat de cession rentre dans le droit commun pour son exécution et pour les droits qu'il confère au cessionnaire. Ainsi celui-ci pourra publier dans la forme, et selon le mode qu'il lui plaira de choisir; mais s'il y a une stipulation expresse à cet égard, il sera tenu de s'y conformer sous peine de dommages-intérêts, comme aussi il devra, pour changer le mode ou la forme de publication primitivement adoptés, s'y faire autoriser par l'auteur; en l'absence de conventions, le premier mode de publication fait la loi des parties (2). On ne peut considérer comme une stipulation expresse, relative à la forme exclusive de la publication, la clause par laquelle un auteur, traitant pour ses œuvres à venir avec un libraire, se serait engagé à composer pendant un temps fixé, un certain nombre de volumes de tel ou tel format. Cette clause ne porte évidemment que sur la quantité de la matière à fournir par l'auteur, et n'impose pas à l'éditeur l'obligation de s'astreindre à ce format exclusivement (3). De même, lorsque la vente a été faite sans condition, le cessionnaire peut sous-céder son droit,

---

(1) 12 janvier 1848. — C. R. Paris. — Roret : Vergnaud. — Considérant que s'il est de principe que l'auteur qui vend son ouvrage même en toute propriété, conserve le droit d'exiger que nulle modification ne soit apportée dans sa rédaction et qu'aucun nom ne soit ajouté ou substitué au sien; dans l'espèce, il résulte des faits de la cause et de la nature des manuels auxquels les travaux de Vergnaud étaient destinés; que les parties ont entendu attribuer à Roret le droit de disposer desdits ouvrages pour le plus grand intérêt de sa spéculation, etc.; déboute Vergnaud de sa demande.

(2) 23 juin 1847. — C. R. Lyon. — Favier : Girard et Guyet. — Cet arrêt décide que l'éditeur qui a acheté tous les exemplaires d'une édition publiée par livraisons, ne peut, sans porter atteinte aux droits que l'auteur s'est réservés aux éditions postérieures, changer le mode de publication et annoncer une édition avec gravures.

Idem. 30 décembre 1834. — Trib. com. Paris. — Letellier : Abel Ledoux. — Décide que l'éditeur ne peut, pour faciliter l'écoulement de ce qui lui reste d'exemplaires, les publier par livraisons.

(3) 23 juillet 1836. — C. R. Paris. — Barba : Paul de Kock.

toutefois à ses risques et périls, quelque intérêt que puisse avoir d'ailleurs l'auteur à ce que la publication ait lieu par les soins de tel ou tel éditeur.

L'auteur peut restreindre à son gré la cession qu'il fait de son droit de propriété. Il peut ne céder qu'une partie de son ouvrage, un volume, un chant, etc., ou bien limiter la jouissance du cessionnaire soit à un certain temps, soit à un certain nombre d'exemplaires. Dans ce cas, ce dernier a, pour la partie cédée, et pendant le temps déterminé, le droit exclusif de vendre, faire vendre et distribuer. Mais en l'absence de toute réserve, et si, dans le contrat de cession, l'on n'a pas limité le temps pendant lequel le cessionnaire pourra jouir exclusivement de l'œuvre cédée, la cession est présumée faite à son profit pour toute la durée du droit exclusif de l'auteur ou de ses héritiers; par conséquent, il a seul le droit d'exploiter l'ouvrage cédé, et de poursuivre ceux qui impriment, vendent ou distribuent au mépris de son droit.

Le cessionnaire peut même diriger cette poursuite contre l'auteur qui, lui ayant cédé tout ou partie de son droit, aurait, avant le temps déterminé dans l'acte de cession, imprimé ou fait imprimer l'objet vendu. En effet, l'auteur a cessé d'en être le véritable propriétaire, et il porte atteinte au droit exclusif de propriété en exploitant l'objet à la jouissance duquel il a renoncé : ce fait constitue bien la contrefaçon prévue et définie par la loi.

Le cessionnaire ne peut cependant diriger aucune poursuite contre les contrefacteurs, lorsqu'il n'a acquis que le *droit* de publier, et non le *droit exclusif*, c'est-à-dire, lorsque l'auteur, en lui cédant le droit de publication, s'est réservé la faculté de le céder à d'autres. Alors, tous les concessionnaires jouiront, concurremment, dans les termes de leur contrat; et, comme la contrefaçon ne leur porte aucun préjudice et ne nuit qu'au propriétaire du *droit exclusif*, ce n'est pas à eux qu'il appartiendra de se plaindre et de poursuivre les contrefacteurs. Ce droit sera réservé à l'auteur, ou à celui qui sera devenu cessionnaire de la jouissance exclusive.

La cession d'une œuvre littéraire n'a pas pour objet le droit de propriété, puisqu'il continue à reposer sur la personne et la vie de l'auteur; elle uniquement pour base la jouissance du droit de reproduction. C'est par cette raison qu'il faut attribuer à l'auteur, et non à ses cessionnaires, la jouissance nouvelle qui résulte soit des traités internationaux, intervenus depuis la cession, soit de la loi de 1854 qui étend la durée du droit de propriété. Cette doctrine se trouve développée au chapitre VI, avec une décision à l'appui (1).

Lorsque l'auteur a cédé à un éditeur la toute propriété de son œuvre, a-t-il le droit d'exiger que celui-ci publie une seconde édition après l'épuisement de la première, et une troisième après la seconde, ainsi de suite?

Cette question est grave et ne peut être décidée en principe. Elle dépendra toujours de l'appréciation du contrat de cession. L'auteur qui cède la jouissance de son droit est toujours présumé l'avoir cédée à la condition de publier et même de publier par la voie de l'impression (2). Il faut ajouter qu'il ne peut interrompre la publication par le motif qu'elle donne lieu à des réclamations de la part des lecteurs ou des acheteurs (3). La raison de ces exigences se trouve dans cette considération que l'auteur, ainsi que nous l'avons déjà dit en parlant du caractère de la cession, indépendamment de l'intérêt pécuniaire qu'il peut avoir dans le débit de son œuvre, y trouve également un avantage dans la renommée qu'il acquiert sur la spécialité qu'il a traitée. Il ne serait donc pas juste de le priver de tous ces avantages, et de le livrer aux caprices ou à la mauvaise foi de l'éditeur. On peut, il est vrai, lui objecter qu'en cédant la toute propriété de son œuvre, il s'est, pour ainsi dire, remis à la bonne foi du cessionnaire, et lui a laissé le droit de limiter le nombre des éditions et de fixer le temps le plus opportun pour les pu-

---

(1) 12 juillet 1852. — C. imp. Paris. — Vve Lenormand : Noël et Dujarrier. Voy. page 135.

(2) Pardessus. — *Droit commercial.* — 2e édition, page 310.

(3) 22 avril 1851. — Trib. com. Paris. — Arago : la *Mode.*

Idem. 1er juillet 1851. — Trib. com. Paris. — Saint-Julien : Donniol.

blier. Cette objection est sérieuse, et il serait en effet trop rigoureux de contraindre un éditeur à publier une édition nouvelle, dont le débit lui paraîtrait douteux, et pour laquelle il doit engager une partie de sa fortune. Toute la question pour les tribunanx se réduira donc à examiner s'il y a, de la part de l'éditeur, mauvaise volouté ou motif suffisant pour justifier son refus de publier, au moins quant à présent.

La question se simplifierait singulièrement si l'éditeur refusait formellement, et pour toujours, de publier une nouvelle édition. On conçoit en effet, dans ce cas, que les tribunaux pourraient, sans blesser le droit du cessionnaire, résilier le contrat et restituer à l'auteur la plénitude du droit de propriété. En effet ce refus de la part de l'éditeur équivaudrait à une renonciation formelle.

Qu'arrivera-t-il si l'auteur a stipulé une somme pour la première édition et une autre pour la seconde, dans le cas où elle aurait lieu? Est-il censé avoir restreint la cession à deux éditions? Et, dans le cas où on déciderait la négative, le cessionnaire devra-t-il payer les éditions subséquentes, et sur quel prix? Toutes ces questions, que l'ensemble des termes du contrat rendra souvent d'une solution facile, doivent, lorsqu'il y aura obscurité dans le sens de la cession, s'interpréter contre l'auteur. En effet, c'est lui qui aliène, c'est donc à lui qu'il appartient de fixer les limites de l'aliénation. Les restrictions ne peuvent être suppléées dans son intérêt, puisqu'il avait le droit de les formuler et qu'il ne l'a pas fait.

C'est en vertu de cette règle d'interprétation qu'il faut décider que l'auteur qui cède l'un de ses ouvrages sans restriction, ne peut être présumé avoir voulu se réserver le droit de le comprendre dans ses œuvres complètes. Le cessionnaire de cet ouvrage aura seul le droit de le publier et de le vendre (1).

---

(1) 6 mai 1834. — C. R. Paris. — Barba : Alex. Dumas et Charpentier. — Considérant que la vente faite par un auteur, sans aucune réserve, de la propriété d'un ouvrage littéraire, est une aliénation complète qui ne permet pas à l'auteur de disposer de nouveau de la même propriété, soit isolément, soit en la réunissant à d'autres ouvrages, sous quelque titre que ce soit; — Considé-

Lorsqu'un auteur s'est réservé le droit de publier ses ouvrages sous le titre d'*œuvres complètes*, et que son cessionnaire y a consenti à la condition qu'il ne les vendrait qu'en collection et non pas séparément, il ne peut les vendre par livraisons. Ce mode de publication est une violation des termes du contrat, et de plus, il porte au cessionnaire un préjudice notable en ce qu'il a pour résultat la vente séparée de chaque ouvrage au choix de l'acheteur. Le débit est plus facile et crée une concurrence ruineuse pour le cessionnaire (1).

Les conventions doivent être exécutées de bonne foi, et on doit toujours les interpréter dans le sens de la commune intention des parties ; aussi ne faut-il pas considérer comme violation du contrat le fait d'un auteur qui, s'étant interdit de publier une nouvelle édition avant l'écoulement de la première, publierait néanmoins sur le même sujet un ouvrage en 15 ou 20 volumes, tandis que le premier ne se composait que d'un ou deux volumes. Il est évident que cette publication ne peut être considérée comme une nouvelle édition, mais bien comme un ouvrage nouveau. On ne pourrait pas soutenir avec plus d'avantage que c'est le même ouvrage publié avec des augmentations, car les augmentations supposent un accroissement accessoire, et, dans l'espèce, il est tel qu'on ne peut le considé-

---

rant que dans la cause il n'y a pas eu de saisie des ouvrages provenant de la vente desdits objet ; qu'ainsi il y a lieu à régler les dommages et intérêts suivant les voies ordinaires ; — Considérant d'ailleurs que la confiscation établie sur les ouvrages saisis, accordée au plaignant, n'est que la représentation de tout ou partie du dommage qu'il a souffert, qu'il est loisible aux tribunaux d'évaluer ce dommage, lorsque d'une part la confiscation devient d'une difficile exécution, par la réunion d'ouvrages contrefaits et non contrefaits dans une même publication, et lorsque d'autre part les tribunaux peuvent accorder une suffisante indemnité ; — Considérant qu'il résulte de l'instruction et des débats, que Dumas et Charpentier ont imprimé douze cents exemplaires de la pièce intitulée *Henri III*, et douze cents exemplaires de la pièce intitulée *Christine*, et que la réimpression de ces pièces a donné lieu, au préjudice de Barba, à un dommage que la Cour peut dès à présent apprécier ; — Condamne Dumas et Charpentier, solidairement par corps, à payer à Barba la somme de etc., etc. ; dit en conséquence qu'il n'y a lieu à prononcer la confiscation des exemplaires.

(1) 23 juillet 1836. — G. Barba c. Paul de Kock. — Cour R. Paris.

rer que comme un ouvrage principal, d'où il résulte qu'il n'y a pas contrefaçon. Toutefois il peut se faire que cette publication, ce qui n'est pas probable, ait causé un préjudice au cessionnaire du premier ouvrage. Dans ce cas, les tribunaux civils auront à apprécier ce préjudice et en ordonneront au besoin la réparation (1).

L'auteur qui a cédé le droit de publier une première édition de son ouvrage ne peut pas en publier une seconde sous le prétexte qu'il s'est écoulé un temps suffisant pour la vente de la première, s'il n'a stipulé aucun délai et s'il n'est articulé aucun fait qui puisse faire supposer que le retard dans la vente de la première édition soit imputable à l'éditeur (2). Il en est autrement s'il est établi que l'éditeur a, par négligence ou par des manœuvres employées à dessein, paralysé l'écoulement de la première édition. La commune intention des parties serait évidemment violée si l'engagement de ne pas publier une seconde édition avant l'épuisement de la première, devait rester obligatoire pour l'auteur, tandis que le cessionnaire serait infidèle au contrat en négligeant ou en entravant le débit. Les tribunaux, juges du fait, apprécieront la conduite du cessionnaire; tout en faisant la part des circonstances, ils pourront, le cas échéant, ordonner que l'auteur rentrera dans son droit de

(1) 17 juillet 1829. — Renart : Girault de Saint-Fargeau. — Renart a acquis de Girault de Saint-Fargeau 1350 exemplaires du Dictionnaire de la *Géographie physique et politique de la France et de ses colonnies.* Le traité portait que Girault s'engageait à ne publier une seconde édition, avec ou sans augmentation, que lorsque la première serait totalement épuisée ou qu'il n'en resterait que 50 exemplaires; que cependant il serait toujours libre de faire une seconde édition, pourvu qu'il prévienne Renart, et que lors de la publication, il lui remette en échange un nombre d'exemplaires égal à celui restant de la première édition; — Renart n'avait encore vendu que 250 exemplaires de son ouvrage, lorsque Baudouin publia un autre ouvrage du même auteur, ayant pour titre : *Histoire nationale et dictionnaire géographique de toutes les communes de la France*, formant pour chaque département un ouvrage complet. Sur la poursuite de Renart, en remise d'un nombre d'exemplaires égal à celui qui lui restait encore, le Tribunal déclara que le deuxième ouvrage ne pouvait être regardé comme une nouvelle édition du premier, et débouta Renart de sa demande.

(2) 22 février 1847. — C. Cass. — Laurent : le ministère de la marine.

publier, et même condamner le cessionnaire à la réparation du préjudice causé par son fait (1).

Lorsque l'auteur s'est engagé à composer et livrer un ouvrage, s'il ne le livre pas dans le délai convenu, il s'expose à une action *civile* en réparation du préjudice causé par l'inexécution des conventions, de même qu'il pourrait contraindre, par les mêmes voies, le cessionnaire à recevoir et publier l'ouvrage convenu, ou à le désintéresser de la perte que ce retard pourrait lui faire éprouver.

Cependant, cette obligation de livrer, de la part de l'auteur, peut présenter quelques difficultés lorsque, soit avant, soit depuis la livraison, le cessionnaire est tombé en état de faillite. On ne peut méconnaître que cette circonstance doive modifier la position respective des parties. L'auteur peut se plaindre de ce que les garanties de solvabilité, en vue desquelles il avait contracté, ont été diminuées par la faillite, et il serait bien rigoureux alors de le contraindre à livrer son manuscrit. D'autre part, on doit remarquer, dans l'intérêt des créanciers qui représentent le cessionnaire, que les bénéfices de ce contrat font partie de l'actif de leur débiteur commun, et qu'il ne serait pas juste d'en frustrer la masse sans autre motif que celui de la faillite, si d'ailleurs les syndics de la faillite restent fidèles aux engagements contractés par le failli envers l'auteur. Pour concilier tous les intérêts, nous pensons que, dans le cas de refus de l'auteur, il y aura lieu par les tribunaux de consulter l'acte de cession. Si l'auteur a formellement stipulé qu'il n'entendait céder son manuscrit qu'en vue de l'éditeur, et pour que l'ouvrage fût publié par lui et non par tel autre, en vain les syndics prétendraient qu'ils sont les représentants de cet éditeur. La jouissance était personnelle et le cessionnaire, s'étant interdit de sous-céder, ne peut pas plus être représenté par ses

(1) 24 avril 1837. — Ducaurroy : Fanjat. — Fanjat, éditeur, avait paralysé l'écoulement de la première édition des *Institutes* de Ducaurroy, en faisant des difficultés aux acheteurs et en leur refusant les remises usitées dans le commerce. — Procès. — Condamnation de Fanjat par la Cour royale de Paris.

syndics que par un tiers auquel le failli l'aurait sous-cédé ; admettre le contraire ce serait évidemment violer le contrat. L'auteur sera, dans ce cas, dispensé de livrer son manuscrit, quels que soient les frais faits jusqu'au jour de la faillite pour l'impression ou le commencement d'impression.

Mais si l'acte de cession a été fait pur et simple, sans aucune réserve de la part de l'auteur, comme le cessionnaire a de droit la faculté de sous-céder, il pourra par conséquent être valablement représenté par les syndics, et ceux-ci pourront contraindre l'auteur à livrer le manuscrit vendu, soit pour le publier eux-mêmes s'ils continuent à exploiter le fonds du failli, soit pour le sous-céder dans le cas contraire. Toutefois, comme les garanties ont diminué, l'auteur pourra contraindre les syndics à lui donner des sûretés que les Tribunaux apprécieront, tant pour les payements que pour l'exécution fidèle des autres clauses du contrat (1).

Lorsque la cession de la propriété d'un ouvrage est faite sans réserve, elle entraîne l'aliénation entière et à toujours du droit de reproduction. Mais il en est autrement s'il existe dans la convention une clause portant que les éditions ultérieures seront l'objet de nouvelles conventions. Cette clause ne doit pas s'entendre en ce sens que le droit de reproduction reste à l'éditeur, sauf à stipuler un nouveau prix, mais bien en ce sens que le droit rentre à l'auteur. La raison en est qu'aux termes de l'art. 1583 du C. civ., il n'y a vente qu'autant qu'il y a un objet déterminé et un prix convenu ; or, dans l'espèce ci-dessus, la deuxième condition manquant, il n'y a pas vente parfaite (2).

(1) 26 janvier 1831. — Hatin : les syndics Compère. — Hatin avait vendu à Compère, libraire-éditeur, stipulant pour lui et ses ayants cause, un ouvrage intitulé : *Cours complet d'accouchement et des maladies des femmes et des enfants*, moyennant le prix de 1,200 fr. pour la première édition; 600 fr. pour la seconde, et 100 fr. pour les autres; 34 feuilles étaient imprimées, lorsque Compère fit faillite. Les syndics définitifs résolurent de continuer l'ouvrage; sommation à Hatin de livrer le surplus du manuscrit. — Refus de l'auteur. — Jugement dans le sens de la doctrine ci-dessus et fondé sur les articles 1122 et 1613 du C. civ.

(2) 12 juin 1844. — C. R. Paris. — Langlois et Leclerc : Bertrand.

L'éditeur autorisé à faire autant de tirages qu'il le voudra d'une édition, ne peut pas se prévaloir de la convention pour réimprimer l'ouvrage sous un format différent; un nouveau tirage ne doit pas être confondu avec la réimpression qui constituerait une seconde édition. L'éditeur n'a pas le droit de faire cette édition sans une nouvelle convention qui l'y autorise (1).

Un éditeur n'a pas le droit, en publiant l'ouvrage d'un auteur, de l'annoncer comme auteur de romans auxquels il passe pour avoir collaboré, mais que par le fait il n'a pas signés et dont, par conséquent, le signataire a seul droit de se dire l'auteur (2).

L'imprimeur qui a fait avec un auteur un traité par lequel il s'est engagé à publier toutes les œuvres qu'il composera est tenu d'imprimer même celles que cet auteur compose sous un pseudonyme (3).

Le tirage d'un nombre d'exemplaires plus considérable que celui dont sont convenus l'auteur et l'éditeur peut être une cause de résiliation, sans préjudice, bien entendu, de l'action en contrefaçon (4).

Mais la résolution de la convention n'a pour effet de remettre les choses au même et semblable état où elles étaient avant la convention, que sauf les droits légitimement acquis aux tiers.

---

(1) 5 août 1845. — C. R. Paris. — Raspail : Levavasseur. — Considérant que si le prétendu deuxième tirage ne porte pas le titre de 2e édition, il est constant cependant que cette nouvelle publication n'est en réalité qu'une édition nouvelle; qu'en effet la forme, la pagination, les caractères et la justification sont entièrement différents; qu'à la vérité, aux termes de la convention, Levavasseur a le droit d'imprimer l'ouvrage soit dans le format in-8°, soit dans le format in-18°, à son choix, mais que Levavasseur ne pourrait, sans méconnaître l'intention des parties et la portée des conventions, conclure de cette stipulation qu'il a pu, après avoir adopté dans l'origine un format, faire imprimer ensuite le même ouvrage dans des dimensions différentes; — Infirme; déclare résiliées les conventions relatives à la vente des ouvrages de Raspail, etc.

(2) 14 mai 1845. — Trib. : Paris. — Baudry : Recoules.

(3) 9 février 1849. — C. R. Paris. — Lévy : Melesville.

(4) 24 avril 1843. — C. R. Paris. — Bouchardat : Gardembas.

Ainsi, par exemple, en profitant des frais qui ont été faits, l'auteur doit se soumettre aux charges dont l'éditeur a pu grever l'ouvrage, au profit des tiers, à titre de nantissement (1).

Le cessionnaire du produit d'une œuvre littéraire, non encore composée au moment de la signification de son transport, peut être valablement saisi de ce produit, à l'égard des tiers, par ladite signification. Rien, dans la loi spéciale, ne s'oppose à cette solution qui est conforme aux règles du droit commun et qu'ont adoptée tous les auteurs qui ont traité du contrat de vente (2).

L'éditeur ne peut, lorsqu'il n'a traité avec l'auteur que pour une édition, faire imprimer de nouveaux titres annonçant mensongèrement une nouvelle édition. En agissant ainsi il cause à l'auteur un préjudice incontestable.

Il a été décidé que l'auteur qui a vendu une part dans son œuvre et s'est ainsi mis en communauté avec l'acquéreur doit souffrir la licitation demandée par ce dernier (3).

Sect. 2. — *De la donation. — Du testament.*

Ce que nous avons dit plus haut des formes et des effets de la cession s'applique aussi, et à plus forte raison, à la donation. Ainsi, bien que la donation manuelle soit valable, en général, pour les objets mobiliers, la donation d'un manuscrit ou d'un objet d'art ainsi faite, sera insuffisante pour transmettre le droit de reproduction, et ne pourra fonder une propriété incontestable que sur l'objet matériel, c'est-à-dire sur le manuscrit (4).

---

(1) 14 juin 1844. — C. R. Bourges. — Simonin : Lyonnet et syndics Dieudonné.

(2) 27 novembre 1854. — C. imp. Paris. — Al. Dumas et Lefrançois : Sausse, Cheramy.

Contra. 31 janvier 1854. — C. imp. — Syndics A. Dumas : Doyen.

(3) 11 janvier 1845. — C. R. Paris. — Laroche : Charpentier.

(4) 4 mai 1816. — De Lesparda : héritiers Chenier. — A la mort de Marie-Joseph Chenier, en janvier 1811, quelques manuscrits de cet auteur se trouvèrent en la possession de la dame Lesparda de Maisonnave, qui s'en prétendit

Il faut en dire autant d'un manuscrit dédié ou d'une œuvre

---

donataire. Elle invoquait le propre témoignage de l'un des héritiers, Constantin Chenier, frère du défunt. Ce témoignage avait été donné par lui à la dame Lesparda, par écrit, le 11 janvier, lendemain du décès, et renouvelé le 12. — Jugement. — Attendu qu'il résulte de la déclaration faite par la dame Lesparda et reçue par le juge de paix du 6e arrondissement de Paris, que la dame Lesparda était détentrice de plusieurs manuscrits composés par feu Chenier; — Attendu que la dame Lesparda ne justifie pas qu'elle ait aucun droit de propriété de ces manuscrits; — Ordonne que ladite dame Lesparda sera tenue de remettre au sieur Chenier, demandeur, les manuscrits dont s'agit. — Appel. — Considérant, en droit, que la tradition de manuscrits de la part d'un auteur mourant, ne pouvant être faite que dans la vue de la mort, doit être réputée donation à cause de mort, et comme telle, soumise aux formalités des testaments; — Considérant que des faits et circonstances de la cause il résulterait au plus la péremption d'un dépôt ès mains de la dame Lesparda; — Confirme.

Id. 4 mai 1843. — C. R. Bordeaux. — Montagnac : Lafourcade.

Contrà. 13 novembre 1841. — C. R. Paris. — Héritiers Broussais : Montègre. — En ce qui touche les demandes des héritiers Broussais; — Attendu que Montègre est possesseur du manuscrit de Broussais intitulé *Développement de mon opinion et expression de ma foi* qu'il a publié en tête de la notice historique sur Broussais; — Attendu que si en matière de manuscrits et de droit d'auteur la possession n'équivaut pas à un titre, ou du moins n'a pas la même force que lorsqu'il s'agit de meubles ordinaires, il est constant néanmoins qu'elle forme en faveur de celui qui l'invoque une grave présomption, qui impose à ceux qui la contestent l'obligation de prouver que la possession dont on excipe contre eux est irrégulière ou illégitime; — Attendu que les héritiers Broussais ne font pas cette preuve; que le droit de Montègre à la propriété du manuscrit est justifié d'ailleurs suffisamment par sa position auprès de Broussais, la bienveillance que celui-ci lui témoignait et l'intimité affectueuse qui régnait entre eux, ainsi que le révèlent plusieurs pièces produites; que la fraude ne se présume pas; que cependant dénier à Montègre la propriété du manuscrit qu'il a publié ce serait supposer qu'il s'en est emparé ou qu'il l'a retenu par un abus de confiance, allégation qui n'est pas manifeste et que repousseraient d'ailleurs et sa position et son caractère; — Attendu que si Broussais a dans son testament exprimé la volonté que ses manuscrits fussent publiés par son fils Casimir, cette clause ne peut évidemment s'appliquer au manuscrit qui fait l'objet du procès et dont il avait disposé d'une autre manière, ainsi qu'il est expliqué ci-dessus; que d'ailleurs la demande sur laquelle il s'agit de statuer n'est pas formée par Casimir Broussais, en sa qualité de légataire particulier, mais par les enfants Broussais conjointement en leur qualité d'héritiers de leur père; — Déboute les héritiers Broussais de leur demande, etc. — Appel. — Arrêt confirmatif.

écrite, à titre de souvenir, sur un album. Dans les cas ci-dessus, l'auteur n'est censé avoir voulu disposer que de l'objet matériel et s'être réservé le droit de reproduction, qui en est essentiellement distinct (1).

Le droit de reproduction peut encore être transmis par testament. La loi spéciale n'ayant rien stipulé à cet égard, nous ne pouvons que renvoyer, pour ce mode de transmission, aux règles du droit commun.

Toutefois l'oubli des rédacteurs du Code civil laisse à résoudre une grave question, celle de l'usufruit du droit de reproduction. Pour réglementer les droits de l'usufruitier et les combiner avec ceux de nu propriétaire, il y a lieu de recourir, en cette matière, aux principes qui ont été adoptés pour les actions industrielles. Ainsi une partie des sommes produites par la publication de l'ouvrage sera capitalisée pour représenter, à l'expiration du droit exclusif, la valeur de la propriété.

---

(1) 20 février 1843. — Trib. c. Paris. — Troupenas : Aulagnier. — Attendu que Troupenas demande qu'il soit fait défense à Aulagnier de continuer la publication de six morceaux de musique extraits du *Stabat Mater* de Rossini; — Qu'Aulagnier prétend tirer son droit 1° de l'acquisition qu'il aurait faite du manuscrit du *Stabat* composé par Rossini et dédié par lui au chanoine Varela; 2° de ce que partie de ce *Stabat* n'appartiendrait pas à Rossini; — Attendu que la dédicace faite à Varela par Rossini n'a pas privé ce dernier de la propriété de son œuvre; — Attendu que s'il apparaît de la correspondance de Rossini que dans ce *Stabat*, six morceaux auraient été composés par un de ses amis, il n'en faut pas conclure qu'Aulagnier puisse se les approprier; qu'il lui serait d'ailleurs impossible de désigner ceux de ces morceaux qui ne sont pas l'œuvre de Rossini; que, dans l'état des faits, la totalité de cet ouvrage doit rester la propriété de Rossini; — Fait défense à Aulagnier, etc., etc. — Sur l'appel, la Cour a confirmé par un arrêt du 8 janvier 1844.

Id. 14 août 1841. — C. R. Paris. — Gerdès : veuve Launer. — Considérant que la dédicace et l'envoi d'un manuscrit de la sonate dont s'agit, fait par Mayon à la maréchale Moreau, ne constitue pas de la part du compositeur la cession de ses droits de propriété au profit de cette dernière; — Qu'il résulte des documents du procès que la sonate dédiée à la maréchale Moreau a été publiée en Allemagne, et vendue en France antérieurement à l'édition faite par Nadermann en 1821; qu'ainsi, en supposant que cette œuvre n'ait pas été éditée du vivant d'Haydn, Gerdès, cessionnaire de Nadermann, ne saurait revendiquer le bénéfice des dispositions du décret du 1er germinal an 13, applicables seulement aux ouvrages posthumes et inédits; — Confirme.

Nous donnons, au livre des brevets, les documents judiciaires à l'appui de la solution que nous adoptons.

Sect. 3. — *De la transmission par succession.*

A la mort de l'auteur, l'époux survivant jouit du droit de propriété pendant sa vie. Si c'est la veuve de l'auteur qui survit, elle ne jouira du droit de propriété pendant sa vie que si ses conventions matrimoniales lui en donnent le droit. Ces mots *lui en donnent le droit* ne signifient pas que le contrat de mariage de la femme devra contenir une stipulation spéciale pour les œuvres littéraires, mais bien que le régime stipulé dans le contrat permettra à la femme de recueillir la propriété que la loi lui attribue (1).

Lorsque les conventions matrimoniales de la veuve ne lui permettent pas de prétendre à cette propriété viagère, il ne lui reste plus d'autres droits, sur ladite propriété, que ceux qui peuvent lui revenir comme héritière, légataire, ou donataire de son mari. Mais alors la durée du droit qu'elle a recueilli dans la succession de son mari varie suivant les cas. Il sera de vingt ans si l'auteur a laissé des enfants, et de dix ans seulement dans le cas contraire.

Deux hypothèses peuvent se présenter pour la veuve, au moment du décès de l'auteur : ou l'ouvrage qu'il laisse est déjà publié, ou il est encore inédit. Dans le cas où l'ouvrage n'est plus inédit, les produits de la publication antérieurs au décès auront enrichi la communauté et lui seront acquis, qu'ils aient été, ou non, perçus du vivant de l'auteur. Dans le cas où ils auraient été acquis, mais non perçus pendant la vie de l'auteur, ils constitueront une créance qui devra rentrer dans l'actif de la communauté.

Il en sera autrement des produits de la publication non encore acquis à la communauté au moment du décès de l'auteur. En mourant celui-ci laisse le droit de propriété et ses produits

(1) 8 avril 1854. — C. imp. — Meyssonnier : Schonemberger. — V. page 86.

à son survivant pour toute sa vie, aux termes de l'art. 39 précité. Le survivant n'est pas seulement le représentant de l'auteur, il devient pour ainsi dire l'auteur même, dans toute l'acception *légale* du mot. C'est à lui qu'appartient la jouissance exclusive; c'est sur sa vie et à partir de son décès qu'est calculée la durée du droit de propriété. L'œuvre est censée composée au moment où il entre en jouissance : si donc, à cette époque, il y a lieu de faire une nouvelle édition de l'ouvrage, tous les produits et avantages qui en ressortiront seront la propriété exclusive du survivant, et ne pourront pas être compris dans l'actif de la communauté.

Nous nous servons de l'expression de *survivant*, applicable au mari et à la femme, bien que le décret de 1810 ne s'occupe que de la veuve survivante. Nous croyons inutile de prouver que le législateur, en parlant seulement de la *veuve* survivante, a entendu également disposer pour le mari survivant, dans le cas où la femme serait l'auteur de l'ouvrage. La loi ne s'est occupée que du cas qui lui a paru le plus ordinaire; mais les raisons sont évidemment les mêmes pour le mari et pour la femme.

On a souvent objecté qu'une œuvre littéraire ne pouvait être considérée et appréciée comme un acquêt de la communauté, sans méconnaître la nature tout exceptionnelle de cette propriété, inhérente à la personne même de l'auteur. Cette objection n'est pas fondée; on remarquera, en effet, que nous ne faisons, dans aucun cas, rentrer la propriété d'un ouvrage dans la communauté, puisque nous démontrons au contraire qu'aux termes de l'art. 39 du décret de 1810, cette propriété passe toujours au survivant. Nous sommes donc loin de l'assimiler à un acquêt de communauté; seulement nous distinguons avec soin entre les produits et le fonds. La transmission du fonds est régie par le décret précité; mais les produits sont acquis à la communauté selon le vœu de l'art. 1401 du Code civil, qui peut bien en régler l'emploi sans porter atteinte à la nature du droit d'auteur.

Dans les deux hypothèses que nous venons de présenter,

les droits des créanciers suivent le sort de la propriété, c'est-à-dire que ceux-ci ont un droit incontestable sur les produits acquis à la communauté avant sa dissolution, mais qu'ils n'ont rien à prétendre sur la propriété elle-même, qui passe sur la tête du survivant, et même sur la tête de la veuve qui renoncerait à la communauté, car cette propriété toute spéciale est régie par une loi et des principes complétement étrangers aux règles ordinaires de la transmission des biens. Cependant, si la veuve accepte la communauté, on conçoit que les créanciers, trouvant l'actif de la communauté insuffisant pour les satisfaire, pourront poursuivre la femme, même sur cette propriété qui fera désormais partie de ses biens et sera le gage de ses créanciers. Les règles que nous traçons ici ressortent des ois spéciales à la propriété littéraire, combinées avec les articles 1482 et suivants du Code civil. Telle est aussi l'opinion de MM. Toullier et Pardessus.

Lorsque l'ouvrage a été trouvé inédit dans la succession de l'auteur, la question soulève sinon des doutes plus sérieux, au moins des objections d'un ordre plus élevé. En effet, indépendamment des droits résultant de la transmission des biens en général, et de la transmission de la propriété littéraire en particulier, réglée par les articles 39 et 40 du décret de 1810, on a consulté la volonté présumée du défunt, son nom, sa gloire littéraire qui, dirait-on, peuvent être compromis par une publication qu'il n'a pas autorisée, qu'il n'a pas surveillée et dont il aurait peut-être changé ou modifié les éléments. Passant de ces considérations à l'appréciation du droit en lui-même, on a dit que l'ouvrage inédit, aux termes du décret du 1er germinal an 13, étant considéré comme non existant, n'était donc pas transmissible et saisissable; s'il en était autrement, ajoutait-on, un créancier aurait le droit de saisir entre les mains de son débiteur un manuscrit incomplet; un mari pourrait s'emparer de la pensée à peine formulée de la femme et en trafiquer comme d'une marchandise; et alors que deviendraient la dignité des lettres et l'indépendance de l'écrivain qui fait corps, pour ainsi dire, avec son œuvre? S'il ne l'a pas fait imprimer, c'est qu'il ne l'a pas jugée digne du grand jour de la publicité. On doit respecter ses scrupules.

Ces considérations sont puissantes sans doute, mais il faut les réduire à leur juste valeur. L'auteur pendant sa vie est le maître absolu de son œuvre ; il est le seul juge de l'opportunité de la publication, car à cette publication se rattachent pour lui des intérêts de gloire et de réputation qu'il faut respecter avant tout. Si donc il ne la publie pas, sa pensée reste aux yeux de la loi dans son état d'abstraction : c'est ainsi qu'il faut entendre ces mots du décret de germinal, *que l'ouvrage inédit est comme l'ouvrage qui n'existe pas.* Nulle puissance humaine ne peut le contraindre à publier son œuvre, qui reste à l'abri de l'atteinte de ses créanciers. Si donc l'œuvre est considérée comme n'existant pas tant qu'elle est inédite, elle ne peut accroître l'actif de la communauté au moment de la mort de l'auteur. A cette raison il faut ajouter ce que nous avons dit dans l'examen de la première hypothèse, à savoir, qu'au décès de l'auteur la propriété change de maître par la force seule du décret de 1810, et suivant les règles de transmission qu'il pose. Si donc le survivant publie l'œuvre inédite, il fait profit d'un objet nouveau, pour ainsi dire, et qui, ne prenant vie que dès ce moment, ne peut appartenir aux créanciers, dont les droits sont nés à une époque où ce manuscrit n'était pas une propriété réalisable.

Il ne faut pas prendre au sérieux cette objection tirée de ce que la publication d'un ouvrage, laissé inédit, serait une violation de la volonté présumée du défunt ; en effet, la loi autorise cette publication et l'encourage même par les dispositions formelles du décret du 1er germinal an 13 sur les œuvres posthumes. Cette objection laisse la question entière ; pour la résoudre, il faut distinguer entre le cas de survie du mari, et le cas de survie de la femme.

Si la femme survit et qu'elle accepte la communauté, on ne pourra, il est vrai, la contraindre à publier ; mais, si elle publie, le produit de cette publication sera le gage des créanciers pour sa part dans les dettes de la communauté ; si au contraire elle renonce, elle n'en conserve pas moins la propriété exclusive de l'ouvrage inédit, sans que les créanciers y puissent rien prétendre, par la raison que ce n'est pas un bien qu'elle ait trouvé dans la communauté et qui en composait l'actif, elle l'a reçu en dehors des règles civiles de la transmission des biens et par application de la loi spéciale du 5 février 1810, art. 39.

Dans le cas où le mari survit à sa femme auteur, il en sera bien de même en ce qui concerne la faculté de publier, dont il restera le maître absolu; mais, s'il publie, les produits de cette publication deviendront le gage des créanciers de la communauté pour l'intégralité des dettes, aux termes de l'art. 1484 du Code civil (1). Les créanciers, usant de leurs droits dans les limites que nous venons de tracer, devront-ils restreindre leur action aux produits seuls de la publication, ou bien pourront-ils, si ces produits sont insuffisants pour les payer, pour-

---

(1) 26 juillet 1837. — Demoiselle Lyonne : Parquin. — Attendu qu'aux termes de l'article 1401 du Code civil, tous les biens meubles, quelconques, appartenant aux époux, tombent dans la communauté; qu'une production de l'esprit, lorsque l'auteur lui a imprimé une forme matérielle et appréciable en la consignant par écrit, est une valeur réalisable en argent, et constitue, à ce titre, une véritable propriété mobilière; — Attendu que les créanciers de la communauté ont le droit de poursuivre sur tous les biens qui en dépendent le montant de ce qui leur est dû; que la dame Parquin a laissé à son décès un manuscrit intitulé : *Mémoires sur la reine Hortense*, que Parquin, son mari, a vendu depuis pour le compte de la demoiselle Parquin, sa fille mineure, à Ladvocat; — Attendu que la demoiselle Lyonne justifie qu'elle est créancière de la communauté qui a existé entre les époux Parquin, d'une somme de 6,000 fr.; d'où il suit que l'opposition formée par elle ès mains de Ladvocat, sur le produit de la vente, doit être validée, etc., etc.

Nota. — Nous pensons que, dans l'espèce, cette décision est juste et fondée en droit; mais nous ne pouvons admettre en principe général qu'une production de l'esprit, *lorsqu'elle a été consignée par écrit*, *tombe dans la communauté*, *parce qu'elle est réalisable en argent.* Les juges n'avaient pas à s'occuper de la question de manuscrit *inédit*, puisqu'il s'agissait d'une œuvre publiée au moment du procès; ensuite il est complétement inexact de dire que le fait seul de la rédaction d'un ouvrage le rende *meuble;* car il en résulterait qu'abstraction faite de toute publication, et alors que l'ouvrage est encore inédit, les créanciers de l'auteur pourraient l'en exproprier, ce qui est inadmissible et ce qu'il était inutile de décider d'ailleurs, puisqu'il ne s'agissait ici que des droits du mari survivant, et ayant publié l'œuvre dont s'agit. Les juges se seraient plus sagement fondés sur l'article 39 du décret de février 1810, combiné avec l'article 1484 du Code civil.

suivre la vente de la propriété elle-même; en un mot, peut-on exproprier un auteur de son droit? Nous croyons que l'affirmative n'est pas douteuse si d'ailleurs l'ouvrage n'est plus inédit, s'il a été déjà l'objet d'une exploitation; car, dans le cas contraire, nous avons démontré qu'il est à l'abri de toute atteinte.

Si donc l'ouvrage a été publié, il devient meuble dans le sens absolu du mot; en effet, il est susceptible de tradition, puisque l'auteur peut le vendre; il a une valeur réelle, puisqu'un prix sera stipulé pour la vente. Il est si bien un meuble, que la loi protége contre toutes les atteintes des contrefacteurs celui qui en est le propriétaire, et celui-ci, pour le transmettre, même gratuitement à un tiers, est obligé de se soumettre aux lois qui règlent la transmission des biens par donation, ainsi que nous le démontrons en traitant de la cession et de la donation manuelles. Les créanciers auraient donc un droit incontestable sur la propriété elle-même, qui comme tous les biens des débiteurs est le gage de leurs créanciers.

L'estimation donnée dans le contrat de mariage à l'apport du mari, et spécialement à une propriété littéraire, lie la femme et les cohéritiers, et ne permet pas, après la dissolution de la communauté, de contester la valeur de cet apport (1).

Les dispositions du Code civil, réglant l'ordre dans lequel les successions doivent être dévolues, sont applicables de tout point à la transmission du droit de propriété littéraire. Les lois spéciales de 1793 et de 1810 n'ont apporté aucune modification au droit commun. La propriété passera donc d'abord aux enfants et petits-enfants, ensuite aux ascendants, puis aux collatéraux, dans les conditions que nous exposons au chap. 6 en traitant de la *durée* du droit de propriété.

SECTION 4. — *Transmission par vente forcée.*

Une œuvre manuscrite ne doit être saisie ni vendue par au-

---

(1) 14 mai 1853. — C. imp. Paris. — Degenoude : Guyard.

torité de justice. Les raisons de le décider ne peuvent être tirées du droit commun, qui, soit oubli, soit dédain du législateur, ne s'est pas occupé de la propriété intellectuelle. Il n'est pas possible, d'ailleurs, d'appliquer à cette propriété la règle que tous les biens du débiteur sont le gage de ses créanciers; les raisons qui s'y opposent se puisent dans la nature même des choses, dans le sentiment de la liberté et de la dignité des lettres. Une œuvre manuscrite n'est encore qu'une émanation de l'esprit. Elle peut en être l'erreur ou la débauche et jugée, par l'auteur même, indigne de voir le jour. C'est ainsi que l'illustre auteur de l'*Esprit des Lois*, après avoir composé une *Histoire de Louis XI*, mécontent de son travail, le livra aux flammes.

L'auteur est seul et souverain juge de la question de publication de ses œuvres, et alors même qu'il les aurait révélées au public par la représentation ou la lecture, tant qu'il n'a pas, par la publication proprement dite, matérialisé sa pensée, elle échappe à toute mainmise de justice (1). Mais une fois publié, l'ouvrage peut être saisi, soit sur l'auteur, soit sur son concessionnaire (2).

---

(1) 11 janvier 1828. — C. R. Paris. — Créanciers Vergne : veuve Vergne. — Il s'agissait d'une messe en musique, encore manuscrite, mais exécutée déjà deux fois dans une église de Paris. — Arrêt. — Considérant qu'une œuvre musicale n'a d'existence et n'est saisissable qu'autant qu'elle a reçu une publication de son auteur; — Attendu qu'il est constant que les ouvrages dont il s'agit n'ont été ni imprimés ni publiés, et qu'ils n'ont pas reçu une publication qui les ait fait tomber dans le commerce; — Infirme et déboute les créanciers de leur demande.

Idem. 13 juillet 1847. — C. R. Paris. — Antiquaires d'Amiens : Symonnet. — Il s'agissait de la statue élevée à Amiens à l'illustre Ducange.

(2) 24 mai 1853. — C. Imp. Paris. — Veuve Laroche : Charpentier.

CHAPITRE VI.

DE LA DURÉE DU DROIT DE REPRODUCTION.

La limite apportée au privilége de l'auteur, quant à sa durée, est, sans contredit, une véritable atteinte portée à la propriété dans la jouissance des héritiers. Ainsi la question de savoir si cette propriété devait différer, aux yeux du législateur, de la propriété en général, a occupé les plus hautes capacités, et partage encore aujourd'hui les opinions les plus éclairées. Il est bien entendu qu'il ne s'agit pas de savoir si le législateur a pu, mais s'il a dû limiter la durée du droit exclusif, c'est-à-dire si la raison d'utilité publique l'exigeait impérieusement, et s'il n'y avait pas un autre moyen de ménager à la fois l'intérêt public et le droit, naturellement imprescriptible, qu'un auteur a sur l'objet de sa conception. La rigueur de la loi nous paraît souverainement injuste; mais tout en reconnaissant la fausseté des considérations sur lesquelles elle se base, nous n'imiterons pas ceux des nombreux détracteurs du droit limité, qui sont allés jusqu'à dire que *le législateur avait sans doute imaginé que la propriété intellectuelle était moins sacrée, moins importante dans les familles que la propriété d'un champ ou d'un meuble.* Cette critique, plus chagrine que mesurée, fausserait la pensée du législateur, qui n'a rien imaginé de semblable; il a dit seulement que l'intérêt public, qui commande d'assurer les droits des écrivains et des artistes sur leurs productions, s'oppose à ce que la propriété des ouvrages soit perpétuée dans les familles des auteurs, qui pourraient en gêner, peut-être même en empêcher l'impression et la circulation. Cet intérêt public a-t-il été bien ou mal compris par le législateur? Autorisait-il une expropriation brutale et sans indemnité? C'est là toute la question. La solution qui lui serait donnée, et les arguments qui la soutiennent, sont du domaine exclusif de la législation, et, partant, sortent du cadre que nous nous sommes tracé. Nous dirons seulement que cet intérêt public, en le supposant réel, ne peut justifier la spoliation dont on frappe les héritiers d'un auteur; il nous semble que s'il est permis de prendre pour servir la société, il n'est pas moral, il n'est pas juste de prendre, sans indemnité, ce qui a coûté à l'auteur tant de veilles, tant de sacrifices de toute nature; sacrifices de temps et d'argent qu'il eût employés plus utilement pour assurer l'avenir de sa famille, s'il les eût consacrés à des travaux purement matériels, que la loi n'aurait pas confisqués au nom de l'intérêt public. Plus ces travaux sont utiles à la société qu'ils éclairent, moins la société les respecte, et cependant c'est dans ce cas surtout qu'elle devrait les protéger et les récompenser dignement. C'est cette exagération d'un principe peut-être vrai, c'est son application irréfléchie, c'est ce système de protection bâtarde qui a de tout temps livré à la misère les descendants de nos plus glorieuses illustrations. Une petite-fille de Corneille fut trouvée dans la plus complète misère et secourue par Voltaire; deux vieillards descendants de Racine, furent recommandés par Beaumarchais à la bienfaisance de la reine de France. Sans Voltaire, sans Beaumarchais, ces derniers et obscurs rejetons d'une souche illustre, nobles de la plus vraie, de la plus incontestable noblesse, allaient mourir à l'hôpital, tandis que les libraires s'enrichissaient des œuvres de leurs aïeux.

La législation antérieure, et notamment les arrêts du conseil de 1777 qui ont régi, jusqu'en 1793, la propriété des produits de l'intelligence, étaient empreints de plus de justice, car ils accordaient à l'auteur un droit de propriété qu'il transmettait *à perpétuité* à ses héritiers, lorsqu'il ne l'avait pas de son vivant cédé à des tiers. La loi de 1793, moins libérale, réduisit à dix années, dans tous les cas, la jouissance des héritiers. On voit que la réforme ne profita pas entièrement à la succession des auteurs ; car si la législation nouvelle leur donna plus de sécurité et plus de garanties pour la jouissance et la conservation de leur droit, son bienfait ne fut pas gratuit, puisqu'elle restreignit ce droit à une durée toujours limitée, qu'il y ait eu, ou non, aliénation de la propriété du vivant de l'auteur.

La loi ne méconnaît jamais impunément les principes de l'équité ; et, si elle s'en est une fois écartée, on la voit, toujours pressée par la puissance irrésistible de la raison, y revenir peu à peu, et après de longues et pénibles oscillations qui la rapprochent chaque jour du principe méconnu, elle finit tôt ou tard par s'y arrêter comme sur sa seule et véritable base. Ainsi la législation de 1793 avait méconnu le caractère imprescriptible du droit de propriété ; elle l'avait limité à dix ans après la mort de l'auteur ; le décret de 1810 l'étendit à la vie de la veuve, et à vingt ans pour les enfants. Enfin la loi du 8 avril 1854 a porté la durée pour les enfants à trente ans, à partir soit du décès de l'auteur, compositeur ou artiste, soit de l'extinction des droits de la veuve. Il est donc bien évident que, tout en méconnaissant les principes de l'équité, le législateur a senti chaque fois l'embarras de poser sa limite, et qu'il l'a de plus en plus éloignée. Si la perpétuité du droit de propriété paraît inconciliable avec l'intérêt public, il nous paraîtrait raisonnable que les héritiers eussent au moins droit à une rétribution pour chaque réimpression. Ce serait un retour aux vrais principes en matière d'expropriation pour cause d'utilité publique, et l'on n'aurait plus l'affligeant spectacle de ces héritiers qui souffrent de misère au sein de la gloire, dernier reflet d'un beau nom. Tout en souhaitant une législation meilleure, occupons-nous des dispositions et de l'application des lois qui nous régissent actuellement.

Pour fixer la durée du droit exclusif, il faut distinguer les auteurs de leurs héritiers et cessionnaires.

Les auteurs d'écrits en tout genre jouiront durant leur vie entière du droit exclusif, aux termes de l'art. 1er de la loi du 8 avril 1854. Nous avons déjà expliqué le sens légal du mot *auteur*.

Lorsque plusieurs auteurs ont composé un ouvrage en commun, sans qu'il soit possible de distinguer leur part de travail dans la composition, chacun d'eux a un droit de propriété sur la totalité de l'ouvrage. Pendant leur vie cette indivision ne peut présenter aucune difficulté; mais il n'en est pas de même à leur mort, et l'on s'est demandé ce qui arriverait quand, après le décès de l'un d'eux, ses héritiers auraient épuisé le temps de jouissance fixé par la loi. Il est bien évident que l'ouvrage alors ne tombera pas dans le domaine public, car il ne peut être en même temps la propriété exclusive de l'auteur survivant et la propriété du domaine public. Le bon sens et l'équité, d'accord avec l'esprit de la loi, veulent que tant que l'un des auteurs survivra, ou tant que durera la jouissance légale de sa veuve ou de ses héritiers, l'ouvrage restera propriété privée, et qu'il ne tombera dans le domaine public qu'à l'expiration du temps de jouissance que la loi leur attribue, comme si l'auteur survivant avait seul composé l'ouvrage en question. Un exemple fera mieux sentir la portée de cette règle. Supposons que l'un des auteurs laisse des enfants, qui, aux termes de la loi d'avril 1854, jouiront pendant trente ans après son décès; au contraire, l'autre auteur ne laisse que des héritiers dont la jouissance est fixée à dix années par la loi de 1793. Dans ce cas et par les raisons que nous venons d'indiquer, la jouissance de ces derniers ne pourra pas durer moins de dix ans, mais ne pourra dépasser ce terme, si à l'expiration des dix ans, les trente ans de jouissance de l'autre auteur ne sont point encore expirés.

Les droits des cessionnaires, dans le cas de plusieurs auteurs, suivront le même cours, c'est-à-dire que le cessionnaire conservera la jouissance exclusive, tant que durera la propriété dans la famille de l'un ou de l'autre auteur.

Lorsqu'un auteur a été frappé de mort civile, quelle est la durée du droit de propriété? Aura-t-elle pour point de départ la mort civile ou la mort naturelle? Le Code civil, en réglant les effets de la mort civile, n'a nullement eu en vue le droit de propriété intellectuelle; cela est constant. Ce n'est donc point dans ses dispositions qu'il faut chercher les raisons de décider.

D'autre part la loi spéciale a exclusivement et formellement adopté la mort naturelle de l'auteur comme point de départ. La conséquence, selon nous, c'est que la durée du droit de propriété intellectuelle, essentiellement viager, sera calculée sur la vie de l'auteur. Cette solution ne fait nul obstacle à ce que, au jour de la mort civile, la veuve, les enfants ou les autres héritiers, selon les cas, prennent la jouissance du droit en question, s'il n'a point été antérieurement aliéné par l'auteur, et qu'ils l'exploitent, dans les termes du droit, jusqu'au délai fixé à partir de la mort naturelle de l'auteur.

Quel sera le point de départ de la durée lorsque l'auteur se trouvera dans le cas d'absence prévu et régi par les art. 112 et suiv. du Code civil? Dans la pensée qui a dominé l'esprit du législateur, l'absent n'est jamais réputé mort, même après l'envoi en possession définitive. L'art. 132, au contraire, prévoit son retour et en règle les effets. Si donc on voulait puiser dans le droit civil les raisons de décider la question, il faudrait reconnaître qu'il en sera de la propriété intellectuelle, dans ce cas, comme dans le cas où l'auteur est un être collectif, un corps savant qui ne peut mourir et qui, se perpétuant par le renouvellement indéfini de ses membres, garde perpétuellement, comme nous le démontrons ailleurs, la propriété de ses œuvres. Nous ne verrions pas grand mal à cette conséquence, puisque, en l'adoptant, d'une part on resterait fidèle au texte de la loi spéciale de 1793, qui fait de la mort de l'auteur le seul point de départ de la durée, et que, d'autre part, on répondrait à la pensée que le législateur a exprimée au titre *De l'absence.*

Mais cette solution ne donnerait pas satisfaction aux droits de la veuve. Pour tout concilier, il nous semble juste d'admettre que la veuve prendra la jouissance du droit au moment de la déclaration d'absence. A sa mort, il passera aux héritiers; puis il tombera dans le domaine public. Toutefois, si l'absent reparaît, il rentrera dans la jouissance de son droit, selon les règles tracées dans l'art. 132, et les choses reprendront leur cours.

Le propriétaire des ouvrages posthumes étant assimilé à l'auteur, il faudra donc lui appliquer ainsi qu'à sa veuve, ses enfants et ses autres héritiers, toutes les règles que nous venons de tracer pour les auteurs proprement dits.

Une question s'est élevée sur la durée du privilége pour les œuvres composées par les sociétés d'hommes de lettres, ou par les corps savants. Il est bien évident, dans ce cas, que la vie de l'auteur ne peut servir de point de départ; car l'auteur n'est autre que la réunion des divers écrivains qui composent la société sous le nom duquel l'ouvrage a été publié, et dont l'existence est ou peut être illimitée à cause du renouvellement successif de ses membres. Faut-il en conclure que l'ouvrage ne sera jamais l'objet d'une propriété privée? Ceux qui l'ont pensé ont argumenté de ce qu'en matière de propriété littéraire, il est de principe que la jouissance exclusive ne peut être perpétuelle, et que le législateur ne la garantit à l'auteur qu'à la condition expresse, après un certain temps, de livrer l'ouvrage au domaine public. Or, disait-on, le domaine public, dans l'espèce, ne pourrait jamais s'enrichir de la propriété, si l'on appliquait à la lettre les dispositions de la loi. Donc ces sortes d'ouvrages ne peuvent être l'objet d'une propriété privée, et ils tombent dans le domaine public dès qu'ils sont publiés.

Cette doctrine nous paraît erronée. Sans doute la propriété de ces sortes d'ouvrages ne pourra jamais tomber dans le domaine public, si on calcule leur durée à la vie de l'auteur. Mais faut-il en conclure qu'ils ne sont pas susceptibles, par cela même, de former une propriété privée selon le vœu de la loi de 1793? Nous ne le pensons pas. La raison en est simple : c'est qu'il n'est pas exact de dire que la durée limitée soit un principe fondamental en matière de propriété littéraire. Le vrai, le seul principe fondamental, c'est qu'un ouvrage est la propriété exclusive de son auteur, quel qu'il soit, et sans exception ni distinction. Quant à la durée du droit, elle n'est qu'une condition qui s'arrête aux bornes du possible, comme le dépôt, par exemple, qui n'est pas exigé pour la sculpture. La durée limitée n'est donc pas le principe de la propriété. D'ailleurs ce principe de la propriété ne peut se trouver que dans la loi qui crée le droit, et non dans celle qui ne fait que le modifier. Or, la loi de 1793 et celles qui s'y réfèrent n'ont pas créé, mais seulement réglé la propriété littéraire qu'elles ont trouvée dans le droit commun (1). Si donc on rencontre dans cette législation régulatrice quelques dispositions essentielles, il ne faudra pas les considérer comme un principe, mais comme une exception que l'on doit restreindre aux cas formellement prévus. De telle sorte que si, par la nécessité des choses, on se trouve placé en dehors de ces dispositions devenues inapplicables dans un cas donné, on retombe alors dans le droit commun, c'est-à-dire que la propriété deviendra ou plutôt restera perpétuellement acquise à l'auteur.

Toutefois, il y a lieu de distinguer. La propriété sera nécessairement perpétuelle toutes les fois que l'œuvre publiée collectivement sera indivise sans qu'on puisse indiquer à chacun la part qu'il a prise à la création commune, ou attribuer à tel ou tel individu l'idée de l'ensemble de l'ouvrage ; comme lorsqu'il s'agit d'un ouvrage publié par une administration publique (2), ou d'un dictionnaire composé par une société savante. Encore en serait-il autrement s'il arrivait que l'administration ou le corps savant vînt à cesser d'exister. Dans ce cas, l'ouvrage tomberait immédiatement dans le domaine public, ou dix ans après, s'il se trouvait entre les mains d'un cessionnaire.

Mais si l'œuvre, bien que collective, est la réunion d'ouvrages particuliers, distincts, et sur lesquels chacun des auteurs puisse baser son droit personnel, il faudra dire que les diverses parties du tout pourront tomber successivement dans le domaine public après la mort des divers auteurs. Ainsi, par exemple, pour le *Dictionnaire des sciences médicales* ou la *Biographie Michaud*, dont chaque article forme une œuvre à part, lorsque chacun des articles tombera séparément dans le domaine public, le droit de les publier collectivement ou dans un

(1) 12 prairial an 11. — C. Cass. — Buffon : Behemer.

(2) 18 mai 1836. — L'administration des postes : Bobain. V. page 142.

ouvrage analogue restera la propriété exclusive de celui sous le nom duquel l'ensemble a été publié, et pour lequel chacun des auteurs aura travaillé. Cela se conçoit : c'est l'idée de cet ensemble qui est son œuvre à lui, et qui lui donne le titre et les priviléges d'auteur (1). La durée de ce droit sera donc calculée sur sa vie et celle de sa veuve ou de ses enfants, dans les cas prévus par la loi. Il en sera de même pour chacun des auteurs dont les divers articles auront été publiés dans l'œuvre collective; c'est-à-dire que si, par suite du décès de l'auteur de l'ensemble, cette œuvre collective vient à tomber dans le domaine public, chacun pourra bien la réimprimer telle qu'elle était, mais le droit de publier séparément les divers articles restera à chacun des écrivains qui les aura fournis, ou à ses représentants.

Le droit des héritiers était fixé à dix ans à partir du décès de l'auteur par l'art. 7 de la loi de 1793. Mais, dans la généralité du mot *héritiers*, le législateur avait confondu des droits que l'équité devait faire distinguer. Ainsi, la veuve, plus proche en affection que les petits-enfants et les collatéraux de l'auteur, n'avait pas obtenu de la loi une préférence qui était dans la nature des choses et dans l'équité; les collatéraux étaient traités aussi favorablement que les enfants de l'auteur. Enfin, l'expression générique *héritiers* ouvrit un vaste champ aux commentaires; les uns prétendirent qu'il ne devait s'entendre que des héritiers en ligne directe, par exemple des enfants et petits-enfants, mais non des ascendants et collatéraux; les autres, plus esclaves du sens grammatical, soutinrent que toute personne ayant la qualité d'héritier devait être appelée au bénéfice de la succession des droits d'auteur. Instruit par une application de près de vingt ans, le législateur, en rédigeant le décret de 1810 sur la police de la presse, se souvint des reproches d'injustice et des interprétations diverses; il intercala dans les art. 39 et 40 des dispositions sur la pro-

(1) 10 juillet 1854. — C. imp. Orléans. — Thoisnier-Desplaces : Didot. Voy. p. 26.

priété des auteurs par lesquelles il rétablit les justes proportions qui avaient été méconnues. Depuis lors, la loi du 8 avril 1854 a donné à l'époux de l'auteur la jouissance viagère de la propriété, et aux enfants et petits-enfants trente ans de jouissance à partir soit du décès de l'auteur, soit de l'extinction des droits de son époux survivant. Nous disons de l'*époux survivant*, car il est évident que le législateur a entendu parler également du mari quand il survit à sa femme auteur. Les autres héritiers et les cessionnaires restent sous l'empire de la loi du 19 juillet 1793 et ne peuvent réclamer que dix ans de jouissance.

Nous venons de voir que le décret de 1810 étendit à la veuve pendant sa vie, et aux enfants de l'auteur pendant vingt ans, la jouissance du droit exclusif. Par malheur la rédaction des art. 39 et 40 qui portaient cette modification fut extrêmement négligée, ce qui vint sans doute de ce que toute l'attention du législateur se portait sur la police de la presse, qui fut d'abord le but unique et qui resta le but important du décret. Les expressions de ces deux articles sont telles, qu'elles firent naître, dans les esprits les plus éclairés, plus de doutes que le mot *héritiers* employé dans la loi de 1793.

On fut frappé de ce que l'art. 39 ne nommait que la veuve, et de l'injustice qu'il y avait à ne pas faire jouir des mêmes droits les ascendants et les légataires. Pour ramener, par une interprétation d'équité, le décret de 1810 à une justice plus exacte, quelques auteurs pensèrent, avec M. Locré qui avait assisté comme secrétaire à la discussion du décret au conseil d'État, que les dix ans ajoutés en faveur des enfants devaient aussi profiter aux ascendants et aux collatéraux, ainsi qu'aux ayants cause. Voici comment ce savant jurisconsulte justifie son opinion. Il soutient que le décret de 1810 n'a pas voulu déroger à la loi de 1793, et par conséquent n'a pas enlevé aux ascendants, collatéraux et légataires, les droits qu'ils trouvent dans la généralité du mot *héritiers*; il en cherche la preuve dans la rédaction même des deux articles expliqués l'un par l'autre. En effet, dit-il, lorsqu'on se sert en même temps dans une loi, relativement au même objet, d'une expression générale et d'une expression restreinte, l'expression générale comprend et absorbe l'expression *restreinte*, au lieu que l'expression *restreinte* ne limite pas l'expression générale; car le rédacteur n'aurait pas employé celle-ci, s'il n'avait pas voulu aller plus loin que l'idée représentée par l'autre : aussi, dans l'art. 40, l'expression *ayants cause* étant plus générale que celle d'*enfants* de l'art. 39, elle explique, étend et généralise cette dernière.

M. Locré ajoute : Ces mots, *comme il est dit à l'article précédent*, qui terminent l'art. 40, ne se rapportent pas à *ayants cause*, et ne font pas rentrer les *ayants cause* dans les limites du mot *enfants*, car dans ce cas la loi aurait dit plus exactement : *désignés dans l'article précédent;* ces mots, *comme il est dit dans l'article précédent*, sont séparés par le sens logique et grammatical de *ayants cause*, et comprennent l'ensemble de l'art. 40, qu'ils soumettent à l'art. 39 en ce qui concerne la durée; ainsi ils doivent être traduits par ces mots : *pendant les vingt ans que l'article précédent accorde.*

Enfin, dit M. Locré, une pareille interprétation est appuyée par l'arrêté même du conseil d'État où le décret fut discuté, et qui porte, ainsi que le registre de ses délibérations en ferait foi : *La loi de 1793 sera maintenue, avec la modification que la propriété appartiendra aux héritiers pendant vingt ans depuis la mort de l'auteur.*

Malgré toute l'autorité qu'il faut reconnaître à l'interprétation d'un homme qui a assisté à la préparation et à la discussion du texte qu'il commente, nous pensons, et la jurisprudence a sanctionné cette doctrine, que les termes du décret étaient trop formels et trop resserrés pour se prêter à l'extension qu'on voudrait leur donner. Le texte est toujours implacable, surtout dans ses dispositions exceptionnelles; or, ici, la règle générale sur la propriété littéraire, c'est la loi de 1793, et les art. 39 et 40 du décret de 1810 n'en sont que l'exception. Ces dispositions exceptionnelles ne désignant que la veuve et les enfants, la conséquence était rigoureuse. Cette interprétation d'un texte abrogé, mais dont l'application peut se rencontrer encore, a été confirmée par la nouvelle loi du 8 avril 1854, qui, elle aussi, passe sous silence, à tort peut-être, les ascendants, les collatéraux et les légataires.

L'enfant adoptif ayant sur les biens de l'adoptant les mêmes droits qu'un enfant qui serait issu du mariage, la loi d'avril 1854 s'applique donc aussi à l'adopté et à sa postérité directe.

Quelle sera la durée de la propriété pour l'enfant naturel? Doit-il être rangé parmi les enfants, ou seulement parmi les héritiers? Nous pensons que la loi spéciale à la propriété littéraire ne doit pas être plus rigoureuse que la loi civile : or la loi civile met l'enfant naturel en concurrence avec les enfants du défunt, à la différence près de la quotité à recevoir, quotité qui, pour lui, est toujours supérieure à celle des autres héritiers. On restera donc fidèle aux principes du droit commun, sans violer la loi spéciale, en attribuant à l'enfant naturel la jouissance pendant trente ans.

On ne peut pas, en effet, lui accorder dix ans, sans l'assimiler aux héritiers autres que les enfants. Or cette assimilation, contraire d'ailleurs à l'art. 757 du Code civil, aurait pour résultat de lui accorder moins avec les autres héritiers que lorsqu'il serait en concurrence avec les enfants; ce qui est en contradiction avec les proportions établies en sa faveur par l'art. 757 précité, qui augmente ses droits à mesure que ses cohéritiers s'éloignent de la souche commune. Nous croyons que la durée de trente ans est la seule qui, en l'absence d'un texte précis, se rapproche des principes posés en sa faveur dans le droit commun.

La durée du droit des cessionnaires se trouve modifiée suivant que la propriété leur a été cédée pour un temps déterminé, ou que la cession leur en a été faite pure et simple et sans limite.

Dans le premier cas, la durée de leur jouissance exclusive est subordonnée à la limite fixée dans leur acte de cession. La convention stipulée avec l'auteur fait leur loi, sans cependant que cette durée puisse excéder, après la mort de l'auteur ou de sa veuve, le temps déterminé légalement pour la jouissance exclusive des héritiers qui auraient été investis du droit de propriété, si la cession n'avait pas existé.

Dans le second cas, le cessionnaire conserve la jouissance exclusive pendant toute sa durée légale, c'est-à-dire pendant la vie de l'auteur et celle de sa veuve, si son contrat de mariage le permet; après leur mort, pendant trente ans s'ils laissent des enfants, et seulement pendant dix années s'ils ne laissent que des héritiers.

Il faut assimiler la durée, pour les donataires ou les légataires, à celle que nous venons de fixer pour les cessionnaires. En vain dirait-on que le legs ou la donation tendant à dépouiller la veuve ou les héritiers de l'auteur, qui ont été l'objet de toute la sollicitude du législateur, ils ne peuvent être placés sur la même ligne que la cession et jouir des mêmes avantages. Cette doctrine, fondée peut-être en équité, dans le cas d'une donation ou d'un legs purement gratuit, serait injuste évidemment dans le cas d'une donation ou d'un legs à titre onéreux. D'ailleurs, cette distinction entre cessionnaire, légataire ou donataire n'est pas dans le texte de la loi, et rien ne peut faire supposer que son esprit lui soit favorable. On devra donc assimiler aux cessionnaires ceux qui jouissent en vertu d'un legs ou d'une donation.

Quelle est la durée du droit de propriété pour les journaux? c'est ici que se fait surtout sentir cette lacune de la loi de 1793, que nous avons signalée en parlant de la propriété des journaux. Il est bien évident qu'il n'en est pas de la plupart de ces articles, ceux de doctrine politique par exemple, ou de fantaisie, qui sont d'un intérêt passager et d'un mérite éphémère, comme des productions ordinaires de la littérature, productions publiées par un autre mode et sous une autre forme, destinées à un effet durable, et plus sérieusement conçues. Cependant la loi ne distingue pas, et, quoiqu'il en coûte à la logique et au bon sens, il faut décider que la durée du droit exclusif sera la même, c'est-à-dire qu'elle sera subordonnée, s'il s'agit des différents articles du journal, à l'existence de chacun des rédacteurs qui les auront composés.

Cette question est identique à celle que nous avons discutée au sujet des ouvrages formés par les travaux réunis de plusieurs auteurs, ayant travaillé pour le même individu ; il faut ajouter, aux raisons que nous avons données en parlant des ouvrages composés collectivement, les distinctions à l'aide desquelles nous avons fixé le droit de propriété sur la rédaction des journaux. Un rédacteur est toujours censé se réserver la propriété de son œuvre, et il ne concède au propriétaire du journal que le droit de publier ses articles pour les besoins éphémères dudit journal. La durée du droit sera donc basée sur la vie du rédacteur, alors même que le journal, considéré comme collection, serait tombé dans le domaine public.

La propriété du journal, c'est-à-dire la collection, durera tant que la société propriétaire du journal existera, et dix ans après la dissolution, si cette propriété était passée entre les mains d'un cessionnaire.

La transition de la législation de 1810 à celle de 1854 présente à juger la question de savoir quelle est l'influence de la loi nouvelle sur les droits des cessionnaires antérieurs. La cession ayant été faite en vue de la législation de 1810, il n'est pas douteux que c'est le droit de jouissance, tel qu'il a été défini par cette loi, qui a pu seul faire la matière du contrat. La loi de 1854 a introduit un droit nouveau en étendant la durée à trente ans pour les enfants ; elle ne peut donc profiter qu'à ceux pour qui elle a stipulé, à moins qu'il ne ressorte des termes du contrat que les parties ont compris dans la cession l'éventualité d'une prolongation (1).

(1) 12 juillet 1852. — C. imp. Paris. — Veuve Lenormand : Noël et Dujarrier. — Considérant que quelque généraux que soient les termes d'une convention, elle ne comprend que les choses sur lesquelles il paraît que les parties se sont proposé de contracter (C. Napoléon, art. 1163); que les contrats doivent être interprétés et réglés eu égard aux lois en vigueur au moment où ils ont été formés ; — que dans le traité du 15 brumaire an 11 il ne s'agissait pas de la cession et de la mise en société d'une propriété ordinaire, mais d'un droit particulier et restreint de publication et reproduction ; — que lors de ce traité le décret du 19 juillet 1793, dont la modification n'était pas prévue par les parties, limitait formellement le droit privilégié des auteurs et de leurs héri-

CHAPITRE VII.

DU DÉPOT.

L'usage du dépôt remonte aux premiers monuments de la législation sur la propriété littéraire. L'auteur de la *Bibliographie du droit* nous apprend que Louis XIII, qui le premier imposa cette formalité aux libraires-imprimeurs par son édit de 1617, en avait trouvé l'idée dans l'ouvrage d'un fou. Raoul Stiphaine, avocat au parlement de Paris, voulant se venger des juges qui l'avaient interdit comme atteint de démence, prit le titre pompeux de *dictateur et garde du sceau dictatorial et impérial*, et publia un volumineux recueil de 309 arrêts inventés à plaisir, et qu'il supposa rendus par Henri II en 1556. Au milieu de ces bizarreries se trouvaient des productions fort sensées, et, entre autres, le projet d'augmenter successivement la bibliothèque royale en lui donnant un exemplaire, sur parchemin-

tiers et cessionnaires à la durée de la vie des auteurs et aux dix ans suivant leur décès; — Que Noël et Delaplace n'ont entendu céder et transporter que les droits conférés à eux et leurs héritiers par ledit décret; — Que la société fondée pour exploiter le privilége mis en commun, société où Noël et Delaplace et leurs ayants cause n'auraient plus rien apporté, ledit privilége expiré, n'a été établi que pour la durée du privilége dont elle avait en vue d'organiser et assurer l'exploitation; — Que le décret du 5 février 1810 accordant à la veuve et aux enfants survivants une jouissance de vingt années après le décès des auteurs, a créé des droits nouveaux subordonnés à l'existence de la veuve et des enfants et devant profiter à eux seuls, hors le cas de conventions contraires; — Confirme.

Idem. 5 janvier 1831. — Trib. : — Dewailly : Remouts.

Idem. Voir l'opinion de Locré, Sirey 17, 2, 282.

vélin, de tous les livres qui s'imprimeraient par la suite. Telle est l'origine du dépôt.

Le législateur de 1793, trouvant cette disposition écrite dans nos anciennes lois, se l'est appropriée. En reconnaissant la propriété exclusive de l'auteur, en la plaçant sous la sauvegarde d'une législation spéciale, il a cru pouvoir imposer un sacrifice commandé par la nécessité ou, au moins, par l'utilité de conserver les monuments des lettres qu'il eût été imprudent de livrer tout entiers aux hasards de la spéculation ou aux caprices passagers du goût. La formalité a été imposée à tous les auteurs, et, pour sanction, on en a fait la base ou au moins le préliminaire de la poursuite.

Il ne faut pas se méprendre sur l'utilité du dépôt. Le législateur n'a pas eu l'intention de faire entrer, par ce moyen, la propriété littéraire dans des conditions matérielles qui servissent de garantie à l'auteur. Si telle eût été sa pensée, ne voit-on pas qu'il eût fait du droit exclusif un véritable billet au porteur et le bénéfice du premier occupant? Les auteurs auraient ainsi trouvé leur ruine dans la législation même qui devait les protéger; autant eût valu laisser la propriété littéraire dans le droit commun, où elle était mal à l'aise, sans doute, mais où elle aurait toujours trouvé une protection rassurante, sans être soumise à la formalité onéreuse du dépôt.

Le dépôt ne constitue pas la propriété, et n'en est pas le point de départ. Il ne doit être considéré que comme une simple formalité exigée dans l'intérêt que nous avons signalé, et qui ne donne au déposant que le droit de poursuite contre les contrefacteurs. Il établit en sa faveur une présomption de paternité, si l'on peut s'exprimer ainsi, présomption qui cède à la preuve contraire. En dépit du dépôt, tout individu poursuivi comme contrefacteur peut contester au déposant la qualité d'auteur. Le dépôt laisse donc entière la question de propriété, et si un tiers, abusant de la communication du manuscrit, le faisait frauduleusement imprimer et déposer en son nom, il aurait pour lui la présomption de propriété et le droit de poursuivre les contrefacteurs, mais il pourrait en être dépossédé judiciairement (1). En effet, le véritable auteur ayant prouvé son droit, le déposant changerait sa qualité usurpée d'auteur contre celle de contrefacteur, et s'exposerait même aux peines portées par les lois contre l'escroquerie ou l'abus de confiance (2), selon les manœuvres qu'il aurait employées pour s'approprier l'œuvre d'autrui.

On ne pourrait donc prétendre, sans outrager la raison et la loi, que le dépôt donne la propriété. Ce droit découle directement, nécessairement et exclusivement du fait de la conception et de la création de l'œuvre. La propriété, c'est-à-dire la qualité d'*auteur,* est antérieure au dépôt et le précède. Il y a plus, elle en est indépendante et peut exister même en son absence, comme le prouvent et la loi du 19 juillet 1793 et le Code pénal dont les dispositions s'appliquent à certaines productions de l'intelligence qui, par leur forme ou leur nature même, sont affranchies de cette formalité.

On n'est pas d'accord sur les effets du dépôt. On a soutenu que, si le dépôt ne donne pas la propriété, au moins il est nécessaire pour en réserver la jouissance exclusive à l'auteur, et nécessaire à ce point que celui qui publierait son ouvrage avant

(1) 31 août 1824. — Tanquerey : Voisin. — Considérant qu'il n'appartient à qui que ce soit de contrefaire un ouvrage acquis par un premier éditeur, sous prétexte que celui qui en aurait cédé la propriété à celui-ci n'en serait pas l'auteur, parce que ce contrefacteur n'a aucun titre dans la loi pour contester cette propriété, et que tout individu qui fait imprimer un ouvrage sous son nom en est présumé le propriétaire aux yeux de la loi, en se conformant à ce qu'elle prescrit, *jusqu'à ce qu'il ait été dépossédé judiciairement par le véritable auteur;* d'où suit que le sieur Voisin est sans qualité et sans droit pour soutenir que l'évêque de Coutances n'est pas l'auteur du catéchisme nouveau, publié par son ordre en 1823, et qu'il manque même de prétexte pour colorer la contrefaçon dont se plaint le demandeur; — Condamne Voisin, etc.

(2) 23 septembre 1847. — C. R. Paris. — Dame Bouasse : Herbet. — La dame Bouasse avait confié à Herbet des épreuves de gravures religieuses, qu'elle avait composées, pour qu'il rédigeât les textes destinés à accompagner ces gravures. Celui-ci fit copier les épreuves et les fit déposer pour s'en assurer la propriété, avant que la dame Bouasse eût déposé les siennes. Jugement qui condamne Herbet et Bertin, graveur, comme coupables d'abus de confiance.

d'avoir rempli cette formalité, serait censé avoir renoncé à son droit exclusif au profit du domaine public (1). Les partisans de cette doctrine ne manquent pas de soutenir, comme prémisse de leur raisonnement, que la propriété littéraire est une création de droit civil, formulée dans la loi de 1793. Ils posent ce principe pour en tirer la conséquence que, s'il a fallu une loi pour conférer aux auteurs le droit exclusif, c'est que, sans cette loi et dans l'état naturel des choses, le droit de reproduire serait du domaine public. Prémisse et conséquence, tout est erroné dans ce raisonnement. Si le droit de reproduction était une création du droit civil, il ne pourrait pas préexister aux formalités imposées par la loi civile. Or, on ne peut nier, et tout le monde est d'accord sur ce point, que le droit de propriété existe sur le manuscrit dès que l'œuvre est composée, par conséquent avant l'impression, et qu'il n'est question de dépôt que lorsqu'il s'agit de publier; qu'enfin il y a contrefaçon même lorsque la reproduction porte sur une œuvre encore inédite. Donc la propriété existe avant le dépôt et en dehors du dépôt. Enfin si la propriété littéraire était une création du droit civil, au lieu d'être, comme nous le pensons, du droit naturel et des gens, le bénéfice en serait réservé aux Français à l'exclusion des étrangers; ou bien pour y prétendre il faudrait que les étrangers se trouvassent dans les conditions exigées par l'art. 13 du Code civil. Or, d'après la loi de 1793, il suffit d'être auteur pour participer au droit privatif. Ainsi que nous l'avons démontré plus haut, les termes de la loi sont d'une telle généralité que les étrangers y sont nécessairement compris. Toutefois, pour lever tous les doutes, et non pour introduire un droit nouveau (2),

(1) 1er mars 1834. — C. Cass. — Terry c. Marchand. — La question n'a été jugée qu'implicitement.

Idem. Pour les auteurs étrangers. — 11 juin 1850. — C. app. Paris. — Cham. acc. — Escriche : Bouret et Morel.

Idem, Idem. 30 octobre 1850. — C. app. Besançon. — Cham. acc. — Escriche : Rosa et Bouret.

Idem. 22 novembre 1853. — C. imp. Paris. — Escriche : Rosa et Bouret. — Voy. page 40.

(2) 23 mars 1810. — C. Cass. — Demoiselles Erhard : Sieber.

le décret de 1810 a formellement appelé les étrangers à revendiquer le bénéfice de la loi française.

Disons donc que la propriété littéraire n'est pas une création du droit civil, mais qu'elle lui emprunte seulement la garantie de la formalité, sans laquelle elle pourrait être usurpée impunément.

Cette formalité, c'est le dépôt. Mais la publication avant l'accomplissement de cette formalité n'entraîne pas la perte du droit exclusif, comme on l'a décidé plusieurs fois. En effet, au premier abord on voit combien il serait rigoureux d'attacher, à l'inaccomplissement de cette formalité, la présomption de l'abandon du droit de propriété. Il n'y a de présomptions, dans le sens légal, que celles qui ont été attachées par la loi à certains faits (art. 1350 C. civ.). Dans la législation spéciale l'absence du dépôt est-elle admise comme présomption de la volonté de renoncer aux droits d'auteur? Voyons : La loi ne détermine aucun délai pour l'accomplissement de la formalité du dépôt, au moins en ce qui touche l'auteur; la première conséquence à en tirer, c'est qu'il peut faire ce dépôt à son gré, soit au moment de la publication, soit lorsqu'il a découvert une contrefaçon dont il veut poursuivre l'auteur. Décider le contraire, ce serait évidemment étendre les dispositions de la loi, ce qui n'est pas logique, surtout en matière de déchéance et de pénalité où tout est de droit strict. Maintenant consultons le texte de l'art. 6 de la loi du 17 juillet 1793. Après avoir prescrit le dépôt, cet article attache, il est vrai, une peine à l'inobservation de cette formalité; mais cette peine consiste tout simplement dans la nullité de la poursuite, et n'entraîne pas la perte de la propriété; *faute de quoi,* dit la loi, *il ne pourra être admis en justice pour la poursuite des contrefacteurs;* donc l'auteur qui fait le dépôt avant de poursuivre, fût-ce au moment même où il intente son action, doit être admis en justice, et n'a plus à craindre l'application de l'art. 6.

Ainsi la présomption d'abandon ne résulte pas du texte de la loi. Son esprit, bien compris et sainement entendu, conduit à la même conséquence; en effet, le privilége découle du fait même de la composition et de la qualité d'auteur, et il est acquis même à l'orateur dont le discours n'a été publié que par la parole, comme à celui dont l'ouvrage est resté manuscrit; donc l'esprit de la loi n'admet pas la déchéance résultant du défaut de dépôt. A moins qu'on n'aille jusqu'à dire que la déchéance frappe uniquement celui qui, avant d'avoir fait le dépôt, publie par la voie de l'*impression*. Cette conséquence forcée prouverait la fausseté du système que nous combattons, puisqu'on serait obligé de distinguer là où la loi n'a pas fait de distinction et où elle a même confondu, en se servant de cette expression générale : tout individu qui mettra *au jour*. Or, on met au jour aussi bien par la parole que par l'impression, aussi bien par la représentation d'une œuvre dramatique que par sa reproduction écrite à la main. Il faudrait donc décider que les discours prononcés ou mis au jour par l'improvisation sont, sous peine de déchéance, soumis à la formalité du dépôt : ces impossibilités matérielles n'existent pas seulement pour les discours prononcés et les improvisations, mais encore pour une foule de productions, telles que les sculptures et les tableaux, qu'il serait déraisonnable de soumettre à cette formalité. Rien dans le texte ni dans l'esprit de la loi ne justifie donc la doctrine qui prétend restreindre le dépôt aux ouvrages imprimés, et si l'on considère le dépôt comme essentiel pour réserver la propriété à l'auteur, il faut l'appliquer à toutes les productions manuscrites ou imprimées, ce qui ne peut être raisonnablement admis; donc la présomption d'abandon n'est attachée, dans aucun cas, à l'inaccomplissement de la formalité du dépôt.

Dira-t-on que les principes sont les mêmes en matière d'invention et de dessins de fabrique, et que le dépôt, soit du dessin, soit du procédé inventé, est nécessaire pour s'en réserver la propriété? On répondrait avec raison que l'analogie ne peut exister d'une législation à une autre; tout au plus pourrait-on l'admettre pour deux cas semblables soumis à une même législation; mais elle est toujours et complétement inadmissible lorsqu'il s'agit d'une pénalité, et surtout quand cette même pénalité doit s'appliquer par induction à des matières aussi distinctes que la propriété littéraire et la propriété industrielle, qui ne diffèrent pas moins par leur nature et par le mode de jouissance qui leur est propre, que par les principes qui les régissent. D'ailleurs, l'analogie fût-elle frappante, on ne pourrait en argumenter dans l'espèce. En effet, pour les inventions et les dessins de fabrique, la loi a formellement prononcé la déchéance contre celui qui ne se ferait pas breveter, ou qui ne déposerait pas dans les formes voulues, avant d'exploiter le procédé ou le dessin de son invention. Or, nous avons démontré que le texte de la loi en matière de propriété littéraire ne prononce pas la déchéance et que son esprit la repousse. Il faut donc conclure de tout ce qui précède que la formalité du dépôt n'est pas imposée à peine de déchéance, et qu'elle n'a été exigée qu'en vue des poursuites, et par conséquent qu'il suffit de l'effectuer avant d'intenter l'action pour être admis à la poursuite (1).

On s'est demandé si le dépôt préalable à la poursuite n'est exigé que pour le cas d'action correctionnelle, et si, en l'absence du dépôt, on ne conserve pas le droit de poursuivre

---

(1) 18 mai 1836. — Trib. corr. Paris. — L'administration des postes : Bohain. — Attendu que le dépôt du *Dictionnaire des postes aux lettres* a eu lieu antérieurement à la plainte portée par l'administration, rejette la fin de non-recevoir présentée par Bohain; au fond, considérant que les matériaux du dictionnaire sont du domaine public, et que l'ordre suivi dans leur arrangement est le seul possible, dit qu'il n'y a pas contrefaçon, et renvoie Bohain.

Idem. 8 fructidor an 11. — C. app. Paris. — Bertrandet : Lassaulx.

Idem. 10 juillet 1844. — Trib. Paris. — Escudier : Schonenberger. — Voy. page 35.

Idem. 8 décembre 1853. — C. imp. Paris. — Lecou : Barba. — Voy. page 38

Idem. 3 juillet 1834. — C. R. Paris. — Jazet : Villain. — Considérant que les faits imputés à Villain antérieurement au 9 juillet 1830, époque du dépôt fait par Jazet, ne constituent pas le délit de contrefaçon; mais considérant que depuis le 9 juillet 1830 Villain a tiré plusieurs exemplaires d'une lithographie qui représente exactement la gravure de Jazet, et qu'il se prétend propriétaire de la pierre lithographique comme l'ayant acquise de Dumaine, ainsi que des exemplaires qu'il a lui-même tirés, ce qui constitue de sa part une coopération directe au délit de contrefaçon; confirme et condamne, etc.

devant les tribunaux civils. Pour l'affirmative, on dit que la contrefaçon est une atteinte à la propriété, et que l'art. 1382 du Code civil autorise toute personne lésée à demander la réparation du préjudice qu'elle a souffert, sans astreindre le demandeur à aucune formalité préalable; que d'ailleurs la loi de 1793, en exigeant le dépôt, a supposé une action en contrefaçon, c'est-à-dire le cas où le plaignant dénoncerait le délit aux tribunaux correctionnels. Cette prétention nous paraît en opposition formelle avec la loi de 1793.

En effet, l'art. 6 de cette loi, en privant de la poursuite les auteurs qui n'auront pas déposé, a voulu leur retirer la faculté de faire protéger leur propriété. Or, comme l'action en justice, quelle qu'elle soit, est le seul moyen de protection légale, il faut donc en conclure que la loi aurait manqué son but et se serait contredite elle-même, si elle avait autorisé la poursuite civile en l'absence du dépôt. Il est de principe incontestable qu'on ne peut faire indirectement ce que la loi prohibe directement; et c'est cependant ce qui arriverait si, en l'absence du dépôt, les auteurs conservaient néanmoins le droit de poursuivre les contrefacteurs en réparation civile. On n'aurait plus aucun intérêt à accomplir la formalité du dépôt; cette disposition de la loi ne serait donc qu'une vaine menace et un non-sens, ce qui répugne à la logique.

Le texte vient encore à l'appui de la doctrine que nous soutenons. En effet, l'art. 6 porte : *Faute de quoi il ne pourra être admis en justice à poursuivre les contrefacteurs.* Il est impossible de se servir d'expressions plus formelles que celles-ci : *admis en justice.* Or, ce serait bien admettre en justice le propriétaire que d'accueillir son action devant le Tribunal civil en l'absence du dépôt. S'il n'est pas permis de distinguer là où la loi ne l'a pas fait, c'est surtout lorsque le législateur a posé une règle générale, et que la distinction vient contrarier ouvertement l'esprit et le texte de la loi. Pour justifier la doctrine que nous combattons, il faudrait compléter la phrase ainsi : *Admis en justice correctionnelle.* Cependant l'interprétation n'a jamais été autorisée, par la logique, à ajouter au texte même dans ses plus évidentes imperfections; elle se condamne donc elle-même, lorsqu'elle a besoin de s'appuyer sur un pareil moyen. Au surplus, cette distinction entre la poursuite civile et la poursuite correctionnelle ne peut jamais s'appliquer au plaignant. Son action est toujours civile comme l'intérêt qu'il défend. Elle ne perd pas ce caractère lorsqu'elle est soumise au Tribunal correctionnel, car, alors, c'est toujours et seulement la réparation d'un préjudice causé qu'il sollicite. L'action correctionnelle proprement dite appartient exclusivement au ministère public, qui requiert l'application des peines portées par la loi, dans l'intérêt de la vindicte publique. L'action que le plaignant intenterait, en l'absence du dépôt, devant un Tribunal civil, ne serait pas autre que celle qu'il pourrait porter devant ce Tribunal, dans le cas où il aurait laissé le ministère public agir seul devant la justice correctionnelle, ou lorsque, avant toute poursuite correctionnelle, il aurait saisi un Tribunal civil de sa demande. Ainsi, de quelque manière qu'on envisage sa poursuite, elle est et ne peut jamais être que civile; si donc il n'a qu'une action, et que, en l'absence du dépôt, la loi lui refuse le droit de l'intenter, il ne peut plus rien demander à la justice.

Le dépôt effectué, on peut donc poursuivre les contrefaçons même antérieures à l'accomplissement de cette formalité. Pour combattre cette doctrine, on a objecté qu'elle donnait au dépôt une rétroactivité pénale contre le contrefacteur. Le reproche n'est pas fondé; en effet la pénalité ne rétroagit pas dans le sens légal, puisqu'elle s'applique à un fait qui, d'après les principes que nous avons posés, constituait au moment même où il s'est accompli une atteinte à la propriété. Il y aurait rétroactivité pénale si, la publication faite avant le dépôt ayant eu pour résultat de faire tomber l'ouvrage dans le domaine public, le dépôt venait le remplacer dans le domaine privé et en même temps autoriser la poursuite pour la contrefaçon accomplie pendant que l'ouvrage était censé abandonné; mais nous partons d'un point de départ différent en établissant que, dans aucun cas, l'auteur ne peut être présumé avoir renoncé à son droit. Le dépôt rétroagit en ce sens seulement qu'il autorise la poursuite; mais cette rétroactivité n'est pas celle que proscrit le droit commun dans l'art. 2 du Code civil. Le dépôt doit être assimilé à une autorisation préalable, et, dans ce sens, il peut et doit rétroagir comme le ferait l'autorisation donnée à un incapable pour intenter une action ouverte antérieurement. Quant à la bonne foi du contrefacteur, en général, elle n'a rien de bien recommandable; il lui est facile, connaissant toujours l'auteur ou l'éditeur, de s'assurer de leur volonté. Il doit présumer l'intention de conserver la propriété et non pas la renonciation, qui n'est jamais probable. Au surplus, s'il ne sait pas formellement qu'on entend se réserver le droit exclusif, il sait bien que cet ouvrage ne lui appartient pas; il doit craindre ou que le dépôt n'ait été effectué dans un lieu qu'il ignore, ou que la publication de l'ouvrage qu'il contrefait n'ait été faite sans l'aveu de l'auteur.

Nous avons déjà dit que la loi de 1793 ne s'était pas préoccupée de la nature toute spéciale des productions du journalisme. Cette lacune s'est fait sentir surtout en ce qui concerne la formalité du dépôt, et l'on s'est demandé si la contrefaçon des articles de journaux ne peut être poursuivie sans qu'au préalable le dépôt ait été effectué, et, dans le cas de l'affirmative, s'il suffirait de déposer le numéro dont les articles ont été contrefaits.

Sans doute les productions du journalisme, par leur nature et leur durée éphémère, auraient été dispensées de cette formalité si le législateur s'en était particulièrement occupé. Mais, comprises dans les termes généraux de la loi, rien ne peut justifier l'absence de cette formalité. Ce serait donc corriger et amender le texte, que de déclarer en principe l'exemption de cette formalité pour les journaux. C'est ce que les Tribunaux n'ont le droit de faire dans aucun cas, et même en présence de la plus flagrante imperfection de la loi. Cette formalité, d'ailleurs, n'a rien de difficile et de gênant en présence du système que nous avons adopté, et qui autorise le dépôt postérieur à la publication, pourvu qu'il soit fait préalablement à la poursuite. Un jugement du Tribunal correctionnel de la Seine, en date du 7 mai 1833, a décidé que la formalité du dépôt était inapplicable aux journaux, parce que la loi ne prescrit que ce qu'il est possible d'exécuter, et que le court espace qui s'écoule entre le moment où les journaux sont composés et leur publication, rendrait impossible tout dépôt préalable. On voit que ce jugement part d'un principe que nous avons combattu ; il suppose que le dépôt a pour résultat de réserver la propriété, et que, par conséquent, il doit précéder non-seulement la poursuite, mais la publication. Nous concevons en effet, dans ce cas, qu'il soit impossible, ou au moins extrêmement difficile de l'effectuer à temps. Mais ces inconvénients ne se présentent pas dans le système que nous avons adopté, puisqu'il ne s'agit plus que d'une formalité préalable à la poursuite. Les propriétaires ou auteurs journalistes ne pourront donc, en aucune façon, se dispenser de faire le dépôt avant d'intenter une poursuite en contrefaçon. Ajoutons que le dépôt exigé du journaliste pour la conservation du droit de poursuivre les contrefacteurs, est indépendant du dépôt exigé de l'imprimeur par les lois du 21 octobre 1814 et 18 juillet 1828, qui régissent la publication des journaux, ou par toutes autres lois de police (1).

---

(1) 27 août 1842. — C. R. Paris. — Renault-Rochefort : Hericy-Brière-Roger. — En ce qui touche Renault, considérant qu'aux termes de l'art. 6 de la loi du 19 juillet 1793 l'auteur d'une œuvre littéraire ne peut poursuivre le contrefacteur qu'autant qu'il a procédé au dépôt préalable de son ouvrage; qu'Héricy ne justifie pas du dépôt ordonné par la loi de 1793 et maintenu par la loi du 21 octobre 1814; que le dépôt exigé de l'imprimeur par les art. 16 de la loi du 21 octobre 1814 et 5 de la loi du 18 juillet 1828, relativement à la publication des journaux, a pour objet de faciliter la surveillance de l'autorité sur les publications périodiques, mais ne peut remplacer l'obligation imposée à tout auteur de déposer, soit par lui-même, soit par son imprimeur et dans son intérêt personnel, l'ouvrage qu'il a publié ; — Qu'Hérisson n'ayant pas rempli ces obligations est non recevable à exercer son action en contrefaçon ; Infirme, déclare Héricy non recevable.

Contra. 24 juin 1851. — C. imp. Paris. — Société des gens de lettres : Daguineau.

Le dépôt, étant exigé préalablement à la poursuite, devra-t-il porter seulement sur le numéro contrefait ou bien sur la collection entière du journal? Sans doute un journal, considéré sous le point de vue de la propriété, constitue un ouvrage formé des différents numéros qui paraissent soit quotidiennement, soit d'une manière périodique; mais considéré sous le point de vue de la rédaction, et par conséquent de la contrefaçon, chaque numéro constitue, ainsi que les articles qui le composent, une œuvre à part, complète et distincte. Il suffira donc de déposer le numéro contrefait pour satisfaire au vœu de la loi.

Le dépôt fait irrégulièrement est considéré comme nul, et par conséquent la poursuite ne peut être intentée avant que cette formalité ait été régularisée. Mais quel serait le sort d'une poursuite commencée avant le dépôt et continuée après? Tous les actes de cette poursuite devraient être annulés; l'absence du dépôt préalable et l'argument qu'elle fournit au prévenu constituent ce qu'on appelle une fin de non-recevoir, c'est-à-dire un empêchement, un obstacle, qui ne touche en rien au fond du droit, qui ne préjuge pas la question de savoir s'il y a ou non contrefaçon, mais qui rend la plainte de l'auteur inadmissible quant à présent. Il peut aisément lever l'obstacle en remplissant la formalité du dépôt, et alors il rentre dans la plénitude de son droit de poursuite. Mais la nullité acquise au prévenu ne sera pas couverte, et cette formalité, tardivement accomplie, ne pourra rétroagir sur la poursuite commencée auparavant. Elle est nulle de plein droit, et le plaignant, qui n'a acquis le droit de poursuite que par et depuis le dépôt, doit reprendre son action.

La fin de non-recevoir, résultant de l'absence du dépôt, laisse néanmoins le prévenu en présence du ministère public, dont la poursuite est indépendante de celle du plaignant, et dont l'action est seulement subordonnée à l'existence du délit; or, l'absence du dépôt n'efface pas le délit, par la raison que le dépôt ne donne pas la propriété. Le délit résulte de la reproduction; et, lorsque ce fait est constant, il peut et doit être poursuivi même isolément par le ministère public, mais alors dans l'intérêt seul de la loi.

Il résulte également de ce que nous avons dit plus haut, sur les effets du dépôt, que l'auteur peut revendiquer en justice la propriété des œuvres inédites, des manuscrits, des discours, etc., sans être astreint à la formalité du dépôt que la loi n'impose qu'à ceux qui veulent revendiquer une œuvre publiée (1).

On doit entendre par ouvrage inédit, dans le sens de la loi, celui qui n'a été publié d'aucune façon. Inédit ne signifie pas non imprimé, mais non publié. Or, on pourrait publier un ouvrage sans le faire imprimer ; par exemple, si on le faisait copier à la main pour le vendre, il y aurait dans ce fait publication, et l'ouvrage ne serait plus inédit, bien qu'il fût resté *manuscrit.* Toutefois ajoutons qn'il ne faudrait pas considérer comme publié en manuscrit, l'ouvrage dont l'auteur aurait fait faire quelques copies pour les distribuer. C'est la publication réelle, l'exploitation, que la loi veut atteindre, ni plus ni moins.

Il était indifférent au vœu de la loi que le dépôt fût accompli par l'auteur lui-même, plutôt que par tel autre individu. Cette formalité porte spécialement sur l'ouvrage et non sur l'auteur, et dès qu'elle a été accomplie, la loi est satisfaite. En effet, la loi de 1793 n'impose pas nominativement le dépôt à

---

(1) 9 mars 1842. — Paris. — Troupenas : Schlesinger et Aulagnier. — Attendu que l'obligation de déposer à la Bibliothèque royale deux exemplaires de tout ouvrage, sous peine d'être privé du droit d'actionner les contrefacteurs, n'est imposée à l'auteur ou au propriétaire qu'après que l'ouvrage a été mis au jour; que c'est ce qui résulte du texte de l'art. 6 de la loi du 19 juillet 1793; — Attendu que lorsque Troupenas et Masset ont porté plainte le *Stabat* était à l'impression, et dès lors n'était pas mis au jour; qu'on ne peut donc leur opposer de n'avoir pas fait une chose impossible et impraticable, et qu'il en doit être de même dans ce cas comme dans celui des tableaux, des œuvres de sculpture et des leçons des professeurs, quoique l'impossibilité doive être attribuée à une autre cause; — Attendu que s'il en était autrement celui qui n'a pas encore publié son œuvre serait privé de toute action et pourrait voir ses droits anéantis par le défaut du dépôt, car dans l'intervalle de la publication au dépôt des milliers d'exemplaires pourraient être répandus et l'action ultérieure se trouver sans efficacité; — Sans s'arrêter ni avoir égard, ordonne qu'il sera plaidé au fond.

l'auteur, mais à tout citoyen qui, ayant mis au jour une œuvre de littérature ou de gravure, voudra en poursuivre les contrefacteurs. Or, si c'est l'auteur qui compose et qui produit l'ouvrage, c'est l'imprimeur qui le publie. Tous deux le mettent au jour par un moyen spécial : tous deux pouvaient donc faire le dépôt sous l'empire de la loi de 1793. Le décret de 1810 est intervenu ; dans les différents projets de sa rédaction, l'obligation de déposer est imposée tantôt à l'imprimeur, tantôt à l'auteur. En définitive on s'est arrêté à l'imprimeur, et cette disposition a été renouvelée dans la loi du 21 octobre 1814. Néanmoins il est évident que le dépôt effectué soit par l'auteur, soit par l'imprimeur, l'est toujours dans le même but ; et que, si on a choisi les imprimeurs, c'est que l'accomplissement de cette formalité les regarde plus naturellement, accoutumés qu'ils sont à en remplir journellement de semblables. Au surplus le fait qu'une autre personne serait chargée d'effectuer le dépôt à la charge de l'auteur ne change pas le caractère de ce dépôt et les effets qu'il est destiné à produire. Ainsi le dépôt peut être valablement effectué par l'imprimeur comme par toute autre personne. L'acte de dépôt peut même ne pas indiquer le nom de l'auteur, puisque, ainsi que nous l'avons démontré, l'auteur a le droit de garder l'anonyme (1).

Quel nombre d'exemplaires doit-on déposer pour acquérir le droit de poursuite contre les contrefacteurs?

Si nous étions restés sous l'empire de la loi du 19 juillet 1793, cette question eût été résolue par l'art. 6, qui prescrit le dépôt de deux exemplaires à la Bibliothèque royale. Mais à cette loi ont succédé : 1° le décret impérial du 5 février 1810, dont l'art. 48 fixe à cinq le nombre d'exemplaires à déposer, dont un seulement pour la Bibliothèque royale ; 2° la loi du 21 octobre 1814, et l'ordonnance du 24-25 octobre 1814, qui confirment cette disposition ; 3° et enfin l'ordonnance du 9 janvier 1828, qui réduit ce nombre à trois exemplaires, dont un encore est destiné à la Bibliothèque royale.

---

(1) 20 août 1852. — C. Cass. — Bouret et Morel : Escriche. — V. pag. 41.

On s'est demandé si ces lois successives doivent être appliquées simultanément, c'est-à-dire cumulativement, ou bien, au contraire, si les dernières ont, sinon abrogé, au moins modifié la loi de 1793 en ce qui concerne le nombre des exemplaires à déposer.

Outre l'intérêt que la solution de cette question présente en droit, elle est d'une haute importance en fait, car il s'agit de simplifier le dépôt ou, au contraire, de le porter à un nombre tel qu'il deviendrait, pour l'auteur qu'on exproprie de cinq exemplaires sans indemnité, la cause d'une perte considérable lorsqu'il s'agirait d'ouvrages s'élevant à plusieurs milliers de francs.

Nous avons vu dans quel but la formalité du dépôt a été adoptée par le législateur; il ne serait donc pas raisonnable de l'étendre au delà des besoins réels, et de la rendre vexatoire et ruineuse pour les propriétaires. La loi de 1793 s'est occupée de consacrer la propriété littéraire, et son art. 6 indique la formalité préalable à la revendication. Conséquemment, si nous trouvons une loi postérieure qui confirme cette formalité, quoiqu'en la modifiant, il faudra dire que cette loi nouvelle aura dérogé à l'ancienne; sans cela on serait forcé d'admettre, ce qui n'est pas raisonnable, que le législateur a voulu prendre deux fois une seule et même précaution. Or, cette loi nouvelle existe; elle a été rendue en forme de décret impérial, le 5 février 1810. Son art. 48 impose à chaque imprimeur l'obligation de *déposer, en province à la préfecture du département, à Paris à la préfecture de police, cinq exemplaires de chaque ouvrage*. Cette disposition est, en outre, rappelée par la loi du 21 octobre 1814. Il est bien évident qu'il y a là, sinon une abrogation, au moins une modification de la loi de 1793, modification implicite, mais virtuelle, car on ne peut supposer que le législateur ait voulu statuer deux fois sur le même objet, par deux dispositions diverses qu'il maintiendrait simultanément malgré l'inutilité à laquelle la seconde aurait réduit la première. Quand on songe, en outre, que la loi met à la charge de l'auteur l'obligation de déposer, gratuitement et sans équivalent, cinq exemplaires au lieu de deux, une pareille interprétation n'est pas seulement rationnelle, elle est équitable.

Pour éviter la conséquence tirée de l'existence simultanée des deux lois ci-dessus visées, on a prétendu que le décret de 1810 n'était qu'une loi de police sur la librairie et sur l'imprimerie, étrangère, en principe général, à la propriété littéraire réglée par la loi de 1793. Cette prétention est démentie par le texte même du décret de 1810. Son titre 6 est intitulé *De la propriété et de sa garantie*. Il se compose de deux articles, dont l'un, l'art. 39, garantit la propriété à la veuve de l'auteur pendant toute sa vie, au lieu de dix ans seulement qui lui étaient accordés par la loi de 1793, et aux enfants de l'auteur pendant vingt ans, au lieu de dix qui étaient fixés indistinctement par la loi de 1793 pour tous les héritiers. Les peines de la contrefaçon, les condamnations tant envers l'État qu'envers les parties, sont réglées aussi par ce décret qui modifie encore sur ce point la loi de 1793. Ainsi, le décret de 1810 n'est pas seulement une loi de police sur l'imprimerie et la librairie, c'est une loi sur le fond même de la propriété, et le dépôt, quoique différent par le nombre, n'en est pas moins exigé dans le même but; d'où la conséquence évidente que ses dispositions ont dû modifier, sinon abroger celles de la loi précédente. On ne peut argumenter sérieusement de la différence dans le nombre des exemplaires à déposer, pas plus que de la diversité des lieux où le dépôt doit être effectué. L'amendement sur le chiffre n'altère en rien la disposition sur le fond; c'est toujours un dépôt exigé et accompli dans le même but que celui de la loi de 1793, et si le décret de 1810 exige un plus grand nombre d'exemplaires, c'est qu'il avait pour but, à la fois, de garantir la propriété contre les contrefacteurs, ainsi que le faisait l'art. 6 de la loi de 1793, et de mettre la censure et la police à même de surveiller les publications. Il avait ainsi un double but qu'il ne pouvait atteindre qu'en exigeant plusieurs exemplaires, auxquels on donnait diverses destinations, parmi lesquelles se trouve toujours la Bibliothèque royale. Le dépôt fait dans cet établissement est tout à fait étranger à l'objet de police, et relatif seulement à la garantie de la propriété littéraire, en ce qui touche la poursuite. Donc, le but de l'art. 6 se trouve par cela même atteint. Si le lieu prescrit par le décret de 1810 et la loi de 1814, pour effectuer ce dépôt, n'est pas le même que celui indiqué par la loi de 1793, la raison de ce changement est évidente. Ce n'est plus pour un seul établissement qu'on dispose, mais pour plusieurs. Les exemplaires déposés ont chacun une destination différente; dès lors il devient nécessaire que le dépôt soit fait à un point central, d'où la répartition puisse avoir lieu. C'est pour cela qu'on a choisi la préfecture, la répartition étant purement administrative. Le législateur n'a-t-il pas déclaré expressément, dans l'art. 47 du décret, que quel que fût l'endroit du dépôt, l'un des exemplaires déposés serait *pour la Bibliothèque impériale?* Et n'est-il pas évident que cette remise d'un exemplaire pour la Bibliothèque impériale est absolument la même chose que le dépôt prescrit par la loi de 1793 à l'imprimerie nationale? Donc, les dispositions des diverses lois que nous venons d'énumérer, et qui sont relatives au dépôt, se modifient les unes par les autres, et le nombre d'exemplaires exigé par elles ne peut être cumulé.

On a encore objecté que le décret de 1810 et la loi de 1814 étendaient leurs prescriptions non-seulement aux productions nouvelles, mais encore aux ouvrages anciens déjà tombés dans le domaine public, à la différence de la loi précédente, qui n'assujettissait à la formalité du dépôt que les ouvrages non encore publiés, et pouvant faire la matière d'un droit de propriété; on en tirait cette conséquence, que la loi de 1793 et le décret de 1810 n'étaient ni conçus dans le même esprit, ni rendus dans le même but. La réponse à cette objection se trouve dans les explications qui précèdent. Sans doute le cercle embrassé par le décret est plus large que celui dans lequel la loi s'est renfermée; sans doute les objets dont le décret s'est occupé sont plus nombreux que ceux qui ont été réglés par la loi de 1793; mais il n'en est pas moins constant que la matière de cette loi a été atteinte par le décret, sauf qu'il ne l'a pas touchée seule, et qu'avec elle il en a réglé plusieurs autres.

On ne peut argumenter de ce que l'abrogation de la loi de 1793 n'aurait pas été prononcée textuellement par le décret. En effet, cette abrogation ne pouvait ni ne devait être prononcée, car si la loi de 1793 a été modifiée quant au nombre d'exemplaires, elle ne l'a pas été quant à l'obligation du dépôt, comme condition de la recevabilité de l'action en contrefaçon. Cette loi est toujours en vigueur aujourd'hui. Elle n'a été modifiée que pour les détails du dépôt et la durée du droit de propriété, par le décret de 1810, et pour la pénalité par les articles 425 et suivants du Code pénal. La modification est patente, mais l'abrogation n'existe pas.

Ainsi, et pour nous résumer, tant qu'on est resté sous l'empire de la loi de 1793, on ne devait déposer que *deux* exemplaires à la Bibliothèque royale. Depuis le décret de 1810 jusqu'à l'ordonnance de 1828 le dépôt a été fixé à *cinq* exemplaires. Enfin, depuis 1828, le dépôt doit être réduit à *deux* exemplaires, destinés, l'un à la Bibliothèque, l'autre au ministère de l'intérieur.

La jurisprudence a longtemps varié sur ce point. Ainsi, la chambre criminelle de la cour de cassation a décidé, le 30 juin 1832, qu'il fallait déposer, non-seulement les deux exemplaires prescrits par la loi de 1793, restée en vigueur, mais encore ceux exigés par les lois, décrets et ordonnances postérieurs. Quelques cours royales avaient également interprété la loi de cette manière; mais aujourd'hui la jurisprudence paraît fixée définitivement dans notre sens (1).

---

(1) 1er mars 1834. — C. Cass. — Terry : Marchand.

CHAPITRE VIII.

DE LA CONTREFAÇON.

SECTION 1re. — *Caractères généraux de la contrefaçon.*

La contrefaçon, dans le sens légal, s'entend de toute atteinte portée au droit de *publier* et de *vendre*, droit que la loi réserve exclusivement à l'auteur.

On se tromperait étrangement si l'on pensait qu'il n'y a contrefaçon que là où la reproduction peut engendrer une méprise pour les acheteurs. La contrefaçon est indépendante de ce résultat, qui n'a besoin d'être apprécié que pour fixer le préjudice causé et la réparation due à l'auteur lésé dans la jouissance de son droit privatif.

La contrefaçon se reconnaît à deux caractères essentiels, dont la réunion est indispensable pour la constituer. Il faut qu'il y ait reproduction totale ou partielle sans le consentement de l'auteur, et que cette reproduction soit de nature à porter préjudice à son droit exclusif.

Au commencement du dix-septième siècle, c'est-à-dire bien avant que la propriété littéraire ait été jugée digne de la protection légale, Lamothe-Levayer disait avec la double autorité du magistrat et de l'académicien : *Il est permis de dérober à la façon des abeilles, sans faire tort à personne ; mais le vol de la fourmi, qui enlève le grain entier, ne doit jamais être imité* (1). Cette com-

(1) Voir les *Questions de Littérature légale*, par Ch. de N. 1812. Barba, libraire.

paraison trace avec une extrême justesse la limite qui sépare le plagiat, *ce larcin imperceptible*, comme l'appelait M. l'avocat général de Marchangy, de la contrefaçon, qui est le vol littéraire. Le plagiat n'est justiciable que du bon goût; la contrefaçon est punie par la loi.

Il y a longtemps déjà qu'on se fait peu de conscience du plagiat, puisque Virgile se flattait d'avoir tiré de l'or du fumier d'Ennius. Aussi nos grands auteurs, qui font la richesse et la gloire de la littérature française, ont-ils souvent et largement butiné à la façon des abeilles. C'est à Sénèque que Montaigne a emprunté son dialogue entre Auguste et Cinna. Corneille à son tour l'a copié dans Montaigne, et il l'a copié pensée pour pensée, fait pour fait, et nous dirions mot pour mot, si le langage du poëte pouvait se plier au laconisme du prosateur. Le fameux monologue d'Auguste se retrouve également dans Montaigne et bien d'autres plagiats de Corneille sont signalés par Scudéry dans son examen du *Cid*.

Tout le monde sait que Voltaire, qui s'est plaint souvent des plagiaires, débute dans son *Épopée* par un plagiat. En effet l'abbé Cassagne, si fort maltraité par Boileau, son contemporain, avait écrit :

> Je chante ce héros qui régna sur la France,
> Et par droit de conquête et par droit de *chevance*.

Et Voltaire a répété après lui :

> Je chante ce héros qui régna sur la France,
> Et par droit de conquête et par droit de *naissance*.

Pascal lui-même a souvent puisé dans Montaigne. Ainsi cette pensée si connue est dans la mémoire de tous : *Un méridien décide de la vérité. Plaisante justice qu'une rivière ou une montagne borne! Vérité en deçà des Pyrénées, erreur au delà.* Et celle-ci : *Le larcin, l'inceste, le meurtre des enfants et des pères, tout a eu sa place entre les actions vertueuses.* Or on lit dans Montaigne : *Quelle bonté est-ce que je voyais hier en crédit, et demain plus, et que le trajet d'une rivière fait crime? quelle vérité que les montagnes bornent, qui est mensonge au monde qui est au delà?* Et Montaigne avait ajouté : *Le meurtre des enfants, meurtre des pères, communication des femmes, trafique des voleries, licence à toutes sortes de voluptés, il n'est rien en somme si extrême qui ne se trouve reçu par l'usage de quelque nation.* Tous ces larcins littéraires se justifient par l'absence du préjudice. On se les fait d'ailleurs aisément pardonner quand on peut dire comme Molière : *Il est permis de reprendre son bien où on le trouve.*

§ 1er. — *Des contrefacteurs et de ceux qui peuvent leur être assimilés.*

De quelque part qu'elle vienne, la contrefaçon est un délit, car nul ne peut reproduire un ouvrage sans le consentement de celui qui en a la jouissance exclusive. Cependant les termes de la loi, limitatifs en apparence, ont fait naître la question de savoir si l'auteur peut être poursuivi comme contrefacteur, lorsqu'il publie ou fait publier un ouvrage dont il a déjà vendu la jouissance exclusive. L'article 425 du Code pénal dit que la contrefaçon résulte de toute édition faite *au mépris des lois et règlements relatifs à la propriété des auteurs;* d'où l'on a conclu que l'auteur, ne pouvant porter atteinte à ses droits, ne commettait pas le délit de contrefaçon, et que l'on n'avait contre lui que l'action civile en réparation du préjudice causé. C'est là une erreur ; l'auteur, dans le sens légal et eu égard au délit à poursuivre, est aussi bien celui qui a composé l'ouvrage que celui qui a acquis le droit de l'exploiter. C'est ce qui résulte au surplus de l'article 4 de la loi du 19 juillet 1793 qui porte : *Tout contrefacteur,* etc., c'est-à-dire tout individu qui reproduira sans le consentement de celui à qui appartient le droit exclusif de publier et de vendre : or, l'auteur qui a cédé ses droits, ne peut pas plus s'autoriser lui-même qu'il ne pourrait autoriser les autres. Il serait d'ailleurs souverainement injuste de l'affranchir de la pénalité infligée aux tiers contrefacteurs, lui qui est plus coupable que ceux-ci, puisqu'il est lié par un contrat envers son cessionnaire. La sévérité de la loi serait donc en raison inverse de la moralité du fait. Le bon sens et les textes repoussent une pareille doctrine, et toutes les fois que la reproduction sera le fait de l'auteur, elle constituera le délit de contrefaçon, si l'auteur est, même momentanément, dépossédé du droit exclusif. Mais l'auteur qui a vendu à un éditeur la première édition de son ouvrage et qui cède à un autre le droit d'en faire une réimpression avant que cette première édition ne soit écoulée, s'expose à payer des dommages-intérêts au premier cessionnaire. Toutefois ce fait ne constitue pas une contrefaçon et ne peut donner lieu qu'à une réparation civile (1).

Qu'arriverait-il si, dans le cas de plusieurs collaborateurs, les uns publiaient l'ouvrage commun contre la volonté ou sans le consentement des autres? Les opposants pourraient-ils poursuivre les premiers comme contrefacteurs? Nous ne le pensons pas, et l'on ne peut appliquer à cette espèce les raisons de décider adoptées dans la question précédente. Ceux qui ont publié ont usé de leur droit d'auteur, qui porte sur la totalité de l'œuvre composée en commun. Ils ont donc le droit de publier; et ils ne doivent à leur collaborateur qu'une part dans les bénéfices. Celui sans le consentement duquel on a publié, n'aura d'action en contrefaçon que contre le cessionnaire qui aurait négligé de traiter avec tous les auteurs connus; mais il ne pourra poursuivre ses collaborateurs que par les voies civiles, soit pour obtenir sa part des produits de la publication, soit pour les faire condamner à des dommages-intérêts, s'il prouve que la publication faite sans son consentement lui a porté préjudice.

Si l'auteur, dans un temps donné, peut commettre le délit de contrefaçon, il faut en dire autant du cessionnaire; ainsi il peut être poursuivi comme contrefacteur lorsque, n'ayant acquis qu'un droit partiel, il dépasse les limites assignées soit à la durée de sa jouissance, soit au nombre des exemplaires qu'il est autorisé à publier. Il n'y a pas seulement dans son fait violation du contrat, mais délit de contrefaçon, puisqu'il n'a

(1) 13 mars 1848. — C. R. Paris. — Dumont : Frédéric Soulié.

pas, pour publier ainsi, le consentement de l'auteur et qu'il porte préjudice au droit exclusif (1).

Toutefois le cessionnaire peut violer le contrat de cession sans pour cela se rendre coupable du délit de contrefaçon. C'est ce qui arrive, par exemple, lorsque, ayant acquis tous les ouvrages d'un auteur, il les publie sous le titre d'*œuvres complètes*; tandis que l'auteur, en traitant avec lui, s'était formellement réservé le droit de les publier en collection sous ce titre (2). Le préjudice causé à l'auteur par ce fait ne donne ouverture qu'à l'action civile en dommages-intérêts contre le cessionnaire.

Les caractères distinctifs de la contrefaçon s'opposent encore à ce que le cessionnaire puisse être considéré comme contrefacteur, dans le cas où, n'ayant traité avec l'auteur que pour une seule édition, la deuxième par exemple, il vendrait le reste de ses exemplaires en les annonçant comme provenant d'une quatrième édition. Ce fait porte bien à l'auteur un préjudice dont il lui est dû réparation; car, s'il traite avec un autre éditeur pour la quatrième édition, il est évident que cet antécédent nuira à sa vente. Mais cette violation du contrat ne porte aucune atteinte au droit de propriété considéré en lui-même; et par conséquent ne constitue pas le délit de contrefaçon (3).

Lorsque le cessionnaire, usant d'un charlatanisme bien commun en librairie, annonce faussement et contre la volonté ou sans le consentement de l'auteur, que l'édition nouvelle a été

---

(1) 9 mars 1848. — C. R. — Raspail : Levavasseur.

Contra. 18 octobre 1843. — C. R. — Las-Cases : Bourdin.

(2) 23 juillet 1836. — C. R. Paris. — Paul de Kock : Barba.

Idem. 6 juillet 1853. — C. imp. Paris. — Alex. Dumas : Tillot et Lévy. — Considérant qu'à supposer que l'action portée devant le Tribunal de commerce par Boullet, comme syndic, ne soit pas exclusive de la plainte portée par Dumas devant le Tribunal correctionnel, les faits tels qu'ils sont consignés dans cette plainte ne constitueraient qu'une infraction aux traités conclus entre les parties, et que l'interprétation de ces traités appartient à la justice ordinaire, et que les faits, s'ils peuvent donner lieu à des dommages-intérêts, ne sauraient constituer le délit de contrefaçon; — Infirme, et déclare Dumas non recevable.

(3) 30 décembre 1834. — Paris. — Letellier : Ledoux. — Voy. page 104.

revue, corrigée, et *considérablement augmentée*, il porte un préjudice à l'auteur, qui a le droit de tirer un nouveau gain de ses corrections ou augmentations, gain dont il se trouvera privé par cette fausse publication (1). Dans les cas qui précèdent et autres semblables, le fait reproché au cessionnaire ne constitue qu'une simple violation du contrat et non le délit de contrefaçon.

Nous avons développé plus longuement, dans le chapitre V, les effets de la cession au point de vue de la contrefaçon. Il est nécessaire de s'y reporter pour compléter la présente section.

§ 2. — *De la reproduction totale.*

Les termes généraux de la loi réservent à l'auteur le droit de publier sous toutes les formes et par tous les moyens; ainsi, il y aura évidemment une atteinte portée à sa propriété, si l'on reproduit son ouvrage dans un autre format, soit plus grand, soit plus petit, par livraisons ou par volumes; il en sera de même si la reproduction a lieu par l'impression, par la lithographie, par le daguerréotype ou même par la copie faite à la main; les procédés ou la forme de la reproduction sont indifférents et constituent le délit, lorsque d'ailleurs les autres éléments de la contrefaçon viennent s'y réunir (2).

---

(1) 2 nov. 1832. — Pariset : Méquignon-Marvis.

(2) 29 juin 1827. — C. R. Paris. — Janet-Cotelle : Fay. — Considérant qu'il résulte de l'instruction et des débats que Fay a, dans le cours de 1827, imprimé au moyen de l'autographie tous les rôles séparés du *Mariage de raison;* que la réunion de ces rôles présente l'ouvrage entier; que, quel que soit le mode d'impression employé par Fay pour la reproduction, en tout ou en partie, de l'ouvrage dont il s'agit, ce fait ne constitue pas moins le délit de contrefaçon, qui a pu causer et a causé à l'éditeur un préjudice plus ou moins considérable; — Considérant qu'il résulte pareillement de l'instruction et des débats, qu'à la même époque Fay a imprimé, au moyen de l'autographie, divers cahiers de musique, format in-4°, ayant pour titre le *Mariage de raison*, lesquels renferment, outre les paroles, des couplets dudit ouvrage, la musique de différents airs, dont la propriété appartient aux plaignants; — Considérant qu'en reproduisant ainsi, à l'aide d'un mode quelconque d'impression, les œuvres

Ce que nous disons de la forme et du procédé employés pour la reproduction s'applique aussi bien au cas où l'ouvrage contrefait serait destiné à un usage autre que celui pour lequel l'ouvrage original aurait été composé : ainsi il y aurait contrefaçon de la part de celui qui prendrait une œuvre de Chateaubriand, par exemple, pour en composer un cours de rhétorique. Il faut en dire autant de ces arrangeurs de compositions musicales, dont tout le génie consiste à s'emparer des créations les plus importantes pour les approprier à tel ou tel instrument. La loi n'a pu vouloir tolérer une pareille reproduction, car celui qui arrange un morceau de Rossini ou de Meyerbeer, pour le piano ou tout autre instrument, reproduit nécessairement l'œuvre originale : il commet donc le délit de contrefaçon.

Malgré l'évidence de ces principes, la Cour de cassation a cependant décidé que ce n'était pas contrefaire une composition musicale que de l'arranger pour différents instruments (1). Cet arrêt nous paraît contraire à l'esprit de la loi ; il se ressent évidemment des premiers essais de la jurisprudence et de la première application d'une législation dont les principes n'étaient pas encore bien compris. Nous ne doutons pas que la solution

---

musicales susénoncées, sans l'autorisation des éditeurs propriétaires, Fay a commis le délit prévu ; — Condamne Fay, etc.

Idem. 24 juin 1846. — Trib. Paris. — Colombier : Duchêne. — Attendu que, s'il est permis à chacun de copier toute composition musicale pour son usage personnel, il n'en saurait être ainsi de la copie reproduite en un assez grand nombre d'exemplaires pour en faire un commerce ; — Que ce fait déloyal tombe dans la qualification de la contrefaçon, qui, en défendant et punissant toute édition de composition musicale imprimée ou gravée au mépris des droits des auteurs, comprend nécessairement tout moyen équivalent, tel que la multiplication par l'écriture à la main ; — Qu'en ce qui concerne la reproduction partielle, elle est aussi prévue par la loi et prend ici d'autant plus d'importance qu'il s'agit de compositions légères, auxquelles le moindre emprunt, même des seules paroles, peut préjudicier ; — Et attendu qu'il résulte des débats et des documents du procès que dans le courant de 1846 Duchêne-Lafleur, Klemmer et la dame Delavigne ont contrefait en les faisant copier à la main, et exposant en vente et vendant des romances, quadrilles et autres œuvres musicales de cette nature, éditées par Colombier et consorts ; — Condamne, etc.

(1) 17 nivôse an 13. — C. Cass. — Pleyel : Sieber.

contraire ne fût adoptée, si cette question se présentait de nouveau à l'appréciation de la Cour suprême, car elle repose sur les principes les plus élémentaires en matière de propriété.

Celui qui achète le droit de publier et de vendre la partition d'un opéra ne peut publier que la musique, s'il n'est pas autorisé par l'auteur des paroles ; la reproduction qu'il en fera, avec la musique ou séparément, constituera le délit de contrefaçon. Les ouvrages de ce genre se composent de la réunion de deux parties distinctes par leur nature, et qui ne peuvent être confondues. La cession des droits du compositeur ne peut donc porter atteinte à la propriété de l'auteur du poëme (1).

Nous avons dit, en parlant de la propriété littéraire, que la loi ne mesurait pas sa protection à l'étendue et à l'importance de la publication. Il y a donc contrefaçon de la part de celui qui reproduirait et publierait même une simple chanson, une pièce de vers empruntée à un recueil (2). Ce n'est pas là un

---

(1) 2 août 1827. — Trib. corr. Paris. — Jouy : Troupenaz.

(2) 15 juin 1844. — C. cass. — Charpentier : Didier. — Voy. page 73.

Idem. 23 juillet 1824. — Bobée : Ladvocat. — Voy. page 51.

Idem. 26 novembre 1853. — C. cass. — Talbot : de Villedeuil. — Jugement : Attendu qu'il résulte de l'instruction et des débats qu'Eugène Talbot a fait paraître dans le courant de 1850 un ouvrage auquel il a donné le titre d'*Essai sur la Légende d'Alexandre le Grand dans les Romans du douzième siècle;* — Attendu que cet ouvrage a été régulièrement déposé; — Attendu que dans le courant des années 1852 et 1853 Charles de Villedeuil a publié un volume sous le titre de *Légende d'Alexandre le Grand au douzième siècle, d'après les manuscrits de la Bibliothèque nationale*; — Attendu que ce titre donné par Charles de Villedeuil à l'œuvre qu'il a publiée est de nature, par sa ressemblance avec l'œuvre d'Eugène Talbot, à faire confondre ces deux ouvrages; — Attendu que de la lecture et de l'examen de ces deux ouvrages il résulte que Charles de Villedeuil a pris à Eugène Talbot l'idée première de la conception de son œuvre; qu'il en a suivi dans l'exécution le plan, la distribution, les détails, l'ensemble ; qu'il en a reproduit l'enchaînement des pensées, copié presque textuellement des phrases entières, emprunté et les recherches et les citations ; — Que, dans son entier, la légende de de Villedeuil n'est qu'une reproduction plus ou moins complète de la légende de Talbot; — Condamne, etc. — Appel. — Arrêt confirmatif. — Pourvoi et rejet par le motif qu'il n'est pas nécessaire qu'il y ait reproduction intégrale ni que les juges constatent l'intention de nuire.

simple plagiat, ce n'est pas même une contrefaçon partielle, car la chanson ou la pièce de vers reproduites forment une œuvre à part et complète. Permettre cette reproduction, en principe général, ce serait évidemment porter une sérieuse atteinte au droit de l'auteur; c'est donc à tort que le Tribunal correctionnel de Paris a décidé (4 février — 12 mars 1835) que l'éditeur d'un recueil avait pu, sans commettre le délit de contrefaçon, y insérer cinq pièces de vers empruntées aux *Feuilles d'automne* de Victor Hugo. Si la reproduction est permise pour cet éditeur, un second pourra emprunter aux poésies du même auteur d'autres pièces de vers, et les œuvres du poëte se trouveront bientôt entièrement publiées, bien que séparément. Le Tribunal devait décider que ce fait constituait le délit de contrefaçon; seulement, s'il lui paraissait que le préjudice causé n'était pas considérable, il pouvait modifier, en raison de ce, les condamnations et les dommages-intérêts; mais il ne pouvait pas décider, en règle générale, que le fait ne constituait pas le délit de contrefaçon.

§ 3. — *De la reproduction partielle.*

La contrefaçon partielle résulte de la reproduction d'une partie de l'ouvrage original. Toutefois si la loi, en prohibant la contrefaçon partielle, a formellement menacé de sa pénalité celui qui reproduirait une certaine partie d'un ouvrage, le bon sens indique qu'elle n'a point entendu parler d'une reproduction limitée à quelques lignes éparses, qui ne contiennent pas la partie originale et importante de l'ouvrage; par conséquent, si les passages empruntés à un ouvrage entier sont, pour ainsi dire, noyés dans la nouvelle production, ils cessent de constituer le délit de contrefaçon, par la raison qu'il n'y aura pas réellement un préjudice causé à l'auteur. Aussi la jurisprudence, d'accord avec la raison, a-t-elle admis une distinction entre la contrefaçon partielle punissable et la contrefaçon partielle qui ne constitue pas un délit (1). Cette dernière a pris le

---

(1) 3 juillet 1812. C. Cass. — Dentu : Maltebrun. — Attendu que, pour qu'il

nom de plagiat. Il y a cette différence entre le contrefacteur partiel et le plagiaire, que le premier, par l'étendue ou l'importance de ses emprunts, porte à l'auteur un préjudice réel, et à son droit exclusif une atteinte sérieuse. En effet, le lecteur peut se contenter de la reproduction partielle telle que nous venons de la définir, et se dispenser d'acheter l'œuvre qui a été mise à contribution. Le plagiaire, au contraire, imite plutôt qu'il ne reproduit. M. de Marchangy a donc eu raison de dire que le plagiat est un imperceptible larcin.

La limite qui sépare la contrefaçon partielle du plagiat n'est

---

y eût contrefaçon, même partielle, d'un ouvrage, il faudrait qu'une partie notable et importante de cet ouvrage eût été réimprimée textuellement sans l'aveu et sans le consentement des auteurs ou propriétaires de cet ouvrage; — Attendu que si dans un état contenu dans quinze feuilles de papier in-folio, certifié par Dentu, il a porté à 278 pages d'impression tous les passages de la *Géographie de toutes les parties du monde* et du *Précis de la Géographie* qu'il prétend avoir été tirés de la géographie de Pinkerton, traduite par Valckenaër et de l'introduction à cette géographie par Lacroix, dont ledit Dentu est éditeur, ce calcul a été fait par l'addition mathématique de lignes éparses et intercalées dans les 19 volumes dont se composent les ouvrages de Maltebrun; — Attendu que la similitude de ces passages dans les ouvrages des deux auteurs provenant presque en totalité de sources communes, tient à la nature de ces ouvrages sur la géographie, qui, embrassant la géographie de tout l'univers, ne peuvent être, par leur essence, qu'une compilation des ouvrages d'astronomes, voyageurs, naturalistes, géomètres, géographes et autres auteurs qui avaient écrit jusqu'alors sur cette matière; que Maltebrun a annoncé, dans les ouvrages qu'il donnait au public, qu'ils étaient des compilations des auteurs qu'il a cités en notes au bas des pages, et notamment de la géographie de Pinkerton; que dès lors il n'a pas voulu s'approprier ces pages, et les donner comme la production de son génie; que, relativement à d'autres de ces passages que Dentu annonce avoir été tirés de l'introduction à la géographie par Lacroix, une partie, de l'aveu même de Dentu, a éprouvé des changements et a été tronquée dans l'ouvrage de Maltebrun, ce qui exclut l'idée d'une réimpression; que le reste de ces passages, qui se réduisent à un très-petit nombre, a pour objet des notions, des définitions élémentaires de sphère et de géographie; que ces passages sont, dans l'ouvrage de Maltebrun, accompagnés de citations de sources communes où les deux auteurs ont pu puiser; que d'ailleurs tous les passages réclamés par Dentu, répandus dans 19 volumes, ne formeraient pas une partie notable, importante et marquante des ouvrages des deux auteurs. — Déboute Dentu. — Appel. — Arrêt confirmatif. — Pourvoi. — Rejet.

pas tracée autrement que par la distinction que nous venons de faire. On peut donc poser, comme règle générale, qu'il y a contrefaçon partielle lorsque la reproduction porte sur des emprunts qui, quoique pris çà et là, sont nombreux ou étendus, ou bien lorsque, sans avoir égard au nombre, ils reproduisent une partie notable, importante et marquante de l'ouvrage d'autrui; s'ils sont, par exemple, la quintessence de l'œuvre originale (1). Il importe peu d'ailleurs que le contrefacteur les publie sous son propre nom, ou qu'il indique la source où il a puisé. La conséquence à tirer de cette règle, c'est que, toutes les fois que la reproduction ne porte aucun préjudice à l'auteur, soit par le peu d'étendue des emprunts, soit par leur nature accessoire et insignifiante, la critique devient le seul juge du plagiaire. Sans doute le plagiat en général est un larcin, proche parent en moralité de la contrefaçon; mais, de même que toutes les actions déloyales ne sont pas réprimées par la loi, le honteux larcin du plagiaire échappe aux poursuites de l'auteur, car le délit disparaît là où l'intérêt cesse d'être compromis (2). Au surplus le plagiat n'est pas toujours blâmable, et tel plagiaire, comme le définit Voltaire, qui *vend les pensées d'un autre pour les siennes,* peut trouver dans cette imitation un canevas sur lequel sa propre imagination brode une composition nouvelle. Chacun sait que *Molière* et *Lafontaine* ont fait de nombreux emprunts à Boccace; mais des emprunts littéraires ainsi faits ne sont en réalité que de simples imitations; le génie se les fait aisément pardonner. D'ailleurs, imiter de la sorte, n'est-ce pas créer?

Nous avons dit que la contrefaçon partielle résultait de

---

(1) 4 janvier 1826. — Bossange : Legallois. — Attendu que l'ouvrage publié par Legallois et Béchet ayant pour titre : *Napoléon peint par lui-même*, ne présente pas les caractères d'une contrefaçon de l'ouvrage publié par les frères Bossange; — Qu'en effet non-seulement il ne reproduit ni la totalité de cet ouvrage ni des portions distinctes assez importantes pour constituer la contrefaçon, mais encore qu'un grand nombre de passages sont extraits d'autres ouvrages publiés sur le même objet; — Renvoie, etc.

(2) 3 juillet 1812. — Dentu : Maltebrun. C. Cass. V. page 162.

l'étendue et de l'importance des passages reproduits. Cependant cette règle n'est pas sans exceptions, et il peut arriver que les emprunts, quoique étendus, ne constituent pas le délit prévu et puni par la loi. C'est ce qui arrive lorsque la similitude des pages empruntées avec les pages originales provient presque en totalité de la nécessité où les deux auteurs se sont trouvés de puiser leurs renseignements ou leurs doctrines à des sources communes. Par exemple, lorsque deux auteurs traitent le même sujet ou discutent la même doctrine; lorsqu'il s'agit de deux dictionnaires, de deux biographies sur les mêmes hommes, ou de deux traités spéciaux. Dans ce cas, la ressemblance tient à la nature de ces productions et est presque inévitable; la rigidité des principes doit alors fléchir devant la nécessité des choses (1). Cependant, en faisant une large part au hasard et à la nécessité, on reconnaîtra toujours facilement ce qui est une reproduction coupable, en comparant le style et la rédaction personnelle. Et certes, si en matière de dictionnaire, par exemple, il y a ressemblance, nous ne disons pas entre les définitions de chaque mot, ce qui est presque inévitable, mais entre les gloses ou développements

---

(1) 3 juillet 1812. — Prudhomme : Michaud. — C. Cass. — Attendu que, pour qu'il y eût contrefaçon partielle, il faudrait qu'une partie notable et marquante d'un ouvrage eût été réimprimée textuellement, sans le consentement des auteurs ou propriétaires de cet ouvrage; — En ce qui concerne le titre; — Attendu que celui de Prud'homme est : *Dictionnaire universel historique, critique et biographique;* que celui de l'ouvrage des frères Michaud porte : *Biographie universelle;* que les accessoires du titre ne sont pas le titre; que dès lors le titre n'est pas le même; — En ce qui concerne le plan; — Attendu que la forme de dictionnaire qu'ont ces deux ouvrages ne peut supposer d'autre plan que celui par ordre alphabétique; — En ce qui concerne la rédaction : — Attendu qu'il n'y a pas dans la biographie un seul article entièrement semblable à ceux du dictionnaire historique; que sur les 163 articles de la biographie qui sont, d'après le procès-verbal dressé en exécution du jugement du tribunal, l'objet de la plainte des demandeurs, 57 de ces articles n'y ont été argüés que d'imitation; qu'une imitation de rédaction n'est pas une contrefaçon, que 52 du surplus desdits articles ont été justifiés avoir été tirés par les rédacteurs des deux ouvrages de sources communes qui sont du domaine public; — Déboute, etc. — Sur l'appel, arrêt confirmatif. — Pourvoi. — Rejet.

qui accompagnent cette définition, il ne faut pas hésiter à déclarer le dernier venu contrefacteur du premier, car ces développements sont un travail essentiellement personnel et qui porte un caractère d'individualité dont l'imitation ne peut être raisonnablement attribuée au hasard, mais bien à l'impuissance et à la fraude du contrefacteur. Il existe entre tous les dictionnaires des points de contact et de ressemblance nécessaires, inévitables. Le plan adopté est le même pour tous, les mots sont les mêmes, soumis à la même classification, expliqués par les mêmes définitions; la ressemblance peut donc n'être pas le résultat d'une paresseuse et servile copie. Mais, à côté de cette partie dont la physionomie est uniforme, il y a l'ordre, l'enchaînement et le style des démonstrations; il y a le choix des exemples, dont la similitude révèle nécessairement la contrefaçon (1). Ainsi donc l'exception que nous posons dans les

(1) 28 floréal an 12. — Bossange : Moutardier. — C. Cass. — Considérant que par le jugement il est déclaré constant, en fait, que Leclère et Moutardier ont imprimé et mis en vente un *Dictionnaire de l'Académie française, nouvelle édition, augmentée de plus de* 20,000 articles; que cet ouvrage reproduit souvent le même texte que le *Dictionnaire de l'Académie française*, imprimé par Bossange; qu'il porte le même titre principal...., et que Bossange est fondé à regarder cette usurpation de titre comme dommageable à son entreprise; — Considérant que ces faits constituent le délit prévu par la loi de 1793; et qu'avoir refusé de prononcer contre Moutardier les peines portées par cette loi, c'est en avoir expressément violé les dispositions; — Considérant que cette violation n'est pas justifiée par l'idée que les premiers juges se sont faite de la contrefaçon, qu'ils ne voient ni dans l'usurpation du titre principal, ni dans la conformité du texte des deux ouvrages, parce que, suivant eux, ce texte a été surchargé de définitions, retranchements, additions, corrections et remarques, qui en forment un ouvrage nouveau, et autre que celui publié par Bossange; qu'en effet, cette distinction entre la contrefaçon, résultant de la réimpression totale ou de l'imitation parfaite d'un ouvrage, et la contrefaçon qui résulte, comme dans l'espèce, de l'impression du texte et du titre de l'ouvrage, mais avec des additions, corrections et changements, n'a jamais eu lieu dans la librairie, où, suivant que le prouvent les anciens règlements, et notamment le préambule de l'arrêt du conseil du 30 août 1777, il était également défendu de faire imprimer, sans la permission de l'auteur, le texte littéral de son ouvrage, et de faire imprimer ce même texte avec des additions, corrections, changements et commentaires; que cette distinction ne se trouve pas davantage dans la loi de 1793, au silence de laquelle les premiers juges n'ont

cas ci-dessus n'est pas invariable; nous ne disons pas qu'il n'y aura pas contrefaçon, mais que, malgré la reproduction même importante de nombreux passages, il peut n'y avoir pas délit. Les Tribunaux, nous le répétons, apprécieront et distingueront ce qui est dû au hasard ou à la nécessité, de ce qui est dû à la fraude; comme aussi ils jugeront si le nouvel ouvrage diffère assez de l'ancien par son titre, sa composition ou son objet, pour que tout préjudice soit impossible (1).

---

pas pu suppléer; qu'elle n'a pas même pu entrer dans la pensée du législateur, parce que l'objet de la loi de 1793, littéralement exprimé dans les deux premiers articles, est de faire jouir les auteurs, leurs héritiers et cessionnaires, du droit exclusif d'imprimer, vendre et distribuer leurs ouvrages, et par conséquent de prohiber l'impression et distribution de leurs ouvrages; qu'en offrant une contrefaçon plus ou moins parfaite, on nuirait à l'exercice de ce droit exclusif qu'elle leur garantit; qu'ainsi, dès l'instant qu'il a été reconnu que, sans permission de l'Académie française ou des éditeurs de son Dictionnaire, Leclère et Moutardier se sont permis d'usurper le nom de l'auteur du Dictionnaire, et, sous le titre principal qui devait faire naître la confiance du public, d'imprimer avec plus ou moins de fidélité le texte de son ouvrage; dès qu'il a été reconnu que cette usurpation et cette distribution avaient causé un dommage réel à l'entreprise de Bossange, c'est-à-dire au droit exclusif dont la loi de 1793 voulait qu'ils eussent la jouissance, pour l'impression, vente et distribution du *Dictionnaire de l'Académie française*, aucun motif ne pouvait dispenser les premiers juges d'appliquer cette loi; — Casse.

(1) 25 février 1820. — C. Cass. — Hacquart : Virey : Attendu qu'il a été reconnu par l'arrêt attaqué que l'ouvrage de Virey était différent par son titre, son format, sa composition et son objet, du *Codex medicamentarius;* que l'édition de ce traité, quoique postérieure à la publication dudit *Codex*, est demeurée semblable par son plan et ses divisions à la première publiée antérieurement au *Codex;* qu'il a été déclaré, dans cet arrêt, que les formules reproduites textuellement ne formant pas un corps semblable, toute méprise était impossible entre les deux ouvrages; que la Cour, en refusant, dans l'état de ces faits ainsi reconnus, et dont il n'appartient pas à la Cour de juger l'exactitude, de faire à l'ouvrage de Virey l'application des lois relatives au délit de contrefaçon, n'a pas violé ces lois; — Attendu que le deuxième paragraphe de l'article 3 de l'ordonnance du 8 août 1816 ne répute contrefaits que les exemplaires du nouveau *Codex* qui ne seraient pas estampillés conformément à ce qui est prescrit par le premier paragraphe de cet article; que la disposition du deuxième paragraphe est donc inapplicable au traité de pharmacie de Virey, qui n'est point un exemplaire du *Codex medicamentarius*, mais qui, d'après ce qui a été reconnu par l'arrêt attaqué, constitue un ouvrage essentiellement

Le caractère légal du délit de contrefaçon partielle s'applique nécessairement au chef d'école qui distribue à ses élèves des éléments d'instruction tirés de tous les ouvrages publiés sur les matières enseignées dans son établissement. Sans doute on n'a jamais contesté aux élèves le droit de faire, pour leur usage personnel, des extraits des cours auxquels ils assistent. Les règlements universitaires et académiques, ainsi que le décret du deuxième jour complémentaire de l'an 2 (art. 70), font même un devoir aux professeurs de leur faire des dictées. Mais ce que les élèves peuvent faire individuellement ne peut être permis aux chefs d'institution. Le fait n'est plus le même et les conséquences en sont plus graves. L'instituteur se livre à une reproduction, à un débit et à une distribution; or, aux termes de l'art. 1er de la loi de 1793, la distribution comme l'impression et la vente sont le privilége exclusif de l'auteur. De plus, les conséquences de cette distribution sont plus nuisibles à l'auteur que les copies faites individuellement par les élèves; en effet, cette distribution dispense ces derniers de faire par eux-mêmes la copie ou les extraits dont nous leur concédons le droit, et, sans cette distribution, la plupart d'entre eux auraient dû acheter l'ouvrage original : il y a donc contrefaçon. Il n'est pas nécessaire, pour constituer le délit, qu'il y ait vente ou distribution faite à d'autres individus que les élèves, et la loi ne distingue pas; ne voit-on pas d'ailleurs que cette distribution ou vente faite à des élèves porte à l'auteur un préjudice notable,

---

différent par le titre, le plan et le but; — Que, relativement aux dispositions de l'article 38 de la loi du 21 germinal an 11, elles se bornent à ordonner la rédaction par des gens de l'art nommés par le gouvernement d'un *codex* ou formulaire contenant des préparations médicales et pharmaceutiques, qui devront être tenues par des pharmaciens, lequel formulaire ne sera publié que vu la sanction du gouvernement et d'après ses ordres; que ces dispositions, qui ont reçu leur exécution dans la publication du *Codex medicamentarius*, n'ont aucun rapport avec la rédaction et la publication d'un traité de pharmacie qui a été jugé former un ouvrage différent de ce *Codex*, et ne pouvait être confondu avec lui; qu'il ne peut surtout en résulter une ouverture à cassation envers l'arrêt qui a ainsi apprécié cet ouvrage; — Rejette.

(1) 17 nivôse an 13. — Pleyel : Sieber. V. page 160.

et que, si une pareille doctrine était admise, les auteurs d'ouvrages destinés à l'enseignement se trouveraient entièrement dépouillés de leur droit de propriété. En effet, ces sortes de compositions ne s'adressant qu'aux élèves, et les élèves ayant la facilité de se les procurer par la distribution du chef d'institution, il ne resterait plus à l'auteur aucun débit de son œuvre que tous les instituteurs de France s'approprieraient par ce genre de reproduction (1).

L'impression seulement commencée, constitue-t-elle le délit de contrefaçon, comme si elle était achevée? La loi, en accordant le droit exclusif de propriété, a voulu le garantir de toute atteinte. Aussi la reproduction, même partielle, est-elle prohibée, comme nous venons de le démontrer. S'il en est ainsi, on ne peut méconnaître le fait de reproduction partielle dans l'impression commencée. Elle constitue réellement le délit de contrefaçon pour les pages imprimées, et qui font partie du tout. La reproduction de l'ouvrage sera seule commencée; mais, la loi protégeant la propriété de l'auteur dans toutes ses parties, le délit sera complet en ce qui concerne les parties déjà imprimées (2).

Les raisons qui font décider que l'impression commencée constitue la contrefaçon au moins partielle, peuvent s'appliquer au cas où un ouvrage contrefait serait seulement *composé* par l'imprimeur. Aussi nous n'hésitons pas à dire que ce fait constitue le délit de contrefaçon. En effet, contrefaire c'est reproduire sans le consentement de l'auteur; or, dans l'espèce, lorsque le texte est représenté par la combinaison et l'assemblage des caractères destinés à l'impression, il est bien évidemment reproduit. Objectera-t-on que la loi ne punit que la reproduction par l'*impression,* ainsi que cela résulte de ces mots, *imprimés ou gravés?* Nous répondrons que la loi n'a rien de limitatif, et que tout autre procédé au moyen duquel on reproduirait,

(1) *Contrà* 29 janvier 1829. — C. cass. — Muller : Durfort.

(2) 2 juillet 1807. — C. cass. — Clémendot : Giguet et Michaud.
Idem. 11 mars 1837. — C. R. — Renduel : Gellée.

constituerait le fait de contrefaçon. Nous ajouterons que, par ce mot *imprimé*, la loi n'a voulu ni pu entendre l'action d'appliquer les caractères sur le papier, mais le fait de reproduire dans un but de spéculation. Or, grammaticalement parlant, l'ouvrage est reproduit quand les caractères sont assemblés, et si le législateur s'est servi du mot *imprimé*, il a employé aussi le mot *édition*, qui, dans son acception légale, ne comprend pas seulement le débit, mais qui renferme dans sa généralité toutes les nuances du fait, tous les degrés qui conduisent à la publication.

SECTION. 2. — *Caractères spéciaux de la contrefaçon.*

La loi n'a pas pu et n'a pas dû fixer d'une manière invariable les caractères auxquels on reconnaît qu'une œuvre est la reproduction d'une autre. Cette appréciation de fait est abandonnée aux lumières des magistrats, et dépend surtout du genre de l'ouvrage. Nous allons donc examiner successivement ceux pour lesquels l'application des règles générales que nous venons de poser peut se modifier, ou présenter quelques doutes.

Pour fixer, tout d'abord, la règle qui doit guider dans l'appréciation de la contrefaçon appliquée aux différents genres d'écrits, nous dirons que la reproduction, pour être frauduleuse, doit porter, en tout ou en partie, sur ce qui constitue dans l'ouvrage original l'invention de l'auteur. Ainsi, dans une compilation ou un recueil, la partie importante et essentielle, celle qui fait le mérite de l'ouvrage, c'est le choix des passages recueillis par le compilateur ; c'est l'ordre qu'il a adopté pour la classification de ses matériaux ; c'est la disposition des détails. Voilà ce qui est de son invention et ce qui constitue sa propriété exclusive. Sans doute tout autre individu pourra puiser aux mêmes sources et emprunter aux mêmes auteurs ; mais si l'on trouve, dans une autre compilation, assimilation dans les termes, même ordre dans l'exécution, choix identique dans les morceaux compilés, en un mot une ressemblance qui ne peut être due au hasard, il sera dès lors évident que cette compilation n'est que la contrefaçon de la première (1).

---

(1) 3 mars 1826. — Muller : Guibal. — C. Cass. — Attendu que les droits que la loi accorde aux auteurs sur leurs ouvrages ne sont ni moins sacrés, ni moins inviolables que les droits de propriété; que même aucune disposition légale n'autorise l'expropriation des droits d'un auteur pour cause d'utilité publique; que, dès lors, il serait inutile d'examiner si la réimpression d'un ouvrage en entier ou en partie a été ordonnée ou autorisée, au nom de l'État, dans un but d'utilité publique, puisque, dans ce cas même, elle ne pourrait avoir lieu que du libre consentement de l'auteur, de son vivant, ou de celui de ses héritiers après sa mort, pendant la durée du droit exclusif de publication de ses ouvrages, qui leur est concédé par la loi, et conformément aux lois et règlements relatifs à la matière; — Attendu qu'il résulte de l'arrêt attaqué que Muller a fait imprimer un ouvrage intitulé *Théorie de l'escrime à cheval;* que l'imprimeur Guibal a publié un ouvrage intitulé *Rectifications à faire dans le maniement des armes, suivies de la Théorie de l'escrime à cheval;* que ce dernier ouvrage présente toutes les apparences d'une contrefaçon partielle du premier; qu'on retrouve dans tous les deux assimilation dans les termes, analogie dans les éléments, même ordre dans l'exécution pour la partie empruntée au premier dans le second, à quelques mouvements près qu'on a supprimés; que cette déclaration en fait est claire, précise, concordante, et qu'elle est irréfragable; qu'à la vérité, selon la Cour de Nancy, dans son arrêt, l'imprimeur Guibal allègue que le manuscrit de l'ouvrage qu'il a imprimé lui a été remis par une commission d'officiers généraux formée, par l'autorité du ministre de la guerre, au camp de Lunéville, pour l'amélioration de l'instruction des soldats, et que l'impression en aurait été approuvée par une ordonnance du roi, et qu'elle en conclut que, si l'ouvrage de Muller doit périr par la substitution d'un autre, il n'y a de recours que dans l'équité et dans la bienfaisance du roi; — Mais, attendu qu'il résulte du même arrêt que l'ouvrage publié par l'imprimeur Guibal a été imprimé à ses frais, et se vend pour son compte; que le manuscrit, prétendu émané de la commission du camp de Lunéville, n'a jamais été représenté; que la lettre du général Mermet, produite en cause d'appel, n'établit nullement la cession en faveur de Guibal d'une instruction composée par une commission d'officiers généraux; mais seulement qu'il lui aurait donné l'ordre d'imprimer, pour les besoins du service, un certain nombre d'exemplaires de cette instruction; que l'ordonnance du roi relative à l'organisation de l'école militaire de cavalerie de Saumur, invoquée par Guibal, ne fait aucune mention de l'ouvrage contrefait, et n'ordonne en aucune façon l'impression ou la réimpression d'aucun ouvrage de ce genre, et n'a, à plus forte raison, rien statué au préjudice des droits de Muller sur le sien; que les faits constatés par l'arrêt attaqué n'établiraient donc pas que Guibal se trouvât dans l'exception que l'arrêt suppose, si cette exception, ce qui n'est pas, était consacrée par la loi; — Attendu qu'il résulte de

Toutefois, si l'ordre adopté était commandé par la nature du sujet, tels que l'ordre chronologique ou alphabétique pour les recueils de jurisprudence, on ne pourrait supposer, avec raison, que le second compilateur en a pris l'idée dans l'œuvre du premier. Il en serait de même du choix des exemples, si ce choix était forcé. Ainsi, par exemple, pour un traité spécial, si la question discutée ne s'est présentée qu'une fois, ou si elle s'est présentée rarement, le choix de l'exemple est forcé, ou au moins fort restreint. On doit tenir compte de cette circonstance à celui qui n'a eu que le tort de publier après un premier auteur. Il faut aussi prendre en considération cette circonstance que les principes des deux ouvrages ayant été puisés à des sources communes, il doit y avoir nécessairement quelques ressemblances entre eux (1). Nous venons d'indiquer à quels caractères on reconnaîtra qu'une compilation a été contrefaite. Nous ajoutons qu'une compilation peut être elle-même une contrefaçon si le compilateur s'est emparé de compositions non encore tombées dans le domaine public (2).

La contrefaçon la plus difficile à apprécier est celle d'un ouvrage qui ne serait que la reproduction de faits matériels ou d'événements accomplis, lesquels sont évidemment les mêmes pour tous et ne peuvent être modifiés. Par exemple, si l'auteur d'un précis historique se plaint d'avoir été contrefait, les juges auront alors à comparer les deux ouvrages, et s'il leur est démontré que l'un a été copié sur l'autre, ils prononceront les peines portées par la loi. La contrefaçon se révèle facilement par l'imitation des détails, la reproduction des erreurs ou omissions du premier ouvrage, en un mot par une foule de ressemblances qui ne peuvent provenir que de la copie faite par le contrefacteur, et qui ne se seraient pas rencontrées

---

ce qui précède que la Cour de Nancy, en introduisant dans l'arrêt attaqué une exception au délit de contrefaçon qui n'est écrite dans aucune loi, a excédé ses pouvoirs ; — Casse, etc.

(1) 19 août 1839. — Trib. Paris. — Pâris : Castilho.

(2) 15 juin 1844. — C. Cass. — Didier Guerin : Charpentier. V. page 73.

s'il s'était seulement inspiré de l'histoire commune aux deux ouvrages (1).

Quelques exemples sont nécessaires pour rendre plus précises les règles que nous avons à poser. On sait que de nos jours la composition des *tables*, pour les grandes collections surtout, constituent l'industrie d'hommes spéciaux qui se sont fait une réputation méritée dans ce genre de travail. On ne peut leur refuser le titre d'auteur ; car, s'il n'y a pas dans leur ouvrage invention, création du sujet, il y a au moins choix de la science ou discernement du goût. Telle est la table du *Moniteur*, celle de la *Gazette des Tribunaux*, la *Bibliographie du droit*, qui n'est que l'indication des différents ouvrages publiés sur la matière. Tels sont encore les *tableaux* synoptiques ou chronologiques pour l'histoire.

La ressemblance ne suffit pas pour constituer la contrefaçon de ces sortes d'ouvrages, puisqu'ils sont la reproduction des mêmes documents. Pour qu'il y ait délit, il faut, comme nous venons de le dire, qu'il soit nécessairement démontré que l'un a été copié sur l'autre. En un mot, il faut chercher le délit ailleurs que dans la reproduction de l'ensemble et des détails qui tiennent nécessairement au sujet (2).

---

(1) 16 mai 1834. — Langlumé : Lallement. — Attendu qu'il existe entre le *Tableau des révolutions de France depuis* 1787 *jusqu'à nos jours*, publié par la veuve Turgis, et l'œuvre publiée par Langlumé sous le titre de *Histoire détaillée des révolutions françaises depuis* 1787 *jusqu'à ce jour*, des ressemblances notables résultant de la nature des matières, de l'ordre où elles sont placées, et de l'époque où se sont passés les événements identiques ; que ces ressemblances résultent également de certaines erreurs matérielles, copiées évidemment dans le tableau de Langlumé ; — Que si l'on voit figurer dans le tableau de la veuve Turgis une réunion de portraits et de noms qui n'existent pas dans l'ouvrage de Langlumé ; que si l'on trouve également des énonciations autres, soit sous le rapport historique, soit sous le rapport des inventions modernes, néanmoins il y a imitation servile et contrefaçon d'une partie du tableau de Langlumé ; — Attendu, en effet, qu'il résulte des termes de l'art. 425 qu'il y a contrefaçon d'un ouvrage lors même que cette contrefaçon ne porte que sur une partie dudit ouvrage ; — Condamne, etc., etc.

(2) 21 décembre 1831. — C. R. Paris. — Saint-Éloy : Marquis. — Considérant que Saint-Éloy est auteur d'un tableau figuratif de la chambre des

Ce que nous venons de dire des tables, considérées comme objet de propriété, nous amène tout naturellement à examiner la question de savoir si la publication de la table d'un ouvrage peut être considérée comme la contrefaçon partielle de cet ouvrage.

S'il s'agit d'une table simple, représentant uniquement l'indication des matières contenues dans l'ouvrage, il ne saurait y avoir contrefaçon qu'autant que la table pouvant remplacer l'ouvrage, il y aura préjudice pour le débit dudit ouvrage; mais s'il s'agit d'une table analytique, celle-là contenant en substance et en résumé les principaux éléments de l'ouvrage, il y aura reproduction partielle; car l'analyse et le résumé des doctrines de l'auteur pourront, et aux développements près, remplacer l'ouvrage pour un grand nombre de lecteurs.

---

députés, session de 1831; qu'il a rempli les formalités prescrites par la loi pour s'en assurer la propriété exclusive; — Considérant que l'objet principal de ce tableau est l'indication exacte de la place qu'occupe dans la chambre chacun des députés; que le surplus ne constitue que des accessoires qui ne présentent aucun intérêt; qu'il est constant au procès et avoué par Marquis, graveur, qu'il a reproduit dans le plan figuratif qu'il a fait de la chambre des députés le classement des députés tel qu'il avait été disposé dans le tableau publié antérieurement par Saint-Éloy; que l'imitation de cette partie de l'ouvrage a eu lieu avec une telle servilité, que Marquis a inséré dans son tableau le nom de plusieurs députés qui n'avaient point encore pris séance, et auxquels Saint-Éloy n'avait pu assigner une place que d'après ses conjectures; — Considérant qu'il n'est pas nécessaire pour constituer le délit de contrefaçon qu'il y ait imitation complète; qu'il suffit que l'imitation ait eu lieu en partie; que dans l'espèce dont il s'agit, l'imitation a eu lieu dans la partie véritablement essentielle de l'ouvrage, d'où il suit qu'il y a contrefaçon; — Condamne Marquis, etc., etc.

Idem. 10 mai 1834. — Paris. — Langlumé; Lallemant, V, page 173.

Contrà. 2 juillet 1829. — Renou; Théry. — Attendu que les coups de billard sont des faits qu'il est loisible à chacun d'exécuter et de reproduire par le dessin; — Attendu que, dans l'espèce, les coups figurés au tableau dont Théry est l'éditeur ont été joués et dessinés ensuite, ainsi qu'il résulte de la déposition des témoins; — Attendu que, si le *Manuel de l'amateur de billard*, publié par Théry, présente quelque ressemblance avec le *Guide de l'amateur de billard* dont Renou est l'éditeur, on y remarque aussi des dissemblances assez nombreuses pour qu'il ne soit pas permis d'y trouver cette servilité d'imitation qui constitue le délit de contrefaçon. — Renvoie Théry.

Toutefois la table analytique d'un journal, du *Moniteur* par exemple, ne saurait constituer le délit de contrefaçon, parce qu'elle ne présenterait que le résumé d'actes officiels ou de nouvelles tombées depuis longtemps dans le domaine de l'histoire. La table, dans ce cas, loin de nuire à l'ouvrage, en faciliterait l'usage et le débit.

Nous avons vu, au titre *De la propriété*, que les *changements* apportés à une œuvre tombée dans le domaine public constituent une propriété pour leur auteur. Mais, quand ces changements s'appliquent à un ouvrage qui n'est point encore tombé dans le domaine public, ils n'ont ordinairement pour but que de déguiser la contrefaçon. La reproduction d'un ouvrage avec des changements n'est pas plus licite qu'avec des *additions*, des *corrections* ou des *notes* que le contrefacteur joindrait au texte reproduit, quelle que fût d'ailleurs l'importance de ces additions, corrections ou notes. Le délit n'en existerait pas moins; il faut même reconnaître que le préjudice dans ce cas serait plus grave pour l'auteur que celui résultant d'une reproduction identique. En effet, la reproduction simple ne présentera jamais une concurrence aussi dangereuse que celle résultant de l'attrait qui s'attache toujours de préférence à un perfectionnement. L'avantage que l'intérêt public pourrait retirer de cette amélioration ne pourrait absoudre le contrefacteur du tort d'avoir reproduit contrairement à la loi et aux droits exclusifs de l'auteur. S'il en était autrement, le génie entreprenant des contrefacteurs s'emparerait bientôt de ce moyen frauduleux, et les œuvres de nos savants, sous le prétexte d'une amélioration toujours contestable, deviendraient la facile proie de la contrefaçon. On créerait ainsi une espèce d'expropriation du droit d'auteur pour cause d'utilité publique; on pourrait le dépouiller de son vivant, tandis que la loi, qui a cependant songé à l'intérêt public en limitant la durée du droit exclusif, a voulu que l'auteur conservât sa propriété pendant toute sa vie (1).

(1) 28 floréal an 12. — C. Cass, — Bossange : Moutardier. V. page 166.

Ce que nous venons de dire s'applique aussi aux *abrégés* ou *retranchements;* car la loi prohibe la contrefaçon partielle comme celle qui porte sur l'œuvre tout entière. Le droit exclusif accordé à l'auteur repose sur toute son œuvre, et sur chaque partie, qu'il peut céder séparément; celui qui la publie, même avec d'utiles retranchements, fussent-ils indiqués par le bon goût, se rend coupable de contrefaçon. S'il fallait, en effet, que la reproduction, pour constituer le délit, fût complète et littérale, la loi ne serait plus qu'une vaine et stérile théorie. Les abrégés doivent être proscrits par les tribunaux avec d'autant plus de sévérité, qu'ils établissent une concurrence plus redoutable pour l'auteur, puisqu'ils reproduisent la partie essentielle de son œuvre, et qu'ils se vendent à meilleur marché (1).

Si l'abrégé était inséré dans un vaste recueil, par exemple dans une encyclopédie, bien qu'il n'y eût pas concurrence de prix, il n'y en aurait pas moins préjudice, et par conséquent contrefaçon. En effet, bien que ce recueil se vende beaucoup plus cher que l'œuvre de l'auteur, il n'en est pas moins vrai que les quelques lecteurs qui l'auront acheté se dispenseront d'acheter en même temps l'œuvre originale (2).

Il en serait de même pour le cas où l'on extrairait d'une encyclopédie ou d'un recueil contenant divers sujets une partie distincte, qui, s'adressant spécialement à une certaine classe de lecteurs, priverait, par conséquent, l'auteur du premier ouvrage de l'acquisition que pourraient en faire ces derniers.

On s'est demandé si l'auteur d'un ouvrage français pouvait s'opposer à ce qu'on vendît en France la traduction qui en serait faite en langue étrangère. Cela ne peut faire doute. La loi ne protége pas l'idiome dont l'auteur s'est servi, mais sa créa-

---

(1) 3 février 1853. — Trib. corr. Paris. — Roret : Arnaud. — Arnaud, chef de bataillon, chargé d'organiser le corps des sapeurs-pompiers, avait rédigé et fait imprimer des *instructions pour les sapeurs-pompiers de la garde nationale* extraites en entier du *Manuel complet du sapeur-pompier*, dont Roret est éditeur. Condamnation d'Arnaud et de Dupont, imprimeur.

(2) 4 février 1826. — Roret : Bailly et Babinet.

tion, sa composition, son œuvre enfin. Le droit de reproduction est garanti d'une manière absolue, sans distinction du mode employé pour reproduire. Il y a reproduction, cela suffit, s'il y a, d'ailleurs, préjudice causé: or le préjudice n'est pas contestable. En effet, il est évident que la traduction enlèvera au débit de l'œuvre originale un grand nombre d'acheteurs (1).

---

(1) 17 juillet 1847. — C. R. Paris. — Leclerc : Lecointe. — Jugement confirmé par la Cour royale; — Attendu que toute édition d'un ouvrage au mépris des lois ou règlements relatifs à la propriété des auteurs est une contrefaçon; — Que par leur généralité, ces dispositions de la loi s'appliquent à toute espèce de reproduction, lorsque cette reproduction est de nature à porter atteinte à la propriété d'autrui; — Attendu que la traduction d'un livre français en langue étrangère reproduit nécessairement l'ouvrage original, puisque le traducteur en prend le titre, le sujet, les idées, les arguments et les phrases, tout, en un mot, excepté la langue, et qu'il est évident que ce qui constitue un ouvrage ce sont les idées, l'ordre dans lequel elles sont présentées et leur développement, et non l'idiome dans lequel il est écrit; — Que s'il est vrai que la traduction n'est pas destinée à la même partie du public que l'ouvrage original, il n'en est pas moins certain qu'elle enlève à l'auteur, sans l'assentiment duquel elle a lieu, une classe de lecteurs à laquelle il aurait pu s'adresser, et qu'elle le prive de bénéfices sur lesquels il pouvait légitimement compter, soit en traduisant lui-même son ouvrage, soit en cédant, moyennant rétribution, le droit de le traduire; — Que la traduction, ainsi faite sans la permission de l'auteur ou de son cessionnaire est donc une reproduction dommageable pour lui de l'ouvrage dont il a la propriété exclusive, et présente par conséquent, lorsqu'elle est publiée ou débitée en France, tous les caractères distinctifs du délit de contrefaçon; — Condamné, etc., etc.

Idem. 23 janvier 1853. — C. Cass. — Bayard : Lumley. — *La Fille du régiment.*

Idem. 7 novembre 1845. — C. R. Rouen. — Girardin : Rosa. — Attendu que ce serait la plus irrationnelle des prétentions que de soutenir qu'il n'est porté aucune atteinte, notamment une atteinte de concurrence, à l'auteur d'un ouvrage écrit et publié en français, parce qu'on s'est borné à le traduire et à l'imprimer en langue étrangère; — Attendu que si cette traduction ne s'adresse, il est vrai, qu'à ceux qui ont l'usage de cette langue étrangère, il n'en est pas moins vrai qu'on s'adresse à une partie du public, qu'on espère trouver des lecteurs, des acheteurs; qu'on s'accapare donc ainsi, quoique dans une proportion peu importante, de la chose d'autrui, ce qui est bien précisément contrevenir aux défenses de la loi qui n'a fait et ne pouvait faire aucune distinction; — Attendu que c'est précisément ce qui est reproché à l'imprimeur

Nous devons en dire autant, et à plus forte raison, d'un ouvrage qui, publié en France en langue étrangère, y serait traduit en français. Le préjudice, dans ce cas, s'aggraverait d'autant plus que la traduction s'adresserait à la masse des lecteurs, et le débit de l'œuvre originale se trouverait réduit alors à un très-petit nombre d'acheteurs.

Une question plus grave s'est présentée, c'est celle de savoir s'il y a contrefaçon à traduire en vers et publier l'œuvre que l'auteur original a écrite en prose. Sauf la différence du mérite, nous n'hésitons pas à assimiler cette reproduction à celle qui résulte d'une traduction en langue étrangère. Ce sont les mêmes règles à appliquer; en principe la traduction en vers est donc une contrefaçon. Cette question, que nous sachions, ne s'est présentée dans la pratique que pour les œuvres dramatiques; mais nous estimons que la solution doit être la même dans tous les cas, car les raisons de décider sont les mêmes (1).

Rosa; qu'il s'est permis d'éditer l'ouvrage dont il s'agit sans le consentement et au préjudice du droit soit de Lefèvre, soit de l'auteur Girardin, en publiant en espagnol les *Leçons de chimie élémentaires* sous le titre de *Lecciones de chimica elementaria;* — Condamne, etc. — Appel. — Arrêt confirmatif.

(1) 27 juin 1844. — C. R. Paris. — Baudoin : Vatel. Voy. page 86.

Idem. 6 novembre 1841. — C. R. Paris. — Victor Hugo : Monnier et Bernard Latte. — Attendu, en principe, que la contrefaçon partielle est punie par la loi aussi bien que la contrefaçon intégrale pourvu qu'elle soit notable et dommageable; — Attendu que les œuvres dramatiques sont principalement destinées aux représentations de théâtre, ce qui fait que le plan de l'ouvrage, l'ordonnance du sujet, la conception et le développement des caractères, l'agencement des scènes, la conduite de la pièce, son action et ses effets ont une importance capitale indépendamment du style, de la forme, du langage et du genre de la composition; — Que le style, qui rehausse si puissamment le mérite de toute œuvre littéraire, n'est en quelque sorte que secondaire dans les compositions dramatiques sous le point de vue de la représentation; qu'il en est de même de la forme du langage, prose ou poésie, surtout lorsque l'auteur en faisant des vers n'a guère cherché que la mesure et la rime; que quant au genre de l'ouvrage, opéra ou drame ordinaire, les différences ne sont pas telles qu'elles empêchent que la destinée de l'un n'influe gravement auprès du public sur celle de l'autre; qu'il suit de là qu'une pièce de théâtre écrite en vers et adaptée à la scène lyrique peut être la contrefaçon d'un drame écrit en prose; — Attendu que si les sujets de tels ouvrages sont du domaine commun, c'est

Au droit de critique se rattache incontestablement le privilége de citer, de reproduire textuellement les passages sur lesquels porte ou la louange ou le blâme; néanmoins ces droits de la critique ont des bornes au delà desquelles commence le délit de contrefaçon. On concède au critique toutes les citations nécessaires à sa censure (1); mais il ne peut, sous ce prétexte,

à la condition pour chaque auteur d'une pensée propre, mise en œuvre par moyens tirés de lui-même et qu'il n'ait pas ravis à ses devanciers, dont autrement la gloire littéraire et l'intérêt matériel pourraient avoir beaucoup à souffrir de la banalité et de la concurrence; — Attendu en fait qu'il résulte des débats, des pièces et des documents produits que *Lucrèce Borgia*, grand opéra en quatre actes, paroles d'Etienne Monnier, est une imitation évidente de *Lucrèce Borgia*, drame en trois actes et en six parties de Victor Hugo; que d'un bout à l'autre, l'opéra se traine servilement sur le drame dont il a emprunté toutes les situations et jusqu'au titre et aux personnages, sans en excepter, sans en ajouter un seul; qu'en vain Etienne Monnier prétend que son poëme est imité de l'italien, le libretto italien n'étant lui-même que la reproduction du drame de Victor Hugo, et la loi ne permettant pas de faire indirectement ce qu'elle défend directement; qu'au surplus Etienne Monnier l'a reconnu lui-même en faisant dans le temps une demande auprès de Victor Hugo pour le prier de ne pas s'opposer à la représentation de son opéra, prière à laquelle n'a pas cru devoir accéder Victor Hugo, dont la défense à cet égard a été violée; — Condamne, etc. — Sur l'appel. — La Cour adoptant les motifs des premiers juges, mais considérant cependant que la vente du texte placé par Monnier sous les morceaux séparés de chant de la partition de Donizetti ne saurait être préjudiciable à Victor Hugo; — Exempte de la confiscation et de la destruction le texte de l'opéra dont il s'agit placé sous les morceaux de chant de la partition de Donizetti, gravés ou imprimés séparément, lesquels continueront à être édités et vendus avec ledit texte.

(1) 11 décembre 1846. — C. R. Paris. — Sagnier et Bray : Boiste de Richemont. — Attendu qu'aucune loi n'enlève au prêtre le droit légitime du produit matériel des œuvres de sa plume et de sa parole : — Mais attendu que ce droit doit se concilier avec les franchises de la presse périodique : — Qu'ici, loin qu'il s'agisse de la reproduction en corps d'ouvrage des prédications de M. l'abbé Lacordaire, le journal poursuivi n'a pas même donné ces prédications dans leur entier; — Qu'il n'en a présenté que de simples analyses faites de bonne foi, lesquelles ne sauraient constituer aucun délit, notamment celui de contrefaçon; — Renvoie le prévenu. — Appel. — La Cour, considérant que la reproduction partielle faite dans le *Journal des prédicateurs* des conférences et du sermon prononcés par l'abbé Lacordaire dans l'église métropolitaine de Paris, n'excède pas les bornes d'une simple analyse avec citation de fragments, telle qu'il appartient aux journaux de la faire, afin de mettre le lecteur à

reproduire la totalité de l'œuvre critiquée (1). On a même décidé, avec raison, que s'il insérait, par exemple, plusieurs chapitres d'un roman, plusieurs chants d'un poëme, plusieurs scènes d'une œuvre dramatique, de manière à reproduire ainsi la partie la plus intéressante, dans un ensemble assez complet pour satisfaire la curiosité de la plupart des lecteurs et les dispenser d'acheter l'ouvrage, il se rendrait coupable de contrefaçon, alors même que la critique se rapporterait aux passages reproduits; à plus forte raison si elle n'était que générale, et

---

même d'apprécier une composition oratoire prononcée en public; — Confirme.

Idem. 6 juin 1849. — C. R. Rouen. — Guenon : Collot. — Attendu que Collot a publié un ouvrage intitulé *Traité spécial de la vache laitière;* — Attendu que dans la partie de cet ouvrage où il indique le moyen de faire un bon choix, il a exposé, avant les signes anciens et généraux de la production du lait, le système suivant lequel Guenon reconnaît à certains signes la qualité et la quantité du lait des vaches; mais que cet exposé sommaire, dont le but principal est de faire apprécier les modifications que Collot propose au système Guenon, n'a pas pour objet de remplacer l'ouvrage de Guenon, auquel il renvoie et dont il suppose l'étude préalable; — Que les deux tableaux synoptiques dont il accompagne l'exposé du système Guenon et des modifications qu'il propose d'y introduire n'offrent pas davantage la reproduction servile des dessins joints à l'ouvrage de Guenon; qu'ils consistent dans une analyse raisonnée et sommaire des signes indicateurs de la production du lait présentée sous une forme qui est exclusive du caractère de contrefaçon envers l'œuvre du plaignant; que la forme adoptée pour ces tableaux leur a donné une valeur scientifique plutôt qu'usuelle; — Attendu que Collot, loin de vouloir s'approprier le fruit des labeurs de Guenon, renvoie à l'ouvrage de celui-ci et conseille d'appeler l'auteur pour en faire l'application au moyen de leçons pratiques; — Attendu que le traité de Collot diffère de celui de Guenon par son titre, son format, sa composition et son objet; — Que sous ces différents rapports, le traité de Collot ne peut être considéré comme une contrefaçon du *Traité des vaches laitières*, par Guenon, au moyen d'une reproduction, soit totale, soit partielle, du texte et des planches du plaignant; — Que si l'analyse donnée par Collot est de nature à porter préjudice à Guenon, parce qu'elle constituerait un plagiat ou parce qu'elle aurait nui aux intérêts de l'auteur de la belle découverte, en diminuant le débit de l'ouvrage par lui publié, elle pourrait, sous ce rapport, être l'objet d'une action civile en dommages-intérêts; mais que dans les circonstances de la cause elle n'a pas les caractères d'un délit; — Attendu que Collot ne justifie d'aucun dommage par lui éprouvé; — Renvoie Collot.

(1) 24 mai 1845. — C. R. — Sagnier et Bray : Mallet.

ne portait que sur l'ensemble de l'ouvrage (1). On comprend en effet le préjudice causé au propriétaire de l'ouvrage contre lequel on établit ainsi une concurrence redoutable.

Toutefois, nous devons signaler une exception, car ce que nous disons du droit exclusif de publication ne saurait être opposé aux *journaux* qui trouvent dans les lois sur la presse le droit de publier tout ce qui se fait ou se dit en public; ce droit des journaux, qui n'a d'ailleurs jamais été contesté, ne peut engendrer celui de colliger et de publier, à part, un recueil de ces diverses compositions, sans l'assentiment des auteurs. Nous pensons même que, pour ce qui regarde les cours publics, le professeur a le droit de s'opposer à ce que les journaux reproduisent et publient ces leçons autrement que sous la forme de résumé. On comprend en effet que, dans le cas contraire, la contrefaçon se saisirait bientôt de ce moyen détourné pour dépouiller le professeur d'un droit précieux pour sa fortune et sa réputation, comme pour la science, ainsi que nous l'avons démontré plus haut.

La publication de l'analyse du libretto d'un ballet est une contrefaçon de ce libretto. En effet il y a dans cette analyse la reproduction totale du sujet et de l'agencement des scènes; il y a, par suite, préjudice causé à l'auteur (2).

Nous avons vu, au titre *De la propriété*, que les journaux ont un droit exclusif sur leurs articles de doctrine littéraire et

(1) 6 janvier 1849. — C. app. Paris. — Michel Levy : Leclerc. — Jugement confirmé par la Cour. — Attendu que, dans le journal *la Mode*, Leclerc a reproduit textuellement une partie très-notable de la tragédie de *Cléopâtre* dont les frères Levy se sont rendus acquéreurs; — Attendu que le soin principal de Leclerc a été de relier entre eux par des récits intercalaires tous les passages cités, de manière à offrir un ensemble de cette tragédie qui dispensât au besoin d'acheter la publication de Levy; que, loin de se livrer à une analyse littéraire de la pièce, il n'a fait qu'en copier les principales scènes, à l'exclusion précisément de celles du quatrième acte qui, suivant lui, donnaient lieu à une véritable critique; — Condamne, etc.

Idem. 13 juillet 1830. — Meynier : Darthenay. — Roman de la *Confession* de J. Janin.

(2) 12 mars 1845. — Paris, — Veuve Jonas : Durand. — Le Tribunal a con-

politique, leurs correspondances particulières, etc. La reproduction de ces différentes compositions constitue donc le délit de contrefaçon. On doit prohiber même, comme frauduleuse et préjudiciable, la reproduction des nouvelles politiques ou autres, sinon quant au fond, qui appartient à la vérité du sujet et qui est du domaine public, au moins quant à la forme, qui est la propriété exclusive du journal qui le premier a produit la nouvelle. Ainsi un journal publierait une nouvelle politique ou autre qui lui aurait été fournie par sa correspondance particulière, le fond de cette nouvelle tomberait dans le domaine public comme fait accompli; mais la forme du récit, le style du correspondant, et à plus forte raison ses réflexions ne pourraient être reproduites par d'autres journaux sans qu'ils se rendissent coupables du délit de contrefaçon.

Néanmoins, les tribunaux chargés d'apprécier le fait matériel de contrefaçon pourront, dans ce cas particulier, tenir compte au contrefacteur du temps qui sépare sa reproduction de la publication de l'article original. Ce n'est pas qu'ils puissent décider d'une manière absolue que l'on aura le droit de reproduire les articles des journaux après un certain temps; mais ils devront mesurer la peine au préjudice causé, à la valeur, à l'importance, à l'ancienneté de l'article contrefait; s'il leur était même démontré qu'il n'y a pas de préjudice possible, ils pourraient, tout en reconnaissant la propriété, déclarer que telle ou telle reproduction n'a pas le caractère de la contrefaçon. C'est le seul moyen, qui nous paraisse légal et avoué par la logique, de mettre d'accord le droit avec l'équité, en présence de l'imperfection de notre législation sur la propriété des œuvres du journalisme.

L'éditeur qui achète le reste d'une édition et qui croit pouvoir rajeunir le livre en changeant la couverture ne se rend pas coupable de contrefaçon, il s'expose seulement à une ac-

---

sidéré comme reproduction illicite de la *Péri* et de *la Jolie Fille de Gand*, un programme dans lequel se trouvait exactement indiquée, scène par scène, la marche de la pièce.

tion civile en dommages-intérêts, si ce fait a causé un préjudice (1).

L'imprimeur qui a conservé un certain nombre d'exemplaires en feuilles d'un ouvrage pour l'impression duquel il n'a pas été complétement payé n'a pas, sans doute, le droit de se payer par ses mains en vendant lesdits exemplaires, mais la vente qu'il en fait ainsi indûment ne constitue pas le délit de contrefaçon (2).

Pour compléter notre doctrine sur les caractères de la contrefaçon, il importe d'ajouter au présent chapitre les développements dans lesquels nous sommes entré dans les chapitres III, IV, V, VI et VII.

SECTION 3. — *Du débit.*

La loi a assimilé à la contrefaçon le simple débit d'ouvrages contrefaits, mais le débit constitue un délit distinct de la contrefaçon, distinct par sa nature comme par sa moralité et ses conséquences. Aussi le législateur n'a pas soumis le débitant à la même pénalité que le contrefacteur.

Le débitant, dans le sens de la loi, n'est pas seulement celui qui a débité, mais celui qui a mis en vente ou qui possède les objets contrefaits pour les débiter, alors même que, dans l'un ou l'autre de ces deux cas, il n'y aurait pas encore eu vente accomplie. La jurisprudence est allée encore plus loin. La cour d'Amiens, par un arrêt du 28 novembre 1835, a décidé, sur l'appel d'un jugement du Tribunal correctionnel de Beauvais, que l'on devait considérer comme débitant, dans le sens de la loi, celui à qui les objets contrefaits sont expédiés et qui se propose de les vendre ou distribuer, alors même qu'ils ne lui seraient pas encore parvenus.

Nous traitons plus complétement au livre *des Brevets d'invention* les questions relatives au débit d'objets contrefaits.

---

(1) 28 janvier 1848. — Trib. corr. Paris. — Charrel : Dusacq.

(2) 7 mars 1845. — Trib. civ. Paris. — Delavigne : René.

SECTION 4. — *De l'introduction en France des ouvrages contrefaits.*

Le législateur ne s'est pas seulement efforcé de protéger la propriété de l'auteur contre les atteintes résultant de la reproduction et de la vente, il a encore cherché à prévenir le mal que la loi est presque toujours impuissante à réparer, et il a, dans l'article 426 du Code pénal, soumis aux peines de la contrefaçon ceux qui introduiraient en France des ouvrages contrefaits à l'étranger. On conçoit que la loi ne pouvait atteindre le délit consommé à l'étranger qu'autant qu'il venait se placer à sa portée par le fait d'introduction. Si donc un individu allait contrefaire et exploiter à l'étranger l'ouvrage d'un auteur, il ne pourrait être puni en France que dans le cas, prévu par l'art. 426 précité, où il aurait introduit ou fait introduire en France sa contrefaçon. Il importe peu, d'ailleurs, que l'introducteur ait coopéré à la reproduction ; le fait isolé d'introduction constitue le délit prévu et puni par la loi.

On a soulevé la question de savoir s'il y aurait introduction, dans le sens légal, de la part de celui qui débiterait, dans un pays nouvellement réuni à la France, une édition contrefaite et publiée par lui avant cette réunion. La négative n'est pas douteuse, car l'introduction suppose un transport volontaire et frauduleux ; il y a tout simplement, dans ce cas, débit en France d'une édition contrefaite, parce que la contrefaçon s'est accomplie antérieurement et hors des atteintes de la loi française. Notons, toutefois, que cette distinction n'exclut pas le délit, puisque la loi punit à la fois le contrefacteur et le débitant ; mais elle peut le modifier en ce qui touche la pénalité, qui est moindre pour le débitant que pour l'introducteur (1). Cette doctrine est conforme d'ailleurs à un avis du conseil d'État du 12 août 1807.

Il est bien entendu que l'introducteur n'est pas seulement celui qui importe, mais aussi celui qui fait importer les exem-

(1) 29 frimaire an 14. — C. Cass. — Valhen : Guillaume.
Idem. 29 thermidor an 11. — Buffon : Behemer.

plaires contrefaits. Tel serait le libraire qui achèterait à l'étranger des ouvrages contrefaits et se les ferait expédier en France (1). Mais dès que ces exemplaires lui sont parvenus, il cumule le fait d'introduction avec celui de débit ; et comme en matière pénale la peine la plus forte absorbe la plus faible, il ne serait poursuivi et puni que pour le fait d'introduction. Il ne pourrait pas argumenter de ce qu'il n'a fait que débiter, afin d'échapper à la pénalité plus forte de l'introduction. Le fait du débit n'efface pas le fait d'introduction, ils sont indépendants l'un de l'autre et le premier n'exclut pas le second.

Peut-on considérer comme délit d'introduction le fait seul de la présence sur le sol français, et en transit, d'un ballot contenant des contrefaçons destinées à un autre pays où elles ont été ou dû être renvoyées ? Ainsi, lorsqu'un libraire de Bruxelles, par exemple, adresse des ouvrages contrefaits à un correspondant d'Italie en les faisant passer par la France, l'auteur dont l'ouvrage a été contrefait aura-t-il le droit de faire saisir ces objets ? Cela n'est pas douteux ; car la seule présence en France de ces objets constitue le délit d'introduction. On conçoit aisément que le système contraire tendrait à éluder trop facilement la pénalité attachée au fait d'introduction. C'est au surplus ce qui a été décidé par l'arrêt de 1835 rapporté dans la section qui précède.

On a soulevé, sur le fait d'introduction, une question que nous ne pouvons pas formuler en droit, et qui s'est présentée dans les circonstances suivantes. Victimes de ces vastes entreprises de contrefaçon qui s'organisent à l'étranger, les éditeurs français ont imaginé de placer, sur un certain nombre d'exemplaires de leur édition, une couverture portant ces mots : *Imprimé à Bruxelles*, et de les adresser, pour un prix inférieur, aux libraires de cette ville, à la condition que ceux-ci ne les vendraient qu'à l'étranger. Quelques-uns de ces exemplaires ont été réimportés en France, où les débitants substituaient sur la couverture aux mots : *Imprimé à Bruxelles*, ceux-ci : *Imprimé à Paris*. Comme

(1) 15 février 1835. — C. R. Paris. — Granger : Renouard.

on les vendait à un prix inférieur à ceux restés en France, les éditeurs les ont fait saisir. De là la question de savoir si le débit, en France, de ces exemplaires constituait un délit ; et quelle devait être la qualification de ce délit. Le Tribunal correctionnel de la Seine, à la date du 7 mars 1834, a décidé dans une affaire Béchet c. Crochard que ces faits ne constituaient pas un délit, et, par conséquent, il a renvoyé les prévenus de la plainte portée contre eux. Nous croyons que, sous le point de vue du délit, cette décision est fondée en droit. En effet, il n'y a pas eu contrefaçon, puisque l'ouvrage a été imprimé et vendu par le véritable propriétaire aux libraires de Bruxelles. Il n'y a ni débit, ni introduction, dans le sens des lois de la matière, parce que ces deux faits ne constituent un délit qu'autant qu'ils ont rapport à des ouvrages contrefaits. Il ne reste à apprécier que le fait d'avoir substitué une couverture à une autre. Or, la réimpression de la couverture ne peut constituer un délit en thèse générale, et encore moins dans l'espèce particulière, puisqu'on n'a fait que restituer à l'ouvrage les indications qui lui appartenaient.

Toutefois, ce fait cause aux éditeurs un préjudice dont réparation leur est due. Aussi nous pensons qu'ils auront une action civile en dommages-intérêts à exercer contre les débitants de France, qui n'ont pu avoir plus de droits que leurs vendeurs de Bruxelles. Or, ceux-ci ont acheté à la condition de ne pas introduire, et surtout de conserver aux exemplaires la couverture spéciale qui y avait été mise. Néanmoins, les débitants qui auront été saisis et condamnés à réparer le préjudice causé, auront, de droit, leur recours contre leurs vendeurs par les moyens qu'ils aviseront, s'ils prouvent qu'ils ont agi de bonne foi, ce qui, dans l'espèce, est peu probable.

SECTION 5. — *Du préjudice.*

Nous avons dit que, pour constituer la contrefaçon, il fallait qu'il y eût préjudice causé. Nous rappelons ici que ce n'est pas là le seul caractère de la contrefaçon, et qu'il faut encore qu'il y ait reproduction totale ou partielle. C'est la réunion de ces deux circonstances qui soumet aux peines portées par les art. 425 et suivants du Code pénal, celui qui s'est rendu coupable du fait de reproduction. Dans les cas où il y a préjudice sans reproduction, comme nous le verrons en traitant de l'usurpation du titre d'un ouvrage et du nom de l'auteur, il n'y a lieu qu'à l'action civile en dommages-intérêts.

Il n'est pas nécessaire que le préjudice soit actuel; il suffit qu'il soit possible. C'est pourquoi nous avons considéré comme un délit l'impression seulement commencée. C'est aussi dans cet esprit que la jurisprudence a interprété la loi, lorsqu'elle a autorisé la saisie des exemplaires contrefaits, alors même qu'il n'en aurait pas été vendu.

CHAPITRE IX.

DE LA POURSUITE EN CONTREFAÇON.

Section 1re. — *De ceux qui peuvent poursuivre.*

Le droit de poursuivre les contrefacteurs appartient au véritable propriétaire. Or le véritable propriétaire est celui qui possède le droit exclusif de reproduction, soit en vertu de la qualité d'auteur ou d'héritier de l'auteur, soit en vertu d'un titre d'acquisition. Il suit de là que le cessionnaire peut seul poursuivre les contrefacteurs pendant tout le temps de sa jouissance, pourvu que sa jouissance soit exclusive, car celui qui aurait seulement acquis de l'auteur le droit de publier, mais non un droit exclusif de publier, ne pourrait s'autoriser de sa cession pour exercer une poursuite contre les contrefacteurs. Il faut le décider ainsi, parce que la contrefaçon ne porte préjudice qu'au véritable propriétaire, et que le cessionnaire dont il s'agit ici ne peut revendiquer cette qualité, puisqu'il n'a acquis de l'auteur qu'une simple autorisation, et non pas un droit exclusif. Hors ce cas exceptionnel, le cessionnaire a toujours le droit de poursuivre les contrefacteurs, et ce droit n'appartient qu'à lui. Il l'exerce seul pendant toute la durée de sa jouissance exclusive, c'est-à-dire pour le temps et dans la localité assignés à cette jouissance. Le cessionnaire d'un droit d'auteur peut poursuivre même les contrefaçons antérieures à la cession, si elles se sont, par le débit, continuées depuis la cession. Mais alors l'action ne peut être dirigée que contre le débitant, car le fait de reproduction, isolé du débit, s'est accompli à une époque où le cessionnaire n'avait aucun droit à exercer.

Nous répéterons ici ce que nous avons développé plus complétement au titre *De la cession,* c'est que la poursuite peut être intentée par le cessionnaire, alors même qu'il ne justifierait pas d'un acte de cession ayant date certaine avant la poursuite.

Le véritable propriétaire est le seul, avons-nous dit, qui puisse intenter l'action en contrefaçon. Cela n'est vrai que sous le point de vue de l'indemnité; mais, sous le point de vue de la pénalité, l'action appartient encore au ministère public. En effet, la contrefaçon littéraire est un délit; or, comme la poursuite des délits appartient essentiellement au ministère public, il faut donc reconnaître qu'il peut poursuivre les contrefacteurs, et qu'il a aussi le droit de faire saisir d'office les objets qui lui sont signalés comme contrefaits.

Il existe une complète indépendance entre la poursuite de l'auteur et celle du ministère public, car les parties se persuadent, à tort, que l'action privée domine l'action publique, et qu'elle peut l'arrêter dans sa marche, si l'intérêt de l'auteur a été garanti par le payement d'une indemnité déterminée à l'amiable. En vain les plaignants auraient accepté une transaction de la part des délinquants, et se seraient, par suite de cet arrangement, désistés de leur action privée; le ministère public n'en aurait pas moins le droit de donner suite à son action, parce que c'est uniquement dans l'intérêt de la loi qu'il agit. La transaction entre les plaignants et les contrefacteurs a pu satisfaire l'intérêt privé en réparant le dommage causé, mais le délit n'en existe pas moins, et la vindicte publique ne peut être satisfaite que par l'application des peines portées par la loi (1). Ce qui a pu fausser l'opinion des justiciables sur ce point, c'est que, lorsque l'auteur, ayant saisi la justice de sa plainte en contrefaçon, vient donner son désistement et renoncer à la poursuite, le ministère public assez ordinairement abandonne la prévention. Mais, en subordonnant ainsi son droit à l'intérêt de l'auteur, il obéit à l'équité et non pas à la loi. La poursuite du délit appartient donc, toujours et dans tous les cas, au ministère public, par cela seul que le délit a été commis (2).

(1) 6 vendémiaire an 3. — La Convention nationale, après avoir entendu le rapport de son comité de législation, etc.; — Considérant que les délits sont poursuivis par les accusateurs publics, moins parce qu'ils lèsent l'intérêt particulier que parce qu'ils blessent l'ordre public; que, sous ce dernier rapport, il ne dépend pas des citoyens, quand bien même ils seraient désintéressés subséquemment à une accusation par eux intentée, d'arrêter le cours de la vindicte publique, qui ne peut être satisfaite que par un jugement; — Décrète, etc.

(2) 18 novembre 1851. — Trib. Paris. — Goupil : Serbitt-Chaudemanche et Mouillaud. — Attendu que la contrefaçon implique tout à la fois un délit et un préjudice causé à la propriété privée; — Attendu que l'auteur, en retirant sa plainte et en transigeant avec les délinquants, a le droit et le pouvoir de couvrir par cette transaction le tort fait à ses intérêts et à sa propriété privée; mais que cette transaction ne peut avoir pour effet d'annuler le délit au point de vue de la répression dans l'intérêt public; — Attendu que l'art. 425 du Code pénal définit clairement que la contrefaçon est un délit par le fait lui-même et abstraction faite de tout préjudice matériel; — Attendu qu'il est constant, en fait, et reconnu par Serbitt et Chaudemanche qu'ils sont les auteurs de la contrefaçon dont il s'agit, en imprimant dans l'*Almanach du Bien-Être universel*, comme étant l'œuvre de Mouillaud, les éphémérides politiques et militaires dont Goupil est l'auteur; — Attendu que Chabot-Fontenay a mis sciemment en vente l'*Almanach du Bien-Être universel*, contenant la contrefaçon des éphémérides, et s'est rendu ainsi, en ce qui le concerne, coupable du délit à lui imputé; — Attendu que l'erratum proposé par Goupil ne peut couvrir que les éditions subséquentes, mais non celle qui fait l'objet de la saisie; — Attendu que Mouillaud, en consentant à laisser subsister sa signature au bas d'une œuvre qui n'était pas la sienne, mais bien celle de Goupil, a commis le délit qui lui est imputé; — Condamne et ordonne.

Lorsqu'il s'agit de la contrefaçon d'un ouvrage appartenant à l'État, on s'est demandé si le ministère public pouvait poursuivre seul et sans l'adjonction d'un agent civil du gouvernement. Nous venons de voir que l'existence du délit suffit à l'action du ministère public; sa position ne saurait changer parce que l'ouvrage contrefait appartient à l'État. Dans ce cas, l'État a les mêmes droits que les particuliers; il peut poursuivre seul ou de concert avec le ministère public, et obtenir la réparation du préjudice qui lui a été causé. Seulement il sera représenté par l'agent administratif auquel est délégué le droit de poursuivre en justice les actions civiles qui appartiennent à l'État.

Si cet agent n'intervient pas dans la poursuite, le ministère public ne peut requérir contre le contrefacteur que les peines portées par la loi, et il ne doit pas, au lieu et place de ces agents, et dans l'intérêt de l'État, conclure à des dommages-intérêts, car il ne représente pas l'État, mais la société, et il agit seulement dans l'intérêt de la vindicte publique (1).

Celui qui a le droit d'intenter la poursuite peut la diriger contre tout individu qu'il présume coupable de contrefaçon, de débit ou d'introduction, sans autre formalité préalable que celle du dépôt. Cependant cette règle souffre exception, mais dans un seul cas. Si, par exemple, un agent du gouvernement commet le délit de contrefaçon dans l'exercice de ses fonctions, on ne peut le poursuivre sans l'autorisation du conseil d'État, aux termes de l'art. 75 de la loi du 22 frimaire an 8. Si, au contraire, il s'est rendu coupable de ce délit en dehors de ses fonctions, il n'est plus alors qu'un contrefacteur ordinaire soumis aux règles du droit commun.

SECTION 2. — *De la saisie des ouvrages contrefaits.*

Le législateur n'a pas déterminé d'une manière exclusive et spéciale les moyens à employer pour arriver à la constatation

---

(1) 7 prairial an 11. — Bossange : Moutardier-Leclerc. V. page 34.

du fait de contrefaçon. L'art. 3 de la loi de 1793 porte que les officiers de paix seront tenus de faire saisir tous les exemplaires contrefaits lorsqu'ils en seront requis par l'auteur ou ses ayants cause. Mais il n'en résulte pas que la saisie soit une formalité nécessaire et préalable, sous peine de nullité de la poursuite. La loi dit même le contraire, car l'art. 429 du Code pénal suppose le cas où il n'y aurait pas eu de saisie, et indique la manière dont on doit alors régler l'indemnité due à l'auteur; cependant il faut reconnaître que la saisie est la voie la plus sûre, et celle qui constate le fait incriminé de la manière la plus satisfaisante.

La poursuite pouvant être intentée sans saisie préalable, surtout depuis la promulgation du Code pénal, dont l'art. 429 est formel, on ne doit pas considérer comme sérieuse la question de savoir si on peut poursuivre d'autres individus que ceux contre lesquels le procès-verbal a été rédigé et qui y sont désignés. Cette question avait été portée devant la Cour suprême, dans un procès en contrefaçon du poëme de l'*Imagination* de Dellile, sous l'empire de la loi du 19 juillet 1793 et avant le Code pénal; cette Cour décida que le procès-verbal ne pouvait avoir pour effet de restreindre la poursuite aux seuls individus qui y avaient été désignés. On doit donc, et à plus forte raison, le décider ainsi depuis la promulgation du Code pénal.

Nous allons, pour discuter les différentes questions relatives à la saisie, supposer le cas où le poursuivant emploie ce moyen pour faire constater le délit.

Le procès-verbal de saisie ne peut être dressé que par les officiers publics que la loi a spécialement chargés de cette mission. L'art. 3 de la loi du 19 juillet 1793 en a attribué le pouvoir aux *officiers de paix;* mais le décret du 25 prairial an 3 leur a substitué les *commissaires de police,* ou les *juges de paix,* dans les lieux où il n'y a pas de commissaires de police.

Le Code d'instruction criminelle, qui a réglé les formes générales de la procédure criminelle, contient une modification essentiellement applicable à la législation relative à la propriété littéraire, par la raison qu'il s'occupe de l'instruction sur les délits et les crimes, et que le Code pénal (art. 425 et suivants) a rangé la contrefaçon au nombre des délits. D'où il suit que la saisie requise par le plaignant peut être faite par les commissaires de police ou les juges de paix, dans le cas prévu par le décret du 25 prairial an 13; mais quand la saisie est provoquée par le ministère public, elle peut être pratiquée par les juges d'instruction ou par leurs délégués; en un mot, par tous les magistrats ou agents compétents en matière de police judiciaire, aux termes des art. 9, 22, 23 et suivants du Code d'instruction criminelle.

Il résulte de l'art. 45 du décret du 5 février 1810 que le délit d'introduction d'ouvrages contrefaits peut être constaté et la saisie pratiquée par les préposés des douanes. Mais c'est là un cas exceptionnel, hors duquel la saisie ne peut être opérée que par les individus ci-dessus indiqués. D'où il faut conclure que les agents de police, n'ayant pas le droit de verbaliser, ne sont pas compétents pour pratiquer la saisie. Le procès-verbal dressé par eux serait donc nul (1).

L'art. 3 de la loi de 1793 porte que les officiers de paix seront tenus de saisir les objets contrefaits, lorsqu'ils en seront requis. Ainsi, le magistrat requis pour faire la saisie ne peut, sous aucun prétexte, s'y refuser. La loi lui en fait un devoir,

---

(1) 9 messidor an 13. — Bidault : la veuve Louvet. — C. Cass. — Attendu que, dans l'espèce, la veuve Louvet n'avait d'autre titre pour accuser Bidault d'avoir attenté à ses propriétés littéraires que la découverte et la saisie, dans la maison de ce libraire, de plusieurs exemplaires prétendus contrefaits du *Chevalier de Faublas* et de l'*Émile de Varmont;* qu'aux termes de la loi de 1793 et de celle du 25 prairial an 3, cette découverte ne pouvait être constatée que par un commissaire de police ou un juge de paix; que Talon, qui a fait la perquisition chez Bidault et y a saisi les exemplaires prétendus contrefaits, n'était ni commissaire de police ni juge de paix, ce qui résulte du texte même du procès-verbal de saisie; que ce défaut de qualité légale, dans la personne de Talon, ne permettait pas de baser sur ce procès-verbal rédigé par lui la procédure correctionnelle dirigée et les jugements intervenus contre Bidault, et qu'en le faisant il a été commis un excès de pouvoir qui doit être réprimé, d'après le vœu du troisième article précité; — Casse.

et met, par conséquent, sa responsabilité à couvert. Le poursuivant qui requiert son assistance agit à ses périls et risques. Il y aurait les plus grands dangers à donner au magistrat, chargé de saisir, le droit d'apprécier le mérite de la poursuite. La loi a fait plus sagement en laissant le plaignant juge de l'opportunité d'une mesure, rigoureuse sans doute, mais dont les tiers sont suffisamment garantis par la responsabilité du poursuivant, qui est toujours passible de la réparation du dommage causé par une poursuite téméraire.

Les formes de la saisie sont indiquées par les art. 38 et 39 du Code d'instruction criminelle. Elles ne sont pas prescrites à peine de nullité ; cependant l'officier public devra toujours observer celles des précautions qui doivent servir à constater, aux yeux de la justice, l'identité des objets saisis.

Le procès-verbal de saisie n'a pas pour conséquence nécessaire l'enlèvement des objets argüés de contrefaçon. Le plaignant peut toujours consentir à ce que les exemplaires contrefaits, dont le procès-verbal a constaté le nombre et le format, restent entre les mains du contrefacteur jusqu'au moment où la justice aura reconnu le mérite de la poursuite. Mais, s'il craint que ces objets, malgré la saisie, ne soient soustraits aux regards des juges, il peut exiger qu'ils soient mis dans un autre lieu. Dans la pratique, on se contente d'en déposer un exemplaire au greffe, et de laisser les autres à la garde du saisi.

La généralité des termes de la loi, qui autorise sans distinction la saisie de tout exemplaire contrefait, nous paraît applicable même au cas où un exemplaire contrefait serait saisi chez un particulier qui ne pourrait être présumé l'avoir acheté que pour son usage personnel. Cette doctrine est rigoureuse, mais elle est conforme à l'esprit de la loi et à sa juste sévérité. Elle est d'ailleurs justifiée, comme nous le disions, par la généralité de ses termes. En vain dirait-on que la loi n'a prohibé que le fait de contrefaçon, d'introduction et de débit, mais non le fait d'acquisition. Sans doute la loi n'a prohibé que le débit et non l'acquisition, c'est-à-dire qu'elle n'a attaché le caractère de délit qu'au débit, et non au fait de celui qui achète un ouvrage contrefait. Aussi nous ne pensons pas que le possesseur d'un exemplaire unique puisse être condamné aux peines portées par la loi, s'il prouve qu'il ignorait l'origine frauduleuse de l'exemplaire. Mais s'il ne fait pas cette preuve il est complice par recel de la contrefaçon, ainsi que nous le démontrons en traitant de la complicité au livre *des brevets d'invention*. Dans tous les cas le détenteur ne peut éviter la confiscation; en effet, la confiscation est, aux termes de l'article 429 du Code pénal, la conséquence forcée de la saisie. Or, la saisie peut être pratiquée sans distinction sur tous les objets contrefaits. Si l'individu trouvé nanti d'un exemplaire contrefait établit qu'il ne l'a acheté que pour son usage personnel, il aura prouvé sa bonne foi et rien de plus. Il échappera aux condamnations qui frappent le contrefacteur, et son recours lui sera réservé contre le vendeur; mais ce serait méconnaître l'esprit de la loi que de laisser en sa possession l'exemplaire contrefait (1).

On peut saisir tous les objets dont la confiscation devra être prononcée si le délit est reconnu constant. Or, l'art. 427 du Code pénal prescrit la confiscation non-seulement des objets contrefaits, mais encore des matrices, moules et planches ayant servi ou devant servir à la contrefaçon ; l'officier public pourra donc les saisir. Il aura aussi le droit de saisir les caractères d'imprimerie lorsqu'ils seront *composés*, c'est-à-dire arrangés pour la reproduction de l'ouvrage contrefait. Il n'en serait pas de même des caractères seulement *destinés* à la composition et des presses qui auraient servi à reproduire la contrefaçon ; car il n'en est pas des caractères d'imprimerie comme des planches, moules et matrices. Ces derniers objets sont exclusivement et spécialement destinés à la contrefaçon d'un ouvrage déterminé, tandis que les caractères d'imprimerie, tant qu'ils ne sont pas composés, n'ont pas un caractère d'affectation spéciale à la contrefaçon. Il en faut dire autant lorsque après avoir été composés ils sont séparés

(1) *Contra*. 18 juin 1847. — C. Cass. — Philipon de la Madeleine : Didier et Mallet.

et replacés dans leurs casses. Dans ce cas ils n'ont plus le caractère spécial qui peut seul autoriser la saisie.

Nous avons vu, en traçant les caractères de la contrefaçon, que le propriétaire peut se plaindre de quelques atteintes portées à son droit, et qui cependant ne constituent pas le délit de contrefaçon. Dans ces cas particuliers, l'action qu'il intente étant toute civile et fondée sur l'article 1382 du Code civil, il ne peut faire pratiquer une saisie chez celui qu'il poursuit sans s'exposer à des dommages-intérêts. La saisie préalable n'est permise au poursuivant qu'autant qu'il se plaint d'un fait de contrefaçon. Il faut ajouter que, dans ce cas, il peut la faire pratiquer même quand il ne veut poursuivre le contrefacteur que par la voie civile; car sa poursuite, bien que civile, est fondée, non sur l'article 1382 du Code civil, mais sur un fait qualifié délit par les articles 425 et suivants du Code pénal.

Indépendamment des règles que nous venons d'exposer et pour les cas non prévus dans le présent chapitre, nous renvoyons le lecteur aux développements relatifs à la poursuite en matière de brevets d'invention, où se trouvent expliquées les règles communes aux deux législations.

Section 3. — *De l'assignation.*

L'assignation en contrefaçon doit-elle, à peine de nullité, contenir l'indication des passages incriminés? Nous ne le pensons pas. Pour l'affirmative on argumente de la loi sur la diffamation. Nous n'avons pas à rechercher quelle a pu être la pensée de l'auteur de cette loi. Nous nous bornons à constater, par la loi même qu'on invoque, que lorsque le législateur veut imposer cette indication détaillée, il le dit formellement, parce qu'elle n'est pas exigée par le droit commun ; d'où la conséquence que, la loi de 1793 étant muette sur ce point, il suffit, sauf les explications à fournir aux débats, de reprocher le fait de reproduction illicite (1).

(1) 18 novembre 1840. — 6e chamb. Paris. — Roret : Pourrat.

SECTION 4. — *De l'exception de bonne foi.*

Lorsque le plaignant a justifié sa poursuite en prouvant la contrefaçon ou le fait de débit, le prévenu, indépendamment des moyens qui touchent au fond du droit, et des exceptions tirées du droit commun, peut encore exciper de sa bonne foi: car le législateur, en traçant les caractères constitutifs du délit de contrefaçon, n'a pas entendu priver le prévenu du bénéfice de ce principe tutélaire qui domine, sauf exception, toutes les législations pénales, c'est qu'il n'y a pas délit dès qu'il y a bonne foi. Aussi faut-il reconnaître que, si la constatation du fait matériel d'impression, de débit ou de possession d'un ouvrage contrefait, établit en faveur du plaignant et contre le saisi une présomption qui dispense le premier de toute autre preuve, la loi néanmoins réserve à l'individu prévenu de contrefaçon le droit de prouver sa bonne foi. L'excuse de bonne foi est de l'essence des lois pénales. On ne doit jamais étendre au delà de leurs limites précises les cas où le fait matériel seul est déclaré punissable; or on ne trouve ni dans les lois spéciales, ni dans les art. 425 et suivants du Code pénal aucune expression qui repousse l'exception de bonne foi (1).

Toutefois ce que nous disons de la bonne foi ne doit pas s'entendre en ce sens que l'auteur de la contrefaçon pourrait

(1) 26 février 1827. — C. R. Paris. — Léna : Perrault. — Attendu qu'il résulte de l'instruction et de l'aveu même des prévenus qu'ils ont contre-moulé deux statues de Cartellier, appartenant à Léna, et représentant la *Jeunesse* et la *Santé;* mais attendu qu'il est suffisamment établi que l'un et l'autre ont agi de bonne foi; que Perrault ayant trouvé les modèles de ces statues parmi les objets composant le fonds de la dame R..., qu'il a acheté, a pu se croire autorisé à en faire usage, puisqu'au moment où la réclamation formée par Léna lui a fait reconnaître ses droits, il s'est empressé de les reconnaître; que la même excuse s'applique à M..., qui depuis 15 ans a vu mouler ces statues par son frère, et les a moulées lui-même, sans réclamation, jusqu'à la plainte de Léna; qu'ayant agi sans intention frauduleuse, il n'y a pas de délit. — Renvoie, etc.

Contrà. 4 mars 1842. — C. R. Toulouse. — Gros : veuve Corne.

27 février 1845. — C. Cass. — Colombier : Richaud. V. page 69.

se défendre utilement en soutenant qu'il n'a pas eu l'intention de nuire. Il a pu croire que sa reproduction ne ferait pas préjudice à l'auteur, mais il s'est rendu coupable de contrefaçon par cela seul qu'il a reproduit l'œuvre de ce dernier sans son consentement (1).

L'excuse de bonne foi ne peut être appréciée en règle générale et dépendra entièrement des faits. Ainsi, par exemple, l'introducteur ou le simple débitant doivent être traités moins sévèrement dans l'admission de leur excuse que le véritable auteur de la contrefaçon. Trompés par le titre d'un ouvrage, par la garantie que leur offrait le nom de l'auteur du délit, par l'habileté avec laquelle la contrefaçon a été déguisée, ils ont pu agir avec pleine confiance.

Celui qui reproduit un sujet qu'on lui a vendu comme tombé dans le domaine public ne peut être considéré et puni comme contrefacteur, s'il prouve son erreur (2). Il peut même, dans le second cas, exercer contre son vendeur une action en résiliation du marché et en dommages-intérêts; car, bien qu'il échappe à la pénalité par l'exception de bonne foi, il ne peut éviter la confiscation des objets contrefaits ou leur destruction, qui doit toujours être prononcée aux termes de l'article 427 du Code pénal (3); or cette confiscation lui cause une perte, et cette perte est le résultat de l'erreur du vendeur, peut-être même de sa fraude.

Le libraire qui a acheté tout ou partie d'une édition d'un individu ayant en sa possession un titre régulier et enregistré, par lequel l'auteur de l'ouvrage lui confère le droit de publier son livre, ne peut être poursuivi comme contrefacteur d'ouvrages contrefaits, alors qu'il est constant, en fait, que ce libraire n'a pas connu la convention ultérieure et restée secrète par la-

---

(1) 26 novembre 1853. — C. Cass. — Talbot : de Villedeuil. V. page 161. *Id.* 15 juin 1844. — C. Cass. — Guérin-Didier : Charpentier. V. page 73.

(2) 26 février 1827. — C. R. Paris. — Léna : Perrault. V. page 196.

(3) *Contra.* 18 juin 1847. — C. Cass. — Philipon de la Madeleine : Didier. V. page 194.

quelle l'auteur a retiré à son éditeur le droit de disposer de son ouvrage (1).

Lorsque l'imprimeur reçoit du gouvernement un manuscrit avec ordre de l'imprimer pour les besoins du service, il ne peut se prévaloir de cette autorisation du gouvernement pour le publier au mépris des droits de l'auteur. Le gouvernement, comme tout autre individu, ne peut céder plus de droits qu'il n'en a, et ne peut surtout ordonner ou autoriser une publication contrefaite, même dans un but d'utilité publique (2). Néanmoins l'imprimeur pourra se prévaloir dans ce cas de l'excuse tirée de sa bonne foi, afin d'éviter, non pas la confiscation, qui doit être prononcée dès qu'il y a reproduction illicite, mais la pénalité qui le menaçait comme contrefacteur; l'auteur, dans le cas où la bonne foi de l'éditeur sera prouvée, aura le droit de poursuivre comme contrefacteur l'agent du gouvernement, quel qu'il soit, qui aura commandé ou autorisé cette reproduction.

Il ne faut pas confondre l'excuse tirée de la bonne foi avec les moyens qui touchent au fond du droit, et qui tendraient à mettre en question la propriété du droit revendiqué par le poursuivant. Ainsi nul ne peut s'excuser d'avoir contrefait, en alléguant et en offrant même de prouver que celui qui se dit auteur ne l'est pas véritablement, à moins qu'il ne soit excipé d'une cession émanée de celui qu'on indique comme le seul et véritable auteur. La raison en est simple; le contrefacteur n'a aucun titre dans la loi pour contester et contredire la propriété, et tout individu qui fait imprimer un ouvrage sous son nom en est l'auteur et le propriétaire aux yeux de la loi, jusqu'à ce qu'il ait été dépossédé judiciairement par le véritable auteur (3).

Nous ne pouvons non plus admettre comme excuse, en principe, le moyen tiré de ce que le libraire ne se serait procuré un exemplaire contrefait qu'à l'instigation de l'acheteur, et pour

---

(1) 18 juin 1847.—C. Cass.—Philipon de la Madeleine : Didier. V. page 194.

(2) 3 mars 1826. — Muller : Guibal. Voy. page 171.

(3) 31 août 1824. — Tanquerey : Voisin. Voy. page 138.

lui rendre un bon office; cependant la Cour suprême a adopté l'opinion contraire (1). Cette doctrine nous paraît opposée aux vrais principes; la loi n'admet pas de provocation de ce genre, et dès que le libraire a consenti à vendre il s'est rendu coupable de débit. Il en devrait être ainsi alors même qu'il n'aurait rien gagné sur la vente, car la loi prévoit ce dernier cas en punissant le simple fait de *distribution* qui ne suppose pas la vente, mais bien la cession gratuite de l'objet contrefait. On conçoit que si l'on acceptait comme excuse l'*instigation* de l'acheteur et le service rendu par le vendeur, la mauvaise foi s'emparerait avec avantage de cette voie ouverte à la fraude, et le débitant pourrait toujours éluder la loi; car, si la demande d'un acheteur est une provocation, cinquante, cent acheteurs provoqueront de même, le libraire cédera à cette provocation, et le délit restera impuni. Une pareille excuse ne pourrait être accueillie, en fait seulement, que dans le cas où il serait prouvé que le libraire vendeur, d'accord avec l'acheteur et prévenu par ce

(1) 2 décembre 1808. — Guillaume : Stapleaux. — Considérant qu'*Estelle* et le *Théâtre*, quoiqu'ils fussent annoncés dans le catalogue, ne se sont point trouvés chez Stapleaux; que la seule circonstance d'une annonce dans un catalogue est insuffisante pour faire regarder celui qui le publie comme débitant, surtout lorsqu'il est reconnu que la plupart des libraires grossissent leurs catalogues de livres qu'ils n'ont pas; — Renvoie sur ce chef; — Mais considérant que *Galathée* est annoncé dans le catalogue de Stapleaux; que l'annonce d'un ouvrage dans un catalogue avoué et l'exposition de cet ouvrage dans la boutique de celui qui l'annonce l'en constituent débitant; — Condamne Stapleaux, etc. — Considérant que l'exemplaire de *Galathée*, représenté au procès, est à la vérité annoncé dans le catalogue de Stapleaux, mais qu'il n'a pas été trouvé dans sa boutique; que, s'il a été procuré à Guillaume par l'épouse dudit Stapleaux, alors absent, il serait injuste de le punir de cette démarche purement officieuse; — Acquitte Stapleaux sur ce chef. — Pourvoi. — Arrêt. — Considérant qu'un simple catalogue ne peut constituer le délit, dans le sens de la loi du 19 juillet 1793, lorsque l'annonce qui s'y trouve d'éditions contrefaites reste isolée de toutes autres circonstances; — Que, s'il est avoué et justifié par le procès-verbal que l'épouse de Stapleaux avait vendu à l'envoyé de Guillaume un exemplaire de l'édition contrefaite du *Don Quichotte*, il était résulté des débats qu'en procurant cet exemplaire à Guillaume, la femme de Stapleaux n'avait fait qu'une démarche purement officieuse, et ne s'était pas livrée à une opération de commerce; — Rejette.

dernier de l'usage qu'on voulait faire de l'exemplaire contrefait, aurait consenti à le lui procurer pour l'aider à découvrir la source de la contrefaçon. Ce serait, dans tous les cas, au libraire à fournir la preuve de ce fait.

SECTION 5. — *De la compétence.*

La loi spéciale n'a rien changé au droit commun en ce qui touche la compétence des Tribunaux chargés de statuer, soit sur les demandes civiles, soit sur les poursuites correctionnelles à fin de réparation du préjudice causé par un délit.

Ainsi le fait de contrefaçon peut être déféré, au choix de la partie lésée, au Tribunal civil ou au Tribunal correctionnel.

Le juge du lieu où la saisie a été pratiquée n'est pas compétent par le seul fait de la saisie. Ainsi, par exemple, si des ballots contenant les livres contrefaits et expédiés d'une ville à une autre, sont saisis à leur passage dans une ville, le juge ne sera compétent qu'autant que l'un des poursuivis serait domicilié ou résidant dans la même ville, ou bien dans le cas où le délit de débit ou de contrefaçon y aurait été commis (1). Si cependant les ballots étaient saisis dans la ville où réside le destinataire des objets expédiés, le juge de cette ville serait compé-

---

(1) 29 novembre 1834. — Delalain : Caron-Vitet, Barbou, etc. — Considérant que Paris n'est ni le lieu de la résidence des prévenus, ni celui où aucun d'eux a été trouvé; qu'à la vérité le corps du délit a été saisi à Paris, mais que le délit lui-même n'y a pas été commis; qu'en effet le délit consiste dans l'intention coupable d'opérer soit l'expédition des contrefaçons de Limoges, soit leur réception à Amiens; que cette intention n'est pas imputée à Martin, au domicile duquel les contrefaçons ont été saisies; que Martin, simplement dépositaire passager des marchandises, en ignorait la nature, et n'a eu aucune participation dans les faits qui devaient servir à la consommation du délit dont il s'agit; qu'ainsi il ne peut être considéré comme s'en étant rendu complice, et qu'ayant été déchargé de toute culpabilité, le fait du transport devient, à son égard, un fait isolé, étranger à celui qui fait l'objet des poursuites et de l'instruction; — Confirme sur l'incompétence.

Id. 29 mars 1855. — Paris. C. imp. — Fondeur : Dubois. — Attendu qu'il résulte des dispositions de l'art. 23 du Code d'instruction criminelle que la compétence des Tribunaux correctionnels est fixée par le lieu du délit, celui du domicile de l'inculpé ou celui où il aura pu être arrêté; — Attendu qu'il

tent; car nous avons vu, en parlant des caractères de la contrefaçon, que le simple destinataire peut être considéré comme débitant, lorsqu'il reçoit les objets pour en faire le débit, alors même que ce débit n'aurait pas été effectué.

Le fait de contrefaçon et le fait de débit d'un ouvrage contrefait ayant entre eux des rapports nécessaires, le plaignant peut assigner tous les prévenus, quels que soient leurs domiciles respectifs, soit devant le juge du contrefacteur, soit devant le juge du débitant (1).

Le délit de contrefaçon par la voie de la presse est commis dans tous les lieux où il y a distribution du numéro du journal argüé de contrefaçon; cette distribution résulte suffisamment

---

résulte encore des dispositions des art. 40, 41 et suivants de la loi du 5 juillet 1844, que les Tribunaux du lieu du domicile de ceux qui ont sciemment recélé, exposé ou débité les objets contrefaits sont également compétents; — Attendu que Dubois habite dans l'arrondissement de Laon, à Chauny; que c'est là qu'il y fabrique des charrues prétendues contrefaites; qu'il n'a pas été arrêté hors de ce domicile, et que sous tous les rapports et aux termes de l'art. 23 du Code d'instruction criminelle, le Tribunal de Laon serait seul compétent; qu'il n'est pas établi que Dubois ait sciemment recélé, débité ou exposé dans le département de la Seine des objets contrefaits, et qu'ainsi la compétence particulière de la loi du 5 juillet 1844 ne saurait lui être appliquée; qu'il n'existe dans la cause aucune poursuite contre des débitants, des recéleurs ou exposants autres que Dubois, et qu'ainsi la compétence du Tribunal de Laon ne saurait être douteuse; — En ce qui touche l'argument tiré de la livraison faite à Paris de la charrue prétendue contrefaite; — Attendu qu'aux termes de l'art. 1582 du Code Napoléon, le contrat de vente est parfait dès qu'il y a accord sur la chose et sur le prix; que la livraison n'ajoute rien à la vente; que la vente seule constitue le délit, si délit il y a; que cette vente, dans l'espèce, a eu lieu à Chauny entre Dubois et son acheteur; et que la livraison ne saurait créer, pour le lieu où elle a été faite, une compétence qui n'est point édictée dans la loi; — Se déclare incompétent.

(1) 8 mars 1843. — C. R. Paris. — Arnaud-Tizon : Hazard. — Considérant que le fait de contrefaçon et le fait de débit des ouvrages contrefaits ont entre eux des rapports nécessaires et qu'ils doivent être appréciés par les mêmes juges; que dès lors le plaignant a intérêt et droit de porter son action soit devant le juge du contrefacteur prétendu, soit devant le juge du débitant; — Considérant que l'instruction contre les débitants est pendante devant les juges de la Seine; Émendant, renvoie la cause et les parties devant les premiers juges.

Id. 3 juin 1843. — C. R. Paris. — Spencer : Muré-Buisson.

Contrà. 22 novembre 1842. — Trib. Paris. — Vᵉ Schlumberger : Leplay-Vardon.

de l'envoi par la poste. En conséquence, les Tribunaux du lieu où cette distribution est constatée sont compétents pour connaître de la plainte portée contre le gérant, quoiqu'il demeure et publie le journal dans le ressort d'un autre Tribunal (1).

Nous n'avons, sur la compétence, rien de plus à ajouter aux développements donnés, sur ce sujet, au livre *Des brevets d'invention.*

Les traités internationaux n'ont rien changé aux règles de la compétence. L'auteur étranger qui saisit la justice française de son action en contrefaçon doit suivre les prescriptions de la loi française; de même, le Français qui s'adresse à la justice étrangère doit se conformer aux lois du pays (2).

---

(1) 20 août 1841. — C. R. Paris. — Société des gens de lettres : l'*Écho du Nord.* — Considérant que la contrefaçon consiste dans l'édition d'un ouvrage au mépris des droits de propriété des auteurs; que l'édition par voie d'un journal s'opère dans tous les lieux où ce journal a été publié par le fait du gérant; — Que le gérant étant réputé auteur ou éditeur du journal, l'inculpation des faits de contrefaçon implique nécessairement l'imputation du délit d'ouvrages contrefaits; — Considérant, en fait, qu'il est constant que le journal l'*Écho du Nord*, et notamment les numéros objet de la plainte de Pommier, ès noms, ont été expédiés de Lille à Paris par Leleux et distribués par la poste dans cette ville; qu'ainsi Paris est l'un des lieux où le délit complexe imputé à Leleux aurait été commis, et qu'aux termes des art. 63 et 182 du Code d'instruction criminelle, le Tribunal de la Seine était compétent pour connaître de l'action intentée par Pommier; — Considérant qu'à supposer l'art. 12 de la loi du 26 mai 1819 applicable au délit de contrefaçon, la compétence du Tribunal de la Seine résulterait encore des dispositions du dernier paragraphe de cet article, qui ne contient que la reproduction des principes du droit commun; — Infirme et se déclare compétent.

(2) 5 mars 1855. — C. R. Nice. — Ollendorff : Visconti. — Attendu qu'il résulte du certificat produit à l'audience par la partie civile, délivré par le directeur général des archives de l'Empire français, en date du 24 novembre dernier, dûment légalisé, que le 2 décembre 1847 il aurait été déposé au bureau de la librairie, au ministère de l'intérieur, sous le n° 8222, un ouvrage de M. H.-G. Ollendorff intitulé : *Nouvelle Méthode pour apprendre à lire, à écrire et à parler une langue en six mois, appliquée à l'anglais,* format in-8° en un volume, imprimé par Al. Bailly; qu'à la date du 22 avril 1853 il aurait été déposé au susdit bureau deux nouveaux exemplaires d'une réimpression de cet ouvrage; — Attendu que ce certificat régulier sert à confirmer ceux qui sont joints aux actes, lesquels certificats fournissent tous la preuve indiquée

Section 6. — *Du sursis.*

Nous avons vu que, quelle que soit l'action intentée par le véritable propriétaire, le prévenu pouvait toujours lui contes-

---

dans l'article 1er de la convention conclue entre le gouvernement royal et celui de France, le 22 avril 1846; que le plaignant Ollendorff se serait conformé aux formalités prescrites par les lois et ordonnances françaises du 19 juillet 1793 (art. 6) et du 24 octobre 1814 (art. 9) pour s'assurer la propriété de l'ouvrage susmentionné; — Attendu qu'il résulte du volume présenté à l'audience par la partie civile qu'il porte le titre indiqué sur le certificat susmentionné du 20 novembre dernier; qu'on y lit que l'auteur et l'éditeur se réservent le droit d'en faire la traduction en d'autres langues, et de faire réprimer tout attentat à leurs droits de propriété, déclarant avoir, à cet effet, fait à Paris, dans le mois d'avril 1853, le dépôt légal de cet ouvrage; — Attendu qu'en confrontant le titre et le contenu des volumes imprimés à Francfort par le libraire Charles Jugel, lesquels ont été saisis chez le libraire Visconti, avec le volume présenté par la partie civile à l'audience, on voit facilement que les volumes saisis ne sont que la contrefaçon de l'ouvrage susdit de M. Ollendorff, imprimé à Paris; — Attendu que Visconti ne pouvait ignorer que le plaignant était auteur de divers ouvrages qu'il faisait imprimer à Paris et qu'il en conservait exclusivement la propriété, puisque dans la lettre adressée par lui audit Ollendorff, lettre qui a été reconnue à l'audience par Visconti, il lui demandait le catalogue de ses ouvrages, leurs prix et les conditions, en lui disant qu'il s'adressait à lui directement parce qu'il s'occupait de la vente de ces ouvrages, et afin d'obtenir de première main les éditions originales : et, en effet, dans le volume susmentionné, on lit sur le titre que l'auteur est seul dépositaire de l'ouvrage; — Que Visconti s'étant ensuite adressé à l'éditeur Jugel de Francfort, pour faire acquisition de l'ouvrage susmentionné, cela donne lieu de penser qu'il avait connaissance de la contrefaçon de l'ouvrage susdit, qui se faisait dans cette ville au préjudice de l'auteur; — Qu'en outre, Visconti ayant, dans son interrogatoire, protesté ne pas connaître Ollendorff, auteur dudit ouvrage, quand le contraire résulte de la susdite lettre, il ne pourrait pas non plus, pour se disculper, prétendre avoir agi de bonne foi; — Attendu qu'aux termes de l'art. 6 de la convention du 28 août 1843, le délit de contrefaçon et celui d'introduction et de vente d'un ouvrage contrefait étant distincts, il n'est pas nécessaire de rendre préalablement un jugement contre l'auteur de la contrefaçon, afin de pouvoir agir contre l'introducteur et vendeur de l'ouvrage contrefait; — Attendu, en ce qui concerne l'indemnité réclamée, que, dans l'état de choses, il n'est pas constaté que Visconti ait introduit un nombre de volumes plus considérable que les huit saisis et celui vendu par lui, on doit régler sur ce fait seul l'indemnité due à la partie civile; — Par ces motifs, a déclaré et déclare Benoît Visconti convaincu de la contravention à lui attribuée; — Et,

ter le droit de propriété. Si cette contestation s'élève devant un Tribunal correctionnel, les juges ne seront pas obligés de surseoir à statuer sur le délit, jusqu'à ce que la question de propriété ait été vidée. Ils ordonneront le sursis, s'ils le jugent plus convenable; mais la loi ne leur en fait pas un devoir, et ils peuvent décider en même temps sur le droit de propriété, qui n'est autre que le droit de poursuite, et sur le délit de contrefaçon. En effet, la contestation relative à la propriété n'est qu'une exception à la poursuite, et il est de principe que le juge de l'action est juge de l'exception, alors même que le moyen sur lequel est basée l'exception sortirait de sa compétence s'il était présenté à la justice par voie d'action principale (1).

---

vu les art. 1er, 6 et 7 de la convention du 28 août 1843, et l'art. 407 du Code pénal sarde : « Art. 407. Encourra la même peine : quiconque vendra, débi- » tera ou introduira de l'extérieur des écrits, des compositions musicales, des » dessins, des peintures ou d'autres productions imprimées ou gravées, con- » trairement aux lois et aux règlements relatifs à la propriété exclusive des » auteurs ou des éditeurs à eux concédée par le gouvernement. » — Condamne Benoît Visconti à l'amende de 51 livres, à l'indemnité de 100 livres envers la partie civile et aux frais, déclarant confisqués les volumes saisis. — Sur l'appel, la Cour royale de Nice (5 mars 1855) a confirmé le jugement.

(1) 1er avril 1830. — C. R. Paris. — Pillet : Massey de Tyronne. — Confirmation d'un jugement ainsi conçu : Attendu que le juge du délit est aussi juge des exceptions proposées contre la prévention de ce délit ; que, d'après la loi et la jurisprudence, les tribunaux criminels ne sont tenus de surseoir que lorsqu'il s'agit de réclamations d'état, ou lorsqu'on excipe devant eux d'un droit de propriété immobilier, sauf à eux, dans le jugement de la question de propriété mobilière ou de la convention prétendue et contestée, à se conformer aux règles prescrites par la législation générale sur la matière ; qu'autrement leur juridiction serait entravée ; — Attendu qu'il ne s'agit, dans l'espèce, que d'un droit de propriété purement mobilier, de nature à être facilement apprécié à l'aide du mode d'instruction ordinairement suivi devant les tribunaux correctionnels, le Tribunal, sans s'arrêter ni avoir égard à la demande de Massey de Tyronne à fin de renvoi devant les tribunaux civils pour être statué sur la question préjudicielle de propriété, ordonne qu'il sera passé outre aux débats.

Idem. 2 août 1821. — C. Cass.

SECTION 7. — *Des condamnations.*

Les condamnations encourues par le contrefacteur d'une œuvre littéraire sont exactement les mêmes que dans le cas de contrefaçon d'une invention brevetée. Aussi nous nous bornerons à quelques détails spéciaux à la propriété littéraire.

La *confiscation* n'étant que la remise, au véritable propriétaire, d'un objet qui lui a été dérobé, elle doit être prononcée même contre le détenteur de bonne foi, ainsi que nous l'avons démontré en traitant de la saisie à la section 2 du présent chapitre. Aussi suffit-il de dire que la confiscation doit être prononcée pour tous les objets dont la saisie est autorisée par la loi.

Comment devra-t-on procéder pour la confiscation, lorsque le contrefacteur aura publié la contrefaçon avec un ouvrage qu'il avait le droit de publier? La loi ne veut pas, par la confiscation, dépouiller le contrefacteur de l'ouvrage qu'il pouvait publier, puisqu'il était tombé dans le domaine public. La loi ne veut pas non plus que l'accessoire entraîne le principal, c'est-à-dire que quelques pages contrefaites entraînent la confiscation d'un volume. C'est ce qui arriverait si, dans l'espèce que nous supposons, l'on prononçait la confiscation pure et simple. Cependant la confiscation est forcée, nécessaire, inévitable, aux termes des art. 427 et 429 du Code pénal. Pour concilier tous ces intérêts, nous dirons que, dans les cas où la séparation des parties contrefaites sera impossible ou par trop dommageable à l'ouvrage du contrefacteur, le seul moyen de respecter le vœu de la loi et les principes de l'équité, sera de prononcer contre le délinquant une condamnation qui le placera dans l'alternative de remettre au plaignant les exemplaires contrefaits, tels qu'ils ont été publiés, ou de lui payer une somme évaluée d'après le prix d'une même quantité d'exemplaires de l'œuvre contrefaite. Ainsi, on devra toujours prendre pour règle d'appréciation le tort causé par la vente de la contrefaçon, comme si elle eût été publiée séparément (1). Ce moyen satisfaisant à la fois les intérêts de la loi et ceux de l'équité, les juges ne pourront se dispenser d'ordonner la confiscation et la remise, sous le prétexte que la réunion des parties contrefaites à d'autres parties non contrefaites rend cette mesure difficile à exécuter.

Nous avons vu que la bonne foi du prévenu ne peut le soustraire ni à la confiscation ni à l'indemnité. Il n'en est pas de même de l'*amende*, qui ne peut être prononcée que dans le cas où il y a eu, à la fois, fait matériel de contrefaçon déclaré constant par le jugement et culpabilité du prévenu. Si donc le prévenu était reconnu avoir agi de bonne foi, l'amende ne pourrait pas être prononcée contre lui, car la bonne foi exclut le délit ; or l'amende, essentiellement pénale, est exclusivement attachée au délit.

Les Tribunaux ne peuvent pas, après avoir condamné un

---

(1) 4 septembre 1812. — C. Cass. — Dentu : Guillaume. — Attendu qu'en appliquant la peine, les premiers juges ont fait porter la confiscation même sur l'*Ossian* de Letourneur, que Dentu avait le droit de réimprimer, et dont la traduction de Saint-Georges, contrefaite par Dentu, ne forme qu'un accessoire; que si l'on ne peut séparer matériellement ces deux parties de l'édition, on doit considérer que, conformément à l'art. 429 du Code pénal, l'objet de la confiscation est d'indemniser le propriétaire de l'ouvrage contrefait du préjudice qu'il a souffert; que par conséquent les premiers juges devaient évaluer les exemplaires confisqués, non pas au prix de l'édition complète d'Ossian publiée par Dentu, mais à celui de l'édition de quelques pièces publiées par Gueffier; — Confisque au profit de Guillaume l'édition de Dentu, que celui-ci déclare avoir tirée à 1000 exemplaires; et, attendu qu'il n'en a été saisi que 124 chez Dentu, ordonne qu'il les remettra à Guillaume, sinon le condamne par corps à payer audit Guillaume la somme de 372 fr., si mieux n'aiment les parties en faire estimer la valeur par experts; — Condamne Dentu, pareillement par corps, à payer à Guillaume la somme de 2,628 fr. pour la valeur des 876 exemplaires vendus par Dentu avant la saisie. — Pourvoi. — Arrêt. — Attendu que la Cour a pu prendre pour règle de l'évaluation des dommages-intérêts dus à l'éditeur lésé le prix des exemplaires de l'ouvrage original qui a été contrefait, plutôt que celui de l'édition nouvelle, et proportionner ainsi l'indemnité au préjudice causé; — Rejette.

Idem. 6 mai 1834. — Barba : Alexandre Dumas et Charpentier. — Voy. page 107.

contrefacteur, prononcer contre lui, à l'avance, une amende ou une indemnité à payer pour chaque nouveau délit. Une pareille disposition serait une violation manifeste de l'art. 5 du Code civil qui défend aux juges de décider par voie de dispositions générales et réglementaires. Chaque nouveau délit appelle une répression nouvelle dont les Tribunaux devront être saisis.

La contrefaçon peut entraîner la solidarité entre tous les individus compris dans la même poursuite pour le payement des condamnations ; mais elle ne doit pas être prononcée nécessairement et dans tous les cas. Il ne peut y avoir lieu à solidarité que lorsque tous les prévenus ont été condamnés pour le même objet contrefait. Or comme, en matière de contrefaçon, la condamnation peut résulter soit de la reproduction qui constitue la contrefaçon proprement dite, soit du débit ou de l'introduction d'objets contrefaits, lorsque dans une même poursuite on comprendra le contrefacteur avec les débitants ou les introducteurs des mêmes objets contrefaits, la solidarité devra être prononcée contre tous, sauf répartition entre eux.

SECTION 8. — *Appel.* — *Cassation.*

Les formes et les délais sont les mêmes que pour les contrefaçons relatives aux inventions brevetées. Nous n'avons rien de plus à en dire.

Nous ajouterons seulement que la Cour suprême est incompétente pour examiner si, en matière de contrefaçon, les juges du fait ont mal apprécié soit l'œuvre revendiquée, soit la reproduction, son étendue ou son importance (1).

SECTION 9. — *De la prescription.*

La loi sur les délits de la presse qui fixe à six mois la prescription des délits de ce genre ne s'applique pas à la contrefaçon commise par les journaux. Cette loi concernant la police

(1) 24 mai 1845. — C. Cass. — Muller : Ministère public.
Idem. 27 février 1845. — C. Cass. — Colombier : Richaud. —Voy. page 69.

de la presse est spéciale à certains faits qu'elle prévoit et punit. La contrefaçon, n'y figurant pas, reste soumise aux règles du droit commun, formulées dans l'art. 638 du Code d'instruct. crim. La prescription est donc de trois ans.

L'art. 637 du même Code porte que l'action civile et l'action publique résultant d'un délit se prescrivent par trois ans, et il fixe le point de départ de la prescription au jour où le délit a été commis; cette disposition est peu favorable aux parties lésées par la contrefaçon, car il peut arriver qu'elles ne s'aperçoivent de son existence que longtemps après qu'elle s'est accomplie, et, si elle a échappé à leurs regards pendant trois ans, le préjudice, bien qu'ignoré, n'en existe pas moins. Cependant, quelque rigoureux qu'il soit, ce système de la loi ne laïsse pas le propriétaire complétement désarmé en présence du délit. En effet, tant que dure le débit l'action subsiste contre le débitant, dont le délit se renouvelle à la vente de chaque exemplaire (1). En vain dirait-on que le débit ne peut être punissable qu'autant que la contrefaçon est encore un délit, et que, s'il en était autrement, ce serait punir le complice en même temps que l'on reconnaît que l'auteur principal n'est pas punissable, ce qui impliquerait contradiction. Ces objections reposent sur une erreur de droit. D'abord, la prescription n'efface pas le délit et n'enlève pas ce caractère au fait de contrefaçon; elle anéantit seulement l'action. Ensuite il faut remarquer que le débitant n'est pas complice, il est auteur d'un délit principal et distinct, que la loi a puni d'une peine particulière; ce délit, c'est le débit. Or, il est bien évident que ce délit se renouvelle toutes les fois qu'il y a vente, et que chaque vente étant un délit complet, on a, dès lors, le droit d'en demander la répression par une action séparée. On peut donc poursuivre et saisir tant qu'il y a débit. La seule chose à considérer, c'est qu'il ne se soit pas écoulé trois ans depuis le dernier fait de débit constaté au procès (2).

---

(1) 28 mai 1852. — C. Imp. Paris. — Lacordaire : divers. — Voy. page 50. *Idem*. Mangin, t. II, p. 159, nº 330.

(2) *Contra*. 24 février 1855. — C. Imp. Paris. — Vatel : Ragani. — La

Lorsqu'il y a prescription du délit, on ne peut plus atteindre le contrefacteur, même par une poursuite fondée sur l'art. 1382 du Code civil, car ce serait permettre au plaignant de faire indirectement ce que la loi lui défend de faire directement. Au surplus, cette action, fondée sur l'art. 1382, serait toute civile, et l'art. 638 C. instr. crim., qui se réfère à l'art. 637, dit formellement que l'action publique et l'action civile sont atteintes par la même prescription. Il n'y a donc pas d'équivoque possible.

Cour a décidé que la contrefaçon n'est pas un délit successif, et que dès qu'un fait de vente, d'impression ou de représentation illicite, remonte à plus de trois ans, il couvre et légitime tous les faits postérieurs. Cette doctrine nous paraît une violation manifeste des règles les plus élémentaires du droit commun. Elle est d'ailleurs contraire à une jurisprudence constante et à une doctrine unanime.

LIVRE II.

DES OUVRAGES DRAMATIQUES.

CHAPITRE PREMIER.

HISTORIQUE DE LA LÉGISLATION.

La loi attribue aux auteurs d'ouvrages dramatiques deux droits bien distincts : celui de les faire imprimer et vendre, qui est protégé par la législation générale sur la propriété littéraire, et celui de les faire représenter sur les théâtres du royaume.

La législation actuelle est presque sans antécédent en ce qui concerne le droit de représentation. On trouve bien çà et là, dans le passé, quelques anciens arrêts du conseil qui furent rendus en l'absence de toute législation positive, mais ils n'avaient rien de général et de réglementaire. Leurs prescriptions, toutes spéciales, étaient personnelles à ceux qui les obtenaient. Tel était, entre autres, l'arrêt du conseil du 21 mars 1749, rendu en faveur de Crébillon. Ce curieux monument d'une protection aveugle et partiale, nous apprend comment on entendait alors les droits d'auteur, et combien était inique l'exagération des priviléges littéraires, octroyés par le bon plaisir (1).

---

(1) *Arrêt du conseil d'Estat du roi, en faveur du sieur de Crébillon, auteur de la tragédie de* Catilina, *qui juge que les productions de l'esprit ne sont point au rang des effets saisissables.*

Sur la requête présentée au roi, étant en son conseil, par Prosper-Jolyot de Crébillon, l'un des quarante de l'Académie française ; contenant qu'il se trouve dans la nécessité de recourir à Sa Majesté pour prévenir l'effet des saisies-ar-

Toutefois, si l'injustice pouvait se compenser par l'injustice, nous dirions que cette royale partialité, qui protégeait l'acadé-

---

rêts que quelques particuliers, se prétendant ses créanciers, ont eu la *témérité* de faire faire, tant entre les mains des comédiens français, de sa part d'auteur dans le produit des représentations de la tragédie de *Catilina*, qu'en celles du sieur Prault fils, libraire, avec qui il a traité de l'impression de la même pièce. Le suppliant, sans entrer dans le mérite des fins de non-recevoir invincibles qu'il serait en droit d'opposer aux prétentions de ces particuliers, se contentera d'observer qu'il est *inouï* qu'on ait jamais entrepris de mettre au rang des effets saisissables les fruits des productions de l'esprit humain; que, si un pareil abus pouvait s'introduire, il en naîtrait un inconvénient sensible, en ce que ceux qui ont consacré leurs veilles à l'étude des belles-lettres, et qui ont fait les plus grands efforts pour se rendre par ce moyen utiles à leur patrie, se verraient dans la cruelle position de n'oser mettre au jour des ouvrages souvent précieux et intéressants pour l'État. En effet, personne n'ignore que la plupart de ceux qui se vouent à la littérature ont besoin, pour vivre, des secours qu'ils ont droit d'attendre de leur travail, et qu'il serait d'une *dangereuse conséquence pour le public*, qu'ils en demeurassent privés par l'effet des poursuites auxquelles ils seraient journellement exposés, si leurs créanciers étaient autorisés à les revendiquer à leur profit. C'est par des motifs aussi *louables* qu'on n'a jamais toléré en France la saisie des honoraires des avocats et autres personnes de profession libre. Requerrait à ces causes, le suppliant, qu'il plût à Sa Majesté évoquer à soi et à son conseil, les instances de préférence auxquelles les saisies et arrêts faites sur lui ès mains des comédiens français, et du sieur Prault fils, ont pu ou pourraient donner lieu; et cependant faire dès à présent mainlevée provisoire, au suppliant, desdites saisies ou autres oppositions faites ou à faire; ordonner que, nonobstant icelles, lesdits comédiens français et ledit sieur Prault seront tenus de lui payer les sommes qu'ils peuvent lui devoir, provenantes tant des représentations que de l'impression de sa tragédie de *Catilina*, à quoi faire contraints par toutes voies dues et raisonnables; quoi faisant, ils en demeureront bien et valablement quittes et déchargés.

Vu ladite requeste, etc., etc., — Ouï le rapport, — Le roi étant en son conseil, ayant égard à la requête, a évoqué et évoque à soi et à son conseil, les instances de préférence auxquelles les saisies et arrêts faites sur le sieur de Crébillon, tant ès mains des comédiens français qu'en celles du sieur Prault fils, libraire, ont pu ou pourraient donner lieu; et cependant fait Sa Majesté, dès à présent, mainlevée provisoire audit sieur de Crébillon, desdites saisies et autres oppositions faites ou à faire, pour raison de sa tragédie de *Catilina*; — Ordonne que, nonobstant icelles, lesdits comédiens français et ledit sieur Prault seront tenus de lui payer les sommes qu'ils peuvent lui devoir, provenantes tant des représentations que de l'impression de ladite pièce; à quoi faire contraints par toutes voies dues et raisonnables; quoi faisant, ils en demeu-

micien contre la *témérité* de ses créanciers, livrait les auteurs sans défense aux capricieux calculs des *comédiens ordinaires du roi*. Les droits des auteurs étaient bien reconnus et fixés par des règlements, mais ces règlements étaient violés ouvertement, ou adroitement éludés. La spoliation était devenue si audacieuse en 1776, que M. de la Saussaye citait, dans un de ses mémoires contre les comédiens, un compte à lui fourni, et qui se terminait ainsi : *Partant, pour son droit acquis du douzième de la recette des cinq représentations de sa pièce, l'auteur redoit* 101 *livres* 8 *sous* 8 *deniers à la Comédie*. Ainsi cette pièce, qui avait rapporté plus de 12,000 livres de recettes, ne rendait à l'auteur que l'honneur de payer 101 livres aux comédiens pour son droit de partage dans les *produits*. Les auteurs se plaignaient au pouvoir de cette honteuse spoliation; mais leurs humbles suppliques restaient sans réponses; et quand ils s'adressaient à la justice, les comédiens faisaient évoquer la cause au conseil du roi, qui ne la jugeait jamais.

Cette lutte contre des prétentions iniques allait se terminer sans doute par le découragement, lorsque Beaumarchais vint prêter aux opprimés le secours de sa redoutable logique et de son infatigable persévérance. Il ne put tolérer ce despotisme qui s'enrichissait en confisquant l'œuvre du génie. Dans l'un de ses mémoires il s'exprime ainsi : *On dit aux foyers des théâtres qu'il n'est pas noble aux auteurs de plaider pour le vil intérêt, eux qui se piquent de prétendre à la gloire; on a raison, la gloire est attrayante; mais on oublie que, pour en jouir seulement une année, la nature nous condamne à dîner* 365 *fois; et si le guerrier, le magistrat, ne rougissent point de recueillir le noble salaire dû à leurs*

---

reront bien et valablement quittes et déchargés. Fait au conseil d'État du roi, Sa Majesté y étant, tenu à Versailles le 21 mars 1749. — Signé : PHELIPPEAU. — Le présent arrest a été duement signifié, à la requeste du sieur de Crébillon, qui a élu son domicile en la maison de M. Sylvain Codet, avocat aux conseils du roi, rue des Ménétriers; aux parties y dénommées, et aux fins y contenues, le 1er avril 1749. Signé : VASSAL, huissier ordinaire du roi en ses conseils. — Collationné à l'original par nous écuyer, conseiller-secrétaire du roi, couronne de France et de ses finances.

services, pourquoi l'amant des Muses, incessamment obligé de compter avec son boulanger, négligerait-il de compter avec les comédiens? A quoi les comédiens et directeurs répondaient avec une étonnante naïveté qu'ils seraient tous ruinés s'il leur fallait payer aux auteurs le droit de jouer leurs pièces. Ce qui faisait dire à Beaumarchais qu'il engageait ces messieurs à employer le même argument à l'égard du costumier, du souffleur et du moucheur de chandelles, afin de voir si ceux-ci trouveraient la raison bonne.

Beaumarchais lutta plusieurs années contre cet abus, et finit par obtenir un arrêt du conseil, en date du 9 décembre 1780, lequel fixa les droits des auteurs sur le produit des représentations. Mais si la loi fut pour les auteurs, l'intrigue et la partialité continuèrent l'abus dans l'intérêt des comédiens. Le zèle et l'activité de Beaumarchais ne se ralentirent point, et ce fut en partie à ses efforts constants et infatigables qu'on dut la législation qui régit encore aujourd'hui le droit des auteurs dramatiques.

La loi du 19 janvier 1791, en proclamant la liberté des théâtres, fixa l'étendue et la durée du droit des auteurs sur la représentation.

Mais cette loi n'avait rien statué sur les conventions entre les auteurs et les directeurs de théâtres; en outre, on éleva quelques prétentions arbitraires sur les pièces antérieurement jouées, et pour lesquelles les directeurs soutenaient qu'il y avait droit acquis en leur faveur. — Une nouvelle loi devint nécessaire pour lever tous les doutes; elle fut rendue le 6 août 1791. Cependant l'abus n'en continua pas moins, surtout en province, et les pièces étaient jouées sans qu'il fût possible aux auteurs de se faire payer ou d'empêcher la représentation de leurs œuvres. Un sieur Flachot, directeur des théâtres de Lyon, eut même l'insolence de répondre aux réclamations de Beaumarchais : *Nous jouons votre* Mariage *parce qu'il nous fournit d'excellentes recettes, et nous le jouerons malgré vous, malgré tous les décrets du monde : je ne conseille même à personne de venir nous en empêcher; il y passerait mal son temps.*

Ce triomphe de résistance ne fut pas le seul que les directeurs obtinrent, et un décret vint leur attribuer la propriété de tous les ouvrages qu'ils avaient joués précédemment sans convention avec les auteurs, et il limita la durée du droit de représentation (1). Ce principe inique, qui faisait hériter des auteurs vivants, qui expropriait la plus intime, la plus personnelle des propriétés, ne put résister à un examen sérieux et impartial; aussi, le 1er septembre 1793, un nouveau décret venait abroger le précédent et raviver la législation de 1791 dans toutes ses dispositions (2).

Cependant cette législation avait encore laissé plus d'un droit incertain; et entre autres lacunes, elle avait oublié de statuer sur la représentation des ouvrages posthumes. Le décret du 8 juin 1806 fut rendu pour attribuer la durée et l'étendue des droits d'auteurs aux propriétaires des œuvres dramatiques posthumes, en leur appliquant les dispositions analogues du décret du 1er germinal an 13. Enfin, l'art. 428 du Code pénal, promulgué en 1810, vint protéger, par une pénalité nouvelle, le droit de représentation réservé aux auteurs.

Comme on le voit par l'analyse qui précède, le droit de représentation, si longtemps et si vivement disputé, ne fut accordé qu'avec parcimonie, puisqu'on limitait à cinq ans, après la mort de l'auteur, le droit de représentation, quand le droit de reproduction était assuré aux enfants pendant vingt ans. Cette inégalité de condition, ces injustes préférences de la législation, soulevèrent des plaintes qui ne furent entendues qu'en 1844, et auxquelles on répondit par la loi du 8 août, qui, en terminant des controverses fâcheuses pour les veuves et les enfants des auteurs dramatiques, les appela à jouir du droit de représentation pendant vingt ans, conformément au

(1) *Loi relative aux conventions faites entre les auteurs dramatiques et les directeurs de spectacles*, du 30 août 1792 (an 4 de la liberté).

(2) *Décret de la Convention nationale du 1er septembre* 1793 (*an* 2 *de la république française*), *qui rapporte la loi du* 30 *août* 1792, *relative aux ouvrages dramatiques*, *et ordonne l'exécution de celles du* 13 *janvier* 1791 *et* 19 *juillet* 1793.

décret de 1810, qui, comme on sait, s'applique même aux auteurs étrangers. C'était donc un double progrès, disons mieux, une double justice par une seule loi.

La part de protection étant mesurée également pour le droit de représentation comme pour le droit de reproduction, il restait à savoir si la jouissance exclusive, limitée à vingt ans, était d'une durée suffisante pour assurer aux enfants d'un auteur en général le bénéfice utile d'un glorieux patrimoine. Il n'était pas malaisé de comprendre, et il était digne d'admettre qu'en présence de certaines législations étrangères, plus libérales que la nôtre, la durée du droit exclusif dût être prolongée. En Espagne elle est de cinquante ans, dans d'autres pays elle dépasse vingt ans. On ne pouvait manquer, entre deux injustices, de choisir un moyen terme, et on a adopté la jouissance trentenaire. Le décret du 8 avril 1854 a consacré cette prolongation. Ces dispositions sont la dernière pensée du législateur sur les ouvrages dramatiques; elles complètent la législation exclusivement destinée à régler le droit de représentation. Il est bon d'observer, en terminant cette analyse, que la législation sur le droit de représentation s'applique à toutes les compositions dramatiques, qu'elles soient littéraires ou musicales.

CHAPITRE II.

LÉGISLATION.

LOI

Du 19 janvier 1791,

Relative aux spectacles.

Art. 2. Les ouvrages des auteurs morts depuis *cinq ans* (*durée modifiée par la loi du* 8 *avril* 1854. *V. page* 22) et plus sont une propriété publique, et peuvent, nonobstant tous anciens priviléges qui sont abolis, être représentés sur tous les théâtres indistinctement.

Art. 3. Les ouvrages des auteurs vivants ne pourront être représentés sur aucun théâtre public, dans toute l'étendue de la France, sans le consentement formel et par écrit des auteurs, sous peine de confiscation du produit total des représentations au profit des auteurs.

Art. 4. La disposition de l'art. 3 s'applique aux ouvrages déjà représentés, quels que soient les anciens règlements; néanmoins les actes qui auraient été passés entre des comédiens et des auteurs vivants, ou des auteurs morts depuis moins de *cinq ans* (*modifié comme il est dit à l'art.* 2 *ci-dessus*), seront exécutés.

Art. 5. Les héritiers ou les cessionnaires des auteurs seront propriétaires de leurs ouvrages, durant l'espace de *cinq années* (*modifié* ut suprà), après la mort de l'auteur.

LOI

Du 6 août 1791,

Relative aux spectacles.

Art. 1er. Conformément aux dispositions des articles 3 et 4 du décret du 13 janvier dernier, concernant les spectacles, les ouvrages des auteurs vivants, même ceux qui étaient représentés avant cette époque, soit qu'ils fussent ou non gravés ou imprimés, ne pourront être représentés sur aucun théâtre public, dans toute l'étendue du royaume, sans le consentement formel et par écrit des auteurs, ou sans celui de leurs héritiers ou cessionnaires, pour les ouvrages des auteurs morts depuis moins de *cinq ans* (*durée modifiée par la loi du* 8 *avril* 1854. *V. p.* 22), sous peine de confiscation du produit total des représentations au profit de l'auteur, ou de ses héritiers ou cessionnaires.

Art. 2. La convention entre les auteurs et les entrepreneurs de spectacles sera parfaitement libre, et les officiers municipaux, ni aucuns autres fonctionnaires publics, ne pourront taxer lesdits ouvrages, ni modifier et augmenter le prix convenu; et la rétribution des auteurs, convenue entre eux ou leurs ayants cause et les entrepreneurs de spectacles, ne pourra être ni saisie, ni arrêtée par les créanciers de ces entrepreneurs.

DÉCRET

Du 8 juin 1806,

Concernant les théâtres.

Art. 12. Les propriétaires d'ouvrages dramatiques posthumes ont les mêmes droits que l'auteur, et les dispositions sur la propriété des auteurs et sa durée leur sont applicables, ainsi qu'il est dit au décret du 1er germinal an 13.

CODE PÉNAL.

Du 19 février 1810.

Art. 428. Tout directeur, entrepreneur de spectacle, toute association d'artistes qui aura fait représenter sur son théâtre des ouvrages dramatiques, au mépris des lois et règlements relatifs à la propriété des auteurs, sera puni d'une amende de 50 fr. au moins et 500 fr. au plus, et la confiscation des recettes.

Art. 429..... Le produit des confiscations, ou les recettes confisquées seront remis au propriétaire pour l'indemniser d'autant du préjudice qu'il aura souffert; le surplus de son indemnité, ou l'entière indemnité s'il n'y a eu..... saisie de recettes, sera réglé par les voies ordinaires.

DÉCRET

Du 15 octobre 1812,

Qui fixe la part des auteurs sur les recettes.

Art. 72. La part d'auteur dans le produit des recettes, le tiers prélevé pour les frais, est du huitième pour une pièce en cinq ou en quatre actes, du douzième pour une pièce en trois actes, et du seizième pour une pièce en un et deux actes. Cependant les auteurs et les comédiens peuvent faire toute autre convention de gré à gré.

Art. 73. L'auteur jouit de ses entrées du moment où sa pièce est mise en répétition, et les conserve trois ans après la première représentation pour un ouvrage en cinq et en quatre actes, deux ans pour un ouvrage en trois actes, un an pour une pièce en un ou deux actes. L'auteur de deux pièces en cinq ou en quatre actes, ou de trois pièces en trois actes, ou de quatre pièces en un acte, restées au théâtre, a ses entrées sa vie durant.

LOI

Du 8 avril 1854,

Qui porte à 30 ans, après la mort de l'auteur, le droit de représentation réservé aux enfants. (V. p. 22).

CHAPITRE III.

DU DROIT DE REPRÉSENTATION.

Les ouvrages dramatiques, régis par la loi du 19 juillet 1793 et celles qui s'y réfèrent, en ce qui touche le droit de les publier et de les vendre, sont, quant au droit de les faire représenter, régis par les art. 3 et 5 de la loi du 19 janvier 1791, modifiés par la loi du 8 avril 1854.

Il faut attribuer à ces mots *auteur* et *ouvrage* le sens légal qui leur appartient aux termes des lois sur la propriété littéraire, en se rapportant aux règles que nous avons développées dans le chapitre III du livre Ier de ce traité, c'est-à-dire que toute production littéraire ou musicale qui peut servir de base à un droit de reproduction donne également ouverture au droit exclusif de représentation, alors même que ces productions n'auraient pas été destinées au théâtre par celui qui les a composées. Ainsi, sans rentrer dans les développements que nous avons donnés en traitant de la propriété littéraire, nous ferons observer que le droit exclusif de représentation, comme le droit de publier et de vendre, repose sur tous les genres de compositions, quelle qu'en soit d'ailleurs l'importance, les proverbes et les couplets, comme les ouvrages dramatiques du genre le plus élevé. Le droit de l'auteur s'étend aussi sur tous les modes d'exploitation de son œuvre; dont le bénéfice lui est exclusivement réservé.

La loi du 6 août 1791 dit formellement que le droit exclusif de représentation repose sur les ouvrages dramatiques, qu'ils soient ou non *imprimés* ou *gravés*. Ainsi l'auteur conserve le droit de faire représenter son œuvre, avant comme après l'impression. Il faut donc appliquer aux *improvisations* dramatiques ce que nous avons dit des manuscrits et des discours. Les improvisations constituent un *ouvrage* dans le sens de la loi, et nul ne peut les faire représenter sans l'autorisation de l'auteur.

Aux termes de la loi du 19 janvier 1791, du décret de 1810 et de l'art. 428 du Code pénal combinés, l'étranger qui publie en France un ouvrage dramatique a seul le droit de le faire représenter. Il faut en dire autant s'il le publie d'abord à l'étranger. En effet, le décret de 1810 assimile les étrangers aux nationaux, or, nous avons démontré précédemment, que l'étranger pouvait, en faisant le dépôt en France, revendiquer le droit de propriété exclusive sur un ouvrage qu'il aurait déjà publié à l'étranger; il faut donc en dire autant du droit de représentation qui découle du droit de propriété, et qui ne peut en être séparé que par la volonté de l'auteur, ou par l'expiration de la durée fixée par la loi.

Celui qui a remanié, corrigé, diminué ou arrangé une pièce tombée dans le domaine public a seul le droit de la faire représenter telle qu'il l'a modifiée; pourvu que son travail soit de nature à lui en assurer la propriété, ainsi que nous l'avons démontré au chapitre III, section 3, *de la propriété littéraire*, en traitant des compilations, changements, additions, etc., etc.

Lorsqu'un individu traduit une pièce étrangère, il acquiert

le droit exclusif de faire représenter en France sa traduction, sauf le droit qui appartient à tous de faire une autre traduction du même ouvrage en se conformant aux règles que nous avons développées livre Ier, sect. 3, en parlant de la traduction. Ainsi, M. Alf. de Vigny a traduit et arrangé pour la scène française l'*Othello* de Shakspeare; un autre pourrait le traduire de nouveau, pourvu qu'il ne s'inspirât que du modèle et non de la première traduction. Il pourrait également le reproduire en vers, comme Ducis, sans que son ouvrage pût être considéré comme la contrefaçon de celui de Ducis, si d'ailleurs il n'avait pas imité ce dernier.

En un mot, le droit de représentation existe partout où se rencontre le droit de reproduction dont nous avons donné le sens légal et les caractères aux chapitres III et IV du livre précédent.

Lorsque les auteurs qui ont composé une pièce en commun sont en désaccord pour autoriser la représentation ou pour choisir tel ou tel théâtre, il ne leur reste que la voie judiciaire pour faire décider la question de préférence, comme nous l'avons démontré dans les chapitres IV et V du livre Ier.

L'un des auteurs d'une pièce de théâtre ne peut en autoriser la représentation contrairement à la volonté de ses coauteurs. Par conséquent, le directeur de spectacle à qui la volonté contraire a été manifestée par l'un des auteurs ne peut se prétendre en droit de faire jouer la pièce sur l'autorisation que les autres auteurs lui en auraient donnée (1). Dans ce cas, comme pour le droit de reproduction, c'est aux Tribunaux à statuer sur le refus du collaborateur.

Cependant il a été décidé que l'auteur des paroles d'une pièce lyrique ne pouvait pas s'opposer à la représentation, lorsque le directeur avait traité de bonne foi avec l'auteur de la musique, le croyant aussi auteur des paroles; on s'est borné à allouer au poëte une indemnité (2). C'est là une décision qui

(1) 30 avril 1853. — Bayard : Gaspari. — Voy. page 89.

(2) 19 avril 1845. — C. R. — Vatel : Félicien David.

peut se justifier par les circonstances de fait, mais qui ne peut faire règle. L'auteur des paroles est un véritable collaborateur de l'œuvre commune. S'il y a désaccord entre lui et le compositeur sur l'exercice du droit de représentation, ce dernier, quelle que soit l'importance de la musique relativement aux paroles, n'a pas le droit de haute main sur les destinées de la pièce. Les Tribunaux peuvent seuls résoudre les difficultés qui s'élèvent sur l'exercice du droit de représentation.

CHAPITRE IV.

DES CESSIONNAIRES.

Ce que nous avons dit de la cession, en matière de propriété littéraire, s'applique de tous points à la cession du droit de représentation. Nous n'avons à y ajouter que quelques observations qui ressortent de la nature spéciale du droit de propriété sur les œuvres dramatiques.

Les droits d'un directeur de théâtre, cessionnaire d'un ouvrage dramatique pour la représentation, sont limités, à moins de disposition contraire, à la ville dans laquelle il exploite son industrie. L'auteur est toujours présumé se réserver le droit de représentation pour les autres villes de France.

Il a même été décidé que l'auteur qui a traité avec le directeur du théâtre d'une ville peut céder le même droit à un théâtre situé dans la banlieue (1); mais cette décision ne peut être acceptée comme règle générale, elle a été déterminée par la nature toute spéciale et exceptionnelle du privilége concédé pour les théâtres de la banlieue de Paris. Dans tout autre cas,

(1) 20 septembre 1836. — Harel : Seveste.

les représentations données sur un théâtre public de la banlieue seraient une violation du contrat de cession fait au bénéfice du directeur d'un théâtre de la ville.

Lorsque l'auteur a autorisé la représentation de son œuvre à Paris, il peut néanmoins l'interdire aux directeurs de province (1).

L'auteur qui cède à un éditeur son droit de propriété purement et simplement sur une pièce, ne peut être présumé lui avoir cédé en même temps le droit de la faire représenter. Ce sont deux droits bien distincts, et qui ne peuvent être confondus que par la convention formelle des parties. La profession de l'éditeur établit contre lui une présomption de laquelle il résulte que l'auteur, en cédant, n'a dû avoir en vue que le droit de publier, et rien de plus. Il en faudrait dire autant du droit de reproduction si la cession était faite à un directeur, et bien certainement celui-ci ne pourrait argumenter des termes généraux de la cession et de l'absence de toute réserve pour s'emparer du droit de publication (2).

---

(1) 28 décembre 1841. — Trib. Paris. — Lemonnier : Laloue.

(2) 20 août 1834. — C. R. Paris. — Veron-Crosnier : Masson de Puitsneuf. — Attendu que Crosnier et Véron sont propriétaires du répertoire des théâtres de l'Opéra et de l'Opéra-Comique ; qu'ils ont, en outre, traité avec les différents auteurs des ouvrages par eux ajoutés à ce répertoire ; qu'ils ont seuls le droit de faire jouer et représenter, en tout ou en partie, ceux de ces ouvrages qui ne sont pas tombés dans le domaine public ; que les auteurs, en se réservant ou en cédant le droit de faire graver et vendre leurs ouvrages, n'ont pu céder le droit de les faire représenter, puisqu'il était aliéné par eux au profit des administrations théâtrales, avec lesquelles ils avaient précédemment contracté ; que les éditeurs, en achetant le droit de graver et de vendre les ouvrages déjà représentés, ne peuvent transmettre à ceux qui les achètent que l'usage permis par la loi ; qu'en vain Masson de Puitsneuf prétend qu'il ne représente pas les ouvrages, ou qu'il ne les fait exécuter qu'en partie ; qu'un concert érigé en spéculation permanente, ouvert aux mêmes heures que les théâtres, ayant ses affiches, ses bureaux, ses employés, et où le public est admis en payant, est une entreprise placée sous la dénomination générique de spectacles publics ; que s'emparer sans droits d'une partie de la chose d'autrui, ce n'est pas moins porter une atteinte au droit de propriété ; que les directeurs de l'Opéra et de l'Opéra-Comique qui montent à grands frais, à leurs risques et périls, des ouvrages dont le succès est incertain, éprouveraient un

Celui qui cède à un éditeur le droit d'imprimer et de publier les paroles d'un opéra ne peut l'autoriser à imprimer la musique dont il ne serait pas l'auteur, et réciproquement. La musique et le poëme sont deux œuvres bien distinctes sur chacune desquelles repose le droit de propriété (1) : toutefois, si le même auteur avait composé les paroles et la musique, il pourrait, suivant les termes de l'acte de cession ou dans certaines circonstances, être présumé avoir cédé le droit de publier l'opéra complet, poëme et musique.

L'obligation de livrer la chose vendue se résout ordinairement, dans le cas d'inexécution, en dommages-intérêts, par application du principe *nemo cogi potest ad factum;* mais s'il existe un autre moyen d'exécuter les conventions, et que l'acquéreur le préfère à des dommages-intérêts, il doit être adopté. En effet, on ne se trouve plus alors en présence de cette impossibilité de fait qui a dicté au législateur l'art. 1142 du Code civil. Par exemple, un auteur dramatique s'engage à livrer son manuscrit; s'il s'y refuse, le cessionnaire peut se faire autoriser à recueillir la pièce par le procédé qu'il lui conviendra d'adopter. Il faut, autant que possible, se rapprocher de l'exécution des conventions et y contraindre le débiteur. Ce serait fausser l'esprit de la loi que de supposer au législateur l'intention de faire faiblir les conventions en présence des caprices du débiteur. La loi n'a reculé que devant l'impossibilité, et non devant la mauvaise foi.

Les obligations d'un directeur de spectacle sont les mêmes que celles d'un éditeur. Il est astreint à représenter la pièce, et à la représenter telle qu'elle a été composée par l'auteur. Toutefois, les modifications qu'il lui ferait subir sans le consentement de l'auteur ne sauraient constituer le délit de re-

---

préjudice considérable s'il était permis à tout entrepreneur de spectacles de choisir, sans aucune chance de perte, tout ou partie de pièces favorablement accueillies, et d'en tirer profit en les faisant exécuter en public; — Condamne, etc.

(1) 2 août 1827. — 11 janvier 1828. — Jouy : Troupenaz.

présentation illicite. Il y aurait simplement violation du contrat, inexécution des obligations, et par conséquent lieu à la résiliation de la cession et à des dommages-intérêts au profit de l'auteur.

Le directeur ne peut être astreint à représenter une pièce un nombre de fois déterminé. Quand les conventions sont muettes sur ce point, l'auteur est présumé s'en être rapporté à la loyauté du directeur. Néanmoins, s'il croyait avoir à se plaindre de la rareté des représentations, il devrait mettre le directeur en demeure d'exécuter la convention ; et, sur le refus de ce dernier, les tribunaux seraient chargés d'apprécier les circonstances et les motifs du refus par application du principe qui veut que les conventions soient exécutées de bonne foi (1).

Il a été décidé aussi que, l'autorisation de représenter étant une fois donnée, l'auteur n'a pas le droit, à moins de stipulation expresse, d'arrêter le cours des représentations, si d'ailleurs ces représentations se continuent dans les conditions de la représentation autorisée (2).

Si l'auteur, après avoir cédé à un directeur le droit de représentation, en autorisait un autre à faire représenter sa pièce, le premier en date aurait le droit de s'opposer aux représentations de l'autre, alors même que celui-ci aurait été mis en possession du manuscrit. Il faut appliquer ici ce que nous avons dit sur la question à la sect. 1re, chap. V, du livre Ier. Dans le cas ci-dessus le délit de représentation illicite n'en existera pas moins, soit qu'on prenne la pièce telle qu'elle était originai-

---

(1) 9 août 1831. — Fulgence : Harel. — Fulgence avait cédé au directeur du théâtre de l'Odéon les pièces intitulées *le Célibataire*, *les Deux Ménages* et *le Voyage à Dieppe*. La faillite du directeur vint interrompre le cours des représentations. Une nouvelle direction se forma et fit représenter lesdites pièces un certain nombre de fois. Mais plus tard les auteurs voulurent retirer leurs pièces, sous le prétexte qu'elles n'étaient pas représentées assez souvent. Jugement qui les déboute, par le motif qu'il n'y a, en fait, aucun reproche à adresser au directeur.

(2) 28 juin 1840. — C. R. Paris. — Spontini : L. Pillet. — Spontini avait fait représenter *Fernand Cortez* à l'Opéra, en 1809; il voulait en interdire la reprise en 1840 sur le même théâtre. Il fut débouté de sa demande.

rement, soit qu'avec les mêmes données et le même plan l'auteur fasse une autre pièce.

Nous renvoyons le lecteur aux développements que nous avons donnés dans le livre Ier, sur les formes de la cession et les engagements réciproques de l'auteur avec l'éditeur, qui, pour le droit de représentation, se trouve remplacé par le directeur de théâtre.

CHAPITRE V.

DE LA DURÉE DU DROIT DE REPRÉSENTATION.

Aux termes de l'art. 2 de la loi d'avril 1854, la durée du droit de représentation est la même que pour le droit de reproduction. Nous n'avons donc rien à ajouter aux développements dans lesquels nous sommes entrés au chap. VI du livre Ier. Nous nous bornerons à dire que si l'ouvrage a été composé par plusieurs, la durée du droit de représentation ne s'éteint entièrement qu'après les délais fixés par la loi, à partir du décès du dernier vivant des collaborateurs. Mais après le décès du premier mourant et à l'expiration des délais légaux, le droit réside tout entier sur la tête du survivant ou de ses ayants droit. On a prétendu que le droit ne pouvait pas périr partiellement, et que, dès lors, il suffisait que l'un des collaborateurs en fût encore nanti pour que l'autre en conservât la jouissance. D'abord le droit qui cesse pour l'un passant tout entier à l'autre, il n'y a ni partage ni lutte entre le domaine public et le domaine privé. Ensuite comment concilier cette doctrine avec les termes si formels de la loi qui, sans distinction et d'une manière absolue, fait cesser la jouissance privative après un temps rigoureusement limité. Enfin le droit conservé aux héritiers du collaborateur prédécédé ne serait vraiment qu'un leurre, puisque le survivant pourrait toujours ou l'absorber ou le maîtriser soit par le refus de l'exercer, soit par la menace d'en faire l'abandon au domaine public.

CHAPITRE VI.

DU DÉPOT.

La loi de janvier 1791, qui règle spécialement le droit de représentation, ne dit rien de la formalité du dépôt. Aussi est-il unanimement reconnu que l'auteur n'est pas astreint à remplir cette formalité, quand il veut poursuivre ceux qui se livrent, sans son consentement, à la représentation de son œuvre (1).

(1) 24 juin 1852. — C. Cass. — Henrichs : Connevot. — Attendu que les lois combinées de 1791, 1793 ont garanti aux auteurs d'ouvrages dramatiques la propriété de ces ouvrages et le droit d'en disposer pendant leur vie, soit simultanément par la voie de l'impression et celle de la représentation, soit séparément par l'une de ces deux voies; — Attendu que la formalité du dépôt préalable ne se rattache qu'au premier de ces modes divers d'exploitation; que, bien qu'en dérivant de la même source, ils sont soumis à des conditions distinctes et régis par des dispositions différentes; — Sur le second moyen, pris de ce que les représentations reconnues constantes par le juge n'auraient pas présenté, dans l'espèce, les caractères déterminés par l'art. 428 du Code pénal, à raison, en premier lieu, de ce que les morceaux de musique qu'elles ont eus pour objet n'auraient été accompagnés ni de paroles ni de jeu scénique; en second lieu, de ce qu'un café où le public est admis sans rétribution ne saurait être considéré comme un théâtre; — Attendu qu'aux termes du jugement du Tribunal correctionnel de Lyon, dont l'arrêt attaqué a adopté les motifs, le demandeur a, dans l'établissement de limonadier qu'il exploite dans ladite ville, donné plusieurs représentations, dans lesquelles il aurait joué et fait jouer, chanté et fait chanter des morceaux appartenant aux auteurs et compositeurs parties civiles en la cause; — Attendu qu'il ressort de ces énonciations que, sous l'inspiration d'une pensée de gain illicite, le demandeur a dirigé une entreprise de spectacle à laquelle il a pris part à un double titre, comme chef et comme acteur, et qu'il a, dans un lieu ouvert au public, reproduit partiellement par la voie de la représentation théâtrale des compositions musicales et des œuvres dramatiques, dont le caractère est déterminé par la plainte de ceux que l'arrêt attaqué déclare avoir été lésés dans leur droit de propriété; — Rejette le pourvoi.

Idem. 17 janvier 1852. — Lyon, C. Imp. — Henrichs : Cochet.

CHAPITRE VII.

DE LA REPRÉSENTATION ILLICITE.

La représentation illicite est pour les ouvrages dramatiques ce que la contrefaçon est pour les œuvres littéraires en général. Lorsque l'auteur a le droit de propriété sur son œuvre, il a aussi le droit exclusif de la faire représenter ; les mêmes principes régissent la contrefaçon et la représentation illicite. Ce que nous avons dit dans les chapitres précédents, sur la reproduction faite sans le consentement de l'auteur, s'applique donc également à la représentation.

Une représentation peut être illicite soit à cause du lieu où elle est donnée, soit à cause de la nature même de la pièce représentée. L'art. 3 de la loi du 19 janvier 1791 définit la représentation illicite, quant au lieu où elle est donnée, par ces mots : *sur aucun théâtre public;* d'où il suit que les représentations privées ne sont pas considérées par la loi comme illicites. Il faut donc fixer avec soin les caractères de la publicité légale.

Aux termes de la loi pénale et de la jurisprudence la plus constante, un lieu est *public* toutes les fois que chacun a le droit d'y entrer soit pour son argent, soit même gratuitement. Mais il faut qu'il y ait *droit* acquis, et non pas seulement possibilité. Ainsi, par exemple, si je puis me faire inviter à une représentation, ma présence ne constituera pas la publicité : il faudrait pour cela que j'eusse le droit, comme tout autre, d'y assister. La publicité ne tient ni au nombre des représentations, ni à celui des spectateurs. Une seule représentation dans le cours d'une année, en présence de quatre ou cinq auditeurs, est publique si tout le monde a le droit d'y assister. Au contraire, il n'y a pas de publicité lorsqu'on ne peut assister à une représentation qu'au moyen d'une invitation gratuite, eût-elle lieu dans un théâtre ordinairement public, en présence de plusieurs centaines de spectateurs, et fût-elle renouvelée périodiquement ou même tous les jours. La loi, en protégeant l'auteur, n'a ni dû ni voulu porter atteinte à la liberté du foyer domestique. Chacun pourra donc chez soi, ou même dans un local loué spécialement pour cet usage, donner des représentations sans contrevenir à l'art. 428 du Code pénal, et le délit ne commencera que là où commencera la publicité, ainsi que nous l'avons définie plus haut.

Pour qu'il y ait publicité, considérée sous le rapport du moyen d'admission, il faut que la rétribution serve un intérêt de spéculation, soit personnelle, soit de pure bienfaisance, et donne à tous, en remplissant la même formalité, le droit d'assister à la représentation. Ainsi, des amateurs ou des artistes qui donneraient un spectacle, même dans l'intérêt des pauvres, commettraient le délit prévu par l'art. 428, si tout le monde, en payant, pouvait y être admis. Au contraire, il n'y aurait pas publicité si, à l'occasion d'une représentation, d'ailleurs privée, on faisait une collecte dans un but d'humanité. Cette rétribution libre n'est pas la cause de l'admission, elle n'en est que la conséquence et n'a rien de forcé. Il en serait de même de la contribution que chacun des membres d'une société payerait, soit annuellement, soit à des termes plus courts, pour couvrir les frais occasionnés par la représentation.

D'après ce que nous venons de dire, on voit aisément quelle a été la pensée de la loi. Elle n'a pas seulement voulu protéger l'auteur contre les spéculations et les entreprises rivales, mais contre toute représentation donnée à un public payant. Ainsi, on ne pourra dans aucun cas alléguer pour excuse que la représentation avait lieu dans un intérêt d'humanité. Cela importe peu à l'auteur, et il a seul le droit de consacrer à un acte de générosité le fruit de son ouvrage.

Pour garantir l'auteur contre les ruses de la spéculation, les Tribunaux devront apprécier avec soin les moyens d'admission qui le plus souvent, sous la forme d'invitation, cachent une rétribution illicite. C'est là une appréciation de fait pour laquelle nous n'avons aucune règle à tracer ; nous dirons seulement que l'annonce d'un spectacle par la voie des affiches est un indice presque infaillible de la publicité. A quoi servent en effet les annonces publiques pour une représentation toute privée à laquelle chaque assistant est personnellement invité ? Cependant, l'on ne devra pas considérer une réunion comme publique par cela seul qu'un ou plusieurs individus auraient trafiqué de leur invitation ; une pareille rigueur conduirait à l'absurde, et pourrait placer le maître à la merci de ses valets, dans le cas où ces derniers se seraient procuré un lucre illicite et ignoré. Seulement, si le fait était établi, il mettrait le prévenu dans la nécessité de prouver que cette spéculation a eu lieu à son insu, et que la représentation n'avait rien et ne devait rien avoir de public.

C'est à tort que quelques Tribunaux ont mesuré la publicité au nombre des spectateurs et aux dispositions du local où se donnaient les représentations. C'est là une fausse appréciation, et qui se heurte avec les principes généraux en matière de publicité. La question du nombre est complétement indifférente à l'appréciation de la publicité légale. Il en est de même de la disposition du lieu où se donnent les représentations, et il n'y aurait rien à conclure, en bonne logique, de ce que ce lieu serait disposé en forme de théâtre avec des loges et des bureaux pour recevoir les billets d'invitation, si d'ailleurs on ne trouve dans les faits aucun des autres caractères de la publicité légale. Ces circonstances pourront bien servir d'indice et mettre sur la voie des faits constitutifs de la publicité, mais ils ne sauraient suffire à eux seuls pour la constituer.

Ces principes une fois admis sur la publicité légale, il faut les appliquer à tous les genres de représentations publiques. On y est autorisé par la généralité de ces expressions *théâtres publics, spectacles publics,* employées concurremment dans les lois relatives aux ouvrages dramatiques ; la rigueur du principe autoriserait même un auteur à poursuivre, comme coupables du délit de représentation illlicite, les directeurs de spectacles de marionnettes qui représenteraient leur pièce en tout ou en partie. Si, dans ce cas, le préjudice ne résulte pas de la concurrence qu'il ne serait pas raisonnable d'admettre, il résulte bien évidemment de l'avilissement et du discrédit dans lequel tomberait un ouvrage ainsi prostitué et défiguré. L'action de l'auteur serait fondée en principe, sauf toutefois l'appréciation des dommages-intérêts.

La représentation peut être illicite par la nature ou la forme du sujet représenté. C'est ici, surtout, que les principes généraux de la contrefaçon trouvent leur application. Ainsi, la reproduction, même partielle, par la représentation, est une atteinte portée au droit de l'auteur, pourvu que la partie reproduite ait l'importance dont nous avons donné la mesure en traitant de la contrefaçon partielle au titre *de la propriété littéraire;* nous devons cependant ajouter quelques observations spéciales à la contrefaçon des ouvrages dramatiques.

En matière d'ouvrages ordinaires, le plan et la classification des matières ont de l'importance sans doute; mais nous avons démontré que l'imitation qu'on en ferait ne pourrait seule constituer la contrefaçon, et qu'elle serait plutôt un moyen de reconnaître le délit que le délit lui-même. Il n'en est pas ainsi en matière d'ouvrages dramatiques, et le plan d'une composition de ce genre a plus d'importance; il constitue souvent le principal mérite de l'œuvre, et il est toujours un élément de succès. L'imitation du plan constituerait donc incontestablement le délit de représentation illicite, ou bien de contrefaçon s'il s'agissait de la publication. Cette règle doit s'appliquer même au cas où l'auteur d'une pièce dialoguée aurait usurpé le plan d'un ballet, eût-il adapté au dialogue une musique savante qui ferait le seul ou le principal mérite du nouvel ouvrage.

Il faut reconnaître qu'il n'y a imitation d'un plan que lorsqu'on le reproduit dans ses parties essentielles et principales. S'il arrivait que le plan ne fût imité que dans des détails peu saillants, il n'y aurait pas usurpation. On doit adopter un moyen d'appréciation tout opposé lorsque le plan tient à la nature du sujet ; ce qui arrive en général pour les pièces à tableaux composées sur des sujets historiques, comme par exemple les mimodrames sur les faits militaires ; pour qu'il y eût reproduction illicite, dans ce cas, il faudrait que la contrefaçon se révélât par d'autres signes, car l'idée générale, l'enchaînement des événements tiennent souvent à un ordre chronologique inévitable. Dans ce cas on apprécie la bonne foi et la loyauté de l'imitation par les détails même les moins saillants, par l'enchaînement des scènes, les situations, etc., etc. Ainsi le fait historique pourra être exploité par plusieurs, mais par chacun avec la combinaison et l'arrangement dramatique résultant de son travail personnel (1).

Y aurait-il contrefaçon ou représentation illicite si l'on imitait le plan d'un ouvrage qui ne serait point encore composé? Ainsi, par exemple, un individu abusant de la confidence qui lui est faite, et prévoyant le succès d'une pièce construite sur la donnée que lui indique l'auteur, devance celui-ci dans la composition, et usurpe ainsi le succès qui lui était légitimement dû. Commet-il le délit prévu et puni par l'art. 428 du Code pénal? Nous ne le pensons pas, et il nous paraîtrait bien difficile de considérer cet acte de déloyauté comme une contrefaçon. Il constitue sans doute le plagiat, mais rien de plus. En effet, outre la difficulté d'asseoir un droit de propriété sur un plan seulement tracé, sur un cadre non encore rempli, dont les détails et surtout les situations ne sont pas arrêtés, nous devons signaler le danger qu'il y aurait à reconnaître un droit exclusif à celui qui, n'ayant eu encore qu'une idée vague, voudrait s'attribuer la jouissance exclusive, le monopole de cette conception indécise.

Cependant si le plan, même avant la réalisation de l'idée et la confection de l'œuvre, était déjà arrêté dans ses développements

---

(1) 27 juin 1844. — C. R. — Beaudouin : Vatel. — Voy. page 36.
Idem. 6 novembre 1841. — C. R. Paris. — Victor Hugo : Monnier. — Voy. page 178.

et ses principales situations, l'auteur pourrait poursuivre, aux termes de l'art. 428 du Code pénal et même de l'art. 425, s'il s'agit de la publication, celui qui aurait usurpé son idée. Nous disons usurpé, parce que nous n'entendons soumettre à son action que l'individu qui aurait abusé d'une confidence ou qui se serait emparé de l'idée par un moyen frauduleux. L'auteur principal n'aura d'action qu'autant qu'il prouvera, non pas qu'il est le premier en date, cela ne peut suffire et serait toujours difficile, pour ne pas dire impossible, à contester en fait, mais que celui qu'il poursuit n'a rien inventé, et qu'il n'a fait que le copier. Il peut arriver en effet, surtout quand il s'agit simplement du canevas d'une pièce, que deux auteurs se rencontrent sans qu'il y ait usurpation de l'un des deux. Dans ce cas, le premier en date prouverait inutilement sa priorité, et nous lui refuserions un monopole que rien ne justifie.

Il y a représentation illicite et contrefaçon littéraire à transformer en opéra un vaudeville ou un drame. Cette usurpation ne saurait se justifier par la différence des théâtres sur lesquels sont représentés les deux ouvrages (1).

Peut-on arranger un roman pour le théâtre sans obtenir l'autorisation de l'auteur? Nous avons dit, plus haut, que le droit exclusif de représentation s'étendait même aux ouvrages qui n'avaient pas été destinés au théâtre par celui qui les a composés. Cela ne doit s'entendre que des œuvres qui étaient dramatiques par la nature de leur composition, et non pas de celles qui ne peuvent que fournir un sujet dramatique. Ainsi, les auteurs de nos jours puisent presque tous les sujets de leurs pièces dans les romans, dans les nouvelles récemment publiées. En cela ils usent d'un droit incontestable, et le seul moyen qui reste à l'auteur d'un roman ou d'une nouvelle de jouir exclusivement du bénéfice de son sujet, c'est d'en composer lui-même une œuvre dramatique (2).

---

(1) 27 juin 1844. — C. R. — Beaudouin : Vatel. — Voy. page 36.

(2) 26 mai 1854. — Paris. — De Boignes : Scribe. — De Boignes avait publié dans le feuilleton d'un journal une anecdote qu'il annonçait comme his-

Cependant, s'il arrivait que l'auteur qui *arrange* un roman pour la scène reproduisît littéralement des parties notables de l'ouvrage où il a puisé son sujet, alors il rentrerait dans les conditions de la contrefaçon ou de la représentation illicite (1):

Les limites que nous avons tracées à la critique, et au delà desquelles commence la contrefaçon, s'appliquent également à la *parodie*, dont les priviléges sont dans les besoins et dans le caractère de notre époque, mais dont les écarts doivent être réprimés dans l'intérêt bien compris des auteurs. Le parodiste n'a donc pas le droit de reproduire une partie essentielle de la composition parodiée (2).

Ainsi, pour nous résumer sur les caractères de la représentation illicite, nous dirons qu'indépendamment des signes particuliers que nous venons d'indiquer, on doit la reconnaître toutes les fois qu'elle présente un des caractères généraux de la

---

torique. Plus tard Scribe en fit une pièce intitulée *Mon Étoile*. De Boignes prétendit qu'il avait le droit de partager les droits d'auteur avec Scribe. De Boignes fut débouté de sa demande.

(1) 27 janvier 1840. — C. R. Paris. — Lefranc : P. de Musset. — Jugement confirmé par l'arrêt de la Cour. — En ce qui touche le titre de collaborateur; — Attendu que de Musset ne justifie pas de son concours direct au travail par suite duquel le vaudeville a été mis en scène; le déboute sur ce chef. — En ce qui touche la demande à fin de dommages-intérêts : — Attendu que Paul de Musset justifie qu'il est l'auteur de la nouvelle intitulée *le Duc de Coyllin;* que cette œuvre littéraire était sa propriété exclusive, dont personne n'avait le droit de s'emparer à son préjudice; — Attendu que le vaudeville portant ce titre est non-seulement une imitation de ladite nouvelle, mais qu'il en est encore dans beaucoup d'endroits la copie littérale et servile; qu'il en reproduit en tous points le cadre, l'exposition, le dialogue, les personnages, les incidents, en un mot toute la conduite de l'ouvrage; — Attendu qu'en s'emparant ainsi de l'œuvre de Paul de Musset sans son consentement, les défendeurs l'ont privé du droit qu'il avait d'en user lui-même plus tard de la même manière et lui ont ainsi causé un préjudice pour lequel ils lui doivent une indemnité; — Condamne, etc., etc.

(2) 5 février 1834. — Trib. Paris. — Une chanson intitulée la *Mort du petit chat Bibi*, avait été parodiée sous le titre du *Petit chien Mimi*. Plusieurs vers avaient été reproduits dans la parodie, ainsi que l'ensemble de l'idée; le Tribunal déclara qu'il y avait délit de contrefaçon dans le fait de cette reproduction par simple imitation.

contrefaçon, que nous avons développés à la section 1re du chapitre VIII du livre Ier. Nous ajouterons en terminant que les directeurs des théâtres de l'Algérie ne peuvent représenter les œuvres dramatiques des auteurs français sans leur consentement, bien que les lois n'aient pas été promulguées en Algérie (1).

---

(1) 11 avril 1850. — C. App. Alger. — Les auteurs dramatiques : Curet. — Attendu que les lois d'un intérêt général qui régissent la France sont de plein droit applicables aux Français en Algérie, sans qu'il soit besoin d'une promulgation spéciale ; que le principe doit se déduire de l'occupation permanente et définitive du territoire de l'Algérie, de son organisation par l'autorité française, de la création des tribunaux français et de l'installation d'une population civile, qui, en suivant le drapeau national, n'a pu renoncer au bénéfice des lois de la mère patrie ; que ce principe se déduit encore de l'ordonnance du 26 septembre 1842, portant que les Tribunaux ne pourront appliquer que les lois françaises, même aux indigènes ; — Attendu qu'on ne saurait trouver un argument contraire à ce principe dans le droit exceptionnel qui régit l'Algérie, lorsque ce droit exceptionnel n'a ni restreint ni réglé la loi générale, parce que celle-ci a conservé alors toute sa force et doit être exécutée sans restriction ; — Attendu que les lois qui règlent le droit de propriété en France ne sauraient recevoir d'atteinte en Algérie, à moins que des décrets ou arrêtés particuliers n'en aient modifié l'exercice; qu'il doit en être de même de la propriété littéraire, qui est aussi inviolable que la propriété rurale, car les œuvres de l'intelligence, qui font la gloire de la patrie, ne sauraient être mieux protégées que le produit du travail qui fait sa richesse ; — Qu'aucune ordonnance ni aucun arrêté colonial n'ont modifié les lois spéciales de 1791-1793 et 30 avril 1844 ; que, dès lors, elles doivent obtenir leur pleine et entière exécution ; — Attendu, en outre, que la loi du 13 janvier 1791 porte que ses dispositions sont exécutoires dans toute l'étendue de la France, et que l'art. 109 de la constitution de 1848 ayant déclaré l'Algérie territoire français, on ne saurait plus désormais contester l'application de cette loi en Algérie ; que le deuxième paragraphe dudit art. 109, invoqué par la défense, ne préjuge en rien cette juste appréciation, car il concerne uniquement la substitution du régime des lois à celui des décrets et ordonnances ; — Attendu que l'on se prévaut aussi vainement du privilége accordé par le ministre de la guerre à la dame Curet ; que ce traité contient des dispositions tout à fait particulières qui ne sauraient nuire aux droits des auteurs, et constate seulement dans son ensemble l'absence d'une législation spéciale sur la matière des théâtres ; que, de plus, ce même traité vise l'ordonnance du 21 décembre 1842 et accorde à la dame Curet le droit de prélever le cinquième sur les théâtres secondaires, bien que cette ordonnance n'ait jamais été promulguée en Algérie, ce qui prouve de plus fort l'application de plein droit des lois de France ; — Attendu que

Un arrêté ministériel du 11 avril 1845 a prescrit les mesures nécessaires pour arrêter la contrefaçon tolérée jusqu'alors en Algérie.

Nous renvoyons au chapitre VIII *De la propriété littéraire* pour ce qui concerne le débit, l'introduction, la poursuite, les condamnations et la prescription.

---

l'ordonnance de 1842 porte aussi que les lois pénales françaises sont applicables en Algérie ; — Confirme.

LIVRE III.

DES ŒUVRES MUSICALES.

CHAPITRE PREMIER.

DES CARACTÈRES DE LA PROPRIÉTÉ.

Les développements que nous avons donnés, dans le chapitre précédent, sur le droit de publier et de faire représenter les compositions dramatiques nous laisseront peu de choses à dire sur le même droit appliqué aux compositions musicales. Ce genre d'ouvrage est régi par la même législation, soumis par conséquent aux mêmes principes et aux mêmes règles. Cependant, pour entrer plus facilement, et surtout d'une manière plus complète, dans les détails du sujet que nous traitons, nous avons cru devoir examiner séparément les œuvres musicales sur lesquelles quelques difficultés spéciales ont été soulevées.

Le droit de propriété exclusive sur les œuvres musicales a fait naître la question de savoir s'il devait s'appliquer à toutes les compositions de ce genre, quelle qu'en fût l'importance. Il n'en faut pas douter; l'air le plus simple et le plus court, ne consistât-il qu'en une seule phrase, est un ouvrage dans le sens de la loi, parce qu'il est un tout complet dont il ne faut considérer ni le mérite ni l'étendue. La loi, en attribuant le bénéfice du droit exclusif aux productions de l'intelligence, n'a pas exigé qu'elles eussent telle ou telle importance; elle a seulement exigé qu'il y eût travail personnel de l'auteur, et que ce travail eût le mérite de l'invention. Ainsi l'auteur de compositions musicales, telles que romances, airs de vaudeville ou ariettes, a le droit de jouissance exclusive sur son œuvre (1). Il faut en dire autant des simples arrangements, comme des compilations musicales. Celui qui en est l'auteur a seul le droit, soit de les faire graver et de les publier, soit d'en autoriser la représentation (2). Ajoutons que l'auteur des paroles, dans une œuvre musicale, quelque peu importantes qu'elles soient, a le droit de participer aux bénéfices de la représentation. Il est collaborateur dans le sens légal; il peut donc revendiquer les droits que nous avons énumérés en traitant de la collaboration littéraire (3).

Les auteurs dramatiques ont de tout temps emprunté leurs airs aux opéras nouveaux ou aux romances en vogue, sans se préoccuper du consentement des compositeurs. Cet état de choses a été toléré par ces derniers, dont quelques-uns même se montraient reconnaissants de cette publicité. Cependant le droit abandonné depuis si longtemps a été récemment revendiqué. Malgré ce long usage et cette tolérance immémoriale, les Tribunaux ont, à bon droit, reconnu la légitimité de la prétention des compositeurs, comme nous le démontrerons plus loin en traitant de la représentation illicite des œuvres musicales.

---

(1) 8 septembre 1847 et 3 août 1848. — Trib. Paris. — Bourget : Morel et Varin. — Morel et Varin, limonadiers, ont été condamnés à des dommages-intérêts pour avoir fait chanter devant leurs établissements des chansonnettes de Bourget.

(2) 27 février 1845. — C. Cass. — Colombier : Richaud. — Voy. page 69.

(3) 19 avril 1845. — C. R. Paris. — Colin : Vatel. — Voy. page 67.

CHAPITRE II.

DES CESSIONNAIRES.

Nous n'avons rien à ajouter à ce que nous avons dit, pour les œuvres dramatiques, sur les droits et les devoirs des cessionnaires d'œuvres musicales. Nous ne pouvons que nous y référer, en ajoutant, toutefois, que l'acte de cession doit contenir, dans l'intérêt de l'auteur, toutes les réserves qu'il entend faire sur les différents modes de jouissance dont ces sortes de compositions peuvent être l'objet. Par exemple, lorsqu'un compositeur cède à un directeur le droit de faire représenter son ouvrage, il peut sans doute limiter cette cession comme il lui convient, et, par exemple, se réserver le droit de faire exécuter soit la même musique dans son intégralité, soit des quadrilles composés sur les principaux airs extraits de son ouvrage; mais il devra faire de cette réserve l'objet d'une stipulation formelle, à défaut de quoi il se rendrait coupable du délit de représentation illicite; car il ne peut pas user d'un droit qu'il a cédé sans porter atteinte à la propriété du cessionnaire.

L'auteur qui cède purement et simplement à un éditeur son droit de propriété sur son œuvre n'est pas censé lui céder en même temps le droit de les faire représenter. Ce sont deux droits bien distincts, et qui ne peuvent être confondus que par la convention formelle des parties. Il y aurait délit de représentation illicite de la part de celui qui, s'autorisant de la vente ainsi faite, aurait représenté l'ouvrage. Il est évident qu'en livrant son œuvre à un éditeur, l'auteur n'a eu en vue que le droit de publier, de même qu'il ne serait présumé avoir vendu à un directeur de théâtre que son droit de représentation, la cession eût-elle été faite sans réserve.

On a décidé que l'éditeur, qui a acheté d'un autre le droit de publier une partition arrangée pour piano et chant, est mal fondé à se plaindre de ce que son vendeur a édité par la suite la même partition arrangée pour piano seul. Si, comme le constate le jugement (1), c'est là un fait approuvé par les usages du commerce de musique, nous n'avons rien à dire, si ce n'est que cet usage est contraire aux principes rigoureux du droit.

Le Tribunal de la Seine a jugé aussi que pour qu'un nantissement, ayant pour objet la propriété de compositions musicales, soit valablement constitué, il n'est pas nécessaire que le débiteur transmette au créancier gagiste les titres d'acquisition de ces ouvrages. Il suffit de lui remettre les planches et les pierres lithographiques sur lesquelles ces œuvres sont gravées (2). De tous les motifs donnés par le Tribunal, nous ne

---

(1) 2 mars 1848. — Trib. Paris. Veuve Launer : Cotelle. — Il s'agissait de la partition de la *Dame Blanche*.

(2) 2 mai 1848. — Trib. Paris. — Bernard Latte : Mayaud. — Attendu qu'aux termes du droit les dispositions relatives au nantissement sont énonciatives et non limitatives ; — Que tout ce qui est susceptible de possession peut faire la matière de ce contrat ; conséquemment, les productions de la littérature et des arts, lorsqu'elles ont revêtu une forme matérielle et visible pouvant être touchée de la main de l'homme ; — Que dès lors les formalités à remplir pour la constitution du nantissement doivent se modifier suivant la nature des choses ; — Qu'en ce qui concerne notamment les compositions musicales, le manuscrit et ses accessoires une fois incorporés par la gravure et le dessin, ainsi que tous les signes extérieurs indicatifs de la propriété, aux planches et aux pierres destinées à la reproduire, il est vrai de dire que le droit de propriété de ces compositions réside tout entier dans ces planches gravées et dans ces pierres lithographiques, dont la remise déclarée par leur propriétaire ou créancier gagiste suffit à la validité du nantissement ; — Que la remise simultanée des manuscrits et des titres d'acquisition, pour le cas où les auteurs auraient traité de leurs droits, n'est pas une formalité essentielle ; — Que ces pièces originaires ne sont plus alors qu'une lettre morte, sans valeur aucune dans les mains où elles sont restées, et ne peuvent lutter contre les planches et les pierres lithographiques qui les ont absorbées ; — Qu'il résulte au surplus des documents produits que tel est l'usage dans le commerce de la musique ; — Attendu qu'en appliquant les principes aux contrats notariés intervenus entre Bernard Latte et la dame Mayaud, en affectant à celle-ci, à titre de gage et de nantissement, le droit à la propriété des ouvrages de musique gravés sur un grand nombre de planches en étain, ces contrats doivent sortir leur effet ; — Valide ledit nantissement, etc.

Idem. 10 juillet 1848. — Trib. Paris.

pouvons adopter que celui qui se fonde sur les usages du commerce. Le surplus de la doctrine nous paraît conduire à une complète confusion entre la propriété d'un objet matériel et le droit de reproduction, droit incorporel et indépendant de la possession de l'objet matériel.

La dédicace d'une œuvre musicale, même accompagnée d'un exemplaire manuscrit signé de l'auteur, n'emporte pas cession du droit de représentation pas plus que du droit de reproduction, ainsi que nous l'avons démontré pour la propriété littéraire (1).

CHAPITRE III.

DE LA DURÉE.

La durée du droit de représentation ou de publication des œuvres musicales est la même que pour les œuvres dramatiques.

Toutes les questions relatives à la durée du droit de représentation, en général, sont donc applicables aux œuvres musicales, et se trouvent résolues dans le livre précédent.

CHAPITRE IV.

DU DÉPOT.

Les règles du dépôt des œuvres musicales sont les mêmes que pour les œuvres dramatiques. Ainsi l'inobservation de la

(1) 20 février 1843. — Paris. — Trib. correct. — Troupenas : Aulagnier. Voy. page 115.

Idem, 14 août 1841. — C. R. — Gerdès : veuve Launer. Voy. page 115.

formalité du dépôt ne fait pas tomber dans le domaine public le droit de représentation (1).

La musique gravée avec texte doit être considérée comme écrit imprimé, et non comme estampe. En conséquence, l'éditeur n'est tenu de déposer que deux exemplaires, aux termes de l'ordonnance du 9 janvier 1828 (2).

Bien qu'un morceau de musique ait été publié et déposé, la publication postérieure du même morceau dans un autre ton est soumise à la formalité du dépôt (3).

---

(1) 24 juin 1852. — C. Cass. — Henrichs : Connevat. Voy. page 226.

(2) 10 mars 1840. — Trib. corr. Paris. — Ministère public : Schlesinger. — Attendu que toute planche gravée portant texte est considérée comme écrit et comme telle rangée dans la catégorie des écrits ordinaires; que la musique avec texte, comme celle sans texte, ne peut être considérée comme estampe; — Que dès lors elle rentre dans la classe des écrits ordinaires, en sorte qu'aux termes de l'ordonnance du 9 juillet 1828 il n'est nécessaire de déposer que deux exemplaires : le premier pour la Bibliothèque du roi et le second pour le ministère de l'intérieur; — Attendu qu'une autre interprétation serait forcée; qu'en effet le législateur n'a exigé le dépôt de deux exemplaires de chaque estampe que parce qu'il y en a de deux espèces, les unes avant, les autres après la lettre; les unes coloriées, les autres en noir, ce qui, évidemment, ne peut s'appliquer à la musique; — Attendu que Schlesinger, ayant offert d'opérer le dépôt de deux exemplaires de chacune des trois partitions dont il s'agit, a suffisamment satisfait au vœu de la loi; — Le renvoie de ce chef.

(3) 10 mars 1840. — Trib. corr. Paris. — Ministère public : Troupenas-Masset. — Attendu que les deux inculpés, éditeurs de musique, ont, dans le courant de 1839, publié et mis en vente, sans avoir fait le dépôt du nombre prescrit d'exemplaires, des partitions avec accompagnement d'orchestre des opéras d'*Actéon*, etc., etc., ce qui constitue le délit prévu par les art. 14 et 16 de la loi du 21 octobre 1814 et par l'ordonnance du 9 janvier 1828, modificative de celle du 24 octobre 1814; — Attendu que vainement les inculpés ont prétendu n'avoir pas été soumis à faire le dépôt réclamé, parce que déjà antérieurement ils avaient accompli cette formalité pour les mêmes partitions avec simple accompagnement de piano; — Attendu que cette allégation ne peut être admissible, en supposant même que les partitions d'orchestre n'offrent pas quant aux paroles de différence avec celle du piano, le seul fait de la réimpression d'un écrit quelconque nécessitant un nouveau dépôt d'exemplaires, et la loi n'ayant pas admis de distinction à cet égard; — Condamne, etc.

CHAPITRE V.

DE LA REPRODUCTION ET DE LA REPRÉSENTATION ILLICITES.

La représentation illicite d'une œuvre musicale peut résulter, comme pour les ouvrages dramatiques, soit de la forme de l'ouvrage représenté, soit du lieu de la représentation. Nous avons tracé, en traitant des *ouvrages dramatiques*, les caractères de la contrefaçon totale ou partielle. Indépendamment des raisons que nous y avons développées, nous ajouterons que la contrefaçon partielle d'une composition musicale est interdite, et que les fragments extraits d'une œuvre musicale sont protégés comme l'œuvre entière (1).

Cependant la contrefaçon peut ne pas résulter de l'imitation d'un motif, surtout si le plagiaire, en s'emparant du motif, se l'est approprié par des broderies ou variations de sa composition (2). Mais il y aurait contrefaçon incontestable si l'on prenait un air, même le moins saillant, dans une vaste composition, pour le publier séparément et sans le consentement de l'auteur, de même que si l'on s'emparait d'un air que l'auteur aurait publié séparément, pour l'intercaler dans une partition. La différence que nous établissons entre un motif et un air consiste en ce que le motif est en général une partie d'un air comme serait une phrase ou une pensée dans une composition littéraire, tandis que l'air est le développement d'un motif ou la réunion de plusieurs.

L'auteur d'une composition musicale a le droit de s'opposer

(1) 15 avril 1852. — Trib. Paris. — Henrichs : Neveu, etc.

(2) 26 novembre 1828. — Paris. C. R. — Troupenas : Pleyel et Aulagnier.

à ce qu'elle soit reproduite, alors même qu'elle aurait été arrangée soit pour d'autres instruments, soit pour un autre ou semblable usage. La loi proscrit la contrefaçon totale ou partielle; or, il est évident que celui qui arrange pour le piano une ouverture, ou qui compose des contredanses avec les motifs d'un opéra, reproduit nécessairement tout ou partie de l'œuvre originale; il commet donc le délit de contrefaçon. Ce délit est indépendant de la forme et du moyen de reproduction, comme pour les œuvres littéraires. Cependant il est d'usage dans les théâtres, surtout pour la première représentation d'une pièce, et avant qu'elle ait été imprimée, de faire copier les rôles soit du poëme, soit de la musique, pour les distribuer aux acteurs. Cette copie ne porte évidemment aucune atteinte au droit des auteurs; mais si, en dehors de ces copies destinées au service du théâtre, on en faisait d'autres pour les vendre, par exemple, aux théâtres de province, il y aurait délit de contrefaçon, quel que fût le procédé employé pour les reproduire et alors même qu'elles seraient faites à la main (1).

Les vaudevillistes ont l'habitude, profitant de la tolérance des compositeurs, d'appliquer aux couplets ou aux chœurs de leurs pièces des airs extraits d'opéras-comiques ou empruntés à d'autres vaudevilles. Cette tolérance ne peut fonder un droit, et le fait ci-dessus constitue évidemment le délit de contrefaçon ou de représentation illicite, suivant que les airs sont publiés ou représentés. On s'est cru autorisé à cette usurpation par un arrêté ministériel du 25 avril 1807 qui, en déterminant les attributions des différents théâtres, a laissé dans le domaine du vaudeville la représentation des pièces mêlées de couplets sur des *airs connus*. Mais cette autorisation de chanter des airs connus est nécessairement subordonnée aux principes du droit de propriété auquel le ministre n'a pu ni voulu déroger. Dans cet arrêté ministériel *airs connus* sous-entend évidemment *tombés dans le domaine public*, et la pensée du ministre se portait tout entière sur la différence qui doit exister entre

(1) 29 juin 1827. — Janet : Fay. Voy. page 159.

les théâtres de vaudeville et ceux d'opéra, où l'on a le droit exclusif de chanter la musique nouvelle.

Si on admettait le système contraire, on arriverait à ce résultat qu'un air savant, qui mériterait l'honneur d'une célébrité populaire, cesserait, en devenant un air connu, d'appartenir à son auteur, tandis que les airs insignifiants et vagues que l'on ne retient pas resteraient la propriété de l'auteur. Ainsi, la protection de la loi pour les musiciens et leurs œuvres serait en raison inverse de leur talent; ce qui serait un outrage à l'équité non moins qu'une violation manifeste des textes comme de l'esprit de la loi. L'auteur d'une œuvre musicale a donc, dans tous les cas et pour toutes ses compositions, le droit exclusif de les faire exécuter sur les théâtres publics (1).

Nous avons indiqué, en parlant des ouvrages dramatiques, ce qu'il fallait entendre par théâtres publics. On doit en conclure que toute représentation *publique*, quels que soient d'ailleurs le local et sa destination ordinaire, rentre dans les termes de la loi, qui se sert indistinctement du mot *théâtres* (loi de 1791), et du mot *spectacles* (art. 428, C. pén.). La généralité du mot *spectacles* comprend tous les lieux où la musique est exécutée publiquement, soit comme objet secondaire, soit comme objet principal; par exemple les cafés, les concerts, les bals, les représentations de marionnettes, les guinguettes, etc. (2). Telle est la conséquence, rigoureuse peut-être, mais logique, des principes sur lesquels repose le droit exclusif de représentation (3).

On ne peut même, sans le consentement des auteurs, faire entendre des compositions musicales dans un concert d'amateurs où le public est admis moyennant rétribution, alors même que le produit de la recette est exclusivement destiné à couvrir les frais du concert (4).

---

(1) 11 avril 1853. — C. Imp. Paris. — Henrichs : Dormeuil. Voy. page 66.
(2) 24 juin 1852. — C. Cass. — Henrichs : Connevot. Voy. page 226.
(3) 20 août 1834. — Véron : Masson de Puitneuf. Voy. page 222.
(4) 12 mai 1854. — Trib. Nancy. — Henrichs : la Société Philarmonique.

On a cependant décidé que l'auteur d'une composition musicale n'est pas recevable à se plaindre de ce que son œuvre a été exécutée dans un concert dont l'entrée était gratuite et dont le but principal était de faire entendre un instrument nouveau (1). Mais cette solution nous paraît fort contestable, car, dans cette espèce, bien que l'entrée fût gratuite, l'entrepreneur du concert, en même temps fabricant de l'instrument exhibé aux auditeurs, retirait un profit de l'exécution de la musique. Il s'en servait pour faire ressortir le mérite et l'utilité de son instrument, il était juste qu'il payât le droit d'exécuter la musique, puisqu'il retirait un avantage de cette exécution. Le compositeur peut, d'ailleurs, avoir un intérêt quelconque à ce que sa musique ne soit pas publiquement exécutée sur un instrument dont les ressources et les effets ne lui sont pas connus ou dont la puissance sera peut-être telle que ceux qui auront entendu sa musique, sur cet instrument, n'auront plus le désir de l'entendre exécuter par un orchestre. Enfin ce qui serait licite pour un fabricant d'instruments le serait pour tous, et le droit de l'auteur périrait s'il était ainsi exploité de toutes parts. Il y avait dans le fait reproché préjudice pour l'auteur, par conséquent la représentation était illicite. Aussi pensons-nous que le Tribunal s'est surtout décidé par cette circonstance, visée au jugement, que la publicité du concert n'était pas constatée, puisqu'on n'y était admis que sur billets personnels.

Les conséquences de la représentation illicite ne peuvent atteindre que ceux qui organisent cette représentation et qui doivent en tirer le profit direct. Ainsi l'auteur dont l'œuvre a été représentée sans son consentement n'a aucun recours contre le propriétaire de la salle lorsque celui-ci s'est borné à louer son local et qu'il est resté étranger à la composition du programme (2).

Pour ce qui concerne le débit, l'introduction, la poursuite

(1) 24 juin 1845. — Félic. David : Debain.

(2) 3 juin 1854. — C. Imp. Paris. — Henrichs : Devilleneuve.

et les condamnations, nous renvoyons au livre de la *Propriété littéraire*. Nous dirons seulement que c'est à l'occasion du droit de représentation que s'est produite pour la première fois cette étrange doctrine qui fait courir la prescription du jour où a eu lieu le premier fait de représentation illicite (1). Nous avons donné à la section 9, chap. 9 de la *Propriété littéraire* les raisons qui nous font repousser cette doctrine. La principale c'est que chaque fait de représentation est un fait complet, indépendant de ceux qui l'ont précédé et de ceux qui le suivront. Le législateur l'a bien compris ainsi, puisqu'il a autorisé (art. 429 du C. pén.), au profit de l'auteur, la saisie de la recette de chaque représentation.

(1) 24 février 1855. Paris. C. Imp. — Vatel : Ragani. Voy. page 208.

LIVRE IV.

DES PRODUITS DES ARTS.

CHAPITRE PREMIER.

DE LA PROPRIÉTÉ.

SECTION 1re. — *Des caractères de la propriété.*

L'ancienne législation ne protégeait que les compositions littéraires. La loi du 19 juillet 1793 a rangé sur la même ligne et soumis aux mêmes principes les produits des beaux-arts, ainsi que cela résulte des art. 1, 3 et 7 de cette loi, du préambule de la loi du 25 prairial an 3, des art. 425 et 427 du Code pénal, et enfin de la loi du 8 avril 1854. Ainsi tous les principes protecteurs de la propriété littéraire s'appliquent aux droits de l'artiste sur son œuvre (voir la législation, page 12).

Le droit exclusif d'exploiter une composition artistique appartient donc à l'artiste aux mêmes conditions que la propriété littéraire est réservée à l'auteur, c'est-à-dire qu'il faut appliquer ici ce que nous avons dit (Voir livre 1er) sur la définition légale du mot *auteur* et du mot *ouvrage*. Ainsi, l'auteur n'est pas seulement celui qui compose et exécute une œuvre de peinture, mais encore celui qui commande un tableau ou un dessin dont il indique l'exécution, soit verbalement, soit, à plus forte raison, par une esquisse. C'est à lui que la création appartient; c'est lui qui a la jouissance exclusive de cette composition, et qui peut seul l'exploiter, la reproduire. En un mot, tous les droits de l'auteur lui sont acquis.

La jouissance exclusive attribuée par la loi à l'auteur d'une œuvre d'art a la plus frappante analogie avec la propriété des auteurs dramatiques, en ce sens que les uns et les autres trouvent dans la nature spéciale de leur composition la source d'un double droit à exploiter. Ainsi que nous l'avons expliqué, les auteurs dramatiques ont la reproduction et de plus la représentation. Les peintres ont la vente du tableau ou de la statue, et, en outre, le droit exclusif de reproduire par tous les moyens quelconques la composition qui se trouve réalisée par le tableau ou la statue.

Il faut se garder de confondre la pensée de l'artiste avec le moyen à l'aide duquel il a exprimé cette pensée. La pensée, ou, pour mieux dire, la composition de l'artiste, existe en dehors de ces moyens et en est essentiellement distincte. S'il l'a exprimée d'abord par le pinceau, et qu'elle soit ensuite reproduite par l'ébauchoir ou le crayon, elle n'en reste pas moins sa composition. Aussi est-ce avec raison que la loi lui garantit, non pas la jouissance exclusive de la statue, du tableau ou du dessin, c'est-à-dire du moyen qu'il a d'abord adopté pour rendre sa pensée, mais bien le droit absolu de reproduire cette pensée, autrement dit sa composition.

Quant à l'objet matériel qui s'appelle une statue, un tableau ou un dessin, il est régi par le droit commun. Ainsi, il peut être saisi, vendu, altéré ou détruit par l'acheteur, qui a, comme sur tous autres meubles, l'*uti* et l'*abutendi*, l'usage et l'abus. Il n'y a qu'une limite à cette jouissance, absolue d'ailleurs, c'est la réserve faite par la loi de 1793, au profit de l'auteur, du droit exclusif de reproduire sa composition où et quand il lui conviendra de le faire et par les moyens qu'il lui plaira d'adopter, pourvu, toutefois, que par l'exercice du droit de reproduction il ne nuise pas au droit de propriété de l'acquéreur du tableau ou de la statue. Voilà uniquement pourquoi la loi de 1793 est intervenue. Elle n'avait rien de plus à faire, et il importe bien de constater qu'elle n'a voulu faire et n'a fait rien de plus.

Ces principes ci-dessus une fois posés, il sera facile d'arriver à la solution des nombreuses questions qui paraissent encore aujourd'hui, après plus d'un demi-siècle d'application, embarrasser la jurisprudence.

Il suffit de rappeler ici ce que nous avons dit pour les œuvres littéraires, c'est que les ouvrages d'art, sans distinction de leur importance, de leur genre ou de leur mérite, sont protégés par la loi avec une égale faveur. Il suffit qu'ils présentent, soit dans leur ensemble, soit dans leurs détails, le caractère de nouveauté qu'imprime le travail personnel. Ainsi le droit exclusif appartient à celui qui a composé la plus grossière image comme à l'auteur d'un chef-d'œuvre. Nous ajouterons ici que, quelle que soit la destination de l'œuvre, elle n'en conserve pas moins son droit à la protection légale. Ainsi il a été jugé que le dessin, en tant qu'œuvre d'art, est indépendant de l'usage auquel il a été appliqué. Il importe donc peu qu'il ait été composé pour servir d'enseigne ou même de simple étiquette (1).

Bien que toutes les compositions qui appartiennent au domaine de l'art soient protégées par la loi de 1793, sans distinction de genre ni de mérite, cependant un doute s'est élevé sur les droits de l'auteur d'un dessin d'architecture. Ainsi on s'est demandé si l'architecte peut, comme l'auteur d'une composition littéraire ou d'un tableau, s'opposer d'une manière absolue à toute reproduction de son œuvre. Pour l'architecte, on a soutenu que l'architecture est un art, qu'ainsi elle rentre dans les termes généraux de la loi de 1793; que si les architectes ne sont pas expressément désignés dans la nomenclature de l'art. 1er, l'art. 7 ne laisse aucun doute sur la pensée du législateur, qui se révèle très-nettement par ces mots : *Toute production de l'esprit ou du génie qui appartient aux beaux-arts*. Malgré ces raisons, qui ont été consacrées par

---

(1) 18 décembre 1850. — Paris. C. Imp. — Dupetitmont : Neuville.

Idem. 7 juin 1842. — Trib. corr. Paris. — Fournier-Denis : Pellerin. — Attendu que Denis et Fournier sont propriétaires éditeurs de plusieurs feuilles d'images représentant des personnages divers, militaires, acteurs, troupes anglaises, mascarades, et qu'ils justifient qu'ils en ont fait le dépôt bien antérieurement aux publications faites par Pellerin des mêmes sujets; — Attendu qu'il résulte du rapport de l'expert et de l'examen du Tribunal que les feuilles argüées de contrefaçon ont été copiées sur celles des plaignants; qu'il y a mêmes mouvements, mêmes poses, mêmes costumes, mêmes dispositions, et

une décision judiciaire, la seule que nous connaissions (1), nous persistons à croire que le législateur, embarrassé sans doute par les nécessités pratiques, a omis volontairement de comprendre les architectes dans la nomenclature de l'art. 1er de la loi de 1793. En fait les architectes n'y figurent pas; or, c'est cet art. 1er qui attribue le droit privatif et qui énumère les individus qui en jouiront. Vainement argumente-t-on de l'art. 7 et de la généralité de ses termes; cet article, le dernier de la loi, ne s'occupe pas de l'attribution du droit, mais uniquement de sa durée. Or la durée n'est fixée, bien évidemment, que pour ceux à qui la jouissance du droit a été précédemment concédée. Si, au lieu de reproduire la nomenclature de l'art. 1er, le rédacteur de l'art. 7 s'est borné à une formule générale, il est manifeste qu'il ne l'a adoptée que pour abréger la rédaction;

---

que toute la différence consiste en ce que Pellerin a un peu grandi ses personnages et que le personnage d'officier dans la troupe polonaise a le bras appuyé sur la hanche gauche; qu'ainsi les spahis et les zouaves ont été calqués sur ceux des plaignants; — Attendu que les images ou dessins édités par Denis-Fournier, quel que soit leur peu d'importance, n'en doivent pas moins être considérés comme une véritable création, établissent à leur profit un droit de propriété exclusive, et que leur reproduction, telle qu'elle a eu lieu de la part de Pellerin, constitue donc, à la charge de ce dernier, le délit de contrefaçon; — Condamne, etc., etc.

(1) 20 avril 1855. — Paris. Trib. civ. — Le Sourd : Goupil et Masson. — Attendu que les dispositions de la loi du 19-24 juillet 1793 sont générales, absolues et s'appliquent à tous les objets du domaine de l'art, — Que l'œuvre de l'architecte peut et doit dans certains cas, à raison de l'élévation de la pensée qui a présidé à sa conception et du mérite de son exécution, être considérée comme une œuvre d'art; — Qu'à ce titre, l'architecte qui l'a produite est donc fondé à revendiquer les avantages accordés à tout artiste par la loi de 1793; — Que ces avantages sont la consécration d'un double droit qui appartient à l'artiste, droit principal à la propriété de la chose, droit accessoire à la reproduction de cette chose même; — Mais qu'il est évident que, soit l'auteur de l'œuvre, soit son cessionnaire, ne peuvent prétendre jouir de ces avantages qu'autant que justification est faite par eux que les droits qu'ils prétendent exercer n'ont pas cessé de leur appartenir; — Qu'il est de principe que l'artiste qui aliène le fruit de son travail doit, par application des dispositions de l'art. 1615 du Code Napoléon, être censé avoir cédé à l'acquéreur non-seulement le droit à la propriété de la chose vendue, mais aussi son accessoire, à savoir, le droit à la reproduction, s'il n'a retenu ce dernier droit par des réserves ex-

rien de plus. Ou l'art. 7 n'a pas de sens, puisqu'il fixerait la durée d'un droit non concédé par l'art. 1er, ou il se réfère par abréviation à la nomenclature de l'art. 1er. Les impossibilités d'application viennent encore justifier cette omission du législateur. Ainsi la loi de 1793 ne peut être scindée : si elle protége le dessin architectonique, elle doit le protéger comme toutes les œuvres d'art, c'est-à-dire contre la reproduction quelconque qui en serait faite, et la confiscation doit être la conséquence forcée de la reproduction illicite. Eh bien, est-il possible d'admettre que l'auteur d'un dessin architectonique ou d'un plan pourra saisir et faire confisquer à son profit une maison construite sans son consentement d'après le dessin ou le plan qu'il a composé? L'énormité de la conséquence suffirait pour justifier notre thèse et prouver que si le législateur n'a pas

---

presses; — Que la commande d'un objet d'art acceptée, exécutée et livrée par son auteur constitue une vente véritable; — Que si cette commande a été faite par l'État, elle a pour effet de conférer à l'œuvre le caractère de propriété publique, abandonnée par conséquent aux regards et à l'étude du public, et pouvant être reproduite par tous et de toute façon, sauf les restrictions que pourrait imposer l'État à la jouissance commune; — Attendu, en fait, que l'État, mis aux droits de la ville de Paris, propriétaire du terrain sur lequel est élevé le Palais de l'Industrie, a commandé l'exécution de cet édifice à la Compagnie dont le Sourd se prétend cessionnaire; que ladite Compagnie, qui elle-même se dit aux droits de l'architecte, qu'elle présente comme étant l'auteur dudit Palais, a exécuté ce monument sur les plans et devis adoptés par l'État; que ce dernier, pour la durée de la concession consentie au profit de la Compagnie, s'est réservé une jouissance certaine, quoique restreinte, et qui deviendra libre et complète lors de l'expiration de ladite concession; qu'enfin il s'est assuré sur ledit monument, tant pour le présent que pour l'avenir, une direction et une surveillance des plus absolues; — Qu'en présence de ces faits et par application des principes ci-dessus posés il demeure démontré que l'État est propriétaire du Palais de l'Industrie; qu'il importe peu que l'État, pour remplir ladite Compagnie du prix de ses travaux, au lieu de lui payer une somme d'argent, ait stipulé à son profit divers avantages, et notamment une jouissance temporaire et restreinte du monument; que la stipulation de ces avantages n'a pu modifier les droits de l'État quant à ladite propriété; que d'un autre côté ces avantages soigneusement énumérés au cahier des charges dressé par l'État ne peuvent être étendus, et qu'il est constant qu'au nombre de ces avantages ne figure pas le droit à la reproduction, à l'égard duquel la Compagnie n'a d'ailleurs fait aucune réserve; — Qu'enfin la nature et la destination du Palais

compris les architectes dans la nomenclature de l'art. 1er, c'est qu'il ne l'a pas voulu et qu'il a reculé devant les conséquences du droit absolu de reproduction exclusive appliqué aux œuvres de ce genre. Ces impossibilités pratiques ont été consacrées par l'usage et reconnues par les architectes eux-mêmes. Tous, sans exception, à l'occasion du procès que nous rappelions plus haut, se sont empressés d'attester qu'ils ne prétendaient, et qu'à leur connaissance il n'avait jamais été prétendu aucun droit soit à la reproduction par construction, soit à la reproduction pittoresque, c'est-à-dire à celle qui comprend un monument dans un site, et qui, d'ailleurs, par son ensemble comme par les imperfections de la perspective aérienne, ne peut donner une idée juste de l'œuvre architectonique. Cet usage immémorial et cet accord unanime des parties intéressées sont, dans le doute laissé par les textes, la meilleure interprétation de la loi (1). Parmi les nombreuses protestations que les architectes

---

de l'Industrie, qui doit servir à des solennités publiques, et ce fait seul qu'il est la propriété de l'État, lui confèrent le caractère de monument public; — Que c'est ce que la Compagnie a reconnu elle-même, puisque ledit cahier des charges a formellement, dans son article 20, donné audit Palais la dénomination de monument public, et que la Compagnie, en acceptant ledit cahier des charges, en a adopté les termes; que la prétention du demandeur au droit exclusif de reproduction du Palais de l'Industrie ne se trouve donc aucunement justifiée; — Qu'à l'égard de la question de savoir si tout au moins ledit demandeur ne serait pas fondé à réclamer des dommages-intérêts à raison du préjudice que lui aurait causé la contrefaçon dont les défendeurs se seraient rendus coupables en reproduisant servilement, par le moyen de la lithographie, des plans et dessins que la Compagnie avait confiés à la maison Goupil; — Attendu qu'il n'est aucunement établi que les plans et dessins dont s'agit aient servi d'élément à la composition et à l'ensemble des estampes querellées de contrefaçon; — Qu'il suit que, d'une part, la demande n'est pas justifiée, et, d'autre part, que les saisies pratiquées l'ont été à tort; — Déboute le demandeur, etc.

(1) 7 mai 1851. — C. Cass. Masse, Tribouillet : Poizat. — Sur le moyen tiré de la déchéance prévue par le n° 5 de l'art. 16 de la loi du 7 janvier 1791, en ce que Masse, Tribouillet et Cie ont pris, par leur cédant, en Angleterre, sous le nom de Newton, une patente relative à l'invention par eux exploitée en France; — Attendu qu'aux termes de droit les déchéances sont restrictives et qu'elles ne doivent pas être étendues; que ce principe est spécialement appliqué aux brevets d'invention par le premier alinéa dudit art. 16, et que le n° 5 de cet

nous ont adressées, une imperceptible minorité revendique le droit de reproduction, non pas absolu, mais limité à l'œuvre purement architectonique, c'est-à-dire au dessin par profils, plan, coupe et élévation, en ajoutant toutefois qu'ils ne l'ont jamais revendiqué. Cette prétention, toute d'équité, est-elle légale? la loi peut-elle être scindée? un droit qui ne peut être attribué sans mutiler la loi est-il un droit sérieux, conforme à la pensée du législateur? Il est permis d'en douter. Un mot suffirait dans la loi pour concilier les intérêts de la logique et ceux de la propriété artistique, ce serait de limiter, selon les nécessités pratiques, le droit de reproduction des œuvres architectoniques, et tout serait dit. La décision du 20 avril 1855, que nous avons rapportée plus haut, reconnaît que le droit revendiqué par l'architecte ne peut être absolu comme celui des artistes en général. On y lit : *L'œuvre de l'architecte peut, et doit dans certains cas, à raison de l'élévation de la pensée qui a présidé à sa conception et du mérite de son exécution, être considérée comme une œuvre d'art.* Ces expressions, que les magistrats, forcés par la nature des choses, ont introduites dans leur jugement, sont contraires à une jurisprudence constante et unanime sur le caractère absolu du droit de propriété, lequel est indépendant du mérite de l'œuvre et des moyens employés par le reproducteur. Ainsi, il a fallu, dans l'espèce, restreindre le droit de propriété pour le faire entrer dans les limites légales. Cela seul suffirait pour la justification de la doctrine contraire.

Le droit de propriété exclusive ne peut faire de doute, et il

---

article est ainsi conçu : « Tout inventeur qui, après avoir obtenu une patente en » France, sera convaincu d'en avoir pris une pour le même objet en pays » étranger, sera déchu de sa patente; » — Attendu que, d'après ces termes, la déchéance n'a point été prononcée par le législateur contre le Français qui aurait, antérieurement à l'obtention de son brevet, pris en pays étranger une patente pour le même objet, soit afin de préserver son invention de la concurrence étrangère, soit pour tout autre motif; — Attendu que la déchéance n'a point été appliquée dans ce cas jusqu'à la promulgation de la loi du 5 juillet 1844, qui d'ailleurs a supprimé ce genre de déchéance et que les lois s'interprètent par l'usage quand il est universel et certain et quand cette interprétation n'est pas contraire à leur texte.

est d'une application facile lorsqu'il s'agit d'une gravure ou d'un tableau dont l'auteur a créé le sujet : l'œuvre lui appartient au double titre de l'invention et de l'exécution. Mais quelle doit être la limite de ce droit, et quelle en est la base lorsqu'il s'agit d'un sujet emprunté soit à la nature, comme un paysage, soit à l'histoire, comme un tableau historique, soit même à un tableau déjà tombé dans le domaine public? Dans ce cas, le droit exclusif de l'artiste porte uniquement sur l'*exécution*, qui constitue seule son ouvrage personnel. Ce genre de propriété peut être assimilé à celui qui résulte de la traduction en matière littéraire. Ainsi, un portrait est la propriété exclusive de l'artiste qui l'a peint, en ce sens que nul ne pourra copier le portrait; mais tout autre aura le droit de reproduire le même modèle, et cette reproduction n'aura les caractères de la contrefaçon que dans le cas où elle aurait été évidemment copiée sur le premier portrait (1).

Ces principes trouvent aussi leur application dans le cas où il s'agit d'ouvrages qui ne sont que la reproduction d'un monument ou d'un lieu, et, par conséquent, le même pour tous. S'il n'y a pas création dans la reproduction de ce fait, il faut cependant y voir la réalisation d'une idée propre à l'auteur qui l'a conçue, et s'il n'a pas seul le droit de reproduire ce qui appartient évidemment à tous, il a néanmoins un droit exclusif sur l'exécution et la forme de sa reproduction. Ainsi, les plans levés par un architecte, les vues dessinées par un artiste, ne lui donnent pas le droit exclusif de dessiner l'objet qu'il a reproduit, mais nul ne pourra copier son plan ou son dessin (2). Ainsi encore, les cartes géographiques sont la propriété exclusive de ceux qui les ont tracées. Sans doute, comme on l'a dit avec raison, *la terre pose pour tout le monde*, et la géographie

---

(1) 16 janvier 1829. — Paris. — Malo : Planat et Chaillou. — Portrait d'*Ida Sainte-Elme*, dite *la Contemporaine*.

Idem. 21 mai 1840. — C. R. Paris. — Sixdeniers : Aubert. — Portrait de F. Arago par Scheffer, gravé par Sixdeniers.

(2) 21 septembre 1831. — Saint-Éloy : Marquis. — Voy. page 173.

physique, comme la géographie astronomique et mathématique, ne sont que la description du globe considéré en lui-même ou vu dans ses rapports avec le ciel. Il appartient donc à tous ceux qui le veulent et qui le peuvent de reproduire l'image de l'univers envisagée sous l'un ou l'autre aspect. Mais alors ils ne doivent s'inspirer que de la nature elle-même, et ne rien demander au travail du géographe qui les a précédés dans cette reproduction (1).

---

(1) 25 avril 1843. — Trib. corr. Paris. — Lallemand : Danlos. — Attendu que Lallemand a publié un plan de Paris et des environs jusqu'à l'*enceinte continue des fortifications;* — Qu'il est constant, en fait, que la portion comprenant la ville jusqu'*aux barrières de l'octroi*, n'est que la reproduction des plans antérieurement publiés, et que la question de contrefaçon doit être restreinte à la portion comprise entre les *barrières de l'octroi et l'enceinte des fortifications;* — Attendu qu'il résulte des documents du procès et des débats, que cette portion qui figure les faubourgs récemment bâtis n'avait été publiée jusque-là que dans des dimensions beaucoup moins grandes; — Que les ouvrages jusqu'alors livrés au public n'offraient pas d'éléments suffisants pour une compilation ; — Que Lallemand a produit des travaux préparatoires qui ont été exécutés pour sa publication; — Que dans les circonstances présentes, son plan, quant à la portion ci-dessus déterminée, doit être considéré comme un *travail nouveau;* — Attendu que Danlos a publié un plan des mêmes localités sur une échelle fort rapprochée de celle de Lallemand, quant à la portion argüée de contrefaçon ; — Attendu que Danlos allègue que cette portion aurait été dressée d'après des documents auxquels chacun est libre de recourir, mais qu'il ne produit que des justifications insuffisantes à l'appui de ses allégations; — Qu'il n'a pu, ni lors de la saisie opérée en septembre 1842, ni depuis, représenter aucun des dessins ou travaux préparatoires qui auraient dû précéder sa publication, non plus que les conventions intervenues entre lui et Zakizewski ; — Qu'à la vérité plusieurs dissemblances existent entre les deux plans ; qu'ainsi sur le plan de Danlos, le tracé des fortifications a été redressé conformément à la carte de J.-G. Neck, que plusieurs fautes d'orthographe commises par Lallemand ont été corrigées; que le plan de Danlos présente plusieurs grands titres de communes, plusieurs dénominations de barrières et plusieurs portions de communes omises dans celui de Lallemand ; — Attendu néanmoins que les ressemblances entre les deux plans existent à un tel degré qu'il est évident que celui de Danlos a été pour une portion notable copié d'après celui de Lallemand; — Que les présomptions résultant de ces ressemblances sont confirmées par le laps de temps écoulé entre les deux publications et par l'impossibilité où se trouve Danlos de produire les documents employés pour l'exécution de son plan ; — Condamne, etc.

Ceci est vrai surtout lorsque le géographe a reproduit les lieux en appropriant son ouvrage à une destination spéciale. Telle est, par exemple, la carte de l'empire et des marches d'*Alexandre le Grand*, dressée par Barbié-Dubocage, pour l'ouvrage de de Sainte-Croix. Ce travail était le fruit d'une lecture immense et de profondes études. On ne pourrait donc dire, sans injustice, que la copie de cette carte ne serait que la reproduction du monde connu des anciens. Il y a dans ce travail création de l'intelligence, propriété.

Il faut en dire autant des cartes dressées pour servir à l'histoire de tous les siéges, de toutes les batailles, de tous les combats qui ont eu lieu en Allemagne et dans les pays voisins, depuis l'an 113 de l'ère vulgaire jusqu'en 1831. Qui pourrait contester au savant Rathenburg la propriété de son immense travail? Il est bien évident que ce n'est pas là seulement une vue, une simple reproduction de l'Allemagne du moyen âge et de l'Allemagne moderne.

La science a ses travaux géographiques, la minéralogie possède des cartes précieuses; la botanique a les siennes, l'art de guérir compte une carte indicative de toutes les eaux salutaires qui se trouvent en France. Il existe un tableau statistique et géographique de l'espèce chevaline. Un homme connu par l'utilité, par l'importance de ses recherches statistiques, a nuancé la carte de France dans l'ordre des intelligences. Enfin, la *Revue de législation* a publié, dans le temps, un beau travail sur la géographie des coutumes, intitulé *la France coutumière*, d'une vaste érudition. Cette carte, gravée avec soin, indique le ressort des Parlements et autres Cours souveraines, les limites du pays de droit écrit et de droit coutumier. Cette grande et utile composition, qui atteste chez son auteur des connaissances approfondies en législation, n'est-elle pas une propriété? Qui pourrait dire que ces différents travaux sont livrés sans réserve, sans protection à qui voudra s'en emparer? Personne assurément. On comprend trop bien les services que la géographie peut rendre aux sciences, à l'esprit d'investigation et de classification, pour la laisser sans appui, sans espérances et par cela même sans progrès.

Les cartes que nous venons de citer pour exemple ne sont pas une simple reproduction de la nature telle qu'elle s'offre à tous les yeux; elles sont encore, et surtout, la reproduction d'un pays dans un but d'utilité particulière et pour des besoins spéciaux. Il en serait de même d'une carte routière, et s'il était démontré en fait que l'on a copié, non la nature, mais la carte antérieurement publiée, il y aurait contrefaçon (1).

---

(1) 1er septembre 1837. — C. R. Paris. — Ve Jean : Langlumé, etc. — Considérant que Langlumé et Peltier n'ont point attenté aux droits de la veuve Jean, cessionnaire de ceux de Simencourt, en faisant une carte routière où ne figurent ni les montagnes ni les rivières; où les routes sont tracées en lignes droites, où des signes différents indiquent la nature des routes, et des chiffres la distance des lieux; que d'autres géographes avaient antérieurement fait de semblables suppressions et donné les mêmes indications sous des formes analogues; que l'idée que Simencourt a pu avoir d'indiquer par des tracés interrompus les routes en mauvais état, n'a pu lui donner le droit de composer seul des cartes faisant connaître les bonnes et les mauvaises routes; — Mais considérant, en fait, que la carte de Langlumé et Peltier, quoique d'une dimension différente, n'est que la reproduction matérielle de celle de Simencourt; que cela résulte particulièrement de ce que l'une et l'autre cartes ne donnent en général que les mêmes routes et chemins de traverse et les indications sur leur état, recueillies par de Simencourt; de ce que dans l'une et l'autre on voit reproduire les mêmes omissions et les mêmes erreurs soit de géographie, soit d'orthographe, et de ce que les signes des villes et des bourgs, ajoutés dans la carte de Langlumé et Peltier, sont placés hors de la ligne indicative des routes, et en dehors de cette ligne, ce qui démontre que le travail *primitif et principal* de cette carte n'a été que la servile reproduction du travail de Simencourt; — Que s'il est permis à tous de reproduire l'image de la terre et de ses diverses parties, soit en s'aidant de mesures prises sur les lieux, soit en profitant des observations et des productions des géographes antérieurs, et cherchant la vérité en comparant et combinant leurs divers travaux, il n'en est pas moins vrai qu'en géographie, comme en matière d'écrits et de dessins en tous genres, respect est dû, aux termes de la loi du 19 juillet 1793 et des art. 425 et 427 du Code pénal, à toutes les productions de l'esprit et du travail, et qu'il ne peut être permis au plagiaire de s'emparer impunément, à l'aide d'un calque ou de tout autre moyen mécanique, du produit du travail matériel et intellectuel d'autrui; que si des changements dans la dimension rendent la contrefaçon plus difficile à admettre et à reconnaître, elle n'en doit pas moins être punie toutes les fois que, comme dans l'espèce, il peut

Un arrêt de la Cour royale de Paris, chambre des appels de police correctionnelle, à la date du 22 mars 1830, a fait, avec raison, l'application des principes que nous venons de développer à un *tableau* synoptique du budget.

L'artiste qui reproduit par le dessin les diverses combinaisons d'un jeu connu et usité n'acquiert aucun droit exclusif sur la reproduction de ces diverses combinaisons. Elles appartiennent au domaine public, comme le jeu lui-même dont elles ne sont que la démonstration par le dessin; mais ce qui lui appartient en propre, c'est la manière dont il a reproduit ces combinaisons, c'est l'exécution des détails comme l'ordre et l'arrangement de l'ensemble. On l'a ainsi jugé dans l'intérêt de l'éditeur du *Manuel du joueur de billard,* contre l'auteur du *Tableau synoptique des principaux coups de billard* (1). Il est évident que l'auteur du *Manuel* a pu reproduire les mêmes combinaisons; mais s'il résultait de la comparaison des deux ouvrages que l'un a été copié sur l'autre, il y aurait délit de contrefaçon, et ce délit résulterait, non pas de la similitude dans le sujet, mais de l'imitation d'exécution.

Enfin, pour nous résumer, l'artiste n'aura jamais le monopole exclusif d'un sujet, parce que, le premier, il l'aura choisi et rendu par les procédés de son art. Ce qui lui appartient seulement, c'est ce qu'il y a de personnel dans son œuvre, c'est sa manière de composer soit un sujet historique ou pris dans la nature, soit une scène d'imagination; c'est, pour nous servir de l'expression consacrée, *sa composition.* Ainsi le même sujet, surtout s'il est emprunté à la nature ou à l'histoire, appartient à quiconque voudra le reproduire, mais à la condition de ne s'inspirer que de l'objet lui-même, sans pouvoir copier la composition qui l'a déjà reproduit. S'il s'agit, au contraire, d'un objet que l'artiste n'a fait que copier, ce qui

---

être établi qu'il y a eu simple reproduction et appropriation du travail d'autrui; qu'on ne peut qu'encourager les travaux utiles et consciencieux, et multiplier les créations nouvelles en en assurant les produits à leurs auteurs; confirme les condamnations, etc.

(1) 2 juillet 1829. — Renoux : Terry. — Voy. page 174.

constitue alors sa propriété, c'est uniquement sa manière de le reproduire, c'est-à-dire son exécution. En effet, celui qui reproduit une statue du domaine public pour en faire un tableau exécute un ouvrage d'art. Il a copié, il est vrai, et peut-être servilement copié; eh bien, c'est cette exactitude même qui fait le mérite de sa reproduction, car il y a mis quelque chose de son travail personnel. Il doit donc participer au bénéfice de la propriété exclusive (1).

Comme en matière de propriété littéraire, où celui qui compose un ouvrage formé de diverses compilations acquiert le droit exclusif de le publier et vendre, de même l'artiste qui, puisant soit dans la nature, soit dans des compositions antérieures et livrées au domaine public, compose un ensemble nouveau, devient propriétaire exclusif de cette composition nouvelle. Bien que les diverses parties, les matériaux qu'il a ainsi groupés puissent être reproduits par tout autre, nul ne pourra imiter sa combinaison, car c'est là ce qui constitue son invention, son idée personnelle, sa propriété (2). Par application de ces principes, lorsqu'un artiste, prenant un sujet tombé

---

(1) 17 mai 1834. — Trib. Paris. — Vᵉ Delpech : Genty. — Attendu que la lithographie de Genty n'est qu'une copie exacte et servile de la lithographie publiée par Delpech, représentant la statue de Napoléon sur la colonne Vendôme, par Seurre, et dont la propriété lui était acquise; — En ce qui touche Fatout, attendu qu'il n'est pas établi que la lithographie par lui vendue ait été copiée sur le dessin appartenant à la dame Delpech; — Que la dame Delpech peut sans doute s'opposer à ce qu'on copie servilement la lithographie devenue sa propriété; mais que la statue de Napoléon placée sur la colonne de la place Vendôme étant un monument national, le droit de la reproduire est un droit qui est tombé dans le domaine public; — Condamne, etc.

(2) 2 août 1828. — C. R. Paris. — Tessier : N... — Tessier avait publié des sujets religieux, encadrés dans des vignettes gothiques qu'il avait composées. — Arrêt. — Attendu que si les formes qui composent l'architecture gothique sont tombées dans le domaine public, néanmoins l'emploi et l'application qu'en peut faire un artiste à un sujet donné, ainsi que leur combinaison, constituent en sa faveur une véritable propriété; que la composition, le sujet, l'ensemble qui en résultent sont de l'invention de l'artiste; — Attendu que N... a reproduit, en tout ou en partie, les encadrements dont s'agit, ce qui constitue le délit de contrefaçon; — Condamne, etc.

dans le domaine public, le publiera avec des *ornements* de sa composition, il n'acquerra sans doute aucun droit exclusif sur le sujet que chacun pourra reproduire, mais à la condition de ne pas copier les ornements qui, bien qu'accessoires, n'en sont pas moins une propriété (1). Il faut appliquer ici les principes que nous avons développés en parlant des notes, additions, commentaires, etc.

L'artiste qui publie d'abord son ouvrage en pays étranger ne perd pas pour cela le droit de le publier en France, comme nous l'avons démontré au livre de la *Propriété littéraire*. Toutes les fois donc qu'il accomplira la formalité du dépôt, préalablement à la poursuite, il pourra intenter valablement une

---

(1) 9 février 1832. — C. R. Paris. — Ameling : Henrionnet. — Considérant que la formalité du dépôt prescrite par l'art. 6 de la loi de 1793, ne s'applique point aux ouvrages d'art exécutés sur les métaux, sur les marbres, le bois, l'ivoire, et sur toute autre matière solide et compacte; qu'en effet ces ouvrages ne sont point de leur nature susceptibles d'être déposés, classés dans les bibliothèques publiques, comme les ouvrages de science, de littérature ou de beaux-arts, reproduits au moyen de l'imprimerie, de la gravure ou d'un procédé quelconque, pour être ensuite livrés au commerce ; — Au fond ; — Considérant qu'il résulte de l'instruction et des débats la preuve qu'Ameling a composé, dessiné et exécuté sur acier des armoiries destinées à servir d'ornements au sceau de l'État; que ces ornements avaient un but et une destination d'où pouvait résulter un avantage commercial pour ledit Ameling, puisqu'ils avaient pour objet de remplir le cadre en cuivre de forme ovale connu sous le nom de panonceau, et servant de signe indicatif de la demeure et de la profession des notaires; que l'exécution de ces ornements accessoires constitue un ouvrage d'art, dont le droit de propriété exclusif est garanti par la loi de 1793 ; — Considérant qu'il résulte pareillement de l'instruction et des débats la preuve qu'au mépris des droits dudit Ameling, Duclos et la femme Henrionnet ont contrefait, au moyen du procédé de moulage ou de contre-moulage, le panonceau et les ornements accessoires composés et exécutés par Ameling; que s'il existe de légères différences dans les ornements, ils ont eu évidemment pour but de déguiser le moyen employé pour opérer la contrefaçon ; que ce contre-moulage a eu lieu, de la part des contrefacteurs, pour s'épargner le temps, les frais de composition, de dessin et ceux d'exécution que l'ouvrage original avait coûté à l'auteur, et encore pour établir avec ce dernier une concurrence commerciale préjudiciable à ses intérêts ; — Condamne, etc., etc.

Idem, juillet 1854. — C. R. Paris. — Ameling : Dervillé.

action en contrefaçon pour faire cesser les publications faites sans son consentement (1).

Il n'y a pas, en ce qui concerne la peinture, la gravure ou les dessins, d'œuvres qu'on puisse, à proprement parler, considérer comme *posthumes*, au moins dans le sens du décret du 1er germinal an 13. Ce décret de germinal est la seule loi qui ait fixé le sort des œuvres posthumes ; or, il ressort évidemment de ses termes comme de son esprit qu'il n'a été rédigé qu'en vue des productions littéraires. Le préambule annonce qu'il veut encourager la publication des œuvres posthumes ; et, pour arriver à ce but, il fixe la durée de la propriété sur la vie de celui qui, le premier, les publie. La raison qu'il en donne, c'est qu'avant cette publication l'ouvrage était inédit, c'est-à-dire qu'il était censé ne pas exister, et comme l'auteur n'en a pas joui dans les termes du droit qui lui était assuré par les lois, il veut que cette jouissance exclusive soit acquise et réservée à celui qui le premier en jouit et en fait jouir le public par la publication. Mais peut-on dire qu'un tableau, une gravure, un dessin non publiés sont censés ne pas exister? Évidemment non, car leur existence résulte du fait seul de la composition. Comprend-on ce que serait un tableau ou un dessin inédit? La jouissance principale et première d'un tableau ne consiste pas dans sa publication et dans sa reproduction, mais dans la vente de l'original. Ajoutons que les droits d'auteur ne sont attribués au propriétaire d'un ouvrage posthume qu'à la double condition de le publier, et de le publier séparément, de manière qu'il ne soit pas confondu avec les ouvrages édités du vivant de l'auteur. Cette nécessité de *publier*, et de publier *séparément*, prouve d'une manière formelle que le décret de germinal n'a eu en vue que les œuvres dont on ne jouit réellement que par la publication, et qui, lorsqu'elles sont inédites, sont *comme si elles n'existaient pas*. Tels ne sont pas les produits des arts, ainsi que nous venons de le dire.

---

(1) *Contrà*. 24 décembre 1831. — Arrêt infirmatif sur l'appel d'un jugement correctionnel du Tribunal de la Seine entre Giraldon, Bovinet et Bernaux.

Enfin, comment justifierait-on le bénéfice du droit d'auteur accordé pendant toute sa vie au propriétaire d'un tableau posthume? La société n'attend rien de lui en retour du privilége qu'on lui concéderait. Si le décret de germinal est inapplicable aux produits des arts, il faut donc décider que ces productions sont, dans tous les cas, avant ou après le décès de l'auteur, régies par la loi du 19 juillet 1793, en ce qui concerne le droit de propriété.

On s'est demandé si l'auteur d'une œuvre artistique ne peut revendiquer le droit exclusif de le reproduire par la gravure qu'autant qu'il a lui-même, préalablement, usé de son droit de reproduction. La loi de 1793 et celles qui s'y réfèrent reconnaissent à l'auteur, en général, le droit de publier et de vendre. Ce droit n'est pas subordonné à la condition de publier; l'auteur peut y renoncer sans qu'on soit admis à en conclure qu'à défaut par lui d'en user, son droit tombera dans le domaine public. Ce serait créer une déchéance qui n'est ni dans l'esprit, ni dans les termes de la loi (1).

(1) 9 novembre 1832. — Léopold-Robert : Ricourt et Mercury. — Léopold Robert, auteur du tableau des Moissonneurs, a porté plainte en contrefaçon contre Ricourt, Mercury et Chardon. Mais, par ordonnance du 30 août 1832, la chambre du conseil décida qu'il n'y avait pas lieu à suivre, par le motif que la loi de 1793 n'attribuait aux peintres le droit de se plaindre qu'autant qu'ils avaient fait graver eux-mêmes leurs tableaux et avaient rempli la formalité du dépôt. — Le procureur du roi forma opposition à cette ordonnance. — Arrêt. — Considérant, en fait, qu'il a été fait une édition d'une gravure du tableau de Léopold-Robert, représentant les *Moissonneurs dans les marais Pontins*, sans l'autorisation dudit Robert, et que des épreuves de cette gravure contrefaite ont été distribuées et vendues; que Ricourt est l'auteur de cette édition, et qu'il paraît avoir été assisté sciemment par Mercury et Chardon; que Mercury a de plus vendu et distribué des épreuves de la même gravure; — Considérant, en droit, que la loi consacre le droit exclusif des auteurs à la publication et à la vente de leurs ouvrages; que ce droit leur appartient également, soit qu'ils aient eux-mêmes fait une édition de ces ouvrages, soit qu'ils n'en aient fait encore aucune édition, et que la formalité du dépôt ne peut être exigée que dans le premier cas; qu'ainsi il y a prévention suffisante contre Ricourt et autres; les renvoie devant la police correctionnelle. — Sur le fond le Tribunal correctionnel acquitta les prévenus par le motif que le fait établi

SECTION 2. — *Des cessionnaires du droit de reproduction.*

Nous n'ajouterons rien à ce que nous avons dit au livre Ier, *de la propriété littéraire,* sur les *formes* de la cession.

Quant à l'*objet* de la cession, nous constaterons seulement que celui qui est propriétaire du droit de reproduire un dessin peut diviser entre plusieurs cessionnaires l'exercice de ce droit. Par exemple, il peut vendre à l'un le droit de reproduire dans un format et par un procédé déterminé, et vendre à d'autres le même droit de reproduction, mais dans des conditions et par des moyens différents (1).

Si le droit de reproduction a été vendu d'une manière générale, le cessionnaire, substitué alors à l'artiste, est maître d'autoriser ou d'empêcher toutes les reproductions, quel que soit le mode employé pour reproduire. Toutefois cette substitution du cessionnaire à l'auteur n'entraîne pas le droit de disposer d'une manière absolue de la chose vendue. Ainsi, lorsqu'un artiste vend un dessin à un éditeur, avec le droit de le reproduire par tous les moyens quelconques, l'acheteur ne peut, néanmoins, faire modifier cette composition par un autre, sans le consentement de l'auteur. Nous en avons donné les raisons en traitant cette même question en matière d'ouvrage littéraire. Vainement l'éditeur se défendrait-il en soutenant qu'il n'a pas inscrit le nom de l'auteur sur la publication, ou qu'il n'y a mis que le nom de celui qui a retouché le dessin. Dans l'un comme dans l'autre cas il viole le contrat de cession qui, à moins de stipulation contraire, est toujours présumé fait pour la reproduction de l'ouvrage, tel qu'il a été livré par l'auteur. Toutefois cette infraction au traité ne constitue pas le délit de contrefaçon, car il n'y a pas là reproduction sans le consentement de l'auteur, mais simplement un fait dommageable.

---

aux débats ne constituait pas le délit de contrefaçon, mais simplement un abus de l'autorisation donnée par l'auteur.

(1) 2 mars 1844. — C. R. Paris. — Avenin : Pomel-Lerendu.

Les *effets* de la cession du droit de reproduction ont un caractère particulier en matière d'art. Pour en comprendre la portée légale il faut se rappeler, ce que nous avons dit en commençant, que la propriété de l'artiste, comme celle de l'auteur dramatique, renferme un double droit et présente par conséquent un double bénéfice à exploiter, savoir, le prix de la vente du tableau ou de la statue, et de plus le droit de reproduire la composition du tableau ou de la statue par l'un des procédés nombreux dont les arts et l'industrie se sont enrichis. La réunion de ces deux droits dans la personne de l'auteur a fait naître sur les effets de la cession les différentes questions que nous allons examiner.

L'auteur d'un ouvrage d'art, qui le vend purement et simplement, c'est-à-dire sans réserve, ou même, comme cela arrive le plus souvent, sans qu'il intervienne un acte de vente, est-il censé avoir cédé en même temps le droit exclusif de reproduction ?

Cette question n'a rien de sérieux en présence des principes que nous avons posés en définissant les caractères de la propriété artistique, et quand on se rappelle la distinction fondamentale qui existe entre les deux droits qui découlent de la propriété de l'artiste sur son œuvre. Le particulier qui achète d'un artiste soit un tableau, soit un dessin, n'obtient pour prix de son acquisition que l'objet matériel qui lui a été livré. Le contrat qui intervient alors est régi par le droit commun comme la vente de tout objet mobilier. Seulement la loi de 1793 intervient, qui, en l'absence de toute stipulation contraire, réserve à l'artiste le droit de reproduction. Ainsi l'acheteur a le droit de posséder, de revendre et même d'anéantir. Mais le droit de reproduire reste la propriété exclusive de l'auteur, à moins d'une stipulation formelle. C'est justice d'ailleurs, car le plus grand bénéfice que l'artiste retire de son œuvre ne résulte pas toujours de la vente de l'original, mais de la reproduction dont il cède le droit à des graveurs ou lithographes, ou à de simples marchands, pour un prix souvent égal, quand il n'est pas supérieur, au prix de vente de l'original (1) ; il en est de même de l'artiste qui vend à l'État un tableau ou un dessin, destiné à un musée public. Il n'aliène que la jouissance du tableau, et rien de plus. Si son œuvre était reproduite et qu'on en fît l'objet d'une spéculation, il aurait donc le droit, par lui ou son cessionnaire, de poursuivre comme contrefacteur l'auteur et les vendeurs de cette reproduction.

Cette doctrine ne porte aucune atteinte aux progrès de l'art, car si elle proscrit les copies faites dans un but de spéculation, elle autorise les travaux d'étude, qui ne peuvent lui causer aucun préjudice. Ce que nous voulons établir seulement, c'est qu'une œuvre originale, qu'elle ait été achetée par un simple particulier ou par l'État, même pour être placée dans un musée public, ne peut être reproduite dans un but mercantile sans le consentement de l'auteur, lequel ne peut être dépossédé de son droit de reproduction que par une stipulation formelle, car le droit qu'il cède est essentiellement distinct de celui que lui réserve la loi de 1793.

Ce qui a pu faire naître le doute, mais seulement en ce qui concerne les ventes faites au gouvernement, c'est un avis du conseil d'Etat du 2 avril 1833, qui décide qu'en achetant un tableau ou un dessin original, le gouvernement acquiert, par le seul fait de la vente et de la livraison de l'ouvrage, le droit exclusif de le reproduire par la gravure. Nous croyons que cette autotorité est sans force dans l'espèce. En effet, cet avis, dépourvu

---

(1) 17 janvier 1832. — Destouches : N... — Attendu qu'il est constant en fait que Destouches a vendu à N... les deux tableaux dont s'agit, sans stipuler aucune réserve ; — Mais attendu que le droit de graver n'est pas un accessoire du tableau vendu ; que le peintre reste propriétaire de sa pensée et libre de la reproduire par tous les moyens qui lui semblent convenables, sans nuire aux droits de propriété de l'acquéreur ; que l'esquisse pouvant servir aussi à graver le sujet, l'acquéreur de cette esquisse pourrait, comme celui du tableau, prétendre au droit de gravure ; que le peintre est intéressé à ce que son tableau ne puisse être reproduit par le fait d'un tiers sans son aveu, et par un artiste qui ne serait pas de son choix ; — Dit que N... est mal fondé dans sa prétention d'avoir, en achetant lesdits tableaux, acquis la pleine et entière propriété de l'œuvre, etc., etc.

de la sanction royale et non inséré dans le Bulletin des lois, ne peut avoir force de loi. Il n'est qu'un simple acte administratif qui trace la limite des stipulations que l'administration devra formuler dans ses acquisitions de dessins ou de tableaux, mais qui ne peut régler les effets des conventions, et encore moins servir d'interprétation aux lois sur la matière. Cet avis est donc sans influence sur la solution de la question, et les ventes consenties au gouvernement restent soumises au droit commun, comme les ventes faites aux particuliers. Il est inutile d'examiner ce qu'il y aurait lieu de décider si cet avis du conseil d'État avait été revêtu de la sanction légale et inséré au Bulletin des lois. Dans l'état des choses, il est inapplicable; c'est là seulement ce que nous avions à démontrer.

La solution que nous venons d'adopter doit être admise à plus forte raison lorsque le droit de reproduction a été aliéné avant la vente de l'œuvre originale. La reproduction avant cette vente constitue bien évidemment une réserve implicite du droit de reproduire (1).

La solution que nous adoptons sur les effets de la vente d'un

(1) 30 janvier 1831. — C. R. Paris. — Godefroy : Dien. — Jugement : — Attendu qu'il résulte de la nature des choses, comme de la loi de 1793, que le peintre qui a fait un tableau a seul le droit de le faire graver; — Attendu que ce droit est une partie essentielle de sa propriété sur la production de son talent; qu'il a, par la loi de 1793, la faculté de céder la propriété de tout ou partie de son ouvrage. — Attendu que s'exerçant par des procédés particuliers, et d'ailleurs ayant une valeur à part, le droit, qui appartient à l'auteur d'un tableau de le faire graver, a une existence propre et parfaitement distincte de celui du propriétaire sur le tableau même, dont il n'est point par conséquent un simple accessoire; — D'où il suit que la vente du tableau n'entraîne pas celle de la faculté de le faire graver; — Attendu, en fait, que Gérard, auteur de la *Bataille d'Austerlitz*, a cédé à Godefroy le droit de graver ce tableau, et que, par jugement et arrêt, Godefroy en a été reconnu seul et légitime propriétaire; — Attendu que le général Rapp n'a point eu le droit de faire graver le tableau qui lui appartenait, et qui n'était qu'une copie plus ou moins parfaite; — Attendu, en effet, 1° qu'il ne peut exister qu'un tableau original, celui qui est primitivement fait, puisque le principal mérite, celui de l'invention, n'existe que pour le tableau primitif, et que l'exécution seule fait le mérite des reproductions successives, 2° que le droit de faire graver un tableau découle, non de la possession même de ce tableau, mais du droit entier et absolu de pro-

ouvrage d'art effectuée sans réserve se justifie, comme on le voit, par l'esprit de la loi et par ses termes; elle est de plus appuyée par de nombreux documents de jurisprudence. La chambre criminelle de la Cour de cassation est venue aussi sanctionner ce système (1). Mais, par suite d'un arrêt contraire

---

priété appartenant à l'auteur sur tous les avantages qui résultent de l'œuvre conçue et exécutée par lui; — Condamne, etc.

Appel. — Arrêt : — En ce qui touche l'appel de Godefroy, considérant qu'aux termes de l'art. 1er de la loi du 19 juillet 1793, le peintre qui veut faire graver son tableau jouit sa vie durant, du droit exclusif de vendre, faire vendre et distribuer son ouvrage, et d'en céder la propriété en tout ou en partie; — Considérant que Gérard, auteur du tableau de la *Bataille d'Austerlitz*, a usé du bénéfice de cette loi, en cédant à Godefroy, en avril 1811, le droit exclusif de graver ce tableau moyennant un prix déterminé entre eux; que, pour s'assurer la conservation de ce droit, Godefroy a rempli les formalités prescrites par l'art. 6 de la loi précitée; — Considérant que les prévenus ne peuvent réprouver l'action de Godefroy en prétextant que Gérard n'a pu lui céder un droit qu'il n'avait plus, et qui avait été antérieurement par lui aliéné, au moins implicitement, par la vente que ledit Gérard en avait faite au gouvernement. Et en effet, d'après les principes du droit sur l'interprétation et l'exécution des contrats, la vente n'a pu être considérée comme définitivement consommée qu'au moment de la livraison faite par Gérard d'un tableau qui lui avait été commandé par le gouvernement; qu'en fait, c'est avant la livraison du tableau que Gérard a cédé à Godefroy le droit de le graver, et que c'est dans l'atelier même de Gérard que Godefroy a fait la réduction du tableau; qu'ainsi, au moment où il a traité avec Godefroy, Gérard était encore propriétaire du tableau; — Considérant que la circonstance que le tableau de la *Bataille d'Austerlitz* a été commandé par le gouvernement, n'aurait pu enlever à Gérard le droit de le faire graver avant la livraison, droit réservé par la loi à l'auteur, à moins que, par des conventions particulières, il eût été dérogé au principe consacré par cette loi en faveur des auteurs; — Qu'aucune convention de cette nature n'est justifiée ni même alléguée par le prévenu; — Considérant enfin que ce qui prouve que Gérard a usé d'un droit qui lui appartenait légitimement, c'est que, ni le dépôt qui a été opéré par Godefroy à la direction des beaux-arts, ni la grande publicité donnée depuis dix-huit années à la gravure, n'ont fait naître aucune réclamation de la part du gouvernement; — Confirme.

(1) 23 juillet 1841. — C. Cass. — Ve Gros et Vallot : Gavard. — Attendu que la loi spéciale du 19 juillet 1793 règle les droits des auteurs et des peintres; — Qu'il est dit dans l'art. 1er de cette loi que les peintres et dessinateurs qui feront graver des tableaux ou dessins, jouiront durant leur vie entière du droit exclusif de vendre, faire vendre, distribuer leurs ouvrages dans le terri-

de la Cour de renvoi, les chambres réunies de la Cour suprême ont adopté le système contraire et décidé que la vente d'une œuvre d'art, faite sans réserve, enlève le droit de reproduction à l'artiste, qui ne peut plus, dès lors, invoquer le bénéfice de la loi de 1793 (1), ce qui équivaut à dire qu'il faut que l'artiste se réserve la *réserve* que la loi de 1793 a faite pour lui.

---

toire de la république, et d'en céder la propriété en tout ou en partie; — Que cette loi établit donc en principe que la vente d'un tableau n'emporte le droit de le reproduire par un art distinct, celui de la gravure, qu'autant que le peintre a cédé ce droit par une stipulation particulière; — Attendu qu'il est constant, en fait, d'après l'arrêt attaqué, que le baron Gros avait cédé au sieur Vallot le droit de graver le tableau de la *Bataille des Pyramides;* que dès lors nul autre que le sieur Vallot, ne pouvait, sans son autorisation, graver ce même tableau; — Qu'il en était de même, quant aux *ajoutés* exécutés plus tard, et à l'égard desquels la dame Dufresne, à qui on n'a pas contesté la qualité de femme commune en biens et d'usufruitière des biens de son mari, le sieur Gros, avait les mêmes droits qu'aurait eus le baron Gros lui-même, notamment celui de gravure non aliéné par aucun d'eux; — Que néanmoins le sieur Gavard a publié une gravure, comprenant le tableau primitif et les *ajoutés*, sans en avoir obtenu l'autorisation, soit du sieur Vallot, soit de la dame baronne Gros; — Qu'il avait donc encouru les peines applicables au contrefacteur; tandis que l'arrêt attaqué l'a renvoyé de la plainte, sur le motif que la vente d'un tableau emporte nécessairement la cession du droit de le graver; que par là ledit arrêt a violé l'art. 1er de la loi du 19 juillet 1793 et l'art. 425 du Code pénal; — Casse.

Contrà. 20 avril 1855. — Trib. Paris. — Le Sourd: Goupil et Masson. — *Palais de l'Industrie.* — Voy. page 250.

(1) 27 mai 1842. C. Cass. — Ve Gros et Vallot: Gavard. — Attendu, en droit, que, conformément aux dispositions du Code civil, la vente faite sans aucune réserve, transmet à l'acquéreur la pleine et absolue propriété de la chose vendue, avec tous les accessoires, avec tous les droits et avantages qui s'y rattachent ou en dépendent; — Attendu que la vente d'un tableau et les effets qu'elle est appelée à produire ne sauraient échapper à l'application de ces principes qu'autant qu'une loi spéciale et exceptionnelle en aurait d'une manière formelle autrement disposé, puisque, par sa nature, un tableau et les avantages qui peuvent se rattacher à sa possession sont susceptibles de l'appropriation la plus complète; — Attendu que le droit de reproduire le tableau par la gravure doit être compris au nombre des droits et facultés que transmet à l'acquéreur une vente faite sans réserve; — Attendu que la loi du 19 juillet 1793 se borne, en ce qui concerne les peintres, à assurer à ceux qui font graver des tableaux ou dessins, à leurs héritiers et cessionnaires, la propriété de leurs ouvrages et le droit de les reproduire en plaçant ce droit de reproduction sous

Cette doctrine, qui ne s'est produite qu'après un demi-siècle d'interprétations contraires, même de la part des artistes et des acheteurs, est repoussée de tous points par la nature même du droit de reproduction, par les principes qui le régissent et par l'esprit de la loi de 1793. Elle ne s'explique, sans se justifier, que par la confusion entre deux droits parfaitement distincts, le droit sur l'ouvrage exécuté et le droit sur la composition de l'artiste. De plus, on a fait application des règles du droit commun là où le droit spécial devait seul être invoqué.

Le reproche d'avoir méconnu le véritable esprit de la loi de 1793, loi essentiellement de protection pour les arts, ne se justifie que trop par les difficultés, nous dirons même par les impossibilités pratiques qui résultent de cette interprétation. Nous ajoutons que si la Cour suprême persistait dans cette voie, elle porterait un coup mortel à la gravure, cet art qui fait l'une des gloires de l'école française, art précieux, d'ailleurs, qui popularise les chefs-d'œuvre et les rend impérissables.

Il n'y a rien d'exagéré dans nos appréciations de la doctrine de la Cour suprême, et elles sont confirmées, sans réserve, par les plaintes de tous les artistes. Nous ne pouvons faire mieux, pour appuyer ces plaintes trop légitimes, que de reproduire ici une consultation et d'autres documents dans lesquels on trouvera notre critique complétement justifiée au triple point de vue du fait, du droit, et des intérêts de l'art (1).

---

la protection d'un privilége temporairement exclusif; mais que cette même loi, applicable seulement au cas où le peintre, resté propriétaire de son tableau, a entrepris de le reproduire par le procédé de la gravure, n'a eu aucunement en vue de créer à son profit, quant à ce droit de reproduction, une propriété distincte, indépendante de celle du tableau et qui lui serait toujours conservée, malgré l'aliénation par lui faite, sans aucune restriction, du tableau auquel se rattache l'exercice de ce droit. — Rejette.

(1) Le Conseil soussigné, etc., etc. — Parmi les tableaux de la galerie de Versailles il en existe un certain nombre dont les auteurs sont vivants, il en est d'autres dont les auteurs sont décédés; mais l'espace de temps fixé par l'article 39 du décret du 5 février 1810 ne s'est pas encore écoulé depuis leur décès. La liste civile avait-elle le droit de faire graver ces tableaux et a-t-elle pu céder ce droit à M. Gavard? Est d'avis de la négative. — Les art. 1, 2 et 3

Lorsque nous avons dit que le peintre, en vendant un tableau, n'aliénait pas, par ce seul fait, le droit de le reproduire

---

de la loi de 1793, 39 et 40 du décret de 1810, 425 et suivants du Code pénal, déterminent la nature du droit de propriété littéraire ou artistique. — D'après leurs dispositions, il est facile de se rendre compte du caractère du droit de propriété attribué par la loi aux auteurs. Ce droit est tout à fait incorporel; il ne consiste nullement dans la possession physique et matérielle de tel objet déterminé, mais dans la faculté exclusive de publier et de vendre les copies ou les imitations d'une œuvre littéraire ou artistique. Ainsi supposez que l'auteur d'un écrit ou son cessionnaire n'ait plus le manuscrit et qu'il ait vendu tous les exemplaires d'une première édition, son droit de propriété n'en existera pas moins, quoiqu'il ne soit représenté par la possession d'aucun objet corporel. L'auteur ou son cessionnaire enverra acheter un exemplaire chez un libraire, et sur cet exemplaire il fera une seconde édition : c'est un droit qui lui appartient incontestablement et d'une manière exclusive. Il y a plus : les héritiers ou les cessionnaires de l'auteur pourraient avoir vendu le manuscrit tracé par la main de l'auteur à un curieux qui aurait voulu le faire entrer dans une collection d'autographes, ils n'auraient pas par ce fait aliéné le droit exclusif d'imprimer et de publier l'ouvrage. Aux termes de l'art. 3 de la loi de 1793, il faut pour imprimer l'ouvrage la permission formelle et par écrit de l'auteur. — D'après l'art. 40 du décret du 5 février 1810, il faut pour qu'un tiers jouisse du droit d'imprimer que ce droit lui soit cédé; et alors il se trouve substitué au lieu et place de l'auteur. Il est évident que la permission et la cession sont tout à fait indépendantes de la possession du manuscrit comme objet matériel. De même, quand il s'agit de peinture, la propriété du tableau, envisagé comme chose physique et corps certain, est totalement différente du droit exclusif de reproduire ce tableau par la gravure. Un peintre qui a cédé à une personne le droit de graver son tableau n'en reste pas moins propriétaire de ce tableau. Il peut le vendre à un autre individu sans que le graveur soit fondé à se plaindre. En agissant ainsi le peintre transporte deux objets distincts, savoir : 1° un objet intellectuel consistant dans le droit exclusif de reproduire le tableau par la gravure, et 2° un objet matériel consistant dans la toile que son talent a su animer. Réciproquement, le peintre, après avoir vendu le tableau, peut céder le droit exclusif de le graver. — Ce que nous venons de dire est fondé sur la nature même de la propriété littéraire et artistique. Toute propriété a pour origine le travail; les œuvres de littérature et d'art sont le produit du travail de l'auteur, elles sont une création qui lui est due : il est donc conforme à la raison qu'il en ait la propriété, c'est-à-dire qu'il recueille tous les bénéfices que ses œuvres sont susceptibles de produire. S'il y a deux manières de tirer parti de l'ouvrage et que ces deux manières n'aient rien d'incompatible entre elles, l'auteur a droit d'en user concurremment ou successivement. C'est par cette raison que l'auteur dramatique qui a traité du droit de faire représenter sa pièce sur un théâtre peut traiter avec un libraire du droit exclusif de l'imprimer; que le professeur qui

par la lithographie, la gravure ou tout autre moyen analogue, nous avons posé une règle générale qui peut céder à la pré-

---

a débité dans un cours public des leçons pour lesquelles il reçoit une rétribution soit de l'État, soit de ses élèves, peut aussi céder à un libraire le droit exclusif d'imprimer ses leçons. De même le peintre qui a deux moyens de tirer de son tableau des avantages pécuniaires, savoir : la vente du tableau même et la cession du droit de le graver, a la faculté d'user de ces deux moyens. Pour qu'il en fût autrement il faudrait, comme nous l'avons déjà dit, que ces moyens fussent incompatibles ou contradictoires. Or il est manifeste qu'ils ne le sont nullement. Rien n'est plus conciliable que la propriété du tableau, résidant entre les mains de l'amateur qui l'a acheté, et le droit exclusif de la reproduire par la gravure résidant entre les mains de l'éditeur auquel le peintre a cédé ce droit. En vendant le tableau le peintre ne transporte donc pas à l'amateur le droit de le faire graver. Pour qu'il le lui transportât, il faudrait que par l'acte de vente le premier se dessaisît en faveur du second du droit exclusif de faire graver le tableau. Alors ce seraient deux choses différentes qui se trouveraient vendues par un seul et même contrat. Mais si la vente du tableau est verbale, comme cela arrive le plus souvent, il est évident qu'elle ne pourra comprendre la cession du droit exclusif de graver le tableau, puisque pour opérer une telle cession la loi de 1793 exige une permission formelle et par écrit de l'auteur ; que d'ailleurs nul n'est présumé renoncer à son droit ; que par conséquent l'homme qui a deux droits et qui en transfère un à autrui est censé se réserver l'autre ; et qu'enfin l'usage en cette matière est que la vente du tableau n'emporte pas la cession du droit de le graver. Les mêmes raisons s'appliquent à une vente par écrit du tableau, lorsque l'acte est muet sur la cession du droit de le graver. — L'acheteur ne peut soutenir que le droit de graver le tableau est l'accessoire du tableau même ; car, ainsi que nous l'avons prouvé, ce droit ne dérive nullement de la possession du tableau, mais de la création, qui appartient au talent et au travail de l'artiste. Ce droit ne suit donc pas la chose ; il reste attaché à la personne parce qu'il a pour base des faits qui sont propres à la personne. Il ne change de main que lorsqu'au moyen d'une cession formelle et par écrit de ce droit un autre individu est substitué au lieu et place du peintre. Une telle cession ne peut jamais se présumer, la loi ne l'a pas voulu, la raison ne le veut pas non plus. En effet, outre que la transmission d'un avantage pécuniaire a toujours besoin d'être exprimée, il y a en pareille matière des intérêts moraux d'un ordre nécessairement plus élevé que les intérêts matériels et qui ne permettent pas de supposer, sans preuve positive, que le peintre ait aliéné son droit de gravure. Un tableau peut représenter un sujet dont la publication par la voie de la gravure aurait des inconvénients graves soit pour l'ordre public, soit pour les mœurs. Il serait injuste de permettre au possesseur du tableau de compromettre le repos ou la considération du peintre en faisant graver un pareil tableau. — Le peintre qui cède le droit de graver son tableau connaît la personne à laquelle il fait cette cession ; il peut juger de sa capacité

somption contraire résultant, par exemple, de la vente de son tableau à un industriel qui n'a dû l'acheter que pour le repro-

---

et y trouver une garantie de la fidélité et du talent avec lesquels son tableau sera reproduit. Si au contraire il est permis à tout propriétaire du tableau de le faire graver, la gravure pourra être exécutée d'une manière tellement défectueuse que la renommée du peintre en souffrira. Chaque auteur doit être le maître d'empêcher la publication de son œuvre, soit littéraire, soit artistique, lorsqu'il n'a pas cédé à un tiers le droit de publication. L'auteur peut avoir des raisons de conscience, de prudence, de soin de sa réputation ou de tout autre espèce qui le déterminent à s'opposer à cette publication. — Ainsi, de ce qu'un peintre a cessé d'être propriétaire du tableau, considéré comme objet physique, il ne résulte nullement qu'il soit à la discrétion de l'acheteur de ce tableau et que celui-ci ait la faculté de le publier par la voie de la gravure malgré le peintre. Cette faculté ne peut résulter que d'une cession formelle ; et c'est avec beaucoup de justice et de bon sens que le législateur a exigé que la cession eût ce caractère. S'il n'en était pas ainsi, il faudrait dire, de même, que quand un tableau aurait été vendu par autorité de justice sur la poursuite des créanciers du peintre, celui-ci serait contraint de souffrir que l'adjudicataire le fît graver, lors même que la composition serait peu honorable pour son caractère ou l'exécution tout à fait inférieure à son talent habituel. — Il faudrait dire que quand un tableau aurait été volé et vendu à un tiers qui ne se trouverait pas dans un des cas où l'action en revendication est autorisée par les art. 2279 et 2280 du Code civil, le possesseur pourrait faire graver le tableau malgré le peintre, en sorte que par l'effet du vol celui-ci se trouverait dépouillé non-seulement de la propriété d'un objet corporel, ce qui peut se comprendre, mais encore de celle d'un objet incorporel, ce que la raison ne pourrait admettre. Toutes ces considérations et d'autres de même nature que chacun peut facilement suppléer démontrent que la translation de la propriété du tableau n'entraîne ni légalement ni rationnellement la translation de la propriété artistique, c'est-à-dire du droit de reproduction par la gravure. — Le peintre qui vend purement et simplement le tableau n'entend donc pas vendre cette propriété artistique ; et la personne qui achète le tableau n'est pas censée non plus avoir l'intention de l'acquérir. Si elle avait cette intention, elle devrait exiger la confection d'un acte qui contiendrait à cet égard une clause formelle. Il est peu naturel, d'ailleurs, d'attribuer à celui qui achète un tableau le projet de le faire graver. Ce n'est pas ainsi que procèdent les amateurs. Lorsqu'ils achètent, c'est en général une jouissance personnelle qu'ils veulent se procurer, ce n'est pas une spéculation à laquelle ils se livrent. Le prix, dans l'usage, est fixé d'après la valeur intrinsèque du tableau, et non d'après le profit que l'on peut en tirer par la gravure. Il serait donc inique d'accorder ce profit à l'acheteur. La vente deviendrait alors, à raison des conséquences qu'on lui attribuerait, une espèce de surprise. — Ce qui est vrai d'un amateur ordinaire l'est à plus forte raison de l'État ou de la liste civile, qui achète un tableau pour le placer dans une galerie publique. En pa-

duire. Ainsi le peintre qui vendrait son tableau à un graveur ou à un lithographe, pourrait être présumé lui avoir vendu le

reil cas, l'idée d'une spéculation serait absurde. L'achat du tableau ne peut alors avoir pour motif ou pour but que l'intérêt des arts, l'honneur du pays et l'éclat de la couronne; mais il ne saurait entrer dans la pensée de ceux qui font une telle acquisition de se substituer au lieu et place du peintre quant au droit de gravure. — Une seule objection peut s'élever. Le peintre, dira-t-on, ne saurait conserver le droit de gravure lorsqu'il a vendu son tableau, car le possesseur de ce tableau a, en vertu de son droit de propriété, la faculté de s'opposer à ce que l'on pénètre chez lui pour le graver. D'abord ce raisonnement ne pourrait s'appliquer qu'aux tableaux vendus à des particuliers, et non à ceux qui sont vendus au gouvernement ou à la liste civile, et placés dans des lieux ouverts au public. A l'égard des tableaux vendus aux particuliers, en supposant que la résistance de l'acheteur fût fondée, la seule conséquence qui en résulterait serait que le peintre se trouverait indirectement privé du droit de reproduire son tableau par la voie de la gravure, si d'ailleurs il n'en avait pas conservé entre ses mains un dessin sur lequel la gravure pût s'exécuter. Mais il ne s'ensuivrait nullement que le possesseur du tableau eût le droit de le faire graver sans la permission du peintre. Les principes qui viennent d'être déduits ont déjà été consacrés par un jugement. — Une décision semblable avait été rendue le 19 octobre 1821, relativement au tableau de la *Bataille d'Austerlitz* par M. Gérard. La Cour royale a infirmé le jugement par arrêt du 2 mars 1822, mais uniquement par le motif suivant : Attendu que du procès-verbal de saisie il résulte la preuve qu'il n'y a eu que tentative de contrefaçon. Ainsi la Cour, loin de contredire la doctrine des premiers juges, l'a explicitement approuvée; et il est manifeste que si, au lieu d'une tentative, il y avait eu un acte consommé, elle aurait appliqué la loi pénale, puisqu'en déclarant que la tentative était une tentative de contrefaçon, elle a reconnu par cela même que l'acte consommé aurait été une contrefaçon. — Dira-t-on que la publication à laquelle se livre M. Gavard est celle d'une collection de tableaux. Cette raison n'aurait aucune portée, car tout ce qui en résulte, c'est que M. Gavard porte atteinte, non à la propriété d'un seul peintre, mais à celle de plusieurs. — On a souvent mis en question si le plagiat, c'est-à-dire l'emprunt fait à l'ouvrage d'autrui d'une partie de son contenu, constituait le délit de contrefaçon, et il a été jugé que la solution de cette question dépendait des circonstances, c'est-à-dire que les tribunaux avaient à apprécier le plus ou moins d'importance des morceaux ainsi empruntés. Mais lorsque c'est l'œuvre tout entière qui a été insérée dans une collection quelconque, il n'y a plus de difficulté possible, la contrefaçon est évidente. Par exemple, si dans un répertoire du Théâtre-Français on insérait, sans la permission des auteurs, des pièces de théâtre qui ne seraient pas tombées dans le domaine public, chacun des auteurs lésés aurait le droit de poursuivre l'éditeur comme contrefacteur. Autrement il suffirait, pour s'assurer l'impunité, de commettre le délit sur une plus vaste échelle, ce

droit d'en exploiter la reproduction par les procédés spéciaux à son industrie ; les circonstances de fait influeront toujours sur

---

que la conscience et la raison repoussent également. La vente d'une collection comme celle dont il s'agit est certainement de nature à nuire à celle des gravures de chacun des tableaux en particulier. Quiconque aura chez lui cette collection ne songera plus à acheter séparément les gravures. Mais, indépendamment de cette raison, chaque peintre, dans l'intérêt de sa réputation, a le droit de dire : Vous ne graverez pas mon tableau, j'entends qu'il ne soit pas gravé ou qu'il ne le soit que par mon cessionnaire, parce que lui seul me présente toutes les garanties de bonne et fidèle exécution que je désire rencontrer. Le cessionnaire est évidemment fondé à invoquer les mêmes considérations parce qu'il a tous les droits du peintre.

Délibéré à Paris le 1er juin 1837. *Signé :* H. DE VATIMESNIL.

Voir dans le même sens, *Merlin,* réquisitoire en 1814. — *Idem* une constitution délibérée par Me Tripier, avocat à la Cour royale de Paris. — *Idem* de Me Nachet, avocat à la Cour de Cassation. — *Idem* de Me Billault, avocat à la Cour royale de Paris. — *Idem* Troplong, *De la vente,* n° 808, t. III, p. 37.

A l'appui de cette doctrine, il est bien permis d'invoquer aussi l'opinion des artistes, non sur le sens de la loi, mais sur les inconvénients pratiques de cette nouvelle doctrine. — Lettre adressée au général AT..... « Mon général, — huit jours se sont passés depuis notre dernière entrevue. Pour vous parler bien franchement, je ne m'attendais pas plus à une visite de vous en cette circonstance, malgré votre promesse, que je n'espérais une réponse à ma lettre de l'année dernière. Mais vous m'en avez dit assez sur le patronage que Sa Majesté daigne accorder à l'ouvrage de M. Gavard pour qu'il ne me soit plus permis maintenant de poursuivre en justice cette publication, quoiqu'elle me frustre de la manière la plus manifeste de mes droits de propriété. Il est de mon devoir même de saisir cette occasion de prouver au roi ma reconnaissance pour toutes les faveurs dont Sa Majesté a bien voulu m'honorer jusqu'à ce jour. Dans ce but, j'ai retiré des mains des concessionnaires (avec lesquels j'avais traité de la permission de graver mes tableaux bien avant qu'il fût question de l'entreprise de M. Gavard, comme vous le verrez par les dates) les différents actes que j'avais légalement le droit de passer avec eux. Je vous les remets, mon cher général, et cette démarche vous prouvera peut-être que nos idées sur les arts ne se sont pas modifiées d'une manière heureuse ; vous conviendrez du moins que cette façon d'agir n'a rien d'un commerçant. Si vous daignez vous souvenir du temps où vous veniez peindre dans mon atelier, il me sera permis de vous rappeler que le titre de *Rapin* n'était pas alors, à vos yeux, synonyme de celui de *Calicot.* Pardonnez-moi, si j'ose conserver encore avec vous cette familiarité de langage que vous m'aviez permise en d'autres temps ; mais je ne puis résister à l'envie de vous faire un peu la guerre sur ce qu'il vous convient d'appeler vous-même votre barbarie. Non, non, au fond du cœur vous ne pouvez pas penser un mot de ce que vous m'avez dit à ce sujet, ou bien alors,

la portée de la cession. Toutefois, les tribunaux ne devront accueillir les présomptions de fait qu'avec une extrême réserve.

---

vous êtes sous l'influence de l'administration des musées, où, maintenant, l'art n'est plus regardé que comme un négoce, où les artistes sont traités comme des marchands, où la sottise et l'ignorance, le chapeau sur la tête, viennent leur dire : On vous paye, vous devez peindre tout ce que nous voulons. Si cependant par malheur, mon cher Général, cette façon de voir était réellement devenue la vôtre, ce que je me refuse à penser, croyez-moi, revenez à des idées plus justes, et souvenez-vous que les arts ont une mission plus honorable, plus relevée que celle que vous leur attribueriez, sans parler de l'éclat qu'ils jettent par eux-mêmes sur les nations qui les honorent et les cultivent. Ils sont la plus brillante manière d'écrire l'histoire et de transmettre à la postérité les bonnes comme les mauvaises actions. Voilà la destination de l'art, voilà ce qu'a toujours été la pensée personnelle du roi (je me plais hautement à la proclamer), mais que ceux qui sont chargés de la mettre en œuvre semblent complétement ignorer aujourd'hui. Quant à moi, je le sens très-vivement, mon indépendance se révolte contre une administration qui paraît avoir pris à tâche de ravaler, dans l'impuissance de l'avilir, une profession à laquelle dans ma famille, depuis trois générations, nous nous sommes voués avec passion. Je quitte les barbares d'ici pour aller visiter d'autres barbares chez lesquels la civilisation commerciale n'aura pas encore calculé par livres, sous et deniers ce que valent les arts, et leur aura laissé un peu de ce prestige si nécessaire à leur existence ; consolé dans cette détermination de ce point de ressemblance, à défaut d'autre, avec notre immortel Poussin, qui fuyait la cour de Louis XIII, dégoûté des humiliations qu'il y avait éprouvées. — Je suis, etc., H. V. »

Pétition envoyée au général AT... pour être remise au roi. — Sire, c'est plein d'espoir en votre équité et en comptant beaucoup sur votre bienveillante indulgence qu'un de vos fidèles sujets ose recourir à votre auguste arbitrage à propos d'un acte d'administration de votre liste civile. — Au mépris d'un droit consacré par la loi, et que la jurisprudence constante des Tribunaux a fait respecter jusqu'ici, M. Gavard, malgré mes avertissements, a publié et se propose de publier encore des gravures d'après mes tableaux qui font partie de la galerie de Versailles. Non-seulement cette publication, qu'une polémique animée entre M. Gavard et un de ses compétiteurs m'avait fait regarder dans le principe comme une spéculation particulière, foule aux pieds les droits de la propriété intellectuelle, non moins sacrés sans doute que ceux de la propriété matérielle, mais elle compromet encore, par une reproduction informe et tronquée de mes ouvrages, le prix le plus cher à mes yeux de trente ans de travaux. — La masse du public, Sire, ne nous connaît la plupart du temps, nous autres peintres, que par la traduction que le burin fait de nos œuvres. L'entreprise de M. Gavard, pour lequel je n'éprouvais personnellement que des sentiments de bienveillance, a donc pu éveiller en moi de justes susceptibili-

En effet, la valeur d'un tableau est toujours idéale; elle varie suivant la réputation de l'auteur, les caprices du goût, l'à-pro-

---

tés, que Votre Majesté, protectrice si éclairée des artistes, comprendra mieux que personne. C'est donc à elle seule que je m'adresse pour qu'elle décide si sa liste civile a pu s'emparer d'un droit incontestablement ma propriété, pour constituer, au détriment de mes intérêts et de ma réputation, un privilége en faveur de M. Gavard, et un privilége *exclusif*. Car faut-il vous le dire, Sire, c'est vainement que je sollicite depuis quinze mois pour mon propre compte la permission de prendre une copie qui puisse me servir à faire graver ma bataille de F... Sous un gouvernement despotique, un pauvre meunier pourrait dire à Frédéric II : *Il y a des juges à Berlin.* Moi, Sire, sous votre règne, qui est celui de la justice et de la liberté, je ne veux entre votre liste civile et moi d'autres juges que Votre Majesté elle-même, prêt à passer condamnation si mes droits ne lui paraissent pas fondés, et heureux, dans le cas où elle daignerait les reconnaître, de lui en faire dès à présent l'abandon comme un faible témoignage de ma respectueuse et inaltérable reconnaissance. A cet effet, je remets à M. A... les différents actes qui étaient depuis longtemps entre les mains des personnes avec lesquelles j'avais traité de la permission de graver quelques-uns de mes tableaux. — Je suis avec respect, etc., H. V.

A Monsieur Ét. Blanc. — On a eu tort de s'autoriser de mon opinion dans le procès de M. Foyatier contre les bronziers. Je n'ai jamais permis que l'industrie s'emparât de mes œuvres pour les reproduire sans mon autorisation, et je regarde comme un *vol manifeste* une pareille reproduction, alors même que l'original aurait été vendu au gouvernement. Je désire que mon attestation puisse servir à la défense d'un droit que l'on méconnaît ouvertement et qu'il importe de conserver entier. — Agréez..., J. Pradier, membre de l'Institut.

A Monsieur Ét. Blanc. — Je n'ai jamais eu à examiner, pour mon propre compte, la question que vous m'avez adressée dans l'intérêt de M. Foyatier; mais je déclare que bronziers ou autres qui reproduiraient mes ouvrages sans mon autorisation, fût-ce même des ouvrages vendus au gouvernement, seraient par moi regardés comme *voleurs* et poursuivis comme tels. — J'ai l'honneur, etc., F. Duret.

Mon cher Blanc — je me hâte de répondre à votre question qui n'en a jamais fait dans mon esprit. Quand un artiste vend son œuvre, soit au gouvernement, soit à un particulier, il n'aliène que l'objet matériel qu'il a travaillé, c'est-à-dire la forme donnée à sa pensée. Mais sa pensée reste sa propriété exclusive, et seul il peut la reproduire. — Je vous déclare donc que je poursuivrais comme contrefacteurs, tous les fabricants de bronzes ou autres spéculateurs qui reproduiraient mon œuvre. Ce droit de reproduction est le seul moyen qui nous reste de rentrer dans nos frais, que ne couvre presque jamais le prix de vente de l'original. Aujourd'hui surtout que l'industrie s'appuie sur l'art, il importe de la tenir à distance et de lui fixer ses limites. Faites triompher ce principe, et vous n'aurez obtenu que justice. — Amitié... Étex.

pos du sujet, et il est fort difficile, pour ne pas dire impossible, de fixer la limite où s'arrête le prix du tableau et où commence le prix du droit d'exploiter.

Il ne faudrait pas conclure, du droit de reproduction que nous réservons à l'artiste après la vente de son tableau, qu'il pourra copier le tableau vendu, ou en faire un semblable d'une autre dimension, pour le vendre comme le premier. Le droit de reproduction réservé à l'auteur doit s'entendre seulement de la reproduction par les moyens ordinaires de la gravure ou de la lithographie. Si au contraire il reproduisait son dessin par un dessin original, ou son tableau par un tableau, il porterait atteinte à la propriété de l'acheteur. Il est de principe que les conventions doivent être exécutées de bonne foi et selon la commune intention des parties. Or, l'intention présumée, et même certaine de l'acquéreur, c'est de posséder seul le tableau original. C'est même cette commune intention des parties, et cette limite apportée par l'usage au droit de reproduction réservé à l'auteur, qui, indépendamment du mérite de l'œuvre originale, en augmente le prix. Le tableau ou le dessin seraient bientôt dépréciés si l'auteur pouvait ainsi reproduire à l'infini les originaux. Nous disons les *originaux*, car de pareilles reproductions, émanées du même artiste, ne peuvent être considérées comme des copies proprement dites. Elles ont tout le mérite et tout le prix de l'œuvre primitive. L'artiste qui porterait ainsi préjudice à l'acquéreur, ne se rendrait pas coupable de contrefaçon, ainsi que nous l'avons démontré dans une hypothèse analogue, en traitant de la propriété littéraire, mais il s'exposerait évidemment à la réparation du préjudice causé par cette violation manifeste et déloyale de la convention.

Ce que nous venons de dire ne peut s'appliquer à l'esquisse d'un tableau, par plusieurs raisons. D'abord l'esquisse n'a jamais le mérite et la perfection du tableau; elle n'en est que l'ébauche et pour ainsi dire le canevas. En outre, il est d'usage que l'esquisse reste la propriété de l'auteur, et qu'il peut en disposer comme bon lui semble.

Il peut y avoir doute sur la cession du droit de reproduire

quand il n'y a eu vente que du tableau. Mais quand la cession a eu seulement pour objet le droit de reproduction et que ce droit est aliéné d'une manière absolue, tous les genres de reproduction sont compris dans la cession. Cela est incontestable et les juges n'ont pas, dans ce cas, à examiner si tel ou tel mode de reproduction nuit au cessionnaire : il suffit du fait matériel de reproduction pour que le délit de contrefaçon soit établi.

On a cependant décidé que le peintre qui a cédé à un éditeur le droit de gravure au burin et qui en même temps s'est interdit d'en permettre à d'autres la reproduction par la gravure, la lithographie *ou autre genre quelconque,* n'est pas censé avoir voulu s'interdire aussi le droit d'en autoriser la copie à un seul exemplaire par l'aquarelle ou le dessin. On a même ajouté que la reproduction qui en avait été ainsi faite n'avait aucun caractère industriel bien qu'elle eût été appliquée par un marchand à un meuble de sa fabrication (1). En droit et en fait une pareille décision ne supporte pas l'examen. Dès qu'il y a eu engagement de n'autoriser aucun genre de reproduction, il est manifeste que toute reproduction permise par l'artiste est une violation des droits du cessionnaire et que l'application à un meuble est essentiellement industrielle, alors même que la reproduction a un caractère artistique.

---

(1) 10 avril 1850. — Trib. civ. Paris. — Gache : Tahan. — Attendu que les peintures sur porcelaine saisies sur Tahan au palais de l'exposition de l'industrie, et représentant les *deux Mignons*, d'après le tableau de Ary Scheffer, sont purement des œuvres d'art dont l'exécution n'a pu constituer une atteinte à la propriété artistique du peintre qui le reconnait lui-même; — Attendu d'ailleurs que si Scheffer a vendu à Gache le droit exclusif de faire graver au burin les deux tableaux dont s'agit, et s'est engagé à n'en permettre aucune reproduction soit en gravure, lithographie ou autre genre quelconque, cette interdiction ne saurait comprendre que des procédés industriels devant procurer des reproductions à plusieurs exemplaires, et non des copies artistiques ayant le mérite et le caractère d'œuvres originales ; — Que, sous ce rapport, Gache n'avait pas qualité pour agir; — Déboute Gache, etc.

SECTION 3. — *De la vente forcée.*

Il en est des ouvrages d'art comme des œuvres littéraires, qui, tant qu'elles ne sont pas publiées, ne peuvent être saisies ni vendues par autorité de justice (1).

Lorsqu'une planche gravée avec l'autorisation de l'auteur du tableau est vendue par les commissaires-priseurs, par suite d'une saisie pratiquée sur le graveur, l'acquéreur de la planche n'a pas le droit de se plaindre des reproductions. Les commissaires-priseurs n'ont pu lui vendre un droit incorporel, tel que le droit exclusif de reproduction. Il n'a donc acheté que l'objet matériel, c'est-à-dire la planche, et le droit de s'en servir (2).

CHAPITRE II.

DU DÉPOT.

Les caractères et les effets du dépôt en général ont été développés au livre *de la propriété littéraire;* nous n'y reviendrons pas. Les mêmes principes régissent toutes les produc-

(1) 13 juillet 1847. — C. R. Amiens. — Les Antiquaires d'Amiens : Simonnet et Caudron. V. page 122.

(2) 2 février 1843. — C. R. Paris. — Bulla : Laboche. — Considérant que Bulla et Delarue ne justifient pas du transport régulier en leur faveur du droit exclusif de reproduction qui aurait été attaché à la propriété du tableau de Paul Delaroche représentant *Édouard en Écosse;* — Que le titre sur lequel ils s'appuient consiste en un extrait du procès-verbal de vente d'un commissaire-priseur, duquel il résulte que Vibert, aux droits duquel se trouvent les appelants, s'est rendu adjudicataire, aux enchères publiques ayant lieu à la requête des syndics de la faillite Schroot, d'une planche gravée représentant le sujet du tableau susmentionné; — Que rien ne constate que le droit incorporel constituant la propriété absolue de l'artiste auteur du tableau ait été transmis à l'adjudicataire de la planche gravée, et que dès lors celui-ci ou ses représentants aient le droit de poursuivre la contrefaçon qui aurait eu lieu sur porcelaine du tableau dont s'agit; — Confirme.

tions de l'intelligence, soit en littérature, soit dans les arts. Toutefois, il ne faut pas oublier que si la loi s'est efforcée de les faire entrer dans des conditions matérielles, pour les doter du droit exclusif, elle a dû aussi s'arrêter aux bornes du possible. Or il n'était pas possible de soumettre au dépôt certaines productions à cause de leur nature, comme les *tableaux*, les *sculptures*, dont il ne peut exister qu'un original, et pour lesquels le dépôt eût été une véritable confiscation. Leur forme s'y opposerait encore, car elle ne permet pas leur classement dans les bibliothèques publiques, comme pour les ouvrages imprimés ou gravés (1).

Le texte de la loi vient encore à l'appui de cette exception, tirée d'ailleurs de la nature des choses. En effet, la loi ne parle que des ouvrages *imprimés* ou *gravés;* en dehors de ces deux spécialités, l'auteur pourra toujours poursuivre les contrefacteurs sans être obligé au dépôt, parce que s'il était privé du droit de poursuite, il n'aurait qu'une propriété stérile.

Ainsi toutes les productions des arts, telles que dessins et tableaux qui n'existent qu'en originaux, sont assimilées au manuscrit en matière de propriété littéraire, et sont exemptes du dépôt. Au contraire, toutes les fois que l'œuvre d'un artiste, peintre ou dessinateur, est reproduite par l'impression ou la gravure, elle est assujettie à la formalité du dépôt, et n'en est exempte que lorsque la reproduction a lieu par le moulage ou la fonte.

Il faut comprendre dans ces mots *imprimé* et *gravé*, qui ne sont point limitatifs, tous les procédés dont les arts se sont enrichis, et qui servent à la reproduction d'une composition, tels que la lithographie, l'aquatinte, la photographie, etc., etc.

---

(1) 17 novembre 1814. — Romagnesi : Robin. — C. Cass. — Attendu que la loi du 19 juillet 1793 n'a imposé qu'aux auteurs des ouvrages imprimés ou gravés l'obligation de déposer leurs ouvrages, et que les sculpteurs n'y ont jamais été soumis; que dès lors on ne pouvait pas exciper de cette loi pour opposer une fin de non-recevoir à la demande de Romagnesi; — Rejette le pourvoi.

Idem. 9 février 1832. C. R. Paris. — Ameling : Henrionnet. V. page 260.

Le nombre des exemplaires dont le dépôt est exigé préalablement à la poursuite a varié comme pour les écrits, et se trouve en définitive réduit à *trois* par l'ordonnance du 9 janvier 1828, pour les gravures avec texte et les gravures sans texte (1).

CHAPITRE III.

DE LA DURÉE.

La durée du droit exclusif, attribué à l'artiste sur ses œuvres, ne peut pas s'entendre du droit de vendre le tableau ou le dessin original qu'il aura composé. Ce n'est pas là un usage que la loi ait pu limiter; elle n'a eu en vue évidemment que le droit de reproduction, dont la durée est fixée par la loi du 19 juillet 1793 combinée avec celle du 8 avril 1854. La durée de 10 ans de la loi de 1793 n'avait point été étendue par les art. 39 et 40 du décret du 5 février 1810, qui n'avait été rendu que pour *régler l'imprimerie et la librairie*, comme l'annonce son titre; les diverses dispositions qu'il contient ne s'appliquaient donc qu'aux œuvres littéraires proprement dites. Cette différence entre la durée de deux propriétés également dignes de la protection de la loi, était une des mille imperfections de la législation sur la matière. Si rien ne pouvait justifier cette différence, elle s'expliquait au moins par les préoccupations qui dominaient le législateur de 1810. Le décret ci-dessus n'avait pas été rendu dans l'intérêt de la propriété littéraire, et il faut reconnaître que les dispositions des art. 39 et 40 précités n'y avaient été intercalées que comme compensation aux entraves nouvelles dont le législateur voulait embarrasser l'expression de la pensée. On conçoit dès lors qu'il ne dut pas

(1) 21 septembre 1854. — C. Imp. Paris. — Pellerin : Gangel.

se préoccuper des autres productions de l'intelligence qui ne portaient aucun ombrage à ses susceptibilités. Ainsi, l'artiste jouira pendant sa vie du droit de reproduire ses œuvres, et, après lui, la jouissance en sera continuée à sa veuve également pendant sa vie, et à ses enfants pendant 30 ans (voir chapitre VI, livre Ier).

CHAPITRE IV.

DE LA CONTREFAÇON.

SECTION 1re. — *De la reproduction.*

Les principes que nous avons développés au livre *de la propriété littéraire* sur les caractères de la contrefaçon sont généraux, et par conséquent s'appliquent à la reproduction frauduleuse des ouvrages de peinture et de dessin.

Le contrefacteur est celui qui reproduit ou qui fait reproduire une œuvre d'art sans le consentement de l'auteur ou sans celui de ses représentants, si l'auteur a aliéné son droit de reproduction.

Dans tous les cas on ne peut poursuivre comme complices de la contrefaçon ceux qui n'ont coopéré que comme ouvriers du contrefacteur, à moins qu'on ne prouve qu'ils ont agi sciemment (1).

L'on ne doit pas se préoccuper, pour apprécier le délit de contrefaçon, du point de savoir si la reproduction pourra rivaliser avec l'original ou lui faire concurrence. Ce point de départ conduirait à des conséquences fausses et diamétralement opposées à l'esprit comme au texte de la loi. Le préjudice causé à l'auteur, en dehors de toute concurrence possible, n'en est pas

(1) 15 avril 1847. — C. R. Dijon. — Susse : Martinelli.
Idem. 6 avril 1850. — Paris. C. app. — Olesinger : Gauvin.

moins sérieux, quelque vulgaire que soit d'ailleurs le moyen de reproduction, surtout lorsqu'il s'agit de ces ouvrages qui, sans compter leur mérite réel, ont encore pour élément de succès le goût du jour et l'attrait de la nouveauté. La contrefaçon jette dans la circulation des milliers d'exemplaires à vil prix, dont le nombre et l'imperfection fatiguent la vue, prostituent, pour ainsi dire, l'idée originale, dégoûtent du sujet, et ruinent le commerçant; car celui-ci, fort des droits exclusifs qu'il tient de l'auteur, a pu engager d'énormes capitaux sur une reproduction qu'il devait croire garantie d'une manière absolue. Ce préjudice rejaillit aussi contre l'artiste, qu'il blesse dans sa réputation et dans ses intérêts. En effet, le sujet étant usé, vieilli, souvent même avili par les divers usages auxquels peut s'appliquer la reproduction, nul éditeur ne voudra acheter le droit exclusif de le faire reproduire à grands frais par la gravure. L'artiste perd donc le produit que lui procurerait cette vente, et tout le monde sait aujourd'hui que la vente du droit de reproduire atteint souvent et dépasse même, quelquefois, le prix de l'œuvre originale.

C'est cette considération, juste et incontestable, qui doit faire prohiber la reproduction la plus grossière d'une œuvre d'art. Sans doute il n'y a pas une concurrence possible entre l'original et une telle reproduction, si imparfaite et si différente; mais le préjudice causé, pour être le résultat d'une autre cause, n'en est pas moins réel. En supposant d'ailleurs, ce qui n'est pas, que cette reproduction ne dégoûtât pas du sujet en lui enlevant l'attrait de la nouveauté, il n'en est pas moins vrai qu'il y aurait préjudice dans cette contrefaçon, car le sujet ayant plu, puisqu'il a été choisi par le contrefacteur, l'auteur aurait pu lui vendre le droit de reproduire, et c'est de ce produit qu'il est privé (1).

---

(1) 11 février 1836. — Trib. Paris. — Jeannin : Fournier. — Attendu que les prévenus ont, sans le consentement des auteurs ou de leurs cessionnaires, fait lithographier pour paravents ou devants de cheminée des gravures qui n'étaient pas dans le domaine public; que ces lithographies, quelles que soient leur dimension, leur exécution plus ou moins parfaite et leur destination, sont

Le délit de contrefaçon est accompli par cela seul qu'on a commencé l'impression d'un ouvrage gravé ou lithographié sans l'autorisation de l'auteur. Nous allons même jusqu'à dire qu'il y aurait délit dans le cas où la planche serait seulement commencée. En effet, les parties déjà reproduites constituent à elles seules la contrefaçon. Dans toutes ces hypothèses, où nous considérons le délit comme accompli, la seule différence à laquelle les tribunaux devront s'arrêter est celle qui résultera d'un préjudice moindre : mais la confiscation sera toujours prononcée. Un arrêt de la Cour de Paris, rendu en 1821 au sujet d'une gravure de la bataille d'Austerlitz, a décidé qu'une planche inachevée ne constituait pas le délit de contrefaçon. Nous ne pouvons admettre cette doctrine. Ce que le législateur a voulu proscrire, c'est la reproduction ; or il est bien évident qu'il y a reproduction, au moins partielle, dans le fait d'avoir commencé une gravure. Dira-t-on qu'il n'y a pas édition et vente, et que là seulement commence le délit? Mais le délit est si peu dans la vente, que la jurisprudence, d'accord avec la loi, a toujours reconnu qu'il y avait débit de la part d'un libraire chez lequel on trouvait des exemplaires contrefaits, alors même qu'il ne les aurait pas mis en vente, et que le fait matériel du débit n'aurait pas été constaté.

Ce que nous disons ci-dessus ne peut s'entendre raisonnablement de celui qui n'aurait fait ce travail que pour son usage personnel et comme sujet d'étude.

La reproduction, même partielle, d'un tableau ou d'une gravure, peut constituer le délit, lorsqu'elle se trouve dans les conditions que nous avons développées au titre de la contrefaçon en matière de propriété littéraire. Pour faire aux produits

---

une reproduction ou entière ou partielle des gravures dont il s'agit ; que cette reproduction, non autorisée par les propriétaires, leur porté préjudice, d'une part en les privant du bénéfice qu'ils pouvaient retirer de la vente du droit de reproduire les trois gravures qui sont leur propriété exclusive, et quant au dessin et quant à la composition, d'une autre part, en dépréciant la composition des mêmes gravures, auxquelles la faveur s'attache d'autant moins qu'elles deviennent plus communes ; — Condamne, etc., etc.

des arts l'application de ces principes, nous dirons, par exemple, que celui qui reproduirait une tête, et à plus forte raison un groupe pris dans une vaste composition, commettrait le délit de contrefaçon. Ainsi on a gravé, comme têtes d'étude, les deux personnages qui, dans le tableau de l'entrée de Henri IV par Gérard, présentent les clefs de la ville. Si cette gravure n'avait pas été autorisée, il y aurait, dans ce fait, le délit de contrefaçon partielle le mieux caractérisé.

Les moyens le plus ordinairement employés pour dissimuler la contrefaçon partielle sont les changements introduits dans la reproduction. Les tribunaux doivent se tenir en garde contre cette ruse, qu'il n'est pas d'ailleurs bien difficile de démasquer; car ces changements sont ordinairement peu importants et ne s'appliquent qu'aux parties accessoires. On conçoit, en effet, que le contrefacteur perdrait tout le fruit de sa contrefaçon s'il modifiait ou changeait la partie principale de l'original. Cette partie étant précisément celle qu'il a intérêt à usurper, il serait forcé de l'exécuter avec ses propres ressources. La contrefaçon serait donc alors sans bénéfice, et par conséquent sans intérêt pour lui (1).

Aux termes de la loi du 19 juillet 1793, combinée avec l'article 425 du Code pénal, les auteurs ont le droit exclusif de faire imprimer, graver, vendre, débiter et distribuer leurs ouvrages, et d'en céder la propriété. La généralité de ces expressions comporte nécessairement le droit de publier sous toutes les formes et de toutes les manières possibles. Il y aura donc atteinte réelle au droit exclusif de l'auteur si l'on reproduit en

(1) 27 mai 1847. — C. R. Lyon. — Dopter : Meunier-Pintard. — Jugement confirmé par l'arrêt. — Attendu que si la vulgarité de certaines poses ou de certains attributs donnés communément à tels personnages religieux, dans l'imagerie, peut excuser jusqu'à un certain point l'imitation, elle ne saurait jamais autoriser un calque qui exclut toute espèce de travail original dans le copiste; — Que d'ailleurs ce genre d'excuse peut d'autant moins être invoqué par Meunier qu'il a, pour dissimuler sa contrefaçon, changé les noms de la plupart des personnages représentés; — Condamne, etc.

grand un petit sujet, *et vice versâ*. Le délit de reproduction est tout à fait indépendant du format (1).

Il en faut dire autant de l'usage auquel on destine la reproduction, et ne pût-elle servir qu'à orner des paravents, des boîtes de fantaisie, des étoffes ou des vases de porcelaine, le reproducteur ne pourra s'excuser par la nature ou la destination de son produit (2).

Le reproducteur ne serait pas plus autorisé à dire que la reproduction est grossière et qu'elle ne peut faire concurrence avec l'original; car si l'on admettait cette doctrine, il faudrait reconnaître le droit de reproduire à celui qui, s'emparant d'un sujet dont le dessin serait défectueux et grossièrement tracé, le reproduirait d'une manière supérieure et plus conforme aux règles de l'art; le droit de faire *plus mal* que l'original empor-

---

(1) 6 avril 1829. — Trib. Paris. — Bulla : Sezille et Prost. — Attendu que Bulla est propriétaire de gravures intitulées *Métamorphoses du jour*, par Grandville, reproducteur; — Que d'autres gravures représentant plusieurs de ces sujets ont été l'objet de la plainte en contrefaçon rendue par Bulla; que ces dernières gravures, quoique d'une dimension plus petite et destinées à envelopper des bonbons, représentent identiquement les mêmes sujets que ceux contenus dans les gravures ayant pour titre : *Les Métamorphoses du jour;* qu'elles portent au bas des phrases conçues dans les mêmes termes que celles qui se trouvent sur les gravures de Bulla; que même quelques-unes de ces petites gravures portent en haut ces mots : *Les Métamorphoses;* — Condamne, etc., etc.

Idem. 23 janvier 1828. — La Cour roy. de Paris a décidé que le fait de reproduire en format in-8° une grande lithographie représentant le *Combat aux boules de neige à l'école de Brienne*, dessiné par Horace Vernet, était une contrefaçon. Cette reproduction in-8° avait été publiée dans la vie de Napoléon.

Idem. 7 juin 1842. — Paris. — Fournier : Pellerin. Voy. page 249.

(2) 17 avril 1841. — C. R. Paris. — Rony : Baillargeau. — 19 décembre 1841. — C. R. Paris. — Le *Charivari :* Barbet. — 19 avril 1845. — C. R. Paris. — Goupil et Vibert : Verzin et Bomard. — Gravures, lithographies et tableaux dont les sujets avaient été reproduits soit par l'impression, soit par le métier à la Jacquard sur des *foulards* et des *indiennes*.

Idem. 26 juin 1841. — C. R. — Vibert : Moirean. — 3 mai 1842. — Paris. — Jeannin : Farine. — 13 mai 1842. — Bulla : Royer et autres. — 31 mai 1842. — Ponerat : Moireau. — Reproduction de gravures par le *papier peint* ou par peinture à l'huile.

terait nécessairement le droit de faire *mieux*. La raison de décider, c'est que ce n'est pas, nous l'avons démontré plus haut, le moyen ou le procédé employé par l'artiste pour rendre sa composition ni la perfection de son travail que la loi protége, mais bien sa composition elle-même et son travail personnel. Aussi faut-il proscrire cette doctrine qui admettait, comme licite, la reproduction d'une composition par un art différent et qui ne prohibait que les reproductions obtenues par des moyens mécaniques. On avait décidé, par exemple, qu'il était licite de reproduire un tableau par un bronze destiné à servir d'ornement à une pendule. Cette doctrine a été bientôt vaincue par la force des principes et par les conséquences d'ailleurs très-logiques que la contrefaçon prétendait en tirer. La jurisprudence est aujourd'hui et depuis longtemps fixée sur ce point. Ainsi, quelque difficulté que présente le moyen employé, le reproducteur, fût-il ouvrier de la manufacture des Gobelins, fût-il peintre distingué reproduisant sur toile ou sur porcelaine, fût-il sculpteur reproduisant par un chef-d'œuvre de son art la plus grossière image, il y aura contrefaçon dès qu'il y aura reproduction de la composition de l'artiste sans son consentement (1).

(1) 20 avril 1843. — C. R. Paris. — Goupil et Vibert : Gaigneau et Joly. — *La Chasse au lion*, de Vernet, reproduite par la broderie à la main sur un tapis.

Idem. 24 août 1844. — C. R. Paris. — Boucher : Ribeira. — Reproduction d'un tableau représentant une *marchande d'oranges*, par un tableau représentant une *marchande de pommes*.

Idem. 11 novembre 1845. — Paris. — Lallemand : Nidelay. — Un dessin de Victor Adam, intitulé *Civilisation et Barbarie*, avait été reproduit par la peinture.

Idem. 16 février 1843. — C. R. Paris. — Bulla : Michel et Valin. — Le tableau de la *Permission de dix heures* reproduit en biscuit de porcelaine, en bronze et en peinture sur verre.

Idem. 2 décembre 1841. — C. R. Paris. — Hetzel : Havard. — *Scènes de la vie privée des animaux*, par Grandville, reproduites en statuettes.

Contrà. 9 février 1848. — Trib. corr. — Devritzy-Chevron : Wolf. — Sujet d'une gravure reproduit en ivoire pour une poignée de parapluie.

Idem. 3 décembre 1831. — C. R. Paris. — Bertram : Vittoz. — *Raphaël et la Fornarina* reproduits en bronze pour sujets de pendules.

Une seule fois, à notre connaissance, cette jurisprudence a faibli (1). Mais les motifs adoptés dans cette circonstance prouvent que la doctrine a cédé à la crainte de confisquer un objet d'une valeur supérieure du centuple au préjudice réel qui avait été éprouvé par le plaignant.

En matière d'imagerie, l'imitation pure et simple de certains attributs communément donnés à tels ou tels personnages religieux ne constitue pas la contrefaçon. Ces attributs appartenant au domaine public, chacun peut donc s'en servir, mais à la condition de ne pas les copier sur le dessin d'autrui, car dans ce cas il y aurait reproduction illicite (2).

C'est par la même raison que la reproduction d'une gravure de mode est une contrefaçon (3).

Bien que les ressemblances soient inévitables entre deux reproductions d'un même monument ou d'un même lieu, il est néanmoins facile de reconnaître si l'un est la copie de l'autre. Les erreurs reproduites, les effets d'ombre et de lumière, les points de vue exactement semblables sont autant de preuves manifestes de la contrefaçon (4).

La reproduction d'une gravure par le moyen de la contre-épreuve est un délit plus condamnable que la simple copie, parce qu'il cause à l'auteur un plus grand préjudice. En effet, la contre-épreuve, qui consiste à appliquer une épreuve fraîche de la gravure originale sur une pierre lithographique, amène un résultat plus exact, plus facile, et par ces deux motifs plus dangereux que la simple copie. Il en faut dire autant du décalcage et par les mêmes raisons. Ces procédés sont toujours et essentiellement frauduleux.

Celui qui publie sous le nom d'un artiste des dessins qui

---

(1) 2 février 1843. — C. R. — Bulla et Delarue : Lahoche. Voy. page 279.

(2) 27 mai 1847. — C. R. Lyon. — Dopter : Meunier-Pintard. Voy. page 285.

(3) 23 mars 1844. — Trib. Paris. — Goubaud : Merlin.

(4) 25 avril 1843. — Paris. — Lallemand : Danlos. Voy. page 255.

Idem. 1er septembre 1837. — C. R. Paris. — Veuve Jean : Langlumé. Voy. page 257.

ne sont pas l'œuvre de ce dernier soit pour la composition, soit pour l'exécution, se rend coupable, indépendamment du délit de contrefaçon dans certains cas, de l'usurpation de nom, prévue et punie par la loi de 1824. Les dessins ou sculptures deviennent des produits fabriqués dès qu'ils sont publiés par l'impression ou le moulage, et ils rentrent dès lors dans la généralité des termes de la loi de 1824 (1).

(1) 1er septembre 1848. C. R. Paris. — Collas : Gallantomini. V. page 299. *Idem*. 10 mars 1855. Paris. C. Imp. — Susse : Ghilardi. — En ce qui touche le chef d'usurpation de nom : — Attendu que l'art. 1er de la loi du 26 juillet 1824 punit quiconque, sur des objets fabriqués, fait apparaître le nom d'un fabricant autre que celui qui en est l'auteur; — Que cette disposition générale et absolue comprend tous les produits fabriqués, et s'applique, en conséquence, à ceux qui, sur des statuettes, des groupes de sculpture ou des bas-reliefs en métal ou en plâtre, ont fait apparaître le nom d'un fabricant industriel des ateliers duquel ces produits ne sont pas sortis, au préjudice de l'industrie de celui-ci : — Que si ces objets ont un caractère artistique qui, alors qu'ils ne sont pas tombés dans le domaine public, rend passible des amendes prononcées par l'art. 427 du Code pénal contre la contrefaçon littéraire et artistique, ceux qui les produisent en violation des droits de leurs inventeurs et propriétaires, ces objets, lorsqu'ils sont reproduits dans un but de spéculation à l'aide de procédés industriels, soit par des tiers ayant spéculé sur leur acquisition et leur reproduction, soit par leurs auteurs agissant dans un but de commerce et de profit, présentent le caractère de produits que la loi de 1824 a eu pour objet de protéger; — Que les dispositions de cette loi peuvent être invoquées contre le contrefacteur de ces objets, alors que, sur lesdits objets fabriqués en violation des droits des auteurs, ledit contrefacteur a, au mépris des droits des éditeurs légitimes, usurpé les noms de ceux-ci pour faciliter le débit des produits de la contrefaçon; — Attendu qu'alors le contrefacteur a ajouté à une première infraction une seconde infraction distincte, que ne peut couvrir la première punie de peines moins sévères; — Que l'éditeur industriel a, comme fabricant, un intérêt et des droits particuliers différents de ceux dérivant de la propriété artistique; qu'il pourrait, en effet, poursuivre pour l'apposition de son nom sur des reproductions industrielles et artistiques d'objets tombés dans le domaine public; que l'usurpation du nom est une violation de la *propriété du nom*, toujours importante pour le commerçant; que cette usurpation tend à celle de la clientèle; qu'en facilitant l'écoulement des produits de concurrences coupables, de produits inférieurs et déloyaux, elle peut porter atteinte à la considération des maisons les plus honorables et du commerce national; — Considérant d'ailleurs que la loi de 1824 a voulu à la fois protéger l'industrie qui crée et le public qui reçoit ses produits; que le nom apposé sur le produit du fabricant est pour l'acheteur une garantie de la

Il a été décidé, avec raison, que celui qui reproduit, même légitimement, l'œuvre d'un artiste, est tenu de mentionner le nom de l'auteur sur la reproduction. Mais il est bien entendu que l'infraction à cette règle ne constitue qu'un fait dommageable et non une contrefaçon (1).

Y a-t-il contrefaçon de la part de celui qui, ayant acquis de l'auteur le droit de graver au trait son tableau, en fait une gravure achevée? Nous ne le pensons pas; ce fait constitue sans doute une infraction aux conventions, mais rien de plus, car le graveur a été autorisé à reproduire; seulement il n'est pas resté fidèle à la forme qui lui était prescrite. On ne peut donc pas dire qu'il a reproduit sans le consentement de l'auteur, et c'est ce fait seul qui pourrait constituer le délit de contrefaçon. L'auteur n'aura, dans ce cas, qu'une action civile à exercer contre le graveur pour la réparation du préjudice qu'il lui a causé en dépassant les limites qui avaient été fixées à son droit de reproduction (2).

Le titre ou la désignation donnée à une composition par l'auteur d'un dessin ou d'une gravure, si ce titre d'ailleurs n'est point historique, est sa propriété exclusive. Mais l'usurpation de cette désignation ne peut constituer seule le délit de contrefaçon, ainsi que nous le démontrons en traitant du nom des auteurs et du titre des ouvrages en général.

---

qualité du produit, et souvent un des éléments de sa valeur; que l'usurpation du nom est envers le public qui achète, sur la foi du nom, une tromperie sur l'objet vendu que la loi du 28 juillet 1824 a justement assimilée aux autres tromperies sur les marchandises vendues, réprimées par l'art. 423 du Code pénal, auquel elle renvoie rationnellement pour l'application de la peine; — Adoptant, au surplus, quant à l'application aux faits de la cause des principes ci-dessus et de la pénalité prononcée, les motifs de la décision des premiers juges; met l'appellation au néant; ordonne que ce dont est appel sortira son plein et entier effet.

(1) 31 décembre 1845. — Trib. Paris. — Marlet : St-Amand.

(2) 9 novembre 1832. — Paris. — Léopold-Robert : Ricourt et Mercury. — Voy. page 262.

SECTION 2. — *Du débit.*

Les débitants, quels qu'ils soient, sont passibles des peines portées par la loi. Les juges auront seulement à apprécier la bonne foi du débitant. Ainsi, par exemple, si ce dernier exerce une profession qui ne permette pas de supposer qu'il a ignoré que les objets débités par lui étaient contrefaits, l'excuse de bonne foi sera difficilement admise, même s'il a acheté ces objets dans une vente publique (1). Ainsi toutes les fois que la bonne foi du débitant est établie, il échappe à la pénalité, qui ne peut alors frapper que celui qui a commis le délit de contrefaçon (2).

Toutes les questions relatives à la contrefaçon et au débit se trouvent développées au chapitre VIII du livre Ier. Il faut aussi, pour ce qui concerne la poursuite et les condamnations, se reporter au chapitre IX du livre Ier. Nous n'avons rien de particulier à y ajouter, en ce qui concerne la peinture ou ses analogues.

Il faut également appliquer ici ce que nous avons dit de la nature du préjudice dans le chapitre IX du livre Ier, en traitant des caractères généraux de la contrefaçon.

---

(1) 4 août 1833. — Paris. — Jazet : Bernaux. — Bernaux, colporteur, avait débité une contrefaçon de *Mazeppa aux loups* gravé par Jazet, qu'il avait achetée à la vente des commissaires-priseurs et produisait des bordereaux d'acquisition. Il fut condamné à la confiscation et à l'amende.

Idem. 24 décembre 1834. — C. R. Paris. — Jeannin et Gihaut : Bayard.

(2) 22 novembre 1831. — Jazet : Troude. — Attendu que Jazet justifie avoir acquis le droit exclusif de graver les sujets de la *Mort de Napoléon*, du *Retour de l'île d'Elbe*, du *Serment du jeu de paume*, des *Adieux de Fontainebleau;* qu'il justifie également avoir rempli les formalités prescrites par la loi pour s'assurer la propriété desdites gravures ; — Attendu qu'il a été saisi chez Troude quinze gravures desdits sujets ; qu'il en a été saisi également plusieurs autres chez Charasses, Marchand, Pomel et Letord ; que ces diverses gravures sont évidemment des contrefaçons de celles appartenant à Jazet ; — Mais attendu qu'il n'est point suffisamment établi que Pomel, Letort, Charasses et Marchand, *en débitant les gravures dont il s'agit, aient su que lesdites gravures étaient contrefaites*, les renvoie de la plainte ; — Attendu, quant à Troude, qu'il est suffisamment convaincu d'avoir débité les gravures en question, sachant qu'elles étaient contrefaites ; — Le condamne, etc.

CHAPITRE V.

DE LA SCULPTURE.

SECTION 1re. — *Caractères de la propriété.*

La sculpture, dans le sens absolu du mot, comprend diverses créations confondues dans la généralité des dispositions de la loi de 1793, mais qui n'en sont pas moins distinctes par leur application, et qui se divisent ainsi en deux branches : la sculpture proprement dite et la sculpture industrielle.

Ces deux sortes de sculpture, dont les produits découlent de la même source, l'art du sculpteur, sont régies par la même législation, la loi du 19 juillet 1793 combinée avec l'art. 427 du Code pénal, lequel, prononçant la confiscation des moules et matrices, l'applique nécessairement à la sculpture (1).

C'est uniquement de la sculpture proprement dite que nous nous occupons ici.

Le droit de propriété étant réservé à l'*auteur,* il faut fixer avec soin le sens légal de ce mot. Ce que nous avons dit pour les productions littéraires et les ouvrages de peinture, de gravure et de dessin, se trouve applicable à la sculpture, sauf quelques observations spéciales à ce genre de composition.

L'auteur d'un ouvrage de sculpture, dans le sens de la loi, est celui qui sculpte une statue, un groupe, un bas-relief, etc. C'est aussi celui qui fait exécuter l'ouvrage sur un sujet ou sur un dessin de sa composition. Il a le droit exclusif de l'exploiter, car l'idée, la conception lui appartiennent en propre, et il n'a emprunté à l'artiste que son travail manuel, que son exécution. Ce travail est la seule chose que l'artiste lui ait vendue. Il pourra donc s'opposer à ce que le modèle créé par lui, et exécuté pour

(1) 17 novembre 1814. — C. R. Paris. — Romagnesi : Robin. —V. page 280.

lui, soit reproduit par d'autres, et même par l'artiste qui l'a exécuté (1).

Quant au sens légal du mot *ouvrage*, nous répéterons ce que nous avons dit pour les productions littéraires et les ouvrages du peintre. La loi protége tous les genres sans s'occuper du mérite de l'œuvre. La seule condition qu'elle impose, c'est que l'auteur ait mis dans son travail quelque chose de son travail personnel ; alors la propriété exclusive lui en est acquise. Cependant il faut faire une distinction, en ce qui touche les produits des beaux-arts, entre les ouvrages de création et ceux dont le sujet est copié. Lorsqu'il y a création l'auteur est propriétaire de son œuvre, pour laquelle il a le double mérite de l'invention et de l'exécution ; dans ce cas le droit exclusif est d'une application facile, à l'aide des principes généraux que nous avons posés.

Mais quelle est la base du droit de propriété lorsqu'il s'agit d'un sujet emprunté, et que l'artiste n'a eu que le mérite de reproduire? Le droit découle alors non pas de l'invention, mais uniquement de l'*exécution*, qui constitue seule le travail personnel de l'auteur. Nous dirons donc, comme nous l'avons déjà démontré en parlant de la peinture, que cette propriété, assurée à l'artiste qui copie sans créer, doit être assimilée à celle qui résulte de la traduction en matière littéraire. Ainsi, lorsqu'il a reproduit un sujet tombé dans le domaine public, ou un portrait qui par conséquent ne suppose pas le mérite de l'invention, mais seulement celui de l'exécution, nul ne peut s'emparer de sa copie sans commettre le délit de contrefaçon. Ce droit exclusif ne porte aucune atteinte à la faculté accordée à tous de reproduire le même objet, à la condition de ne s'inspirer que du modèle. Par conséquent, toutes les fois qu'il sera démontré qu'un autre individu, reproduisant la même figure, n'aura pas copié le modèle ou, ce qui est la même chose, n'aura pas pu le copier, la contrefaçon sera par là même prouvée et constituera un délit.

---

(1) 11 décembre 1845. — Lyon. — Baume : Lamartinière.

En résumé, pour fixer les limites exactes de la propriété exclusive sur les œuvres de sculpture, nous dirons que ce qui sert de base à ce droit, c'est la *composition*, lorsqu'il s'agit d'un sujet créé par l'artiste, et c'est son *exécution* lorsqu'il n'a fait que copier un sujet pris dans le domaine public ou dans la nature. Qu'on ne dise pas que dans ce dernier cas l'artiste n'est que copiste. Celui qui reproduit une statue de Canova, soit en terre, soit en marbre, soit en bronze, fait évidemment un travail personnel, et cette simple reproduction est elle-même un ouvrage d'art. Celui qui copie un tableau pour en faire un groupe, ou un dessin pour en faire une statue semblable, fait un travail d'esprit, de goût, de science et même de génie. Il a copié cependant, servilement copié, et, chose bizarre en apparence, c'est cette exactitude même qui fait le mérite de son travail. Il doit donc participer au bénéfice de la propriété exclusive. Sans doute, et nous le répétons, il n'aura pas le droit exclusif de copier le modèle qu'il a choisi, mais il aura incontestablement un droit exclusif sur sa copie, qui lui appartient avec toutes ses inexactitudes, ses changements ou ses imperfections. Si donc il est prouvé que ceux qui ont exploité le même sujet ont copié sa copie et non son modèle, il y a lieu de les poursuivre comme contrefacteurs.

On s'est demandé s'il y a invention de la part du sculpteur qui prend son sujet dans un tableau ou un dessin (1). D'après

---

(1) 24 mai 1837. — C. R. Paris. — Jacob Petit : Chazaux et autres. — Jugement confirmé par arrêt : — Attendu que si l'on doit protection à l'industrie ce ne peut être aux dépens de l'invention et de la propriété ; — Attendu que celui qui reproduit en bronze, en marbre, en porcelaine un objet d'art, a le droit exclusif de fabriquer le modèle par lui créé, lorsqu'en ayant déposé le dessin il a acquis une propriété sanctionnée par la loi, et qu'alors on ne peut le copier ou le contrefaire sans attenter à ses droits ; — Attendu que si d'autres que Jacob Petit ont pu, comme lui, s'inspirer du tableau d'Horace Vernet, représentant le *Massacre des Janissaires*, et imiter en porcelaine le pacha qui y figure, il y a dans les flacons saisis chez Bonnaire et Chazaux, des ajustements et des détails exactement copiés sur ceux du flacon inventé et fabriqué par Jacob, et que Bonnaire et Chazaux n'avaient pas le droit de reproduire ; qu'en outre Jacob Petit avait donné pour pendant à son pacha une sultane qui a été

les principes que nous venons de développer, il importe peu de savoir s'il y a invention, puisque le droit exclusif est attribué même au fait seul de l'exécution, qui appartient en propre à l'artiste, et que nul ne peut usurper. Dans l'espèce, le sculpteur qui a emprunté son sujet à un tableau n'aura pas seul le droit de reproduire ce sujet, mais nul ne pourra copier son exécution. Au surplus, il n'a pas fait que copier, il a aussi créé, car le tableau ne lui a fourni le sujet que sous un seul aspect, et le travail supplémentaire à l'aide duquel il a complété l'œuvre est trop important pour qu'on puisse lui refuser le caractère d'invention. L'artiste qui aura ainsi emprunté son sujet à la peinture aura donc la propriété exclusive de son œuvre, mais seulement en ce qui concerne son exécution personnelle, car c'est là ce qui constitue sa création. Si donc il est démontré qu'un autre sculpteur a reproduit le même sujet en copiant son ouvrage, et non la peinture où le sujet commun aura été pris, il y aura contrefaçon.

Nous avons démontré que le compilateur, en matière littéraire comme en peinture, avait un droit de propriété sur sa compilation. Il en est de même en matière de sculpture; la compilation du sculpteur a reçu de l'usage un nom particulier; on l'appelle *marcottage*. On dit qu'un statuaire a *marcotté* lorsqu'il a fait une statue ou composé un groupe par la réunion de diverses parties empruntées à des sujets connus. Ainsi, celui qui ferait une statue en prenant la tête ou les jambes de l'*Antinoüs* et le torse d'Apollon, ou bien encore celui qui prendrait la *Vénus de Milo* et le *Persée* de Benvenuto, pour les réunir et les grouper, ferait du marcottage : cette compilation forme un ensemble nouveau, et assure à l'auteur un droit de propriété exclusive (1).

---

pareillement copiée avec tous ses accessoires; — En ce qui touche Dubois et Lacagne; — Attendu qu'il a été saisi chez eux des vases représentant une corne d'abondance, terminée par un cygne; et en outre, chez ce dernier, des porte-cigares de même forme, qui ont une identité parfaite avec les vases et les porte-cigares inventés et fabriqués par Jacob Petit; — Condamne, etc.

(1) 3 août 1836. — Cecconi : T... — Attendu que le groupe de Cecconi, représentant Psyché et l'Amour, n'a pas été copié sur l'ouvrage original de Ca-

Lorsqu'un individu a moulé un portrait soit sur nature, soit sur un buste, a-t-il la propriété exclusive de son œuvre? Les tribunaux ont refusé ce droit au simple mouleur (1). On s'est fondé sur ce que la profession du mouleur ou du figuriste constitue un *métier*. Nous ne saisissons pas la différence légale qui existe entre le métier et la profession ; est-ce parce que le mouleur ne crée pas et ne fait que prendre une empreinte? Mais cette raison, poussée jusque dans ses dernières conséquences, conduirait à dire que celui qui copie ne crée pas ; que le peintre ne crée pas le paysage qu'il a copié, le sculpteur le buste qu'il fait d'après nature. Il est bien évident que le mouleur figuriste met quelque chose de son travail personnel dans le travail supplémentaire exigé pour la perfection du moule qu'il produit. Chacun pourra, comme lui, reproduire ou mouler le même modèle, mais nul ne pourra s'emparer de son moulage.

Ce qui a contribué à égarer la doctrine, c'est une consultation produite dans le procès que nous venons de citer, et qui était conçue en ces termes :

« Les soussignés membres de l'Institut royal, section des beaux-arts, classe de sculpture, attestent que le fait de prendre au moyen du moulage l'empreinte d'une figure humaine, soit animée, soit après la mort, ne peut être considéré comme une production de l'esprit ou du génie qui appartient aux beaux-arts. L'esprit ou le génie, en effet, ne participent point à cette opération purement manuelle et qui ne présente aucune difficulté, un peu d'habitude suffisant pour qu'on puisse la mettre à fin avec toute la perfection désirable.

» Les soussignés attestent, en outre, que les artistes n'ont jamais considéré l'empreinte sur nature comme pouvant conférer à celui qui l'a prise une propriété semblable à celle qu'ac-

---

nova, tombé dans le domaine public, mais bien sur une gravure, et qu'il y a d'ailleurs fait quelques changements ; — Attendu que ce groupe n'est pas le résultat d'une copie exacte, ni du moulage, et qu'il a pu ainsi devenir la propriété de Cecconi ; qu'il a dès lors le droit de s'opposer à la contrefaçon ; — Condamne T..., etc., etc.

(1) 10 décembre 1834. — Antomarchi : Massimino.

quiert le sculpteur sur l'œuvre qu'il a créée. » Paris, ce 10 novembre 1834.

Signé : le baron Bosio, Ramey père, Ramey fils, Cortot, Nanteuil, Roman, Pradier.

La raison de décider contre les moulures, c'est, dit-on, que le fait de prendre une empreinte n'est pas une opération de l'esprit, et qu'il suffit d'un peu d'habitude pour la mettre à fin avec toute la perfection désirable. En fait, cette allégation serait très-contestable et l'expérience le prouverait aisément. Mais, fût-il vrai qu'un peu d'habitude suffise pour mouler avec perfection, il n'en faudrait rien conclure contre les mouleurs. En effet, qu'est-ce que l'habitude, sinon le résultat de l'étude et du travail? Qu'entendra-t-on par un peu d'habitude dans le sens légal? voilà ce qu'il faudrait bien définir et ce qui nous paraît trop vague, surtout comme interprétation légale. En adoptant cette doctrine, on proscrit d'un mot une foule de productions qui n'exigent qu'un peu d'habitude; ainsi, le tourneur et le tabletier n'ont qu'une habitude et ne sont pas artistes; ce qui le prouve, c'est que les paysans de l'Allemagne sculptent, en gardant leurs troupeaux, des jouets d'enfants qui ne manquent souvent ni de délicatesse, ni d'une certaine perfection. Ne voit-on pas d'ailleurs que cet argument, tiré de la facilité de l'œuvre, ferait retomber la loi dans des détails de perfection et dans l'appréciation du mérite de l'ouvrage, ce qu'elle évite avec soin en posant un principe absolu qui ne comprend pas seulement les espèces, mais *tous les genres* de productions, abstraction faite du mérite ou du procédé.

Ne pourrait-on pas encore assimiler le moulage à la traduction en matière littéraire? En effet, le traducteur ne crée pas, il transporte d'une langue dans une autre; il ne lui faut que l'habitude des deux langues, et quelque faible et incorrecte que soit sa traduction, qui dans ce cas exigera bien peu d'habitude, elle n'en sera pas moins sa propriété exclusive. Enfin, nous comparerions encore les mouleurs aux praticiens. Ceux-ci font aussi un métier qui consiste, comme on sait, à reproduire avec une grande exactitude et à l'aide de points placés selon certaines règles sur la surface du modèle. Si un praticien reproduit un groupe ou une statue, chacun aura donc le droit de le copier? Évidemment non. On pourra reproduire le même modèle, mais sans chercher à se servir du travail fait par le praticien. Cette usurpation, si elle était prouvée, constituerait, sans aucun doute, le délit de contrefaçon. Il en faut dire autant du mouleur. On peut lui contester le titre d'artiste, cela importe peu à la solution de la question; mais on ne peut lui contester le titre d'auteur, en ce sens au moins que nul ne pourra usurper son travail. Tout autre individu aura le droit de reproduire le même sujet, mais à la condition de ne pas se servir du travail du mouleur; ce travail est sa propriété, et dès qu'il sera établi qu'un autre individu, reproduisant la même figure, n'aura pas copié le modèle ou, ce qui est la même chose, qu'il n'aura pas pu le copier, la contrefaçon sera par là même établie. C'est dans ce sens qu'il fallait juger, pour se conformer aux vrais principes, sur la poursuite relative au buste de Napoléon dont nous venons de rapporter le jugement. Une raison de plus pour décider en faveur du docteur Antomarchi, c'est que son buste avait été reproduit par le contre-moulage, et que ce moyen de reproduire le travail d'autrui constitue toujours, et dans tous les cas, un délit, alors même que le sujet est tombé dans le domaine public.

C'est dans ce sens, au surplus, que la jurisprudence décide aujourd'hui, et notamment pour les reproductions faites par le procédé Collas. Ce procédé, lui aussi, ne demande que de l'habitude, puisqu'il est essentiellement mécanique. Néanmoins on a toujours condamné, et avec raison, ceux qui s'emparent des reproductions de Collas (1).

Section 2. — *Des cessionnaires.*

La jouissance attribuée par la loi à l'auteur renferme un double droit, et par conséquent un double bénéfice à exploiter; d'abord le prix de la vente du modèle original, et de plus le

(1) 1er septembre 1848. — C. App. Paris. — Collas et Barbedienne : Galan-

droit de le reproduire (1). Nous avons vu, en traitant de la cession des droits du peintre, les conséquences qui découlent de

tomini. — Considérant que Galantomini a contrefait des groupes en plâtre appartenant à Collas et Barbedienne et qu'il y a fait apparaître par surmoulage le nom desdits Collas et Barbedienne, fabricants ; qu'il s'est ainsi rendu coupable des délits prévus et punis par les art. 425 et 427 du Code pénal et par les art. 1er de la loi du 24 juillet 1824 et 420 du Code pénal ; — Maintient les condamnations prononcées contre Galantomini et le condamne aux dépens.

Idem. 23 juillet 1849. — Paris. — Ve Charlet : Blaizot.

Idem. 27 mai 1847. — C. R. Lyon. — Dopter : Meunier-Pintard. — Voy. page 285.

(1) 13 décembre 1834. — Cortopassy : Ciuci. — Considérant que la contrefaçon que l'art. 425 du Code pénal qualifie délit, est définie par cet article l'édition d'écrits, de compositions musicales, de dessins, de peintures ou de toute autre production faite au mépris des lois et règlements relatifs à la propriété des auteurs ; que ces expressions, *toute autre production*, comprennent évidemment la sculpture qui, comme les autres objets nominativement indiqués dans cet article, est le fruit du génie ; que la preuve s'en trouve dans l'art. 427 du même Code, puisque cet article prononce formellement la confiscation des moules, et que les moules se rapportent particulièrement aux objets de sculpture, qui ont toujours appartenu à la classe des beaux-arts ; — Considérant que l'art. 425 du Code pénal fixant son application aux éditions faites au mépris des lois et règlements relatifs à la propriété des auteurs, il faut nécessairement se rapporter aux dispositions de ces lois et règlements ; — Considérant que l'art. 1er de la loi du 17 juillet 1793 attribue aux auteurs, pendant leur vie, le droit exclusif de vendre et distribuer leurs ouvrages, et d'en céder la propriété en tout ou en partie ; qu'en fixant ces expressions de la loi, on reconnaît que celui auquel appartient la première conception d'un ouvrage de littérature ou des beaux-arts a, relativement à cet ouvrage, deux droits distincts, celui de vendre et de faire vendre l'ouvrage, et celui d'en céder la propriété ; que la vente dont il est parlé dans la première partie de l'article se rapporte uniquement à l'objet matériel de l'ouvrage, et que la cession mentionnée dans la seconde partie de cet article concerne ce qui a rapport à la conception de ce même ouvrage, et est le fruit du génie de son auteur ; — Considérant que l'ouvrage d'un auteur du genre dont il s'agit ayant deux droits distincts, il faut pour qu'il soit dépouillé de ces deux droits, qu'il les ait l'un et l'autre formellement cédés et abandonnés ; que si la cession du second droit emporte nécessairement celle du premier, il n'en est pas de même relativement à ce premier droit ; qu'ainsi un sculpteur qui vend une statue conçue et exécutée par lui ne se dépouille que de la propriété de son ouvrage, envisagée matériellement, et reste propriétaire de ce qui, dans cet ouvrage, est le fruit de sa conception et de son génie, et forme un droit particulier de propriété qui lui est garanti par la loi ; que, pour que la cession de ce dernier droit fût comprise dans la vente

ce double droit de jouissance exclusive. Nous aurons peu de chose à y ajouter pour ce qui concerne la sculpture.

L'auteur qui a vendu son modèle original ne peut pas en faire un second et le vendre comme le premier. Ainsi que nous l'avons démontré au chapitre *de la cession* en matière de propriété littéraire. Il n'est censé se réserver que le droit de le reproduire par les procédés mécaniques qui sont particuliers à la sculpture, tels que le moulage (1). Ce droit lui est même complétement interdit lorsqu'il a créé et exécuté dans l'intérêt, sur les ordres et sous le nom d'un fabricant. La raison en est simple, c'est qu'alors, comme nous l'avons démontré plus haut, il n'est pas l'auteur dans le sens de la loi ; il s'est effacé derrière le fabricant. Si donc un artiste, après avoir fait un modèle pour un industriel, en faisait un semblable pour un autre, il se rendrait coupable du délit de contrefaçon.

On a quelquefois décidé que le sculpteur qui vend au gouvernement un ouvrage de sa composition était censé renoncer à son droit de reproduction. Nous avons déjà dit, en ce qui concerne la peinture, que nous ne concevions pas une pareille doctrine. Il importe peu que l'objet vendu soit destiné à des établissements publics et particulièrement à un musée. En effet, si la destination de ces objets était un argument contre l'artiste, et si l'on en tirait la conséquence qu'il a cédé, avec l'original, le droit de reproduction, il faudrait en dire autant dans le cas où la vente aurait été faite à un chef d'institution. Celui-ci achète des modèles pour servir à l'étude de ses élèves ; on devra donc en conclure que ces élèves pourront reproduire

---

de la statue, il faudrait que cette cession fût formellement exprimée ; — Considérant que la vente des trois statues dont il est question au procès a été pure et simple ; que, lors de cette vente, il ne s'est nullement agi du droit qui appartenait au sieur Cortopassy, comme auteur ; que par conséquent les acquéreurs desdites statues n'ont pas été autorisés à en faire, ni à permettre d'en faire des copies destinées à être mises dans le commerce, et qu'on doit en conséquence reconnaître et décider qu'en faisant ces copies, avec cette destination, le sieur Ciuci s'est rendu coupable du délit de contrefaçon qui lui est imputé ; — Condamne, etc.

(1) 13 décembre 1834. — Cortopassy : Ciuci. — Voy. page 299.

et vendre leurs copies, ce qui n'est pas soutenable. Sans doute les objets achetés pour être placés dans les musées publics pourront être reproduits par les élèves comme sujets d'étude ; mais il y a loin de là au droit de reproduire pour vendre, ou au droit attribué au gouvernement d'autoriser ou de céder la faculté de reproduire dans un but de spéculation. Nous croyons l'avoir suffisamment démontré au titre de la peinture.

SECTION 3. — *Du dépôt.*

Les objets de sculpture, c'est-à-dire les produits en relief, ne sont pas soumis à la formalité préalable du dépôt, à quelque industrie qu'ils appartiennent et quelle que soit leur destination. C'est ce que nous avons déjà démontré. La loi, en effet, ne parle que des éditions imprimées et gravées. Ces termes sont donc exclusifs des ouvrages de sculpture (1).

On a souvent argumenté d'un arrêté du 5 germinal an 12 et de la loi du 18 mars 1806 pour décider que le dépôt est exigé, au moins en ce qui concerne les produits de la sculpture qui sont destinés à être reproduits par des moyens purement mécaniques. C'est là une grave erreur, et il est facile de le démontrer. L'arrêté de germinal an 12 est relatif aux médailles exclusivement. Il est étranger au droit de propriété ou à sa conservation, et n'a pour but qu'un intérêt de police, ainsi que cela résulte bien évidemment de ses termes et de la pénalité purement pécuniaire qu'il attache à l'inaccomplissement de cette formalité.

Quant à la loi de 1806, elle a été rédigée pour régler uniquement la propriété des dessins de fabrique, qui repose sur des principes spéciaux. Elle est donc inapplicable aux produits de la sculpture qui ne constituent pas un *dessin*, soit dans le sens grammatical, soit dans le sens légal du mot, et encore moins un

---

(1) 17 novembre 1814. — C. Cass. — Romagnesi : Robin. — Voy. page 280.
Idem. 9 février 1832. — Ameling : Henrionnet. — Voy. page 260.
Idem. 15 avril 1847. — C. R. Dijon. — Susse : Martinelli.

dessin de fabrique, dont nous donnons la définition au titre qui les concerne.

L'usage est d'ailleurs conforme à cette doctrine. Les produits de la sculpture ne sont jamais déposés, et le fussent-ils, on ne pourrait attribuer à leur auteur les droits exorbitants et exceptionnels attachés par la loi de 1806 aux auteurs ou propriétaires des dessins de fabrique.

On s'est encore demandé si le propriétaire d'une sculpture peut s'en assurer la propriété perpétuelle en déposant son dessin, aux termes de la loi de 1806. Évidemment non, la sculpture est affranchie du dépôt, ainsi que nous venons de le démontrer; ensuite, si la loi de 1806 accorde un droit perpétuel sur les dessins de fabrique déposés, c'est par le double motif que l'absence du dépôt en fait tomber la propriété dans le domaine public, ainsi que nous le verrons en parlant de ces dessins, et que d'ailleurs les caprices de la mode auxquels les formes sont asujetties met naturellement un terme à cette propriété. Le dépôt est obligatoire pour conserver la propriété des dessins de fabrique; il est inutile, il est même impossible pour les sculptures; elles ne peuvent donc trouver dans l'accomplissement de cette formalité le principe d'un droit perpétuel. Nous disons que le dépôt en est impossible, et cela par deux raisons : la première, c'est que ce dépôt n'est exigé que pour les productions faciles à classer dans les bibliothèques; la seconde, c'est que le dessin qui serait déposé ne représenterait jamais que très-imparfaitement le modèle de la sculpture. Il n'en donnerait qu'une dimension, et laisserait le surplus vague et indécis. Il n'y a donc nulle analogie entre les produits de la sculpture et les dessins de fabrique. Pour nous résumer, le texte et l'esprit de la loi, et plus que cela, la force des choses, dispensent de la formalité du dépôt les artistes sculpteurs. Toutefois, si cette formalité était remplie par un moyen quelconque, elle n'aurait pas pour résultat de donner à l'auteur une propriété perpétuelle comme pour les dessins de fabrique. Elle ne changerait rien ni à l'étendue ni à la durée du droit de propriété.

SECTION 4. — *De la durée.*

La durée du droit de propriété attribué au sculpteur sur ses œuvres est la même que pour le peintre, le dessinateur et le graveur. Cette durée est limitée, par les art. 1 et 2 de la loi du 19 juillet 1793 combinés avec la loi du 8 avril 1854, à la vie de l'auteur, à la vie de la veuve et à 30 ans après sa mort en faveur de ses enfants. En traitant de la durée du droit de propriété exclusive pour le peintre et le dessinateur, nous croyons avoir suffisamment démontré, pour n'y pas revenir, que le décret du 5 février 1810, qui étendait la durée du droit à vingt ans après la mort de l'auteur, n'était pas applicable aux produits des arts avant la loi de 1854.

SECTION 5. — *De la contrefaçon.*

Nous n'avons que peu de choses à ajouter, en ce qui concerne la sculpture, aux développements que nous avons donnés sur les caractères généraux de la contrefaçon, en traitant des œuvres littéraires et de la peinture.

La contrefaçon peut être totale ou partielle, selon qu'elle reproduit un ouvrage entier sans y rien changer, ou seulement une partie de l'original. Il est rare que la contrefaçon soit une reproduction servile ; le contrefacteur modifie ordinairement le modèle ; mais ces changements n'ont pour but que de déguiser la contrefaçon, et ne portent que sur les parties accessoires de l'objet copié. Aussi faudra-t-il toujours examiner l'importance des changements eu égard à l'ensemble du modèle. Quelques plis déplacés dans une draperie, une légère différence dans la pose, n'en laissent pas moins subsister le délit, si la reproduction présente d'ailleurs les caractères principaux de la composition originale.

Il faut distinguer avec soin la contrefaçon partielle du plagiat. Celui qui reproduirait, par exemple, une partie ou même une seule figure d'un bas-relief, commettrait le délit de contrefaçon partielle. Au contraire, il y aura simplement plagiat lorsque l'artiste aura appliqué à une statue de sa composition la tête, le torse ou les jambes d'une autre statue, s'il n'a pas cherché d'ailleurs à la reproduire soit par la pose, soit par toute autre ressemblance.

Les caractères de la contrefaçon sont indépendants de la dimension de l'ouvrage contrefait, des moyens employés pour la reproduction, et de la destination de la copie, ainsi que nous l'avons démontré pour les œuvres de peinture. Aussi a-t-on jugé avec raison que la reproduction d'une statuette par le daguerréotype constituait une contrefaçon (1).

Si les moyens employés par le contrefacteur pour la reproduction sont indifférents à l'appréciation du délit, ils ont leur importance lorsqu'il s'agit de calculer le préjudice causé. Les procédés ordinaires de la contrefaçon des ouvrages de sculpture sont la copie et le contre-moulage. La reproduction par la copie, en matière de sculpture, est soumise aux règles que nous avons développées en traitant de la propriété littéraire et de la peinture ; elle consiste à représenter ou imiter un modèle par les procédés ordinaires du sculpteur. On voit par là qu'elle exige un travail spécial, aussi difficile que l'exécution du modèle copié, mais dont elle diffère par l'invention ; car le

(1) 16 février 1854. — C. Imp. Paris. — Salvator Marchi : Dubosc, Samson et Deschamps. — Considérant que la propriété assurée par la loi du 19 juillet 1793 à l'auteur d'une œuvre d'art, telle qu'une statue, consiste dans le droit exclusif d'en opérer par lui ou ses concessionnaires toute reproduction quelconque, de nature à produire un profit ; que toute atteinte portée à ce droit constitue la contrefaçon ; — Considérant qu'il résulte de l'instruction et des débats que postérieurement au 12 septembre 1852, époque à laquelle Marchi justifie régulièrement de l'acquisition du droit à la reproduction des statues de Pradier ; 1° Samson, Deschamps et Bertrand ont, dans un but de spéculation et pour être appliqué au stéréoscope, sans le consentement de Pradier ou de son ayant droit, reproduit par la voie de la photographie et du daguerréotype diverses statues de Pradier, objet de la cession faite à Marchi ; 2° Gaudin a débité sciemment quelques-uns des objets produits par la contrefaçon de Bertrand ; 3° Dubosc a débité sciemment quelques autres objets produits par la contrefaçon de Samson et de Deschamps, et quelques autres produits par la contrefaçon de Samson, Deschamps et par celle de Bertrand ; — Considérant que la reproduction par le stéréoscope dont se plaint Marchi, dans ses citations directes, impliquait nécessairement la reproduction par la photographie ou le daguerréotype ; — Confirme les condamnations, etc.

copiste n'invente pas, il s'empare de l'invention d'un autre : c'est ce qui constitue le délit (1). Aussi faut-il, pour qu'il y ait délit de contrefaçon par la copie, que le copiste ait reproduit un objet inventé et non tombé dans le domaine public.

Le contre-moulage, au contraire, est un moyen de reproduction toujours frauduleux. Il constitue le délit de contrefaçon alors même qu'il s'applique à la simple copie d'un objet tombé dans le domaine public ; car, en matière d'art, ainsi que nous l'avons dit, ce n'est pas seulement l'invention, la création que la loi protége, mais encore l'exécution du copiste, qui exige toujours un travail personnel. Il est bien entendu que l'on peut contre-mouler un modèle tombé dans le domaine public ; mais il y a contrefaçon de la part de celui qui applique les mêmes moyens de reproduction à la copie de ce modèle, si cette copie n'est pas, comme le modèle, tombée dans le domaine public. On en comprend facilement la raison ; c'est qu'il en est de la copie comme d'une traduction. Bien que la traduction ne soit pas le produit d'une création, cependant on ne peut nier qu'elle ne soit le fruit d'un travail personnel. C'est sous ce même rapport que les garanties de la loi sont acquises aux copies en matière de sculpture. Sans doute il est permis à chacun d'essayer une nouvelle version du même ouvrage, comme une nouvelle copie du même modèle, mais à la charge de ne copier que l'ouvrage ou le modèle, et non la première version ou la première copie.

---

(1) 24 mai 1837. — C. R. Paris. — Jacob-Petit : Chazeaux. — Voy. page 294.

Idem. 27 janvier 1841. — C. R. — Foyatier : Picchi et autres. — Considérant que la réduction faite par un artiste d'une statue dont il est l'auteur est une création qui porte l'empreinte de son talent et qui reçoit de sa main un caractère d'originalité suffisante pour constituer à son profit une propriété particulière et spéciale ; que cette reproduction réduite acquiert, non-seulement aux yeux des gens de l'art, mais même dans le commerce, une valeur qui ne saurait être attribuée à la réduction faite par un tiers de l'ouvrage original ; — qu'ainsi l'artiste qui a livré au domaine public l'œuvre originale et a donné à tous les droits de la reproduire, n'en conserve pas moins le droit exclusif de reproduire la réduction de son œuvre opérée de sa propre main avec la perfection qui appartient à son talent ; — Confirme.

Il y a donc cette différence entre la contrefaçon par la copie et la contrefaçon par le contre-moulage, que dans le premier cas le délit ne résulte que de la reproduction d'un sujet qui n'est point encore du domaine public, tandis que dans le cas de contre-moulage il y a délit alors même qu'on applique ce moyen de reproduction à la simple copie d'un objet qu'il est permis à tous de copier. Le contre-moulage est facile à constater. Il se révèle ordinairement par une ressemblance, non pas seulement avec le modèle, ce qui serait naturel et licite, mais avec les inexactitudes, les imperfections ou les changements qui existent entre la copie première et le modèle copié.

Nous avons dit que le surmoulage est un moyen de reproduction toujours frauduleux, mais il n'est pas toujours atteint par la loi; par exemple, s'il est opéré sur un simple modèle de fabrique, étranger à la sculpture, la loi de 1793 ne lui sera pas applicable (1).

Mais on a décidé, à tort, que le surmoulage d'un masque moulé sur nature ne constitue pas une contrefaçon (2). Nous avons démontré plus haut que le produit du moulage est une propriété protégée par la loi de 1793. L'usurpation de cette propriété est donc une contrefaçon.

---

(1) 13 mars 1847. — C. R. Paris. — Manceaux : Fournier. — Jugement confirmé par l'arrêt : — En ce qui touche l'action de Manceaux; — Attendu qu'il la fonde sur la loi des 19-24 juillet 1793, en vertu de laquelle il a fait le dépôt du nouveau modèle dont il s'agit, afin de s'en conserver la propriété exclusive; — Attendu que, pour que le dépôt pût lui profiter, il faudrait qu'il fût l'auteur de ce modèle, et qu'il résulte des débats, pièces et documents du procès, que Manceaux n'a fait qu'exécuter les idées à cet égard de la commission des modèles au ministère de la guerre; — Attendu même qu'en supposant que la coopération quelconque de Manceaux dans ce travail présentât quelques caractères d'une création de sa part, l'objet qui en est résulté ne saurait être considéré comme une production de l'esprit ou du génie qui appartienne aux beaux-arts, la seule chose qui tombe sous la protection de la loi; — Attendu enfin que le surmoulage d'un objet étranger aux beaux-arts ne saurait constituer un délit; — Renvoie le prévenu. — Sur l'appel interjeté par Fournier pour les dommages-intérêts, la Cour a confirmé purement et simplement le jugement dont est appel.

(2) 9 janvier 1841. — C. R. Paris. — Picchi : Susse.

Le juge peut, selon les circonstances, condamner comme contrefacteur le mouleur chez lequel on a trouvé de bonnes épreuves portant les traces d'un contre-moulage, encore bien qu'il n'ait été saisi ni matrice ni épreuves contrefaites (1).

Le délit de contrefaçon est accompli par cela seul que l'on a commencé la reproduction sans y être autorisé par l'auteur. En effet, si la reproduction n'est que commencée pour le tout, les parties suffisamment achevées n'en sont pas moins reproduites, et c'est ce qui constitue la contrefaçon partielle. Voilà pourquoi on a décidé qu'il y a contrefaçon par cela seul qu'un moule a été confectionné sans le consentement de l'auteur. Il n'est donc pas nécessaire que le moule ait servi (2). Il n'y a entre la reproduction achevée et celle commencée que la différence qui résultera d'un préjudice moindre, dont l'appréciation sera prise en considération pour la peine à appliquer, et pour les dommages-intérêts attribués à l'auteur.

Dans tous les cas où la reproduction est illicite, celui qui s'en est rendu coupable ne peut se justifier en alléguant qu'il n'a pas voulu faire un lucre de l'objet copié, mais qu'il n'a eu pour but que de se procurer un objet de son goût. Il en serait autrement s'il prouvait qu'il n'a copié le modèle que pour étude. C'est la doctrine que nous avons développée au titre de la *Propriété littéraire*, en ce qui touche le chef d'une institution qui aurait reproduit un sujet pour le donner en modèle à ses élèves.

Le préjudice causé au sculpteur par la contrefaçon s'apprécie d'après les règles que nous avons tracées en ce qui concerne la propriété littéraire et la peinture.

SECTION 6. — *Débit. — Introduction. — Poursuites.*

Les règles que nous avons développées en matière de contrefaçon littéraire et de peinture, pour le débit et pour l'intro-

(1) 17 décembre 1847. — C. R. Paris. — Susse et Fontaine : Guettard-Dourmel.

(2) *Ibidem.*

duction d'objets contrefaits, la prescription, les formes de la poursuite, la compétence du juge, la nature et les effets des condamnations sont applicables à la sculpture.

SECTION 7. — *De la confiscation.*

Lorsque la sculpture contrefaite peut être, sans avarie, séparée de l'objet auquel elle est adaptée comme ornement, les juges doivent ne prononcer la confiscation que de l'objet contrefait. Cette doctrine est développée plus longuement au livre des *Brevets d'invention,* où nous avons démontré également que la confiscation doit être prononcée même quand la bonne foi du contrefacteur est reconnue (1).

CHAPITRE VI.

DE LA SCULPTURE INDUSTRIELLE.

SECTION 1re. — *Caractères de la sculpture industrielle.*

La sculpture industrielle est celle qui est appliquée à l'ornementation des produits de l'industrie. Bien que dépaysée, pour ainsi dire, par l'application qu'on en fait, cette sculpture n'en conserve pas moins son origine, et si l'industrie s'est élevée jusqu'à l'art qu'elle appelle à son aide, l'art a pu, sans déroger, lui prêter son utile concours. Les sculptures industrielles viennent donc, tout naturellement, se ranger sous l'empire des dispositions générales de la loi de 1793, qui protége tous les genres, sans distinction de mérite ou d'importance (2).

(1) 6 avril 1850. — Clesinger; Gauvin.

(2) 2 août 1854 — C. Cass. — Vivaux : Morel. — Attendu que les dispositions de la loi de 1793 ont pour objet de protéger contre la contrefaçon la propriété de toute création, soit des arts proprement dits, soit des arts appli-

Bien que le mot auteur ait, dans tous les cas, la signification légale que nous avons indiquée précédemment, néanmoins il est à remarquer que pour la sculpture industrielle l'auteur sera, le plus souvent, celui qui aura fait exécuter le modèle pour l'appliquer aux produits de sa fabrication.

Si l'industriel, trouvant le modèle tout créé, l'achète pour l'appliquer à ses produits, il n'en sera pas l'auteur, mais il aura les priviléges qui en découlent pour l'application qu'il aura eu, le premier, l'idée d'en faire.

Parmi les produits de l'industrie auxquels on a longtemps refusé la protection de la loi de 1793, il faut placer ceux qu'on

---

qués à l'industrie; que cette protection s'étend donc à la propriété des dessins ou modèles destinés à être reproduits en relief; — Attendu que la nature usuelle d'un produit, non plus que la simplicité du dessin et l'absence même d'ornementation ne sauraient suffire pour le mettre en dehors de la protection légale, lorsqu'il est constant 1° que ce produit porte en lui-même un caractère propre et spécial qui permet d'en apprécier l'origine et d'en reconnaître l'individualité; que son auteur a entendu s'en réserver la propriété et qu'il a fait dans ce but tout ce que lui permettait la nature des choses; 3° quand la servilité de l'imitation démontre que le reproducteur n'a fait autre chose que s'emparer des résultats du travail d'autrui; — Et attendu que du jugement du Tribunal de commerce de la Seine, sur lequel a statué l'arrêt attaqué, il résultait 1° que Vivaux frères avaient déposé au secrétariat du conseil des prud'hommes de Bar-sur-Ornain les dessins de poêles ovales à four dont il s'agit au procès, à l'effet de s'assurer la propriété exclusive du dessin de ces poêles, dont ils étaient les auteurs; 2° que ces poêles étaient d'une forme nouvelle, qu'ils avaient un cachet spécial constituant une individualité; 3° que Morel frères les ont copiés en les contrefaisant par la forme, par la dimension et par le poids; — Attendu que l'arrêt de la Cour impériale de Paris, sans méconnaître ni contester ces faits, déboute les demandeurs de leur action, par le motif de droit que les produits de Vivaux frères, étant dénués de toute espèce d'ornements, ne sont protégés par aucune loi, par aucun principe qui puisse les soustraire à la libre concurrence qui est le principe en matière commerciale; — Attendu que le principe de la libre concurrence invoqué par l'arrêt attaqué ne saurait recevoir d'application lorsqu'il s'agit de la contrefaçon d'un dessin ou d'un modèle déterminés appartenant à autrui; — Attendu que de ce qui précède il résulte que l'arrêt attaqué de la Cour de Paris a faussement appliqué la règle de la libre concurrence en matière commerciale, et par suite violé formellement soit les principes de la matière ci-dessus posés, soit les art. 137 de la loi du 19-24 juillet 1793; — Casse.

obtient par l'*estampage*. L'estampage est un moyen de sculpter tous les métaux à l'aide d'un poinçon en acier. Ce n'est pas le fait de l'estampage proprement dit qui rentre dans les dispositions de la loi de 1793, car ce n'est là qu'un procédé mécanique, mais c'est la confection du poinçon et par conséquent le produit de l'estampage qui constitue une sculpture dont la propriété est réservée exclusivement à l'auteur, lorsque d'ailleurs ces objets sont nouveaux par le dessin qu'ils représentent, c'est-à-dire lorsqu'ils rentrent dans les conditions légales de la propriété artistique (1).

Le droit de propriété sur les produits de la sculpture en terre cuite, faïence ou porcelaine, a été aussi fort longtemps contesté. Les contrefacteurs soutenaient avec une singulière naïveté que, dans le commerce de porcelaine, il a toujours été d'usage d'imiter les formes et les modèles en possession de la vogue. Ce sont là, disait-on, des emprunts mutuels dont tout le monde profite. Enfin on repoussait l'application de la loi du 19 juillet 1793, par la raison qu'elle n'a entendu protéger que la sculpture qui ne sort pas du domaine des arts, et non celle qu'on applique aux objets d'un usage vulgaire. Ces objections n'ont rien de sérieux. L'usage ne peut ériger en doctrine la violation d'un droit, et l'abus ne peut prescrire contre un principe. Il y a même plus, c'est que l'industriel qui aurait pendant plusieurs années toléré la contrefaçon d'un modèle de son invention, n'en conserverait pas moins le droit de poursuivre les contrefacteurs quand bon lui semblerait. Il ne faut pas non plus se préoccuper de cette objection qui consiste à dire que la loi n'a pas voulu élever au rang de la sculpture, et placer dans le domaine des arts, des objets destinés aux usages domestiques. Cela est vrai en ce sens que la loi de 1793 ne protége pas l'ustensile historié, ciselé ou sculpté, mais bien la sculpture et les ornements appliqués à l'ustensile. Or, si la fabrication d'une soupière n'est pas le fait d'un artiste, la sculpture et la ciselure sont bien du domaine de l'art : il faut donc faire abstraction de l'usage au-

(1) 9 février 1832. — Ameling : Henrionnet. — Voy. page 260.

quel l'objet est destiné, pour ne voir que le travail purement artistique, si grossier et si imparfait qu'il soit (1).

On doit appliquer les mêmes principes aux sculptures sur cristal, sur verre, sur les pipes, qu'elles soient taillées ou simplement moulées. Il n'y a, entre ces deux moyens d'appliquer le dessin, que la différence d'un travail artistique dans le premier cas, et simplement mécanique dans le second. Mais si ce fait du moulage est purement mécanique, la confection, la création du dessin et du moule est le produit de l'art proprement dit, et c'est précisément ce que la loi veut protéger.

L'industrie du fondeur en bronze ou en fer a, depuis quelques années surtout, appliqué le luxe de la sculpture à tous ses produits. Ainsi les sujets de pendules, les balcons, les lits, les blouses de billards, les chenets et même les marteaux de portes, tous objets fabriqués en bronze ou en fonte de fer, sont sculptés ou historiés avec plus ou moins de perfection. Aussi l'appui de la loi et de la jurisprudence ne leur a pas manqué, comme peuvent l'attester de nombreuses décisions (2).

La sculpture sur l'albâtre constitue une propriété en faveur de celui qui en a composé le modèle. C'est là un droit incontestable en présence des termes si généraux de la loi du 19 juillet 1793. Cependant ce droit a été contesté à des fabricants de pendules d'albâtre, par la raison, disait-on, que les dessins découpés sur l'albâtre et appliqués à une pendule ne constituent pas un objet d'art. Cependant les vrais principes ont été reconnus, et les droits de celui qui travaille sur l'albâtre, quelle que soit sa sculpture, sont bien définitivement rangés dans les produits des arts. La matière travaillée importe peu à la loi; c'est la création qu'elle protége (3).

---

(1) 24 mai 1837. — C. R. Paris. — Jacob Petit : Chazeaux. — Voy. page 294.

(2) 22 juin 1818. — C. R. Paris.

Idem. 22 décembre 1835. — Toulouse. — Frequant : N... — Chenets en fonte à *tête de cheval.*

Idem. 21 janvier 1836. — C. R. Bordeaux. — Morize : N. — Marteaux de porte, *un dauphin battant sur une coquille.*

(3) 13 août 1837. — C. R. — Fernoux : Evrard et Bignot. — Considérant

SECTION 2. — *Du dépôt.*

La question de savoir si la sculpture industrielle est assujettie à la formalité du dépôt n'a rien de sérieux dès qu'on se rappelle que cette sculpture est de même nature, de même origine que la sculpture proprement dite. Elle est donc aussi protégée par les mêmes lois, ainsi que nous l'avons démontré plus haut. La conséquence, c'est que l'auteur est affranchi de l'obligation de déposer, laquelle, d'après la nature des choses, d'après surtout l'esprit et les termes de la loi de 1793, ne doit s'appliquer qu'aux ouvrages qui se reproduisent par l'*impression* et la *gravure* (1).

Une autre difficulté a surgi récemment, et d'autant plus grave qu'elle peut, dans la plupart des cas, échapper à la censure de la Cour suprême; car elle consiste dans l'appréciation du fait.

---

que la loi accordant l'action en contrefaçon relativement à toutes les productions de l'esprit ou du génie qui appartiennent aux beaux-arts, il en résulte que, quelle que soit la matière employée pour produire une œuvre, toutes les fois que cette œuvre aura été reproduite, il y aura atteinte portée à la propriété de son auteur, qui pourra donner lieu à une action en contrefaçon; — Considérant que la création d'une œuvre, quelque peu importante qu'elle soit, n'en appartient pas moins exclusivement à son auteur; que, dans les arts comme dans la littérature, ce n'est pas le génie seulement qui est appelé aux avantages de la propriété, c'est le travail de la pensée donnant pour résultat quelque chose de nouveau et de propre à son auteur; qu'admettre un système contraire ce serait porter un préjudice notable à l'industrie, dont les efforts doivent tendre vers des créations nouvelles, qui, en compensation de ses progrès et de ses produits, peut justement prétendre aux bénéfices qui ne peuvent lui être assurés que par le droit de propriété; — Considérant que le dépôt exigé par la loi du 19 juillet 1793 n'est relatif qu'aux exemplaires d'ouvrages imprimés ou aux épreuves d'estampes et de planches gravées, et que les ouvrages de sculpture n'y sont astreints par aucune disposition de lois et de règlements; que d'ailleurs ces derniers ouvrages ne sont pas susceptibles d'être classés dans les bibliothèques, comme les ouvrages de science, de littérature ou des beaux-arts, reproduits au moyen de l'imprimerie et de la gravure; qu'ainsi, même lorsque le dépôt est nécessaire, la jurisprudence a toujours reconnu un droit préexistant toutes les fois qu'il est établi; — Condamne, etc.

(1) 13 août 1837. — C. R. — Fernoux : Évrard. Voy. page 311.

Idem. 23 septembre 1852. — Trib. — Fiolet : Crétal.

Idem. 2 août 1854. — C. Cass. — Morel : Vivaux. Voy. page 308.

On a qualifié dessins de fabrique les modèles de sculptures appliquées à l'industrie. Par suite, on a décidé, en se plaçant sous l'empire de la loi de 1806, que la propriété des sculptures industrielles ne pouvait être conservée que par le dépôt au conseil des prud'hommes (1). C'est après un demi-siècle d'interpréta-

(1) 25 juillet 1854. — C. imp. Lyon. — Hubert : Coulon-Bardoz. — Jugement confirmé par l'arrêt de la Cour. — Considérant que les demandeurs Hubert et Cie demandent des dommages-intérêts à Bardoz et à Coulon pour avoir imité le modèle d'un rinceau destiné aux appareils à gaz dont ils prétendent que la forme et les ornements sont leur propriété exclusive ; — Considérant que les demandeurs ne prouvent pas qu'ils aient un droit de propriété exclusive sur le dessin ou modèle de rinceau dont l'imitation a été faite d'une manière plus ou moins exacte par les défendeurs ; — Considérant que la loi du 18 mars 1806 oblige les divers fabricants qui veulent conserver la propriété d'un dessin à en faire le dépôt au secrétariat du conseil des prud'hommes ; que cette loi a été spécialement étendue à l'industrie des métaux et à la lampisterie par l'ordonnance royale du 20 décembre 1844 ; que dès lors Hubert et Cie, qui sont des fabricants d'objets de bronze et d'appareils pour l'éclairage, n'ont pu s'affranchir de l'obligation de déposer les dessins dont ils veulent se réserver la propriété, et que, pour n'avoir pas procédé ainsi, ils sont dénués de toute action ; — Considérant que leur prétention à faire classer les produits de leur fonderie parmi les œuvres de génie, et à les placer sous la protection spéciale que la loi et la conscience publique accordent aux produits de la statuaire, et plus généralement des beaux-arts, ne peut se soutenir et ne mérite pas un examen sérieux ; — Renvoie, etc.

Idem. 3 août 1854. — C. Imp. Paris. — Ricroch : Fauré et Geslin. — Attendu que les lois spéciales de la matière, après avoir reconnu un droit exclusif de propriété au profit des auteurs d'écrits, des compositeurs de musique, des peintres, des sculpteurs, des dessinateurs et inventeurs d'objets industriels, sur leurs œuvres, leur ont imposé certaines obligations pour la conservation de ce droit ; qu'elles veulent une manifestation publique de l'intention des auteurs et inventeurs d'exercer ce droit ; qu'elles prescrivent, comme acte de cette manifestation, le dépôt dans un lieu public désigné, d'exemplaires, de modèles ou de dessins de ces œuvres ; — Que l'absence de ce dépôt établit la présomption légale que les auteurs ou inventeurs ont volontairement abandonné leur œuvre ou leur invention au public, et renoncé au droit exclusif de propriété ; — Que, sans doute, la loi du 19 juillet 1793 n'assujettit d'une manière expresse à ce dépôt que les écrits et gravures, d'où l'on conclut avec raison que les autres œuvres de l'art, de l'esprit ou du génie en sont dispensées ; mais que cette exception, établie en raison de la nature des objets pour lesquels elle est faite, en considération de leur origine et du but de leur création, ne saurait profiter à des produits purement industriels, et qui ne sont

tion de la loi de 1806 qu'on voit apparaître cette doctrine, que repousse aussi bien le sens grammatical du mot *dessin* de fabrique que les circonstances qui ont amené la législation de 1806. Nous ne reproduirons pas ici, à propos de cette question, les développements dans lesquels nous entrons au livre des dessins de fabrique. Nous dirons seulement qu'il est au moins étrange qu'en présence d'un objet *sculpté* et appliqué à l'*industrie* on refuse de le qualifier *sculpture industrielle* pour le désigner sous le nom de *dessin de fabrique*. Au surplus, nous avons déjà examiné cette question à propos du dépôt exigé pour les sculptures proprement dites. Nous n'y reviendrons pas.

Il n'est pas vrai, ni en fait ni en droit, que les dispositions de la loi de 1806 aient été étendues aux sculptures industrielles par l'ordonnance royale du 20 décembre 1844. La première raison à en donner, c'est qu'une ordonnance royale n'aurait pas pu modifier la loi. Ensuite il suffit de se reporter au texte de cette ordonnance pour être convaincu qu'elle n'a eu en but que de créer à Paris, pour l'industrie des métaux, un conseil de prud'hommes chargé de connaître des contestations qui, par la loi de 1806, sont soumises à la juridiction de ce conseil. L'ordonnance a en vue les industriels qui y sont désignés, mais non la nature de leurs produits, qui restent, soit en tant que dessins de fabrique, soit en tant que sculptures, soumis aux lois qui les régissent.

SECTION 3. — *Cassation.*

Nous avons dit, à propos de la question qui précède, que l'appréciation erronée sur la nature artistique ou purement industrielle d'un produit était d'autant plus dangereuse que la

appréciables que pour leur valeur commerciale ; — En fait, considérant que les six modèles de vases en porcelaine dont Ricroch et Cie prétendent être les inventeurs n'ont aucun caractère artistique ; qu'ils sont de simples produits industriels et commerciaux ; — Que Ricroch et Cie n'ont fait le dépôt préalable ni des modèles ni des dessins de ces vases, et qu'ainsi ils ne sont point admissibles à revendiquer leur droit de propriété ; — Infirme ; au principal, déboute Ricroch et Cie de leur demande.

Cour suprême ne pouvait censurer une décision aussi motivée en fait. C'est ce qui résulte de la jurisprudence constante de la Cour suprême, qui déclare que les juges du fait apprécient souverainement si un travail, dont ils reconnaissent l'originalité, constitue ou ne constitue pas une œuvre d'art (1).

Pour toutes les autres questions qui se rattachent à la sculpture industrielle, elles trouvent leur solution dans les règles que nous avons développées pour la peinture et la sculpture.

---

(1) 31 janvier 1854. — C. Cass. — Fiolet : Crétal.

LIVRE V.

DES DESSINS DE FABRIQUE.

CHAPITRE PREMIER.

HISTORIQUE DE LA LÉGISLATION.

Les premiers monuments de la législation sur les dessins de fabrique remontent au milieu du siècle dernier. En 1737 et en 1744 deux règlements consacrèrent la propriété de ces dessins, mais pour les fabriques de la ville de Lyon seulement. L'arrêt du Conseil du 14 juillet 1787 vint étendre le bienfait de cette protection légale à toutes les manufactures françaises (1).

---

(1) *Arrêt du conseil du roi.* — Le roi s'étant fait représenter en son conseil les requêtes et mémoires du corps et communauté des fabricants de *Tours* et de *Lyon*, sur les atteintes portées à leurs propriétés et à l'intérêt général des manufactures par la copie et contrefaçon des dessins, Sa Majesté aurait reconnu que la supériorité qu'ont acquise les manufactures de soieries de son royaume est principalement due à l'invention, à la correction et au bon goût des dessins; que l'émulation qui anime les fabricants et dessinateurs s'anéantirait s'ils n'étaient assurés de recueillir les fruits de leurs travaux; que cette certitude, d'accord avec les droits de la propriété, a maintenu jusqu'à présent ce genre de fabrication, et lui a mérité la préférence dans les pays étrangers. Elle aurait, en conséquence, jugé nécessaire, pour lui conserver tous ses avantages, d'étendre aux autres manufactures de soieries de son royaume les règlements faits en 1739 et en 1744 pour celles de *Lyon*, sur la copie et contrefaçon des dessins, et en donnant aux véritables inventeurs la faculté de constater à l'avenir, d'une manière sûre et invariable, leur propriété, d'exciter de plus en plus les talents par une jouissance exclusive, proportionnée dans sa durée aux frais et mérites de l'invention. A quoi voulant pourvoir, vu l'avis des députés du commerce...., le roi, étant en son conseil, a ordonné ce qui suit :

Art. 1er. Les fabricants qui auront composé ou fait composer de nouveaux dessins auront seuls, exclusivement à tous autres, le droit de les faire exécuter en étoffes de soie, soie et dorures, ou mélangées de soie ; la durée de ce pri-

Les fabriques restèrent sous l'empire de cette législation jusqu'à la loi de 1793, dont les dispositions s'appliquent à toutes les productions des arts, et comprennent formellement les *dessinateurs*, sans distinction de genre. Mais, indépendamment de cette loi générale, on sentit la nécessité de formuler quelques dispositions spéciales pour les dessins destinés à la fabrique. Le législateur y pourvut par la loi du 18 mars 1806, qui, en créant pour la ville de *Lyon* un conseil de prud'hommes, qu'elle chargea *des mesures conservatrices de la propriété des dessins*, porta plusieurs dispositions relatives à la formalité du *dépôt*, et fixa une durée particulière pour cette propriété.

Bientôt après, le Code pénal, promulgué en 1810 (art. 425 et suiv.), comprit dans la généralité de ses dispositions répressives la contrefaçon des dessins de fabrique, dont la propriété avait été assurée par les lois que nous venons de citer.

Enfin, l'ordonnance du 29 août 1825, prévoyant le cas où il n'existerait pas de conseil de prud'hommes dans le lieu où seraient situées les fabriques, autorisa le dépôt au greffe des

---

vilége sera de *quinze années* pour les étoffes destinées aux ameublements et ornements d'église, et de *six* pour celles brochées et façonnées, servant à l'habillement ou autre usage, le tout à compter du jour auquel ils auront rempli les formalités ci-après prescrites.

Art. 2. Fait Sa Majesté défense à tous ouvriers de vendre, donner ni prêter, pour quelque cause et sous quelque prétexte que ce soit, les dessins qui leur auront été confiés pour fabriquer, à peine de 100 livres d'amende, de déchéance de la maîtrise, s'il y échoit, même de punition correctionnelle.....

Art. 3. Défend également Sa Majesté à tous dessinateurs et autres personnes, quelles qu'elles soient, de lever et copier, faire lever et copier directement ou indirectement aucun dessin sur des étoffes, tant vieilles que neuves, ni sur les cartes, des dessins desdites étoffes, à peine de 1,000 livres contre le dessinateur et contre celui qui les aurait fait lever ou copier, et, en outre, de confiscation des étoffes fabriquées sur des dessins levés ou copiés, ladite confiscation applicable moitié au profit de la communauté et moitié au profit du fabricant lésé.

Art. 4. Les ouvrages faits à la marche, avec une chaîne vulgairement appelée *poil*, seront censés dessins, et, en conséquence, compris dans les défenses portées dans les deux articles précédents, comme ceux qui se font à la tire et au bouton.

Art. 5. Les fabricants qui auront inventé ou fait faire un dessin, et qui dé-

tribunaux de commerce et en régla les formes. Ces deux dernières lois forment, avec la loi de 1806 qu'elles complètent, le Code industriel en cette matière.

---

sireront s'en conserver l'exécution, seront tenus d'en présenter un échantillon au bureau de leur communauté, dont sera dressé procès-verbal de description sur un registre tenu à cet effet, lequel procès-verbal contiendra les nom, raison et demeure du maître, marchand et fabricant qui voudra faire constater sa propriété, la date de l'année, du mois et du jour à laquelle il aura présenté son dessin. Le cachet de la communauté et celui du propriétaire seront apposés à l'instant de la rédaction sur l'esquisse du dessin ou sur l'échantillon, lequel restera entre les mains du propriétaire avec extrait du procès-verbal.

Art. 6. Faute par les fabricants d'avoir rempli les formalités prescrites par l'article précédent *avant la mise en vente* des étoffes fabriquées suivant de nouveaux dessins, ils seront et demeureront déchus de toutes réclamations.

Art. 7. Les fabricants qui auront rempli les formalités prescrites par l'art. 5 seront censés propriétaires uniques des dessins qu'ils auront présentés au bureau de leur communauté ; en conséquence, il leur sera libre de poursuivre par-devant *les juges de la police* des arts et métiers du domicile des contrevenants, tant sur ceux qui feraient lever, copier ou calquer les dessins que sur ceux qui les feraient exécuter, de requérir contre eux la prononciation des peines portées par les art. 2, 3 et 4 ci-dessus, et la confiscation des étoffes, tant sur le fabricant qui les ferait exécuter que sur tout marchand qui les exposerait en vente, sauf le recours des marchands pour la valeur des marchandises et dommages-intérêts qui pourraient leur être dus contre le fabricant qui leur aurait vendu les étoffes.

Art. 8. Défend Sa Majesté à tout fabricant de faire exécuter en étoffe de soie, en étoffe de soie et dorure, ou en étoffe mélangée de soie, aucun dessin exécuté *en papier peint ou autrement*, sans s'être assuré si le dessin exécuté en papier ne l'a pas déjà été en étoffe ; en conséquence, le fabricant qui exécuterait en étoffe un dessin de papier déjà imité d'après l'étoffe sera contrevenant à l'art. 3, et encourra les peines y portées.

CHAPITRE II.

LÉGISLATION.

LOI

Du 18 mars 1806,

Portant établissement d'un conseil de prud'hommes à Lyon.

SECTION 2. — *Des contraventions aux lois et règlements.*

Art. 10. Le conseil des prud'hommes sera spécialement chargé de constater, d'après les plaintes qui pourraient lui être adressées, les contraventions aux lois et règlements nouveaux ou remis en vigueur.

Art. 11. Les procès-verbaux dressés par les prud'hommes pour constater ces contraventions seront renvoyés aux tribunaux compétents, ainsi que les objets saisis.

Art. 13. Les prud'hommes, dans les cas ci-dessus, et sur la réquisition verbale ou écrite des parties, pourront, au nombre de deux au moins, assistés d'un officier public, dont un fabricant et un chef d'atelier, faire des visites chez les fabricants, chefs d'atelier, ouvriers et compagnons.

SECTION 3. — *De la conservation de la propriété des dessins.*

Art. 14. Le conseil des prud'hommes est chargé des mesures conservatrices de la propriété des dessins.

Art. 15. Tout fabricant qui voudra pouvoir revendiquer par la suite, devant le Tribunal de commerce, la propriété d'un dessin de son invention, sera tenu d'en déposer aux archives du conseil des prud'hommes un échantillon plié sous enveloppe, revêtu de ses cachet et signature, sur lequel sera également apposé le cachet du conseil des prud'hommes.

Art. 16. Les dépôts de dessins seront inscrits sur un registre tenu *ad hoc* par le conseil des prud'hommes, lequel délivrera aux fabricants un certificat rappelant le numéro d'ordre du paquet déposé, et constatant la date du dépôt.

Art. 17. En cas de contestation entre deux ou plusieurs fabricants sur la propriété d'un dessin, le conseil des prud'hommes procédera à l'ouverture des paquets qui lui auront été déposés par les parties ; il fournira un certificat indiquant le nom du fabricant qui aura la priorité de date.

Art. 18. En déposant son échantillon, le fabricant déclarera s'il entend se réserver la propriété exclusive pendant une, trois ou cinq années, ou à perpétuité ; il sera tenu note de cette déclaration.

A l'expiration du délai fixé par ladite déclaration, si la réserve est temporaire, tout paquet d'échantillon déposé sous cachet dans les archives du conseil devra être transmis au conservatoire des arts de la ville de Lyon, et les échantillons y contenus être joints à la collection du conservatoire.

Art. 19. En déposant son échantillon, le fabricant acquittera entre les mains du receveur de la commune une indemnité qui sera réglée par le conseil des prud'hommes, et ne pourra excéder un franc pour chacune des années pendant lesquelles il voudra conserver la propriété exclusive de son dessin, et sera de dix francs pour la propriété perpétuelle.

ORDONNANCE DU ROI

Du 17-29 août 1825,

Portant règlements sur le dépôt des dessins de fabrique.

Art. 1er. Le dépôt des échantillons de dessins qui doit être fait, conformément à l'art. 15 de la loi du 18 mars 1806, aux archives des conseils de prud'hommes, pour les fabriques situées dans le ressort de ces conseils, sera reçu, pour toutes les fabriques situées hors du ressort d'un conseil de prud'hommes, au greffe du tribunal de commerce, ou au greffe du tribunal de première instance dans les arrondissements où les tribunaux civils exerceront la juridiction des tribunaux de commerce.

Art. 2. Ce dépôt se fera dans les formes prescrites pour le même dépôt aux archives des conseils de prud'hommes, par les art. 15, 16 et 18, sect. 3, tit. 2, de la loi du 18 mars 1806.

Il sera reçu gratuitement, sauf le droit du greffier pour la délivrance du certificat constatant ledit dépôt.

CHAPITRE III.

DU DESSIN DE FABRIQUE.

SECTION 1re. — *Caractères du dessin de fabrique.*

La loi de 1806, qui forme seule toute la législation sur les dessins de fabrique, a eu pour but de protéger, en général, toutes les applications manufacturières du dessin. Aussi la jurisprudence n'a jamais hésité à étendre le bénéfice de la loi à toutes les étoffes, sans distinction de genre ni de destination, aux toiles cirées, aux papiers peints, etc.

Si l'on consultait le sens grammatical, un dessin de fabrique ne devrait être autre chose qu'une œuvre d'art appliquée à l'industrie. Circonscrite dans cette limite, la protection légale manquerait à la plupart de ces innombrables créations que le goût enfante, que le caprice de la mode adopte, et qui, depuis longtemps, font l'incontestable supériorité de nos fabriques. Mais, dans la pratique, la pensée du législateur a été entendue dans un sens plus large; ainsi on admet comme dessin de fabrique non-seulement un travail artistique, mais encore toute composition obtenue soit par l'arrangement des lignes (1),

(1) 7 juin 1844. — C. R. Paris. — Eggly-Roux : Kiéner. — Considérant que la loi garantit la propriété des dessins de fabrique sans faire aucune distinction entre les divers genres de dessins et le plus ou moins de complication dans la disposition des figures ou des lignes; — Qu'une disposition nouvelle et particulière de lignes droites et parallèles, au moyen de leur arrangement entre

soit même par la combinaison des couleurs; il suffit que la composition soit appliquée par l'impression, le tissage ou même par la broderie. Aussi dans l'industrie on se sert plus généralement du mot *disposition*, expression plus générale et partant plus vraie que le mot *dessin*, lequel s'applique plus exclusivement à un travail artistique.

---

elles et de la combinaison des couleurs et des nuances, doit être considérée comme dessin nouveau, bien que les éléments généraux en soient depuis longtemps dans le domaine public; — Que la création d'une nouveauté, quels que soient le genre et la disposition du dessin, occasionne toujours à l'inventeur des frais et des risques considérables dont s'affranchissent déloyalement les contrefacteurs qui reproduisent cette nouveauté, lorsque déjà elle est consacrée par le succès; — Faisant l'application de ces principes à l'espèce; — Attendu que les échantillons déposés au greffe de ce tribunal les 26 janvier et 27 juin dernier par Eggly-Roux et Cie sont bien ceux de véritables dessins de fabrique que l'on ne pouvait contrefaire; — En ce qui touche Kiéner : — Attendu que de l'instruction faite par l'arbitre rapporteur et des documents de la cause il résulte et demeure établi que Kiéner a produit sur une étoffe inférieure en qualité à celle des inventeurs, et à la même époque, des dessins par eux déposés; — Condamne, etc.

Idem. 7 juin 1844. — Paris. C. R. — Eggly-Roux : Carli, Noblecourt. — Attendu que les demandeurs sont propriétaires d'un châle tartan écossais double face; qu'ils en ont, conformément à la loi, fait le dépôt au greffe de ce tribunal le 5 juillet dernier; — Attendu qu'il résulte des documents de la cause et des informations recueillies et transmises par l'arbitre rapporteur, que Carli et Noblecourt ont copié identiquement ce même châle sur un pareil, par eux acheté chez Eggly-Roux et Cie; — Que, tout en reconnaissant ce fait, ils prétendent que le dessin du châle fabriqué par Eggly-Roux et Cie n'est pas un dessin nouveau, et ne peut par conséquent constituer au profit de ces derniers une propriété industrielle; — Qu'au surplus ils invoquent leur bonne foi, prétendant qu'ils ont arrêté la fabrication de leur châle aussitôt qu'ils ont eu connaissance de la réclamation d'Eggly-Roux et Cie; — Sur le premier moyen : — Attendu que le dessin de châle déposé par Eggly-Roux et Cie se compose d'un damier ou écossais à simples lignes et nuancé de couleurs et d'un effet d'armure, ce qui constitue une création de dessin nouveau de fabrique, donnant par conséquent à l'inventeur un droit de propriété; — Sur le second moyen : — Attendu que Carli et Noblecourt ont en effet justifié n'avoir produit qu'un très-petit nombre de châles du dessin dont s'agit et en avoir arrêté la vente; — Que cependant, en reproduisant identiquement en matière inférieure, et par conséquent en livrant au commerce, à des prix moins élevés, cette contrefaçon, ils ont causé un préjudice réel aux demandeurs; — Condamne, etc.

La définition que nous avons donnée du dessin de fabrique ne ressort pas seulement de la loi de 1806; elle est encore expressément indiquée par tous les documents antérieurs que nous avons énumérés dans l'historique de la législation. La jurisprudence l'a aussi constamment consacrée; ainsi il a été décidé qu'un dessin de fabrique n'est pas nécessairement une figure ou une forme déterminée par des lignes; il peut résulter, aussi, d'une simple combinaison de couleurs produisant un effet changeant (1).

---

(1) 16 mai 1854. — C. Imp. Lyon. — Serre : Morin. — Attendu qu'il est de principe en matière de propriété industrielle, que toute invention, quelles que soient sa forme et son importance, est susceptible de propriété privée et peut dès lors constituer un privilége ; — Attendu que la loi du 18 mars 1806, en organisant la conservation de la propriété des dessins de fabrique, n'a fait aucune distinction entre les diverses espèces de dessins, et que des dispositions de cette loi comme de l'ensemble des monuments législatifs qui l'ont précédée et suivie, on doit induire seulement que le législateur a voulu protéger d'une manière efficace la propriété industrielle et encourager le zèle des fabricants, en leur donnant le droit d'exploiter à leur profit exclusif toutes les idées nouvelles qu'ils pourraient émettre; — Attendu que toute représentation d'une forme, d'une figure quelconque constitue un dessin, et qu'un dessin de fabrique n'est pas nécessairement une figure ou une forme déterminée par des signes, mais peut être constituée par une combinaison de couleurs, et que l'art d'employer celles-ci, de les combiner et de les assembler en un tout harmonieux, doit être classé dans les arts du dessin : — Attendu, en fait, que Serre et Cie ont régulièrement fait, aux dates des 19 avril et 24 août 1852, au secrétariat des prud'hommes, le dépôt du dessin d'un ruban en velours nacré, dont ils entendaient conserver la propriété ; — Attendu que s'il est établi au procès que les éléments de ce ruban, pris isolément, étaient depuis plusieurs années dans le domaine public, il est constant, ainsi que cela résulte soit des débats de la cause, soit des enquêtes auxquelles il a été procédé, soit enfin des investigations auxquelles se sont livrés les experts nommés par la Cour, que par une combinaison de l'armure et aussi par un procédé de découpage, qui détermine dans le ruban de Serre et Cie un effet changeant pur, ceux-ci sont arrivés à une disposition qui n'existait pas jusqu'alors et qui, sans être une invention proprement dite, a cependant le caractère d'une véritable nouveauté; —Attendu qu'il n'est pas dénié que les rubans saisis à la requête de Serre et Cie soient l'imitation directe du ruban dont ils ont déposé le dessin et que dès lors cette imitation constitue la contrefaçon ; — Déclare que les échantillons déposés au conseil des prud'hommes constituent des dessins de fabrique non tombés dans le domaine public et dont les appelants ont le droit de conserver

Il y a encore dessin de fabrique dans le simple assemblage de tissus ou de dessins déjà connus, mais combinés de manière à produire un effet nouveau (1).

Il en est de même de la combinaison et de l'assemblage de rayures et de nuances (2).

Enfin il a été jugé dans le même sens pour une simple disposition de fils, représentant dans le tissu, sous des formes particulières, une sorte de grillage à jour (3).

---

la propriété; — Déclare que les rubans saisis chez Morin et Cie, et qui demeurent confisqués, sont une contrefaçon de Serre et Cie; — Condamne.

(1) 9 juillet 1847. — C. R. Lyon. — Brioude : Descours.

(2) 25 novembre 1847. — C. R. Lyon. — Barlet : Maussier et Revollier. — Attendu que Barlet et Cie ont régulièrement fait aux archives des prud'hommes, conformément à la loi du 18 mars 1806, le dépôt du dessin de rubans dont ils entendaient conserver la propriété; — Attendu que s'il est constant que les éléments de ce ruban pris isolément, tels que le fond satin douze lisses, les filets intérieurs de coton formant boyaux, le tramage maïs, étaient depuis plusieurs années dans le domaine public, on doit reconnaître aussi que par une combinaison particulière de ces éléments, par un certain assemblage des armures et tel arrangement des rayons et des couleurs, Barlet et Cie sont arrivés à une disposition qui n'existait pas jusqu'alors et qui, sans être une invention proprement dite, a cependant, du jugement des prud'hommes, experts légaux en cette partie, le caractère d'une véritable nouveauté; — Attendu que cette nature de propriété, bien que fugitive, doit cependant être protégée parce qu'elle est l'âme de ce genre de production; — Attendu qu'il résulte du procès-verbal des prud'hommes que le ruban saisi à la requête de Barlet et Cie à l'encontre de Maussier et Revollier est l'imitation directe de celui dont Barlet et Cie ont déposé le dessin; que dès lors cette imitation constitue la contrefaçon; — Condamne, etc.

Idem. 25 mars 1846. — C. R. Lyon. — Lecomte : Martin.

(3) 20 mars 1852. — C. Imp. Lyon. — Janvier Melchior : Mazillier. — Attendu que le décret du 18 mars 1806 n'est relatif qu'à la conservation des dessins de fabrique, et que son effet ne saurait être étendu à celle du nouveau procédé de fabrication ou d'un nouveau mode de confection des étoffes, inventions trop importantes pour que le législateur ait voulu que la société pût en être déshéritée à perpétuité, comme le permet le décret de 1806 pour de simples dessins; mais que, dans l'espèce, l'invention dont les intimés revendiquent la propriété, présente deux choses parfaitement distinctes, un nouveau mode de confection de rubans et de nouveaux dessins; — Que ces dessins, qui résultent d'une certaine disposition de fils, représentant dans le tissu, sous des formes particulières, une sorte de grillage à jour, constituent une in-

Toute représentation d'une forme, d'une figure quelconque constitue un dessin, lors même que cette représentation ne consiste que dans la configuration du contour ; ainsi les choses naturelles, les produits de l'art, les objets géométriques et tous ceux que peut créer l'imagination peuvent être le sujet d'un dessin qui, représenté sur une étoffe, est un dessin de fabrique susceptible de devenir une propriété particulière (1).

---

vention dont la jouissance exclusive a été légalement conservée, suivant le décret de 1806, par un simple dépôt aux archives des prud'hommes ; — Attendu qu'il résulte des documents de la cause et spécialement de deux certificats délivrés par les prud'hommes les 30 juillet et 12 septembre derniers, qu'il y a eu, de la part des appelants, copie directe non-seulement du genre d'étoffes, mais aussi des dessins dont il s'agit ; — Attendu toutefois que les marchandises contrefaites paraissent n'avoir été fabriquées qu'en petite quantité ; qu'elles sont d'une valeur peu considérable ; que, tout considéré, une indemnité de 3,000 fr. jointe à la confiscation des marchandises saisies, constitue une réparation qui paraît suffisante, sans qu'il y ait lieu de l'aggraver par une publication dans les journaux ; — Condamne.

Idem. 14 août 1846. — Trib. Villefranche. — X... : X...

(1) 28 juin 1843. — C. R. Nîmes. — Joyeux : Rouvières-Cabane. — Attendu que le conseil des prud'hommes n'a d'attribution, aux termes de l'article 17 de la loi du 18 mars 1806, que pour statuer sur la délivrance du certificat de priorité de date de dépôt et non sur la question du droit de propriété du dessin ; qu'il résulte suffisamment de la décision du 29 décembre dernier que la question de propriété n'a pas été soumise au conseil des prud'hommes de Nîmes et qu'il n'a pas entendu s'en occuper ; que c'est donc à bon droit que cette première fin de non-recevoir a été repoussée par les premiers juges ; — En ce qui touche le défaut de saisie : — Attendu que si la loi donne au fabricant qui se plaint d'une contrefaçon le droit de faire saisir préalablement les objets contrefaits, aucune disposition de loi n'impose l'obligation de faire précéder sa demande d'une saisie, lors d'ailleurs que la preuve de la contrefaçon est rapportée d'une autre manière ; qu'ainsi les premiers juges ont dû également rejeter cette fin de non-recevoir ; — Au fond ; — Attendu que si le conseil des prud'hommes n'a pas délivré aux appelants le certificat de dépôt, il résulte suffisamment de leurs décisions que ce dépôt a été effectué les 2 mai et 5 novembre 1842 ; — Attendu que la loi précitée du 18 mars 1806, en organisant la conservation de la propriété des dessins de fabrique, n'a fait aucune distinction entre les diverses espèces de dessins ; que des dispositions de cette loi, comme de l'ensemble des monuments législatifs qui l'ont précédée et suivie, on doit induire seulement que le législateur a voulu protéger d'une manière efficace la propriété industrielle et encourager le zèle des fabricants, en leur donnant de

Une forme n'est pas un dessin de fabrique par cela seul qu'elle est appliquée à des produits industriels ; il faut encore

---

droit d'exploiter à leur profit exclusif, pendant un temps plus ou moins long, toutes les idées nouvelles qu'ils pourraient émettre; — Attendu que toute représentation d'une forme, d'une figure quelconque, constitue un dessin lors même que cette représentation ne consiste que dans la configuration du contour; qu'ainsi les objets naturels, les produits de l'art, les figures géométriques et toutes celles que peut créer l'imagination, peuvent être le sujet d'un dessin, soit que leur contour soit déterminé à l'aide d'un crayon, soit à l'aide de tout autre procédé, et notamment par les pleins et les vides d'une étoffe, d'une dentelle, etc., etc; — Attendu que tout dessin représenté sur une étoffe est un dessin de fabrique susceptible de devenir une propriété particulière; que vainement on prétend que les réseaux déposés par les appelants présentent non pas un dessin mais une armure; qu'à cet égard, on ne saurait établir une distinction qui n'est pas dans la loi; que d'ailleurs des explications qui ont été données à la Cour et des documents mis sous ses yeux, il résulte que les armures sont un moyen de produire sur tissu des formes et des dessins variés, d'où il résulte qu'il importe fort peu que les dessins que l'on remarque sur le tissu des réseaux de Joyeux et Cie soient reproduits par les armures ou de toute autre façon; — Attendu que le réseau déposé par Joyeux et Cie, et notamment la dentelle en laine qui en fait partie, loin de représenter une étoffe unie, présente par la forme et la disposition des jours un dessin très-caractérisé; — Sur la question de savoir si ce dessin était tombé dans le domaine public; — Attendu que d'une part il est constant que les appelants ont les premiers appliqué la laine au métier à maille fixe, et que sous ce premier rapport le produit qu'ils présentent est entièrement nouveau; qu'il n'a été nullement justifié que ce dessin déposé par Joyeux eût été livré au domaine public; qu'au contraire il est résulté des documents mis sous les yeux de la Cour, des explications des parties, que ce dessin n'a jamais été livré à la consommation; — Attendu que les échantillons produits par Rouvières-Cabane représentent des formes toutes différentes, puisque leurs copies, faites à la plume ou au crayon, seraient bien loin de lui ressembler; — Attendu que lors même qu'il en serait autrement, ces dessins seraient devenus la propriété de Joyeux et Cie par l'agencement du dessin du tissu avec celui de la dentelle, et la réunion des deux est une forme nouvelle qui constitue le réseau fabriqué par eux; — Attendu d'ailleurs qu'en supposant qu'ils fussent tombés dans le domaine public, en tant que dessin appliqué à d'autres genres d'étoffes ou toute autre matière, l'application entièrement nouvelle que Joyeux en aurait faite à des tissus de laine inconnus avant lui, lui en aurait assuré la propriété; que de tout ce qui précède il résulte que la preuve offerte subsidiairement par l'intimé ne saurait être admise; qu'elle est d'ailleurs détruite en elle-même par le défaut de ressemblance des dessins produits à l'appui, et par les essais informes présentés dans l'intérêt de l'intimé; — Attendu que Rouvières-Cabane, présent

qu'elle présente les caractères que nous avons définis plus haut. Si donc il s'agit, par exemple, d'une forme, d'un ornement en relief, lors même que cette forme est reproduite mécaniquement et dans des conditions manufacturières, il n'y a pas dessin de fabrique, mais *sculpture industrielle*, comme nous l'avons démontré au livre IV, chapitre v. Telles sont les moulures, les arabesques, les formes de bijouterie, cristaux, bronzes, porcelaines, etc., etc. (1). Si la forme constitue une combinaison utile, si elle produit un effet qui lui soit propre, si elle naît d'un procédé nouveau, elle s'appelle *invention*, et

---

à la barre, ayant reconnu que le réseau présenté par les appelants était réellement sorti de sa fabrique, et ayant même produit une pièce de tissus présentant le même dessin, aucun doute ne saurait s'élever sur ce point non plus que sur la ressemblance des objets fabriqués par les deux parties; — Condamne, etc.

(1) *Contrà*. 9 mai 1853. — C. App. Paris. — Fiolet : Crétal. — Considérant que les lois qui ont reconnu un droit de propriété exclusif au profit des auteurs d'écrits, d'œuvres artistiques, d'inventions industrielles, de dessins de fabrique, celle même qui spécialement a protégé la marque des fabricants, ont toutes exigé de la part des auteurs ou fabricants une déclaration publique de leur volonté d'exercer et de conserver ce droit de propriété; qu'en l'absence de l'accomplissement de ces formalités, les auteurs et inventeurs sont sans action contre les imitateurs de leurs œuvres; — Considérant que la loi du 19 juillet 1793, qui règle spécialement les droits des auteurs d'écrits en tous genres, des compositeurs de musique; des peintres et dessinateurs, n'assujettit au dépôt que les écrits et la gravure, et si l'on n'en peut conclure que les autres œuvres du génie et de l'esprit en sont dispensées, il faut reconnaître que cette exemption ne s'applique qu'aux œuvres qui méritent cette qualification; — En fait : — Considérant qu'on ne saurait mettre au nombre de ces œuvres les produits de la fabrique de Fiolet, pour lesquels il réclame dans l'affaire le privilége de l'invention; — Que les ornements décorant les pipes dont il s'agit pourraient tout au plus être classés dans ce que la loi dénomme dessin de fabrique, et qu'à ce titre les dessins auraient dû être déposés, conformément à la loi du 18 mars 1806; — Qu'enfin Fiolet n'a pas satisfait à cette obligation; — Considérant que les faits dont se plaint Fiolet ne constituent pas une concurrence déloyale qui puisse lui donner une action contre les appelants; — Qu'en effet les dessins ou décorations dont il s'agit ayant été livrés au public ont pu être imités par tous autres fabriquant les mêmes produits; — Met l'appellation et les jugements dont est appel au néant; — Emendant, décharge les appelants des condamnations contre eux prononcées.

Idem. 3 août 1854. — C. Imp. Paris. — Ricroch : Fauré. Voy. page 313.

c'est la loi de 1844 qui la régit. Ainsi les tuyautures, produites sur des rubans au moyen de fils tirés, ne constituent pas un dessin de fabrique, mais un résultat obtenu par un procédé qui ne peut être protégé que par un brevet (1). Ainsi encore les boules de verre creuses à l'intérieur et bossuées à la surface, dont on fait des presse-papiers, ne sont ni des dessins de fabrique, ni des sculptures industrielles : ce sont des produits essentiellement brevetables (2).

Les dessins de fabrique, quelque faible que soit leur mérite, n'en constituent pas moins une propriété protégée par la loi. C'est ce que nous avons démontré en traitant de la propriété des œuvres littéraires et artistiques (3).

Toutefois l'effet accidentel, produit par un métier du domaine public, ne peut être considéré comme une création susceptible de propriété privée (4).

Il a été décidé que le chinage appliqué sur des fils par la teinture ne constitue pas un dessin de fabrique, mais seulement un des éléments destinés à composer des dessins lorsque le fil sera tissé; ainsi le teinturier, qui a déposé au greffe des prud'hommes des échantillons de fils chinés, ne peut exercer une action en contrefaçon contre celui qui aurait imité son travail (5). Cette décision nous paraît fondée de tous points. Il

(1) 20 avril 1853. — C. Cass. — Fontaine : N...

(2) 15 février 1854. — C. Imp. Paris. — Thirion : Bonneau-Desroches. — *Presse-papier*.

(3) 20 mai 1847. — C. R. Paris. — Fetizon : Huguenin. — Considérant que le dessin apposé sur les pattes de bretelles, déposé par Fetizon au greffe du Tribunal de commerce, le 26 mars 1846, quelque peu d'importance qu'il puisse avoir sous le rapport de l'art, n'en constitue pas moins, aux termes de l'art. 1er de la loi du 19 juillet 1793, un dessin susceptible d'une propriété exclusive au profit de son auteur; qu'il n'est nullement établi que ce dessin ait été dans le domaine public antérieurement au dépôt fait par Fétizon; que les pattes de bretelles confectionnées par Huguenin, postérieurement au dépôt, sont évidemment la copie du modèle appartenant à Fétizon; — Que les différences signalées n'ont aucune importance et n'ont eu d'autre but que de déguiser l'imitation; — Condamne, etc.

(4) 14 mai 1845. — C. Cass. — Joyeux : Petitjean.

(5) 2 février 1837. — C. R. Rouen. — Cellier : Cellier.

s'agissait dans l'espèce non pas du chiné, mais du chinage, c'est-à-dire d'un mode de teinture partielle ou d'un résultat dont on ne pouvait demander la protection qu'à la loi des brevets; mais on n'a pas décidé, et on n'aurait pu décider d'une manière absolue, que le chiné ne constitue pas un dessin de fabrique.

SECTION 2. — *De la nouveauté du dessin.*

Le législateur n'attribue le droit de propriété exclusive qu'à l'*invention* d'un dessin, c'est dire, en d'autres termes, que le dessin doit être nouveau, condition exigée d'ailleurs en toute matière pour pouvoir revendiquer la protection que la loi assure aux produits de l'intelligence. Mais on comprend, de reste, que le législateur n'a pas voulu exiger que le dessin fût d'une nouveauté absolue; autrement il aurait restreint la propriété dans des limites tellement étroites que le bienfait de la protection légale eût été à peu près illusoire. Le mot invention, dont se sert la loi de 1806 (art. 15), doit s'entendre dans le sens que nous avons indiqué en traitant des brevets et de la propriété des œuvres littéraires et artistiques. Sans reproduire ici ces développements, auxquels il faut nécessairement se reporter, nous dirons seulement qu'un dessin peut être nouveau par son ensemble, quoique composé d'éléments connus déjà et employés dans la même industrie. Il faut appliquer ici les règles de la compilation en matière de propriété littéraire (1).

---

(1) 17 mars 1843. — C. R. Rouen. — Henri Barbet : Fauquet. — Attendu que sans rentrer dans les considérations, premier objet de débat de con it entre les parties, et quelque favorable que fût au prévenu la doctrine qui serait admise, elle n'ira jamais et ne pourra être poussée jusqu'au point de légitimer l'imitation même la plus incontestable et sous prétexte qu'on aurait eu droit d'imiter ce qui n'appartient pas originairement au prétendu inventeur, ce qu'il aurait pris lui-même sur des œuvres précédentes; — Attendu qu'en effet si les rayures, si les filets, si les encadrements ne présentent pas d'une manière détachée rien qui soit d'une conception neuve, il restera toujours évident que l'agencement, que la disposition entre eux de ces éléments connus constitueront une propriété, une sorte d'invention particulière, la seule qui dans l'état

Ainsi les palmes sont de temps immémorial la base de tous les dessins de châles. Néanmoins il est possible, avec ces éléments connus, de composer, par des dispositions nouvelles ou

---

actuel de la fabrique ou de ses produits puisse se concevoir; qu'autrement il faudrait renoncer à toutes combinaisons, à l'espoir d'en profiter seul, au dépôt enfin, qui n'a été établi que dans la vue de ce privilége; — Attendu que toute la question est donc concentrée dans une appréciation de fait, dans la conséquence à tirer de la comparaison des deux échantillons, celui de la maison Barbet, celui incriminé de contrefaçon, à l'effet de vérifier quels rapports existent entre eux et ce sans autre secours que celui des yeux; or, il est impossible après cette confrontation de n'être pas convaincu qu'il y a non identité absolue, ce qui n'arrivera presque jamais, mais cette imitation qui ne fait pas cesser une légère différence; — Attendu que la seule ici consiste dans la suppression d'un filet pour n'en mettre que deux et dans un peu moins de largeur des bandes brunes au dessin Fauquet; que du reste l'agencement est le même, la physionomie identique, et qu'en somme on voit la volonté de copier et de faire passer, à la faveur d'un certain déguisement, un article contrefait; — Attendu qu'il importera peu, dès lors, que Fauquet prétende s'être nécessairement inspiré d'ailleurs et rencontré par hasard avec la composition Barbet; qu'un pareil moyen de défense n'a aucune valeur, précisément parce qu'il justifierait ou pourrait justifier toutes les contrefaçons et rendrait illusoires les précautions prises sous la garantie ou la sanction de la loi, par le dépôt préalable; — Condamne, etc. — Appel. — Arrêt confirmatif.

Idem. 1er octobre 1850. — Trib. Saint-Étienne. — Faure, Thézenas : Donzel. — Attendu que le 4 avril 1850 MM. Faure et Thézenas ont déposé au secrétariat des prud'hommes, conformément à la loi du 18 mars 1806, la disposition du ruban dont ils entendent conserver la propriété; — Attendu que la combinaison de la frange avec la matière qui la compose produit une nouveauté, constituant de la part des demandeurs une invention véritable; — Attendu que les défendeurs eux-mêmes l'ont si bien reconnu, que du propre aveu qu'ils ont fait à l'audience, il résulte que postérieurement au 4 avril 1850 ils ont déposé un échantillon tout à fait identique à celui qui fait l'objet du procès; — Attendu que, suivant le procès-verbal des prud'hommes, en date du 2 août 1850, le ruban saisi à la requête des sieurs Faure et Thézenas, à l'encontre des sieurs Donzel et Maussier, est l'imitation tout entière du dessin dont MM. Faure et Thézenas ont opéré le dépôt; que dès lors cette imitation constitue la contrefaçon; — Attendu que la preuve offerte tendant à établir que l'article saisi est tombé dans le domaine public, est présentée d'une manière à scinder les éléments divers qui ont contribué à sa composition; — Attendu qu'elle n'est point pertinente, puisque la décision invoquée doit porter sur l'ensemble du ruban et non sur chaque partie séparée; le Tribunal dit qu'il y a lieu de la rejeter; — Condamne, etc.

par le choix des couleurs, des dessins nouveaux susceptibles de propriété particulière (1).

---

(1) 16 août 1843. — C. R. Paris. — Ve Schlumberger : Leplay-Vardon. — Considérant que s'il est constant que les palmes, en tant qu'éléments de dessin de fabrique, sont dans le domaine public, il n'en résulte pas moins qu'il est encore possible de composer avec ces éléments connus, par des dispositions spéciales, des colorations variées, des rapports différents de leurs nuances avec celles des fonds sur lesquels ils sont posés, des dessins nouveaux susceptibles par le dépôt au greffe de devenir une propriété particulière; — Qu'en effet, en matière de dessins de fabrique, la contrefaçon légale résulte bien plutôt de la similitude volontairement donnée à l'aspect général, dans le but frauduleux de faire accepter la copie à la place de l'original, que de l'imitation servile des contours des dessins; — Considérant que le dessin numéro un, par la similitude de ses dispositions, de ses couleurs, de ses rapports de fond, n'est que la copie servile de celui déposé par Raupy Schlumberger et Cie et dès lors constitue une véritable contrefaçon; — Condamne Deruque, etc., Leplay-Vardon, etc.

Idem. 14 juin 1843. — Trib. Comm. Paris. — Hébert : Chapuzot. — En ce qui touche la plainte en contrefaçon intentée par Hébert contre Chapuzot et Cie, Damiron frères et Billecoq et Cie : — Attendu que F. Hébert a fait paraître, dans le courant de juin 1841, un châle cachemire français, du cadre de 190 centimètres, appelé par lui *Patron le Denderah;* — Que le dessin de ce châle, tiré en majeure partie du châle long de l'Inde, ayant subi divers changements entre les mains d'Hébert, tant dans la forme que dans la disposition, ce fabricant prétend avoir, par ce fait, créé un dessin nouveau, dont il réclame la propriété exclusive; — Attendu que Damiron frères contestent les prétentions d'Hébert, soutenant qu'ils ont eu le même droit que ce dernier de produire un dessin pris sur un châle des Indes, qui était par conséquent du domaine public; qu'il s'agit pour le Tribunal d'apprécier les prétentions respectives des parties; — Attendu qu'en principe l'on doit considérer les dessins des châles des Indes comme une propriété commune où il est permis à tout le monde de puiser des idées, prendre des modèles ou des copies, chacun selon ses besoins ou sa volonté, sans que personne ait le droit de revendiquer la propriété de dessins de cette nature, qui par leur origine étrangère rentrent dans le domaine public, mais que tout en s'inspirant à cette source commune, si un fabricant fait subir une transformation à un dessin, soit par des additions, des corrections ou des combinaisons particulières, il en résulte une création nouvelle qui constitue une œuvre personnelle et susceptible d'une propriété exclusive; — Attendu que dans l'espèce dont s'agit, si, à la vérité, Hébert a pris pour modèle un châle long de l'Inde, il n'est pas moins constant que la transformation du dessin pour l'adapter au cadre d'un châle carré d'une dimension spéciale, a nécessité des changements, des raccords, des ajoutés, pour remplir des vides dans les coins et pour encadrer la rosace du milieu, de manière que toutes les

Un dessin pris dans le domaine public, sur un monument par exemple, mais qui n'a jamais été appliqué à l'industrie,

---

parties du dessin fussent en harmonie; — Qu'à la bordure du châle long pris pour modèle, il en a été substitué une autre toute différente, quoique prise également sur un châle indien; — Qu'ainsi ces diverses modifications apportées par Hébert au dessin primitif formaient un dessin nouveau dont la composition était le produit du travail et de l'intelligence de ce fabricant, et lui conférait un droit privatif de propriété; — Attendu que Damiron frères ont livré à la vente, dans le courant de 1842, un châle carré en tissu thibet, dont le dessin offre les points de ressemblance les plus frappants avec le châle d'Hébert; — Que si dans quelques détails et dans l'arrangement du dessin il existe quelques différences, elles sont nécessitées par le besoin de produire à meilleur marché, et d'ailleurs tellement légères, qu'on ne peut s'empêcher de reconnaître que l'une n'est en quelque sorte que la reproduction et la copie servile de l'autre; — Qu'en effet, on retrouve dans le châle de Damiron non-seulement les mêmes objets, les mêmes fleurs, lignes et contours du châle d'Hébert, mais encore toutes les parties ajoutées et composées d'après l'idée et le goût de ce fabricant, qui en avait fait un dessin nouveau; — Qu'en outre le choix de la bordure, identiquement la même que celle du châle Denderah, ne saurait laisser aucun doute sur l'intention qu'a eue Damiron de copier ce dernier châle et non celui de l'Inde qui avait une autre bordure; — Que de tous ces faits il ressort la preuve évidente de la contrefaçon pratiquée par Damiron au détriment du demandeur; — En ce qui touche les dommages-intérêts réclamés par Hébert : — Attendu que s'il est utile de favoriser la fabrication et la concurrence dans l'intérêt du public et de l'industrie elle-même, cette concurrence doit avant tout s'exercer d'une manière franche, honorable, et dans les strictes limites de la bonne foi et de la loyauté commerciales; — Qu'en violant ce principe et s'appropriant la chose d'un tiers, le défendeur a causé un préjudice dont il doit réparation; — Attendu qu'il doit être calculé sur l'étendue du dommage éprouvé; que le châle de Damiron, fabriqué en matières beaucoup plus communes, d'un travail moins compliqué, d'une dimension moins grande, se vendait à une différence de prix de près des trois quarts de moins que celui d'Hébert; — Que ce dernier fabricant a fait des sacrifices considérables tant pour la composition du dessin que pour le montage du métier, et autres frais accessoires; — Que par suite de la concurrence du châle contrefait, le sien, qui, dès l'origine, avait été très-avantageux à la vente, n'a plus trouvé qu'un placement lent et difficile; — Qu'il en est résulté pour ce fabricant un préjudice dont le Tribunal peut, dès à présent, déterminer le chiffre, qu'il fixe à 6,000 fr.; — En ce qui touche la demande contre Chapuzot et Cie : — Attendu que Chapuzot et Cie prétendent vainement ne pas avoir vendu le châle argüé de contrefaçon qu'on leur représente, et opposent au demandeur le défaut de formalité du dépôt qui serait postérieur à l'apparition du châle de Damiron; — Attendu qu'il est constant pour le Tribunal, d'a-

peut devenir la propriété de celui qui le premier en a fait un dessin de fabrique. Ainsi celui qui prendrait, par exemple, une phrase du Coran pour l'appliquer à une étoffe, créerait, par application, un dessin de fabrique susceptible de propriété privée. Dans ce cas, le droit est acquis au premier qui a eu l'idée de se servir du texte arabe pour le convertir en dessin (1).

---

près les documents de la cause, que le châle thibet dont il s'agit a été vendu par Chapuzot et Cie, qui par la nature de leurs opérations ne pouvaient ignorer que ce dessin était la contrefaçon de celui d'Hébert; — Qu'aux termes de la loi du 17 janvier 1791, le dépositaire d'un objet contrefait peut être poursuivi et condamné comme le fabricant lui-même; — Attendu que, bien que le dépôt n'ait été fait par Hébert que postérieurement à la mise en vente du châle thibet, son droit n'en était pas moins préexistant, la formalité du dépôt n'ayant eu pour but que de lui permettre de revendiquer la propriété de son dessin; — Statuant sur la demande en garantie de Chapuzot et Cie contre Damiron frères : — Attendu que Chapuzot et Cie, placés comme ils le sont au courant de tous les nouveaux dessins qui paraissent dans la fabrique de Paris et entretenant des rapports continuels avec la fabrique de Lyon, avaient parfaite connaissance de l'existence du châle d'Hébert, et qu'ainsi c'est bien sciemment qu'ils se sont rendus complices de la contrefaçon commise par Damiron; qu'ils ne peuvent donc exciper de leur bonne foi, que leur culpabilité est égale à celle du fabricant, que la même condamnation doit les atteindre dans la même proportion et sans qu'il y ait lieu d'admettre recours ni garantie de l'un contre l'autre; — En ce qui touche la demande reconventionnelle de Damiron frères et Chapuzot et Cie contre Hébert : — Attendu que d'après ce qui précède lesdites demandes ne sont ni fondées ni justifiées; — Condamne, etc., etc.

(1) *Contrà.* 10 février 1846. — Trib. Comm. Lyon. — Vacher, Reynier et Perrier : Joly-Croizat. — Considérant que Vacher, Reynier et Perrier ont fabriqué en l'année 1844, avec dépôt d'échantillons au secrétariat du conseil des prud'hommes, une étoffe pour écharpes et fichus avec bordure, d'un dessin style-caractère arabe; — Qu'ils ont fait saisir à Paris dans les magasins de Tissot et Cie, au préjudice de Joly et Croizat, fabricants à Lyon, des étoffes pour ombrelles portant en bordure le dessin qu'eux-mêmes avaient appliqué sur leurs étoffes; que le conseil des prud'hommes, appelé à prononcer sur le fait de contrefaçon, a déclaré par sentence du 22 décembre 1845 qu'il y a copie indirecte; — Attendu que l'article saisi présente quelques légères différences de traits, qui cependant n'en altèrent pas l'effet général; que c'est à la suite de cette décision que Vacher, Reynier et Perrier ont fait assigner Joly et Croizat, le 12 novembre dernier, en payement de 6,000 fr. à titre de dommages-intérêts, pour le préjudice à eux causé par cette contrefaçon, se réservant de faire statuer sur le mérite de la saisie opérée à Paris; — Que Joly et Croizat repous-

Un dessin connu peut encore constituer un droit de propriété exclusive en faveur de celui qui, le premier, l'applique à une

---

sent les prétentions de Vacher-Reynier et Perrier, comme mal fondées; qu'ils demandent leur renvoi d'instance avec dépens, et motivent leurs conclusions sur ce qu'ils ont puisé l'idée de leur bordure d'ombrelle dans un ouvrage intitulé l'*Alhambra*, en leur possession depuis nombre d'années, comme Vacher et Reynier ont eux-mêmes puisé l'idée de leur bordure de mouchoir sur un moule en plâtre tiré des mêmes sculptures; — Que ces deux bases du même effet produit par deux fabricants sur deux étoffes différentes dérivent de la même souche; qu'elles représentent textuellement le même dessin qui, dans le cas, n'a été inventé ni par l'une ni par l'autre des parties en procès; — Que si le travail purement matériel donne droit incontestable de propriété sur les fruits qui en sont le résultat, ce droit n'est pas moins sacré et bien mieux fondé encore quand il s'agit des produits d'un travail intellectuel ou bien de l'exploitation d'une découverte ou d'une invention dont on est l'auteur; mais que dans cette catégorie et afin qu'il n'y ait pas envahissement ni confiscation au profit de la propriété particulière sur la propriété générale, il faut que celui qui prétend à un droit d'exploitation exclusive d'une cause d'intelligence, ait en effet créé ou inventé; — Qu'en effet, par la nature de ces innombrables variétés, les monuments antiques et les modernes, avec leurs ornementations et les objets d'art en tous genres tombant dans le domaine public, étalent leurs richesses sans exception et posent également pour tous et aux yeux de tous; que chacun, pour en reproduire les beautés et les harmoniser à son genre d'industrie, peut s'inspirer aux mêmes sources; que si deux artistes, également séduits à l'insu l'un de l'autre des mêmes traits, viennent à les reproduire, alors il n'y a pas contrefaçon, le type étant dans le domaine public; mais s'il est établi que ce dessin déjà transporté sur l'étoffe, et cette même étoffe dont les effets et résultats paraissent heureux, ont servi de modèle à la concurrence et lui en ont fourni l'idée, alors il y a contrefaçon, le premier exploitant, s'il a rempli les formalités voulues par la loi pour s'assurer la propriété de son œuvre, a un droit acquis de revendication et de saisie sur les objets contrefaits comme un juste dédommagement de ses veilles, et des essais et combinaisons qu'il a pu faire à grands frais avant de réussir; — Que le dessin de caractère ou inscription arabe dont la traduction est *Dieu est grand*, appliquée par Vacher, Reynier et Perrier sur leurs étoffes, a été calquée comme il vient d'être dit sur l'un des moules en plâtre levé sur les sculptures du *palais des Génies, à Grenade;* que ce plâtre se trouve dans tous les ateliers et cabinets de sculpture et des dessinateurs; qu'on voit aussi ce même dessin dans un ouvrage public intitulé lui-même l'*Alhambra*, qui est à l'usage de tous les artistes, mais que Vacher, Reynier et Perrier prétendent avoir eu les premiers l'idée de transporter ce dessin sur les étoffes de leur fabrique; — Que quelles que soient les prétentions à accorder à la propriété particulière en fait d'industrie, elle ne peut faire fléchir la protection de la loi pour la liberté des

industrie spéciale (1). Toutefois nous reconnaissons que, pour que cette application serve de base à un droit privatif, il faut qu'il y ait transport du dessin dans une industrie entièrement éloignée de la première. Aussi il n'y a pas application d'un tissu à un autre, ni d'un tissu à une dentelle ou à un papier peint, parce que tous ces produits, quoique différents par leur fabrication, ont plus d'un point de contact par l'usage auquel ils peuvent être employés (2). Mais nous n'irons pas jusqu'à

---

transactions et la prospérité du commerce en général ; — Considérant dans la cause que Vacher, Reynier et Perrier n'étant point les créateurs du dessin dont il s'agit, ne pourraient avoir le droit de revendication que sur le même genre d'étoffes auquel ils auraient appliqué ce dessin ; que Joly et Croizat n'ont pas eu à s'inspirer dans les dispositions de fabrique de Vacher, Reynier et Perrier, mais bien, ainsi qu'ils l'ont fait, dans le domaine public ; — Considérant en effet qu'il est avéré que des commandes en toutes sortes d'étoffes, avec dessins du même style arabe, ont été transmises et librement exécutées depuis plusieurs années par divers fabricants ; qu'ainsi on ne peut imputer à Joly et Croizat le fait de plagiat sur l'œuvre d'autrui, ni l'intention de nuire, l'étoffe qu'ils ont fabriquée n'étant ni du même genre ni pour la même destination que celle de Vacher, Reynier et Perrier, il y a lieu dans ce cas de déclarer qu'il n'y a pas contrefaçon ; — Déboute les demandeurs, etc.

(1) 26 juin 1837. — C. R. Paris. — Brun, fabricant de papiers peints, a contrefait des *crêtes* ou *lézardes* servant de bordures, dont Marguerie avait le premier fait usage dans les papiers peints, et qu'il avait déposées au Tribunal de commerce. — Brun prétendait se justifier en prouvant que depuis cinquante ans les *crêtes* étaient connues dans la passementerie. — Mais la Cour, attendu que Marguerie a le premier fait usage des *crêtes* ou *lézardes* sur papiers peints ; — Confirmant la décision des premiers juges, condamne Brun comme contrefacteur.

Contrà. 13 février 1852. — C. R. Paris. — Bleck Stembac : Girard.

(2) 16 novembre 1846. — C. Cass. — Rouvières-Cabane : Joyeux. — Attendu que la loi du 18 mars 1806, en réservant aux fabricants la propriété exclusive des dessins de leur invention dont ils auraient fait le dépôt, suivant les formes qu'elle détermine, a eu pour but d'encourager la production de dessins nouveaux et d'empêcher que nul ne pût usurper la conception d'autrui ; — Attendu que l'invention des moyens, procédés et produits nouveaux, à l'aide et pour l'emploi desquels les dessins sont susceptibles d'être mis à profit dans la fabrication est régie par la législation spéciale sur les brevets d'invention, et demeure entièrement étrangère à l'objet de la loi de 1806, laquelle ne concerne que la conservation des droits attachés à la conception de dessins de fabrique nouvellement imaginés ou exécutés pour la première fois

n'accorder le droit privatif qu'à la création absolue. Ainsi que nous l'avons démontré plus haut, cette interprétation restreinte de la loi nuirait à l'industrie, loin de la favoriser.

SECTION 3. — *De la divulgation avant le dépôt.*

Aux termes des lois de juillet 1793 sur la propriété littéraire, de germinal an 11 sur les marques de fabrique, la poursuite des contrefaçons antérieures au dépôt n'a jamais fait l'objet d'un doute. On s'est demandé pourquoi il n'en serait pas de même à l'égard des dessins de fabrique. La raison en est simple; c'est que la loi, dans l'intérêt du commerce sans doute, en a disposé autrement d'une manière formelle. En effet, l'art. 15 de la loi de 1806 est ainsi conçu : *Tout fabricant qui voudra revendiquer* par la suite *la propriété d'un dessin devra, etc.* La conséquence est forcée, c'est-à-dire que tout ce qui sera antérieur au dépôt ne pourra être *revendiqué* par l'in-

---

sous la forme qui est créée par l'art du dessin; — Attendu que si, quant aux industries régies par la législation sur les brevets, la nouveauté d'application constitue une invention valablement brevetable, il n'en est pas de même quant aux dessins de fabrique, qui, s'ils sont comme tels anciens et déjà connus, ne deviennent pas nouveaux par la seule nouveauté de leur emploi; — Attendu que l'arrêt attaqué n'a aucunement constaté en fait que le dessin déposé au secrétariat ou conseil des prud'hommes de Nîmes, par Joyeux et Cie, ait été conçu et pour la première fois exécuté par ces fabricants ou par une personne de qui ils tiendraient leurs droits; — Attendu que pour écarter l'exception tirée de ce que le dessin en litige aurait déjà appartenu au domaine public, l'arrêt attaqué s'est borné à la constatation insuffisante de la nouveauté des produits auxquels Joyeux et Cie l'ont appliqué; — Que s'il a déclaré que la preuve de la livraison du dessin au domaine public n'était pas justifiée, comme aussi que ce dessin n'a jamais été livré à la consommation, il résulte manifestement des termes mêmes de ce motif de l'arrêt qu'il n'a fait cette déclaration qu'en considérant le dessin non en lui-même et quant à sa conception, mais exclusivement dans son rapport avec le produit présenté; — Qu'il a ajouté qu'en supposant que le dessin fût tombé dans le domaine public, l'application entièrement nouvelle que Joyeux et Cie en auraient faite à des tissus de laine inconnus avant eux leur en aurait assuré la propriété; — D'où il suit que l'arrêt attaqué ne s'est point attaché aux caractères essentiels et légaux de la propriété exclusive des dessins de fabrique et a violé les lois précitées; — La Cour casse.

venteur. Cependant il pourrait rester quelque doute, et on répondrait avec quelque apparence de raison qu'il ne s'agit là que de *revendiquer* par la suite : or, par cela qu'on pourra *revendiquer* la propriété après le dépôt, c'est que cette propriété existait avant cette formalité. Mais l'art. 18 de la même loi leva tous les doutes : *En déposant l'échantillon,* y est-il dit, *le fabricant déclarera s'il entend se réserver la propriété exclusive, etc.* Donc sans le dépôt il n'y a pas de propriété exclusive réservée pour lui, et s'il a livré au commerce son dessin non déposé, il est présumé, aux termes de la loi, ne pas s'en réserver la propriété. C'est au surplus ce que disait d'une manière formelle l'art. 6 de l'arrêt du conseil du 14 juillet 1787 : *Faute, par le fabricant, d'avoir rempli la formalité du dépôt prescrite par l'article précédent,* avant la mise en vente *des étoffes fabriquées, il sera et demeurera déchu de toute réclamation.*

En vain dirait-on que le dépôt ne constitue pas la propriété d'un dessin et qu'il n'en est pas le point de départ. Cela est vrai sans doute, et la propriété naît de l'invention et de la priorité de création; mais si le dépôt ne donne pas la propriété, il la *réserve,* aux termes de l'art. 18 précité, et à défaut de la réserve formellement exigée par la loi, celui qui était propriétaire par le fait de sa création est censé avoir renoncé à son droit. Voilà ce que dit la loi sans violer le principe qui fait découler la propriété de l'invention même. Donc, et pour nous résumer, le fabricant perd son droit à la propriété exclusive d'un dessin de son invention, lorsqu'il le livre au commerce avant de l'avoir déposé. Ainsi, il faut tenir pour certain que la propriété exclusive des dessins de fabrique n'est conservée à l'inventeur que par le dépôt de ces dessins aux archives du conseil des prud'hommes. Le dessin livré à la publicité avant l'accomplissement de cette formalité tombe irrévocablement dans le domaine public, et un dépôt ultérieur ne peut ressaisir de la propriété l'inventeur, qui dès lors n'est plus recevable à exercer l'action en contrefaçon (1).

(1) 1er juillet 1850. — C. Cass. — Potton-Rambaud : Valansot. — Attendu,

Toutefois il serait bien rigoureux de considérer comme livré au domaine public un dessin qui n'a été mis en circulation qu'à

---

en droit, que toute création nouvelle volontairement livrée au public par son inventeur, sans que celui-ci ait préalablement rempli les conditions exigées par la loi pour en conserver la propriété exclusive, tombe dans le domaine public, qui en permet à chacun l'imitation; que, pour que l'exercice de cette faculté de reproduction soit interdit, il faut qu'une disposition expresse de la loi, enlevant à la publicité cet effet nécessaire, ait stipulé pour l'auteur la réserve d'un droit de copie; — Attendu que, soit qu'on les considère en eux-mêmes, soit qu'on les considère dans la législation spéciale qui les régit, les dessins de fabrique ne peuvent être assimilés aux créations pour lesquelles la loi du 19 juillet 1793 a réglé, d'une manière uniforme, le privilége qui en défend la reproduction pendant la vie de l'auteur et pendant vingt ans après la mort de celui-ci, au profit de ses enfants, sans rien demander à l'expression de la volonté des inventeurs; — Que la loi du 18 mars 1806, d'un côté, abandonne à la volonté des inventeurs des dessins de fabrique, comme la loi du 5 juillet 1844, aux inventeurs industriels, le soin de déterminer la durée du privilége de reproduction; et, d'un autre côté, par une disposition qui n'est pas moins contraire à la législation relative aux produits des arts qu'à celle relative aux produits de la littérature et des arts, laisse la volonté des inventeurs maîtresse de rendre ce privilége perpétuel; — Qu'aux termes des articles 15 et 18 de cette loi, qui seule régit la propriété du dessin de fabrique, tout fabricant qui veut pouvoir revendiquer par la suite la propriété d'un dessin de son invention doit faire, aux archives du conseil des prud'hommes, le dépôt d'un échantillon, en déclarant le temps pendant lequel il entend s'en réserver la propriété exclusive; — Qu'il résulte de ces dispositions que s'il est vrai que c'est l'invention du dessin qui en confère la propriété à son auteur, c'est le dépôt de l'échantillon qui la lui conserve, en réservant, pendant le temps que sa déclaration détermine, le droit exclusif pour lui de le reproduire; — Que l'arrêt du Conseil du 14 juillet 1787 contenait également dans son art. 6 la disposition suivante : « Faute par le fabricant d'avoir rempli les formalités prescrites par l'article précédent avant la mise en vente des étoffes fabriquées suivant de nouveaux dessins, il demeurera déchu de toutes réclamations. — Attendu, en fait, que l'arrêt constate qu'avant d'avoir fait le dépôt prescrit par l'art. 15 de la loi du 18 mars 1806 les demandeurs avaient volontairement livré au commerce le dessin dont ils se prétendent les inventeurs, et qui plus tard a été imité par le défendeur; — Qu'en décidant, dans ces circonstances, que le dessin, objet du litige, était tombé dans le domaine public, et que, par suite, les demandeurs étaient déchus de leur droit de poursuite contre le défendeur, et, en annulant en conséquence la saisie dirigée contre celui-ci, l'arrêt attaqué n'a fait qu'une juste application de la loi aux faits par lui déclarés constants; — Rejette.

Idem. 11 mai 1842. — C. app. Lyon. — Palle-Gilly : Bresson et Chavanne. — Attendu qu'un dessin de fabrique, comme toute autre production de l'es-

titre d'échantillon. Nous ne pensons pas que dans cette divulgation se rencontre le cas de déchéance prévu par la loi. Le

---

prit, appartient incontestablement à son auteur, mais que ce genre de propriété a une nature particulière qui le met dans d'autres conditions que les propriétés ordinaires; qu'échappant à toute possession matérielle, il est de sa nature particulière de tomber, par la seule publicité, au pouvoir de tous; qu'il suit de là que la propriété d'une invention, lorsqu'elle est livrée à la publicité, ne peut être conservée à l'inventeur que par le secours de garanties particulières qui lui sont accordées par la loi; — Que la loi, en octroyant ces garanties particulières, a pu et dû en régler les conditions; que l'une de ces conditions est, pour les dessins de fabrique, le dépôt de ceux que l'inventeur veut se réserver, comme, pour les autres découvertes industrielles, l'obtention d'un brevet; que c'est à cette condition seule que la loi protége l'invention nouvelle contre l'imitation, et en conserve la propriété à son auteur malgré la publicité; — Que l'inventeur qui néglige de remplir la condition au prix de laquelle la loi a mis sa garantie spéciale renonce par là même à en réclamer le bénéfice; que dès lors son invention, abandonnée à la publicité sans les garanties conservatrices de son droit de propriété, est tombée immédiatement et irrévocablement dans le domaine public, et qu'un dépôt tardivement fait ne peut plus le ressaisir d'une propriété qu'il a volontairement laissée échapper de ses mains; — Attendu que la même règle s'applique à toutes les autres inventions industrielles, lesquelles deviennent toutes une propriété commune par cela seul qu'elles ont été rendues publiques avant l'accomplissement des formalités destinées à en réserver la propriété exclusive, c'est-à-dire avant l'obtention du brevet d'invention; — Attendu qu'il n'y a aucune raison d'excepter de ce principe général, commun à toutes les inventions, celles qui sont relatives aux dessins de fabrique; — Attendu que l'ancienne législation elle-même contenait, par rapport aux dessins de fabrique, une disposition semblable, écrite dans l'art. 6 de l'arrêt du Conseil du 14 juillet 1787, où l'on lit: « Que, faute par le fabricant » d'avoir rempli la formalité du dépôt avant la mise en vente des étoffes fa» briquées, il sera et demeurera déchu de toutes réclamations; » — Attendu que cette solution, qui se rattache ainsi à l'ancienne législation, et que la loi du 18 mars 1806 a implicitement consacrée, n'est pas seulement la plus conforme aux principes de la matière; qu'elle est encore la plus propre à concilier les droits privés de l'inventeur avec l'intérêt des progrès de l'industrie, puisque, d'une part, elle laisse toujours à l'inventeur le moyen facile de conserver sa propriété, et que, d'autre part, elle permet à l'industrie nationale d'accroître son domaine de toutes les inventions non réservées; — Attendu que les contrefaçons, si funestes à l'industrie, doivent sans doute faire l'objet de toute la sévérité des tribunaux; mais que, pour que cette sévérité soit utile, il importe qu'elle soit renfermée dans les limites légales; — Attendu, en fait, que Bresson et Chavanne avaient livré au commerce le dessin dont ils se disent les inventeurs plusieurs mois avant d'en avoir fait le dépôt; que cette inven-

législateur attache à l'absence du dépôt une présomption, c'est l'abandon du droit de propriété. Cette intention ne peut être supposée de la part de celui qui n'a communiqué son produit que pour provoquer des commandes. Si telle avait été la pensée du législateur, la loi, au lieu de favoriser l'industrie, lui créerait une sérieuse entrave. En effet, il y a des produits industriels qu'on n'exécute qu'à titre d'échantillons, tant que la vente n'en est pas assurée, à cause de l'élévation de leur prix de revient. Aussi il a été décidé que l'envoi, fait avant le dépôt, d'un dessin à Constantinople, dans le but de savoir s'il obtiendrait faveur, n'est pas un acte de divulgation (1).

---

tion, étant ainsi tombée dans le domaine public avant l'exécution des formalités nécessaires pour en conserver la propriété, ne peut faire aujourd'hui l'objet d'une revendication de leur part ; — Déboute le demandeur, etc.

Contrà. 17 mai 1843. — C. Cass. — Delon : Coumert.

(1) 15 novembre 1853. — C. Cass. — Valansot : Bertrand. — Attendu, en droit, que la communication confidentielle d'un dessin de fabrique qui n'a encore été exécuté que sur échantillon, communication faite à des marchands à l'effet d'en obtenir des commandes, ne peut pas être considérée, à elle seule, comme ayant livré ce dessin à la publicité; que, dès lors, il n'y a pas lieu à appliquer à un tel cas le principe en vertu duquel un dessin de fabrique, qui a été livré à la connaissance du public avant son dépôt aux archives du conseil des prud'hommes, ne peut plus devenir l'objet d'un privilége exclusif ; — Attendu, en fait, qu'il a été déclaré par l'arrêt attaqué qu'il n'y a eu dans l'espèce, antérieurement au dépôt, que simple envoi à Constantinople d'un échantillon du dessin, objet du litige, pour savoir s'il obtiendrait faveur; que l'exhibition de cet échantillon n'a été qu'une expérience tentée afin d'apprécier le succès que l'on en pouvait espérer ; et enfin qu'il a été dit par le jugement, dont l'arrêt attaqué s'est approprié les motifs, que la remise de l'échantillon a été confidentielle; — Attendu qu'en jugeant dans ces circonstances que Bertrand n'avait pas encouru la déchéance pour livraison de son dessin antérieurement au dépôt, l'arrêt attaqué n'a violé ni l'article 15 de la loi du 18 mars 1806, ni aucune autre loi; — Attendu que, devant la Cour d'appel, Valansot, demandeur en cassation, a articulé et offert de prouver que les étoffe et dessin dont s'agit étaient dans le domaine public dès avant le dépôt; que notamment le dessin était connu et divulgué sur la place de Constantinople, et que l'étoffe s'y vendait publiquement en avril et mai 1850; qu'avant le dépôt du dessin Bertrand l'avait livré à la circulation ; — Attendu qu'il a été déclaré par l'arrêt attaqué que les faits allégués se réduisaient à l'envoi d'un échantillon à Constantinople; que de plus l'arrêt a explicitement rejeté le moyen tiré de ce que le dessin aurait été déjà dans le commerce; qu'en rejetant, par suite, l'offre

Ce qui précède nous amène à conclure que si, avant qu'un dessin ait été mis en vente par le fabricant, un contrefacteur parvient à s'en emparer et le livre au commerce, le dessin ne tombera pas pour cela dans le domaine public, et le défaut de dépôt ne pourra être opposé au propriétaire. La raison en est simple : l'absence du dépôt n'est considérée comme un abandon du droit de propriété qu'autant que, par la mise en vente, le fabricant s'est réellement dessaisi : or, le dessin ne saurait être considéré comme livré au public, tant qu'il n'est point sorti des magasins du fabricant par sa volonté, et pour être mis en vente. Dans ce cas, il ne reste plus que la question de priorité d'invention, et, si elle est contestée, le propriétaire peut établir son droit par tous les moyens admis en justice.

Il ne suffit pas, pour la validité du dépôt, que l'auteur ou le propriétaire d'un dessin ne l'ait point encore fait exécuter et vendre en France, il faut également qu'il ne l'ait point fait exécuter en pays étranger. Il perdrait donc son droit de propriété sur son dessin si, avant d'en faire usage en France, il l'avait vendu à des étrangers qui l'auraient mis dans le commerce (1).

---

de preuve, et en disant qu'il n'y avait pas lieu de s'y arrêter et que la religion de la Cour était suffisamment éclairée, l'arrêt attaqué a énoncé les motifs de sa décision, et n'a, dès lors, point encouru la nullité prononcée, pour défaut de motifs, par l'article 7 de la loi du 20 avril 1810 ; — Rejette.

(1) 10 juillet 1846. — Paris. C. R. — Lubiensky : Bourgeois et Bataille. — Considérant qu'il est constant, en fait, et avoué par Lubiensky, qu'il a vendu à des négociants anglais, pour être imprimés sur soie en Angleterre, les dessins qui motivent sa poursuite en contrefaçon, et que ces dessins y ont effectivement été exécutés conformément à cette destination ; — Que par cette exploitation industrielle en pays étranger, provenant de son fait, les dessins dont s'agit sont tombés dans le domaine public ; — Qu'il est allégué par les prévenus et également constant, en fait, que l'imitation qu'ils ont faite de ces dessins n'a eu lieu que sur les produits ainsi manufacturés en Angleterre, et nonsur les cartons déposés en France par Lubiensky, cartons qui sont constamment restés sous enveloppe cachetée, conformément à l'art. 15 de la loi du 18 mars 1806, et dont le dépôt n'a d'ailleurs été suivi d'aucune exploitation en fraude ; — Que les réserves que Lubiensky prétend avoir faites en vendant, d'appliquer en France les dessins sur fil et coton, réserves qui n'ont pu être connues

Toutefois il ne faut pas considérer comme ayant été exécuté en pays étranger un dessin dont les éléments seuls y ont été fabriqués, pour être plus tard appliqués en France. C'est donc à tort qu'on a décidé que la propriété d'un dessin de dentelle, dite *application de Bruxelles*, ne peut être revendiquée lorsque, avant le dépôt du dessin au conseil des prud'hommes, les découpures de dentelles ont été exécutées à l'étranger (1).

L'exécution des découpures n'est pas l'exécution du dessin; les découpures ne sont que des éléments qui constitueront le dessin, quand elles seront appliquées sur l'étoffe.

CHAPITRE IV.

DU DROIT DE PROPRIÉTÉ.

SECTION 1re. — *De l'auteur*.

Le droit de propriété sur les dessins de fabrique appartient à l'auteur, et l'auteur, dans le sens légal, est celui qui se trouve placé dans les conditions que nous avons développées en traitant des œuvres d'art et spécialement de la sculpture industrielle. Nous n'avons rien de plus à y ajouter; nous dirons seulement que l'étendue du droit de propriété varie suivant que le dessin est nouveau, soit par ses détails ou son ensemble, soit par son application. Dans les premiers cas, le droit de propriété est absolu, et nul ne peut, sans le consentement de

---

des tiers, ne sauraient avoir l'effet de lui conserver son droit d'auteur en France; — En ce qui touche les dommages-intérêts réclamés par Bataille et Bourgeois : — Considérant que ceux-ci n'ont pas réclamé de dommages-intérêts en première instance; qu'ils ne sont pas appelants, et qu'ils ne justifient d'aucun dommage éprouvé depuis le jugement; — Confirme et renvoie les prévenus.

(1) 6 avril 1853. — C. app. — Rosset-Normand : Selleron-Delange.

l'auteur, se servir du dessin pour un usage quelconque. Dans le second cas, il n'y a droit privatif que pour l'emploi spécial, puisque le dessin a été emprunté au domaine public.

On a prétendu qu'un dessin de fabrique pouvait être reproduit par des fabricants d'un autre genre, s'il n'y avait aucune rivalité possible entre les deux professions; qu'admettre le contraire, ce serait entraver l'industrie sans aucune utilité pour le fabricant inventeur ou propriétaire du dessin; que celui-ci ne peut être admis à se plaindre que lorsqu'il prouve le préjudice causé par la reproduction. D'autres soutiennent, et nous sommes entièrement de leur avis, que le propriétaire d'un dessin en a la jouissance exclusive et absolue, et qu'il peut s'opposer à l'usage qu'en ferait tout autre fabricant, quel que fût le genre de sa fabrication. Cette doctrine trouve sa justification dans les règles adoptées pour les ouvrages de peinture ou de gravure. Il est aujourd'hui reconnu en principe, et souverainement décidé par de nombreux arrêts, que le peintre ou le graveur peuvent s'opposer à la reproduction la plus grossière et la plus imparfaite de leur œuvre, fût-ce sur une enseigne à bière ou sur un paravent. Cependant le peintre qui a tracé une vaste composition n'a aucune rivalité, aucune concurrence à redouter de cette reproduction. Le papier peint ou la porcelaine ne pourront nuire à la vente de son tableau. Mais la jurisprudence a sagement considéré qu'il y a pour lui un préjudice notable, en ce que le sujet de son œuvre perd de son mérite par une reproduction qui lui enlève au moins l'attrait de la nouveauté. Le sujet multiplié à l'infini, pollué par une reproduction générale, avili par l'application faite de son dessin à certains objets, se trouve *vulgarisé,* si nous pouvons nous servir de cette expression, souvent même défiguré; le goût du public, fatigué par la vue de ces mille reproductions, se dégoûte du sujet qui a coûté à l'artiste tant de soins et de veilles. C'est là un préjudice incontestable, surtout lorsque le dessin original a été appliqué à des objets de mode et de fantaisie, dont la vogue est si passagère. Qu'on ne dise pas que ce droit absolu du propriétaire sera une entrave à l'industrie, car celui qui emprunte le dessin pourra très-bien l'acheter; et en cela il n'y aura que justice, puisque ce dessin a été le fruit d'un travail rémunéré par le propriétaire.

Un exemple fera sentir l'importance qu'on doit attacher à la propriété absolue des dessins, et le danger qu'il y aurait à en permettre la reproduction à des industriels d'un autre genre. Il y a des fabrications qui, bien que séparées par une différence de genre, se trouvent néanmoins rapprochées, sinon par quelques-unes de leurs productions, au moins par l'usage commun auquel ces dernières peuvent être appliquées ou destinées; tels sont les papiers peints et les indiennes qu'on emploie également pour les tentures d'appartements. Il y a même plus, c'est qu'un dessin de tenture perd évidemment de son attrait s'il est appliqué à des étoffes d'habillement et réciproquement, bien qu'ici l'usage soit complétement différent. C'est en vue de cette concurrence possible que le règlement de 1787 avait disposé (art. 8) qu'on ne pourrait pas reproduire sur *soieries* les dessins appliqués antérieurement à des *papiers peints*. Notre législation actuelle a été rédigée dans le même esprit, et se trouve presque calquée sur les dispositions du règlement précité. La raison de décider est donc la même; et si le législateur de 1806 n'a pas été aussi explicite, c'est qu'il a voulu réglementer d'une manière plus générale et éviter les inconvénients attachés à des prévisions limitatives.

SECTION 2. — *Des cessionnaires.*

Les formes et les effets de la cession des dessins de fabrique sont exactement soumis aux règles de la cession en matière de sculpture industrielle.

CHAPITRE V.

DU DÉPOT.

SECTION 1re. — *Quels objets peuvent être déposés.*

Nous avons donné, au livre de la propriété littéraire, l'origine du dépôt pour les ouvrages de littérature. Là le but justifie les moyens. Il n'en est pas de même pour les dessins de fabrique, et on ne s'explique pas l'obligation de déposer imposée au fabricant. Loin de trouver sa justification dans la pratique, le dépôt est repoussé par elle comme inutile et souvent ruineux. Il est inutile, car on est d'accord sur ce point qu'il ne donne pas la propriété, mais qu'il la suppose et la réserve. Il faut donc toujours, en cas de contestations entre deux fabricants, chercher en dehors du dépôt la preuve de la priorité de création ou d'application. Ajoutons que le dépôt étant secret, puisqu'il est cacheté, est encore inutile pour sauvegarder la bonne foi des tiers. Le dépôt est souvent ruineux, il l'est même toujours dans certaines industries, celle des tapis et des châles, par exemple, dont les simples esquisses sont d'une valeur très-élevée. Ainsi, le dépôt n'est qu'une entrave ruineuse et n'offre qu'une garantie illusoire.

Quoi qu'il en soit, la loi de 1806 exige, pour la conservation du droit de propriété, que le dessin soit déposé.

Cette formalité, en outre de son inutilité que nous venons de démontrer, peut avoir maintes fois des dangers contre lesquels il importe de prémunir les industriels, en précisant avec soin les objets qui sont susceptibles d'être déposés. Il n'est pas de produit, de quelque nature qu'il soit, qu'on n'accepte au dépôt. L'auteur paye le droit tarifé par la loi, on lui délivre un certificat, et il se retire avec la conviction que son œuvre est abritée contre l'usurpation. Cette trompeuse sécurité n'est pas de longue durée, car on guette l'auteur au détour de la loi, et, à la première occasion, il est attaqué et dépouillé du fruit de son travail. La formalité du dépôt au secrétariat du conseil des prud'-hommes (et il faut que ceci soit bien entendu) ne protége que les dessins de fabrique, c'est-à-dire tout travail qui réunit les caractères que nous avons énumérés et définis plus haut (1). Tout produit qui, par sa nature, s'éloigne de la définition que nous avons donnée du dessin de fabrique, sera vainement déposé et ne pourra être protégé que par la loi de 1793, s'il est d'origine artistique (2), ou par la loi de 1844, s'il constitue une invention brevetable.

A l'époque où la loi de 1806 a été rédigée, les dessinateurs de fabrique étaient tous employés dans les manufactures et travaillaient sous les ordres et pour le compte d'un fabricant, à l'exclusion de tous autres. Aujourd'hui, et depuis longtemps,

---

(1) 1er mars 1845. — C. R. Paris. — Fetizon : Delachaussée.

(2) 4 février 1847. — Trib. corr. — Mulot : Schirodan. — Attendu que le dépôt au secrétariat du conseil des prud'hommes ne garantit pas la valeur et l'importance de l'objet déposé; — Que c'est aux Tribunaux à examiner si l'objet pour lequel le dépôt a été fait rentre dans la nature des objets dont le fabricant peut réclamer la propriété exclusive; — Attendu que si jusqu'en 1845 il n'est pas établi qu'il ait été vendu dans le commerce des lanternes dont les plaques extérieures fussent semblables aux plaques des lanternes de Mulot, il est certain que la modification qui aurait été introduite par Mulot n'intéresse aucunement les parties de la lanterne destinées à projeter la lumière, et qu'elle consiste seulement dans l'arrondissement et l'établissement en forme de lucarne des coins des deux plaques extérieures; — Qu'une semblable modification, qui, de l'aveu de Mulot, a été longtemps obtenue à la main, au moyen du marteau, n'a pas exigé un travail d'artiste, et n'est qu'un changement peu important dans une forme extérieure; — Que la pièce n'est ornée ni de dessin ni de gravure, et qu'elle ne peut être assimilée à un modèle de fabrique; — Qu'il n'est pas établi que Schirodan ait employé pour la fabrication des plaques la matrice qui a été saisie; — Que, dans ces circonstances, Schirodan ne s'est pas rendu coupable du délit de contrefaçon; — Renvoie Schirodan.

Idem. 13 octobre 1847. — Paris. Trib. corr. — Borel : Lebœuf. — Modèle de fourneau de cuisine.

Contrà. 16 mai 1840. — C. R. Paris. — Breton : Minoret. — Matrices et poinçons pour l'estampage des bijoux.

les dessinateurs sont le plus souvent indépendants du fabricant et vendent leurs compositions à tout industriel qui se présente. Pour les dessinateurs placés dans cette condition, et tant que le dessin reste en leur possession, la formalité du dépôt n'est pas obligatoire. La composition reste œuvre d'art, protégée par la loi de 1793, jusqu'au jour où elle est appliquée à l'industrie. Alors seulement elle devient dessin de fabrique et est soumise aux prescriptions de la loi de 1806.

Pour faire valablement le dépôt d'un dessin, il faut en être propriétaire. Ainsi la propriété doit préexister au dépôt, qui la suppose et ne la donne pas. Si donc, par la fraude d'un ouvrier ou l'indiscrétion d'un tiers, le dessin a été contrefait, alors que son légitime propriétaire était dans le délai pour déposer, cette contrefaçon sera punissable et n'aura pas fait sortir le dessin du domaine privé (1).

Section 2. — *Du lieu où l'on doit déposer.*

Aux termes de l'art. 15, le dépôt devait être effectué seulement *aux archives du conseil des prud'hommes*. Mais comme il n'y a pas des conseils de prud'hommes dans tous les centres de fabrication, un très-grand nombre de fabricants se seraient trouvés ou dispensés de cette formalité, ce qui n'eût pas été juste, ou privés du droit de propriété, ce qui eût été une injustice plus criante encore. L'ordonnance de 1825 a autorisé le dépôt aux greffes des tribunaux de commerce, pour les fabriques situées hors du ressort d'un conseil de prud'hommes.

On a souvent contesté la constitutionnalité de cette ordonnance : on disait que la loi du 18 mars 1806 étant purement spéciale à la ville de *Lyon*, une ordonnance n'avait pas pu en étendre l'effet à toutes les fabriques du royaume. Mais le reproche n'est pas sérieux ; car, bien que cette loi ne semble s'occuper que de la ville dont l'industrie avait plus spécialement fixé les regards du législateur, il est néanmoins constant,

---

(1) 1er juillet 1850. — C. Cass. — Potton-Rambaud : Valansot. V. page 337.

d'après l'exposé des motifs fait par M. Regnault de Saint-Jean-d'Angely (1), et d'après le texte même de cette loi, que l'on a voulu créer, d'une manière générale, la juridiction des prud'hommes. En effet, l'article 34 donne au gouvernement le droit d'établir des conseils de prud'hommes dans les villes de fabrique où il le jugera convenable. La base de la juridiction des prud'hommes se trouve donc posée dans la loi du 18 mars 1806, dont l'article précité confie au gouvernement le soin d'en étendre le bienfait à toute la France. Aussi existe-t-il plusieurs décrets impériaux, entre autres ceux des 3 juillet 1806, 11 juin et 3 août 1809, qui non-seulement pourvoient à l'exécution de la loi de 1806, mais encore ajoutent à ses dispositions.

Ainsi l'ordonnance du 17 août 1825 n'a fait qu'user de la faculté laissée au gouvernement par l'article 34 de la loi de 1806. Cette ordonnance n'est nullement inconstitutionnelle; elle n'est pas sortie des bornes du pouvoir confié au chef de l'État pour l'exécution des lois. Cette ordonnance, après tout, ne fait que réglementer la formalité du dépôt; il résulte même des dispositions formelles de l'art. 425 du Code pénal que la propriété des dessins peut être protégée par des *règlements*. Le gouvernement peut donc disposer par réglementation, surtout en ce qui con-

(1) M. Regnault de Saint-Jean-d'Angely s'exprimait ainsi en présentant le rapport de la loi au corps législatif : — La section 3 du titre 2 de la loi attribue aux prud'hommes une fonction nouvelle, protectrice de la propriété, et qui, offrant à ceux qui inventent ou perfectionnent la partie de la fabrication qui appartient aux arts du dessin, une nouvelle garantie, sera à la fois un encouragement à faire et une récompense d'avoir fait un pas de plus dans la carrière. Chaque jour voit varier à *Lyon* ces dessins pleins de goût et de grâce, où l'on imite tantôt les étoffes légères et éclatantes dont se parent les sultanes ou les odalisques, tantôt les étoffes riches et fortes dont se couvrent les grands de la Turquie et de la Perse. Souvent la nouveauté d'un dessin quadruple le prix d'une étoffe. Plus d'une fois une fleur tracée et habilement tissue, un amalgame heureux de couleurs, a fait connaître, achalandé, enrichi une fabrique. Et pourtant le plagiat, ou plutôt le larcin de cette espèce de propriété, est devenu assez commun à *Lyon* et *ailleurs* pour que la répression de ce délit soit un besoin de la société et un devoir de sa législation. Vous trouverez dans la loi, messieurs, un moyen heureux et facile de conserver les droits des propriétaires des dessins.

cerne une simple formalité comme celle du dépôt. Voilà, ce nous semble, les considérations qui doivent déterminer à appliquer à toutes les localités les principes posés et les règles établies par la loi du 18 mars 1806, combinées avec l'ordonnance de 1825 (1). Au surplus, cette question n'est plus douteuse aujourd'hui, et la loi de 1806 est appliquée, par la jurisprudence, à toutes les localités.

L'objection que nous venons de résoudre, sur l'application de la loi de 1806 à toutes les fabriques du royaume, a donné lieu à une autre difficulté qui n'a d'ailleurs rien de sérieux. Tout en reconnaissant que la loi de 1806 devait s'appliquer à toutes les localités, on a soutenu qu'elle devait être restreinte aux fabriques de *soieries*. Ce qui a pu le faire croire, c'est la spécialité apparente de cette loi, qui ne signale que l'importance des fabriques de *Lyon*. Mais ce que nous avons dit de l'ordonnance du 29 août 1825 et de sa constitutionnalité, rapproché de l'article 34 de la loi de 1806, répond suffisamment

(1) 8 juillet 1833. — Barbet, Girard : Gros, Odier. — Jugement. — En ce qui touche Barbet et Girard; — Attendu que la propriété d'un produit industriel doit être préservée de toute atteinte comme toute autre propriété; que l'industrie manufacturière, notamment, éprouverait le plus grand préjudice, si les lois qui la protégent pouvaient être impunément éludées; — Attendu qu'il résulte des débats et des pièces produites, que Gros, Odier, Roman et Cie ont rempli les formalités voulues par la loi pour s'assurer la propriété des dessins sortis de leurs ateliers; que du rapport de l'arbitre comme de tous les faits de la cause, il résulte que H. Barbet, et Girard et Cie, ont exactement et manifestement copié les dessins dont s'agit; qu'en livrant dans le commerce, et en concurrence avec Gros, Odier, Roman et Cie, les produits de cette contrefaçon, les défendeurs ont non-seulement violé le droit de propriété, mais encore porté un préjudice notable et réel aux intérêts légitimes des demandeurs; — Vu l'art. 1382 C. civ., déclare bonne et valable la saisie pratiquée : ordonne que les toiles saisies, et qui portent les dessins dont s'agit, seront laissées à la disposition des demandeurs, qui en useront comme bon leur semblera; fait défense auxdits H. Barbet, Girard et Cie de contrefaire à l'avenir les dessins des demandeurs; — Condamne lesdits H. Barbet, Girard et Cie, chacun à 2,000 fr. de dommages-intérêts ; ordonne, en outre, l'impression et l'affiche du présent jugement au nombre de cent exemplaires, dans les villes manufacturières, et son insertion dans deux journaux, au choix des demandeurs. — Sur l'appel de Barbet et Girard, la Cour confirme, par arrêt du 26 décembre suivant.

à cette objection, en prouvant que le but de la loi, expliqué par ses termes et par l'exposé des motifs, était évidemment d'étendre cette protection à toutes les fabriques du royaume, sans distinction de genre.

Le dépôt doit-il être nécessairement fait en deux endroits, lorsque le propriétaire a deux fabriques situées dans des ressorts différents? Nous ne le pensons pas. La loi n'exige du déposant l'accomplissement de cette formalité que pour constater qu'il entend se réserver la propriété de son dessin : or cette déclaration une fois faite, le fabricant a prouvé son intention de conserver la propriété. Le bon sens ne permet pas d'admettre que sa jouissance exclusive soit limitée par la circonscription du ressort où le dépôt a été effectué; on est forcé d'en étendre les effets sur toute l'industrie du royaume. Un seul dépôt suffit donc aux exigences de la loi.

C'est par la même raison qu'il faut décider que le fabricant n'est pas tenu de déposer, nécessairement, dans le lieu où se trouve située sa fabrique. Cependant on a jugé maintes fois, notamment le Tribunal correctionnel de Paris, le 14 août 1833, que le dépôt fait dans un greffe autre que celui du ressort de la fabrique était nul et ne réservait pas la propriété au déposant. Cette doctrine nous paraît trop rigoureuse. D'abord la loi ne prononce pas cette nullité, et il est de règle que les nullités ne peuvent s'étendre d'un cas à un autre par analogie. Cependant cette nullité devait d'autant plus être formellement écrite dans la loi, que le dépôt effectué dans un autre ressort n'en constate pas moins, de la part du fabricant, l'intention formelle de se réserver sa propriété. Or, c'est là évidemment tout ce que veut la loi, comme nous l'avons dit dans l'examen de la question qui précède. Nous ajouterons que cette loi n'a pu avoir pour but d'avertir les tiers que le fabricant avait l'intention de se réserver la propriété de son œuvre, puisque le dépôt est par sa nature ignoré de tous et destiné à rester secret, et que d'ailleurs, en le supposant fait dans le ressort indiqué, il ne pourrait être un avertissement pour les fabricants d'un autre ressort. Sans doute il est plus logique de faire le dépôt au lieu précisément indiqué par la loi, mais on ne peut en faire une obligation sous peine de nullité.

SECTION 3. — *Des formes du dépôt.*

Les formes du dépôt sont indiquées dans les art. 15, 16 et 19 de la loi de 1806. Le fabricant déposera un *échantillon* plié et cacheté. Il faut s'entendre sur la véritable acception du mot *échantillon.* Dans le sens grammatical, l'échantillon est la *partie* qui sert à faire connaître le *tout.* Mais dans le sens légal, il faut que l'échantillon déposé soit tel que, dans un cas donné, les juges chargés de statuer entre l'original et la contrefaçon puissent apprécier l'ensemble comme les détails du dessin original, puisque la contrefaçon peut n'être que partielle. Ce n'est pas une partie du dessin seulement, mais le dessin complet qu'il faut déposer, c'est-à-dire un échantillon qui indique non-seulement les traits constitutifs du dessin, mais encore les couleurs ou nuances si leur arrangement ou leur combinaison sont la partie essentielle du dessin de fabrique, si c'est là ce qui en constitue la nouveauté.

On a souvent prétendu, mais à tort selon nous, que par *échantillon* la loi avait entendu non-seulement, comme nous venons de l'expliquer, la totalité du dessin, mais le dessin exécuté et appliqué, c'est-à-dire une partie de l'objet fabriqué. Cette doctrine se trouve réfutée par le simple bon sens. Ainsi, il existe un grand nombre de produits qui, par leur nature, leur volume ou leur valeur, ne peuvent être déposés même en partie, ou qui ne peuvent être entamés sans un énorme préjudice pour le propriétaire. Pour ces objets il y aurait donc nécessité ou de faire une exception, qui n'est pas écrite dans la loi, et d'affranchir ainsi les propriétaires d'une formalité imposée par règle générale à toutes les fabriques, ou de priver ces derniers du droit de se réserver la propriété de leur dessin. On ne peut admettre ni l'un ni l'autre de ces moyens sans violer ouvertement la loi. La conséquence forcée, c'est que le dépôt du dessin lui-même, complet dans son ensemble et ses détails, suffit aux termes de la loi. Nous devons dire cependant que, dans la pratique, on dépose généralement le dessin manufacturé; mais cela ne prouve rien pour la forme obligatoire. Les fabricants en usent ainsi uniquement parce que ce dépôt leur est plus facile. Ils conservent le dessin original qu'il faudrait reproduire à la main, et ils coupent une partie de l'objet manufacturé pour en faire le dépôt.

SECTION 4. — *Des effets du dépôt.*

Le dépôt ne donne pas la propriété, il la suppose et la réserve, par conséquent il ne doit servir que l'inventeur. Aussi, quand celui qui poursuit en contrefaçon justifie de son dépôt, cette preuve ne l'affranchit pas des contestations que le poursuivi peut élever sur sa qualité d'inventeur. Le seul avantage que lui donne le dépôt, en cas de contestation de son droit, c'est que cette formalité établit la présomption en sa faveur, et qu'il n'a rien à prouver; tandis que celui qui lui dispute son droit d'invention est dans l'obligation de prouver que le dessin appartient à un autre : d'où il suit que la propriété d'un dessin peut être revendiquée, avec une égale faveur, par celui qui n'a pas déposé contre celui qui a effectué le dépôt, de même qu'elle le serait par deux individus qui auraient accompli, chacun de son côté, cette formalité. La loi n'a prévu (art. 17, loi de 1806) que ce dernier cas; mais il résulte des principes les plus élémentaires de la matière, comme de la nature et des effets du dépôt, que ce droit de contestation appartient à tous. La propriété exclusive est un bienfait que la loi n'accorde qu'à l'inventeur ou à son représentant. Or, l'invention est un fait indépendant du dépôt, et sur lequel cette formalité est sans influence. Si donc celui qui n'a pas déposé prouve que le dessin lui appartient par droit de création, et qu'il ne l'a pas livré au commerce avant de le déposer, il pourra toujours faire condamner comme contrefacteur celui qui le lui aurait dérobé, et qui l'aurait devancé dans la formalité du dépôt.

CHAPITRE VI.

DE LA DURÉE DE LA PROPRIÉTÉ.

C'est sous l'empire de la loi de 1806 que notre industrie a fait ses plus belles et ses plus nobles conquêtes dans le domaine de l'art. Faut-il en conclure que le progrès a été le fruit de la sagesse de ses dispositions ou bien reconnaître que, depuis longtemps vieillie et dépassée, elle a assisté sans influence à l'accomplissement des destinées fatales de l'art, à son alliance avec l'industrie ? Nous ne pouvons admettre, d'une manière absolue, ni l'une ni l'autre de ces suppositions. Toutefois, nous serions volontiers porté à faire aux circonstances la part plus large qu'à l'œuvre du législateur. Imprévoyante et incomplète, la loi de 1806 aurait pu difficilement, sans le secours de la jurisprudence, suffire aux droits qu'elle avait mission de protéger. Mais ce qu'il faut dire, à la louange des rédacteurs de cette loi, c'est qu'ils surent adopter résolûment le principe libéral de la perpétuité du droit de propriété. On ne voit pas que ce grand principe, qui a jeté l'épouvante parmi les théoriciens de nos jours, ait fait obstacle au progrès. On dira peut-être que la propriété perpétuelle, appliquée à des créations essentiellement éphémères, est une générosité sans bourse délier, parce que les dessins industriels, nés du caprice de la mode et bientôt abandonnés par elle, ne vivent jamais assez pour que leurs auteurs soient appelés à recueillir le fruit des libéralités de la loi. Nous reconnaissons que c'est en cette matière, surtout, que la jouissance perpétuelle présente les garanties les moins précieuses, les moins utiles, parce que la certitude d'être respecté pendant de longs jours est fort indifférente à qui doit mourir demain. Mais n'est-ce donc rien que la consécration d'un principe, et serait-il juste de mesurer le bienfait à son utilité? D'ailleurs, cette loi de 1806 n'est pas la première qui reconnaisse la pérennité. Les mémorables arrêts du 30 août 1777 posaient le principe pour les œuvres littéraires, et on nous accordera bien que ce n'était pas là une générosité stérile; aussi c'est donc chose digne de remarque que toutes nos lois modernes, nées dans un temps de progrès, sont vaincues en libéralité par les lois qu'elles ont la mission, nous allions dire la prétention d'améliorer.

La durée du droit de propriété peut donc être illimitée. Nous disons qu'elle *peut être*, parce que c'est la déclaration du déposant qui fixe la limite de la durée de son droit. Ainsi on peut se réserver la propriété d'une manière absolue ou seulement pour une, trois ou *cinq* années. On conçoit difficilement la fixation de ces diverses périodes, puisqu'il dépend du fabricant de se réserver la propriété *perpétuelle*, et qu'en adoptant cette durée illimitée il ne paye pas un droit plus élevé que pour la jouissance réservée pendant une année. Aussi est-ce toujours sur cette durée que se porte le choix du fabricant. Mais qu'arriverait-il si le déposant oubliait de fixer la durée de la jouissance qu'il se réserve? Dans ce cas, nous pensons que, pour rester fidèle à l'esprit de la loi, il faudrait limiter cette jouissance à la période la plus courte, c'est-à-dire à une année. En effet, si le législateur a exigé cette fixation, c'est, comme le prouve le second paragraphe de l'art. 18, dans l'intérêt du commerce en général, et pour livrer, après ce délai, la composition originale à la libre concurrence des fabricants. Or, la période la plus courte est la plus favorable à l'industrie, puisqu'elle lui livre plus tôt la jouissance du dessin. C'est au déposant à user de la faculté que la loi lui accorde de fixer la durée de sa jouissance dans les limites prescrites.

Par ce mot *perpétuelle* il faut entendre la propriété *indéfinie*, et non pas la propriété limitée à la vie du fabricant. C'est ce qui résulte de l'art. 18 de la loi précitée, qui, par opposition à la réserve *perpétuelle*, parle de la réserve *temporaire*. Cette durée indéfinie est une imperfection choquante de la loi quand on la compare surtout à la durée limitée par la loi de 1793 à la vie de l'auteur, en ce qui touche la propriété des littérateurs et des artistes. C'est de plus une contradiction flagrante; car si un artiste crée une composition originale, son droit sera purement viager, aux termes de la loi de 1793; et, s'il applique ce dessin à un objet manufacturé, son droit pourra être perpétuel. Le contraire nous aurait paru plus logique; mais telle est la loi. Cependant, bien que cette perpétuité de jouissance exclusive paraisse au premier abord exorbitante, l'intérêt de l'industrie n'aura point à en souffrir autant qu'on pourrait le croire. En effet, la durée illimitée en apparence se trouve, nous le répétons, limitée réellement par la mobilité même des changements auxquels les formes sont assujetties, et par l'inconstance de la mode, dont les caprices sont de courte durée.

CHAPITRE VII.

DE LA CONTREFAÇON.

SECTION 1re. — *Des contrefacteurs et de ceux qui leur sont assimilés.*

Il faut appliquer ici ce que nous disons, sous la même rubrique, au chapitre de la contrefaçon en matière d'*inventions brevetées* et de *sculptures industrielles*. Nous y ajouterons quelques réflexions spéciales.

La contrefaçon des dessins de fabrique étant régie par les art. 425 et suivants du Code pénal, le simple *débitant* et l'*introducteur* en France de dessins contrefaits peuvent être poursuivis comme contrefacteurs, car le Code pénal range sur la même ligne, sinon pour la pénalité, au moins pour la poursuite, le contrefacteur, l'introducteur et le débitant.

On a décidé, à tort selon nous, que le fabricant, qui s'est engagé à ne jamais disposer d'un dessin qu'il a été chargé d'exécuter, peut néanmoins l'exploiter à l'insu du débitant propriétaire de ce dessin si celui-ci refuse ou néglige de le lui faire fabriquer en quantité suffisante pour le couvrir des frais que lui a occasionnés le montage du métier (1). C'est là une doctrine qui ne pourrait se justifier qu'autant que le cas aurait été prévu dans la convention. Mais, en l'absence d'une stipulation expresse, le dessin réservé à un débitant constitue un droit absolu en sa faveur, et rien ne peut justifier l'usage que le fabricant en ferait sans le consentement du débitant.

Lorsqu'un débitant envoie à un fabricant le modèle d'un dessin à exécuter, il est seul responsable de la contrefaçon, car on sait que les dépôts étant cachetés, le fabricant ne peut vérifier si le dessin est bien la légitime propriété de celui qui le commande (2). Mais c'est là le cas le plus rare; car, en général, le fabricant exécute les dessins qu'il a fait composer et les vend au débitant.

Il a été décidé que celui qui, ayant reçu des dessins à titre

---

(1) 12 mars 1846. — C. R. Paris. — Kayser-Renouard : Mathevon Bouvard.

(2) 16 janvier 1846. — T. corr. Paris. — Vachon-Morand : Richard-Lagerie. — Attendu qu'il est établi que Vachon-Morand se sont assuré la propriété des trois dessins dont il s'agit, aux termes de droit; — Attendu qu'il résulte des débats, pièces et documents produits, que les marchandises saisies chez Richard-Lagerie ont été fabriquées en contrefaçon desdits dessins; que la circonstance que ces marchandises seraient des étoffes de laine, tandis que Vachon-Morand auraient fait exécuter lesdits dessins sur des étoffes de soie, dont ils font le commerce, ne fait obstacle à la contrefaçon, la vente desdites soieries devant nécessairement souffrir de la concurrence d'étoffes de laine portant les mêmes dessins; que seulement cette différence de l'étoffe peut être prise en considération pour le degré de la culpabilité et la quotité du préjudice; qu'il ne s'agit plus que de savoir qui de Richard-Lagerie ou de Dutilleul a commis la contrefaçon; — Attendu qu'il est établi par tous les éléments de la cause, écrits ou oraux, que l'artiste qui a exécuté lesdits trois dessins l'a fait à Paris même, lieu où Richard-Lagerie exerce son commerce, et ce sur la demande, d'après les ordres et sous la direction dudit Richard-Lagerie; que Dutilleul, fabricant à Roubaix, y recevait lesdits dessins et n'était dans leur exécution que l'instrument de Richard-Lagerie, comme l'avait été le dessinateur lui-même; d'où il suit que la plainte n'est pas justifiée vis-à-vis de Dutilleul, mais qu'au contraire elle est établie vis-à-vis Richard-Lagerie; — Renvoie Dutilleul des fins de la poursuite et condamne Richard-Lagerie. Voy. page 358.

d'échantillons, et par conséquent non déposés, les reproduit sans le consentement du propriétaire ne se rend coupable ni d'abus de confiance ni de contrefaçon (1). La doctrine contraire a été consacrée par un arrêt rendu en matière d'imagerie (2). Cette dernière décision nous paraît plus conforme à la loi.

SECTION 2. — *Des caractères de la contrefaçon.*

Les éléments constitutifs du délit de contrefaçon, en matière de *dessins de fabrique*, sont les mêmes que ceux développés plus haut sur les produits des arts en général. L'art. 425 du Code pénal, qui s'applique à la contrefaçon de tous les *dessins*, sans distinction, prévoit et punit la reproduction *en entier* ou *en partie* de l'œuvre originale (3).

---

(1) 25 juin 1839. — Trib. corr. Paris. — Levaufre : Cornuault. — Attendu que si, au moment où Levaufre a eu connaissance de la mise dans le commerce par Cornuault des châles qui ont donné lieu à la plainte, il ne pouvait plus, par le dépôt de ses dessins, s'en assurer la propriété et avoir le droit de poursuivre les contrefacteurs, il y a lieu d'examiner, dans l'espèce, s'il n'y a pas eu de la part de Cornuault un délit passible des peines correctionnelles ; — Attendu qu'il résulte des débats que Cornuault, s'étant présenté chez Levaufre afin d'avoir des échantillons des châles nouveaux que cette maison avait l'intention de mettre en vente au printemps de 1839, s'est fait remettre à diverses époques des échantillons qu'il devait placer, et dont la valeur a été réglée par les factures qui lui ont été remises ; — Attendu que si Cornuault, reconnaissant que les châles étaient d'un placement avantageux, et voulant ajouter aux avantages du commissionnaire ceux du fabricant, a fait exécuter par Gosselin, et pour son compte personnel, des châles d'un genre tellement semblable, que l'acheteur pouvait être facilement trompé, et a ainsi causé un préjudice à Levaufre, ce fait, quelque déloyal et répréhensible qu'il puisse être, ne peut constituer le délit d'abus de confiance défini par le Code pénal ; — Renvoie Cornuault de la plainte.

Idem. 27 février 1846. — C. Cass. — La Société de garantie : Devaux-Drevet.

(2) 23 septembre 1847. — C. R. Paris. — La dame Bouasse : Herbet. Voy. page 138.

(3) 4 août 1835. — Trib. corr. Paris. — Gros-Odier : Rondeau, etc. — Attendu qu'aux termes de l'art. 425 du Code pénal toute édition de dessin imprimée ou gravée en entier ou en partie, au mépris des lois et règlements relatifs à la propriété des auteurs, constitue le délit de contrefaçon ; — Attendu

Il n'est pas nécessaire que le dessin argüé de contrefaçon ait été calqué, c'est-à-dire qu'il soit une reproduction servile des proportions et des détails du dessin original. Lorsqu'il s'agira d'apprécier le délit, les Tribunaux ne tiendront au contrefacteur aucun compte des changements qu'il aura introduits, s'il leur est démontré que ces changements sont peu importants, et qu'ils conservent la physionomie du dessin original (1). Ces modifications n'ont ordinairement pour but que de masquer le délit; c'est l'ensemble qu'il faut envisager, et bien que, dans l'inclinaison d'une fleur ou ses proportions relatives, le contrefacteur ait cherché à tromper par la différence des détails, le juge, aidé par la comparaison des deux dessins,

---

que, d'après les principes consacrés par la jurisprudence, il y a contrefaçon partielle d'un dessin toutes les fois que l'imitation qui en a été faite est de nature, par sa ressemblance avec le dessin contrefait, à nuire au débit des étoffes sur lesquelles est imprimé le dessin dont la loi garantit la propriété; — Attendu que, suivant l'avis unanime des trois experts nommés par le Tribunal, les deux dessins en toile peinte sortant des ateliers des sieurs Rondeau, etc., que les plaignants inculpent de contrefaçon, ont été évidemment arrangés sur les dessins appartenant à cette maison, dans l'intention manifeste de les imiter, et que, bien qu'il n'y ait pas d'identité parfaite, la ressemblance est assez grande pour qu'il ait dû en résulter à la vente un préjudice pour la maison propriétaire des dessins, et qu'une telle imitation porte tous les caractères d'une contrefaçon; — Condamne, etc., etc.

(1) 1er avril 1846. — C. R. Paris. — Vachon-Morand : Richard-Lagerie. — Attendu que le conseil des prud'hommes a émis l'avis qu'il y avait ressemblance parfaite quant au dessin entre les échantillons déposés par les plaignants et les dessins dits tissus de laine saisis; — Attendu qu'indépendamment de cet avis des prud'hommes, et en admettant qu'il fût insuffisant à raison des irrégularités de forme signalées par le prévenu, il suffit de rapprocher les échantillons produits de la pièce saisie et d'en faire la comparaison pour être convaincu qu'il y a similitude presque complète entre les dessins, et que les légers changements opérés soit dans la diminution des fleurs ou accessoires ou par des transpositions ne peuvent suffire, ainsi que la différence de nature des tissus, pour faire disparaître le délit; — Que ces légers changements n'ont eu lieu évidemment que pour déguiser la contrefaçon; — Qu'en cette matière la loi exige seulement une imitation, une ressemblance dans une partie notable de l'objet breveté, et non ressemblance complète entre les dessins; — Attendu qu'en l'état il n'est pas nécessaire de recourir à une expertise; — Attendu qu'en cette matière les tribunaux n'ont point à vérifier s'il y a réellement mauvaise foi de la part du prévenu, s'agissant d'une infraction *sui generis*; —

verra aisément si le contrefacteur s'est seulement inspiré du dessin primitif ou s'il l'a copié. Dans le premier cas, il ne saurait y avoir contrefaçon ; il y a seulement plagiat, c'est-à-dire imitation du genre, mais non reproduction de l'espèce. Ainsi une simple ressemblance d'effets entre deux dessins ne saurait être argüée de contrefaçon si elle est obtenue par des éléments

---

Attendu d'ailleurs que Richard-Lagerie n'établit pas qu'il y ait eu bonne foi de sa part; — Condamne, etc. — Appel. — Confirmation. Voy. page 356.

Idem. 16 août 1843. — C. R. Paris. — Schlumberger : Leplay-Vardon. Voy. page 331.

Idem. 17 mars 1843. — C. R. Rouen. — Barbet : Deruque. Voy. page 329.

Idem. 8 janvier 1842. — Trib. corr. Paris. — Avril et Larsonnier : Lefèvre. — Attendu qu'au mépris de la loi, Lefèvre a fabriqué et mis en vente, en octobre 1840, un dessin querellé aujourd'hui de contrefaçon; que ce dessin présente, avec le dessin Avril et Larsonnier, une ressemblance sinon complète, du moins tellement notable dans la disposition même du dessin, son enluminage et les nuances des fonds sur lesquels il a été porté, qu'elle dénote une imitation évidente et servile; que si, dans les arrangements auxquels il s'est livré, Lefèvre a intercalé quelques dissemblances, elles sont sans importance; qu'elles n'ont eu pour but que de dissimuler le délit commis, et, qu'étant une fraude nouvelle, elles ne peuvent être invoquées par lui; que d'ailleurs elles n'ont pas eu pour résultat de modifier cette ressemblance d'ensemble qui seule frappe l'œil de l'acheteur, et détermine une méprise entre les deux étoffes au préjudice de l'inventeur, qui ne peut livrer à aussi bas prix que son contrefacteur, et qui se trouve frustré ainsi du légitime bénéfice qui était dû à lui seul, puisque seul il avait fait les premiers frais d'établissement du dessin et couru les chances de non-réussite ; — Attendu, en outre, qu'il n'est nullement établi que le dessin porté sur l'étoffe dite *crêpe Rachel* ait servi de type primitif soit au dessin Avril et Larsonnier, soit au dessin Lefèvre; qu'à supposer même qu'Avril et Larsonnier aient pris sur le *crêpe Rachel* l'idée primitive de leur dessin, il resterait encore constant que Lefèvre n'a pu faire son dessin qu'en ayant sous les yeux le dessin des parties civiles, dont l'antériorité n'est pas contestée, et qu'en le copiant dans ses parties les plus frappantes, ce qui résulte de ce fait que les points sur lesquels l'un et l'autre de ces dessins diffèrent du *crêpe Rachel* sont précisément ceux sur lesquels existe entre les deux dessins dont s'agit la plus grande similitude, et qu'il n'est pas possible de croire que deux dessinateurs, travaillant séparément et s'inspirant chacun de leur côté du même modèle, arrivent à se rencontrer particulièrement dans les dissemblances qui distinguent leur œuvre du modèle donné ; — Condamne, etc.

ou des moyens différents, surtout lorsque ces moyens ou éléments sont empruntés au domaine public (1).

La contrefaçon d'un dessin de fabrique existe par le seul fait de la reproduction de ce dessin. Peu importe que l'étoffe et les moyens de reproduction diffèrent de ceux employés par le légitime propriétaire. Ainsi, une rayure exécutée par celui-ci sur une étoffe de soie est contrefaite lorsqu'elle a été reproduite sur une étoffe de coton ou de laine (2). Toutefois, indépendamment de la ressemblance ou imitation qui constitue la contrefaçon, il faut apprécier aussi, pour la réparation du préjudice causé, quelle est l'analogie qui rapproche ou la différence qui sépare les deux industries. Il est bien évident qu'une imitation, même éloignée, causera un préjudice notable au propriétaire, si les deux fabrications sont semblables ou même analogues. Au contraire, si les deux fabricants exploitent des genres différents, le préjudice est moins grave, même avec

---

(1) 21 août 1847. — C. R. Amiens. — Boucly et Lefèvre : Minette et Briquet. — Considérant qu'il est constant en fait, et reconnu par toutes les parties, que les divers éléments composant les tissus dont les dessins ont été déposés les 19 août et 16 décembre 1845, par Minette et Briquet, au secrétariat du conseil des prud'hommes de Saint-Quentin, sont depuis longtemps tombés dans le domaine public; — Considérant que l'agencement de ces éléments, qui consistent en plis superposés, broderies, jours et festons, réunis sur une chaîne continue, varie dans chacun des échantillons déposés et varie aussi dans la plupart des tissus saisis sur Boucly et Lefèvre, sans qu'il y ait entre aucun des échantillons et aucun des tissus une analogie telle qu'elle dégénère en une imitation présentant les caractères de la contrefaçon; — Considérant qu'entre les échantillons déposés et les objets saisis il y a ressemblance d'effets, mais non similitude de dessins, et que proscrire la simple ressemblance d'effets comme une contrefaçon serait nuire à l'industrie des dessins sur étoffes, en mettant obstacle à l'introduction de perfectionnements et de genres variés dans cette industrie; — Considérant que les saisies, mal à propos pratiquées, ont causé aux intimés, par le retard apporté dans l'enlèvement des chaînes saisies et dans la confection et la vente d'autres produits pareils, un préjudice qui doit donner lieu à des dommages-intérêts, et que la Cour possède les notions suffisantes pour en déterminer le chiffre; — La Cour infirme; déboute Minette et Briquet de leur demande à fin de déclaration de contrefaçon et de dommages-intérêts.

(2) 26 juillet 1852. — C. R. Lyon. — Champagne et Rougier : Sénéchal et Groffeuil.

une reproduction servile. Mais, dans l'un et l'autre cas, la contrefaçon existe et doit être réprimée, eu égard au principe de propriété absolue que nous avons adopté ; il n'y a plus de différence que dans le préjudice, c'est-à-dire dans la réparation due au propriétaire (1).

La copie partielle de deux châles, pour en composer un seul en y réunissant les motifs et l'arrangement des deux premiers, constitue une contrefaçon (2).

---

(1) 16 janvier 1846. — Trib. corr. Paris. — Vachon-Morand : Richard-Lagerie. Voy. page 356.

Idem. 17 novembre 1846. — Trib. Comm. Lyon. — Furnion : Mauger-Kiffer. — Attendu qu'il est constant que Mauger fils a vendu des étoffes conformes à la coupe qui a été saisie dans son magasin par procès-verbal de l'huissier Rozet du 8 novembre 1845, et qu'il résulte du jugement du conseil des prud'hommes du 10 décembre suivant qu'il y a contrefaçon et copie directe d'un dessin qui est la propriété des demandeurs, et qui a été déposé au secrétariat du conseil; que la substitution d'une étoffe de laine à une étoffe de velours ne change pas la nature du délit, et qu'en présence d'une copie aussi directe du dessin des sieurs Furnion il est impossible de ne pas rester convaincu que cette contrefaçon a dû leur causer un préjudice considérable; — Considérant que Mauger fils a établi que cette étoffe lui a été vendue par Kiffer, de Paris; qu'il a agi de bonne foi, et que le préjudice n'est pas résulté des ventes faites par Mauger, mais de la fabrication et des ventes faites évidemment de mauvaise foi par Kiffer, directement ou par son entremise et par ses ordres; que le Tribunal doit proportionner le préjudice au dommage causé; — Condamne Kiffer, etc.

(2) 15 mai 1844. — Paris. T. Comm. — Paul Godefroy : Billecoq-Bouteille. — Attendu que Bouteille frères opposent que le dessin du châle inculpé de contrefaçon n'a pas été copié par eux, mais bien puisé à la même source que ceux dont Paul Godefroy revendique la propriété, et qu'encore bien que celui-ci en ait effectué le dépôt le 30 novembre dernier, ce fait ne peut créer un droit à son profit qu'autant qu'il justifierait d'une possession antérieure à la leur; — Attendu qu'à cet égard ils offrent de prouver que leur châle a paru pour la première fois le 13 mars 1843, et que les parties de leur dessin qui ont de la similitude avec ceux de Paul Godefroy se retrouvent sur un châle de l'Inde, que chacun a le droit et s'empresse même d'imiter dans l'intérêt de cette branche d'industrie; — Qu'ils prétendent en outre qu'ils ont acheté leur dessin à un dessinateur de Paris comme une composition originale, et que, s'ils ont été induits en erreur par ce dessinateur, ils ont fait preuve de leur bonne foi en cessant immédiatement la fabrication et la vente de ce châle dès les premières démonstrations de Paul Godefroy, et jusqu'à ce qu'il ait été statué sur le litige; — En ce qui touche la propriété : — Attendu que la ressemblance

SECTION 3. — *De la preuve du fait de contrefaçon.*

Ainsi que nous l'avons démontré dans les livres qui précèdent, il n'est pas indispensable, pour la poursuite, que les dessins contrefaits aient été saisis. La preuve de la contrefaçon peut être faite de toute autre manière (1).

Lorsque le conseil des prud'hommes, consulté par les parties, ou choisi par le Tribunal pour expertiser, déclare qu'il y a contrefaçon, il ne donne qu'un avis que le Tribunal peut suivre ou négliger à son gré, ainsi qu'il en a le droit pour toute expertise (2).

---

entre les deux dessins de Paul Godefroy et celui de Bouteille frères est telle que l'un n'est que la reproduction littérale des autres, en ce qui concerne les principaux motifs, leur arrangement et l'aspect général du châle; — Qu'il est impossible d'admettre que Bouteille frères aient composé leur dessin uniquement d'après un châle de l'Inde produit au délibéré, puisque les modifications, corrections et combinaisons nouvelles adoptées par Paul Godefroy se trouvent textuellement dans le châle incriminé et n'existent pas dans le châle de l'Inde; — Condamne, etc.

Idem. 20 mai 1844. — Trib. Comm. Paris. — Godefroy : Meyer.

(1) 28 juin 1843. — C. R. Nîmes. — Mines-Joyeux : Rouvières-Cabane. Voy. page 325.

(2) 20 mars 1851. — Trib. Comm. Paris. — Brichard : Naudin Laurent. — Attendu que le galon déposé au conseil des prud'hommes par Brichard consiste en un dessin composé de quatre boyaux et deux bandes de satin encadrant un dessin en relief imitant la moire ; — Attendu que celui saisi chez les défendeurs ne reproduit ni les quatre boyaux, ni les deux bandes de satin, mais seulement le dessin en moire en relief; — Que dès lors il ne se présente pas avec les mêmes agencements ou des agencements qui, sans être identiques, pourraient provoquer une confusion entre les deux galons; — Attendu que si Brichard prétend que l'idée qu'il aurait conçue de reproduire un dessin de moire en relief pour galon constitue une propriété à son profit, il résulte des débats et des pièces produites que le dessin de moire en relief a déjà été exécuté depuis longtemps et qu'il est tombé dans le domaine public; que le fait de l'avoir appliqué à du galon ne constitue pas un dessin nouveau résultant soit d'une idée nouvelle, soit d'une combinaison nouvelle de dessins déjà connus; que, par suite, il ne peut réclamer le droit de propriété, qui n'est accordé que dans ces conditions; — Attendu que les prud'hommes n'ont pu donner au demandeur qu'un avis officieux, mais n'ont aucune qualité pour décider s'il y a eu ou non contrefaçon; — Déboute le demandeur, etc.

Section 4. — *De la bonne foi.*

Nous n'avons rien à ajouter à ce que nous disons sur les effets de la bonne foi en matière de brevets d'invention ou de propriété littéraire. Les règles sont ici les mêmes. Nous nous bornerons à faire remarquer que, en cette matière, où les dépôts sont cachetés, il est juste de faire une part plus large à la bonne foi des simples débitants. Ils n'ont aucun moyen de vérifier, et ils peuvent être aisément trompés sur l'origine d'un dessin qui leur est vendu par le fabricant. Quant à ce dernier, il ne lui est pas permis d'argumenter de sa bonne foi, tirée surtout de l'impossibilité de savoir, le dépôt étant cacheté, si tel dessin est ou n'est pas réservé à son auteur. Il sait que le dessin n'est pas de lui et qu'il n'a pas été autorisé à le reproduire, cela doit suffire pour l'arrêter s'il est consciencieux. D'ailleurs, admettre une pareille excuse, ce serait anéantir la propriété, puisque, dans tous les cas, la même excuse pourrait être alléguée avec le même succès. Ce serait enfin aller directement contre le but de la loi. En effet, quelle a été la pensée du législateur en laissant ignorer si un dessin est livré au domaine public? Il a voulu, cela est manifeste, contraindre le fabricant à créer sans cesse et à ne copier jamais. Aussi c'est, peut-être, à cette exigence, si souvent critiquée parce qu'elle est incomprise, que la France doit les efforts incessants de son industrie et la supériorité que cette création forcée lui a assurée (1).

Il a même été décidé que les fabricants, qui mettent en vente des dessins contrefaits, ne sont pas admis à argüer, pour se soustraire à la poursuite, de ce qu'ils les ont reçus de bonne foi de leurs dessinateurs, sans en connaître l'origine et sans savoir qu'ils étaient contrefaits. Il est juste qu'ils répondent du fait de l'artiste qu'ils emploient; autrement ils pourraient trop facilement abriter leur mauvaise foi derrière l'insolvabilité de leurs dessinateurs (2).

---

(1) 1er avril 1846. — C. R. Paris. — Vachon-Morand : Richard-Lagerie. Voy. page 358.

(2) 7 juin 1850. — Trib. Comm. Paris. — Fortier : Jabely. — Attendu qu'il

En matière de dessins de fabrique, le contrefacteur ne peut pas, pour établir sa bonne foi, exciper de ce qu'il a copié le dessin sur une étoffe achetée en pays étranger, antérieurement au dépôt effectué en France. Une pareille excuse encouragerait la fraude et rendrait l'industrie française impunément victime de la contrefaçon exercée en pays étranger, c'est-à-dire hors des atteintes de la loi française (1).

---

résulte tant de l'examen des châles saisis et mis sous les yeux du Tribunal par suite du jugement de ce jour, que de l'avis exprimé à l'unanimité par les prud'hommes, que, bien que de légères variations soient remarquées dans quelques accessoires et dans la disposition des couleurs qui s'expliquent par la différence de la fabrication d'un châle broché et d'un châle imprimé, il y a pour deux de ces châles contrefaçon de dessins dont il est impossible de douter; — Attendu que Jabely et Cie reconnaissent que les deux châles imprimés dont il s'agit ont été fabriqués par eux et qu'il ressort de l'examen de leurs livres qu'ils en ont répandu une assez notable quantité dans le commerce; — Attendu que, bien qu'ils allèguent avoir agi de bonne foi en recevant ces dessins de leurs dessinateurs et sans en connaître l'origine et sans intention de nuire, ils n'en sont pas moins les auteurs de la contrefaçon dont Fortier se plaint, et qu'ils doivent être passibles de la réparation du préjudice éprouvé; — Attendu que le préjudice ne doit pas être déterminé sur la parfaite similitude des produits fabriqués qui permettrait de vendre l'un pour l'autre, mais sur la dépréciation immédiate et considérable qui frappe le châle broché aux yeux de ses consommateurs habituels lorsque ces dessins, d'un genre tout spécial, montés à grands frais, sont produits dans le châle imprimé destiné à une consommation et à des prix bien inférieurs; — Condamne, etc., etc.

(1) 24 février 1845. — C. R. Paris. — Demy-Doineau : Requillart Choquell.

CHAPITRE VIII.

DE LA POURSUITE.

SECTION 1re. — *Du droit de poursuivre.*

Le dessinateur a seul le droit de poursuivre les contrefacteurs de son œuvre, lorsqu'il n'en a pas aliéné la propriété absolue au profit du fabricant (1). Dans le cas contraire c'est au fabricant à exercer la poursuite.

La maison de commerce qui commissionne une certaine quantité d'étoffes sur un même dessin, en retenant le dessin, n'a pas par cela seul acquis la propriété du dessin. L'unique privilége d'une semblable convention est de préserver la maison qui retient le dessin des inconvénients de la concurrence pendant l'écoulement des étoffes. Mais la propriété du dessin restant au fabricant, c'est à lui seul qu'il appartient d'exercer le droit de poursuite (2).

(1) 10 juillet 1846. — C. R. Paris. — Lubienski : Bourgeois et Bataille. — Voy. page 341.

(2) 5 juillet 1844. — Trib. Comm. Lyon. — Chavent : Guichard-Depouilly. — Considérant que lorsque, par une convention assez usitée sur la place de Paris, une maison commissionne une certaine quantité d'étoffes sur un même dessin et retient ce dessin, le seul but de cette convention (à moins de stipulations contraires qui n'existent pas dans l'espèce) est de préserver la maison qui retient le dessin des désagréments de la concurrence pour l'écoulement des étoffes commises que ce dessin est destiné à faire valoir ; que dès lors l'obligation du fabricant créateur de ce dessin est limitée à ne vendre aucune étoffe du dessin retenu qui puisse établir la concurrence redoutée, mais que cette convention ne change en rien la propriété du dessin à l'égard de celui qui l'a créé ; en conséquence, Thiébaud et Guichard sont sans droit et sans qualité pour faire reproduire sur impression le dessin de Chavent et Cie, quoiqu'ils en aient retenu les produits en étoffes de soie ; — Considérant qu'un dessin de fabrique peut être considéré comme un objet d'art, et toutes les fois que son

SECTION 2. — *Juge compétent.* — *Condamnations.*

Aux termes de l'art. 15 de la loi de 1806, tout fabricant qui veut pouvoir revendiquer, par la suite, *devant le Tribunal de commerce* la propriété d'un dessin, est tenu de le déposer. Cette rédaction a paru fixer la compétence d'une manière limitative et a soulevé plusieurs questions : 1° Le dépôt n'est-il exigé que pour la poursuite devant le Tribunal de commerce? 2° Le fabricant ne peut-il poursuivre que devant le Tribunal de commerce, ou, au contraire, peut-il intenter aussi son action soit devant un Tribunal civil, soit devant les Tribunaux correctionnels?

La première question ne peut faire l'objet d'un doute. En principe le dépôt, comme nous l'avons démontré, est une formalité indispensable pour conserver le droit de propriété, et, en l'absence du dépôt, le fabricant est censé avoir renoncé à son droit : or, comme il n'y a pas de revendication là où il n'y a pas de propriété, la conséquence forcée c'est qu'il n'y a pas de poursuite possible de la part de celui qui n'a pas fait le dépôt. Cependant on a prétendu que la propriété découlant immédiatement du fait de l'invention, on devait pouvoir, en vertu du principe général posé dans l'art. 1382 du Code civil, demander, même sans effectuer le dépôt, la répression de toute atteinte portée à cette propriété; c'est une erreur qu'il n'est pas difficile de démontrer. Sans aucun doute le principe posé

---

auteur entend s'en conserver la propriété par le dépôt qu'il en fait, il est interdit à tout le monde de le reproduire sous quelque forme que ce soit; — Considérant qu'il serait de la plus grande injustice de tolérer qu'un fabricant quelconque, à l'aide d'un changement de tissu et par le simple décalqué d'un dessin sur une planche d'impression, puisse s'en emparer et profiter gratuitement de son bon goût et de son succès, fruits de veilles et des coûteux essais de son auteur, dès que la faveur de la mode en aurait assuré la réussite; — Considérant que la reproduction à bas prix a pour résultats nécessaires de jeter de grandes quantités dans la consommation, que par ce fait seul elle entraîne une dépréciation immense des plus heureuses compositions, car la valeur de ces dernières se conserve et s'augmente, comme celle de tous les objets d'art, en raison inverse des quantités produites; — Condamne, etc.

dans l'art. 1382 est du droit commun ; mais la propriété dont il s'agit dans l'espèce n'est pas une propriété du droit commun et soumise à ses règles comme à sa protection. Cette propriété des dessins a été distinguée par le législateur ; elle est hors du droit commun, et, contrairement aux principes qui régissent la propriété en général, le législateur a imposé au propriétaire d'un dessin une formalité sans laquelle il est censé avoir renoncé à cette propriété. On ne peut donc invoquer le droit commun en faveur du fabricant, et lui permettre, en l'absence du dépôt, d'obtenir la réparation du préjudice qui lui a été causé ; ce serait violer la loi, et permettre au propriétaire de faire indirectement ce qu'elle lui défend ou ne lui accorde qu'à une condition qu'il dépend toujours de lui d'accomplir. Il faut conclure de tout ce qui précède que la poursuite en réparation du préjudice causé ne peut plus être intentée, quel que soit le juge saisi de la demande, lorsque la propriété du dessin n'aura pas été réservée par le dépôt.

Ceci posé, voyons si, le dépôt étant effectué, la poursuite ne peut être dirigée que devant le Tribunal de commerce. Avant le Code pénal il pouvait y avoir quelque doute, puisqu'on était sous l'empire exclusif de la loi spéciale de 1806, qui ne parle que du Tribunal de commerce. Mais depuis la promulgation des art. 425 et suivants du Code pénal, nous pensons qu'il n'y a plus de difficulté sérieuse ; il y a lieu seulement de distinguer entre l'action en revendication simple de la part du propriétaire et l'action en contrefaçon. La première est de la compétence exclusive du Tribunal de commerce ; l'art. 15 de la loi de 1806 le dit formellement et avec raison, car les Tribunaux de commerce sont, plus que les Tribunaux civils, à portée d'apprécier les atteintes portées à la propriété des dessins, et de résoudre les questions qu'elles soulèvent. Mais lorsque, indépendamment de la réparation du préjudice qui lui est causé, le poursuivant veut appeler sur le contrefacteur une pénalité plus sévère, nul doute qu'il ne puisse saisir les Tribunaux correctionnels. En effet, un principe incontestable, c'est que la compétence en matière de délit a sa base dans les lois pénales, et non dans les lois étrangères à la pénalité; pourvu toutefois, cela va sans dire, que ces lois ne soient pas exclusives de toute idée de délit proprement dit, de toute compétence correctionnelle : or, que dit le Code pénal en matière de contrefaçon? « *Toute contrefaçon est un délit, toute édition de dessin imprimée ou gravée au mépris des lois relatives à la propriété des auteurs est une contrefaçon* » (art. 425 du Code pénal). Rien de plus général, de plus absolu. En déclarant donc sa compétence dans une espèce de contrefaçon de dessins imprimés sur toile, le Tribunal correctionnel n'étendrait pas la loi pénale; il l'appliquerait littéralement. Au contraire, en se déclarant incompétent, il restreindrait les termes du Code pénal, et y sous-entendrait une exception qui n'y est pas même indiquée. Or, il n'importe pas moins d'éviter de restreindre des dispositions pénales, claires, précises et absolues, que de les élargir lorsqu'elles présentent quelque doute.

Toutefois, et c'est là, dans l'espèce, la seule difficulté, existerait-il dans quelque autre loi que le Code pénal une exception, une dérogation aux principes si généraux de l'art. 425? On ne peut la découvrir et la puiser, cette exception, que dans la loi du 18 mars 1806. Or, cette loi est antérieure de quatre années au Code pénal, et il serait difficile qu'elle ait pu, par anticipation, modifier et restreindre la définition du délit de contrefaçon formulée dans ce Code. Dans l'ordre naturel des idées, et d'après les principes reçus en législation, ce serait plutôt le Code pénal, loi postérieure, qui aurait pu abroger ou modifier les dispositions du décret de 1806 en fait de contrefaçon. Mais la loi du 18 mars 1806 a-t-elle donc quelque caractère de loi pénale ou de loi de procédure criminelle? Non; c'est une loi toute civile et toute commerciale. Elle institue des conseils de prud'hommes et règle leur juridiction. La section 3 a pour titre : *De la conservation de la propriété des dessins*, mots qui ne supposent que des mesures destinées à garantir cette propriété; puis elle dispose, art. 15, que tout fabricant qui voudra pouvoir revendiquer par la suite, devant le Tribunal de commerce, la propriété d'un dessin de son invention, sera tenu, etc. Cet article, selon nous, ne statuant que sur un acte bénévole, sur une action en revendication de propriété, action toute civile, ne peut pas être interprété dans ce sens qu'il interdise au fabricant l'emploi de toute autre action, notamment de l'action correctionnelle, s'il y a eu délit, indépendamment du litige sur la propriété.

L'art. 15 de la loi de 1806 est indicatif de la juridiction commerciale; il n'est pas conçu en termes limitatifs, il n'est pas exclusif de la juridiction correctionnelle; il n'avait pas même à s'en occuper, car il n'a pour objet que la question toute civile d'une revendication de propriété débattue entre deux industriels. Dire à quelqu'un : Si vous voulez revendiquer votre chose devant le Tribunal de commerce, vous devrez accomplir telles ou telles formalités, cela ne veut pas dire qu'il ne pourra agir que devant ce Tribunal. Tracer au fabricant le mode et les conditions de l'exercice de son action civile, ce n'est pas lui défendre d'avance l'exercice de l'action correctionnelle que lui conférera une loi postérieure, comme le Code pénal dans l'espèce. Mais ce Code, par cela même qu'il fait résulter le délit de contrefaçon du mépris des lois sur la propriété, se réfère précisément aux lois de 1793 et de 1806, et se concilie parfaitement avec elles. Ces lois règlent et protégent, sous le point de vue civil et commercial, la propriété des auteurs et dessinateurs; le Code pénal régit les atteintes portées à cette propriété dès qu'elle est reconnue et non contestée, et considère ces atteintes comme des délits correctionnels. C'est ainsi, d'une manière identique, que chaque jour, après que la juridiction civile a statué sur le droit de propriété, la juridiction correctionnelle statue à son tour sur les atteintes portées à ce droit désormais incontesté (1).

---

(1) 23 décembre 1833. — Gros, Odier et Roman : Rondeau, Ponchet et Lecoq. — Jugement : — Attendu que le déclinatoire proposé dans l'intérêt du sieur Rondeau et consorts offre à juger la question de savoir si l'art. 425 du Code pénal est applicable à la contrefaçon des dessins de fabrique, c'est-à-dire des dessins imprimés sur toile ou sur étoffe; — Que, soit que l'on consulte le texte de cet article, soit que l'on en recherche l'esprit, l'affirmative ne saurait

Il faut décider, pour résumer ce que nous avons dit sur la compétence, que le poursuivant, après avoir rempli la formalité du dépôt, pourra saisir soit le Tribunal de commerce, s'il veut s'en tenir à la réparation du préjudice causé, soit les Tribunaux correctionnels s'il veut faire appliquer la pénalité à la contrefaçon; mais qu'il ne pourra, dans aucun cas, porter son action devant un Tribunal civil.

Le Tribunal, saisi par la poursuite du plaignant, statuera, ainsi que nous l'avons dit au titre de la *Propriété littéraire*, sur les dommages-intérêts, s'il s'agit de l'action simple en revendication, et sur les dommages en même temps que sur la pénalité, s'il s'agit d'une action en contrefaçon, conformément aux art. 425 et suivants du Code pénal. Tous les développements relatifs aux formes générales de la poursuite et aux condamnations se trouvent consignés au titre de la *Poursuite* en matière de propriété littéraire.

Nous ajouterons seulement que le contrefacteur d'un dessin peut être déclaré passible de dommages-intérêts aussi bien pour les impressions faites pour son propre compte que pour celles

---

être douteuse; — Qu'en effet le mot dessin y est employé dans le sens le plus général, et qu'on ne peut dès lors établir aucune distinction entre les dessins gravés ou lithographiés et les dessins de fabrique; — Qu'une telle distinction, contraire à la lettre de la loi, ne serait pas moins opposée à l'intention du législateur; — Que le but qu'il s'est proposé dans la rédaction de l'art. 425 a été de réprimer toute atteinte portée aux droits de propriété que les lois et règlements garantissent aux auteurs; — Que si les procédés au moyen desquels on applique un dessin sur une étoffe ou sur une toile sont purement mécaniques, le dessin lui-même est une production qui appartient aux beaux-arts; que le fabricant qui l'a fait exécuter se trouve nécessairement subrogé aux droits de l'artiste qui en est l'auteur, et qu'à ce titre il pourrait invoquer les dispositions de la loi du 19 juillet 1793, si sa propriété n'avait été de nouveau reconnue et consacrée par la loi du 18 mars 1806; qu'il n'est pas exact de prétendre que cette dernière loi ait attribué au Tribunal de commerce la connaissance de tout ce qui se rapporte à la contrefaçon des dessins de fabrique; — Que, s'il résulte des dispositions de l'art. 15 que le fabricant qui a rempli les formalités du dépôt a la faculté de revendiquer la propriété de son dessin devant le Tribunal de commerce, il ne s'ensuit nullement qu'il lui soit interdit de porter sa plainte en contrefaçon devant la juridiction correctionnelle; — Rejette le déclinatoire.

que, par sa négligence, il a laissé à un tiers la liberté de faire pour lui-même (1).

Il a été décidé, avec raison, que le préjudice ne doit pas se mesurer seulement à la ressemblance plus ou moins parfaite qui existe entre le dessin original et le dessin contrefait. Il faut encore, et surtout, tenir compte de la disposition d'un dessin résultant de l'application qui en aurait été faite par le contrefacteur à des produits d'un genre commun et d'un usage vulgaire (2).

La confiscation n'est pas une peine, mais un complément d'indemnité. En conséquence elle peut être prononcée par la Cour, bien qu'il n'y ait appel que de la partie civile et non du ministère public (3).

---

(1) 17 mai 1843. — C. Cass. — Delon : Coumert.

(2) 7 juin 1850. — Trib. Comm. Paris. — Fortier : Jabely. — Voy. page 363.

(3) 24 janvier 1845. — C. R. Paris. — Demy-Doineau : Requillart et Chocquel.

LIVRE VI.

TITRES D'OUVRAGES ET NOMS D'AUTEURS.

CHAPITRE PREMIER.

DE LA PROPRIÉTÉ DU TITRE.

SECTION 1re. — *Des caractères du titre.*

L'auteur d'une œuvre littéraire, musicale ou autre, a le droit de choisir le titre qui lui convient. La pratique, d'accord avec l'équité, n'a imposé qu'une limite à ce droit, c'est le devoir, pour chaque auteur, d'éviter, dans le choix que lui dicte son caprice ou que lui impose la nature du sujet qu'il traite, toute ressemblance qui serait de nature à amener la confusion entre deux ouvrages. Ainsi, pour qu'un titre soit digne de la protection de la justice, il faut qu'il offre un caractère particulier et nouveau soit par les mots qui le composent, soit par leur ensemble ou leur agencement, soit enfin par l'application nouvelle d'une désignation d'ailleurs banale. C'est qu'en effet le titre est l'enseigne de l'ouvrage. Il est le nom qui le distingue soit des autres productions du même genre, soit des compositions du même auteur. Son importance est telle qu'on ne pourrait, le plus souvent, séparer le titre de l'ouvrage sans rendre ce dernier méconnaissable aux yeux du public.

Aucun texte de loi ne régit spécialement la propriété des titres, car la loi de 1793 et les art. 425 et suivants du Code pénal n'ont eu pour but que de protéger les *auteurs* de *compositions* littéraires, artistiques ou musicales. C'est donc pour l'ouvrage et non pour son titre que le législateur a stipulé. Il est manifeste, d'ailleurs, que ce titre, quelque ingénieux qu'il soit, ne peut être élevé au niveau d'une production littéraire digne de s'abriter sous la loi de 1793. Cependant le titre a une valeur incontestable et souvent d'une importance sérieuse. Aussi les Tribunaux, guidés, comme pour les usurpations d'enseignes, par le bon sens et le sentiment éclairé de la loyauté commerciale, ont toujours sévi contre les usurpations de titres. La loi, d'ailleurs, ne fait pas absolument défaut aux magistrats : leur doctrine trouve un appui suffisant dans le principe du droit commun que le législateur a déposé dans l'art. 1382 du Code civil et qui veut que nul ne fasse préjudice à autrui sans être tenu à le réparer. Mais c'est là un principe général qui n'indiquait pas au magistrat la véritable base du droit de jouissance exclusive en matière de titres. La pratique a bientôt démontré que le droit de propriété, en pareille matière, n'est autre que le droit du premier occupant.

Le titre d'un ouvrage appartient donc à celui qui, le premier, l'a adopté. Toutefois ce principe, ainsi formulé en termes généraux, conduirait à d'étranges abus s'il n'était renfermé dans les limites que lui tracent naturellement le bon sens et l'équité. Aussi importe-t-il de bien fixer l'époque à laquelle l'auteur est réputé avoir adopté un titre.

La prise de possession d'un *titre* résulte d'abord, et tout naturellement, de la publication de l'ouvrage. Elle peut résulter encore de circonstances antérieures à la publication, telles que la déclaration à la librairie, ou même la simple annonce dans les journaux. Toutefois, il faut pour cela que la publication ait suivi cette prise de possession dans un certain délai. Il ne serait pas juste que la déclaration ou l'annonce ci-dessus, non suivies de la publication, rendissent le titre indisponible (1).

---

(1) 28 juin 1847. — C. R. Paris. — Borel d'Hauterive : Aubert. — Attendu que Borel d'Hauterive a déclaré, le 3 avril 1842, à la direction de la librairie, qu'il entendait publier un ouvrage avec le titre d'*Almanach ou Annuaire de la Pairie et de la noblesse de France*; — Qu'il a en effet publié sous ces deux titres, en 1842 et 1845, lorsqu'en 1846 Aubert a imaginé d'éditer une autre compilation intitulée *Almanach de la Noblesse de France*; — Attendu qu'en-

Si donc, après un délai excédant de beaucoup le temps nécessaire pour l'impression, l'ouvrage déclaré ou annoncé n'a pas été publié, le titre rentrera dans le domaine public. Ainsi ce n'est pas au jour où ce titre a été choisi par l'auteur qu'il faut faire remonter le droit de premier occupant, mais à l'époque où ce choix s'est révélé d'une manière incontestable et sérieuse (1).

---

core bien qu'aucun de ces ouvrages, et surtout ce dernier, ne brille par le mérite de la conception ou de l'invention, il est pourtant évident que Borel d'Hauterive avait un droit acquis de priorité auquel Aubert a tenté de porter atteinte par une concurrence déloyale; — Fait défense à Aubert d'intituler son livre *Almanach de la noblesse de France*, ni de toute autre manière qui puisse causer confusion avec celui de Borel d'Hauterive. — Appel. — Infirmation par le motif que le titre d'*Almanach*, bien que déclaré en même temps que celui d'*Annuaire*, n'a jamais été employé par Borel; que d'ailleurs il est suffisamment distinct de celui d'*Annuaire*.

Idem. 6 novembre 1849. — Trib. Comm. Paris. — Dutacq : Lainé. — Attendu qu'il résulte des pièces produites que Dutacq s'est borné à faire, le 7 février dernier, la déclaration au ministère de l'intérieur de l'intention où il était de publier un journal sous le titre de *l'Universel;* — Qu'il a publié en même temps un spécimen-prospectus de ladite feuille; — Que ces formalités n'ont été suivies ni du dépôt ni du cautionnement nécessaires à la publication du journal projeté, ni de la formation de la société que Dutacq voulait constituer; — Qu'on ne saurait faire ressortir de ce qui précède un droit de propriété, au profit de Dutacq, du titre *l'Universel*; — Déclare Dutacq mal fondé; etc.

(1) 8 octobre 1835. — C. R. Paris. — Forfelier : de Saint-Priest. — Considérant que, d'après les dispositions de la loi du 19 juillet 1793, la propriété littéraire est acquise aux auteurs ou à leurs cessionnaires au moyen du dépôt régulièrement fait de leur ouvrage; mais que ces dispositions et le privilége qu'elles consacrent ne sont applicables qu'aux œuvres terminées ou aux œuvres qui, susceptibles de publications partielles et successives, ont déjà reçu une existence réelle par l'importance de ces publications; qu'un titre ne peut être revendiqué que lorsqu'il a été appliqué à un ouvrage à l'égard duquel les formalités légalement exigées pour en garantir la propriété ont été remplies, et lorsque l'usurpation de ce titre, nuisible aux intérêts d'un auteur, devient en quelque sorte une contrefaçon; — Considérant qu'indépendamment de cette condition, il faudrait encore que le titre revendiqué s'appliquât privativement, par sa qualité, à l'écrit auquel il a été destiné; que l'adoption que pourrait faire un auteur d'expressions généralement employées pour désigner une branche particulière de connaissances, ou un genre particulier d'ouvrages, ne pourront avoir pour effet d'en déposséder le domaine public pour son avantage particu-

SECTION 2. — *De l'étendue du droit de propriété.*

La jouissance exclusive d'un titre n'est pas absolue ; elle a pour limite l'intérêt de l'auteur. Celui-ci ne peut donc se plaindre du fait de reproduction ou d'imitation qu'autant qu'il justifie d'un préjudice possible résultant de la confusion entre les deux ouvrages. Mais la question de savoir si deux ouvrages portant le même titre peuvent se faire rivalité, s'ils appartiennent à des genres distincts ou s'ils ont des destinations assez différentes pour que la confusion soit impossible entre eux sont des points de fait dont l'appréciation varie suivant les circonstances. Toutefois, pour déterminer d'une manière précise l'étendue du droit à la jouissance d'un titre, il importe de diviser les désignations de ce genre en deux catégories distinctes, savoir, les titres *nécessaires* et les titres *arbitraires*.

§ 1er. — *Du titre nécessaire.*

Le titre nécessaire est celui qui désigne communément un genre, qui dès lors n'a pas d'équivalent dans l'usage et qui même ne peut être modifié sans perdre une partie de sa signification. Le titre nécessaire étant imposé à tous, on comprend aisément qu'il ne peut être l'objet d'une jouissance privative. Il n'y a, dans ce cas, qu'un moyen d'éviter la confusion entre les divers ouvrages soumis au même titre, c'est de distinguer

---

lier; — Considérant que Forfelier et de Saint-Priest, ayant eu, à des époques diverses, la pensée de fonder un ouvrage intitulé *Encyclopédie catholique*, ont chacun usé de leur droit en annonçant publiquement ce projet, sans acquérir aucun droit exclusif sur ledit ouvrage; que le dépôt d'un prospectus fait par Forfelier ne peut être assimilé au dépôt de l'ouvrage même, et que si de Saint-Priest a, le 25 juin 1835, déposé une première livraison de son ouvrage, il est constant que cette publication unique, informe, soit sous le rapport typographique, soit sous le rapport de la rédaction, n'a été faite à la hâte que pour tenter de créer le privilége résultant du dépôt, et qu'elle ne saurait être considérée comme une réalisation sincère de l'œuvre projetée, devant la faire réputer commencée, et susceptible d'en assurer la propriété..... — Rejette la demande.

la désignation par un sous-titre différent. Ainsi le mot *biographie* est du domaine public, mais les mots *biographie universelle* constituent un titre spécial, réservé à celui qui le premier l'a adopté (1). C'est donc à tort qu'il a été décidé que le titre d'*Encyclopédie catholique* était trop général et ne pouvait constituer un droit de jouissance exclusive (2). C'est une erreur selon nous, car si le mot *encyclopédie* est devenu banal, son application spéciale et, en outre, l'épithète qui l'accompagne en font un titre arbitraire et nouveau. Aussi a-t-on jugé avec raison que les titres d'*Almanach comique* et d'*Almanrch prophétique* sont des désignations dont l'usage appartient au premier occupant, bien que le mot *almanach* soit incontestablement une désignation générique. Mais l'épithète qui suit cette désignation la spécialise suffisamment (3).

De ce qu'un titre est vrai, il ne s'ensuit pas qu'il doive être rangé dans la catégorie des titres nécessaires, dont l'usage est permis à tous. Aussi les mots *la France,* mis en tête d'un atlas des 86 départements, ne constituent point un titre nécessaire. En effet, il n'est pas d'usage d'intituler ainsi les atlas de la France : on doit donc classer ce titre au nombre des désignations arbitraires (4). Il en est de même des mots *manuel, cours, traité, leçons* qui, étant équivalents, imposent au dernier venu l'obligation de choisir celle de ces désignations qui n'a pas encore été adoptée. C'est pour obéir à cette règle de loyale concurrence que les arrêtistes, qui, traitant le même sujet et se servant de matériaux identiques, avaient besoin, plus que dans tout autre cas, de choisir des titres distincts, ont en effet adopté les désignations suivantes : *Recueil de jurisprudence — Répertoire de jurisprudence — Journal du palais.*

---

(1) 10 juillet 1854. — C. R. Orléans. — Thoisnier-Desplaces : Didot. — Voy. page 28.

(2) 8 octobre 1835. — C. R. Paris. — Forfelier : de Saint-Priest. — Voy. page 374.

(3) 26 juillet 1852. — C. Imp. Nancy. — Plon, Pagnerre : Hinzelin.

(4) *Contrà.* 14 juin 1843. — Trib. Com. Paris. — Armand-Aubrée : Mignon.

C'est donc à tort, selon nous, qu'il a été décidé que le nom d'un établissement public, lorsqu'il est pris pour titre d'un ouvrage descriptif de ce même établissement, ne saurait être considéré comme donnant droit à une jouissance exclusive (1). Ainsi, puisque, dans l'espèce en question, le premier de ces ouvrages avait pour titre *le Jardin des plantes*, il était juste d'exiger, au moins, de l'auteur du second qu'il désignât le sien par l'un de ces mots *itinéraire, guide, histoire, description du Jardin des plantes.*

Le mot *indicateur* n'est pas un titre nécessaire, puisqu'il

---

(1) 21 décembre 1841. — C. R. Paris. — Dubochet : Curmer. — Attendu qu'il résulte du rapport de l'arbitre, des pièces produites et des débats que, dès le commencement de l'année 1840, Curmer s'occupait de préparer la publication d'un ouvrage ayant pour titre *le Jardin des plantes;* qu'il avait à cet effet traité de l'achat d'un manuscrit portant ce titre, et composé par M.-P. Bernard et L. Couailhac ; que s'il a retardé cette publication et s'il a hésité sur le mode de publication, sur le format à donner au livre et sur l'avantage qu'il pourrait y avoir pour lui à faire diverses publications qui lui permettraient d'utiliser soit les planches gravées, soit le manuscrit lui-même, ces faits ne sauraient nuire aux droits de propriété des auteurs dont Curmer est cessionnaire ; — Attendu que si Dubochet et Cie ont ensuite publié simultanément avec Curmer les prospectus et les annonces d'un ouvrage ayant le même titre, et s'ils ont effectué à la direction du dépôt de la librairie le dépôt du titre de leur publication antérieurement au dépôt fait par Curmer, il ne résulte pas de ce seul fait un droit de propriété exclusif en faveur des demandeurs, et qu'il appartient au Tribunal d'examiner s'il y a eu, de la part de Curmer, usurpation réelle du titre ; — Attendu que l'établissement du *Muséum d'histoire naturelle* au jardin du roi a porté, à diverses époques, le nom de *Jardin des plantes,* que c'est encore par cette appellation que cet établissement public est généralement désigné ; que le nom d'un établissement public, lorsqu'il est pris pour titre d'un ouvrage descriptif de ce même établissement, ne saurait être considéré comme constituant une *invention* ou *composition littéraire,* à la propriété de laquelle protection est due ; qu'il y a lieu par conséquent de prendre en considération les développements du titre tels qu'ils ont été choisis par les auteurs ; qu'à cet égard il n'y a aucune parité entre le titre complet donné par Curmer et le titre développé choisi par Dubochet ; — Attendu qu'après tout ce qui précède l'on ne saurait voir dans le fait de la publication de Curmer une usurpation, soit de la propriété de l'ouvrage, soit du titre de la publication faite par Dubochet et Cie ; — Par ces motifs, déclare les demandeurs mal fondés sur tous les chefs de leur demande.

peut être remplacé par celui de *manuel, moniteur, guide, bulletin, journal* etc., etc. (1).

§ 2. — *Du titre arbitraire.*

Le titre arbitraire est celui que la fantaisie de l'auteur a créé. Il faut considérer aussi comme arbitraire tout titre qui peut être remplacé par un équivalent sans que la désignation de l'ouvrage y perde de sa précision. Ces sortes de désignations constituent un droit de jouissance exclusive alors même qu'elles ressortiraient de la nature du sujet. Ainsi le titre de *Lettres persanes* était commandé par la forme et le fond du sujet; cependant c'était là un titre arbitraire dont la reproduction aurait constitué une usurpation. Les mots *traité, cours, leçons* doivent être, ainsi que nous l'avons dit plus haut, considérés comme titres arbitraires, en ce sens que l'un peut remplacer l'autre s'il a déjà été adopté.

SECTION 3. — *De la durée du droit de propriété.*

De même que le droit de jouissance exclusive sur un titre n'est point absolu, de même aussi la durée de cette jouissance n'est pas illimitée. Ainsi un titre ne peut être revendiqué par le premier occupant qu'autant qu'il n'a pas cessé de s'en servir. Dans le cas contraire, le titre rentre dans le domaine public et peut dès lors devenir la propriété du premier qui s'en empare.

En général, la durée de la propriété d'un titre est subordonnée à la durée de la propriété de l'ouvrage. Ainsi, tant qu'un auteur conserve la propriété de son œuvre, nul ne peut usurper son titre.

Il n'en est pas précisément de même d'un journal. En vain existerait-il à l'état de collection, l'usage a consacré qu'on peut s'emparer de son titre s'il a cessé de paraître comme feuille

(1) *Contrà.* 25 août 1854. — C. Imp. Paris. — L'*Indicateur des chemins de fer* de N. Chaix : l'*Indicateur Hermann, Moniteur officiel des chemins de fer*.

quotidienne ou périodique, ou si son titre primitif a été abandonné (1).

Il est bien entendu qu'il y aurait lieu de réserver le titre au premier possesseur si l'interruption de jouissance provenait d'un cas de force majeure et qu'il ne fût pas établi que le possesseur du titre avait décidément renoncé à s'en servir.

Section 4. — *De la propriété du nom.*

Le nom de l'auteur est sans contredit la plus respectable de toutes les désignations applicables aux œuvres littéraires.

Ce serait se méprendre étrangement que de mesurer la protection du nom au mérite de l'auteur ou à sa renommée : le plus obscur écrivain peut, aussi bien que le plus illustre, revendiquer la jouissance exclusive de son nom.

La loi n'ayant interdit aucune espèce de désignation, l'auteur peut donc adopter un nom quelconque, même un nom propre autre que le sien, pourvu que ce nom de fantaisie ne soit pas celui d'un *autre auteur*, surtout d'un auteur ayant écrit dans le même genre. L'usage d'un nom emprunté est très-fréquent dans les lettres. Il se comprend : un jeune auteur ne veut

---

(1) 15 avril 1834. — C. R. Paris. — Guérin : Grimault., — Guérin publiait avant 1830 la *Gazette de santé*. En 1832 il échangea son titre pour celui de *Gazette médicale de Paris*. Sept mois après, Grimault publia un journal sous le titre abandonné de *Gazette de santé, journal de médecine domestique*. — Arrêt qui décide que le titre était devenu vacant par le changement que Guérin avait adopté pour son journal.

Idem. Juin 1842. — Trib. Civ. Paris. — Beauger : Saint-Elme. — Le journal *le Figaro*, après avoir cessé de paraître, reparut en mars 1830. Il cessa de nouveau à la fin de décembre 1840. Cependant le *Charivari*, qui appartenait au même propriétaire, n'avait pas cessé d'annoncer que les dessins du *Figaro* se vendaient dans ses bureaux ; l'enseigne du *Figaro* était même restée en place ; enfin Beauger, dernier acquéreur dudit journal, avait sollicité de l'administration la permission de le vendre dans les théâtres. Telle était la situation lorsque en décembre 1841 parut un nouveau *Figaro*, publié par Saint-Elme. Beauger actionna celui-ci en restitution de son titre. — Jugement : — Attendu qu'en cessant de faire paraître le journal, Beauger a laissé tomber le titre dans le domaine public ; — Le déboute de sa demande.

pas s'exposer aux coups de la critique, et un auteur, dont la réputation est faite, peut avoir aussi intérêt à ne pas publier certaines œuvres sous l'autorité ou la responsabilité de son nom. Quel que soit d'ailleurs le motif qui a guidé l'auteur dans le choix d'un pseudonyme, ce choix doit être respecté.

SECTION 5. — *Du dépôt.*

Nous avons dit, en parlant de l'origine de la propriété du titre, que cette propriété est au premier occupant, et les divers modes d'occupation réelle et effective que nous avons indiqués prouvent suffisamment que la formalité du dépôt n'est point obligatoire pour constituer le droit de jouissance exclusive.

Quant à la propriété du nom, il est inutile de démontrer que le droit qui en découle est indépendant de la formalité du dépôt. Ainsi, lorsque le nom d'un auteur aura été usurpé, il ne sera pas tenu, avant d'en poursuivre la suppression, de faire le dépôt de son ouvrage. L'art. 6 de la loi du 19 juillet 1793 ne lui est pas applicable dans ce cas, et n'a eu évidemment en vue que la revendication de l'ouvrage. L'intention du législateur se manifeste ouvertement par ces mots : *Faute de quoi il ne pourra être admis en justice pour la poursuite des contrefacteurs.* Le dépôt n'est donc qu'une formalité préalable à la poursuite en contrefaçon, et rien de plus. Or, l'usurpation de nom ne constituant pas le délit de contrefaçon, l'auteur pourra donc en poursuivre la répression sans être tenu de déposer. La raison de décider ainsi se trouve encore dans la nature toute particulière de la propriété du nom, que le législateur ne pouvait, sans outrager le bon sens, subordonner à l'accomplissement d'une formalité quelconque.

SECTION 6. — *De la cession du titre.*

Le titre d'un ouvrage constituant une propriété d'une importance souvent considérable, on comprend l'intérêt qui s'attache à la cession qui peut en être faite. Cette cession n'a lieu généralement que pour les journaux, les revues et, en général, pour les publications qui ont lieu successivement et sans limite soit de durée, soit de matière. L'expérience a prouvé que la propriété d'un titre de journal est d'une valeur souvent considérable.

CHAPITRE II.

DE L'USURPATION.

SECTION 1re. — *Des caractères de l'usurpation.*

L'usurpation d'un titre d'ouvrage ou d'un nom d'auteur, n'étant prévue et punie par aucune loi pénale, ne constitue pas le délit de contrefaçon. Elle peut bien entrer dans l'appréciation légale comme élément de la contrefaçon littéraire, mais elle ne pourrait seule constituer ce délit (1). Toutefois elle est une cause de préjudice contre laquelle les Tribunaux, armés du principe posé dans l'art. 1382 du Code civil, ont le droit incontestable de sévir en ordonnant la suppression et en condamnant à la réparation du préjudice que la reproduction a pu causer.

Il y a usurpation toutes les fois que le titre reproduit constitue une propriété d'après les principes que nous avons exposés au chapitre 1er de ce livre, et lorsque la reproduction est de nature à causer préjudice. La doctrine, en fait d'usurpation de titres d'ouvrages, s'est souvent égarée dans des distinctions que rien ne justifie. Cependant la règle se formule bien simplement : si le titre est *nécessaire* ou s'il est du *domaine public*, chacun a le droit de s'en servir. Toutefois, s'il a été développé ou spécialisé par une désignation accessoire, il y aura usurpation de la part de celui qui reproduira le développement accessoire (1). Si, au contraire, le titre est arbitraire, s'il est

(1) *Contrà.* 10 juillet 1854. — C. Imp. Orléans. — Thoisnier-Desplaces : Didot. — Voy. page 28.

de la création de l'auteur ou enfin s'il est appliqué à un usage nouveau, il reste la propriété de celui qui, le premier, l'a adopté. Il ne faut pas confondre le titre *connu* avec le titre du *domaine public*. Le titre connu est celui qui consiste en une expression qui n'a rien de nouveau et qu'on trouve dans tous les dictionnaires : ce titre peut bien encore devenir propriété privée, mais seulement par l'usage auquel on l'applique. Le titre du domaine public, au contraire, est celui qui est ordinairement employé pour désigner un ouvrage déterminé et qui, dans les limites de cet usage, ne peut plus être revendiqué par personne. En présence de cette règle, on comprend qu'il ne suffit pas qu'un titre soit vrai dans sa signification pour qu'il soit permis de l'imiter; il faut encore qu'il ne puisse être remplacé par un équivalent.

SECTION 2. — *De la reproduction totale ou partielle.*

Pour juger s'il y a usurpation totale, il faut distinguer entre le titre *nécessaire* et le titre *arbitraire* ci-dessus définis. Dans le premier cas il n'y a usurpation qu'autant qu'on a, indépendamment de la partie principale, imité la désignation accessoire, c'est-à-dire l'épithète ou le sous-titre qui l'accompagne. Dans le cas où il s'agit d'un titre arbitraire, il y a usurpation, bien qu'on ait ajouté un titre accessoire (1), surtout lorsqu'on a eu soin d'imprimer ce dernier en caractères moins apparents que le titre principal (2).

La reproduction d'un titre, même en intervertissant les mots qui le composent, est une usurpation totale (3).

---

(1) 22 mai 1845. — C. R. Paris. — Dubochet : Warée. — L'*Illustration* et l'*Illustration de la jeunesse*.

(2) 26 juillet 1852. — C. Imp. Nancy. — Plon : Hinzelin. — Le titre *Almanach prophétique* était imité par le titre *le Dragon rouge, Almanach prophétique*. La suppression en a été ordonnée.

(3) 29 mai 1846. — C. R. Paris. — Brullé : Paté. — Le Tribunal : Attendu que les diverses industries ont leur importance relative; — Attendu qu'il résulte des débats et des documents du procès que les publications de Brullé et frère, dans l'espèce, sont antérieures à celles de Paté; — Attendu qu'il est de principe que le titre d'un ouvrage en fait partie intégrante et est protégé comme

Quant à la reproduction partielle, pour qu'elle soit répréhensible, il faut que la partie reproduite ait assez d'importance, soit par sa nature, soit par son étendue, soit enfin par la manière dont la partie empruntée est imitée, pour amener une confusion préjudiciable. Ainsi il a été décidé qu'il y a usurpation de la part de celui qui, sans copier entièrement le titre, a cependant imprimé en caractères plus apparents les mots qui constituent la ressemblance (1). Mais si la partie usurpée n'a pas d'importance sérieuse, la reproduction est licite, car il n'y a pas dès lors préjudice possible.

---

l'ouvrage même par la loi sur la contrefaçon; — Attendu, d'autre part, que les choses isolées existant dans le domaine public peuvent, au moyen d'arrangements particuliers, constituer un droit privatif; — D'où il suit qu'en reproduisant en tête de sa chansonnette cet intitulé : *le Renard et le Corbeau*, avec la seule interversion des mots, et la lithographie qu'on dit la création de Grandville, titre composé que Brullé avait imaginé de placer sur la chansonnette par lui déjà publiée, Paté s'est rendu coupable d'une véritable contrefaçon; — Qu'il en est de même du titre de la méthode de *François Hunten*, publiée par Frère et en dépôt chez Brullé; que Paté a reproduit sur la grande et la petite méthode par lui éditées postérieurement, sans signes et mentions assez distinctifs pour les signaler comme émanant de *Williams Hunten* et prévenir toute confusion ;— Attendu enfin que la lithographie placée par Brullé comme couverture d'une mazourka intitulée *la Favorite, Mazourka nationale*, a été transportée par Paté avec le seul changement de pose de droite à gauche, sur une publication de *trois Mazourkas favorites* de son commerce, avec cette circonstance que le mot *favorite*, existant sur l'une et sur l'autre, peut prêter davantage encore à l'erreur; que pour ce troisième fait il y a aussi contrefaçon; — Ordonne la confiscation des objets saisis et condamne Paté, etc. — Appel. — Arrêt confirmatif.

(1) 28 décembre 1848.—Trib. Comm. Paris.— Desrey : Martin. — Attendu qu'il est constant d'après la forme extérieure, la grandeur des lettres employées au mot *demoiselle* par le journal *le Magasin des Dames*, *Moniteur des Demoiselles*, qu'il existait une intention évidente de le substituer au journal paraissant antérieurement sous le titre de *Magasin des Demoiselles;* — Qu'en effet l'intitulé : *Magasin des Dames* est mis en petits caractères, tandis que celui *des Demoiselles* frappe davantage les yeux; — Qu'il y a donc intention de nuire; — Le Tribunal dit que Martin sera tenu de faire disparaître de son journal les mots *des demoiselles*, etc.

Idem. 26 juillet 1852. — C. Imp. Nancy. — Plon : Hinzelin. — Voy. page 382.

On voit par ce qui précède que dans tous les cas l'usurpation, soit totale, soit partielle, doit être appréciée suivant certaines règles que le bon sens et la pratique ont tracées en l'absence d'une législation spéciale, mais qui sont loin d'être absolues ; car c'est surtout dans les circonstances de fait que le juge doit puiser les éléments de sa décision. Nous avons rappelé ces règles d'appréciation au chapitre 1er, en traitant de l'étendue du droit de propriété relatif aux titres. Nous nous bornerons à ajouter ici, pour nous résumer sur les caractères constitutifs de l'usurpation d'un titre, que les dissemblances n'excluent pas plus l'usurpation que les ressemblances ne la constituent forcément. La question, dans tous les cas, se réduit à savoir s'il y a confusion possible entre les deux ouvrages portant un titre semblable ou analogue.

En admettant les principes que nous venons de poser sur les caractères constitutifs de l'usurpation de titre, on est obligé de reconnaître que la jurisprudence a fait souvent une trop large part au domaine public. Ainsi, il a eté décidé que *Histoire financière de la France* est un titre général qui peut être adopté par tous ceux qui écrivent sur le même sujet (1). C'est, selon nous, une erreur manifeste, puisque ce titre aurait pu être remplacé par celui de : *Histoire des finances en France,* qui exprime absolument la même pensée et qui a l'avantage de rendre la confusion au moins plus difficile.

Nous en dirons autant du titre de *Dictionnaire de médecine usuelle*, qui avait été usurpé par celui de *Dictionnaire de médecine usuelle et domestique*. L'usurpation était servile et évidemment frauduleuse. Cependant un arrêt de la Cour de Paris, du 6 février 1835, décida que le titre était banal, et qu'il pouvait être reproduit, surtout en y ajoutant ces mots : *et domestique.* Nous disons que cette reproduction était condamnable. En effet, elle réunit tous les caractères de l'usurpation. D'abord on pouvait remplacer ce titre par celui de *traité*, *cours* ou *leçons de médecine;* ou bien, si l'on se croyait autorisé par la forme de l'ou-

(1) 23 juillet 1830. — Bresson : Bailly.

vrage à employer le mot *dictionnaire*, on pouvait, et par conséquent on devait supprimer le mot *usuelle*, et le remplacer par celui de *domestique*, qui est équivalent. Il ne suffisait pas d'ajouter ce dernier mot ; en effet, quand un titre banal a été spécialisé par une qualification additionnelle, il n'est pas permis de l'usurper en y ajoutant une autre désignation. Si, par exemple, on faisait suivre le titre de : *Encyclopédie des gens du monde*, de ces mots : *et des connaissances usuelles*, la confusion serait presque inévitable, et les acheteurs pourraient aisément se tromper ou être trompés. Ainsi, lorsqu'un acheteur demande à son libraire l'*Encyclopédie des gens du monde*, il pourra recevoir l'un pour l'autre, s'il ne connaît pas le nom de l'auteur, et c'est là précisément l'inconvénient qu'il importe d'éviter.

Lorsqu'un morceau de musique a été intercalé dans un ballet, l'éditeur, qui le publie séparément, ne peut inscrire, en tête de ce morceau, le titre du ballet, surtout s'il imprime ce titre en caractères plus apparents (1). Il pourrait faire croire, par ce

(1) *Contrà*. 8 avril 1842. — C. R. Paris. — Meissonnier : Colombier. — Attendu que si la libre concurrence est permise au commerce, cela ne peut s'entendre que d'une concurrence loyale, et non de celle qui tendrait à nuire à l'industrie des autres par des moyens que réprouveraient la délicatesse et la probité commerciale ; — Attendu qu'en matière de propriété musicale, le titre ou le dessin qui servent d'ornement et en quelque sorte d'enseigne aux morceaux de musique, doivent d'autant plus être respectés qu'ils sont les plus sûrs moyens d'attirer les acheteurs et les seuls indices auxquels le public peut reconnaître ces morceaux, peu de personnes se trouvant capables de juger à la première vue du mérite d'une œuvre ou de la différence qui existe entre elle et une autre ; — En fait, en ce qui touche le dessin de la parodie intitulée *Mon Soleil d'Afrique* ; — Attendu que Meissonnier a acheté la romance intitulée le *Soleil de ma Bretagne* de l'auteur Mlle Loïsa Puget ; qu'il y a joint un dessin lithographié dont il a fait les frais ; que Colombier, en mettant en vente la parodie de cette romance, sous le titre de *Mon Soleil d'Afrique*, a placé en tête un dessin qui a tous les caractères d'un calque et n'est au premier aspect que la reproduction de celui de la romance ; — Attendu que Colombier était sans droit pour appliquer à son profit un dessin qui n'était pas sa propriété ; — Attendu qu'il l'a reconnu lui-même en substituant sur sa parodie une nouvelle lithographie toute différente à celle dont la saisie a été opérée chez lui sur la plainte de Meissonnier ; — Attendu, en ce qui touche les morceaux de *Giselle*,

moyen, que c'est la musique de l'auteur du ballet qu'il publie. Au moins doit-on exiger que la désignation empruntée soit im-

---

qu'il est constant au procès et reconnu par les parties, qu'Adam, auteur de la musique du ballet de *Giselle*, y a intercalé un pas de deux et une valse de la composition de Brugmüller; que ce dernier, en tolérant cette intercalation, ne s'est pas dépouillé de son droit de propriété; — Attendu que Brugmüller a vendu à Colombier les deux morceaux dont s'agit en mentionnant qu'ils étaient intercalés dans la musique de *Giselle*; — Qu'ainsi Colombier est en droit d'annoncer que ces deux morceaux sont intercalés dans le ballet de *Giselle*, puisque le fait est vrai; — Mais attendu que Meissonnier est seul acquéreur de la musique du ballet de *Giselle*, composée par Adam; que le nom de ce ballet et la réputation qui s'y rattache font partie de l'acquisition faite par Meissonnier et qu'il a seul droit d'en tirer avantage; — Attendu que Colombier, en mettant sur le frontispice des morceaux de Brugmüller, le titre, le nom de l'auteur et le mot *intercalé* en lettres ordinaires, et en affectant de placer au contraire le nom de *Giselle* en caractères beaucoup plus gros ou plus apparents, a eu évidemment pour but de faire croire qu'il vend la musique du ballet de *Giselle*; — Attendu qu'en agissant ainsi il a dû porter préjudice à Meissonnier; — Mais attendu aussi qu'il n'est pas démontré qu'il y ait eu de la part de Colombier intention de nuire, ni que le préjudice causé à Meissonnier soit considérable; que plusieurs publications de cette nature, commises antérieurement par divers éditeurs et par Meissonnier lui-même, ont pu faire croire à Colombier qu'il n'y avait rien d'illicite dans ce genre de concurrence; — Condamne Colombier à cesser dès ce jour d'exposer et vendre la parodie intitulée *Mon Soleil d'Afrique*, avec le dessin ressemblant à celui de la romance du *Soleil de ma Bretagne;* ordonne qu'à l'avenir Colombier sera tenu de faire imprimer sur le frontispice des morceaux de Brugmüller, le titre, le nom de l'auteur et le mot intercalé, en caractères aussi gros et aussi apparents que le mot de *Giselle*, à peine de 50 fr. de dommages et intérêts au profit de Meissonnier, par chaque contravention constatée à partir de ce jour, et condamne Colombier en tous les dépens pour tous dommages-intérêts. — Appel. — Arrêt : — Considérant qu'il est constant que le morceau édité par Colombier fait partie de la musique exécutée à l'Académie royale de musique dans le ballet de *Giselle*; que c'est au fait de cette exécution que tient en partie le succès de cette œuvre; qu'ainsi, en l'annonçant en tête de la publication et en y inscrivant le mot *Giselle* en gros caractères, Colombier n'a fait qu'user de son droit sans nuire à celui de Meissonnier, avec lequel ces annonces et inscriptions n'établissent aucune confusion; — En ce qui touche l'appel incident, considérant que sur la première réclamation de Meissonnier, relative au titre et au dessin de la romance intitulée *le Soleil de ma Bretagne*, Colombier s'est empressé de changer ce titre et ce dessin; — Qu'il n'est justifié d'ailleurs d'aucuns préjudices; — La Cour décharge Colombier des condamnations.

primée en caractères d'égale grosseur, comme on l'a ordonné, avec raison, pour le *Choral des Huguenots.*

Le préjudice étant l'un des caractères essentiels de l'usurpation, elle ne peut résulter de ce qu'un même titre aura été appliqué à deux ouvrages distincts par la spécialité qu'ils traitent ou par l'usage auquel ils sont destinés. Mais de ce que deux ouvrages, sur le même sujet, diffèrent seulement par le nombre des volumes, il ne s'ensuit pas que l'un puisse porter le titre de l'autre. Cette similitude serait de nature à causer préjudice en faisant supposer que le dernier est le résumé du premier.

Lorsqu'un ouvrage est la réfutation d'un autre, il est censé traiter le même sujet, et ne peut avoir le même titre sans qu'il y ait préjudice possible, et par conséquent usurpation condamnable (1).

L'appréciation de l'usurpation d'un titre de journal ne présente pas les mêmes difficultés; il n'y a, dans ce cas, que deux titres qui aient le caractère de banalité, ce sont les mots : *journal, gazette.* Cependant ces titres génériques peuvent être spécialisés par l'addition d'un sous-titre, comme *Journal des débats — Gazette de France.* Tout autre titre que celui de *gazette* ou *journal* constitue un titre arbitraire, dont rien ne peut justifier l'usurpation. C'est en vain qu'on y ajouterait une désignation accessoire. La méprise serait toujours possible, et il y aurait, par conséquent, préjudice causé (2).

---

(1) 27 novembre 1834. — Renduel, éditeur des *Paroles d'un croyant*, a fait condamner Janthon, éditeur des *Paroles d'un Croyant*, *revues*, *corrigées et augmentées par un catholique.*

(2) 8 novembre 1843. — Trib. Comm. Paris. — Bertin : Gautier. — Le *Journal des Débats* contre le *Journal des Débats industriels et littéraires.*

Idem. 2 mars 1832. — Le *Constitutionnel* contre le *Constitutionnel de* 1830.

Idem. 15 février 1834. — C. R. Paris. — Guyot : Dufougerais. — Dufougerais, propriétaire du journal politique *la Mode*, demandait contre Guyot la suppression d'un titre ainsi conçu : *la Mode de Paris, journal de la toilette, et des nouveautés parisiennes,* avec cette épigraphe : *Bon goût, utilité, économie et point de politique.* — La différence entre ces journaux résultait donc de ce que le dernier venu, celui de Guyot, ne s'occupait pas de matières politiques; les formats n'étaient pas les mêmes; la couleur des couvertures diffé-

C'est donc à tort, selon nous, qu'il a été décidé que le titre du journal *l'Écho de la presse* n'a pas été usurpé par le *Magasin parisien, Écho de la presse française* (1).

SECTION 3. — *De la simple imitation.*

En matière d'usurpation de titre, c'est moins encore la propriété que les magistrats doivent protéger que la fraude qu'ils ont mission de proscrire. Ainsi, en dehors de toute usurpation du titre proprement dit, il peut se rencontrer des faits de concurrence déloyale, tels que l'imitation des caractères typographiques d'un titre, de son ordonnance, de sa composition d'ensemble, des ornements accessoires du titre ou même de la couleur du papier (2).

---

rait aussi; la *Mode* paraissait tous les samedis; la *Mode de Paris* le premier de chaque mois. Ce dernier journal coûtait 6 fr. par an, et le premier 48 fr. — Arrêt : — Considérant que le titre d'un journal est une propriéte à laquelle il ne peut être porté atteinte, ni directement, ni indirectement; que le titre *la Mode*, donné par Dufougerais à son journal, n'est pas une expression générale qui pourrait s'appliquer à plusieurs journaux traitant des sujets différents, mais bien une désignation spéciale et caractéristique de l'objet dont ce journal s'occupe; qu'ainsi ce titre lui appartient exclusivement; — Considérant que Guyot, en donnant le titre de *la Mode de Paris* à un journal qui s'occupe des mêmes objets que celui de Dufougerais, s'est évidemment, et malgré la légère modification sous laquelle il s'est déguisé, emparé d'un titre qui était la propriété de Dufougerais, et lui a ainsi causé un préjudice dont il lui est dû réparation; etc.

(1) 17 janvier 1843. — Trib. Comm. Paris. — Ducket : Vauvilliers.

(2) 29 décembre 1842. — Trib. Corr. Paris. — Lavigne : Derche. — Imitation de la *vignette* de l'*Almanach prophétique*.

Idem. 29 décembre 1853. — Trib. Paris. — Pagnerre, Plon, Bougy : dame Breau et dame Debleds. — Attendu qu'il est établi que Pagnerre est propriétaire éditeur de l'almanach intitulé *l'Almanach comique;* que Plon et Pagnerre sont également propriétaires éditeurs de l'almanach intitulé *l'Almanach prophétique*, et Bougy d'un autre almanach intitulé *l'Almanach de France;* qu'ils vendent depuis longtemps ces almanachs sous une forme extérieure qui les a fait connaître du public et distinguer ainsi qu'ils doivent l'être; — Attendu qu'il résulte des débats et des pièces placées sous les yeux du Tribunal, que les défenderesses ont mis et mettent en vente dans leurs magasins trois almanachs dont les titres, couvertures, couleur du papier des couvertures, de l'impression et des vignettes forment un ensemble préparé sciemment pour offrir aux yeux

SECTION 4. — *De la concurrence déloyale.*

Indépendamment de l'usurpation de titre et de l'imitation proprement dites, certains faits peuvent constituer une concurrence déloyale que les Tribunaux ont justement proscrite. Ainsi il a été décidé que le libraire qui a en sa possession un certain nombre de *deuxièmes* volumes d'un ouvrage, n'a pas le droit, pour en faciliter la vente, de faire imprimer un titre nouveau tendant à faire croire que l'ouvrage n'a qu'un seul volume (1).

Un courtier d'abonnement aux journaux, qui a des abonnés en province, ne peut, pour les servir, employer des bandes imprimées portant en tête le nom du journal et faire croire ainsi à ses abonnés qu'ils sont servis par l'administration même du journal (2).

L'éditeur qui, après avoir traité avec un auteur pour la publication de son ouvrage, rompt ensuite le traité et en divulgue le sujet ainsi que le titre à un autre écrivain qui met la même idée à exécution, est passible de dommages-intérêts au profit de l'auteur lésé (3).

---

du public une confusion calculée avec les almanachs ci-dessus désignés; — Attendu que les défenderesses sont allées jusqu'à désigner comme lieu de publication de leurs almanachs, la même ville que celle où sont publiés et imprimés les almanachs des demandeurs, quoiqu'il soit constant que ceux des défenderesses s'impriment dans une autre ville, et jusqu'à décomposer dans un catalogue spécial le titre de l'un de leurs almanachs en deux parties, de manière que l'une reproduit littéralement le titre de l'almanach de Pagnerre et induit à croire que l'almanach par elles offert est celui de ce dernier; — Attendu qu'il ressort de toutes ces circonstances l'intention déloyale, de la part des défenderesses, de faire aux demandeurs une concurrence d'une nature que le Tribunal ne saurait tolérer; — Attendu qu'il appartient aux tribunaux de combattre cette sorte de concurrence et de faire respecter la propriété industrielle à l'égal de toute autre propriété légitime; — Condamne, etc.

(1) 10 mai 1851. — Trib. Civ. Paris. — Orsini : Lebigre.

(2) 19 septembre 1849. — Trib. Comm. Paris. — Perrée : Lamiche.

(3) 19 août 1845. — C. R. Paris. — Paul Lacroix : Descheres.

Contrà. 17 mars 1843. — Trib. Comm. Paris. — Roussel-Lorambert : Gaultier-Laguionie.

SECTION 5. — *De l'usurpation du nom.*

Il y a usurpation de *nom* lorsqu'un ouvrage est publié sous le nom d'un auteur qui n'y a point travaillé et sans son consentement (1).

Il y a encore usurpation de nom lorsqu'on adopte le nom de convention choisi par un auteur.

Un éditeur de musique n'a pas le droit de se servir, même indirectement, du nom d'un compositeur. Ainsi, en ajoutant au titre d'une mélodie ces mots : *intercalé dans le Désert de Félicien David*, il donne lieu à une confusion que les Tribunaux ont le droit de faire cesser en ordonnant la suppression de ces mêmes mots (2).

---

(1) 20 mars 1826. — C. R. Paris. — Héritiers Fouché : Lerouge. — Considérant que le nom des familles est leur propriété exclusive; qu'à chacun de leurs membres appartient seulement le droit d'attacher ce nom à des productions de l'esprit ou de l'art; — Considérant que l'emploi abusivement fait du nom d'autrui, par l'attribution mensongère d'un ouvrage, constitue aussi une violation de propriété, dont le préjudice ne peut être réparé que par la suppression de cet ouvrage, c'est-à-dire par la décomposition des formes d'impression et la représentation de tous les exemplaires; — Mais considérant que la condamnation à représenter tous les mémoires imprimés serait illusoire, si on ne fixait pas en même temps une somme à payer pour chaque exemplaire non représenté; — Considérant, en fait, que Lerouge a publié sous le nom du duc d'Otrante, des mémoires dont il ne justifie pas avoir acquis la propriété et que les héritiers du duc d'Otrante déclarent ne point émaner de leur père; — Condamne, etc.

(2) 24 juin 1845. — Trib. Comm. Paris. — Escudier : Chabal.

CHAPITRE III.

DE LA POURSUITE.

SECTION 1re. — *Du droit de poursuite.*

Le droit de poursuite, en matière d'usurpation d'un titre, ayant pour base unique le préjudice possible, il s'ensuit que celui-là seul peut exercer ce droit qui établit que c'est son intérêt qui est directement menacé par l'imitation. Ainsi l'éditeur qui a acheté la toute propriété de l'ouvrage peut seul intenter l'action en suppression du titre. Si, au contraire, il n'a acquis que le droit de publier un certain nombre d'éditions, la poursuite peut être exercée aussi bien par l'auteur ou ses héritiers, que par l'éditeur, parce qu'ils ont tous un intérêt égal au maintien de la propriété du titre.

Il n'en est pas ainsi lorsque c'est le nom de l'auteur qui a été usurpé. Dans ce cas le droit de demander la suppression du nom appartient toujours et simultanément à l'éditeur aussi bien qu'à l'auteur ou à ses héritiers. On comprend, en effet, que l'usurpation du nom porte également préjudice à l'auteur et à son cessionnaire : à l'auteur, en ce qu'on lui attribue faussement une production qui n'est pas de lui, et qu'il peut avoir intérêt à désavouer; au cessionnaire, parce qu'on substitue une production mensongère à l'ouvrage émané de l'auteur, et qu'il a seul le droit de publier cet ouvrage.

Le droit de poursuivre la suppression et de réclamer des dommages-intérêts ne peut pas être restreint au cas seulement où il s'agit de l'usurpation d'un nom littéraire. Le nom est une propriété indépendante, comme nous l'avons dit ci-dessus, du mérite de l'auteur ; elle ne dépend pas davantage de sa position. Ainsi, celui à qui on attribuerait faussement un ouvrage pourrait, bien qu'il n'eût rien produit dans aucun genre, réclamer la suppression de son nom. Le même droit appartiendrait, incontestablement, à ses héritiers (1).

SECTION 2. — *De la procédure et du juge compétent.*

La procédure, en matière d'usurpation de titre ou de nom, est celle du droit commun.

Quant au juge compétent, nous nous bornerons à dire que si l'action ne porte que sur le titre de l'ouvrage ou sur le nom de l'auteur, sans que l'ouvrage lui-même soit d'ailleurs argué de contrefaçon, les Tribunaux correctionnels ne peuvent en connaître, car le fait incriminé, n'étant prévu par aucune loi pénale, ne peut donner lieu à l'application d'aucune peine, mais seulement à la suppression du titre ou du nom et, s'il y a lieu, au payement d'une indemnité. Si, au contraire, l'usurpation de la désignation vient se joindre à la reproduction illicite de l'ouvrage, elle en devient une circonstance aggravante et se trouve confondue, alors, dans l'action en contrefaçon qu'elle suit devant toutes les juridictions compétentes pour connaître de cette dernière. Cependant on a soutenu que le fait, isolé, de l'usurpation du nom ou du titre constituait le délit de contrefaçon, et que la répression pouvait en être poursuivie devant les Tribunaux correctionnels. M. Merlin, dans le procès des éditeurs du *Dictionnaire de l'Académie,* s'étonnait qu'on ne vît pas le délit de contrefaçon dans l'usurpation de ce titre. Il s'appuyait sur les textes relatifs à la contrefaçon partielle. « Or, disait-il, le titre du Dictionnaire de l'Académie française fait essentiellement partie de ce dictionnaire. Usurper ce titre, c'est donc usurper une partie du dictionnaire même. Supposons un imprimeur qui, sous le titre de *Théâtre de Racine,* publierait le *Théâtre de Pradon,* Racine vivant n'aurait-il pas le droit de dire à l'imprimeur : « Vous m'avez volé ma pro-

---

(1) 20 mars 1826. — C. R. Paris. — Héritiers Fouché : Lerouge. — Voy. page 390.

priété, quand, par votre coupable mensonge, vous l'avez frappée de mort dans les magasins de mon libraire. » Malgré cette imposante autorité, nous n'hésitons pas à dire que la juste définition de la contrefaçon ne se prête pas à l'idée que l'usurpation d'un nom constitue ce délit. En effet, les principes de la loi nous paraissent en désaccord avec ce système. Le législateur, comme nous l'avons déjà dit en définissant l'usurpation, n'a voulu protéger que les productions de l'esprit, que la création de l'intelligence. Le droit découle directement de ce fait, mais de ce fait seulement; or on ne peut reconnaître une création dans le nom de l'auteur. Les raisons sur lesquelles s'appuie M. Merlin, toutes étrangères aux principes de la propriété littéraire, prouvent précisément que ce savant jurisconsulte a senti que cette base manquait à son système. Il n'a envisagé et n'a pu envisager que le dommage causé à l'auteur. Ce dommage est incontestable, irréparable même dans certains cas; mais, nous le répétons, il ne peut par cela même constituer un délit (1). Le caractère du délit est tracé par la loi ; il ne peut résulter seulement du préjudice causé. Il faut toujours que le préjudice résulte de la reproduction frauduleuse de tout ou partie de la composition d'un auteur. Cette opinion, conforme aux vrais principes, pourrait froisser le sentiment d'équité, et trouver les convictions rebelles si elle laissait l'auteur désarmé en présence d'un fait qui, sans lui enlever sa propriété, le frustrerait du juste produit qu'il attend de son œuvre. Mais il n'en est pas ainsi; ce fait, auquel nous refusons le caractère du délit, pouvant causer et causant à l'auteur un dommage souvent plus sérieux que la contrefaçon elle-même, on pourra toujours argumenter de l'art. 1382 du Code civil pour demander la suppression du nom et la réparation du préjudice causé. L'auteur obtiendra de la justice des Tribunaux civils, et de l'application de l'art. 1382, ce que le texte et l'esprit de la loi du 19 juillet 1793 lui refusent. En résumé, le nom n'est autre

(1) *Contrà.* 26 novembre 1846. — Trib. Corr. Paris. — Touchard-Lafosse : Petion.

chose que l'enseigne d'un livre, et il est bien reconnu aujourd'hui que le propriétaire d'une enseigne n'a que le droit de réclamer la suppression et des dommages-intérêts, mais non d'exercer l'action en contrefaçon. L'usurpation du nom ne peut donc constituer un délit; par conséquent, l'action en suppression et en dommages-intérêts ne peut être portée que devant les Tribunaux civils.

LIVRE VII.

DES BREVETS D'INVENTION.

CHAPITRE PREMIER.

HISTORIQUE DE LA LÉGISLATION.

Dans le préambule de l'édit de 1776, le ministre *Turgot* proclamait la propriété industrielle *la première, la plus sacrée et la plus imprescriptible de toutes.* Nous ajoutons qu'elle a la plus honorable, la plus glorieuse origine, le travail.

L'expérience, qui peut seule façonner et épurer les institutions, nous a appris que l'industrie ne se développe que lorsque ses efforts sont libres et protégés. Cependant les droits que l'homme acquiert sur la matière par son travail n'ont pas toujours été garantis. Les anciens règlements, en protégeant les droits exclusifs des *corporations* ou *maîtrises*, n'étaient pas seulement une entrave aux développements de l'industrie, leur principe exclusif était menaçant pour quiconque entreprenait d'innover. L'inventeur s'exposait à de fortes amendes et à voir en outre briser ses métiers et brûler leurs produits. Réduit à solliciter le droit d'exploiter son invention, c'est-à-dire à jouir de sa propriété, on lui *octroyait* difficilement ce privilége, et lorsqu'il était assez heureux pour l'obtenir, il le devait moins au mérite ou à l'utilité de son invention qu'à la puissance des recommandations ou aux largesses onéreuses dont il appuyait sa demande.

Les priviléges, ainsi mendiés, furent pendant longtemps accordés pour une durée illimitée. C'était une bien faible compensation, quand on songe au petit nombre d'inventeurs qui étaient assez heureux pour surmonter, sans se ruiner, les obstacles qu'échelonnait sous leurs pas la cupidité des employés supérieurs et subalternes, soutenus par l'indifférence du pouvoir et les réclamations tracassières des corporations. La déclaration du 24 décembre 1762, en introduisant plusieurs améliorations dans cette partie de la législation, restreignit les priviléges à quinze années. Il est utile de se reporter au texte de cette déclaration qui est, pour ainsi dire, le berceau de notre législation actuelle et qui, jusqu'en 1791, fut la loi de la matière (1).

---

(1) LOUIS, etc. — Les priviléges, en fait de commerce, qui ont pour objet de récompenser l'industrie des inventeurs, ou d'exciter celle qui languissait dans une concurrence sans émulation, n'ont pas toujours le succès qu'on en peut attendre, soit parce que les priviléges, accordés pour des temps illimités, semblent plutôt être un patrimoine héréditaire qu'une récompense personnelle à l'inventeur, soit parce que le privilége peut être souvent cédé à des personnes qui n'ont pas la capacité requise, soit enfin parce que les enfants, successeurs et ayants cause du privilégié, appelés par la loi à la jouissance du privilége, négligent d'acquérir les talents nécessaires. Le défaut d'exercice de ces priviléges peut avoir aussi d'autant plus d'inconvénient qu'ils gênent la liberté, sans fournir au public les ressources qu'il en doit attendre; enfin le défaut de publicité des titres du privilége donne souvent lieu au privilégié de l'étendre et de gêner abusivement l'industrie et le travail de nos sujets : — A ces causes, etc.

Art. 1er. Tous les priviléges en fait de commerce qui ont été ou furent accordés à des particuliers, soit en leur nom seul, soit en leur nom et compagnie, pour des temps fixes et limités, seront exécutés selon leur forme et teneur jusqu'au terme fixé par les titres des concessions d'iceux.

Art. 2. Tous les priviléges qui ont été ou seraient par la suite accordés indéfiniment et sans terme seront et demeureront fixés et réduits au terme de quinze années de jouissance à compter du titre de concession, sauf au privilégié à obtenir la prorogation desdits priviléges, s'il y a lieu. N'entendons cependant rien innover à l'égard des concessions par nous faites en toute propriété, soit en franc alleu, soit en fief, soit à la charge des redevances annuelles.

Art. 3. Les priviléges illimités dans leurs titres de concession, et fixés par le précédent article au terme de quinze années, qui se trouveront expirés, dans la quatorzième ou la quinzième année de leur exercice, au jour de la publication de la présente déclaration, seront prorogés jusqu'au terme de trois années à compter du jour de ladite publication, sauf au privilégié à obtenir de nouveau une prorogation ultérieure s'il y a lieu.

Art. 4. En cas de décès du privilégié pendant la durée de son privilége, ses

Cette législation, déjà bienfaisante en ce qu'elle cherchait à concilier l'intérêt des inventeurs avec l'intérêt public, n'était pas encore une protection rassurante pour l'invention; elle ne considérait le privilége que comme une récompense, ne reconnaissait pas en principe le droit de l'inventeur, et laissait la concession du privilége abandonnée aux caprices du pouvoir et son exploitation livrée aux tracasseries des corporations. *Turgot*, le ministre philosophe, vit toute la profondeur du mal et résolut de le combattre énergiquement en l'attaquant dans sa source. Il provoqua la suppression des *jurandes*, et la fit ordonner par le mémorable édit de 1776, enregistré au Parlement le 12 mars suivant, et dont le préambule contient un exposé de principes dont les vues larges et profondes sont le plaidoyer le plus éloquent en faveur de l'émancipation de l'industrie. En voici les principaux passages :

« *Louis, etc.* — *Nous devons à tous nos sujets de leur assurer la* » *jouissance pleine et entière de leurs droits; nous devons surtout* » *cette protection à cette classe d'hommes qui, n'ayant de propriété* » *que leur travail et leur industrie, ont d'autant plus le besoin et le* » *droit d'employer, dans toute leur étendue, les seules ressources*

---

héritiers directs ou collatéraux, légataires universels, particuliers ou autres ayants cause ne pourront succéder auxdits priviléges sans avoir obtenu de nous une confirmation, après avoir justifié de leur capacité, et ce nonobstant toutes clauses telles qu'elles puissent être, qui pourraient se rencontrer, soit dans le titre de concession, soit dans les titres et actes postérieurs, auxquels nous avons expressément dérogé par la présente déclaration.

Art. 5. Tous les priviléges dont les concessionnaires ont inutilement tenté le succès, ou dont ils auront négligé l'usage et l'exercice pendant le cours d'une année, ainsi que les arrêts et lettres patentes, brevets ou autres titres constitutifs desdits priviléges, seront et demeureront nuls et révoqués, à moins que l'exercice desdits priviléges n'eût été suspendu pour quelque cause ou empêchement légitime, dont les privilégiés seront tenus de justifier.

Art. 6. Et, afin que lesdits priviléges soient connus de ceux qui peuvent y avoir intérêt, voulons que, après l'enregistrement desdits priviléges dans nos Cours, il soit, à la diligence de nos procureurs généraux, envoyé copie collationnée d'iceux aux bailliages dans le ressort desquels ils doivent avoir leur exécution.

Donné à Versailles, le 24 décembre 1762.

» *qu'ils aient pour subsister. Nous avons vu avec peine les atteintes* » *multipliées qu'ont données,* au droit naturel et commun, *des insti-* » *tutions, anciennes à la vérité, mais que ni le temps, ni l'opinion,* » *ni les actes même émanés de l'autorité qui semble les avoir consa-* » *crés, n'ont pu légitimer.* »

Après avoir énuméré les abus et leurs résultats funestes à l'industrie, après avoir blâmé les ressources ruineuses pour le commerce que le fisc trouvait dans l'existence des corporations, le préambule continue :

« *C'est sans doute l'appât de ces moyens de finance qui a pro-* » *longé l'illusion sur le préjudice immense que l'existence des com-* » *munautés cause à l'industrie, et sur l'atteinte qu'elle porte au droit* » *naturel. Cette illusion a été portée chez quelques personnes jusqu'au* » *point d'avancer que le* droit de travailler *était un* droit royal *que* » *le prince pouvait vendre et que les sujets devaient acheter. Nous* » *nous hâtons de rejeter une pareille maxime. Dieu, en donnant à* » *l'homme des besoins, en lui rendant nécessaire la ressource du* » *travail, a fait du droit de travailler* la propriété *de tout homme;* » *et cette propriété est* la première, la plus sacrée *et* la plus im- » prescriptible de toutes.

» *Nous regardons comme un des premiers devoirs de notre justice,* » *et comme un des actes les plus dignes de notre bienfaisance, d'af-* » *franchir nos sujets de toutes les atteintes portées à ce droit inalié-* » *nable de l'humanité. Nous voulons, en conséquence, abroger ces* » *institutions arbitraires, qui ne permettent pas à l'indigent de vivre* » *de son travail, qui repoussent un sexe à qui sa faiblesse a donné* » *plus de besoins et moins de ressources, et semblent, en le con-* » *damnant à une misère inévitable, seconder la séduction et la dé-* » *bauche, qui éloignent l'émulation et l'industrie, et rendent inutiles* » *les talents de ceux que les circonstances excluent de l'entrée d'une* » *communauté, qui privent l'État et les arts de toutes les lumières* » *que les étrangers y apporteraient, qui retardent le progrès des arts* » *par les difficultés multipliées que rencontrent les inventeurs aux-* » *quels les différentes communautés disputent le droit d'exécuter des* » *découvertes qu'elles n'ont point faites, etc., etc.* »

Mais il est plus facile de conquérir un principe et de convaincre la raison publique que d'apaiser la ligue des intérêts privés que froisse la réforme. L'édit de 1776 souleva des plaintes et des réclamations, dont quelques-unes, par malheur pour le principe d'émancipation nouvellement conquis, n'étaient pas sans fondement. La suppression des jurandes, pour être sage, aurait dû organiser la liberté, afin d'éviter les désordres d'une concurrence effrénée, comme elle aurait dû, pour être juste, consacrer le principe d'une indemnité pour ceux qui avaient acquis à prix d'argent le droit exclusif d'exercer leur métier. Aussi quelques mois suffirent aux ennemis de l'émancipation pour obtenir un nouvel édit qui fut enregistré au Parlement le 23 du mois d'août de la même année. Le nouvel édit rapporta le premier, et cependant modifia l'ancien état de choses par des améliorations partielles; ainsi il abaissait les droits, donnait à l'industrie un peu plus de liberté, en réunissant ensemble plusieurs branches d'industrie analogues.

Nous passons sous silence plusieurs édits rendus dans des intérêts de localité et pour certaines villes de commerce, telles que *Lyon, Nancy, Metz*, etc., et nous arrivons de suite aux lettres patentes données à *Marly* le 5 mai 1779, enregistrées au Parlement le 19 du même mois.

Ces lettres patentes reconnurent dans leur préambule la funeste influence des règlements. « *Nous avons remarqué*, y est-il » dit, *que si les règlements sont utiles pour servir de frein à la cupi-* » *dité mal entendue et pour assurer la confiance publique, ces mêmes* » *institutions ne devaient pas s'étendre jusqu'au point de circonscrire* » *l'imagination et le génie d'un homme industrieux.* » Et l'art. 1er s'exprimait ainsi : « *Il sera désormais libre à tous les fabricants et* » *manufacturiers ou de suivre dans la fabricatibn de leurs étoffes* » *telles dimensions ou combinaisons qu'ils jugeront à propos, ou de* » *s'assujettir à l'exécution des règlements.* »

Ce système pouvait conduire progressivement à l'affranchissement de l'industrie; mais l'art. 15 laissait subsister les dispositions des édits relatifs aux communautés d'arts et métiers.

Depuis l'édit de 1776, l'abus prévalant avait fait rétrograder la réforme, et les lettres patentes de 1780 et 1781 livrèrent de nouveau l'industrie aux entraves qui l'avaient enchaînée sous le régime réglementaire. Cet état de choses ne pouvait durer. Le principe du droit de propriété avait été déjà adopté dans divers statuts et règlements particuliers ; il fut formellement reconnu dans un arrêt du conseil du 14 juillet 1787, dont le préambule disait : « *L'émulation qui anime les fabricants et dessinateurs s'anéantirait, s'ils n'étaient assurés de recueillir les fruits de leurs travaux ; que cette certitude, d'accord avec les droits de la propriété, a maintenu jusqu'à présent ce genre de fabrication et lui a mérité la préférence dans les pays étrangers*, etc. »

Tout appelait une réforme dans la législation sur les inventions et découvertes industrielles, lorsque éclata la révolution française qui, mettant à profit la doctrine proclamée dans le mémorable édit de 1776, affranchit l'industrie en décrétant l'abolition des priviléges et la suppression des jurandes. La constitution de 1791 s'exprime ainsi : « *Il n'y a plus ni jurandes, ni corporations de professions, arts et métiers.* »

Ce laconisme imposant de la législation réformatrice pouvait laisser quelque prise aux interprétations intéressées de ceux que l'ancien abus favorisait, et la constitution de l'an 3 reproduisit le principe de l'abolition en développant ses termes. Elle s'exprimait ainsi :

Art. 355. Il n'y a ni privilége, ni maîtrise, ni jurande, ni limitation à la liberté de la presse, du commerce, et à l'exercice de l'industrie et des arts de toute espèce. Toute loi prohibitive en ce genre, quand les circonstances la rendent nécessaire, est essentiellement provisoire et n'a d'effet que pendant un an au plus, à moins qu'elle ne soit formellement renouvelée. — Art. 356. La loi surveille particulièrement les professions qui intéressent les mœurs publiques, la sûreté et la santé des citoyens ; mais on ne peut faire dépendre l'admission à l'exercice de ces professions d'aucune prestation pécuniaire. — Art. 357. La loi doit pourvoir à la récompense des inventeurs ou au maintien de la propriété exclusive de leurs découvertes ou de leurs productions.

Le principe avait conquis sa place dans la constitution ; il fallait l'introduire dans la législation pratique et régler son application. Une pétition des artistes inventeurs fut adressée en ce sens à l'Assemblée constituante, qui, sur le rapport de M. *de Boufflers*, l'un de ses membres, décréta la loi du 7 janvier 1791 (1).

---

(1) *Loi du 7 janvier 1791.* — L'Assemblée nationale, considérant que toute idée nouvelle, dont la manifestation ou le développement peut devenir utile à la société, appartient à celui qui l'a conçue, et que ce serait attaquer les droits de l'homme dans leur essence que de ne pas regarder une découverte industrielle comme la propriété de son auteur; considérant en même temps combien le défaut d'une déclaration positive et authentique de cette vérité peut avoir contribué jusqu'à présent à décourager l'industrie française, en occasionnant l'émigration de plusieurs artistes distingués, et en faisant passer à l'étranger un grand nombre d'inventions nouvelles, dont cet empire aurait dû tirer les premiers avantages; considérant, enfin, que tous les principes de justice, d'ordre public et d'intérêt national lui commandent impérieusement de fixer désormais l'opinion des citoyens français sur ce genre de propriété, par une loi qui la consacre et qui la protége, décrète ce qui suit :

Art. 1er. Toute découverte ou nouvelle invention, dans tous les genres d'industrie, est la propriété de son auteur; en conséquence, la loi lui en garantit la pleine et entière jouissance, suivant le mode et pour le temps qui seront ci-après déterminés.

Art. 2. Tout moyen d'ajouter, à quelque fabrication que ce puisse être, un nouveau genre de perfection, sera regardé comme une invention.

Art. 3. Quiconque apportera le premier en France une découverte étrangère, jouira des mêmes avantages que s'il en était l'inventeur.

Art. 8. Les patentes seront données pour cinq, dix ou quinze années, au choix de l'inventeur; mais ce dernier terme ne pourra jamais être prolongé sans un décret particulier du corps législatif.

Art. 9. L'exercice des patentes accordées pour une découverte importée d'un pays étranger ne pourra s'étendre au delà du terme fixé dans ce pays à l'exercice du premier inventeur.

Art. 16. La description de la découverte énoncée dans une patente sera de même rendue publique; et l'usage des moyens et procédés relatifs à cette découverte sera aussi déclaré libre dans tout le royaume, lorsque le propriétaire de la patente en sera déchu, ce qui n'aura lieu que dans les cas ci-après déterminés :

1° Tout inventeur convaincu d'avoir, en donnant sa description, recélé ses véritables moyens d'exécution sera déchu de sa patente.

2° Tout inventeur convaincu de s'être servi dans ses fabrications de moyens secrets qui n'auraient point été détaillés dans sa description, ou dont il n'aurait point donné sa déclaration pour les faire ajouter à ceux énoncés dans sa description sera déchu de sa patente.

3° Tout inventeur, ou se disant tel, qui sera convaincu d'avoir obtenu une

Une seconde loi fut jugée nécessaire pour régler l'exécution de la première. Elle fut sanctionnée le 25 mai 1791 (1).

Bientôt après, le décret du 20 septembre 1792 supprima pour le passé et prohiba pour l'avenir les brevets d'invention pour

---

patente pour des découvertes déjà consignées et décrites dans des ouvrages imprimés et publiés sera déchu de sa patente.

4° Tout inventeur qui, dans l'espace de deux ans, à compter de la date de sa patente, n'aura point mis sa découverte en activité, et qui n'aura point justifié les raisons de son inaction, sera déchu de sa patente.

5° Tout inventeur qui, après avoir obtenu une patente en France, sera convaincu d'en avoir pris une pour le même objet en pays étranger sera déchu de sa patente.

6° Enfin tout acquéreur du droit d'exercer une découverte énoncée dans une patente sera soumis aux mêmes obligations que l'inventeur; et s'il y contrevient, la patente sera révoquée, la découverte publiée, et l'usage en deviendra libre dans tout le royaume.

(1) *Loi du* 25 *mai* 1791. — Art. 1er. En conformité des trois premiers articles de la loi du 7 janvier 1791, relative aux découvertes et inventions en tout genre d'industrie, il sera délivré, sur une simple requête au roi, et sans examen préalable, des patentes nationales sous la dénomination de brevets d'invention à toutes personnes qui voudront exécuter ou faire exécuter dans le royaume des objets d'industrie jusqu'alors inconnus.

Art. 4. Les directoires des départements (préfecture), non plus que le directoire des brevets d'invention, ne recevront aucune demande qui contienne plus d'un objet principal avec les objets de détail qui pourront y être relatifs.

Art. 8. Si quelque personne annonce un moyen de perfection pour une invention déjà brevetée, elle obtiendra sur sa demande un brevet pour l'exercice privatif dudit moyen de perfection, sans qu'il lui soit permis, sous aucun prétexte, d'exécuter ou de faire exécuter l'invention principale, et réciproquement, sans que l'inventeur puisse faire exécuter par lui-même le nouveau moyen de perfection.

Ne seront point mis au rang des perfections industrielles les changements de ormes ou de proportions, non plus que les ornements, de quelque genre que ce puisse être.

Art. 9. Tout concessionnaire de brevet obtenu pour un objet que les Tribunaux auront jugé contraire aux lois du royaume, à la sûreté publique ou aux règlements de police, sera déchu de son droit, sans pouvoir prétendre d'indemnité, sauf au ministère public à prendre, suivant l'importance des cas, telles conclusions qu'il appartiendra.

Art. 13. Il sera procédé de même en cas de contestations entre deux brevets pour le même objet; si la ressemblance est déclarée absolue, le brevet de la date antérieure sera seul valide; s'il y a dissemblance en quelques parties, le

des établissements de finances, les considérant comme dangereux, et limita le privilége aux inventions relatives aux arts et métiers.

Enfin, après plusieurs projets morts-nés, parut la loi du 8 juillet 1844, qui forme l'état actuel de la législation.

CHAPITRE II.

LÉGISLATION.

LOI

Du 5-8 juillet 1844.

Dispositions générales.

Art. 1er. Toute nouvelle découverte ou invention dans tous les genres d'industrie confère à son auteur, sous les conditions et pour le temps ci-après déterminés, le droit exclusif d'exploiter à son profit ladite découverte ou invention.

Ce droit est constaté par des titres délivrés par le gouvernement, sous le nom de brevets d'invention.

Art. 2. Seront considérées comme inventions ou découvertes nouvelles :

L'invention de nouveaux produits industriels ;

L'invention de nouveaux moyens ou l'application nouvelle

---

brevet de date postérieure pourra être converti, sans payer de taxe, en brevet de perfection pour les moyens qui ne seraient point énoncés dans le brevet de date antérieure.

Art. 15. Lorsque le propriétaire d'un brevet aura cédé son droit en tout ou en partie (ce qu'il ne pourra faire que par un acte notarié), les deux parties contractantes seront tenues, à peine de nullité, de faire enregistrer ce transport au secrétariat de leurs départements respectifs, lesquels en informeront aussitôt la direction des brevets d'invention.

de moyens connus, pour l'obtention d'un résultat ou d'un produit industriel.

Art. 3. Ne sont pas susceptibles d'être brevetés :

1° Les compositions pharmaceutiques ou remèdes de toute espèce, lesdits objets demeurant soumis aux lois et règlements spéciaux sur la matière, et notamment au décret du 18 août 1810, relatif aux remèdes secrets ;

2° Les plans et combinaisons de crédit ou de finances.

Art. 4. La durée des brevets sera de cinq, dix ou quinze années.

Chaque brevet donnera lieu au payement d'une taxe qui est fixée ainsi qu'il suit, savoir :

500 fr. pour un brevet de cinq ans ;

1,000 fr. pour un brevet de dix ans ;

1,500 fr. pour un brevet de quinze ans.

Cette taxe sera payée par annuités de 100 fr., sous peine de déchéance si le breveté laisse écouler un terme sans l'acquitter.

Des formalités relatives à la délivrance des brevets.

Art. 5. Quiconque voudra prendre un brevet d'invention devra déposer, sous cachet, au secrétariat de la préfecture, dans le département où il est domicilié, ou dans tout autre département, en y élisant domicile :

1° Sa demande au ministre de l'agriculture et du commerce;

2° Une description de la découverte, invention ou application faisant l'objet du brevet demandé ;

3° Les dessins ou échantillons qui seraient nécessaires pour l'intelligence de la description ;

Et 4° un bordereau des pièces déposées.

Art. 6. La demande sera limitée à un seul objet principal, avec les objets de détails qui le constituent, et les applications qui auront été indiquées.

Elle mentionnera la durée que les demandeurs entendent assigner à leur brevet dans les limites fixées par l'article 4, et ne contiendra ni restrictions, ni conditions, ni réserves.

Elle indiquera un titre renfermant la désignation sommaire et précise de l'objet de l'invention.

La description ne pourra être écrite en langue étrangère. Elle devra être sans altération ni surcharges. Les mots rayés comme nuls seront comptés et constatés, les pages et les renvois paraphés. Elle ne devra contenir aucune dénomination de poids ou de mesures autres que celles qui sont portées au tableau annexé à la loi du 4 juillet 1837.

Les dessins seront tracés à l'encre et d'après une échelle métrique.

Un duplicata de la description et des dessins sera joint à la demande.

Toutes les pièces seront signées par le demandeur ou par un mandataire, dont le pouvoir restera annexé à la demande.

Art. 7. Aucun dépôt ne sera reçu que sur la production d'un récépissé constatant le versement d'une somme de 100 fr. à valoir sur le montant de la taxe du brevet.

Un procès-verbal, dressé sans frais par le secrétaire général de la préfecture, sur un registre à ce destiné, et signé par le demandeur, constatera chaque dépôt, en énonçant le jour et l'heure de la remise des pièces.

Une expédition dudit procès-verbal sera remise au déposant, moyennant le remboursement des frais de timbre.

Art. 8. La durée du brevet courra du jour du dépôt prescrit par l'art. 5.

Art. 9. Aussitôt après l'enregistrement des demandes, et dans les cinq jours de la date du dépôt, les préfets transmettront les pièces, sous le cachet de l'inventeur, au ministre de l'agriculture et du commerce, en y joignant une copie certifiée du procès-verbal de dépôt, le récépissé constatant le versement de la taxe, et, s'il y a lieu, le pouvoir mentionné dans l'art. 6.

Art. 10. A l'arrivée des pièces au ministère de l'agriculture et du commerce, il sera procédé à l'ouverture, à l'enregistrement des demandes et à l'expédition des brevets, dans l'ordre de la réception desdites demandes.

Art. 11. Les brevets dont la demande aura été régulièrement formée, seront délivrés, sans examen préalable, aux risques et périls des demandeurs, et sans garantie, soit de la réalité, de la nouveauté ou du mérite de l'invention, soit de la fidélité ou de l'exactitude de la description.

Un arrêté du ministre constatant la régularité de la demande sera délivré au demandeur et constituera le brevet d'invention.

A cet arrêté sera joint le duplicata certifié de la description et des dessins, mentionné dans l'art. 6, après que la conformité avec l'expédition originale en aura été reconnue et établie au besoin.

La première expédition des brevets sera délivrée sans frais.

Toute expédition ultérieure, demandée par le breveté ou ses ayants cause, donnera lieu au payement d'une taxe de 25 fr.

Les frais de dessin, s'il y a lieu, demeureront à la charge de l'impétrant.

Art. 12. Toute demande dans laquelle n'auraient pas été observées les formalités prescrites par les numéros 2° et 3° de l'art. 5 et par l'art. 6 sera rejetée. La moitié de la somme versée restera acquise au trésor, mais il sera tenu compte de la totalité de cette somme au demandeur s'il reproduit sa demande dans un délai de trois mois, à compter de la date de la notification du rejet de sa requête.

Art. 13. Lorsque, par application de l'art. 3, il n'y aura pas lieu à délivrer un brevet, la taxe sera restituée.

Art. 14. Une ordonnance royale, insérée au *Bulletin des lois*, proclamera, tous les trois mois, les brevets délivrés.

Art. 15. La durée des brevets ne pourra être prolongée que par une loi.

Des certificats d'addition.

Art. 16. Le breveté ou les ayants droit au brevet auront, pendant toute la durée du brevet, le droit d'apporter à l'invention des changements, perfectionnements ou additions, en remplissant, pour le dépôt de la demande, les formalités déterminées par les art. 5, 6 et 7.

Ces changements, perfectionnements ou additions seront

constatés par des certificats délivrés dans la même forme que le brevet principal, et qui produiront, à partir des dates respectives des demandes et de leur expédition, les mêmes effets que ledit brevet principal, avec lequel ils prendront fin.

Chaque demande de certificat d'addition donnera lieu au payement d'une taxe de 20 fr.

Les certificats d'addition, pris par un des ayants droit, profiteront à tous les autres.

Art. 17. Tout breveté qui, pour un changement, perfectionnement ou addition, voudra prendre un brevet principal de cinq, dix ou quinze années, au lieu d'un certificat d'addition expirant avec le brevet primitif, devra remplir les formalités prescrites par les art. 5, 6 et 7, et acquitter la taxe mentionnée dans l'art. 4.

Art. 18. Nul autre que le breveté ou ses ayants droit, agissant comme il est dit ci-dessus, ne pourra, pendant une année, prendre valablement un brevet pour un changement, perfectionnement ou addition à l'invention qui fait l'objet du brevet primitif.

Néanmoins, toute personne qui voudra prendre un brevet pour changement, addition ou perfectionnement à une découverte déjà brevetée, pourra, dans le cours de ladite année, former une demande qui sera transmise, et restera déposée sous cachet, au ministère de l'agriculture et du commerce.

L'année expirée, le cachet sera brisé et le brevet délivré.

Toutefois, le breveté principal aura la préférence pour les changements, perfectionnements et additions pour lesquels il aurait lui-même, pendant l'année, demandé un certificat d'addition ou un brevet.

Art. 19. Quiconque aura pris un brevet pour une découverte, invention ou application se rattachant à l'objet d'un autre brevet, n'aura aucun droit d'exploiter l'invention déjà brevetée, et réciproquement le titulaire du brevet primitif ne pourra exploiter l'invention objet du nouveau brevet.

De la transmission et de la cession des brevets.

Art. 20. Tout breveté pourra céder la totalité ou partie de son brevet.

La cession totale ou partielle d'un brevet, soit à titre gratuit, soit à titre onéreux, ne pourra être faite que par acte notarié, et après le payement de la totalité de la taxe déterminée par l'art. 4.

Aucune cession ne sera valable, à l'égard des tiers, qu'après avoir été enregistrée au secrétariat de la préfecture du département dans lequel l'acte aura été passé.

L'enregistrement des cessions et de tous autres actes emportant mutation sera fait sur la production et le dépôt d'un extrait authentique de l'acte de cession ou de mutation.

Une expédition de chaque procès-verbal d'enregistrement, accompagnée de l'extrait de l'acte ci-dessus mentionné, sera transmise par les préfets, au ministre de l'agriculture et du commerce, dans les cinq jours de la date du procès-verbal.

Art. 21. Il sera tenu au ministère de l'agriculture et du commerce, un registre sur lequel seront inscrites les mutations intervenues sur chaque brevet, et, tous les trois mois, une ordonnance royale proclamera, dans la forme déterminée par l'art. 14, les mutations enregistrées pendant le trimestre expiré.

Art. 22. Les cessionnaires d'un brevet et ceux qui auront acquis d'un breveté ou de ses ayants droit la faculté d'exploiter la découverte ou l'invention profiteront de plein droit des certificats d'addition qui seront ultérieurement délivrés au breveté ou à ses ayants droit. Réciproquement, le breveté ou ses ayants droit profiteront des certificats d'addition qui seront ultérieurement délivrés aux cessionnaires.

Tous ceux qui auront droit de profiter des certificats d'addition pourront en lever une expédition au ministère de l'agriculture et du commerce, moyennant un droit de 20 fr.

De la communication et de la publication des descriptions et dessins de brevets.

Art. 23. Les descriptions, dessins, échantillons et modèles des brevets délivrés resteront, jusqu'à l'expiration des brevets, déposés au ministère de l'agriculture et du commerce, où ils seront communiqués sans frais à toute réquisition.

Toute personne pourra obtenir, à ses frais, copie desdites descriptions et dessins, suivant les formes qui seront déterminées dans le règlement rendu en exécution de l'art. 50.

Art. 24. Après le payement de la deuxième annuité, les descriptions et dessins seront publiés, soit textuellement, soit par extrait.

Il en sera en outre publié au commencement de chaque année un catalogue contenant les titres des brevets délivrés dans le courant de l'année précédente.

Art. 25. Les recueils des descriptions et dessins, et le catalogue publiés en exécution de l'article précédent, seront déposés au ministère de l'agriculture et du commerce, et au secrétariat de la préfecture de chaque département, où ils pourront être consultés sans frais.

Art. 26. A l'expiration des brevets, les originaux des descriptions et dessins seront déposés au Conservatoire royal des arts et métiers.

Des droits des étrangers.

Art. 27. Les étrangers pourront obtenir en France des brevets d'invention.

Art. 28. Les formalités et conditions déterminées par la présente loi seront applicables aux brevets demandés ou délivrés en exécution de l'article précédent.

Art. 29. L'auteur d'une invention ou découverte déjà brevetée à l'étranger pourra obtenir un brevet en France. Mais la durée de ce brevet ne pourra excéder celle des brevets antérieurement pris à l'étranger.

Des nullités et déchéances, et des actions y relatives.

Art. 30. Seront nuls et de nul effet les brevets délivrés dans les cas suivants, savoir :

1° Si la découverte, invention, ou application n'est pas nouvelle;

2° Si la découverte, invention ou application n'est pas, aux termes de l'art. 3, susceptible d'être brevetée;

3° Si les brevets portent sur des principes, méthodes, systèmes, découvertes et conceptions théoriques dont on n'a pas indiqué les applications industrielles;

4° Si la découverte, invention ou application est reconnue contraire à l'ordre ou à la sûreté publique, aux bonnes mœurs ou aux lois du royaume, sans préjudice, dans ce cas et dans celui du paragraphe précédent, des peines qui pourraient être encourues pour la fabrication ou le débit d'objets prohibés;

5° Si le titre sous lequel le brevet a été demandé indique frauduleusement un objet autre que le véritable objet de l'invention;

6° Si la description jointe au brevet n'est pas suffisante pour l'exécution de l'invention, ou si elle n'indique pas, d'une manière complète et loyale, les véritables moyens de l'inventeur;

7° Si le brevet a été obtenu contrairement aux dispositions de l'art. 18.

Seront également nuls et de nul effet les certificats comprenant des changements, perfectionnements ou additions qui ne se rattacheraient pas au brevet principal.

Art. 31. Ne sera pas réputée nouvelle toute découverte, invention ou application qui, en France ou à l'étranger, et antérieurement à la date du dépôt de la demande, aura reçu une publicité suffisante pour pouvoir être exécutée.

Art. 32. Sera déchu de tous ses droits :

1° Le breveté qui n'aura pas acquitté son annuité avant le commencement de chacune des années de la durée de son brevet;

2° Le breveté qui n'aura pas mis en exploitation sa découverte ou invention en France dans le délai de deux ans, à dater du jour de la signature du brevet, ou qui aura cessé de l'exploiter pendant deux années consécutives, à moins que, dans l'un ou l'autre cas, il ne justifie des causes de son inaction;

3° Le breveté qui aura introduit en France des objets fabriqués en pays étranger et semblables à ceux qui sont garantis par son brevet.

Sont exceptés des dispositions du précédent paragraphe les modèles de machines dont le ministre de l'agriculture et du commerce pourra autoriser l'introduction dans le cas prévu par l'art. 29.

Art. 33. Quiconque, dans ses enseignes, annonces, prospectus, affiches, marques ou estampilles, prendra la qualité de breveté sans posséder un brevet délivré conformément aux lois, ou après l'expiration d'un brevet antérieur, ou qui, étant breveté, mentionnera sa qualité de breveté ou son brevet sans y ajouter ces mots : *sans garantie du gouvernement,* sera puni d'une amende de 50 fr. à 1,000 fr.

En cas de récidive, l'amende pourra être portée au double.

Des actions en nullité et en déchéance.

Art. 34. L'action en nullité et l'action en déchéance pourront être exercées par toute personne y ayant intérêt.

Ces actions, ainsi que toutes contestations relatives à la propriété des brevets, seront portées devant les Tribunaux civils de première instance.

Art. 35. Si la demande est dirigée en même temps contre le titulaire du brevet et contre un ou plusieurs cessionnaires partiels, elle sera portée devant le Tribunal du domicile du titulaire du brevet.

Art. 36. L'affaire sera instruite et jugée dans la forme prescrite pour les matières sommaires par les art. 405 et suivants du Code de procédure civile. Elle sera communiquée au procureur du roi.

Art. 37. Dans toute instance tendant à faire prononcer la nullité ou la déchéance d'un brevet, le ministère public pourra se rendre partie intervenante et prendre des réquisitions pour faire prononcer la nullité ou la déchéance absolue du brevet.

Il pourra même se pourvoir directement par action principale pour faire prononcer la nullité, dans les cas prévus aux nos 2°, 4° et 5° de l'art. 30.

Art. 38. Dans les cas prévus par l'art. 37, tous les ayants droit au brevet dont les titres auront été enregistrés au ministère de l'agriculture et du commerce, conformément à l'art. 21, devront être mis en cause.

Art. 39. Lorsque la nullité ou la déchéance absolue d'un brevet aura été prononcée par jugement ou arrêt ayant acquis force de chose jugée, il en sera donné avis au ministre de l'agriculture et du commerce, et la nullité ou la déchéance sera publiée dans la forme déterminée par l'art. 14 pour la proclamation des brevets.

De la contrefaçon, des poursuites et des peines.

Art. 40. Toute atteinte portée aux droits du breveté, soit par la fabrication de produits, soit par l'emploi de moyens faisant l'objet de son brevet, constitue le délit de contrefaçon.

Ce délit sera puni d'une amende de 100 à 2,000 fr.

Art. 41. Ceux qui auront sciemment recélé, vendu ou exposé en vente, ou introduit sur le territoire français, un ou plusieurs objets contrefaits, seront punis des mêmes peines que les contrefacteurs.

Art. 42. Les peines établies par la présente loi ne pourront être cumulées.

La peine la plus forte sera seule prononcée pour tous les faits antérieurs au premier acte de poursuite.

Art. 43. Dans le cas de récidive, il sera prononcé, outre l'amende portée aux art. 40 et 41, un emprisonnement d'un mois à six mois.

Il y a récidive lorsqu'il a été rendu contre le prévenu, dans les cinq années antérieures, une première condamnation pour un des délits prévus par la présente loi.

Un emprisonnement d'un mois à six mois pourra aussi être prononcé, si le contrefacteur est un ouvrier ou un employé ayant travaillé dans les ateliers ou dans l'établissement du breveté, ou si le contrefacteur, s'étant associé avec un ouvrier ou un employé du breveté, a eu connaissance, par ce dernier, des procédés décrits au brevet.

Dans ce dernier cas, l'ouvrier ou l'employé pourra être poursuivi comme complice.

Art. 44. L'art. 463 du Code pénal pourra être appliqué aux délits prévus par les dispositions qui précèdent.

Art. 45. L'action correctionnelle, pour l'application des peines ci-dessus, ne pourra être exercée par le ministère public que sur la plainte de la partie lésée.

Art. 46. Le Tribunal correctionnel, saisi d'une action pour délit de contrefaçon, statuera sur les exceptions qui seraient tirées par le prévenu, soit de la nullité ou de la déchéance du brevet, soit des questions relatives à la propriété dudit brevet.

Art. 47. Les propriétaires de brevet pourront, en vertu d'une ordonnance du président du Tribunal de première instance, faire procéder, par tous huissiers, à la désignation et description détaillées, avec ou sans saisie, des objets prétendus contrefaits.

L'ordonnance sera rendue sur simple requête et sur la représentation du brevet ; elle contiendra, s'il y a lieu, la nomination d'un expert pour aider l'huissier dans sa description.

Lorsqu'il y aura lieu à la saisie, ladite ordonnance pourra imposer au requérant un cautionnement, qu'il sera tenu de consigner avant d'y faire procéder.

Le cautionnement sera toujours imposé à l'étranger breveté qui requerra la saisie.

Il sera laissé copie au détenteur des objets décrits ou saisis, tant de l'ordonnance que de l'acte constatant le dépôt du cautionnement, le cas échéant ; le tout, à peine de nullité et de dommages-intérêts contre l'huissier.

Art. 48. A défaut, par le requérant, de s'être pourvu, soit par la voie civile, soit par la voie correctionnelle, dans le délai de huitaine, outre un jour par trois myriamètres de distance, entre le lieu où se trouvent les objets saisis ou décrits et le domicile du contrefacteur, recéleur, introducteur ou débitant, la saisie ou description sera nulle de plein droit, sans préjudice des dommages-intérêts qui pourront être réclamés, s'il y a lieu, dans la forme prescrite par l'art. 36.

Art. 49. La confiscation des objets reconnus contrefaits et, le cas échéant, celle des instruments ou ustensiles destinés spécialement à leur fabrication seront, même en cas d'acquittement, prononcées contre le contrefacteur, le recéleur, l'introducteur ou le débitant.

Les objets confisqués seront remis au propriétaire du brevet, sans préjudice de plus amples dommages-intérêts et de l'affiche du jugement s'il y a lieu.

Dispositions particulières et transitoires.

Art. 50. Des ordonnances royales, portant règlement d'administration publique, arrêteront les dispositions nécessaires pour l'exécution de la présente loi, qui n'aura effet que trois mois après sa promulgation.

Art. 51. Des ordonnances rendues dans la même forme pourront régler l'application de la présente loi dans les colonies, avec les modifications qui seront jugées nécessaires.

Art. 52. Seront abrogées, à compter du jour où la présente loi sera devenue exécutoire, les lois des 7 janvier et 25 mai 1791, celle du 20 septembre 1792, l'arrêté du 17 vendémiaire an 7, l'arrêté du 5 vendémiaire an 9, les décrets des 25 novembre 1806 et 25 janvier 1807, et toutes dispositions antérieures à la présente loi, relatives aux brevets d'invention, d'importation et de perfectionnement.

Art. 53. Les brevets d'invention, d'importation et de perfectionnement actuellement en exercice, délivrés conformément aux lois antérieures à la présente, ou prorogés par ordonnance royale, conserveront leur effet pendant tout le temps qui aura été assigné à leur durée.

Art. 54. Les procédures commencées avant la promulgation de la présente loi seront mises à fin, conformément aux lois antérieures.

Toute action, soit en contrefaçon, soit en nullité ou déchéance de brevet, non encore intentée, sera suivie conformément aux dispositions de la présente loi, alors même qu'il s'agirait de brevets délivrés antérieurement.

ARRÊTÉ DU POUVOIR EXÉCUTIF

Du 21 octobre-15 novembre 1848.

Art. 1er. La loi du 5 juillet 1844, sur les brevets d'invention, recevra son application dans les colonies à partir de la publication du présent arrêté.

Art. 2. Quiconque voudra prendre dans les colonies un brevet d'invention devra déposer, en triple expédition, les pièces exigées par l'art. 5 de la loi précitée dans les bureaux du directeur de l'intérieur. Le procès-verbal constatant ce dépôt sera dressé sur un registre à ce destiné et signé par ce fonctionnaire et par le demandeur, conformément à l'art. 7 de ladite loi.

Art. 3. Avant de procéder à la rédaction de ce procès-verbal de dépôt, le directeur de l'intérieur se fera représenter : 1° le récépissé délivré par le trésorier de la colonie, constatant le versement de la somme de 100 fr. pour la première annuité de la taxe; 2° chacune des pièces, en triple expédition, énoncées aux § 1er, 2, 3 et 4 de la loi de 1844. Une expédition de chacune de ces pièces restera déposée sous cachet dans les bureaux de la direction pour y recourir au besoin. Les deux autres expéditions seront enfermées dans une seule enveloppe scellée et cachetée par le déposant.

Art. 4. Le gouvernement de chaque colonie devra, dans le plus bref délai après l'enregistrement des demandes, transmettre au ministre de l'agriculture et du commerce, par l'entremise du ministère de la marine et des colonies, l'enveloppe cachetée contenant les deux expéditions dont il s'agit, en y joignant une copie certifiée du procès-verbal, le récépissé du versement de la première annuité de la taxe, et, le cas échéant, le pouvoir du mandataire.

Art. 5. Les brevets délivrés seront transmis, dans le plus bref délai, aux titulaires, par l'entremise du ministre de la marine et des colonies.

Art. 6. L'enregistrement des cessions de brevets, dont il est parlé en l'art. 20 de la loi du 5 juillet 1844, devra s'effectuer dans les bureaux du directeur de l'intérieur. Les expéditions des procès-verbaux d'enregistrement, accompagnés des extraits authentiques d'actes de cession et des récépissés de la totalité de la taxe, seront transmises au ministre de l'agriculture et du commerce, conformément à l'art. 4 du présent arrêté.

Art. 7. Les taxes prescrites par les art. 4, 7, 11 et 22 de la loi du 5 juillet seront versées entre les mains du trésorier de chaque colonie, qui devra faire opérer le versement au trésor public et transmettre au ministre de l'agriculture et du commerce, par la même voie, l'état du recouvrement des taxes.

Art. 8. Les actions pour délits de contrefaçon seront jugées par les cours d'appel dans les colonies. Le délai des distances fixé par l'art. 48 de ladite loi sera modifié conformément aux ordonnances qui, dans les colonies, régissent la procédure en matière civile.

INSTRUCTION MINISTÉRIELLE

Sur l'exécution de la loi de 1844.

« 31 octobre 1844.

» Monsieur le préfet, l'article 20 de la loi sur les brevets d'invention contient des dispositions qui reproduisent en partie celles de la loi du 25 mai 1791 ; elles posent avec netteté le principe du droit qui appartient au breveté de disposer librement de la propriété de son brevet, et en même temps qu'elles subordonnent l'exercice de ce droit à l'accomplissement des formalités nécessaires pour prévenir les fraudes et garantir les intérêts des cessionnaires.

» Le droit de disposer du brevet étant général et absolu, l'autorité n'a point à intervenir dans l'examen des conventions auxquelles l'exercice de ce droit peut donner lieu, en tant qu'elles ne contiennent rien de contraire à l'ordre public; le breveté peut aliéner la propriété de son titre pour un ou pour plusieurs départements, ou pour la totalité du territoire français. Il peut autoriser l'usage total ou partiel de sa découverte sans aliéner son droit de propriété. Il peut en outre adopter toutes les combinaisons que comporte la libre disposition de cette nature de propriété.

» Mais d'un côté, aux termes de la loi, le breveté est déchu de tous ses droits, s'il n'a pas acquitté à l'échéance chacune des indemnités de la taxe de son brevet, et, de l'autre, aucune cession totale ou partielle ne peut avoir lieu avant le payement de la totalité de cette taxe.

» D'autre part, la cession ne peut être faite que par un acte notarié, et l'acte de cession doit être enregistré au secrétariat de la préfecture du département dans lequel l'acte a été passé. L'autorité doit donc veiller à ce que ces formalités, à l'observation desquelles la loi a subordonné la validité des cessions, soient exactement accomplies, et je vous prie, monsieur le Préfet, de vouloir bien, à cet effet, prescrire dans votre préfecture les dispositions suivantes.

» Aucun dépôt d'acte de cession ne doit être admis que sur la production et le dépôt : 1° du récépissé établissant, en temps utile, le payement de la dernière annuité échue, autre que la première; 2° d'un récépissé du receveur général, dans les départements, du receveur central à Paris, constatant le versement intégral du complément de la taxe du brevet; et, 3° d'un extrait authentique de l'acte notarié, passé devant un notaire du département, et constatant la cession totale ou partielle du brevet, soit à titre gratuit, soit à titre onéreux.

» Toutefois, si le brevet avait déjà été l'objet d'une cession antérieure, l'expédition du procès-verbal d'enregistrement de ladite cession et l'extrait authentique de l'acte notarié dont il vient d'être parlé suffiraient pour l'enregistrement. Cette dernière pièce seule devrait rester annexée au procès-verbal.

» Un procès-verbal, dressé en présence du déposant et signé par lui, constatera le dépôt des pièces ci-dessus mentionnées, et énoncera les noms, qualités et domicile du déposant, s'il est autre que le breveté, du cédant et du cessionnaire, la désignation précise du brevet, la nature des droits conférés au cessionnaire et les conditions de ladite cession qui pourraient affecter la propriété du brevet.

» Les procès-verbaux de l'espèce, comme les procès-verbaux relatifs aux demandes de brevets, seront dressés de suite et sans aucun blanc, sur un registre spécial à ce destiné, coté et paraphé comme il a été dit dans mon instruction du 1er octobre courant. Ils porteront un numéro d'ordre et seront rédigés dans la forme du modèle ci-annexé.

» La loi n'a pas ordonné qu'il soit délivré expédition du procès-verbal, mais cette mesure d'ordre peut être adoptée dans l'intérêt des parties. Elle ne doit entraîner d'autres frais que le remboursement du prix du timbre.

» Enfin, de même que pour les demandes de brevets, les procès-verbaux d'enregistrement des actes de cession doivent m'être transmis dans les cinq jours de leur date, et ils doivent être accompagnés du récépissé constatant le payement de la dernière annuité échue, du récépissé du complément de la taxe et de l'extrait ci-dessus mentionné de l'acte de cession. L'accomplissement des autres formalités concerne mon département, et je n'ai besoin de m'y arrêter que pour vous dire qu'aussitôt après l'arrivée des pièces il vous en sera accusé réception, en attendant la proclamation trimestrielle ordonnée par l'article 21 de la loi.

» J'ai fait remarquer que l'autorité n'était pas juge des conventions particulières intervenues entre les parties. J'insiste sur cette observation, afin que vous vous pénétriez bien de l'obligation de faire procéder, sans délai, à l'enregistrement des actes de cession présentés, sans s'arrêter à l'examen des questions de fond qui pourraient surgir.

» L'administration ne manque pas, sans doute, à ce devoir, et se montre paternelle en donnant officieusement aux parties les avis qui peuvent les éclairer; mais, si le requérant persiste, l'enregistrement doit être effectué sur-le-champ. Il importe en effet que cet acte, auquel la loi a subordonné la validité des cessions envers les tiers, ne soit jamais retardé par la faute de l'administration.

» Les observations qui précèdent s'appliquent aux cessions proprement dites, aux cessions partielles comme aux cessions totales, aux cessions à titre gratuit comme aux cessions à titre onéreux, en un mot, à tous les actes volontaires par lesquels le breveté transporte ou étend à d'autres la propriété de son titre. Tous ces actes, sans exception, entraînent nécessairement le payement préalable du complément de la taxe.

» Mais la propriété du brevet peut aussi se transmettre par d'autres voies que la cession : sa mutation peut résulter d'un jugement, dans le cas d'action en revendication de la propriété de la découverte. Elle peut être le résultat d'un décès, d'un partage, d'une séparation d'associés, etc. Dans ces différents cas, il y a lieu à la production et à l'enregistrement de l'extrait de l'acte qui opère la mutation. Mais la loi n'a pas subordonné l'enregistrement de cet acte, comme celui des actes de cession, à la condition du payement préalable du complément de la taxe. Votre préfecture n'a donc point à l'exiger, et elle doit se borner à réclamer le récépissé constatant le payement de la dernière annuité échue. Je me réserve d'ailleurs l'examen et la solution des difficultés qui pourraient se produire à l'occasion de l'enregistrement des actes de cession et de mutation, et je vous recommande, dans le cas de doute, de faire procéder provisoirement à l'enregistrement, sous réserve de la décision à intervenir.

» Je vous rappelle, en outre, que, d'après les dispositions formelles des art. 27 et 28 de la loi, la qualité d'étranger, soit comme cédant, soit comme cessionnaire, ne doit faire apporter aucun obstacle à l'enregistrement de l'acte de cession ou de mutation de brevets, ni aucun changement pour les formalités prescrites pour cet enregistrement.

» Les présentes instructions s'appliquent aux brevets qui auront été délivrés sous l'empire de la loi du 5 juillet dernier, comme aux brevets pris antérieurement. Seulement, à l'égard de ces derniers, auxquels ne s'étend pas le système des annuités, vous n'aurez à demander, avec l'extrait authentique de l'acte de cession ou de mutation, que la preuve du payement de la seconde moitié de la taxe. — 31 octobre 1844.

» Signé CUNIN-GRIDAINE. »

CHAPITRE III.

DU BREVET.

SECTION 1re. — *Des différentes espèces de brevets.*

Une opinion trop généralement répandue, surtout dans l'industrie, c'est que le brevet est une récompense accordée au mérite et un titre attributif de la qualité d'inventeur, ainsi que des droits qui en découlent. C'est une grave erreur. Le brevet est délivré sans examen préalable; il n'est donc, par le fait, qu'un simple certificat d'enregistrement constatant que tel individu s'est présenté, au jour et à l'heure indiqués, et qu'il a déclaré être l'auteur de la découverte qui est spécifiée dans sa demande. Aussi la qualité d'inventeur préexiste au brevet qui la suppose et ne la donne pas.

Il n'existe, en réalité, qu'une espèce de brevet; toutefois le législateur ayant modifié, suivant certaines circonstances, les conditions de durée et même de validité du brevet, il importe de distinguer, dans la pratique, le brevet pris pour une *invention proprement dite* du brevet pris pour une invention *perfectionnée, importée* ou simplement *additionnée.*

Le brevet d'*invention* est celui qui est délivré pour une découverte nouvelle, c'est-à-dire pour un objet réunissant toutes les conditions énumérées et développées au chapitre IV, où nous déterminons le sens légal du mot *invention.*

Le brevet de *perfectionnement* est celui que l'administration délivre, tout en lui laissant la qualification de brevet d'*invention,* à quiconque prétend avoir perfectionné une découverte antérieure.

Le brevet de perfectionnement peut être demandé par le propriétaire du brevet principal comme par tout autre; mais pour donner au breveté le temps d'apporter à son invention toutes les améliorations dont elle est susceptible et qui ont pu lui échapper, absorbé qu'il était par la réalisation de l'idée principale, le législateur lui a réservé pendant un an le droit de se faire breveter, par préférence à tous autres, pour les changements, additions ou perfectionnements applicables à l'objet de son brevet (art. 18). Cette disposition a aussi pour but, sinon pour résultat, de protéger les auteurs de découvertes d'une manière plus efficace contre les envahissements de ces inventeurs à la suite, qu'on voit apostés sur toutes les avenues de l'industrie, guettant les nouvelles découvertes pour se les approprier par quelque perfectionnement et enlever ainsi, sans travail et souvent sans intelligence, la gloire et le profit qui reviennent à l'inventeur.

Néanmoins, l'art. 18, tout en protégeant l'inventeur, a su faire la part de tous. Il eût été injuste, en effet, et contraire au bien de l'industrie, de sacrifier les intérêts des tiers et leurs essais utiles aux perfectionnements incertains du breveté. Aussi la loi veut que chacun puisse, concurremment avec l'inventeur, demander un brevet de perfectionnement. Seulement, ces demandes resteront cachetées et l'effet en sera suspendu pendant l'année concédée au breveté. C'est à l'expiration de cette année que les paquets sont ouverts et les brevets délivrés s'il y a lieu, c'est-à-dire si les perfectionnements décrits dans ces demandes n'ont pas été, pendant le cours de cette même année, l'objet d'une demande pareille adressée au nom du breveté.

De quel jour doit-on compter ce délai d'un an accordé à l'inventeur pour faire breveter ses perfectionnements? Ce serait du jour de la délivrance du brevet, s'il fallait s'en rapporter à une explication donnée dans le cours de la discussion. Toutefois, ce point de départ ne nous paraît ni juste ni logique. Puisque l'inventeur jouit de son droit exclusif du jour du dépôt des pièces, pourquoi l'année d'épreuve n'aurait-elle pas le même point de départ? Tout porte à croire que lorsque, dans la discussion, on a désigné la signature du brevet comme mesure de la durée du privilége en question, on était préoccupé des termes du projet amendé par la Chambre des pairs, et qui ne faisait courir la durée des brevets que du jour de leur délivrance. On avait oublié la rédaction nouvelle et définitive de l'art. 8. Nous n'hésitons donc pas à dire que le délai d'un an devra être compté du jour de la demande.

Le brevet de perfectionnement pouvant être accordé pour les améliorations apportées à un procédé tombé dans le domaine public comme à un procédé encore breveté, c'est pour ce dernier cas que le législateur a rédigé l'art. 19. Il a eu pour but, par cette disposition, de protéger les droits du premier breveté contre les envahissements de ceux qui prétendraient avoir perfectionné sa découverte, comme aussi pour défendre l'auteur des perfectionnements contre l'usurpation du premier breveté. Le principe posé dans cet article, c'est que les deux brevetés ne peuvent se nuire. Le législateur établit ainsi l'obligation, dans laquelle sont les individus qui se sont fait breveter pour des objets analogues ou découlant les uns des autres, de se renfermer étroitement dans les limites de leur brevet respectif.

Le principe de l'art. 19, formulé d'une manière absolue, veut que celui qui s'est fait breveter pour un simple perfectionnement, soit obligé d'attendre l'expiration ou la déchéance du brevet principal pour exploiter son procédé; mais cela n'est vrai que dans le cas où le perfectionnement ne peut être appliqué sans le secours de l'invention principale; car si le procédé du perfectionnement n'emprunte rien à l'invention principale, s'il en est complétement isolé, bien qu'il en soit le perfectionnement, il peut être appliqué, sans contredit, pendant la durée du brevet primitif. C'est ce qui arrive lorsque le perfectionnement, au lieu de passer par l'invention principale, passe à côté pour arriver au même but.

Il résulte de ce qui précède que, lorsqu'un perfectionnement ne peut être appliqué qu'en se servant de l'invention déjà brevetée, le brevet qui protége le perfectionnement se trouve, par le fait, frappé de stérilité jusqu'au jour où l'invention principale tombe dans le domaine public. Il ne reste donc à l'auteur du perfectionnement breveté qu'à s'entendre avec l'inventeur de la découverte principale pour exploiter en commun.

Le brevet d'*importation* est accordé à celui qui, le premier, apporte en France une découverte déjà brevetée en pays étranger. Ce brevet est soumis à des règles différentes, suivant qu'il a été délivré avant ou depuis la loi de 1844.

Sous l'empire de la loi de 1791, le brevet d'importation était délivré à quiconque le demandait. La législation n'exigeait pas que l'impétrant fût l'inventeur de la découverte importée. De plus, il ressort de l'ensemble de cette législation que les brevets d'importation étaient, par leur nature, une exception au principe qui ne reconnaît comme brevetables que les industries *nouvelles*. Ils devaient donc rester étrangers à la disposition de l'art. 16, § 3, de la loi du 7 janvier 1791, qui frappait de déchéance les brevets obtenus pour des *découvertes déjà consignées et décrites dans des ouvrages imprimés et publiés*.

La seule condition imposée par cette loi aux brevets d'importation, c'était que l'industrie importée fût, à l'étranger, l'objet d'une jouissance exclusive. Il y aurait eu contradiction évidente à leur appliquer la disposition de l'art. 16 précité, surtout quand on rapproche cette disposition de l'usage adopté dans certains pays, en Angleterre par exemple, où l'on publie les procédés presque aussitôt après la délivrance des patentes. Une pareille rigueur aurait eu pour résultat de restreindre le nombre des brevets d'importation et de paralyser, par conséquent, les avantages que le législateur leur reconnaissait pour l'industrie française. Ce résultat eût été inévitable, surtout dans les derniers temps, eu égard à la fréquence des relations entre certains pays, au nombre toujours croissant des livres et des journaux, et enfin à la rapidité des publications qui, en quelques jours, peuvent livrer au monde entier la connaissance d'une découverte. Au surplus, la nullité est une peine dont la loi frappe justement celui qui se dit inventeur et qui n'a fait que copier une industrie déjà décrite et publiée. Il eût donc été injuste d'appliquer la même peine à celui qui n'avait pas trompé la société et qui ne s'était pas donné pour inventeur.

Il faut ajouter à ces raisons que la loi de 1791 ne considérait pas l'*importateur* comme un *inventeur*. Elle se bornait à dire : *Il jouira des mêmes avantages*. Est-ce à dire qu'il fût soumis aux mêmes conditions pour la validité de son brevet ? Évidemment non, car si la loi avait voulu lui imposer les mêmes obligations, le frapper des mêmes nullités ou déchéances, elle aurait dû le dire formellement, car les peines ne se suppléent pas par induction. D'ailleurs elle n'aurait pas manqué de le dire comme elle l'a fait pour l'acquéreur d'une découverte brevetée (art. 16, n° 6). Mais elle ne pouvait pas imposer au brevet d'importation les mêmes règles qu'au brevet d'invention. L'inventeur et l'importateur étaient alors deux individualités non-seulement distinctes, mais diamétralement opposées. A l'inventeur, la loi de 1791 n'offrait protection qu'autant qu'il donnait à la France les prémices de son invention et qu'il ne l'avait produite nulle part. A l'importateur, au contraire, la loi assurait protection par cela seul qu'il dotait la France d'une industrie étrangère, pourvu que cette industrie fût déjà brevetée en pays étranger. Ainsi pour l'un la nouveauté absolue de l'invention était la condition vitale de son brevet ; pour l'autre, au contraire, l'existence antérieure de l'invention en pays étranger était obligatoire (1).

Pour imposer à l'importation les mêmes règles qu'à l'invention, on a voulu argumenter d'un décret du 13 août 1810, qui, sous prétexte d'une prétendue contradiction entre les art. 3 et 9 de la loi du 7 janvier 1791, avait donné aux brevets d'importation la même durée qu'aux brevets d'invention. Ce décret ne peut, dans aucun cas, servir à la solution de la question qui précède, car l'assimilation qu'il a entendu créer ne porte que sur la durée du droit exclusif, et, par conséquent, exclut toute autre condition de validité des brevets d'importation.

Au surplus, même pour la durée des brevets d'importation,

---

(1) 24 avril 1855. — Trib. Corr. Paris. — Goodyear : Aubert-Girard. — Attendu qu'il s'agit, dans l'espèce, d'un brevet d'importation autorisé par l'art. 3 de la loi du 7 janvier 1791, et qu'en pareil cas tout ce que cette loi exigeait, quant à la nouveauté, c'est que le breveté apportât le premier en France, ainsi que Goodyear l'a fait incontestablement, une découverte étrangère, c'est-à-dire déjà connue à l'étranger ou pouvant l'être ; — Qu'il s'agissait bien d'ailleurs d'une véritable découverte, brevetable à l'étranger, puisqu'elle y a été valablement brevetée ; brevetable même en France, comme *invention* proprement dite, par les motifs ci-dessus expliqués, si Goodyear n'eût commencé par demander un brevet en Angleterre ; — En ce qui touche le moyen de déchéance, tiré de la patente que Goodyear, après l'obtention de sa patente française, a prise pour le même objet en pays étranger, contrairement, disent les prévenus, à l'art. 16 (n° 5) de la loi du 7 janvier 1791 ; — Attendu que cette disposition n'est pas applicable à l'importateur ; — Que la lettre de la loi étant muette à cet égard, puisqu'elle se sert de ces mots *tout inventeur*....., il faut en consulter l'esprit pour savoir quelles déchéances sont communes à l'importateur et à l'inventeur proprement dit, et quelles autres pèsent sur ce dernier ; — Attendu qu'appliquer à l'importateur la déchéance dont il s'agit n'aurait d'autre effet que de l'engager à prendre des brevets partout ailleurs qu'en France, avant de s'y faire breveter, et à n'y demander une patente qu'en dernier lieu, c'est-à-dire que la loi l'aurait elle-même provoqué à répandre préalablement, de toutes parts, des germes de concurrence contre l'industrie par lui importée en France ; — Que cette déduction, révoltante en soi, mais logique, de l'interprétation dont il s'agit, suffit pour en faire juger le mérite, etc., etc.

Idem. 1825. Consultation de MM. Delacroix-Frainville, Bonnet père, Billecoq, Tripier, Dupin aîné et Scribe, avocats.

Idem. 26 mars 1855. Consultation de M. Hébert, avocat.

ce décret est resté inappliqué et n'était pas légalement applicable, puisqu'il n'avait pas été promulgué dans la forme voulue. Nous disons *dans la forme voulue* parce qu'on a essayé de suppléer à la promulgation légale par nous ne savons quelle insertion ou quelles circulaires ministérielles. Le décret de la Convention nationale du 30 thermidor an 2 (17 août 1794) fixe les formes de la promulgation pour tous les actes législatifs d'intérêt public ou d'exécution générale, c'est l'insertion au *Bulletin des Lois*. Ces moyens furent rendus facultatifs par l'art. 11 de la loi du 12 vendémiaire an IV (4 octobre 1795), mais la nécessité de l'insertion au *Bulletin des Lois* a toujours été maintenue. On a invoqué l'avis du conseil d'État en date du 12 prairial an 13 (1er juin 1805), sanctionné par décret impérial du 25 du même mois (1). Ce décret n'a pas prescrit un mode par-

---

(1) 24 février 1855. — C. Imp. Paris. — Christofle : Ambroise. — Attendu que c'est par application du décret impérial du 13 août 1810 que le brevet d'importation et de perfectionnement, délivré à Elkington, lui a été accordé pour quinze ans ; — Attendu que le décret précité n'est attaqué qu'en ce qu'il n'a point été inséré au *Bulletin des Lois* et par le motif qu'à défaut de cette insertion il serait dépourvu de force exécutoire ; — Attendu qu'aux termes de l'avis du Conseil d'État du 12 prairial an 13, approuvé par l'empereur et inséré au *Bulletin des Lois*, les décrets impériaux ont été déclarés obligatoires, quant à ceux qui n'ont point été insérés au *Bulletin des Lois* ou qui n'y sont indiqués que par leurs titres, du jour qu'il en est donné connaissance aux personnes qu'ils concernent, par publications, affiches, notifications ou significations, ou envois faits ou ordonnés par les fonctionnaires chargés de l'exécution ; — Attendu que ces règles ont subsisté jusqu'à l'ordonnance du 27 novembre 1816, qui ne les a modifiées que pour l'avenir ; — Attendu que ledit décret du 13 août 1810 a été transmis par le ministre d'État au ministre de l'intérieur ; — Qu'il a été publié, dès 1811, dans le recueil spécial alors le plus propre à le faire parvenir à la connaissance de toutes les personnes à ce intéressées ; — Qu'une instruction ministérielle du 30 octobre 1813, sur la législation relative aux brevets d'invention imprimés alors à l'imprimerie impériale et destinés aux agents de l'administration, les a informés que ce décret faisait partie de la législation sur la matière, en expliquant quel en avait été l'objet ; — Attendu que la publicité qui est résultée de ces actes était acquise dès avant l'ordonnance précitée du 27 novembre 1816 ; — Attendu que de nouvelles instructions émanées de l'administration, le 1er juillet 1817 et le 12 mai 1842, ont reproduit, quant au décret de 1810, les énonciations contenues dans l'instruction de 1813 ; — Attendu, d'ailleurs, que ce décret a été constamment appliqué

ticulier de promulgation ; il n'a eu d'autre but que de fixer le jour à compter duquel les décrets impériaux seraient obligatoires. Du reste, il maintient la forme de la promulgation, c'est-à-dire l'insertion au *Bulletin des Lois*, pour les *lois et actes du Corps législatif*. Cette forme n'est modifiée que pour les décrets d'un intérêt individuel ou local. Or le décret du 13 août 1810 était, bien certainement, un acte d'intérêt public et d'exécution générale (1). Au surplus, dans la pratique suivie

---

depuis 1810, jusqu'à la loi de 1844 sur les brevets d'invention, et qu'il ressort tant de l'exposé des motifs que du rapport fait à la Chambre des pairs, lors de la présentation de cette dernière loi, que le décret du 13 août 1810, non inséré au *Bulletin des Lois*, faisait partie de la législation qu'il s'agissait de remplacer ; — Qu'il est donc certain, non par une présomption légale, mais par l'évidence du fait, que ledit décret n'est point demeuré une lettre morte qui aurait été tardivement exhumée des archives administratives pour venir à l'appui du brevet Elkington ; — Qu'au contraire, par un ensemble d'actes opérant publications, il a été porté à la connaissance réelle de toutes les personnes à qui il importerait d'en savoir l'existence et l'objet ; — Attendu que la notoriété a été d'autant plus complète, que le décret a eu pour but de corriger, par voie d'interprétation, la contrariété qui existait entre les art. 3 et 9 de la loi du 7 janvier 1791 ; — Qu'ainsi le décret du 13 août 1810, formant le complément nécessaire de ladite loi, n'a pas pu rester ignoré du public, et particulièrement des personnes intéressées aux nombreuses industries fondées sur des découvertes nouvelles. — Appel. — Confirmation pure et simple.

(1) 30 mars 1855. — C. Imp. Lyon. — Christofle : Désir et Arquiche. — Vu l'art. 9 de la loi du 7 janvier 1791, ainsi conçu : « L'exercice des patentes » accordées pour une découverte importée d'un pays étranger, ne pourra s'é- » tendre au delà du terme fixé dans ce pays à l'exercice de l'inventeur ; » — Attendu que le même principe est reproduit dans l'art. 29 de la loi du 5 juillet 1844 ; — Attendu que de graves motifs d'intérêt national recommandent le maintien de cette règle, destinée à préserver l'industrie française du tort que pourraient lui causer des procédés brevetés qui, sortis à l'étranger du domaine privé de l'inventeur et livrés à la libre exploitation, resteraient encore en France la propriété exclusive de l'importateur ; — Attendu que le décret du 13 août 1810, qui aurait abrogé implicitement cette règle, en donnant au brevet d'importation une durée indépendante de celle des brevets d'invention pris à l'étranger, n'a point été promulgué dans la forme officielle et légale et n'a point reçu par conséquent la force obligatoire ; — Attendu que la présomption légale de la connaissance des actes législatifs et de leur promulgation ne peut résulter que d'un mode de publication déterminé par la loi, et qu'on ne saurait admettre que le mode de publication destiné à rendre les lois et les décrets

sous la loi de 1791, et conformément à la doctrine que nous soutenons, les brevets d'importation ont toujours été limités à la durée du brevet étranger.

---

obligatoires pour les citoyens, ait été laissé, avant l'ordonnance du 27 novembre 1816, sans règle fixe et livré à une sorte d'anarchie et de pur arbitraire; — Attendu que le mode général de publication des lois et décrets était, en 1810 comme il est encore aujourd'hui, l'insertion au *Bulletin des Lois*, seul dépôt officiel et authentique des actes législatifs, suivant les expressions de l'avis du conseil d'État du 7 janvier 1813; — Qu'en effet, aux termes des lois des 14 frimaire et 30 thermidor an 2, qui avaient réglé la matière, tous les actes législatifs d'intérêt public ou d'exécution générale devaient être insérés au *Bulletin des Lois*, à moins que, pour des motifs d'urgence, l'envoi manuscrit aux autorités départementales n'ait été spécialement ordonné; — Que la loi du 12 vendémiaire an 4, en confirmant ce mode de promulgation et en y ajoutant la distribution du *Bulletin* aux autorités départementales, en ait supprimé, à raison de cette distribution, ou plutôt rendu simplement facultatives les publications par affiches ou à son de trompe ou de tambour précédemment en usage; — Que, quant aux lois d'intérêt local ou individuel, qui ne devaient pas être insérées au *Bulletin des Lois*, mais indiquées seulement par leur titre, elles devaient être adressées aux autorités départementales et publiées, suivant les formes anciennes, par affiches, lectures publiques ou notifications individuelles; — Attendu que l'avis du conseil d'État du 25 prairial an 13 n'a nullement dérogé à ces règles de promulgation, en ce qui touche les décrets impériaux, qu'il s'y réfère au contraire visiblement; — Que, quand, après avoir déclaré que les décrets insérés au *Bulletin des Lois* ne seront obligatoires dans chaque département que du jour où le *Bulletin* aura été distribué au chef-lieu du département, l'avis du conseil d'État ajoute que les décrets qui ne sont point insérés au *Bulletin* ou qui n'y sont indiqués que par leur titre, sont obligatoires du jour qu'il en est donné connaissance aux personnes qu'ils concernent, par publication, affiches, notification ou signification, ou envois faits ou ordonnés par les fonctionnaires publics chargés de l'exécution, les termes de cette dernière disposition indiquent assez qu'elle se rapporte aux décrets d'intérêt local ou individuel, pour lesquels elle maintient un mode de publication également locale ou individuelle, déjà usité et de nature à donner aux intéressés une connaissance plus réelle et plus directe encore que celle qui résulte, pour la masse des citoyens, de l'insertion au *Bulletin des Lois* et de l'envoi de ce bulletin au chef-lieu départemental; — Que si l'ordonnance du 27 novembre 1816 a innové, ce n'est donc pas en ce qu'elle a prescrit l'insertion au *Bulletin des Lois*, mais en ce qu'elle a rendu les lois et ordonnances obligatoires non du jour où le *Bulletin* a été reçu au chef-lieu de chaque département, mais après un certain délai gradué d'après les distances, du jour où le *Bulletin* a été reçu au ministère de la justice; — Qu'au surplus cette ordonnance, complétée par

Les brevets d'importation qui supposaient nécessairement l'existence, en pays étranger, d'une industrie semblable, avaient donné lieu à une question qui n'était pas sans impor-

---

celle du 18 janvier 1817, a maintenu, pour le cas d'urgence, la faculté de rendre les lois et ordonnances obligatoires du jour où elles seraient envoyées au préfet du département et publiées par ce fonctionnaire au moyen de l'impression et de l'affiche ; — Attendu que le décret du 13 août 1810 était évidemment d'intérêt général ; qu'il entraînait même des peines contre les citoyens français pour des faits que l'art. 9 de la loi du 7 janvier 1791 avait légitimés ; — Que cependant ce décret n'a été ni inséré, ni même indiqué par son titre dans le *Bulletin des Lois* ; — Qu'il n'a, au surplus, été publié ni par envoi aux autorités départementales, ni par affiches ou annonces publiques, et n'a été ni pu être l'objet de notifications individuelles ; — Attendu que ce décret paraît avoir été imprimé en 1811, à la suite d'un ouvrage publié d'après les ordres du ministère de l'intérieur, par le sieur Morlard, conservateur des arts et métiers, sous le titre de : *Description des Machines et Procédés spécifiés dans les brevets d'invention, de perfectionnement et d'importation dont la durée est expirée* ; — Mais qu'une pareille publication, faite sans garantie légale d'authenticité, à titre de simple renseignement, en même temps que celle de quelques actes émanés de législatures étrangères, ne saurait en aucune façon remplacer celle du *Bulletin des Lois*, et constituer une véritable promulgation ; — Qu'il en faut dire autant des simples mentions qui se rencontrent dans quelques instructions ministérielles ; — Que, quant à l'exécution du décret en question, la délivrance aux importateurs de brevets de cinq, dix ou quinze ans, n'ayant eu ni pu avoir lieu que sous la réserve des droits des tiers et sans garantie du gouvernement, n'a pu constituer au profit des brevetés un droit acquis contraire à l'art. 9 de la loi de 1761, ni donner au décret de 1810 une force obligatoire qu'il ne pouvait avoir sans promulgation ; — Attendu que si un acte réglementaire et véritablement législatif, de l'importance du décret du 13 août 1810, n'a été ni inséré au *Bulletin des Lois*, ni publié sous aucune des formes autorisées par l'avis du conseil d'État du 25 prairial an 13, la présomption est qu'à raison même de la portée que ses dispositions pouvaient avoir au point de vue d'une dérogation à la loi du 7 janvier 1791, le chef de l'État a voulu surseoir à sa promulgation et renvoyer à un nouvel examen la question qui y était implicitement décidée dans un sens opposé à l'art. 9 de la loi précitée ; — Qu'il est difficile de s'expliquer autrement comment le décret du 13 août 1810 n'aurait reçu absolument aucune publicité, depuis sa signature jusqu'au jour encore inconnu où ce décret a été imprimé dans le recueil du sieur Molard, et comment il n'aurait vu le jour que sous la forme insolite et dépourvue de toute authenticité que l'auteur de ce recueil a donnée à sa publication ; — Qu'en tout cas il suffit que le décret du 13 août 1810 n'ait pas été publié dans la forme légale, pour qu'il ne puisse être opposé aux citoyens

tance et qui concernait l'introduction et la vente en France des produits étrangers provenant de l'industrie dont l'importation avait été brevetée.

M. Émile Vincens (*Traité de législation commerciale*) et M. Renouard (*Brevets d'invention*) ont décidé, et nous adoptons leur avis, que le droit du titulaire d'un brevet d'importation se bornait à jouir exclusivement de la fabrication en France, et qu'il ne pouvait en aucune façon s'opposer à l'introduction et à la vente en France des produits étrangers. Sans doute la loi accordait à l'importateur les mêmes droits qu'à l'inventeur, et le brevet défendait à tout autre de *fabriquer, vendre* ou *débiter* l'objet de l'invention. Mais les tarifs des douanes sont aussi des dispositions législatives, et lorsqu'elles permettent l'introduction d'un article en lui appliquant un droit d'entrée, le privilége du breveté ne peut suffire pour repousser l'article de la frontière et en priver la consommation publique en France, sans une prohibition formelle et spéciale de la loi. Le seul avantage assuré au breveté, c'est le droit d'être pour un temps le *seul* fabricant français, et de vendre *seul* les produits qui auront été et n'auront dû être fabriqués en France que par lui. Il est évident que le législateur avait voulu enrichir la France de l'exploitation d'une industrie étrangère : or, ce but eût été évidemment manqué, et l'on eût obtenu un résultat contraire à l'intérêt national, si on avait prohibé en France la vente du même produit tiré de l'industrie étrangère, dont le breveté avait importé les procédés. En effet, l'importateur bre-

---

comme ayant abrogé ou modifié la loi du 7 janvier 1791 ; — Attendu, en fait, que le brevet d'invention pris en Angleterre par Elkington, le 25 mars 1840, devait durer quatorze ans et finir par conséquent le 25 mars 1854 ; — Que le brevet d'importation pris en France par le même procédé, le 28 décembre 1840, ne pouvait, d'après ce qui vient d'être dit, avoir une durée plus longue ; — Qu'ainsi, l'usage fait par Désir et Arquiche du procédé en question, à une date postérieure au 25 mars 1854, n'a pu constituer de leur part une contrefaçon, et n'a été que l'emploi d'un moyen industriel tombé dans le domaine public ; — Infirme, etc., condamne, etc.

Idem. Janvier 1855. — Consultation de Me J. Dufaure, avocat à la Cour impériale de Paris.

veté se serait dispensé de fabriquer en France, et aurait pu, seul et sans contrôle, tirer du dehors et débiter dans l'intérieur du royaume les produits manufacturés à l'étranger, à qui en serait revenu tout le profit; l'industrie française se serait appauvrie d'autant. Il eût été même à craindre qu'un concert frauduleux ne se formât entre l'importateur et l'étranger breveté pour hausser le prix de l'objet importé. Le consommateur et l'industrie française auraient donc eu, également, à souffrir du privilége exclusif ainsi entendu dans l'intérêt de l'importateur.

Le brevet d'importation pris en vertu de la loi de 1844, à la différence de celui demandé sous l'empire de la législation précédente, n'est accordé qu'à l'individu qui, inventeur d'une découverte, l'a déjà fait breveter en pays étranger. Ainsi on peut dire que la loi de 1844 n'a pas proscrit le brevet d'importation, mais que, au lieu de l'accorder à quiconque le demande, elle en a réservé le bénéfice à l'inventeur déjà breveté. On n'a pas cru qu'il fût digne de la loi d'étendre sa protection au fait d'une simple importation, et on a cherché à flétrir ces sortes de brevets en disant qu'ils étaient le prix de la course. Il y a plus de dédain que de raison dans cette proscription, et nous ne serions pas en peine de démontrer que notre industrie pourrait trouver à s'enrichir de plus d'une découverte ensevelie dans les archives de l'étranger. Peut-être eût-il été plus sage de conserver, en les modifiant, la protection et l'encouragement que les importateurs trouvaient dans les lois de 1791.

Quoi qu'il en soit, l'art. 29 précise les deux conditions à remplir pour la validité du brevet d'importation. 1° Il faut être l'inventeur, ou, ce qui est la même chose, avoir acquis la propriété de l'inventeur; 2° il faut que l'invention ait déjà été l'objet d'un brevet en pays étranger, et que ce brevet ne soit pas encore expiré. On conçoit la nécessité de cette seconde condition, empruntée d'ailleurs textuellement à la législation de 1791; mais il n'en faut pas conclure qu'on ne puisse faire breveter en France une découverte faite en pays étranger qu'autant qu'elle y aurait été brevetée. Il suffit, pour jouir du bénéfice de la loi française, de présenter une découverte réunissant tous les caractères constitutifs de l'invention brevetable. La loi ne demande pas compte à la découverte du lieu de son origine. Il importe donc peu que l'invention ait été conçue et réalisée en pays étranger, pourvu qu'elle n'ait jamais été connue ou exploitée de manière à avoir perdu son caractère de nouveauté. C'est ce qui résulte formellement des termes des art. 27 et 28.

La loi, en réservant à l'inventeur le droit d'importation brevetable, n'a eu d'autre but que d'en priver quiconque n'aurait aucun droit sur l'invention brevetée. Mais le bon sens, l'esprit de la loi et le droit commun sont d'accord pour assimiler à l'inventeur quiconque le représente, soit comme cessionnaire du brevet étranger, soit même comme acquéreur du droit d'importer en France. Ainsi les ayants droit de l'inventeur doivent incontestablement jouir en France du bénéfice de l'art. 29.

Il est bien entendu que le privilége réservé au propriétaire d'un brevet étranger, ou à ses ayants droit, n'est attribué que sous la réserve des droits acquis aux tiers, en France, avant la demande. Ainsi son brevet serait radicalement nul si, avant lui, un autre industriel avait connu ou introduit l'invention en France, car, dans ces deux hypothèses, la découverte n'étant plus nouvelle, ne pourrait pas être valablement protégée par un brevet.

Le *certificat d'addition* est un titre supplémentaire délivré au propriétaire d'un brevet lorsqu'il veut modifier la découverte qu'il a déjà fait breveter.

Le certificat *d'addition,* ayant pour effet de modifier l'objet du brevet, suppose, par conséquent, l'existence de ce dernier. Le droit de faire additionner des changements ne peut donc s'exercer que pendant la durée du brevet principal. Une fois ce titre expiré ou annulé, on ne peut plus rien placer sous sa protection (art. 16).

De la combinaison des art. 16 et 22, et surtout de la nature même des certificats d'addition, il résulte bien évidemment qu'ils ne peuvent être délivrés qu'à celui qui est propriétaire ou copropriétaire du brevet principal, ainsi qu'à ses représentants.

Bien que le certificat d'addition ait été demandé par l'un des copropriétaires et en son nom seul, il profite néanmoins et nécessairement aux autres copropriétaires, car il n'est que le complément de la propriété commune.

Pour quiconque n'a pas un droit au brevet principal, les modifications ne peuvent être brevetées que par un titre distinct et indépendant de celui qui concerne l'invention primitive.

Les certificats d'addition protégent toutes les modifications à l'invention principale, dont ils contiennent la désignation et quel que soit le nombre de ces modifications. Ces certificats ont la même forme et la même portée que le brevet principal, dont ils ne sont que des annexes ou suppléments, et dont ils suivent toutes les phases. Si le brevet est frappé de déchéance ou déclaré nul, les additions ont le même sort, à moins que ces additions n'aient une valeur réelle et indépendante de l'invention principale et ne puissent constituer une invention à part, auquel cas la nullité du brevet pris pour l'invention principale laisse subsister l'invention additionnelle. En résumé, lorsque le propriétaire d'un brevet a trouvé des changements, perfectionnements ou additions à sa découverte, il a deux moyens de s'en réserver la jouissance exclusive : il peut ou demander un simple certificat d'addition au brevet qu'il possède, alors même que ce brevet aurait été pris sous l'empire de la loi de 1791, ou demander un brevet particulier, qui devient alors un titre distinct du brevet principal, et qui a sa durée et son existence propres.

SECTION 2. — *Des effets du brevet en général.*

Celui qui, le premier, a sollicité un brevet en se conformant à toutes les exigences de la loi, a seul, pendant la durée de ce brevet, le droit d'exploiter la découverte qui en fait l'objet.

Ce droit exclusif est exercé aux risques et périls de celui qui s'est dit inventeur et qu'on a dû croire sur parole, le brevet étant délivré sans examen comme sans garantie de la part du gouvernement, et sauf toutes réclamations sur lequelles il doit être statué par l'autorité judiciaire.

Le droit exclusif du breveté a des limites que nous traçons au chapitre XI, en traitant de la contrefaçon ; nous ajouterons seulement ici que, bien que l'art. 6 porte que le brevet sera limité à un seul objet principal et aux applications qui *auront été indiquées*, ces derniers mots ne doivent pas s'entendre en ce sens que le breveté devra énumérer, dans sa description, même les applications naturelles, nécessaires ou analogues de l'invention. Pour celles-là, bien qu'elles n'aient pas été indiquées, elles rentreront dans le domaine exclusif de l'inventeur, ainsi que nous l'établissons en traitant au chapitre IV des objets susceptibles d'être brevetés. Nous pourrions en donner ici pour exemple le brevet pris par Guibal et Rattier pour l'art de réduire en fil le caoutchouc. Il a été décidé que si, avant eux, nul n'était parvenu à filer le caoutchouc, le brevet pris pour cet objet leur réservait en même temps le droit de faire des tissus avec ces fils. Cette application, bien que non indiquée dans le brevet, découlait naturellement de l'invention spécialement brevetée (1).

Il résulte de ce qui précède que toute application, qui ne résulte pas forcément et naturellement d'une machine brevetée et qui n'a pas été indiquée par l'inventeur de cette dernière, peut être brevetée au profit de celui qui la découvre, mais à la charge par celui-ci, s'il veut se servir de cette application, d'acheter la machine à l'inventeur, qui seul a le droit de la fabriquer, de la vendre et même de s'en servir.

Lorsque l'inventeur, breveté pour un appareil, a déclaré dans sa description se réserver toutes les formes possibles dudit appareil, il n'a rien ajouté à l'étendue de son droit. En effet, si, pendant la durée de son brevet, on emploie son appareil, ou si on le reproduit, même sous une forme nouvelle et utile, sans son consentement, on porte atteinte à son droit

(1) 27 décembre 1837. — C. Cass. — Rattier et Guibal : Janvier.

privatif, quand bien même la description du brevet n'aurait pas contenu la réserve absolue et générale que nous venons de supposer. Après l'expiration du brevet, et malgré la réserve qu'il contient, chacun pourra encore se faire breveter pour les applications nouvelles de l'appareil ou pour les formes utiles et nouvelles qui lui seront données.

SECTION 3. — *De la priorité entre deux brevetés.*

L'art. 2 du décret du 25 janvier 1807 portait que la priorité, dans le cas de contestation entre deux brevetés pour le même objet, serait acquise à celui qui aurait le premier déposé sa demande au secrétariat de la préfecture. Ce n'est pas la *priorité*, mais la *préférence* qu'il fallait dire ; car la priorité est un fait qui ressort de la date de la demande. Bien que cette disposition, relative à la préférence entre deux brevetés, n'ait pas été reproduite dans la loi nouvelle, elle ressort clairement de l'obligation imposée à l'autorité par l'art. 7 de constater *l'heure* et *le jour* du dépôt des pièces. Toutefois, cette règle de préférence doit être renfermée dans de justes limites. Le législateur, ayant à décider entre deux prétentions rivales, ne pouvait, en posant un principe, descendre aux prévisions de détail et d'application : il devait s'arrêter, pour fixer son choix, au signe extérieur de l'invention. Or, il est évident qu'il a fait sagement en donnant la préférence à celui qui le premier a pris la qualité d'inventeur, et réclamé le privilége exclusif en effectuant le dépôt préalable. Mais ce signe extérieur peut être trompeur, et la loi qui l'admet sans autre examen (art. 11) a dû en laisser l'appréciation aux tribunaux, qui pourront toujours être valablement saisis de la question de savoir si, par exemple, le premier déposant n'a pas surpris frauduleusement le secret de celui qui n'a effectué son dépôt que postérieurement. Dans ce cas, la préférence de la loi, qui n'est fondée que sur la présomption d'une possession légitime de l'invention, doit céder à la preuve contraire. Il ne serait donc pas juste de dire que de la priorité de date résulte une présomption contre laquelle aucune preuve n'est admissible. La présomption légale n'existe qu'autant qu'il ne s'agit de juger que la question de priorité de dépôt; mais, de même qu'on a toujours le droit de critiquer la nouveauté de l'invention du premier déposant, de même on peut, dans tous les cas, et surtout dans le cas dont il s'agit, critiquer la possession de l'invention elle-même. La loi n'a ni pu ni voulu donner un bill d'impunité à la mauvaise foi et au vol, et il est évident que, quand elle a prévu le cas de deux brevetés pour le même objet, elle les a supposés tous deux de bonne foi et tous deux inventeurs. Le seul avantage réel du premier déposant, c'est d'être dispensé de toute preuve à l'appui de sa possession. Ainsi, toutes les fois que le second déposant contestera la légitimité de la possession de son concurrent, les juges devront statuer sans tenir compte de la date des dépôts, et ils restitueront l'invention à son véritable propriétaire (1).

---

(1) 27 décembre 1851. — Trib. Paris. — Pothier, Lebrun : Ledamoiseau-Pullin. — Attendu qu'il résulte de l'enquête : — 1° Que Pothier et Lebrun ont fait le 28 sept. 1850, au ministère de l'intérieur, l'expérience du procédé pour lequel ils ont pris un brevet le 2 oct. suivant; — 2° Que Ledamoiseau assistait à cette expérience; qu'il a provoqué lui-même des explications, et qu'il a eu ainsi connaissance de la nature des réactifs employés et de leurs combinaisons; — 3° Que Ledamoiseau, qui depuis longtemps s'occupait de désinfection, n'employait pas antérieurement la même combinaison de réactif; qu'il ne justifie pas notamment s'être servi de chlorure de zinc, qui forme l'une des bases du système; — 4° Qu'avant le 28 sept. il n'avait obtenu que des résultats imparfaits; que, le 4 oct., six jours après la prise de son brevet, dans la vidange d'une fosse, rue Vivienne, il ne réussissait encore qu'imparfaitement, et qu'enfin ce n'est que le 4 déc. qu'il a obtenu un succès complet dans une opération faite rue St-Lazare, 127 ; mais qu'alors, suivant un rapport fait par M. Fouquet, inspecteur de la salubrité, son système n'était plus le même; — Attendu qu'il ressort de l'ensemble de ces faits que Ledamoiseau a abusé de la connaissance qu'il a acquise le 28 sept., par suite de l'expérience à laquelle il assistait et des renseignements qu'il a demandés du système Pothier et Lebrun pour le faire breveter à son profit; — Que ce fait est confirmé par ceux qui se sont passés postérieurement à la prise du brevet; — Attendu qu'il ressort de tout ce qui précède que le brevet délivré à Ledamoiseau et Pullin a été pris au préjudice des droits de Pothier et Lebrun; — Condamne Ledamoiseau et Pullin à restituer à Pothier et Lebrun le brevet à eux délivré le 19 nov. 1850, pour

Lorsqu'une demande de brevet, irrégulièrement formée, a été rejetée, aux termes de l'art. 12, et qu'elle a été régularisée dans les trois mois, à qui doit appartenir la préférence si, dans l'intervalle du rejet de la demande et de sa régularisation, un autre industriel s'est fait breveter pour le même objet? Il semblerait, à ne consulter que la rigueur du droit, que la seconde demande, régulièrement formée, devrait être préférée. Mais, bien qu'irrégulière, la première demande n'en a pas moins été faite, et il en résulte, qu'à sa date, l'individu qui, depuis, l'a régularisée, avait déclaré qu'il était inventeur; or, le brevet n'est pas autre chose, comme nous l'avons dit, qu'une prise de date, un certificat de déclaration. Nous ajoutons que, puisqu'on accorde au premier inventeur trois mois pour régulariser sa demande, il nous paraît évident qu'on n'a pas voulu le priver du bénéfice de la priorité. C'est donc à ce dernier avis que nous nous rangeons, d'abord en considération de l'équité, et ensuite parce que la préférence donnée au brevet obtenu dans l'intervalle de la régularisation amènerait inévitablement la perte du droit exclusif pour les deux inventeurs, au profit du domaine public. En effet, supposez que le breveté poursuive comme contrefacteur celui qui, avant lui, avait formé une demande irrégulière. Celui-ci prouvera facilement, par sa demande même, qu'il connaissait la découverte avant la délivrance du brevet. Il pourra donc exploiter impunément, au mépris du droit exclusif du breveté, et il ne sera pas le seul, car tous ceux qui seront poursuivis pourront opposer au plaignant que sa découverte était connue avant l'obtention de son brevet et suffisamment connue pour être exécutée, et leur résistance, fondée sur l'art. 31, réussira infailliblement. Nous pensons donc que si la demande est régularisée dans les trois mois de la notification du rejet, elle conservera sa date, et assurera la priorité au premier demandeur.

---

ledit brevet profiter à ces derniers comme s'il avait été demandé par eux; ordonne que les noms de Pothier et Lebrun seront substitués à ceux de Ledamoiseau et Pullin sur l'original et les expéditions dudit brevet; — Condamne Ledamoiseau et Pullin par corps à 3,000 fr. de dommages-intérêts.

SECTION 4. — *De la durée des brevets.*

§ 1er. — *De la durée des brevets en général.*

La durée des brevets, c'est-à-dire la durée du droit exclusif que donne la qualité d'inventeur, est limitée à cinq, dix ou quinze ans (art. 4), suivant le désir du breveté exprimé dans sa demande. Cette durée ne peut jamais être moindre de cinq ans, ni excéder quinze années; toutefois ce dernier terme peut être dépassé, dans les circonstances et en remplissant les formalités qui sont indiquées à la fin du présent chapitre.

La durée fixée dans la demande devient définitive et irrévocable par la délivrance du brevet. Toutefois cette règle doit être entendue en ce sens que, en cas de cession, par exemple, le breveté ne pourra pas s'affranchir de l'obligation de payer toutes les annuités à échoir en offrant de réduire la durée du brevet. Mais le breveté sera toujours libre de renoncer à son privilége en cessant de payer la taxe.

La loi (art. 8) a pris pour point de départ de la jouissance exclusive le jour où les pièces de la demande ont été déposées. C'est de ce jour que se comptent, par conséquent, les cinq, dix, quinze années de la durée des brevets. Le jour du dépôt de la demande est une limite juste, de tous points, en ce qui concerne les brevets d'invention. La durée doit commencer avec la jouissance.

Mais il nous paraît souverainement injuste d'avoir fait courir la durée des brevets de perfectionnement du jour de la demande. En effet, pour ces derniers la jouissance ne commence, à vrai dire, que du jour de l'expiration du brevet obtenu pour l'invention principale; jusque-là le perfectionnement est toujours stérile dans la main de son auteur, puisqu'il est obligé de respecter l'invention principale à laquelle s'applique son perfectionnement; toutefois l'art. 6 est absolu, et la durée des brevets de perfectionnement doit courir du jour du dépôt des pièces.

On s'est demandé à dater de quelle époque devra courir la durée du brevet qui a été obtenu sur une requête d'abord rejetée, puis reproduite plus tard régulièrement. Nous n'hésitons pas à dire, en nous fondant sur le texte et l'esprit de l'art. 12, que, si la demande est régularisée dans les trois mois, la durée du brevet doit courir du jour de la première demande; si, au contraire, la demande n'est reproduite qu'après l'expiration de ce délai, elle ne peut avoir et n'a de date réelle que celle de la reproduction. En effet, en accordant à l'inventeur trois mois pour régulariser sa demande, le législateur a manifestement voulu, comme nous l'avons démontré dans la section précédente, lui conserver le bénéfice de la priorité dans le cas où il se trouverait en concurrence avec un autre inventeur pour la même découverte. Or, si le breveté a le bénéfice de la priorité, il est juste de lui en faire supporter les charges et de faire courir, contre lui, la durée du brevet du jour de sa première demande, bien que pendant ce temps il n'ait pu exploiter sans s'exposer à la nullité prévue par l'art. 31. Le breveté ne peut se plaindre de la rigueur de cette doctrine, car la priorité que lui assure notre interprétation de la loi est de beaucoup préférable aux quelques jours de jouissance effective qui lui sont enlevés sur la totalité de la durée de son brevet.

§ 2. — *De la durée des brevets d'importation.*

Nous avons expliqué, à la section 1re de ce chapitre, quelle était la durée des brevets d'importation sous la loi de 1791. Les mêmes difficultés ne se rencontrent pas sous l'empire de la loi de 1844, qui subordonne formellement la durée d'un brevet d'importation à celle du brevet qui protége, en pays étranger, la même industrie. Ainsi l'inventeur, breveté en France après l'avoir été en pays étranger, perd son privilége en France du moment où cette industrie a elle-même cessé d'être, à l'étranger, l'objet d'une exploitation exclusive (art. 29). De ce qui précède il résulte que la durée du brevet étranger doit s'entendre, non pas du temps de jouissance réservé au titulaire selon sa demande, mais du temps qui reste encore à courir.

Il faut ajouter que, si le brevet d'importation ne peut pas durer plus que le brevet pris en pays étranger, il se peut qu'il ait une durée moindre, car, en aucun cas, il ne peut dépasser la limite légale de quinze ans, au delà de laquelle il expire nécessairement, alors même que le brevet étranger devrait avoir une plus longue existence.

§ 3. — *Effet de l'expiration des brevets.*

Lorsque le temps pour lequel le brevet a été demandé est expiré, chacun peut exploiter la découverte ainsi que toutes les modifications qui ont été annexées au brevet par les certificats d'addition. Il en est de même de la désignation employée par le breveté pour signaler son invention. Elle entre dans le vocabulaire de l'industrie dès que l'invention est livrée au domaine public. Chacun peut donc alors exploiter la découverte sous le nom que lui a donné l'inventeur. S'il en était autrement, le monopole du breveté durerait indéfiniment, puisqu'on ne pourrait, dans le commerce, reconnaître ces objets sous une autre désignation que celle qui leur était donnée pendant le cours du brevet.

Toutefois, si l'inventeur s'est servi, dans son brevet, d'une désignation banale, en y ajoutant son propre nom, comme *lampes Carcel* ou *gants Jouvin*, à l'expiration du brevet, le nom, qui est une propriété imprescriptible, ne pourra être employé par les tiers qu'à la condition de modifier la désignation ainsi qu'il suit : lampes *dites* de Carcel ou *façon* de Carcel; gants *façon* ou *système* Jouvin (1). Autrement, la désignation

(1) 27 avril 1843. — Trib. Comm. Paris. — Hochsteller : Deville. — Attendu que le nom d'un commerçant est une propriété qu'il importe de faire respecter; qu'il s'y rattache souvent une réputation commerciale qui constitue une sorte de patrimoine de famille ; — Que si les produits d'un inventeur tom-

employée par les tiers induirait le public en erreur en laissant supposer que les objets ainsi désignés sortent de la fabrique de l'inventeur.

§ 4. — *Prolongation de la durée des brevets.*

La durée des brevets ne pourra être prolongée que par une loi. Les termes généraux de l'art. 5 comprennent toute prolongation soit en deçà, soit même au delà du terme de quinze ans. Ainsi c'est au pouvoir législatif, et non plus au ministre, que le breveté devra s'adresser désormais et dans tous les cas pour obtenir une prolongation.

Mais si le pouvoir législatif a seul le droit de proroger les brevets, une fois la prorogation accordée les Tribunaux sont seuls et incontestablement compétents pour régler l'effet de la prolongation dans les cas particuliers qui leur sont déférés. Si, par exemple, un brevet de perfectionnement a été obtenu pour la même industrie avant la prolongation accordée à l'in-

---

bent dans le domaine public après l'expiration des délais accordés par les brevets, il n'en peut être de même du nom de l'inventeur, qui reste à toujours une propriété particulière dont personne ne peut disposer; — Qu'en admettant le contraire, ce serait limiter l'existence d'un nom commercial breveté à la durée du brevet, et faire à l'inventeur une condition pire que celle du droit commun; — Attendu que la dame Hochsteller est subrogée aux droits de Carcel dans son nom commercial; qu'elle a succédé à cet industriel distingué; qu'elle a le plus grand intérêt à conserver ce nom et sa réputation; — Attendu que si la concurrence est de droit commun, les Tribunaux doivent maintenir tous les commerçants dans les liens de la bonne foi, sans laquelle tout commerce est impossible; qu'ils doivent aussi réprimer sévèrement toutes les manœuvres qui tendent à égarer le public en s'attribuant un nom commercial qu'on n'a pas le droit de porter; — Attendu qu'il est justifié que les enseignes et les factures de Léon Deville sont disposées de telle sorte que le public peut croire que celui-ci est successeur de Carcel; que si Léon Deville peut vendre librement des lampes mécaniques portant le nom de Carcel, il faut qu'il le fasse loyalement et de manière à éviter toute équivoque; — Par ces motifs, fait défense à Léon Deville d'annoncer à l'avenir qu'il fabrique et vend des lampes telles que celles de la maison Carcel, sans faire précéder le mot Carcel de l'un de ceux-ci : *façon* ou *dite*, etc., etc.

Idem. 20 janvier 1844. — C. R. Paris. — Hochsteller : Chatel.

venteur, les Tribunaux pourront décider la question de savoir si le brevet de perfectionnement peut être exploité après l'expiration du terme primitivement fixé dans le brevet principal ou seulement après la prolongation. Cette décision, qui tient à l'*effet* et non à la *légalité* de la prolongation, n'est pas, par conséquent, un empiétement du pouvoir judiciaire sur le pouvoir législatif. Cette question de compétence réglée, nous pensons que si, avant la prolongation du brevet, il a été pris par un tiers un brevet de perfectionnement pour la même industrie, le porteur de ce dernier brevet a le droit d'exploiter son perfectionnement à partir de l'expiration de la durée primitive du brevet d'invention. Peu importe que la loi de prolongation porte que le brevet d'invention conservera sa force et sa valeur jusqu'à l'époque déterminée par cette loi ; cette disposition ne peut préjudicier aux droits acquis. Or, en prenant un brevet de perfectionnement, le titulaire a usé d'un droit. Il savait la durée du brevet principal ; il a dû calculer les chances de son privilége sur cette durée, préparer ses moyens d'exploitation et y engager peut-être sa fortune entière. Pour lui le brevet principal est expiré (1).

Les règles posées dans la loi actuelle touchant la prorogation des brevets sont applicables même aux brevets pris sous l'empire de la loi de 1791.

(1) 10 octobre 1832. — C. R. Paris. — Saint-Étienne : Bolen.

CHAPITRE IV.

DES OBJETS SUSCEPTIBLES D'ÊTRE BREVETÉS.

SECTION 1re. — *En quoi consiste l'invention dans le sens légal.*

Le législateur considère comme inventions ou découvertes : 1° l'invention de nouveaux produits industriels ; 2° l'invention de nouveaux moyens ; 3° l'application nouvelle de moyens ou procédés connus pour l'obtention d'un résultat ou d'un produit industriel.

Cette nomenclature, puisée dans les enseignements de la pratique, a été adoptée pour comprendre dans sa généralité toutes les inventions possibles. Toutefois, il n'y a rien de limitatif dans les indications de l'art. 2. Ses dispositions, ainsi qu'il résulte de la discussion devant les chambres, n'ont eu pour but que de substituer, comme plus larges, les définitions fournies par la jurisprudence, à celle de la loi de 1791, laquelle est implicitement comprise dans l'art. 2 de la loi de 1844. Les définitions purement indicatives de cet article ne sont donc qu'un point de départ, une règle d'appréciation pour les tribunaux qui, comme nous le démontrons plus loin, ont étendu le sens des mots, *application* et *procédé*, jusqu'à la simple *réunion* ou *combinaison* d'éléments connus.

La loi entend spécialement par *produit*, l'objet matériel obtenu par l'inventeur, tel qu'une étoffe, un instrument, etc., etc.

Dans la généralité du mot *produit*, la loi comprend également les effets et les résultats, ainsi qu'il ressort de l'exposé des motifs à la chambre des députés. Toutefois les effets et les résultats ne sont brevetables qu'eu égard aux moyens indiqués pour les obtenir. Le résultat diffère du produit, en ce qu'il ne fournit pas un objet matériel, mais seulement un effet nouveau ou un meilleur usage dans l'emploi d'un moyen connu. Ainsi, par exemple, la combustion activée par la substitution de l'air chaud à l'air froid est un résultat et non un produit, comme l'oxydation des chaudières à vapeur évitée par l'emploi des pommes de terre. Les moyens employés pour obtenir ces résultats, s'ils sont nouveaux soit par eux-mêmes, soit par leur application, peuvent seuls servir de base au droit privatif (1).

---

(1) 4 février 1848. — C. Cass. — Roche : Angelin. — Sur le moyen pris de ce que l'arrêt attaqué aurait refusé de donner au brevet du demandeur toute l'étendue qu'il comportait : — Attendu que le demandeur ne s'est point présenté dans sa demande de brevet comme ayant inventé un produit nouveau; qu'il ne l'a jamais prétendu depuis, ni dans les conclusions par lui prises en première instance et en appel, ni dans celles qu'il a prises devant la Cour; qu'il soutient seulement avoir été breveté comme obtenant, par l'application de moyens déjà connus, un résultat industriel nouveau; — Attendu que la loi distingue entre le produit, qui est la chose livrée à la consommation, et le résultat, qui consiste dans la somme des avantages que peut donner un certain mode de fabrication; — Que, d'après l'art. 40, la contrefaçon n'existe que par la fabrication de produits ou par l'emploi de moyens faisant l'objet du brevet; que l'art. 2 ne considère comme inventions brevetables que l'invention de nouveaux produits et l'invention de nouveaux moyens, ou l'application nouvelle de moyens connus pour l'obtention d'un résultat ou d'un produit industriel; — Qu'il résulte clairement du texte de ces deux articles que l'obtention d'un résultat industriel ne peut être brevetée indépendamment des moyens employés pour l'obtenir; — Que la demande du brevet formée par le demandeur a été faite conformément à ce principe, et s'applique, d'après son titre, à un procédé relatif à la confection de plusieurs coulisses à couvercles à la fois par un seul morceau de papier; — Attendu que la Cour royale a déclaré, en fait, non-seulement que le demandeur ne prouvait pas qu'Angelin se soit servi des moyens décrits dans son brevet, mais même qu'Angelin faisait la preuve contraire; — Qu'ainsi, en relaxant ledit Angelin de l'action en contrefaçon dirigée contre lui par le demandeur, elle n'a ni violé les articles invoqués de la loi du 8 juillet, ni restreint illégalement les droits garantis par le brevet; — Rejette.

Idem. 18 mai 1848. — C. Cass. — Parizot : Pauwels. — Attendu que les résultats présentés comme brevetables par les demandeurs consistaient dans la préservation des émanations et des explosions du gaz, dans l'abréviation du travail des préposés des compagnies d'éclairage, et enfin dans l'empêchement pour les abonnés de prendre du gaz en dehors des heures déterminées par l'abonnement; — Attendu que la loi du 5 juillet 1844, qui fixe les conditions auxquelles est attaché le caractère d'invention ou de découverte nouvelle, distingue entre le produit, qui est la chose livrée à la consommation, et le ré-

Celui qui, le premier, découvre certains effets que produit nécessairement et accidentellement un procédé connu ne peut les faire breveter valablement (1). S'il en était autrement, il

---

sultat, qui est la somme des avantages que peut donner un certain mode de fabrication ; que l'art. 2 de cette loi, qui considère comme invention ou découverte nouvelle la création de nouveaux produits industriels, n'attribue aux résultats industriels le caractère de l'invention qu'à raison seulement de la nouveauté des moyens employés ou de l'application nouvelle des moyens connus pour obtenir ces résultats ; — Que, dès lors, pour prononcer sur le droit des demandeurs, relativement aux résultats, la Cour d'appel a dû les examiner simultanément avec les moyens employés, et qu'en procédant ainsi, loin d'avoir méconnu le véritable sens de la loi précitée, elle en a fait une juste application ; — Rejette.

Idem. 26 mars 1846. — C. Cass. — Duchesne : Nadal. — Attendu que la Cour royale a considéré que, si le demandeur avait un droit exclusif relativement au système qu'il avait découvert pour tenir les chapeaux à flexion ouverts ou fermés à volonté, il n'en pouvait résulter pour d'autres fabricants l'interdiction d'arriver au même résultat par des moyens nouveaux ; — Qu'en jugeant ainsi, elle s'est conformée aux véritables principes des lois sur les brevets d'invention, qui ne protégent les idées nouvelles qu'autant qu'elles sont réalisées et mises en œuvre par des moyens et procédés susceptibles d'être décrits dans la spécification qui doit être jointe à la demande du brevet ; — Attendu qu'en décidant ensuite que les moyens employés par Nadal et les frères Mirot différaient essentiellement de ceux qui faisaient l'objet du demandeur, la Cour royale n'a fait qu'user du droit d'appréciation qui lui appartenait ; — Rejette, etc.

(1) 14 mars 1845. — C. Cass. — Joyeux : Petit-Jean. — Arrêt de la Cour de Nîmes ainsi conçu : — Attendu que pour justifier l'action en contrefaçon qu'il a dirigée contre Petitjean, Joyeux prétend que les mailles qui composent le réseau et la dentelle qui servent à confectionner ses marmottines constituent un dessin de fabrique ; qu'il soutient même qu'il aurait le premier employé la laine sur le métier à maille fixe, et aurait acquis le privilége d'exploiter le perfectionnement ; — Attendu que si l'apposition des pleins et des vides formés par les mailles produites avec les moyens ordinaires d'exécution du métier à maille fixe peut constituer un dessin dans l'acception générique de cette expression, il n'est pas possible de voir là le dessin de fabrique, produit d'une invention autre que celle du métier lui-même, et résultat d'une idée nouvelle dont la loi a voulu assurer pour un temps la propriété et l'exploitation privilégiée à l'inventeur ; — Attendu, en effet, que tous les résultats produits par les combinaisons diverses d'une machine qui fonctionne avec ses moyens primitifs d'exécution ne sont que la conséquence nécessaire de l'idée première qui a présidé à la confection ; qu'à côté des produits élémentaires de la machine déjà tombée dans le domaine public, celui qui réclame un privilége doit pré-

pourrait ainsi monopoliser le procédé et faire rentrer dans le domaine privé ce qui était acquis au domaine public. Un exemple rendra notre pensée plus sensible. Le fer est préservé de l'oxydation par une couche de bitume. Ce procédé est banal et depuis longtemps employé. Si un industriel découvre que la couche de bitume consolide le fer en même temps qu'elle le préserve de la rouille, il devra se contenter de l'honneur attaché à cette découverte, car la loi ne pourra lui en réserver le monopole. En effet ce n'est pas là un moyen nouveau ; ce n'est pas davantage une application nouvelle ; c'est tout simplement la conséquence nouvellement découverte d'un moyen connu. Découvrir qu'un procédé connu produit nécessairement et simultanément deux effets au lieu d'un, ce n'est ni inventer ni modifier ce procédé. Il faudra donc, pour faire breveter valablement cette découverte, trouver une application nouvelle du procédé connu.

Celui qui, à l'aide d'une combinaison géométrique appliquée à la composition des dessins de fabrique, parvient à produire différents effets avec la même gravure, pourra se faire valablement breveter pour cette combinaison géométrique, parce qu'elle constitue un moyen (1).

---

senter une idée nouvelle réalisée par un dessin de fabrique, et exécutée au moyen d'un travail nouveau qui s'incorpore et se superpose sur les produits ordinaires de cette machine ; qu'ainsi le fond d'une étoffe à mailles, quelles que soient les formes, les dimensions, la variété et la disposition des mailles qui la composent, étant toujours le produit du métier lui-même, tel qu'il existe dans le domaine public avec les moyens ordinaires d'exécution, ne peut devenir l'objet d'un privilége ; — Attendu qu'il résulte du rapport des experts, ce dont la Cour est d'ailleurs convaincue elle-même, par l'examen attentif auquel elle s'est livrée, que la marmottine déposée ne présente pas un dessin réunissant la condition nécessaire pour constituer un dessin de fabrique dans le sens légal, et que le dépôt qui en a été fait par le sieur Joyeux n'a pu lui assurer ni priorité ni privilége, renvoie Petitjean. — Pourvoi en cassation. — Rejet.

(1) 21 avril 1854. — C. Cass. — Mathieu : Revel. — Considérant que les débats ont démontré que jusqu'au brevet de Mathieu le dessin à imprimer les châles, tel qu'il les fabrique, occupait le quart de la surface du châle ; que de là résultait la nécessité de faire les dépenses d'un dessin de la grandeur du quart de cette surface ; — Considérant que le procédé breveté au profit de

Les *moyens* sont, en général, tous les procédés à l'aide desquels on obtient tel résultat ou tel produit industriel. Alors même qu'ils seraient connus et usités depuis longtemps, ils peuvent, par leur combinaison nouvelle, faire l'objet d'un brevet (1).

Mathieu consiste à réduire au trentième de la surface du châle le dessin à imprimer, et à combiner l'application de manière à donner au dessin l'aspect de cinq dessins différents; — Considérant que cette combinaison ne pouvait être obtenue avec le dessin au quart; qu'ainsi le procédé de Mathieu a pour effet à la fois de réduire notamment les dépenses de la fabrication et de produire un résultat industriel nouveau, et constitue une invention brevetable; — Condamne, etc.; confirme les condamnations prononcées contre Revel.

Idem. 20 mars 1852. — Lyon.

(1) 19 février 1853. — C. Cass. — Bouzel, Denisse : Rousseau. — L'arrêt a décidé que, dans l'industrie du sucre, pour la fabrication duquel la chaux, le calorique et l'acide carbonique sont employés depuis longtemps, l'industriel qui, avec une quantité de chaux et un degré de calorique autres que ceux jusqu'alors employés, obtient, en moins de temps et à moins de frais, un sucre plus blanc, de meilleure qualité et dans des conditions préférables, a fait une invention nouvelle dans le sens légal.

Idem. 31 mars 1846. — C. R. Douai. — Jourdan : Descat-Crouzet.

Idem. 2 mai 1851. — C. Cass. — Thomas Laurens : Robert Dubu. — Attendu que, si l'idée théorique de la déviation verticale des gaz des hauts fourneaux n'est pas susceptible d'être brevetée indépendamment de tout système d'application, et que si d'ailleurs cette idée doit être considérée, ainsi que le constate l'arrêt attaqué, comme tombée dans le domaine public, il ne s'ensuit pas que les procédés divers qui auraient pour effet d'opérer cette déviation verticale ne soient pas légalement brevetables; — Que l'arrêt attaqué, après avoir reconnu que le sieur Baudelot, dans un brevet pris antérieurement, et dont les procédés ont été divulgués, avait indiqué des appareils qui avaient pour objet l'extraction des gaz au sommet des hauts fourneaux pour les amener au niveau du sol, constate que les nouveaux procédés inventés par Robin, et qui font l'objet de son brevet, pour obtenir le même résultat, sont essentiellement distincts des premiers; — Que, dès lors, ces procédés constituant un moyen nouveau pour obtenir un résultat industriel déjà connu étaient brevetables, et que l'inventeur ou les cessionnaires avaient le droit exclusif de l'employer; — Que l'arrêt attaqué, en appréciant séparément les différents instruments dont la combinaison constituait le procédé inventé par Robin, et en les scindant pour en calculer l'importance et la nouveauté, a dénié à ce procédé, considéré dans son ensemble, le caractère et les effets qui lui étaient garantis par la loi, et a violé les articles cités; — Attendu qu'aux termes de l'ordonnance du paragraphe 5 de l'art. 6 de la loi du 2 janvier 1791 tout inventeur qui obtient une patente en France, et qui en prend une autre en pays étranger, doit être

Il n'y a pas dessin de fabrique, mais procédé mécanique et produit industriel essentiellement brevetables, dans les plissures ou tuyautures obtenues, dans la fabrication d'un tissu, par la combinaison de fils tirés dont le jeu permet de produire instantanément ces plissures (1).

---

déclaré déchu de sa patente; — Mais attendu qu'il n'est point constaté par l'arrêt attaqué que Robin ait pris une patente en Angleterre sous le nom de Miser Berry, et que l'arrêt se borne à déclarer que la patente obtenue en Angleterre l'a été sur les éléments communiqués par Robin; que les déchéances prononcées par la loi ne peuvent être étendues au delà de ses termes; — Attendu que les premiers juges déclarent en fait qu'il y a eu contrefaçon d'une partie des appareils inventés par Robin, et prononcent, en conséquence, contre les prévenus, une amende de 100 fr., 6,000 fr. de dommages-intérêts, et la suppression de la plaque placée à l'orifice du gueulard du haut fourneau de la Mulatière; — Que l'arrêt attaqué n'a point contredit cette déclaration, et se l'est appropriée en adoptant les motifs des premiers juges; — Que s'il reconnaît ensuite que les appareils brevetés n'avaient aucune utilité, cette déclaration, que la Cour avait le droit de faire pour apprécier la somme des dommages-intérêts, ne pouvait effacer le délit de contrefaçon; que ce délit ne peut, en effet, dépendre ni de l'importance, ni de l'utilité de l'invention, puisque la criminalité des atteintes à la propriété n'est, dans aucun cas, subordonnée par la loi à la quotité du préjudice qu'elles ont pu causer; — Que, si la Cour de Lyon, en appréciant cette utilité, a pu abaisser et même supprimer entièrement le chiffre des dommages-intérêts réclamés par les cessionnaires de brevets, elle n'a pu, lorsqu'elle n'était saisie d'ailleurs que par l'appel des parties civiles et des prévenus, s'abstenir de prononcer la confiscation des appareils contrefaits et la condamnation des défendeurs aux frais du procès; qu'en ne prononçant pas cette confiscation et cette condamnation aux dépens, elle a violé l'art. 49 de la loi du 5 juillet 1844 et l'art. 194 du Code d'instruction crim.; — Casse l'arrêt de la Cour de Lyon du 14 août 1850.

(1) 20 avril 1853. — C. Cass. — Fontaine : Monin et Fornion. — 27 février 1852, arrêt de la Cour de Lyon. — Attendu que l'usage exclusif d'une invention industrielle se conserve par le moyen indiqué par la loi du 5 juillet 1844, c'est-à-dire par l'obtention d'un brevet d'invention; — Attendu qu'il a été fait à cette règle générale, par la loi du 18 mars 1806, une exception en faveur des dessins dont la jouissance exclusive peut, aux termes de cette loi, être retenue par un simple dépôt aux archives du conseil des prud'hommes; que cette exception, fondée sur la nature du produit à conserver, produit éphémère et fugitif comme la mode, dont il suit le caprice, a par conséquent peu de rapports avec la solennité, les frais et les formalités lentes et multipliées du brevet d'invention; — Attendu que cette exception, expressément limitée aux seuls dessins, ne peut être éten-

L'application nouvelle de moyens ou procédés connus constitue presque toujours le fond des inventions. Les créations

---

due par les Tribunaux aux autres inventions industrielles restées sous l'empire de la loi générale; — Attendu que l'invention dont il s'agit dans l'espèce consiste en un mode particulier de confection des rubans et galons qui, en introduisant dans leur tissage certains fils appelés *fils tirés*, permet, par le jeu mécanique de ces fils, de produire instantanément une plissure régulière dite tuyautement, de l'effacer et de la reproduire à volonté; — Attendu qu'un pareil mécanisme n'a rien de commun avec un dessin; qu'un dessin est une figure quelconque appliquée sur une étoffe, soit par l'impression de couleurs étrangères ou par d'autres moyens après la fabrication, soit par une combinaison de fils disposés dans le tissage même pour reproduire cette figure; mais que l'invention dont il s'agit au procès n'a pour but ni pour effet de produire une figure quelconque sur l'étoffe; — Que cela est si vrai, que cette invention peut s'appliquer à des étoffes entièrement unies; qu'elle n'a d'autre but et d'autre effet que de produire un moyen mécanique de rendre plus régulière et plus facile une opération de tout temps connue et employée, celle du tuyautement des rubans et galons; — Attendu qu'en admettant que ce tuyautement ou plissure régulière pût être considéré comme une sorte de dessin en relief, cette circonstance serait sans conséquence dans le procès; — Qu'en effet, comme on vient de le voir, ce qui constitue l'innovation dans l'espèce ce n'est pas le tuyautement lui-même, disposition ancienne et vulgaire, mais bien le procédé particulier à l'aide duquel on le produit; — Attendu qu'il résulte du certificat même des prud'hommes, soit de Lyon, soit de Saint-Étienne, qu'il ne s'agit point, dans l'espèce, d'un dessin; qu'en effet, dans leur certificat du 26 mars dernier, comparaison faite entre l'objet déposé et celui qui leur est représenté, les prud'hommes de Lyon déclarent qu'il n'y a point copie de dessin, mais copie du genre même de l'étoffe et des *fils tirés* qui en forment l'essence; — Attendu que la même chose ressort du certificat délivré par les prud'hommes de Saint-Étienne le 14 mai dernier; — Attendu que de tout ce qui vient d'être dit il résulte qu'en admettant que Fontaine soit le créateur de l'invention dont il s'agit, ce n'est point par un simple dépôt aux archives des prud'hommes, mais seulement par l'obtention d'un brevet, qu'il pourrait conserver la jouissance exclusive de cette invention, dont les produits sont actuellement répandus dans la circulation commerciale; — Infirme le jugement de première instance; renvoie les sieurs Fornion et Monin de la demande formée contre eux, etc. » — Pourvoi. — Arrêt : — Attendu qu'il est déclaré, en fait, par l'arrêt attaqué, et qu'il résulte d'ailleurs tant du certificat des prud'hommes que des autres documents du procès que l'invention dont le bénéfice était réclamé par le demandeur devant la Cour de Lyon constituait, en réalité, non un dessin d'étoffe, mais un véritable moyen mécanique d'obtenir un produit industriel; — Attendu, dès lors, que la propriété de cette invention n'aurait pu être conservée par l'obtention d'un brevet dans les termes de la loi du 5 juillet

primordiales, telles que la machine de Watt, le métier de Jacquard, l'appareil de Daguerre, sont autant de phénomènes d'invention qui se produisent rarement. Aussi ce n'est pas seulement pour ces œuvres du génie que la jouissance exclusive a été consacrée. La loi, plus sage, devait être et a été moins exigeante; cela se conçoit : on n'invente guère, dans le sens absolu du mot, c'est-à-dire qu'on ne crée pas, mais on applique, on réunit, on combine d'une façon nouvelle les agents ou les produits connus pour obtenir un produit ou un résultat industriel. C'est par cette raison que dans le mot *application* on comprend toute réunion ou combinaison nouvelle d'éléments connus, mais qui n'avaient été employés qu'isolément (1).

1844, et non par un simple dépôt aux archives du conseil des prud'hommes, fait conformément à la loi du 18 mars 1806; — Attendu qu'en le jugeant ainsi, l'arrêt attaqué, loin de violer aucune loi, a au contraire fait à l'espèce une juste application des principes de la matière; — Rejette, etc.

Idem. Voir les arrêts cités pages 444, 445 et suivantes.

(1) 17 janvier 1852. — C. Cass. — Crespel de Lisle : Rohlfs-Seyrig. — Attendu, en fait, que les brevets d'invention et d'addition pris en 1848 et 1849 pour Rohlfs-Seyrig et Cie ne consistaient pas seulement dans l'application de la force centrifuge à la fabrication et au raffinage du sucre, mais surtout dans les procédés ou appareils descriptifs annexés auxdits brevets et mis à la connaissance du public; — Et que le jugement attaqué a dénaturé ces brevets et violé leur autorité légale en décidant, d'une part, que le brevet du 20 décembre 1848 avait porté sur le droit exclusif d'application de la force centrifuge, et non sur tel mode particulier et nouveau de réalisation, et, d'autre part, que le brevet d'addition invalidait l'effet du brevet d'invention; — Attendu que le jugement attaqué, en se livrant à l'appréciation des appareils, s'est fondé, pour leur refuser un caractère nouveau d'application, sur ce qu'il n'y avait aucun de ces agents, aucun des organes essentiels de la machine qui n'eût été, préalablement à la demande, décrit, publié, mis à l'état de réalisation ou en partie réalisé; — Que ce motif est insuffisant pour justifier le dispositif; qu'en effet, quoique chacun des organes essentiels employés par Rohlfs-Seyrig et Cie fût antérieurement connu, la combinaison de ces agents constituant un procédé nouveau, de nature à produire le résultat déterminé par l'art. 2 de la loi de 1844, l'invention était, de sa nature, susceptible d'être brevetée; — Attendu que, dans la seconde série des motifs subsidiaires, le jugement attaqué a reconnu, notamment à l'égard du plateau annulaire, qu'il était une application améliorée de l'idée qui avait antérieurement présidé à l'établissement du plateau à quatre ouvertures du procédé Hartmann; — Qu'il ajoute qu'en considérant l'ensemble d'application

Ainsi la simple réunion de deux appareils déjà connus et employés, mais isolément, dans la même industrie, peut être

---

de ces différents agents, ces appareils ne présentaient pas d'ailleurs une combinaison tellement importante et nouvelle qu'elle pût être acceptée à l'égal d'une découverte susceptible d'être brevetée; — Mais attendu que ce jugement n'a pas ainsi méconnu le caractère de nouveauté de l'invention; que cette méconnaissance serait d'ailleurs en contradiction avec le motif qui précède; — Que les Tribunaux ne peuvent pas, d'une autre part, se constituer juges souverains de l'importance de l'application de ces procédés à l'industrie; que s'il en était ainsi, ils pourraient détruire la propriété des brevets et violer l'art. 2 de la loi de 1844; — Casse.

Idem. 21 août 1846. — C. R. Aix. — Roche : Gomel. — Attendu, en fait, que le 7 avril 1845 Roche, fabricant d'allumettes pyrrhiques, a obtenu du gouvernement un brevet d'invention pour la fabrication d'une coulisse, à l'effet de confectionner des boîtes par un seul rouleau de carton placé sur une règle en métal; — Attendu que s'il est vrai que le mode de faire des boîtes par un seul rouleau de carton ne soit pas une découverte nouvelle, il n'en est pas moins constant que ce mode n'avait point encore été appliqué aux boîtes destinées aux allumettes chimiques; qu'il a été parfaitement justifié que par le moyen trouvé de la confection de plusieurs coulisses à la fois, l'application nouvelle de ce mode apporte une grande économie dans la confection des boîtes d'allumettes chimiques; que, dès lors, sous ce rapport l'application étant nouvelle, il y avait lieu à l'obtention d'un brevet d'invention; — Attendu qu'il n'a pas été justifié que ce mode fût appliqué aux boîtes d'allumettes chimiques, antérieurement à la date du dépôt de la demande; que, dès lors, l'exception de l'art. 31 de la loi précitée ne peut être admise; — La Cour infirme et condamne Gomel, etc., etc.

Idem. 31 mars 1846. — C. R. Douai. — Depouilly : Descat-Crouzet. — Considérant que quand il serait vrai qu'aucun des moyens, pris isolément, ne serait nouveau et que même leur combinaison ne serait pas nouvelle, l'application de ces moyens soumis à une combinaison nouvelle n'en serait pas moins valablement brevetée; — Que, sans doute, si Depouilly avait voulu changer le but de son invention, objet principal de son brevet, il aurait dû prendre un nouveau brevet, mais que, conservant son but et ne voulant modifier qu'un ou plusieurs moyens d'exécution, un certificat d'addition lui suffisait; — Que la loi, en rappelant avec soin les mots *addition*, *changements*, *perfectionnements*, a fait voir clairement qu'elle entendait permettre à l'inventeur de prendre un certificat d'addition pour tout ce qui se rattacherait de près ou de loin au brevet principal; — Qu'en disant qu'il y aurait nullité et déchéance au cas où les perfectionnements ne se rattacheraient pas au brevet principal, elle n'a voulu annuler que les additions n'ayant aucun rapport à l'idée première brevetée; — Qu'il est donc impossible d'en faire application à Depouilly, qui, dans son certificat d'addition, a fait connaître des moyens d'exé-

valablement brevetée. Cette réunion constitue, par le fait, un appareil nouveau (1).

Il est de principe qu'il n'y a application nouvelle, dans le sens légal, qu'autant qu'elle est faite à une industrie différente. Ainsi, par exemple, l'application aux pianos longs d'un mécanisme qui était déjà appliqué aux pianos droits ne pourrait être considérée comme une application nouvelle, si elle était simplement transportée de l'un à l'autre, sans aucune modification de principe. L'application à une porte d'un agent de fermeture usité dans les meubles ne serait pas brevetable (2). Il en serait de même de l'application au battage de l'or du marteau mécanique usité pour le battage d'un autre métal. Mais si le marteau mécanique ou une presse connue pour les métaux sont appliqués, par exemple, au battage ou à la pression des cuirs forts, il y aura application nouvelle, car il y

---

cution ayant le même but, conduisant au même effet industriel, et produisant absolument les mêmes résultats que ceux déjà indiqués dans le brevet principal; — Condamne, etc.

Idem. 25 février 1854. — C. Cass. — Villard : Crepeau.

Idem. 10 mars 1854. — Paris. — D[lle] Hurée : Guillard.

Idem. 20 janvier 1847. — C. R. Paris. — Jourdan : Colombe-Lalan.

Idem. 22 février 1855. — C. Imp. Lyon. — Mallet : Gastoud. Voy. page 452.

(1) 22 février 1855. — C. Imp. Lyon. — Mallet : Gastoud. — Considérant qu'avant 1841, époque où Mallet a obtenu son brevet d'invention, deux opérations distinctes et successives étaient nécessaires pour extraire l'alcali des eaux ammoniacales : il fallait commencer par tirer des eaux ammoniacales un sulfate ou sel d'ammoniaque, il fallait ensuite décomposer ces sels par la chaux pour faire sortir l'alcali volatil de cette deuxième opération; — Considérant que Mallet a conçu l'idée d'obtenir ce produit par une seule opération, et que le moyen par lui employé a été la combinaison de deux appareils connus, l'appareil de Laugier et l'appareil Wolf, employés jusque-là séparément pour d'autres produits; — Considérant qne le résultat de cette combinaison a été une réduction notable des frais de fabrication et un abaissement considérable dans le prix des alcalis; — Considérant que tirer de l'alcali volatil des eaux ammoniacales sans les réduire d'abord en sels ammoniacaux, et obtenir ce produit direct par la combinaison nouvelle des appareils de distillation de Laugier et de Wolf, c'est là, dans l'état de la science, une invention brevetable; etc., etc.

(2) 20 novembre 1850. — Paris. — Routin : Guery. — On a décidé qu'il n'y avait pas invention dans l'application des roulettes à un fourneau.

aura différence dans l'industrie et dans les produits (1). En résumé, il y a application brevetable d'un moyen lorsqu'il est transporté dans une industrie différente. S'il n'est transporté que dans une industrie analogue, il peut encore être breveté s'il y donne des résultats nouveaux (2). A plus forte raison y

(1) 5 février 1852. — C. Imp. Paris. — Bérindorf : Raymond.

Contrà. 4 juillet 1846. — C. Cass. — Dupuis : Cottard. — Jugé qu'il n'y a pas lieu à brevet dans l'application de la presse à raisin au tannage des cuirs.

Idem. 10 juillet 1846. — C. Cass. Duvelleroy : Aubert et Petit. — Attendu que la d° Petit, aussi défenderesse au pourvoi, n'y figure pas non plus; que si le sieur Petit, aujourd'hui décédé, y figure comme demandeur, il n'est pas établi au procès que sa veuve soit son héritière, qu'elle ait été commune en biens avec lui, ni qu'elle le représente à quelque titre que ce soit; — Attendu que si la d° Petit est assignée en son nom personnel dans l'instance correctionnelle en contrefaçon, par exploit du 30 décembre 1843, et si elle a constamment figuré personnellement dans cette instance, on ne peut en conclure qu'elle ait été partie dans l'instance civile qui s'est terminée par le jugement du 18 juillet 1844; — Attendu que la mention qui est faite de ce dernier jugement dans le jugement correctionnel du 30 janvier 1845, infirmé par l'arrêt attaqué, n'est qu'un simple raisonnement dont la conséquence tombe avec le jugement qui la contient et ne saurait suppléer à l'absence de la d° Petit dans l'action civile intentée par son mari contre le sieur Duvelleroy; — Attendu que dès lors et aux termes dudit art. 1351 du Code civil, ledit jugement civil du 18 juillet 1844 ne peut être invoqué dans l'instance actuelle; — En ce qui touche l'emploi du découpoir dans la fabrication des éventails, lequel forme le premier des griefs relevés par le demandeur en cassation; — Attendu que l'arrêt attaqué constate, en fait, que le découpoir était employé à la confection des éventails antérieurement à la date du brevet de Duvelleroy; — Attendu que le même arrêt déclare que la simple application par Duvelleroy du découpoir au bois, ne saurait constituer une invention susceptible d'être brevetée; — Attendu qu'il ne s'agit pas de l'application du découpoir à une industrie autre que la fabrication des éventails, mais seulement de l'application nouvelle de cet instrument au bois et à toute espèce de matière, lorsque déjà avant le brevet il s'appliquait à plusieurs matières; et que dès lors il n'y a plus lieu que d'apprécier l'importance relative des matières auxquelles le découpoir s'appliquait avant le brevet et de celles auxquelles il s'appliquera après le brevet; ce qui constitue, non une question de droit, mais une appréciation de faits; rejette le pourvoi.

(2) 31 mars 1855. — C. Imp. Paris. — D'Arlincourt : Letrange, David. — En ce qui touche l'antériorité opposée à d'Arlincourt et résultant de l'application à l'estampage du procédé pour lequel il est breveté; — Considérant que l'estampage ne constitue qu'une modification apportée à la forme du métal

aura-t-il application brevetable si le procédé connu antérieurement est appliqué à une industrie différente avec des modifications appropriées à sa nouvelle destination, car ces modifications

---

déjà laminé et qui n'est soumis à cette opération que par fragments et non en pièce d'un volume considérable; qu'au contraire l'industrie de d'Arlincourt a pour objet de préparer le métal au laminage et autres opérations ultérieures, en le rendant plus ductile et plus malléable, qu'il y a un but et une destination différents de l'estampage à une application nouvelle de moyens connus pour l'obtention d'un produit et d'un résultat industriel, dans les termes de l'art. 2 de la loi du 5 juillet 1844; — En ce qui touche l'emploi et l'application au laminage du procédé de d'Arlincourt dans des usines de Belgique, antérieurement à son brevet; — Considérant que les documents produits à la Cour repoussent formellement la réalité de ce fait; qu'il résulte au contraire de ces mêmes documents ou que ce procédé n'a jamais été employé dans les usines par Letrange, David et Cie, ou que la nouveauté et l'utilité du mode de fabrication de d'Arlincourt ont été virtuellement reconnues par les administrateurs des établissements les plus importants de la Belgique qui ont traité avec d'Arlincourt, soit pour obtenir qu'il appliquât à leurs produits son procédé, soit pour lui interdire, dans leur avantage exclusif, le droit d'en faire usage en faveur d'autres industriels; — En ce qui touche l'emploi du procédé de d'Arlincourt au laminage de métaux autres que le zinc; — Considérant qu'à supposer que le procédé de d'Arlincourt ait été mis en usage pour d'autres métaux, l'application faite par lui à l'industrie du zinc de moyens déjà connus, ne donnerait pas moins un résultat et un produit industriel nouveau et n'en constituerait pas moins une invention brevetable, conformément à l'art. 2 de la loi du 5 juillet 1844; — Que c'est donc à tort que les premiers juges ont repoussé la prétention de d'Arlincourt; — Considérant enfin que les nouveaux documents produits ne sont pas de nature à modifier les éléments de conviction soumis à la Cour; — En ce qui touche la nullité du brevet prononcée; — Considérant qu'aux termes de l'art. 34 de la loi du 5 juillet 1844, le Tribunal n'aurait pu connaître que par voie d'exception de la validité ou de la nullité du brevet; qu'il n'avait donc pas qualité pour statuer, ainsi qu'il l'a fait en déclarant nul le brevet dont il s'agit; — En ce qui touche les dommages-intérêts; — Considérant que de ce qui précède il résulte que d'Arlincourt, en faisant opérer la saisie du 17 août 1854, n'a fait qu'user d'un droit légitime, et qu'en laissant les objets saisis à la disposition de Letrange, David et Cie, il a renfermé cet usage de son droit dans l'exercice modéré de mesures purement conservatrices et n'a par là causé aucun préjudice à la partie saisie; — Considérant qu'un préjudice a été causé par la contrefaçon de Letrange et David, qu'il en est dû réparation; — Considérant que la Cour a des documents qui lui permettent de statuer dès à présent, en connaissance de cause et sans qu'il soit besoin d'ordonner l'enquête ou l'expertise demandée; — Condamne les prévenus à la confiscation, etc. etc.

suffiraient à elles seules pour valider le brevet, alors même que le procédé connu ne serait pas transporté d'une industrie dans une autre.

On doit considérer comme brevetable l'application nouvelle faite aux arts ou à l'industrie des propriétés connues de certains corps.

La découverte des propriétés, jusqu'alors ignorées, d'un objet connu, constitue aussi une invention si ces propriétés sont appliquées à un usage industriel; on en citait pour exemple, dans la discussion à la Chambre des députés, la lampe de Davy, qui, avant l'observation ingénieuse du savant anglais, était une lampe commune et sans valeur. Après avoir découvert la propriété qu'ont ces lampes de brûler sans danger, au milieu d'une atmosphère chargée de gaz explosifs, Davy les a appliquées à l'usage des mineurs. Il aurait eu le droit incontestable de se faire breveter; le brevet n'aurait pas eu pour résultat de faire rentrer dans le domaine privé ce qui était depuis longtemps acquis au domaine public, c'est-à-dire la fabrication et l'usage ordinaire de cet objet; par conséquent chacun aurait pu fabriquer et vendre ces sortes de lampes, formées d'une toile métallique, mais le breveté aurait eu seul le droit de les appliquer à éclairer les travaux des mines.

Un autre exemple a été donné pour préciser la valeur d'une simple application des propriétés nouvelles d'un objet connu : la vis d'Archimède, tournant sur elle-même de gauche à droite, est employée depuis des siècles par les ingénieurs pour les travaux d'épuisement. Un savant français a pensé que la même machine qui servait à élever l'eau pouvait être employée à faire descendre les gaz. Il a dès lors appliqué la vis d'Archimède à cet usage, sans rien changer à l'appareil primitif et seulement en le faisant tourner en sens contraire. Il y avait là, sans aucun doute, une invention par application. On en peut dire autant du zingage de fer breveté au nom de Sorel. Il y a plus de cent ans que l'idée de revêtir le fer de zinc pour le soustraire à la rouille a été publié par Maloin. Mais on n'avait pu tirer de ce moyen les avantages industriels dont il est susceptible, et on l'avait abandonné parce qu'on supposait à tort que l'intérieur des tuyaux, n'étant point étamé, serait exposé à la rouille. Sorel, éclairé par la grande découverte de Volta, a démontré que le zingage, même partiel, rend le fer négatif, et il a pu dès lors doter l'industrie, sans aucune addition au mode de zingage connu, d'un procédé jusqu'alors négligé parce qu'on ignorait la propriété qu'il a su y découvrir.

On a décidé que le lustrage de la fonte au moyen d'un mélange de plombagine et d'huile de lin, bien que connu et usité, peut néanmoins être breveté pour son application à la fonte de chasse (1).

Lorsqu'il est reconnu en fait qu'à l'aide de moyens connus, employés avec plus d'intelligence, le breveté obtient des résultats supérieurs, il y a lieu de valider son brevet. C'est donc à tort, selon nous, que l'on a annulé un brevet, dans les circonstances ci-dessus, en se fondant sur ce qu'il n'y avait pas *application nouvelle* des moyens brevetés, parce qu'ils étaient déjà employés dans la même industrie (2). Il n'y avait pas application nouvelle, soit. Mais il y avait au moins un procédé nouveau, et sa nouveauté résultait des détails qui constituaient son emploi plus intelligent, à moins que cet emploi plus intelligent ne provînt de ce qu'on appelle en fabrication un simple tour de main, tel que nous le définissons en traitant des objets qui ne sont pas susceptibles d'être brevetés. Ce motif seul pouvait invalider le brevet.

Il a été décidé, avec raison, que si l'application nouvelle d'un point de couture depuis longtemps employé constituait une invention brevetable, à plus plus forte raison y aurait-il lieu à brevet si le point lui-même était nouveau (3).

---

(1) Février 1854. — Trib. Valence. — David : Lafont.

(2) 20 mars 1854. — C. Cass. — Falguières : Auzet.

(3) 8 juillet 1846. — C. R. Paris. — Guérin était breveté pour avoir substitué la couture à l'emploi des cercles de cuivre servant à la fabrication des tuyaux à incendie en toile; la validité du brevet était contestée par Fland et Bonnafin; le brevet a été maintenu.

Idem. 26 juin 1846. — C. R. Paris. — Laporte a été condamné pour con-

Celui-là fait-il une application brevetable qui fabrique en caoutchouc vulcanisé des objets qui, jusqu'alors, étaient fabriqués en caoutchouc ordinaire? La difficulté naît de cette circonstance que, depuis la découverte de la vulcanisation, le caoutchouc est toujours préalablement vulcanisé quand il importe, pour l'usage auquel on le destine, qu'il conserve sa flexibilité et son élasticité, c'est-à-dire dans la généralité de son emploi. Aussi pensons-nous que, dans l'état actuel de cette industrie, l'application ci-dessus ne saurait être l'objet d'un droit privatif. On ne peut donc se prévaloir d'un brevet pris pour la fabrication en caoutchouc vulcanisé d'objets qui, antérieurement, n'étaient fabriqués qu'en caoutchouc ordinaire (1).

---

trefaçon sur la poursuite de Guillaume, breveté pour l'application d'un nœud à chaque point de la couture des gants.

(1) 27 novembre 1852. — C. Imp. Paris. — Kœpplin-Solier : Garnier. — Tuyaux de pipe en caoutchouc vulcanisé. — A l'égard des bouts de pipes décrits dans le brevet Kœpplin, en date du 7 février 1849 : — Attendu que Garnier et Lavigne opposent un brevet pris, en 1845, par le sieur Pierrot, pour fabriquer en caoutchouc naturel des bouts de pipes en forme d'anneaux cylindriques, puis un brevet d'addition pris dans la même année par le sieur Pierrot, pour faire à volonté des bouts de pipes fixes ou mobiles, en substituant au caoutchouc, soit du liége, soit toute autre matière ou substance élastique; — Qu'ainsi, avant le 7 février 1849, l'emploi du caoutchouc sous forme de tubes ou d'anneaux cylindriques, était indiqué pour garnir l'extrémité des pipes; — Que la vulcanisation elle-même était dans le domaine public; que la substitution du caoutchouc vulcanisé au caoutchouc naturel ne peut constituer une invention en faveur de Kœpplin; qu'en conséquence son brevet ne peut être un empêchement ni à la fabrication des bouts de pipes en caoutchouc, ni à leur vulcanisation, etc., etc.

Contrà. 6 avril 1854. — C. Imp. Paris. — Thier : Grossmann et Wagner. — Jugement : — Attendu que si des enquête et contre-enquête il résulte que des biberons à tubes en gomme élastique étaient dans le commerce, rien n'établit dans lesdits documents que la flexibilité absolue de cette espèce de produit, telle que l'obtient Thier par son procédé, ait jamais été connue et soit tombée dans le domaine public; — Qu'il résulte au contraire de la comparaison des différents types mis à la disposition du Tribunal, que dans les objets exposés en vente depuis longtemps et connus sous le nom de tubes en gomme élastique, il existe toujours une sorte de rigidité incompatible avec l'usage auquel le biberon est destiné et dont le tuyau, dans le système de Thier, se plie

L'emploi d'un phénomène se produisant spontanément et nécessairement, suivant les lois de la nature, est brevetable comme application nouvelle d'un moyen connu lorsque l'emploi se combine avec des procédés non antérieurement connus et ayant pour effet d'accélérer le résultat du phénomène et d'en rendre l'obtention plus facile et plus économique (1).

à tous les mouvements sans offrir la plus légère résistance; — Attendu que c'est là l'application à un résultat nouveau de produits déjà connus, et conséquemment que c'est là un des cas prévus par la loi de 1844; — Que vainement oppose-t-on à Thier qu'il fait lui-même usage du caoutchouc vulcanisé dont la découverte est postérieure à son brevet; — Qu'en effet, le moyen d'application du caoutchouc étant dans le domaine public, il a pu, comme toute personne, s'en emparer pour ajouter à la perfection de ces instruments sans que pour cela il y ait absence d'invention; — Attendu qu'en cet état le droit privatif de Thier à la possession de son brevet étant reconnu, il est évident qu'un préjudice lui a été causé par l'action en déchéance du brevet introduite par Grossmann et Wagner; — Déboute Grossmann et Wagner de leur demande. — Appel et Arrêt : — Considérant que l'application d'un procédé connu constitue une invention lorsqu'on l'adapte à un nouvel usage; — Considérant que Grossmann et Wagner n'établissent pas qu'antérieurement au brevet obtenu par Thier il ait été fabriqué ni connu dans le commerce des biberons pareils à ceux que l'intimé produit, et offrant les mêmes avantages sous le double rapport de la mobilité et de la flexibilité en tous sens du tube adapté au flacon; — Considérant enfin que la description et les spécifications annexées par Thier à ses demandes de brevet répondent suffisamment au vœu de la loi; — Adoptant au surplus les motifs des premiers juges; — Confirme.

(1) 4 mai 1855. — C. Cass. — Laming : Cavaillon. — Arrêt de la Cour Impériale du 20 janvier : — Considérant que les brevets obtenus en Angleterre par Croll le 29 janvier 1841 et par Hill le 16 août 1846, font bien connaître la possibilité de l'emploi du peroxyde de fer pour l'épuration du gaz, mais ne portent point sur la revivification du peroxyde devenu sulfure à l'aide des moyens par lesquels Laming a accéléré et facilité cette revivification; que le grillage du sulfure dans un fourneau indiqué par Croll différait du moyen de revivification de Laming, la simple exposition à l'air du sulfure avec de l'hydrochlorate et l'absorption de l'oxygène de l'air facilitée en multipliant et renouvelant les surfaces, et ne donnait pas le résultat industriel et obtenu par Laming; — Que si l'on ne peut, en général, faire breveter un phénomène se produisant spontanément et nécessairement suivant les lois de la nature, il n'en est pas ainsi de l'application nouvelle d'une loi de la nature à l'industrie, alors que, comme dans l'espèce, cette application a été rendue possible et industriellement pratiquée par des procédés non antérieurement connus; que, dans ces conditions, une telle application peut devenir brevetable, comme

Une idée ou un système ne peuvent être valablement brevetés qu'autant que le brevet contient l'indication des moyens à l'aide desquels on peut appliquer à l'industrie l'idée ou le système. Mais si l'idée ou le système sont nouveaux, le brevet pris avec les indications ci-dessus constitue ce qu'on appelle dans la pratique un brevet de principe, dont l'effet est de protéger

---

moyen nouveau, aux termes de l'art. 2 de la loi du 5 juillet 1844; — Que si la revivification du peroxyde de fer passé à l'état de sulfure par l'absorption de l'oxygène de l'air était scientifiquement connue avant le brevet Laming, il n'en est pas moins certain que Laming a doté l'industrie de l'épuration du gaz éclairant, de l'utilisation industrielle de cette revivification, en indiquant des procédés qui ont rendu ladite revivification prompte et économique et l'ont mise au service de l'industrie; — Considérant que Laming n'a pas contrevenu à l'art. 6 de la loi du 5 juillet 1844 en signalant dans son brevet l'obtention de produits accessoires, la soude et l'alun, qui dérivent des matières et procédés employés par Laming pour l'épuration du gaz, ledit article permettant de breveter avec un seul objet principal les objets de détail qui le constituent et les applications qui seront indiquées; — Qu'en conséquence de cet article, de Cavaillon lui-même a, le 22 décembre 1845, pris son brevet pour quatre produits accessoires qui dérivent de ses procédés pour la fabrication et l'épuration du gaz, etc.; — Considérant que Laming s'est désisté du bénéfice du jugement du 22 août 1854 et de son action civile à l'égard de Brunton et Pillé; que ce désistement n'enlève pas une fin de non-recevoir contre l'action publique en faveur de Brunton et Pillé, l'article 45 de la loi du 5 juillet 1844 exigeant seulement une plainte préalable en matière de contrefaçon industrielle, et l'art. 4 du Code d'instruction criminelle disposant d'une manière générale et absolue, dans l'intérêt de l'ordre public, que la renonciation à l'action civile ne peut arrêter et suspendre l'action publique, mais qu'il n'est pas établi que Brunton et Pillé, qui avaient traité à forfait avec de Cavaillon pour l'épuration du gaz de la Compagnie française, aient eu connaissance des procédés constitutifs de la contrefaçon employés dans leur usine par de Cavaillon, dont les brevets et les déclarations accusaient des moyens différents de ceux de Laming; — Met l'appellation au néant; ordonne que le jugement dont est appel sortira effet à l'égard de Cavaillon; décharge Brunton et Pillé des amendes et condamnations à des dommages-intérêts prononcées contre eux en première instance, condamne Laming aux frais faits sur leur appel. — Pourvoi. — Arrêt : — Sur le moyen tiré de ce que l'arrêt attaqué a déclaré susceptible d'être breveté l'emploi d'un phénomène naturel produisant un résultat par les lois mêmes de la nature et sans qu'il soit besoin d'aucun appareil ni procédé particulier pour l'obtenir; — Attendu que l'arrêt attaqué déclare : 1° que l'application nouvelle d'une loi de la nature à l'industrie a été rendue possible et industriellement pratiquée, dans l'espèce, par des procédés qui n'étaient pas

efficacement l'idée ou le système que nul ne peut plus appliquer, même avec des moyens différents. L'art. 30 suppose la validité des brevets de principe, puisqu'il n'en prononce la nullité qu'autant qu'ils ne contiennent pas l'indication d'une application industrielle (1).

Une invention n'est pas indigne de la protection légale parce qu'une découverte antérieure en aurait donné l'idée. S'il en était autrement, il faudrait, dans l'état actuel des progrès de l'industrie et des sciences, renoncer à trouver une invention. Tout se tient et s'enchaîne dans le domaine des découvertes;

---

connus antérieurement; 2° que si la revivification du peroxyde de fer passé à l'état de sulfure par l'absorption de l'oxygène de l'air était scientifiquement connue avant le brevet et les additions de Laming, il n'en est pas moins certain que celui-ci en a doté l'industrie de l'épuration du gaz éclairant de l'utilisation industrielle de cette revivification en indiquant des procédés qui la rendent prompte et économique, et l'ont mise au service de l'industrie; — Attendu qu'en se fondant sur ces circonstances pour rejeter l'exception de nullité proposée par Cavaillon, la Cour de Paris n'a fait qu'interpréter, selon son esprit et ses termes, l'art. 2 de la loi du 5 juillet 1844; — Sur le moyen de cassation tiré de ce que l'arrêt a validé un brevet s'appliquant à plusieurs objets principaux; — Attendu que la loi précitée, qui prescrit de limiter la *demande* d'un brevet à un seul objet principal, avec les objets de détails qui le constituent et les applications qui auront été indiquées (alinéa 1er de l'art. 6), ne commande au ministre de l'intérieur de rejeter la *demande* (art. 12) que dans le cas où cette formalité n'aurait pas été accomplie; — Que l'infraction de la première de ces dispositions n'est pas comprise parmi les causes de nullité et de déchéance du brevet qui se trouvent restrictivement spécifiées dans les art. 30 et 32 de la loi; — Qu'il ne saurait appartenir à l'autorité judiciaire, quand ces articles et aucun article de la loi ne lui en ont attribué le pouvoir, de constater et de déclarer le vice allégué par le demandeur en cassation; — Que les Tribunaux ne pourraient en effet se livrer à cet examen et en faire résulter la nullité du brevet qu'en empiétant sur les attributions exclusives de l'administration publique; — Qu'il suit de là que le brevet, par cela seul qu'elle l'a délivré, est légalement réputé l'avoir été sous ce rapport, parce que la demande était pleinement conforme à la disposition susénoncée de l'art. 6; — Que par suite Cavaillon n'est pas recevable à se prévaloir de son allégation; — Rejette.

(1) 30 mars 1846. — C. R. Douai. — Jourdan : Descat-Crouzet. — Voy. page 447.

Idem. 15 juillet 1847. — C. R. Paris. — Porret-Blanchard : Nicolle et Fimbert et autres.

Idem. 19 août 1853. — C. Cass. — Maréchal : Tussaud-Marquette.

par exemple, en mécanique, y aurait-il exagération à soutenir qu'il n'y a pas une invention aujourd'hui, et des plus sérieuses, qui ne procède d'une idée précédemment émise, d'une invention première? Aussi ne faut-il pas attribuer au breveté la propriété exclusive de tous les procédés inspirés par son invention, non plus que des applications non prévues ni indiquées par lui. Ce serait lui assurer les bénéfices et l'honneur d'une paternité qui lui est étrangère. Ce serait, en outre, étendre, d'une manière indéfinie, les limites de son brevet et porter une atteinte mortelle à l'industrie, que la loi spéciale a pour but d'encourager et de protéger. Il en serait autrement si les applications, quoique non indiquées dans sa spécification, étaient la conséquence naturelle et forcée de l'emploi de son procédé. C'est ce que nous avons démontré en traitant (chapitre 1er, sect. 2) des effets du brevet.

On ne pourrait, sans méconnaître le véritable esprit de la loi, refuser le bénéfice du brevet aux inventions qui sont d'un usage futile ou vulgaire; une appréciation de cette nature ne serait pas moins contraire au bon sens qu'à la loi. Telle découverte, sans importance pour l'un, devient dans la main d'un autre une source de fortune. La valeur d'une découverte est essentiellement industrielle et relative; pourquoi donc l'apprécier d'une manière scientifique et absolue?

Il faut se garder également de mesurer l'importance légale d'une invention au degré d'intelligence qu'elle a dû exiger. La loi n'a pas donné au juge une telle mission, qui ne serait pas sans périls si elle était possible. Ce qui prouve que le mérite aussi bien que le degré d'utilité sont indifférents, c'est que la loi déclare brevetables non-seulement les perfectionnements qui impliquent toujours l'idée d'une amélioration, mais encore les changements, les simples additions qui, par opposition aux perfectionnements, sont exclusifs de toute idée d'amélioration. Toute découverte est digne de la protection légale si elle est nouvelle et applicable à l'industrie (1).

(1) 30 décembre 1845. — C. Cass. — Coulaux : Gosdemberg. — Attendu

Ce serait méconnaître aussi le véritable esprit de la loi que de refuser protection à un détail de l'invention par ce motif qu'il est d'une importance secondaire, ou qu'il a été jugé tel par l'inventeur lui-même. Tout ce que la description contient de nouveau rentre dans le domaine exclusif du breveté. La loi n'aurait pu faire et n'a fait aucune distinction entre l'élément essentiel et l'élément accessoire d'une invention. Tous sont donc égaux à ses yeux. Elle ne veut y trouver qu'un seul caractère, c'est la nouveauté industrielle (1).

---

que les brevets dont il s'agit ont été délivrés à Couleaux aîné et Cie pour des perfectionnements apportés à la fabrication des moulins à café; — Attendu qu'il est reconnu, en fait, par l'arrêt attaqué que les brevetés ont, par les procédés décrits en leurs brevets, apporté des changements à la fabrication préexistante; que l'arrêt lui-même constate et définit ces changements, et que, loin de dénier leur caractère de nouveauté, il les nomme des inventions; — Attendu que l'arrêt, après ces déclarations de fait, décide, en droit, qu'il n'y a invention et perfectionnement dans le sens légal que lorsqu'il s'agit d'une industrie présentant des avantages pratiques, réels et utiles aux citoyens; qu'il décide, en outre, que les Tribunaux sont appréciateurs du plus ou moins d'importance de l'industrie brevetée, et peuvent faire dépendre de cette appréciation la validité ou la nullité des brevets; — Attendu que l'arrêt attaqué, appliquant cette doctrine à l'espèce, a jugé qu'en ne considérant les innovations décrites aux brevets que sous le point de vue des avantages ou de l'utilité pratique qu'elles peuvent produire, il faut reconnaître que leur importance est tellement minime qu'il est impossible d'y trouver une de ces idées heureuses et nouvelles, dont la manifestation et le développement peuvent devenir utiles à la société, et qu'il a, par son dispositif, déclaré nuls et de nul effet les brevets délivrés aux demandeurs en cassation; — Attendu que la validité des brevets délivrés aux inventeurs, à leurs risques et périls, ne peut légalement dépendre ni de l'importance, ni de l'utilité de l'invention, et qu'il y a contradiction à prétendre, d'une part, qu'on est gêné dans l'exercice de sa libre industrie par le privilége résultant du brevet qu'on attaque, et, d'autre part, que l'industrie, objet du brevet, n'a ni efficacité ni valeur; — Attendu que les nullités et déchéances sont de droit étroit, et qu'aucun article de loi n'érige en cause de nullité d'un brevet son peu d'importance ou d'utilité; — Qu'il suit de ce qui précède que l'arrêt attaqué, en déclarant nuls et de nul effet les brevets des demandeurs, a créé une nullité qui n'est pas prononcée par la loi, et a formellement violé les lois précitées; — Casse.

Idem. 8 juillet 1846. — C. R. Paris. — Guérin : Fland et Bonnefin. V. p. 456.

Idem. 11 juin 1850. — Paris. — Neveu : Chatelain.

(1) 9 février 1853. — C. Cass. — Sax : Raoux et autres. — Attendu qu'après

SECTION 2. — *En quoi consiste la nouveauté de l'invention.*

§ 1er. — *Sens légal du mot nouveauté.*

Le brevet constitue un véritable contrat entre la société et le breveté. La société protége le breveté, mais en retour il faut

---

avoir déclaré que la suppression des angles dans la fabrication des instruments de musique en cuivre était universellement connue avant Sax, comme théorie, l'arrêt attaqué ajoute que, comme réalisation, mille tentatives avaient été faites avant lui par des fabricants d'instruments, et que le mode d'organisation spécial à Sax dans la suppression des angles a pu frapper l'attention des experts, des commissions et jurys d'examen, et lui faire attribuer de publiques approbations; que, de plus, l'arrêt accepte comme prémisse, et sans en contester l'exactitude, l'assertion des experts, que Sax aurait fait subir aux instruments des modifications tendant à supprimer les angles ou à agrandir les rayons des courbes, et qu'il serait parvenu à supprimer ou amoindrir les obstacles à la progression de l'air dans les instruments; — Attendu qu'il est établi par ces constatations de l'arrêt attaqué que Sax a obtenu des résultats nouveaux, succédant à des tentatives qui n'avaient pas produit les mêmes effets; — Attendu que, d'après les art. 1 et 2 de la loi du 7 janvier 1791, comme aujourd'hui d'après l'art. 2 de la loi du 5 juillet 1844, l'application pratique d'une théorie déjà connue constitue une invention susceptible d'être brevetée, si elle produit des résultats industriels nouveaux; — Attendu qu'en concluant des faits par lui déclarés, qu'il pouvait y avoir dans le travail de Sax matière à médaille d'encouragement, mais non le support légal d'un brevet, l'arrêt attaqué a dénié, en droit, à l'obtention de résultats industriels nouveaux, ses conséquences légales, et a expressément violé les lois précitées; — Sur le deuxième moyen, relatif au brevet du 1er octobre 1845; — Vu l'art. 2, loi du 5 juillet 1844; — Attendu que la fabrication d'instruments de musique produisant des sons non encore obtenus par les instruments antérieurement fabriqués, constitue la production industrielle d'un résultat nouveau, et que, d'après l'art. 2 de la loi du 5 juillet 1844, la production d'un résultat industriel nouveau est une invention brevetable, alors même qu'elle ne serait due qu'à une combinaison nouvelle dans les formes et les proportions d'objets déjà connus; — Attendu qu'il a été reconnu en fait par l'arrêt attaqué que la modification de fabrication dans les instruments de musique, objets du brevet de Sax, a amené une modification dans les sons obtenus; qu'en ne tenant pas compte de cette nouveauté de résultat, et en faisant dépendre du degré de difficulté ou d'importance des procédés de fabrication la validité du brevet, ledit arrêt a formellement violé la loi ci-dessus visée; — Attendu, quant à l'objection tirée de la teneur du brevet, que l'intitulé d'un brevet se complète et s'explique par le mémoire descriptif; que, d'après l'art. 30 5° de la loi de 1844, l'insuffisance du titre sous lequel le brevet a été demandé

que le protégé apporte à la société un objet qui lui manquait jusqu'alors. En effet, la loi sur la propriété industrielle, tout en accordant une protection efficace à l'invention, défend avec une égale sollicitude les intérêts du domaine public contre les empiétements de ceux qui, sous le titre d'inventeurs, chercheraient à dépouiller l'industrie des ressources dont elle s'est enrichie antérieurement. Aussi la première condition imposée par la loi, c'est la nouveauté de l'objet breveté. Cette exigence est telle que si l'objet décrit dans le brevet n'est pas nouveau, le brevet ne peut être validé par la nouveauté des détails consignés dans le certificat d'addition (1).

Le sens grammatical du mot *nouveauté* suffit à l'intelligence de la loi. Une découverte est nouvelle quand, jusqu'au jour du brevet, elle n'a existé que par l'inventeur et n'a été connue que de lui.

Aussi nous ne pouvons admettre qu'il ait été dans la pensée

---

n'est une cause de nullité du brevet que si cet intitulé indique frauduleusement un objet autre que le véritable objet de l'invention; que, d'après l'art. 30 6°, la description jointe au brevet n'en entraîne la nullité que si elle n'est pas suffisante pour l'exécution de l'invention, ou si elle n'indique pas d'une manière complète et loyale les véritables moyens de l'inventeur; — Attendu que l'arrêt attaqué s'est borné à déclarer que Sax, dans le libellé de son brevet, n'a ni demandé à être breveté, en ce qui concerne les proportions à observer dans la fabrication des tubes des instruments, ni décrit ces proportions, ce qui n'équivaut ni à un reproche de fraude dans l'intitulé, ni à un reproche d'insuffisance ou de déloyauté dans la description ; — Attendu que l'arrêt, loin de critiquer la description, a reconnu au contraire que l'indication des proportions a été donnée par les dessins qui y sont joints et qui en font partie intégrante; — Attendu qu'en cet état des faits constatés, l'arrêt n'était pas fondé à déclarer le brevet non valable à raison du silence qui, dans ce qu'il appelle son libellé, aurait été gardé sur les proportions brevetées, et qu'en s'appuyant sur ce motif pour ne pas appliquer l'art. 2 de la loi du 5 juillet 1844, il a expressément violé cet article et faussement appliqué l'art. 30 de la même loi; — Casse.

Idem. 2 mai 1851 — C. Cass. — Thomas Laurens : Robert Dubu. — Voy. page 447.

Idem. 17 janvier 1852. — C. Cass. — Rohlf-Seyrig : Crespel-Delisle. — Voy. page 450.

Contrà. 29 mai 1852. — C. R. Paris. — Bedicam : Lambert.

(1) 7 juillet 1854. — Trib. Paris. — Lefranc : Blanchon.

du législateur de restreindre, par la définition consignée dans l'art. 31, le sens grammatical du mot *nouveauté*. Les exposés des motifs, les rapports des commissions, les discussions auxquelles l'art. 31 a donné lieu devant les chambres (1), tout démontre que cette définition de la *nouveauté* n'est pas restrictive; qu'elle laisse subsister le sens grammatical, qui ressort d'ailleurs de l'économie entière et de l'esprit général de la loi. L'art. 31 n'a donc eu, évidemment, d'autre but que de résoudre une question restée indécise sous l'ancienne législation, celle de savoir quel doit être le caractère de la divulgation, pour faire perdre à une invention, d'ailleurs nouvelle, son caractère de nouveauté. On a admis que, dans ce cas, l'invention cessera d'être nouvelle quand elle aura reçu, avant le brevet, une publicité suffisante pour pouvoir être exécutée. Mais les inventions, possédées et pratiquées même secrètement avant le brevet, par d'autres que le breveté, doivent être exclues du bénéfice de la protection légale, par le seul fait de l'antériorité et en dehors de toute divulgation.

Cette doctrine est la seule, selon nous, qui conserve au contrat passé entre la société et le breveté le caractère de parfaite compensation et de complet échange que la loi, à tort ou à raison, a voulu lui donner. Il faut donc, au moment où le contrat s'accomplit, que l'objet du brevet soit nouveau en théorie comme en pratique, et qu'ainsi la société reçoive une chose qu'elle ne pouvait alors connaître sans que le breveté la lui révélât.

C'est à regret que, forcé par le texte et l'esprit de la loi, nous constatons cette volonté du législateur de n'accepter, comme digne de sa protection, que l'invention qui est d'une nouveauté absolue, car cette volonté est manifestement contraire au progrès. Nos bibliothèques publiques renferment, en effet, des sources inépuisables de produits ou de procédés dont l'industrie pourrait s'enrichir si la loi consacrait nettement le

---

(1) Chambre des députés, séance du 16 avril 1844; amendement de M. Marie sur l'art. 31.

droit de faire breveter tout ce qui serait nouveau en pratique. Mais on néglige ces précieuses ressources, trésors perdus pour le pays, parce que nul ne veut s'exposer à voir ses rivaux partager, sans frais et sans peine, un succès obtenu lentement et au prix d'essais souvent ruineux.

Nous devons reconnaître que la jurisprudence s'efforce chaque jour de rassurer l'industrie en limitant l'effet des antériorités, au cas, prévu par l'art. 31, où elles ont reçu une publicité suffisante pour permettre l'exécution de l'invention. Mais ce n'est là qu'une doctrine d'interprétation, que nous ne croyons pas fondée, changeante, d'ailleurs, comme tout ce qui tient à l'appréciation d'un texte obscur ou incomplet. Elle ne peut donc offrir à l'industrie la sécurité que lui donnerait une disposition précise et formelle, avec laquelle disparaîtrait une partie des abus qui découragent les inventeurs en mettant si facilement, et si souvent, leurs droits en péril.

Nous ne devons pas dissimuler que l'opinion contraire à celle que nous soutenons a souvent prévalu, et qu'il a été décidé, maintes fois, qu'on ne pouvait opposer au breveté que les antériorités ayant reçu, avant le brevet, soit une application industrielle, soit seulement la publicité définie par l'art. 31.

Il nous suffirait, pour réfuter cette doctrine, de dire que l'opinion, qui limite ainsi l'effet des antériorités, a été forcée, par voie de conséquence, d'aller jusqu'à admettre qu'on peut faire condamner comme contrefacteur celui qui possède depuis longtemps l'invention, s'il ne l'a pas divulguée avant le brevet, et si le breveté est le premier qui l'ait introduite dans le commerce (1). Cette solution, quelque étrange qu'elle paraisse, découle forcément du sens de l'art. 31, quand on admet qu'il est restrictif. Si l'antériorité n'enlève à l'invention son caractère de nouveauté qu'à la condition de la publicité qu'elle a reçue, il faut reconnaître que, cette publicité étant supprimée, l'invention aura conservé sa nouveauté et que le brevet la protégera valablement.

(1) 21 mai 1847. — C. R. Paris. — Lejeune : Parvilley.
Idem. 19 août 1853. — C. Cass. — Thomas Laurens : Riant.

On a cherché quelquefois, il est vrai, à concilier le sens restrictif de l'art. 31 avec le droit du premier possesseur. Ainsi on a décidé que, dans le cas ci-dessus, le brevet est valable contre tous, excepté contre celui qui, ayant le premier possédé le procédé, doit être maintenu dans sa possession (1).

Mais cette distinction, entre la nouveauté absolue et la nouveauté relative, n'est nulle part dans la loi, dont l'esprit même la repousse. La propriété industrielle est un droit essentiellement *exclusif*. C'est là son caractère particulier et très-nettement exprimé par l'art. 1er. Avec la doctrine que nous combattons, ce caractère disparaît pour faire place à une nouveauté

(1) 30 mars 1849. — C. Cass. — Witz-Meunier : Godefroy-Muller. — Attendu que la loi de 1844, en conférant par son art. 1er, et sous les conditions qu'elle établit, à l'auteur de toute nouvelle découverte ou invention, le droit exclusif de l'exploiter à son profit, n'a point entendu porter atteinte aux droits acquis à des tiers par une possession antérieure; que les brevets d'invention sont délivrés par le gouvernement, sans garantie du mérite et de la priorité de l'invention; — Que l'exercice d'un procédé préexistant à tout brevet d'invention, obtenu plus tard pour ce même procédé, est placé sous la protection des principes généraux qui consacrent la liberté de l'industrie; que celui qui est en possession de ce procédé n'est point soumis pour sa conservation à justifier qu'il l'a exécuté avec publicité; que l'art. 31 de la loi n'impose l'obligation de prouver une publicité suffisante d'exécution qu'à celui qui, contestant la nouveauté de l'invention, demande la déchéance du brevet, et qu'à l'égard de celui qui oppose au trouble apporté à son industrie une possession antérieure non publique, mais susceptible d'être prouvée par les voies de droit, cette possession forme une exception légale contre le trouble et une défense péremptoire contre la poursuite en contrefaçon; qu'enfin cette exception laisse subsister les faits généraux du brevet, et qu'elle a seulement pour résultat d'établir qu'il est sans valeur relative, quant à celui qui pratiquait antérieurement le procédé objet du brevet; — Attendu que Witz-Meunier avait conclu à être admis à prouver, tant par témoins que par experts, qu'avant l'obtention du brevet de Muller, il avait déjà fabriqué et livré à la consommation de la gomme indigène semblable à celle saisie et renfermant par conséquent de la gomme adragante, qu'ainsi le procédé breveté était déjà connu et employé par Witz-Meunier; — Que ces faits ainsi articulés étaient pertinents; qu'ils constituaient une exception valable contre la poursuite en contrefaçon qui formait l'objet principal de l'instance correctionnelle, et qu'en rejetant l'offre de preuve par les motifs que les faits auraient eu lieu sans divulgation du procédé, l'arrêt attaqué a méconnu les droits résultant de l'ancienne possession invoquée par Witz-Meunier, et qu'il a faussement appliqué et violé les articles ci-dessus cités; — Casse.

de convention, à une validité arbitraire et à un droit qui n'a plus rien de privatif. Aussi, tout en repoussant ces deux doctrines, nous n'hésitons pas à regarder la première au moins comme plus logique et plus fidèle à son principe.

Il a été décidé qu'un brevet antérieur, pris en France, ne détruit pas d'une manière absolue la nouveauté de la même invention, qui a été brevetée plus tard au profit d'un autre inventeur. Ainsi, selon cette doctrine, ce premier brevet, pendant toute sa durée, ne peut être opposé au dernier breveté que par celui qui en est titulaire. Les contrefacteurs ne peuvent l'invoquer qu'autant qu'ils sont autorisés par le premier breveté à se servir de l'invention (1). Nous ne pouvons, en présence des termes de la loi et de son économie générale, admettre cette solution. S'il était légalement possible de la justifier, ce ne pourrait être que par ce motif que les contrefacteurs sont, dans tous les cas, coupables d'usurpation, et que, d'ailleurs, il est logique de ne discuter la similitude entre deux inventions brevetées, qu'en présence de ceux qui ont le droit de les revendiquer. Mais ces raisons, bonnes pour une loi à faire, sont insuffisantes au point de vue de l'interprétation et contraires à l'esprit de la loi en vigueur. Nous en disons autant de cette doctrine qui admet que l'existence seule d'un brevet, pris par un tiers en pays étranger, n'entraîne pas la preuve de la publicité indiquée par l'art. 31, et ne nuit pas à la validité du brevet pris plus tard en France par un second inventeur, si, d'ailleurs, l'invention n'a pas reçu une autre divulgation (2). Aussi nous rangeons-nous entièrement à la doctrine qui admet qu'une invention a cessé d'être nouvelle par le fait seul de l'existence d'un brevet antérieur, alors même que ledit brevet n'a point été publié et n'a existé qu'à l'état de demande, laquelle aurait été retirée avant la délivrance (3).

---

(1) 3 avril 1851. — C. Imp. Paris. — Neveu : Chatelain.
Idem. 8 juillet 1848. — C. Cass. — Touche : Chabrié.

(2) 9 février 1850. — C. App. Paris. — Boucherie : Renard Perrin.

(3) 14 juillet 1848. — C. Cass. — Jordery : Hayem. — Attendu, en droit, qu'aux termes de la loi de 1844, n'est pas réputée nouvelle l'invention qui,

Notre opinion sur la nouveauté absolue n'a pas été ébranlée par les nombreux documents judiciaires, qui ont admis que l'invention conserve son caractère de nouveauté tant qu'elle n'a été divulguée que *théoriquement*, alors même que cette divulgation, antérieure au brevet, résulterait de la description de l'invention dans des ouvrages imprimés. Ainsi ce serait, d'après ces décisions, l'usage industriel d'une invention, qui pourrait seul lui enlever son caractère de nouveauté (1). C'est là, nous l'avons déjà dit, une doctrine généreuse dont il serait plus facile de justifier l'utilité que la légalité. Elle distingue là où la loi ne distingue pas, et nous paraît s'être inspirée beaucoup moins de ce qui est dans la loi que de ce qui devrait y être. Nous pensons que l'application pratique d'un procédé, déjà connu en théorie, n'est brevetable qu'autant qu'elle produit des effets ou des résultats nouveaux (2).

---

antérieurement à la demande du brevet, a reçu à l'étranger une publicité par suite de laquelle elle est tombée dans le domaine public; — Attendu qu'aux termes du second, la juridiction correctionnelle, saisie d'une poursuite en contrefaçon, doit statuer sur les exceptions tirées par le prévenu de la nullité ou de la déchéance du brevet; — Attendu, en fait, qu'il a été déclaré par l'arrêt attaqué que le procédé breveté le 10 mai 1845, au profit de Jordery, est identique avec une invention dont l'auteur s'était fait délivrer un brevet à Bruxelles, le 8 octobre 1842; — Que si ledit arrêt admet entre l'un et l'autre procédé de légères différences, il les présente comme n'étant pas de nature à exclure cette identité, qu'il fait consister essentiellement dans la double similitude du moyen et du résultat; — Attendu que cette déclaration est souveraine, et qu'elle échappe à toute censure comme à tout contrôle; — Rejette.

Contrà. 29 juillet 1848. — C. App. Paris. — Teissier : Briet-Germain. — Considérant que si les appelants produisent la preuve qu'une demande en concession de brevet, antérieure à celle de Teissier, a été formée par un sieur Mennier, il est aussi constant que ce dernier a retiré cette demande et qu'il n'y est pas donné suite; — Confirme les condamnations, etc.

(1) 9 mars 1848. — C. App. Paris. — Christofle : Roseleur. — Considérant que si, avant Henry et Richard Elkington, de savants chimistes français et étrangers avaient cherché et *obtenu* les mêmes résultats, il est constant, par tous les documents de la cause, que leurs travaux ne peuvent être considérés que comme de simples essais qui n'ont reçu aucune application industrielle; d'où il suit que les brevets susénoncés contiennent une véritable invention; etc.

(2) 9 février 1853. — C. Cass. — Sax : Raoux et autres. — Voy. page 462.

§ 2. — *De la divulgation par l'inventeur.*

En fixant le sens légal du mot *invention,* nous avons indiqué les effets de la divulgation, provenant du fait d'une invention antérieure, c'est ce que, dans la pratique, on appelle une *antériorité.* Il nous reste à examiner les effets que doit produire la divulgation quand elle a été le fait, soit de l'imprudence ou de la négligence du breveté, soit de la fraude ou de l'indiscrétion de ses ouvriers ou des tiers.

Aux termes de quelques législations étrangères, dès qu'une spécification est déposée chacun a le droit d'en prendre connaissance. Doit-on, dans ce cas, décider que l'invention a cessé d'être nouvelle si l'inventeur ne l'a fait breveter en France que quelques mois après le dépôt de la spécification en pays étranger. Nous ne le pensons pas. En effet, il ne suffit pas, pour invalider un brevet pris en France, que sa description ait *pu être* connue, mais il faut qu'elle *ait été* connue, ou, pour nous servir des termes de l'art. 31, qu'elle *ait reçu* une publicité suffisante pour pouvoir être exécutée. Ce n'est donc pas la possibilité de la divulgation qui invalide, mais le fait de la divulgation (1). Autrement le droit concédé par l'art. 29, aux brevetés étrangers, se trouverait illusoire dans la pratique. Toutefois si celui qui attaque le brevet français prouve qu'il a réellement pris communication de la description en pays étranger et antérieurement à la demande du brevet en France, la nullité du brevet français s'ensuivra parce qu'il y aura eu dès lors, non pas seulement possibilité de divulgation, mais divulgation effective. La découverte aura, dès lors, perdu son caractère de nouveauté.

Il est bien entendu que si l'inventeur s'est d'abord fait breveter dans un pays où les spécifications, au lieu d'être seulement déposées dans un lieu où chacun peut en prendre communication, sont réellement publiées avec tous les détails de leur spécification, et cela avant la demande du brevet en France, ce

(1) 25 février 1853. — C. R. Paris. — Rolf, Seyrig : Crespel Delisle.

dernier titre sera sans valeur parce qu'il aura été pris pour une découverte qui aura cessé d'être nouvelle, ayant reçu une publicité suffisante pour pouvoir être exécutée. Dans ce cas, l'inventeur, breveté dans ce pays, ne pourra jouir du bénéfice de l'art. 29 qu'à la condition de faire simultanément la demande des deux brevets en France et à l'étranger, ou au moins de hâter sa demande en France afin de la déposer avant la publication de sa description en pays étranger.

L'art. 31 ne saurait être appliqué sans une rigueur excessive au cas où l'inventeur, avant la demande de son brevet, a fait fonctionner son procédé devant des tiers, ou même au cas où il aurait donné plusieurs des objets de son invention pour en montrer l'excellence. Faire résulter la nullité des brevets d'une communication de ce genre, ce serait étouffer à leur naissance les productions du génie et isoler les inventeurs des secours qui peuvent les encourager, les aider même dans l'accomplissement de leur œuvre. Au surplus le texte de la loi serait en complet désaccord avec son esprit, si on considérait comme divulguée l'invention ainsi communiquée. Les rigueurs du principe posé dans l'art. 31 doivent être réservées à celui qui, livrant au public le secret de son invention avant de la placer sous la protection d'un brevet, a fait croire qu'il renonçait au bénéfice du droit exclusif. Cette supposition ne peut évidemment atteindre celui qui demande des conseils ou des encouragements (1).

Il faut conclure de ce qui précède que la divulgation opérée pendant les essais auxquels se livre l'inventeur, ne peut enlever à son invention le caractère de nouveauté. Mais il faut bien préciser ce qu'on doit entendre par essai, car cette expression a donné lieu à plus d'une subtilité. Il y a essai de l'objet, lorsque l'inventeur n'étant pas, ou ne se croyant pas encore arrivé au point de perfection qu'il veut atteindre, cherche à faire mieux. De tels essais n'enlèvent pas à l'invention son caractère

(1) 19 août 1853. C. Cass. Mareschal : Tussand. — 6 juin 1844. Trib. corr. Paris. Hue : Sarraud. — 13 août 1840. C. R. Paris. Ganilh : Appert. — 6 octobre 1827. C. App. Paris. Lhomond : Millet.

de nouveauté. Nous dirons même qu'ils doivent être encouragés et protégés; ainsi le veut l'intérêt de l'inventeur et plus encore, peut-être, l'intérêt de la société, qui, si les essais étaient prohibés, se trouverait exposée à donner sa protection en retour d'une création sans doute neuve et utile, mais souvent incomplète, et qui, signalant par son imperfection même, des perfectionnements faciles et indispensables, les paralyserait cependant pour toute la durée du brevet. La rigueur du principe relatif à la divulgation, appliquée à de simples essais, porterait dès lors un triple préjudice à l'inventeur, à la société et à l'industrie; tel n'a pu être l'esprit de la loi. Il faut donc reconnaître que l'inventeur a pu divulguer ses essais. Au surplus dans l'appréciation de ce fait, opposé au breveté, il est toujours nécessaire de distinguer entre les différentes découvertes qui peuvent faire l'objet d'un brevet. Si l'invention est telle qu'on ne puisse en comprendre le secret par la vue de l'objet livré au public, le breveté pourra s'en servir ou le vendre impunément avant de se faire breveter. Mais si l'objet du brevet est un produit industriel ou un procédé dont la vue ou l'analyse ait pu faire comprendre la combinaison à l'acheteur, l'exploitation du produit ou l'emploi public du procédé, avant la demande du brevet, entraîneront nécessairement la divulgation (1).

---

(1) 1er avril 1852. — C. Imp. Paris. — Echement : Popelin Ducarre. — Jugement : — Attendu qu'antérieurement à la demande de son brevet, Echement avait divulgué sa prétendue invention; — Qu'en effet, il résulte des documents produits que, dès le mois de mai 1849, un four établi d'après les procédés relevés plus tard dans ledit brevet a été publiquement construit dans la forêt de Compiègne; qu'aux mois d'août et de septembre deux autres fours l'ont été également à Villers-Cotterets; que vainement Echement objecte que ces fours n'étaient destinés qu'à de simples essais; que tout démontre le contraire; que s'il se fût agi d'essais, ils eussent été faits secrètement et qu'un seul four eût suffi, tandis qu'il est constant que trois fours ont été construits successivement; qu'ils ont été, dès l'abord, en tout conformes au dessin annexé postérieurement au brevet; que de l'aveu même du plaignant ils ont été mis en pleine exploitation et que leurs produits ont été vendus à Popelin Ducarre, le tout avant la prise du brevet; qu'Echement a donc encouru la nullité prononcée par l'art. 31 de la loi du 5 juillet 1844; — Le déclare non recevable en sa plainte. — Sur l'appel, la Cour a adopté les motifs des premiers juges.

Mais y aura-t-il exploitation du produit dans un fait de vente isolé? l'affirmative serait bien rigoureuse et ne peut être, d'ailleurs, adoptée *à priori*. Ce fait unique a pu s'accomplir dans des circonstances exclusives de la divulgation. C'est ce que les Tribunaux ont le droit d'apprécier souverainement (1).

La publicité, entraînant la divulgation d'une invention, peut résulter même d'une correspondance privée (2); la loi n'a pas défini les caractères distinctifs de la publicité. Elle n'y met qu'une condition, c'est que cette publicité aura été telle que, par ce fait, l'invention aura pu être exécutée (3).

On a décidé, à tort selon nous, que l'inventeur n'a pas divulgué son invention lorsqu'il a cédé à des tiers, avant de se faire breveter, le droit d'exploiter son invention (4). Alors même qu'il aurait imposé à ses acheteurs la condition d'exploiter secrètement, il n'en est pas moins vrai que des tiers ont connu l'invention, et qu'ils l'ont exploitée avant qu'elle fût protégée par un brevet. Dès lors le breveté n'a pas, en

---

(1) 3 juillet 1845. — C. R. Paris. — Croizat: Capelain-Lemercier. — Considérant que les prévenus ne contestent pas la réalité du nouveau perfectionnement; qu'ils prétendent seulement qu'ils en sont les inventeurs, et qu'en supposant Croizat inventeur, il aurait perdu son privilége en exploitant l'invention avant l'obtention de son brevet; — Mais considérant, sur le premier point, qu'il ne résulte pas de l'instruction et des débats qu'avant le 26 septembre 1843, époque où ils ont été employés comme ouvriers par Croizat, les prévenus aient fait usage du nouveau perfectionnement; — Qu'il en résulte au contraire que Croizat, dès juillet 1843, l'a pratiqué, et que les prévenus n'en ont eu connaissance que par suite de leurs relations avec lui comme ouvriers; — Considérant que si, en novembre 1843 et à des époques postérieures, les prévenus ont exploité ce même procédé, il ne saurait résulter pour eux, de cette exploitation frauduleuse, une fin de non-recevoir contre l'action en contrefaçon; — Considérant, sur le second point, que de l'instruction et des débats est résultée la preuve d'une seule vente de raies de chair fabriquées d'après le procédé nouveau, au profit du sieur Legrand, en août 1843; que ce fait isolé ne saurait être considéré comme ayant donné au procédé une notoriété suffisante pour le faire tomber dans le domaine public; — Condamne, etc.

(2) 8 avril 1854. — C. Cass. — Higton : Brett.

(3) 14 août 1850. — C. App. Metz. — Alcan, Peligot : Bacot et autres. — Pourvoi rejeté par arrêt du 20 août 1851.

(4) 22 avril 1854. — C. Cass. — Panay : Broquette.

demandant son brevet, livré à la société un objet qu'elle ne pouvait connaître que par lui, puisqu'elle était, par les tiers, en possession de l'invention. Il y a, dans cette circonstance, plus que la publicité qui rend l'exécution possible, puisqu'il y a eu l'exécution même.

§ 3. — *De la divulgation frauduleuse.*

La divulgation opérée par des tiers a donné lieu à de sérieuses difficultés. On s'est demandé quel serait le sort d'une invention dont le secret aurait été divulgué, avant la prise du brevet, par un tiers qui aurait frauduleusement surpris le secret de l'invention, ou par l'un des ouvriers ou employés de l'inventeur? Cette question ne peut être résolue qu'à l'aide d'une distinction entre deux hypothèses bien distinctes. Si un inventeur, au lieu de se faire breveter, préfère une exploitation clandestine et que, pendant le cours de cette exploitation, son secret soit frauduleusement divulgué, il ne peut plus dès lors être breveté, et si le brevet a été pris postérieurement à cette divulgation, il est radicalement nul. L'inventeur ne peut s'en prendre qu'à lui d'avoir préféré la clandestinité de sa fabrication à la protection légale. Il n'a pas voulu livrer son secret à la société, en échange de la protection qu'elle lui promettait, la société ne lui doit rien, et sa découverte est tombée dans le domaine public. Il ne reste plus alors à l'inventeur qu'un recours contre celui qui a divulgué le secret de la fabrication, et qu'il peut poursuivre, même devant les Tribunaux correctionnels, aux termes de l'art. 418 du Code pénal. Mais si la divulgation frauduleuse, ou même loyale, a eu lieu pendant le travail d'invention, alors que l'inventeur essayait encore son œuvre et surtout à une époque rapprochée de la prise du brevet, il serait injuste d'attribuer au domaine public l'invention qui aurait été divulguée. Dans ce cas l'infidélité des ouvriers ou la déloyauté d'un tiers ne doivent pas enlever à l'auteur le droit inhérent à son invention; ce serait le mettre à la merci de ses ouvriers, rendre les brevets impossibles ou leur bénéfice illusoire, et décourager ainsi l'industrie, qui a besoin d'agents secondaires et d'un certain temps pour compléter son œuvre. Nul doute que si cette infidélité avait eu pour résultat même la publicité de l'invention, l'inventeur n'eût encore le droit de se faire breveter, et que son brevet ne dût être maintenu. Cette solution est rigoureusement conforme aux dispositions de l'art. 43, qui déclare contrefacteur, aussi bien celui qui se sert d'une découverte révélée, que l'ouvrier qui est l'auteur de cette révélation. Or, il ne peut y avoir révélation, que lorsque le brevet n'est pas encore demandé, car, après la demande, la description en devient publique. De plus il ne peut y avoir contrefaçon que lorsque le brevet est valable. C'est donc dire implicitement que, malgré la divulgation frauduleuse faite par l'ouvrier avant le brevet, l'invention sera encore considérée comme nouvelle (1).

§ 4. — *Des conditions générales de l'antériorité et de la divulgation.*

Si la rédaction vicieuse de l'art. 31 se prête, chaque jour encore, à des interprétations diverses sur le sens légal du mot *nouveauté*, il faut regarder comme désormais fixés les caractères généraux auxquels on doit reconnaître les antériorités opposables au breveté. Ainsi la jurisprudence, se fondant sur le véritable esprit de la loi, a décidé qu'il ne suffit pas, pour établir qu'une invention n'est pas nouvelle, de prouver que, antérieurement au brevet, on connaissait quelques-uns des moyens employés par l'inventeur, ou même que tous ses moyens, pris isolément, étaient connus. Il faut que cette connaissance antérieure de l'objet du brevet soit prouvée pour

(1) 11 juillet 1845. — C. R. Paris. — Bissonnet : Cabouret et Leroy. — Attendu que la déclaration de certains témoins, d'anciens ouvriers, ne saurait constituer une divulgation telle que l'entend la loi, pour que l'invention tombe dans le domaine public ; — Attendu que si la spécification jointe au brevet est confuse et incomplète, cependant l'expert Colla a déclaré que cette spécification était suffisante pour être comprise et exécutée par un homme de l'art, etc.

Idem. 8 juillet 1848. — C. Cass. — Chabrié : Touche.

Idem. 1er décembre 1853. — C. Imp. Paris. — Dastis : Caujolle.

l'ensemble de la découverte, telle qu'elle est détaillée dans la description. En effet, l'invention est un tout indivisible, qui peut bien se composer de la combinaison de divers éléments, lesquels étaient antérieurement et isolément connus, mais qui doit être envisagée et protégée dans son ensemble ; car c'est cet ensemble qui fait l'objet et la base unique du brevet. Si l'on pouvait disséquer en quelque sorte une invention, et prouver que l'un des moyens était usité dans telle fabrique, que l'autre était employé ailleurs, nulle invention ne résisterait à une pareille analyse. La réunion des moyens connus est une invention, si ces moyens n'ont jamais été employés que séparément. Décider autrement ce serait admettre, par exemple, que Voltaire n'est pas l'auteur de *la Henriade*, parce que tous les mots dont il s'est servi sont dans le *Dictionnaire de l'Académie*. C'est la réunion de ces mots connus et leur emploi qui forment la phrase et qui rendent la pensée de l'auteur, comme la réunion des moyens antérieurement isolés rend la pensée de l'inventeur, et constitue sa création. En un mot, pour démontrer qu'une invention n'est pas nouvelle, il faut prouver qu'elle a été connue telle qu'on la trouve dans la description. Dans le cas contraire il n'y aura pas antériorité, puisqu'il y aura dissemblance (1). Quand Windsor inventa, industrielle-

---

(1) 5 février 1853. — C. Cassation. — Briet : Dangles. — Sur le premier moyen tiré de ce que le juge d'appel aurait omis de statuer sur le chef de la plainte et des conclusions, faisant résulter la contrefaçon de la combinaison dans le même appareil, des moyens connus dont la réunion dans cet appareil constituerait un ensemble, un produit nouveau ; — Attendu que l'art. 2 de cette dernière loi considère comme invention nouvelle, l'application nouvelle de moyens connus pour l'obtention d'un résultat ou d'un produit industriel ; — Attendu que s'il ne résulte pas de conclusions régulièrement produites en appel, que le demandeur en cassation ait spécialement saisi le juge d'appel de la question de savoir si la réunion dans son appareil des divers organes qui le composaient, fussent-ils isolément connus, constituait par elle-même l'obtention d'un résultat ou d'un produit nouveau, cette question résultait tant de la plainte introductive d'instance que de ses conclusions devant les premiers juges ; — Attendu que dans ses premiers considérants le jugement de première instance, répondant à ce chef de la demande, a constaté que l'appareil argüé de contrefaçon ressemblait à celui de Briet sous plusieurs rapports essentiels ; que

ment parlant, les procédés d'éclairage par le gaz, on lui reprocha de n'être que le plagiaire de l'ingénieur Lebon, qui avait, en effet, imaginé beaucoup de choses concernant ce mode d'éclairage. Mais Lebon n'avait pas trouvé la solution industrielle du problème. Aussi la Cour suprême répondit qu'on ne pouvait refuser la qualité d'inventeur à celui qui, par la réunion souvent difficile de moyens connus, obtient des résultats nouveaux.

Il est bien entendu, car cela ressort des principes que nous venons de développer, que la condition de nouveauté n'est applicable qu'à l'objet spécial qui est la base du brevet. Ainsi, par exemple, lorsque l'invention consiste dans l'application de moyens connus, la condition de nouveauté ne doit être exigée que pour cette application et non pour le résultat ou le produit industriel qu'on en obtient. Il importerait donc peu que l'antériorité opposée s'appliquât même à une partie importante de l'invention, si d'ailleurs elle ne touche en rien l'objet spécial, qui est revendiqué par l'inventeur, comme étant sa création.

Pour décider si les procédés connus avant le brevet ont enlevé à la découverte son caractère de nouveauté, les Tribunaux

---

tous deux présentaient à l'extérieur la même forme qu'à l'intérieur, ils offraient la même disposition et qu'ils fonctionnaient de la même manière ; — Attendu, dès lors, qu'il ne suffisait pas pour le juge d'appel, saisi de l'examen du bien fondé de la demande en contrefaçon sous les divers rapports qui pouvaient la constituer, de décider que chacun des organes de l'appareil ne constituait pas un produit ou moyen brevetable, mais qu'il devait aussi rechercher si la combinaison de ces divers organes ne devait pas être considérée comme l'application nouvelle de moyens connus ; — Attendu qu'en omettant de statuer à cet égard, l'arrêt attaqué a fait une fausse interprétation de la loi de 1844 ; — Casse. — Le 8 juillet 1853, arrêt de la Cour de Rouen qui décide que le tube de Briet, bien que composé d'éléments déjà connus, constitue par la réunion de ces éléments un tube nouveau.

Idem. 20 janvier 1847. — C. R. Paris. — Jourdan : Colomb Lalan.

Idem. 24 décembre 1829. — C. Cass. — Windsor : Wilson.

Idem. 17 janvier 1852. — C. Cass. — Rolf-Seyrig : Crespel Delisle. — Voy. page 450.

Idem. 2 mai 1851. — C. Cass. — Thomas Laurens : Dubu. — Voy. page 447.

Contrà. 26 novembre 1845. — C. R. Paris. — Hadrot : Levavasseur.

ne doivent pas les comparer seulement à la spécification, mais bien à tous les documents joints à la demande du brevet, tels que dessins, modèles ou échantillons. En effet ces documents expliquent et complètent la spécification; et de ce que cette dernière semblerait conforme, par son texte, à une invention publiée antérieurement au brevet, il ne s'ensuivrait pas, nécessairement, qu'il y eût identité entre celle-ci et le procédé breveté. Mais il n'est pas nécessaire que cette identité soit dans les mots; elle résulte de la ressemblance entre les moyens ou les produits, bien que les choses n'aient pas été indiquées sous le même nom.

On ne pourrait, sans périls pour l'industrie, considérer comme antériorité sérieuse les essais infructueux qui auraient été tentés par un premier inventeur avant la découverte du breveté. De tels précédents, n'ayant rien donné à l'industrie, ne peuvent enlever à la découverte son caractère de nouveauté. D'ailleurs il y a forcément, entre ces essais et la découverte postérieure, la différence qui sépare la découverte non réalisable de la découverte réalisée.

On trouve aux chapitres III et X le complément des démonstrations qui précèdent.

SECTION 3. — *En quoi consiste le caractère industriel de l'invention.*

Le législateur, évitant de rentrer dans le domaine de la science, ne dit pas ce que sont les inventions, mais seulement ce qui doit être considéré comme tel (art. 2). C'est qu'en effet ce n'est pas pour la science et ses théories que la loi dispose, mais uniquement pour l'industrie et la pratique. La conquête d'un principe à la science et son application industrielle sont deux faits tellement distincts, que celui qui se fait breveter pour l'usage industriel ne doit aucun compte au savant qui a découvert le principe. Ce n'est donc pas au point de vue scientifique, mais au point de vue industriel, exclusivement, qu'il faut se placer pour apprécier une invention. Telles découvertes ou applications qui, par l'enchaînement logique des déductions scientifiques, paraissent découler forcément d'un principe connu et sont dédaignées par les savants, n'en ont pas moins une grande valeur industrielle. Aussi, soit dans l'art. 1, soit dans l'art. 2 de la loi, et partout où il est question des découvertes susceptibles d'être brevetées, le législateur affecte de répéter que le moyen ou produit doit toujours être industriel, c'est donc là un des caractères essentiels pour la validité du brevet.

Pour établir le caractère industriel de son invention le breveté doit indiquer, sous peine de nullité de son brevet, l'application industrielle qu'il entend en faire. Le législateur l'a formellement prescrit dans l'art. 30. C'est donc vainement que le breveté prouverait que sa découverte est susceptible d'application industrielle, si son brevet ne précise pas cette application. Il importe encore, pour la validité du brevet, que l'application industrielle indiquée par le breveté soit réalisable par les moyens qu'il spécifie. Le caractère industriel manquera donc à l'invention, et elle ne sera pas valablement brevetée si les procédés, décrits au brevet, quoique nouveaux, sont tels qu'on ne puisse s'en servir. Il y aura bien *nouveauté* dans ce cas, mais il n'y aura pas *industrie* possible. Ces procédés impuissants seraient même les plus dangereux pour l'industrie, si les brevets qui les protégent étaient pris au sérieux. En effet, ils ne donnent rien d'utile à la société, et cependant le monopole qu'ils engendrent, s'il était maintenu, priverait l'industrie des conséquences qu'elle peut tirer du principe mieux compris et mieux appliqué.

On voit par tout ce qui précède, qu'une invention n'est *industrielle* qu'à la condition de sortir du domaine de la théorie pour entrer dans celui de la pratique. Il faut qu'elle fournisse soit un produit dont il peut être fait commerce, soit un procédé donnant un résultat matériel et dont on peut se servir dans les travaux industriels ou scientifiques. Si, par exemple, un savant découvre dans un corps une propriété inconnue avant lui, telle que la force de la vapeur, la légèreté du gaz comparativement à l'air, il ne pourra se faire breveter s'il ne tire de ces découvertes aucune application pratique. Mais si, à l'aide d'une combinaison mécanique, il maîtrise et utilise la force de la vapeur de manière à en faire un agent de locomotion ; ou s'il renferme le gaz hydrogène dans un corps qui puisse être enlevé à travers l'air atmosphérique, il aura découvert la locomotive à vapeur et l'aérostat, il sera Watt ou Montgolfier. Le droit au brevet commence donc là où finit la découverte simplement théorique.

Ces mots : *tous les genres d'industrie,* ont un sens absolu, et on ne peut, sans violer la loi, refuser la protection du brevet à une invention parce qu'elle s'appliquerait à des choses qui ne sont pas dans le commerce. Il suffit que l'invention elle-même puisse donner lieu à un trafic. C'est donc à tort, selon nous, qu'on prétendrait qu'un système d'embaumement n'est pas susceptible d'être breveté parce qu'il s'applique au corps humain. Sans doute un cadavre ne peut être réputé marchandise, mais c'est le procédé seul qu'il faut envisager, abstraction faite de l'objet auquel il s'applique (1).

Pour nous résumer sur l'ensemble des dispositions de l'art 1, nous dirons que les conditions que nous venons d'énumérer, c'est-à-dire *nouveauté* et *industrie,* constituent le caractère distinctif des matières brevetables. Aussi toute industrie qui réunit ces conditions peut être brevetée et doit l'être sur la demande de l'inventeur, quelque minime que puisse être, d'ailleurs, son utilité. Les dispositions de la loi s'appliquent à tout ce qui est nouveau, et, comme nous l'avons déjà dit à la sect. 2 de ce chapitre, elle n'a pas voulu permettre une appréciation qui, ne portant que sur le mérite de l'invention ou sur le degré d'utilité de l'objet inventé et n'ayant aucune mesure possible, serait souvent erronée et toujours arbitraire.

SECTION 4. — *Caractères du perfectionnement.*

Les législateurs de 1791, après avoir défini l'invention d'une manière générale, avaient cru devoir réserver une définition

(1) 14 mars 1844. — C. R. Paris. — Gannal : Marchal.

spéciale aux perfectionnements. Les rédacteurs de la loi de 1844 ont renfermé les perfectionnements dans la nomenclature de l'art. 2; ils ont pensé, ainsi qu'on l'a reconnu depuis longtemps, que l'on peut confondre dans une même définition l'invention et le perfectionnement. En effet, on a dit avec raison qu'inventer c'est perfectionner et que perfectionner c'est inventer; toutefois, le perfectionnement pouvant être envisagé soit d'une manière absolue, c'est-à-dire au point de vue du domaine public, soit en regard d'un brevet principal d'où il découle, il y a intérêt à le définir dans les deux cas pour savoir, d'abord, s'il peut être l'objet d'un brevet et, ensuite, si son usage ne sera pas maîtrisé par le brevet qui protége l'invention principale dont il émane.

Lorsqu'une invention est acquise au domaine public, son usage appartient à tous. Chacun peut s'en servir, comme aussi chacun peut la modifier et placer les modifications qu'il invente sous la protection d'un brevet.

Les simples changements de forme ou de proportions, de même que les ornements, de quelque genre qu'ils fussent, avaient été relégués, par la loi de 1791, au nombre des objets non susceptibles d'être brevetés. Bien que la loi de 1844 n'ait pas reproduit cette disposition, la règle n'en subsiste pas moins, ainsi qu'il résulte du rapport de la commission à la chambre des pairs dans lequel on lit : *Cela a paru si évident au gouvernement qu'il n'a pas reproduit la disposition contenue dans le dernier paragraphe de l'art.* 8 *de la loi de* 1791. *Votre commission, après avoir hésité pendant quelque temps avant de se décider à ne pas la reprendre, y a renoncé par le même motif. Elle m'a chargé d'en faire une mention expresse dans le rapport.*

C'est à tort, selon nous, qu'on a proscrit d'une manière si absolue les simples changements de forme, car cette exclusion impose aux magistrats la nécessité de se livrer à une appréciation qui n'est ni sans difficulté pour eux ni sans danger pour les justiciables. Mais puisque le législateur voulait conserver ce principe on se demande s'il n'était pas plus simple et plus logique de formuler cette exclusion dans la loi au lieu de charger le rapporteur d'en faire une mention expresse dans le rapport. Cette étrange contradiction entre la suppression d'un texte et la nécessité, reconnue à l'instant même, de suppléer à cette suppression par une mention dans le rapport, choque la raison et peut nuire étrangement à la saine interprétation de la loi. Aussi a-t-on maintes fois argumenté de la suppression de la disposition contenue dans l'art. 8 de la loi de 1791. Le silence de la loi de 1844, comparé à la disposition formelle de la législation antérieure, peut égarer la doctrine. Cela se conçoit : nul n'est censé ou n'est tenu de connaître les rapports aux chambres ou les exposés des motifs. Il peut bien venir à la pensée d'un juriste de consulter les documents qui ont précédé l'adoption de la loi pour y trouver l'interprétation d'un texte obscur ou incomplet, mais nul n'ira y chercher un texte, une disposition formelle. Quoiqu'il en soit, le doute n'est pas permis et le principe d'exclusion est maintenu.

Il ne reste donc plus qu'à s'entendre sur la portée de cette règle. Le sens en a été fixé par une jurisprudence constante sous l'empire de la loi de 1791, et, en cela, on s'est conformé à la définition si claire et si nette que M. de Boufflers en avait donné dans son remarquable rapport à l'assemblée nationale, où on lit : « Le degré de la perfection d'un ouvrage peut tenir » au choix de la matière, à la forme, à la grâce, à la proportion, à l'accord, au fini de toutes les parties, enfin à tout ce » qui dépend du goût de l'artiste, du soin du maître et de l'adresse de l'ouvrier ; c'est alors l'espèce de perfection dont » l'ouvrage est susceptible. » C'est ainsi qu'il faut entendre le simple changement de forme, de proportions ou d'ornementation auquel la loi refuse le bénéfice du brevet. Il ne reste à l'auteur de ces sortes de changements qu'à demander protection aux lois qui régissent spécialement la forme.

M. de Boufflers définit ensuite les modifications qui ne sont pas de simples changements de forme et qui, par conséquent, constituent de véritables inventions par perfectionnement. « Ce » sont, dit-il, les changements qui tiennent à une nouvelle » pensée que les autres agents de l'industrie, que l'inventeur

» même de la chose, n'avaient point conçue et qui procure ou » une facilitation de travail ou une extension d'utilité (1). »

On s'est demandé si le changement de matière est susceptible d'être breveté. La négative a été adoptée (2) ; mais c'est là, selon nous, une doctrine fort contestable au moins en tant qu'elle est absolue, et dont on ne saurait trouver la justification dans la loi. Celui qui le premier emploie, pour confectionner un objet connu, une matière jusqu'alors négligée pour cet usage, enrichit véritablement l'industrie d'un produit nouveau, sans compter qu'il ouvre d'utiles débouchés à la matière qu'il

(1) 28 juin 1854. — C. Imp. Rouen. — Sax : Raoux et autres. — Sur le brevet du 17 août 1843 ; — Attendu qu'il résulte de l'expertise et de l'ensemble des documents du procès, que Sax a fait subir aux instruments, objets de son brevet, des modifications tendant à supprimer les angles et à agrandir ou amoindrir les obstacles à la progression de l'air dans ses instruments ; qu'il a fait jouer un rôle nouveau aux tubes additionnels, dont la forme et les conditions ont été par lui savamment organisées, et qu'il a ainsi trouvé le moyen d'ajouter à la fabrication des instruments de musique en cuivre un nouveau genre de perfection qui, aux termes des art. 1er et 2 de la loi du 7 janvier 1791, doit être considéré comme une véritable invention ; — Sur le brevet du 1er octobre 1845 ; — Attendu qu'il résulte encore de l'expertise et des documents du procès que les modifications apportées par Sax à la fabrication des instruments de musique en cuivre, ont produit une modification dans la forme d'une famille entière d'instruments de musique, dans les sons obtenus, dans la position et dans le doigté de ces instruments ; que s'il est possible de retrouver dans des instruments isolés quelques-uns des détails de l'ensemble imaginé et réalisé par Sax, leur coordination est l'œuvre personnelle de celui-ci et doit rester sa propriété, puisque cette coordination a produit des résultats inconnus jusqu'à lui et constitue ainsi la production d'un résultat industriel nouveau ; — Attendu, quant à l'objection tirée de la teneur des brevets, que les dessins annexés à la description en font partie intégrante, qu'ils l'expliquent et la complètent, et que cette description est suffisante pour qu'un ouvrier d'une intelligence ordinaire puisse fabriquer les instruments brevetés ; — Attendu, d'ailleurs, que cette description indique d'une manière complète et loyale les véritables moyens de l'inventeur ; — Condamne, etc.

(2) 20 mars 1847. — C. R. Paris. — Paquet Lefèvre : Tronchon. — Jugement : — Attendu que les bâches et châssis de couche sont depuis longtemps dans le domaine public ; — Attendu que la substitution du fer au bois, dans leur construction, ne saurait être considérée comme constituant une invention brevetable, ni comme l'application nouvelle d'un moyen connu à un produit industriel ; — Renvoie les prévenus, etc., etc. — Appel. — Arrêt confirmatif.

emploie. Ainsi les plumes métalliques, les tissus en caoutchouc ou en fils de verre, ont été, abstraction faite des procédés employés pour les fabriquer, des produits brevetables et dont la nouveauté ne consiste cependant que dans le changement de matière. D'ailleurs la substitution d'une matière à une autre constitue généralement une application nouvelle ou un procédé nouveau. C'est ce qui a été jugé pour la substitution de l'oléine à l'huile, employée jusqu'alors dans le graissage des laines destinées à être filées (1). C'est aussi ce qu'on a décidé pour les biberons en liége ou en tetine de vache et pour une foule de produits qui, à la matière près, ne présentaient rien de nouveau.

Si celui qui perfectionne une invention, encore protégée par un brevet, ne peut exploiter ses perfectionnements sans le consentement du breveté, il a le droit de les faire breveter en se conformant aux prescriptions de l'art. 18, qui donne la préférence à l'inventeur pour tous les perfectionnements qu'il fait breveter dans l'année de la demande de son brevet principal. Il ne suffit pas pour jouir du bénéfice de l'art. 18, que l'inventeur prenne un certificat pour un objet se rapportant au brevet principal; il faut encore que l'addition contienne un perfectionnement à l'idée mère du brevet principal. Autrement l'art. 18 serait un piége qui permettrait de confisquer des inventions sérieuses par cela seul qu'elles pourraient s'appliquer à l'objet du brevet (2). L'abus a été signalé dans une circulaire de M. le

(1) 14 août 1850. — C. App. Metz. — Alcan Peligot : Bacot, Cunin-Gridaine et autres.

(2) 4 mai 1855. — C. Imp. Paris. — Damiens : Langry. — Attendu que l'idée de remonter les montres sans clef indépendante, c'est-à-dire au moyen d'organes fixés à la montre elle-même, n'appartient ni à Langry ni à Damiens; et qu'elle a été mise en pratique bien avant eux, de différentes manières; que c'est donc dans le seul mode d'établissement des organes dont il s'agit que peut résider une invention brevetable, c'est-à-dire nouvelle et présentant assez d'avantages pour être la matière d'un brevet sérieux; — Attendu que Langry fait constituer l'invention, pour laquelle il s'est fait délivrer un brevet en 1853 et un certificat d'addition au mois de mai 1854, dans l'établissement, sur l'axe même du barillet, d'un organe qui y reste fonctionnaire et reçoit directement

ministre de l'agriculture et du commerce du 26 novembre 1854, où on lit : « L'art. 18 n'a pas été bien saisi du public. On a cru » généralement que les brevetés avaient désormais le droit » exclusif, pendant une année, non-seulement de perfectionner » leur œuvre, mais de s'approprier tous les brevets obtenus » pour un objet ayant *quelque rapport* avec leur découverte. » Ainsi dénaturé par cette fausse interprétation, l'art. 18 n'a

---

son mouvement de rotation de la main qui remonte; — Mais attendu qu'il est établi par l'instruction et les débats que ce moyen a été employé antérieurement au brevet de 1853 par divers horlogers, notamment par Bréguet, Tolin et Langry lui-même, ces deux derniers avec obtention de brevets, expirés ou frappés de déchéance; — Qu'ainsi, du moment que le moyen qui vient d'être défini est tombé dans le domaine public, il ne reste plus dans celui des matières brevetables, en supposant qu'elles y puissent être, que la forme donnée à l'organe établi sur l'axe du barillet, y restant stationnaire et recevant directement son mouvement de la main de l'opérateur; — Attendu que sans qu'il soit besoin d'examiner si, comme l'affirme Langry dans la demande d'un certificat d'addition, cette question de forme a peu d'importance, ou si, de l'emploi que la forme brevetée sur la demande de Damiens au mois d'avril 1854, donnerait à une force non employée jusqu'à présent, telle que la pression du doigt, il ne résulterait pas d'avantages pour donner lieu à un brevet valable; toujours est-il que la forme employée par Damiens n'a aucun rapport avec celle que Langry avait postérieurement donnée à ses remontoirs, et que ledit Langry n'arrive à faire ressembler une partie constitutive d'un de ses remontoirs à celui de Damiens et à le faire fonctionner de la même manière, qu'en altérant complétement la destination de cette partie; — Que de ce qui précède il résulte que ni le brevet d'invention, pris par Langry en 1853, ni son certificat d'addition du mois de mai 1854, ne peuvent servir de base, dans l'espèce, à une action en contrefaçon contre Damiens, puisque, d'une part, ce qui pouvait être brevetable lors de l'obtention du brevet de 1853, c'est-à-dire la forme du remontoir fixé sur le barillet, n'a pas été imitée par Damiens; et que, d'autre part, le prétendu certificat d'addition de 1854 n'est, au fond, qu'un brevet d'invention pour forme de remontoir; or cette forme nouvelle, brevetable ou non, a été brevetée au profit de Damiens antérieurement audit certificat; — Déboute Langry, etc., etc. — Appel. — Arrêt : — Considérant que devant la Cour Langry a seulement insisté sur la partie de ses conclusions où il réclame comme invention le procédé consistant à évider la cuvette, pour laisser passer l'organe remonteur; — Que cet évidement de la cuvette n'est pas indiqué, ou du moins ne l'est pas d'une manière claire et expresse dans le brevet du 24 novembre 1853, et que, d'ailleurs, il est constant en fait par les documents produits au procès, que cet évidement était pratiqué pour le même objet antérieurement à 1853; — Adoptant, au surplus, etc.; — Confirme, etc.

» plus servi qu'à faire naître des prétentions exagérées chez les » uns et qu'à décourager les autres, etc., etc. » Une fois le brevet pris pour les perfectionnements, quelle peut en être l'utilité? Pour résoudre cette question il faut nécessairement distinguer, car si l'auteur des perfectionnements est propriétaire du brevet principal, l'invention et le perfectionnement se trouvant réunis dans la même main, l'usage du dernier brevet se confond avec le premier, et il n'y a pas lieu d'examiner si l'un empiète sur l'autre. Mais lorsque l'auteur des perfectionnements n'a aucun droit sur le premier brevet, il y a dès lors nécessité de limiter la jouissance du second brevet. L'art. 19 interdit l'usage des perfectionnements lorsqu'ils *se rattachent à l'objet* d'un brevet antérieurement demandé. Si on s'en tenait au sens grammatical de ces mots, on proscrirait l'usage de tous les perfectionnements en général, car, qui dit perfectionnement dit un procédé qui se rattache nécessairement à une invention préexistante. Mais le sens légal est moins absolu, et selon l'esprit de la loi révélé par les documents officiels et la discussion devant les chambres, l'art. 19 n'a pour but d'interdire que l'usage des perfectionnements qui, selon l'heureuse expression de M. de Boufflers, sont à l'invention, *ce que la greffe est à l'arbre,* c'est-à-dire qui dépendent de l'invention principale et qui ne peuvent être réalisés sans elle, en un mot ceux qui passent par l'invention principale pour aller à leur but. Mais si, au lieu de traverser l'invention première, les perfectionnements passent à côté, si rapprochée que soit d'ailleurs la distance, il n'y a plus dès lors prohibition de s'en servir, par le motif qu'il n'y a pas emploi de l'invention principale et que le perfectionnement, indépendant du premier brevet, constitue une véritable invention, distincte de la première. Un exemple rendra plus sensible le véritable sens de l'art. 19. Un inventeur a imaginé de réunir, par l'apprêt, deux pièces de gaze pour en faire un seul tissu destiné à la confection des calottes de chapeaux de femme. Un industriel vient, plus tard, se faire breveter pour un tissu destiné au même usage, et composé de deux pièces de gaze et d'une feuille de papier ou d'une troisième pièce de gaze superposée. Il prétend que le nombre des tissus qu'il emploie, et que la manière de les réunir en un seul corps, autre que l'apprêt, font de son procédé une invention distincte. Il se trompe, car pour arriver à employer trois tissus pour les réunir en un seul, il est obligé de passer par la réunion de deux tissus, principe du premier brevet, et la manière de réunir les pièces de gaze n'est qu'un des éléments de l'invention (1). Il en serait de même de celui qui croirait pouvoir échapper à l'application de l'art. 19, parce qu'il aurait perfectionné un mécanisme destiné à fermer les parapluies en lui faisant produire, en outre, un effet propre à tenir les parapluies fermés ou à les faire ouvrir seuls. En un mot, quiconque ne perfectionne qu'en ajoutant à l'invention première, doit attendre que celle-ci soit tombée dans le domaine public pour se servir de son perfectionnement. Il ne peut, jusqu'alors, que s'en réserver la jouissance par un brevet. Toutefois, s'il prend ce brevet dans l'année de la délivrance du premier brevet il devra se conformer, avec soin, aux prescriptions de l'art. 18 dont nous avons expliqué plus haut le véritable sens. En agissant autrement il s'expose, par la publicité que reçoit sa description, à se voir confisquer son perfectionnement par l'inventeur primitif. En vain objecterait-il qu'il est le premier en date, l'inventeur lui répondrait, avec raison, qu'un simple perfectionneur ne peut pas, en faisant ouvertement breveter son perfectionnement, priver l'inventeur du bénéfice qui lui est réservé par l'art. 18.

SECTION 5. — *Des objets qui ne peuvent être brevetés.*

La réunion des conditions que nous avons énumérées et expliquées, à savoir *nouveauté et industrie,* constitue l'invention brevetable, en ce sens que nulle découverte ne peut être protégée par un brevet si elle ne répond à cette double exigence de la loi. Mais il ne s'ensuit pas qu'une découverte soit essentiellement et nécessairement brevetable parce qu'elle réunit

(1) 28 novembre 1843. Trib. Paris. — Périlhat : Périssin.

les caractères ci-dessus indiqués. Il est des découvertes qui, par leur nature même, sont absolument exclues du bénéfice du brevet. Le législateur place au premier rang les compositions pharmaceutiques ou remèdes de toute espèce. Nous n'hésitons pas à dire, en nous autorisant de l'opinion des orateurs qui ont combattu cette disposition devant les chambres, que cette exclusion est une monstrueuse injustice commise en haine du charlatanisme, et commise en pure perte. L'intérêt public n'était-il pas garanti, autant qu'il peut l'être, par les sévères dispositions des lois spéciales à la pharmacie? Fallait-il priver des encouragements et de la protection de la loi ceux qui ont consacré sérieusement leurs veilles à la recherche des moyens propres à combattre les maux qui affligent l'humanité? Mais, puisque telle est la loi, après avoir protesté contre ses rigueurs inutiles, il nous reste à fixer le sens et la portée de cette disposition.

Il résulte de l'exposé des motifs et de la discussion dans les deux chambres, qu'on doit entendre par compositions pharmaceutiques toutes préparations destinées à la guérison des maladies, soit pour les hommes, soit même pour les animaux. Peu importe que ces remèdes soient propres à un usage interne ou externe. Du reste, ces mots : *ou remèdes de toute espèce*, donnent à la définition un caractère général et absolu. Les préparations pharmaceutiques restent régies, comme par le passé, par la loi du 21 germinal an 11 et par le décret du 18 août 1810.

Il est à regretter, toutefois, que la loi nouvelle n'ait pas indiqué d'une manière plus précise le sens du mot *remède*. A son défaut nous allons essayer de donner une définition empruntée à la science ou à l'usage, et surtout aux discussions qui ont eu lieu dans les deux chambres. Le langage vulgaire, et même celui de la science, désignent sous le titre de médicaments une multitude de substances qui reçoivent des sciences naturelles des dénominations différentes, et qui sont en outre susceptibles d'être employées dans les arts et dans l'industrie. Pour savoir, donc, quel caractère appartient réellement à une substance, ou à une composition, il faut la considérer non-seulement dans son état matériel, mais encore dans son emploi indiqué, puisque son exclusion du bénéfice de la loi de 1844 dépend essentiellement de l'usage auquel on l'affecte. La même substance pouvant servir tout à la fois à la nourriture de l'homme et à la guérison de ses maladies, à la pratique des arts et de l'industrie, elle empruntera nécessairement sa qualification de chacun de ces emplois divers.

La loi, en interdisant le monopole pour les remèdes et les préparations pharmaceutiques, exclut des inventions brevetables non-seulement les produits nouveaux résultant de la combinaison de plusieurs substances simples propres à l'art de guérir et destinés à cet emploi, mais encore les substances simples découvertes soit dans une substance antérieurement connue, soit de toute autre façon et destinées également à la guérison des maladies.

Nous aurions désiré nous appuyer sur la jurisprudence pour toutes les définitions qui précèdent, mais aucune des décisions rendues jusqu'à ce jour ne pose de principe général, de sorte que l'on peut dire de la jurisprudence qu'elle a marché par appréciation d'espèce en espèce, et avec tout le caprice que cette marche comporte, jugeant ici que telle substance était un bonbon, là que cette même substance était un médicament. Il faudra donc, dans tous les cas, apprécier l'objet du brevet non par sa destination possible, mais par la destination spéciale qui lui sera assignée dans la description jointe au brevet.

Ceci posé, on se demande quel sera le sort d'un brevet pris pour une composition alimentaire, c'est-à-dire pour le mélange de diverses substances dans lesquelles l'inventeur a découvert, soit avant, soit depuis la demande du brevet, des propriétés curatives. L'annonce de ces propriétés nouvelles, même avec l'indication du brevet, ne saurait vicier ce titre et l'entacher de nullité, dès que, pour obéir à la loi, l'indication contenue au brevet a été restreinte à l'application alimentaire. L'inventeur sera donc bien et dûment breveté et pourra poursuivre ceux qui auront fabriqué et vendu sa composition même pour l'employer à la guérison, c'est-à-dire à un usage tout à fait étranger à celui spécifié dans son brevet. Ce n'est pas l'emploi médical de la composition qui portera atteinte aux droits du breveté, c'est la fabrication et la vente, parce que c'est là, uniquement, ce qu'il a fait et pu faire breveter.

L'art. 3 de la loi de 1844 porte encore que les plans et combinaisons de crédit ou de finances ne pourront être brevetés. Cette exclusion n'est pas nouvelle ; elle a été empruntée au décret des 20-25 septembre 1792, qui, modifiant la loi de 1791, défendait au pouvoir exécutif de concéder des brevets d'invention aux établissements de finances. Le danger résultant des brevets concédés pour de pareils objets parut tel, que l'on crut devoir, par le même décret, prononcer la nullité et supprimer l'effet des brevets qui avaient été antérieurement accordés aux établissements de finances. Les progrès de l'industrie financière, loin d'affaiblir ce danger, l'ont montré au législateur plus imminent que jamais.

Toute invention qui ne donne pas un résultat matériel et vénal ne peut servir de base à un brevet. Ainsi les méthodes d'enseignement et toutes les théories purement intellectuelles, c'est-à-dire qui n'empruntent aucun secours aux objets matériels, ont été constamment proscrites sous l'ancienne législation, par le motif qu'elles ne pouvaient être considérées comme des arts industriels, ou relatifs à l'industrie. En effet, l'application de ce genre de découvertes est exclusivement du domaine de l'intelligence, c'est ce qui a été décidé, depuis longtemps, au sujet de la méthode dite *Lafforienne* pour l'enseignement de la lecture et pour la *calligraphie* (1).

La jurisprudence était en cela parfaitement d'accord avec l'esprit de la loi. Les principes de l'ancienne législation, sur la nature des objets brevetables, ayant passé sans altération dans la loi de 1844, la doctrine n'a donc rien à changer à ses solutions sous l'empire de la loi nouvelle.

---

(1) 12 juin 1830. C. R. Paris. Augier : Cheynet. — 15 juin 1842. C. Cass. *Calligraphie.* — 22 août 1844. C. Cass. *Méthode de Lecture.*

On a décidé que l'on ne pouvait breveter utilement un système de coupe économique pour la confection des pantalons (1). Cette doctrine ne nous a pas convaincu. En effet il est impossible de refuser à un pareil procédé le caractère d'application industrielle exigé par la loi et qui manque aux méthodes d'enseignement. Il suffirait que ce système, comme celui de Jouvin pour la coupe des gants (2), sortît du domaine exclusif de l'intelligence, c'est-à-dire qu'il empruntât le secours d'un objet matériel, d'un outil, d'un modèle ou patron, pour qu'il

(1) 21 avril 1840. — C. Cass. — Heintz : Thadomme. — Attendu que la coupe plus ou moins économique d'un pantalon dans une pièce de drap peut dénoter plus ou moins d'intelligence et d'habileté dans le tailleur qui y procède; mais que cette opération, n'étant que le résultat de calculs qui ne peuvent être interdits à aucun tailleur pour faire le meilleur emploi possible d'une pièce d'étoffe, ne peut être considérée ni comme un procédé ni comme une invention susceptible d'être brevetée. — Heintz s'est pourvu en cassation. — Arrêt : — La Cour, attendu qu'en décidant que le procédé pour lequel le demandeur réclamait un privilége ne présentait pas les caractères d'une invention susceptible d'être brevetée, le jugement attaqué n'a fait qu'une appréciation des faits du procès, qui échappe à la censure de la Cour; — Rejette, etc.

(2) 22 juin 1843. — Trib. Grenoble. — Jouvin : Ducruy. — Attendu que la déchéance ne peut avoir lieu, suivant la loi, que lorsque le breveté ne s'est pas servi du procédé dans les deux ans qui ont suivi la délivrance du brevet, et que la preuve de non-usage est à la charge du demandeur en déchéance; — Attendu que, loin d'avoir fait cette preuve, Ducruy s'est contenté d'invoquer des présomptions de non-usage absolu, résultant de l'existence d'un modèle unique d'emporte-pièce sans balancier; — Attendu que l'existence de cet outil dans les ateliers de Jouvin tend au contraire à prouver qu'il s'en est servi; que la loi ne lui impose pas l'obligation de s'en servir habituellement; qu'étant inventeur de deux systèmes donnant identiquement les mêmes produits, il était libre de se servir de l'un préférablement à l'autre, sans avoir à craindre la déchéance; qu'enfin l'absence de balancier est insignifiante puisqu'il est reconnu qu'on peut faire mouvoir l'emporte-pièce à l'aide d'une presse ou d'un maillet; — Attendu que les brevets pris par Jouvin ne s'appliquent pas à un système de coupe isolé de tout moyen d'application et de tout procédé matériel; qu'il résulte, au contraire, des mémoires descriptifs joints aux brevets, qu'il s'est fait breveter non-seulement pour la fente terminée en arc, mais surtout pour une gouge destinée à la former, outil évidemment brevetable; — Attendu qu'il en est de même de l'étavillonnage, qui n'est pas un système abstrait, mais un procédé matériel représenté par des roulettes, des planches à repères, une règle graduée, une échelle de proportion et des tables de progression, le tout de l'invention de *Jouvin;* etc.

répondît au vœu de la loi, et fût valablement protégé par un brevet.

Il importe de ne pas confondre les moyens ou procédés essentiellement brevetables de leur nature, avec ce que, dans l'industrie, on est convenu d'appeler le tour de main. On appelle ainsi ce qui n'est dû qu'à l'adresse ou à l'habitude de l'ouvrier, ce qui, dès lors, échappant à toute règle et à tout enseignement, et ne pouvant faire l'objet d'une description, n'est pas susceptible d'être breveté.

Le législateur de 1844 a exclu du bénéfice de la loi (art. 30, § 4) les découvertes reconnues contraires à l'ordre ou à la sûreté publique, aux bonnes mœurs ou aux lois du royaume. Mais, peut-on dire qu'un brevet a été pris pour un objet contraire aux lois, parce que celui qui l'a obtenu n'a pas les qualités requises pour l'exploiter; évidemment non. Il ne faut pas confondre l'objet du brevet avec son usage, son application. La loi n'entend frapper de nullité que le brevet pris pour un objet qui, de sa nature, et quel que soit l'inventeur ou celui qui l'exploite, est contraire aux lois. Mais supposons un brevet pris pour un mécanisme propre à la manutention du tabac ou, par un individu non chirurgien, pour l'invention d'un instrument de chirurgie. L'incapacité dans laquelle se trouvent ces deux inventeurs d'appliquer leur mécanisme, n'affecte pas le brevet. S'ils appliquent leur invention, ce fait ne les exposera pas à une déchéance, mais alors ils se rendront passibles des peines portées par les lois spéciales qu'ils auront enfreintes. Pour éviter cette prohibition, qui ne touche en rien au brevet ni à son objet, mais qui est seulement et exclusivement applicable à la personne du breveté, ce dernier devra céder l'exploitation à ceux qui sont dans les conditions exigées par les lois spéciales. C'est le seul moyen qui lui restera pour tirer parti de son invention (1).

---

(1) 14 novembre 1838. — C. R. Paris. — Mothes et Lassalle : le Ministère public. — Il s'agissait d'un brevet pris par un inventeur non-pharmacien pour un procédé de fabrication des capsules gélatineuses.

Indépendamment des objets qui par leur nature ne peuvent être brevetés, il en est qui, bien que brevetables, sont exclus, non par leur nature, mais seulement dans des circonstances données, du bénéfice de la loi. Tels sont les perfectionnements pour lesquels un tiers se fait breveter, contrairement à l'art. 18, pendant le cours de l'année qui a suivi la délivrance du brevet pris pour l'invention principale. L'art. 30, § 7, déclare nul le brevet pris dans de telles conditions, à moins que la description desdits perfectionnements n'ait été déposée sous cachet, avec avertissement donné au ministre, que l'objet de la demande concerne un brevet pris depuis moins d'un an.

Pour compléter la nomenclature des objets non susceptibles d'être brevetés, il est nécessaire de se reporter à ce que nous avons dit des résultats nécessaires et des simples changements de forme ou de matière.

CHAPITRE V.

DES PERSONNES QUI PEUVENT ÊTRE BREVETÉES ET DE LA PROPRIÉTÉ DES BREVETS.

SECTION 1re. — *Des propriétaires de l'invention.*

§ 1er. — *Des inventeurs ou se disant tels.*

Le brevet n'étant, comme nous l'avons démontré, qu'un certificat qui constate la demande et la date à laquelle elle a été présentée, il est délivré à quiconque remplit, pour l'obtenir, les formalités voulues. La loi n'impose, comme condition de la délivrance des brevets, que le payement des droits et la régularité de la demande. L'administration ne doit exiger du demandeur ni la preuve de sa qualité d'inventeur, ni celle de sa capacité. L'inventeur, au point de vue de la délivrance du brevet, est celui qui se déclare tel. On le croit sur parole, mais aussi on lui délivre le titre à ses risques et périls et sans en garantir la validité.

Si l'invention est due aux recherches de plusieurs individus, chacun d'eux a un droit égal au brevet. Si donc l'un des coinventeurs s'est fait breveter au préjudice des autres, ceux-ci peuvent, après avoir établi en justice leurs droits à la propriété, faire adjoindre leurs noms à celui du titulaire sur le brevet et exercer tous les droits de la copropriété.

Lorsque l'invention a été réalisée par les efforts combinés de celui qui en a eu l'idée théorique et de l'ouvrier qu'il a appelé à son aide, à qui appartiendra le droit au brevet? Il ne serait pas sans danger de chercher à résoudre cette question d'une manière générale. Sa résolution dépendra surtout des faits, c'est-à-dire de la part de création que chacun y aura apportée : toutefois, on peut dire que celui qui a conçu l'idée est le véritable inventeur, et que l'ouvrier, même le plus intelligent, qu'il a chargé de traduire sa pensée, n'est que son metteur en œuvre, son auxiliaire. Ainsi celui qui a conçu un procédé mécanique, par exemple, peut fort bien n'être ni mécanicien, ni serrurier, ni charpentier. Il est donc forcé de recourir à toutes ces industries pour l'exécution de son mécanisme. Ne serait-il pas souverainement contraire à l'équité d'attribuer la qualité d'inventeur à l'ouvrier, alors même qu'il aurait fait œuvre de génie en traduisant la pensée qui lui avait été soumise? Dans ce temps où toutes les intelligences dirigent leurs forces vers les progrès industriels, ce serait exposer l'inventeur au plus profond découragement, que de le livrer aux exigences de l'ouvrier qui est appelé à le seconder (1).

(1) 11 août 1841. — C. R. Paris. — Longchamps : les Hospices. — Jugement : — Attendu que de l'instruction et des débats ainsi que des documents irrécusables du procès, il résulte que le couchage hygiénique pour lequel Longchamps a obtenu un brevet, est le produit de diverses expériences et de divers essais pratiqués par Longchamps, par les ordres et sur les indications de l'administration de Bicêtre, dont il était l'employé gagé en qualité de tapissier; — Qu'en effet, le couchage usité à Bicêtre a subi successivement des modifica-

Ce que nous venons de dire s'applique exclusivement au cas où le principe de l'invention, l'idée mère, a été préconçue par le maître et soumise, pour l'exécution seulement, à l'ouvrier. Nous n'entendons pas admettre, par exemple, qu'un ouvrier, travaillant à l'année chez un maître, lui devra l'abandon de toutes les créations qu'enfantera son aptitude ou son génie. Il est seul propriétaire et peut disposer à son gré des découvertes qu'il fait, même dans l'exécution du travail qui lui est confié. Sans doute, il doit tous ses soins à la main-d'œuvre dont il se charge, mais en promettant d'exécuter, il n'a pu s'engager à livrer tout ce qui sortirait des limites de l'exécution connue. Sans doute encore il doit tout son temps au patron qui le paye; mais s'il a disposé d'une partie de ce temps, s'il s'est servi des outils ou des matériaux qui ne lui appartenaient pas, il n'en restera pas moins propriétaire de son invention, sauf le droit réservé à son patron de lui réclamer l'indemnité due pour l'emploi fait indûment du temps, des outils et des matériaux.

---

tions et des changements commandés ou indiqués, soit par l'expérience, soit par l'humanité et le bien-être des pauvres infirmes, et que les améliorations ainsi successivement apportées ont eu pour résultat de donner le couchage dont Longchamps se prétend l'inventeur; mais qu'il est évident que Longchamps n'a pas pu profiter des expériences qui lui étaient ordonnées, et qu'il exécutait par les ordres, avec les indications et dans l'intérêt de l'administration, dont il était le préposé; que loin de pouvoir être réputé le créateur, l'inventeur, il n'a réellement été qu'un agent qui a marché avec plus ou moins d'intelligence dans la voie qui lui était tracée; qu'ainsi, le résultat de son travail ne peut avoir le caractère d'une invention dont il puisse réclamer la propriété, puisque, avant la délivrance du brevet, l'administration de Bicêtre était en possession dudit couchage; que, conséquemment, il ne peut y avoir contrefaçon; — Déboute Longchamps. — Appel. — Arrêt : — La Cour, considérant que les documents du procès établissent que le mode de couchage breveté n'est que le résultat des expériences faites dans les ateliers de l'hospice de Bicêtre, concurremment par Longchamps, employé de l'établissement, et par les directeurs de l'hospice; qu'à l'époque de février 1840, et avant la demande de brevet, ce mode de couchage y avait été mis en usage à l'aide de la coopération et sans réserve de Longchamps, pour la part qu'il aurait pu avoir dans l'invention de ce couchage; — Qu'en cet état, l'action en contrefaçon dirigée contre Mallon, directeur de Bicêtre et l'administration des hospices, n'est pas fondée; confirme.

Un fonctionnaire, chargé de l'enseignement d'une science, peut se faire breveter valablement pour une invention se rattachant à l'objet de son enseignement. En effet il ne doit, au gouvernement qui le paye, que l'enseignement promis. Il n'a pu, implicitement, aliéner le fruit de ses veilles ou de son génie. Le professeur d'agriculture peut donc se faire breveter pour un instrument aratoire, aussi bien que l'officier, chargé de diriger une école militaire pour le tir ou l'escrime, pourrait réclamer le bénéfice de la loi pour l'invention d'une arme nouvelle. La loi n'ayant pas prononcé la nullité des brevets pris dans de telles conditions, ils sont valables tant qu'il n'est pas justifié d'une renonciation formelle de l'inventeur à l'exercice du droit que la loi accorde, sans distinction, à quiconque remplit les conditions voulues pour être breveté (1). La doctrine contraire semble avoir prévalu dans une espèce jugée sous l'empire de la loi de 1791 et dont il importerait de connaître les faits. Ils ont dû exercer une grande influence sur la décision, car, sans le secours des circonstances de la cause, et en appréciant cette doctrine par les motifs de l'arrêt, elle nous paraîtrait créer une nullité qui n'était ni dans l'esprit ni dans le texte de la loi de 1791 (2).

---

(1) 7 mars 1855. — Trib. Corr. Paris. — Manceaux : Marès. — Il s'agissait de la balle à culot inventée par le commandant Minié, directeur de l'enseignement du tir à Vincennes.

(2) 27 décembre 1833. — C. R. Paris. — Choumara : le Ministre de la guerre. — Arrêt confirmatif d'un jugement du 23 novembre 1833, ainsi conçu : — Attendu que les expériences ordonnées par le ministre de la guerre, n'ont eu lieu que de l'avis du comité du génie et en présence des chefs militaires et du capitaine Choumara; — Qu'il a concouru à l'insertion de ses mémoires, plans et modèles dans le *Mémorial de l'Officier du génie* et depuis réclamé le grade de chef de bataillon en énumérant ses divers services militaires, parmi lesquels il faisait figurer les économies résultant pour l'État des nouveaux fourneaux qu'il avait fait agréer; — Attendu qu'il résulte de tous ces faits, que le travail du capitaine Choumara rentre dans les attributions de son service, comme officier du génie, et ne constitue pas une invention dans le sens de l'art. 5 de la loi du 7 janvier 1791; — Déboute Choumara.

§ 2. — *Des acquéreurs de la découverte.*

L'inventeur n'est pas seul admis au bénéfice du brevet ; il faut lui assimiler celui qui a acquis la propriété d'une découverte nouvelle. Il a tous les droits de l'inventeur auquel il est substitué par son contrat d'acquisition. Il en est de même de l'héritier de l'inventeur, puisqu'il succède à tous les droits de son auteur.

§ 3. — *Des mineurs, des interdits, des femmes mariées et du failli.*

Le mineur, même non commerçant ni émancipé, peut demander et obtenir valablement la délivrance d'un brevet en son nom. Il n'a besoin ni de l'assistance ni du consentement de ses père et mère ou tuteur. Dès qu'il justifie de l'accomplissement des formalités légales, le titre doit lui être délivré comme s'il était majeur ou émancipé.

Mais il n'en est pas de l'exploitation du brevet ou de sa cession comme de sa délivrance. Le mineur ne peut ni exploiter ni vendre sans se conformer aux règles du droit commun. Encore moins peut-il citer en justice en vertu de son brevet.

Ce que nous disons du mineur s'applique aux femmes mariées et aux interdits, en un mot à tous ceux dont la capacité est assimilée à celle du mineur. Aussi est-ce à tort que l'administration exige d'une femme mariée que, conformément aux art. 217 et 219 du Code civil, elle justifie de l'autorisation de son mari ou d'une autorisation judiciaire si elle est séparée. Les effets de l'incapacité ne peuvent être appréciés que par le pouvoir judiciaire quand la femme ou le mineur veulent exercer les droits que confère le brevet. Mais le droit lui-même, quant à son existence, ne relève que de l'accomplissement des formalités légales. L'administration n'a rien à voir au delà.

Ainsi le failli, même lorsqu'il est encore dans les liens de la faillite, peut se faire breveter sans le consentement et l'assistance de ses syndics. Toutefois, comme tous les biens du failli sont le gage de ses créanciers et qu'il ne peut disposer d'aucune somme sans le concours de ses syndics, ceux-ci pourront s'opposer à la délivrance, s'ils jugent cette dépense inutile et par conséquent onéreuse à la masse des créanciers qu'ils représentent. Que si le brevet a été délivré à leur insu, ils auront incontestablement le droit d'en faire attribuer la propriété à la faillite, soit pour l'aliéner, soit pour l'exploiter dans l'intérêt de la masse. Il importe peu que le brevet ait été délivré avant ou pendant la faillite, sans le concours des syndics. Dans ces deux cas il est valablement obtenu et il fait partie de l'actif du failli.

§ 4. — *Des morts civilement.*

L'abolition récente de la mort civile ne nous dispense pas de dire que le mort civilement, ayant le droit, aux termes de l'art. 25 du Code civil, d'acheter, posséder et vendre, il pouvait par conséquent se faire breveter valablement, sauf à lui, quand il voulait demander à la justice la répression des atteintes portées à son privilége, ou se défendre contre les attaques dont ce privilége était l'objet, à se faire représenter par un curateur spécial. La mort civile était sans influence sur la demande d'un brevet et n'avait d'effet que pour le brevet obtenu avant la condamnation, lequel faisant partie des biens du condamné passait, par l'effet de la condamnation, à ceux au profit de qui sa succession s'était ouverte.

§ 5. — *Des étrangers.*

Les étrangers peuvent obtenir en France des brevets d'invention (art. 27). Il était digne de la France, et conforme d'ailleurs à l'intérêt bien entendu de son commerce, d'offrir sa protection à tous les inventeurs, sans distinction. Ils enrichissent le pays par l'introduction d'une branche nouvelle d'industrie; ils apportent le travail, et ne reçoivent, en retour, qu'un titre dont on ne leur garantit même pas la validité; le bénéfice de l'échange est donc tout entier pour le pays. On avait d'abord pensé à assujettir l'étranger à la condition de la résidence en France, avant de lui délivrer le brevet, mais cette exigence a été repoussée avec raison. La France, comme nous venons de le dire, a intérêt à accueillir toutes les inventions de quelque part qu'elles viennent, puisque c'est à elle qu'en revient le profit. D'ailleurs l'étranger, qui obtient en France un brevet, est bien forcé d'y fonder un établissement, puisque, aux termes de l'art. 32, il est déchu de son brevet s'il ne l'a pas mis en exploitation, en France, dans le délai de deux ans, ou s'il a introduit des machines construites en pays étranger et semblables à celles qu'il a fait breveter.

Les formalités et conditions imposées aux Français, pour la demande et la délivrance des brevets, sont applicables aux étrangers (art. 28). L'égalité est parfaite, devant la loi industrielle, entre les Français et les étrangers.

Tout individu qui a fait une découverte en pays étranger peut la faire breveter en France tant qu'il l'a tenue secrète. Cette règle est absolue et s'applique même au cas où, avant de la faire breveter en France, l'inventeur la fait breveter en pays étranger.

Si l'inventeur a aliéné son invention, et si, par suite, l'acquéreur l'a fait breveter en son nom en pays étranger, c'est à ce dernier seul qu'appartiendra le droit de la faire breveter en France. Par ces mots *l'auteur d'une invention* (art. 29) le législateur n'a entendu parler que du titulaire du brevet étranger, car lui seul est inventeur aux yeux de la loi. C'est ce qui ressort clairement de la discussion devant les chambres et de l'exposé des motifs.

L'inventeur n'a pas seulement le droit d'importer en France sa découverte, il peut encore l'exporter, c'est-à-dire, prendre un brevet à l'étranger pour une invention qu'il a déjà fait breveter en France. La prohibition de solliciter un brevet en pays étranger, quand on est breveté en France pour le même objet, a été heureusement effacée de notre Code industriel par la législation de 1844.

La faculté de se faire breveter à l'étranger quand on l'est en France, peut s'appliquer même aux brevets pris sous l'empire de la loi de 1791, sans pour cela donner à la loi un effet rétroactif. Du jour où la prohibition de l'ancienne loi a été effacée, tous les brevetés, sans distinction, ont recouvré le libre exercice d'un droit naturel et qu'une disposition expresse avait pu, seule, leur enlever.

C'est à tort que dans certaines préfectures on refuse d'admettre la demande formée par le cessionnaire de l'inventeur étranger. La loi ne défend pas à celui-ci de céder son droit, et quand l'art. 29 réserve à l'inventeur étranger le droit de se faire breveter d'importation, il entend nécessairement parler, selon les règles du droit commun, non-seulement de l'inventeur, mais de tous ceux qui le représentent, c'est-à-dire de son cessionnaire comme de son fondé de pouvoir.

SECTION 2. — *Des sociétés.*

Une société peut se faire breveter ou acquérir un brevet.

La société brevetée est essentiellement commerciale lorsqu'elle a été formée non-seulement pour l'obtention du brevet, mais encore pour son exploitation (1). Dans ce cas, aucun des copropriétaires ne peut isolément exploiter l'invention ou en vendre la propriété, par cette raison qu'elle n'appartient à aucun d'eux en particulier, mais bien à l'être fictif qu'on appelle la société, et qui, seule, peut en disposer par le concours et le consentement de tous les associés.

Lorsque le brevet appartient à une société, il fait partie de l'actif social. Mais si la société est déclarée nulle, le brevet doit faire retour à celui des associés qui l'a apporté ou qui l'aurait même vendu à la société en y entrant. La raison en est simple : l'apport ou la vente n'ont eu pour cause et pour base que l'association; si l'association disparaît comme nulle, elle est censée n'avoir jamais existé et ne peut produire aucun

(1) 8 janvier 1845. — C. R. Paris. 2e ch. — Gindicelly : Dubouchage.

effet. Chacun alors reprend ce qu'il a apporté ou vendu. Si, en cas de nullité de la société, la vente du brevet ou son apport conservaient leur effet, le propriétaire du brevet pourrait être exposé à une dépossession ruineuse au profit de son coassocié. Il est plus juste et plus logique, à la fois, quand on liquide la société de fait, en cas de nullité, de rendre à l'inventeur son brevet. Mais s'il est juste de ne pas enrichir le capitaliste aux dépens de l'inventeur, il ne faut pas non plus que l'inventeur puisse reprendre son brevet sans payer sa part des pertes que la société a subies pendant son existence de fait, ou sans rembourser le prix de la vente que lui aurait payé la caisse sociale ou son associé. Dans ce cas, l'apport doit répondre de l'apport, et le brevet devra servir à payer la part afférente au breveté dans les pertes, ou à rembourser le prix du brevet qui a été payé à l'associé vendeur.

Il en doit être ainsi alors même que l'associé n'a fait aucune réserve, en apportant ou en vendant son brevet à la société. Mais lorsqu'il s'en est réservé la propriété, ne cédant que la jouissance à la société dans laquelle il entre, il ne peut y avoir aucun doute sur le sort du brevet. Il restera la propriété du titulaire, quelle que soit la cause de la dissolution de la société. La jouissance du droit ne peut, dans ce cas, être considérée comme une valeur sociale, et ne saurait être assimilée aux apports matériellement employés aux opérations commerciales, et qui se sont confondus avec ceux des autres associés (1).

---

(1) 29 janvier 1842. — C. R. Paris. — Carville : Moreau. — En 1840, société entre Carville et Moreau pour l'exploitation d'une machine brevetée. Cette société ayant été déclarée nulle pour défaut de publication, les parties furent renvoyées devant arbitres à l'effet de liquider, la communauté de fait ayant existé entre eux. — Carville, titulaire du brevet, se fondant sur une clause de l'acte de société, soutint que la propriété et la jouissance de ce brevet devaient lui être attribuées exclusivement ; mais les arbitres pensèrent que la jouissance du brevet, ayant fait partie de l'apport social du titulaire, s'était confondue avec celui du coassocié pour composer l'actif social et devenir la propriété indivise de la société ; que, s'il avait été convenu entre les parties qu'en tout état de choses le titulaire du brevet resterait propriétaire de son invention, propriété que d'ailleurs il s'était formellement engagé en même temps à

Lorsque la société qui a obtenu un brevet est déclarée nulle pour défaut d'autorisation légale, le brevet n'en est point affecté, et il n'en conserve pas moins sa valeur au profit de qui de droit. La validité du brevet est indépendante des changements qui s'opèrent, soit dans la capacité, soit dans l'existence du propriétaire.

L'art. 1847 du Code civil ne donne pas à des associés le droit de faire attribuer à la société un brevet pris par l'un d'eux qui s'était engagé à donner tous ses soins aux affaires de la société. Il y a simplement lieu, dans ce cas, à des dommages-intérêts au profit de la société, s'il est prouvé que l'associé a employé son temps au détriment de la société, et contrairement

---

ne pouvoir jamais exploiter en dehors de la société pendant son existence, cette convention ne détruisait pas le fait de la mise en société du brevet pendant toute sa durée, et ne pouvait s'entendre que du droit de demander une prolongation de la durée du brevet à son expiration. — Appel par Carville. — Arrêt : — La Cour, en ce qui touche la propriété du brevet et la vente ordonnée par les arbitres de la jouissance de ce qui reste à courir des dix années de ce brevet ; — Considérant que le Tribunal de commerce, en déclarant la société Carville et Moreau nulle et de nul effet, a néanmoins renvoyé les parties devant des arbitres pour la liquidation de la communauté de fait ayant existé entre elles ; — Que cette liquidation n'a eu dès lors pour objet que les opérations faites en commun, et les apports respectifs des parties, employés à ces opérations, entre lesquels s'est établie par là même une confusion nécessaire et forcée ; — Que rien de semblable n'existe pour le brevet d'invention de Carville, dont la jouissance seule a été mise en société ; que cet apport, objet distinct et immatériel, n'aurait pu être considéré comme une valeur sociale qu'à raison et sous la condition même de la validité de l'existence de la société ; — Que cette condition ayant manqué dès l'origine, puisque c'est à ce moment que remonte la nullité déclarée, il s'ensuit que dans la rigueur du droit la jouissance du brevet n'a jamais constitué un apport social, et qu'il n'y a lieu dès lors de la comprendre dans la liquidation ; — Qu'il doit d'autant plus en être ainsi dans l'espèce, que des conventions des parties il résulte, d'une part, que Carville, en tout état de choses, et particulièrement échéant les cas de cessation ou de dissolution de la société, devait rester propriétaire de son invention ; et, d'autre part, que c'est seulement pendant l'existence de la société qu'il lui était interdit de l'exploiter en dehors de la société ; d'où il suit, sous ce nouveau rapport, que, la société cessant, Carville doit, aux termes des conventions, être maintenu non-seulement dans la propriété, mais encore dans la jouissance et la libre exploitation de son brevet ; — Infirme.

aux obligations que lui imposait l'acte social. La découverte due au travail, aux recherches, au génie de l'associé ne peut pas être raisonnablement assimilée à un gain fait par l'espèce d'industrie qui est l'objet de cette société. D'ailleurs l'engagement contracté par l'associé n'a eu pour objet que sa surveillance, son travail connu, ses soins prévus et non les chances aléatoires d'une invention que rien ne revèle dans les termes du contrat. Une stipulation spéciale et formelle pourrait donc seule enlever à l'inventeur le bénéfice exclusif de son invention.

SECTION 3. — *De la copropriété.*

§ 1er. — *Des simples copropriétaires.*

Le brevet peut être délivré au nom de plusieurs individus qui ne sont unis entre eux par aucun lien social, mais qui ont un droit égal de propriété sur l'invention. Une fois le brevet obtenu par eux, collectivement, ils peuvent l'exploiter chacun dans son intérêt particulier. En effet, la copropriété d'un brevet n'entraîne pas l'obligation d'exploiter en commun, et qui dit copropriétaire ne dit pas associé. L'exploitation en commun n'est obligatoire qu'autant que les cotitulaires se sont associés pour cette exploitation. En dehors de toute association, chacun peut exploiter et même disposer de son droit de copropriété comme il l'entend. Le brevet en effet est un titre d'où ressort un privilége personnel à chacun des propriétaires et que, par conséquent, chacun d'eux peut exercer isolément. Ce qui a, quelquefois, égaré la doctrine sur ce point, c'est, d'une part, le danger pour les copropriétaires eux-mêmes d'une exploitation divisée et la rivalité qui doit en résulter entre eux ; et, d'autre part, la comparaison qu'on a faite, à tort, de la copropriété d'une invention avec la collaboration littéraire. Les inconvénients graves, il faut le reconnaître, d'une exploitation divisée n'ont rien de commun avec sa légalité. C'est le fait en lutte avec le droit, ce qui n'est pas rare. Quant à la collaboration littéraire, on a toujours décidé qu'elle donnait des droits indivisibles et que l'un des auteurs ne pouvait publier ou autoriser la publication de l'œuvre commune sans le consentement de l'autre, et, en cas de refus, sans que la justice ait statué. Cette doctrine est sans application à la copropriété d'un brevet. Les raisons de moralité et de dignité, quelquefois même l'honneur et le repos des familles peuvent être engagés dans la publication d'une œuvre littéraire. Comme on ne rencontre aucun de ces intérêts dans l'exploitation d'une invention, notre solution subsiste, et chacun des copropriétaires peut user comme il l'entend du droit d'exploiter l'invention commune (1).

§ 2. — *De la communauté conjugale.*

Le brevet peut être pris au nom des époux ou de l'un d'eux seulement. Le brevet constitue une valeur mobilière; par conséquent si l'époux, à qui appartient l'invention, n'a rien stipulé de contraire dans ses conventions matrimoniales, le brevet fera partie de l'actif de la communauté, soit qu'il l'ait pris avant le mariage, soit qu'il l'ait pris seulement depuis. Les principes du droit commun le veulent ainsi. On ne peut se dissimuler les inconvénients qui ressortent de cette solution, mais dans ce cas comme dans celui de copropriété, le silence, d'ailleurs inexplicable, de la loi de 1844 n'en permet pas d'autre (2).

---

(1) 4 décembre 1845. — C. R. Paris. — Pellerin : Brown. — Considérant que Pellerin et Brown, copropriétaires du brevet d'invention relatif au mélophone, exercent séparément l'industrie pour laquelle ils ont un privilége qui ne doit expirer qu'en 1847 ; — Que le perfectionnement pour lequel Pellerin a obtenu un brevet particulier, à la date du 18 juillet 1843, consiste dans un système de clavier dont les touches sont formées par des *roulettes* tournant sur un *axe;* — Que Brown, de son côté, a réalisé un perfectionnement analogue par l'emploi de boules libres tournant en tous sens, dans une cuvette où elles sont contenues au moyen d'une plaque métallique; — Considérant que si Brown s'est, comme Pellerin, proposé pour but d'augmenter la mobilité des touches du mélophone et d'en faciliter ainsi le jeu, il est arrivé à ce but non par les mêmes moyens, mais par des procédés radicalement différents, ainsi que l'a constaté l'expert; — Considérant dès lors que dans les faits reprochés à Brown il n'y a pas contrefaçon; — Condamne.

(2) 1er mars 1853. — Trib. civ. Paris. — Baudry : dlle Baudry.

§ 3. — *Des usufruitiers.*

Il faut classer parmi les plus fâcheux oublis des rédacteurs de la loi de 1844, l'omission d'une disposition réglant les droits respectifs du nu-propriétaire et de l'usufruitier d'un brevet. Cet oubli est d'autant plus grave que la question a été maintes fois soulevée à l'occasion d'actions industrielles qui, comme les brevets, ne sont représentées que par un privilége et n'ont généralement pour base aucune valeur mobilière ou immobilière. Les solutions auxquelles on s'est arrêté lorsque la question s'est présentée doivent être appliquées aux brevets, car les raisons de décider sont, de tous points, les mêmes. Ainsi le juge, prenant en considération l'utilité de l'invention mesurée à l'importance de ses produits, ordonnera qu'une partie desdits produits sera capitalisée pour représenter, à l'expiration du brevet, la valeur de ce dernier (1).

CHAPITRE VI.

DE LA VENTE ET DE LA TRANSMISSION DES BREVETS EN GÉNÉRAL.

SECTION 1re. — *De la vente ou cession volontaire.*

La loi n'aurait donné à l'inventeur qu'un droit souvent stérile si elle lui avait imposé l'obligation d'exploiter par lui-même

(1) 29 janvier 1851. — Trib. Grenoble. — Mineure Jouvin : ve Jouvin. — Le Tribunal a décidé que l'exploitation ou les instruments mis en œuvre peuvent être, seuls, l'objet d'un usufruit, mais non le brevet, qui ne produit pas de fruits et ne donne que le privilége d'en produire à l'exclusion des tiers. Il n'est qu'un capital industriel qui doit trouver sa représentation dans les produits de l'exploitation. — Le Tribunal a attribué les deux tiers des produits à la mineure, nu-propriétaire du brevet.

son invention. Il peut céder à des tiers la totalité ou une partie de son droit, aux conditions et dans les termes qu'il lui plaira d'adopter, à titre gratuit ou onéreux, pour toute la durée du brevet ou pour un temps moindre. Comme les formalités à remplir pour la régularité de la vente ainsi que les effets qu'elle doit produire varient d'une manière notable selon le caractère de l'acte de transmission, il importe de bien définir chaque espèce de cession qui peut se présenter dans la pratique.

§ 1er. — *Des différentes espèces de cessions.*

La cession d'un brevet peut être totale ou partielle. Elle est *totale* lorsque le breveté abandonne tous ses droits sur ce brevet. L'acquéreur alors est complétement substitué aux droits du vendeur.

La cession est *partielle* lorsque le breveté s'adjoint un copropriétaire qui a un droit égal au sien, de telle sorte que le brevet devient une propriété commune, que chacun d'eux peut exploiter séparément et pour son propre compte, ainsi que nous l'avons démontré à la section 3 du chapitre v, en traitant de la copropriété d'un brevet.

La cession est également *partielle* lorsqu'un brevet est apporté, même en toute propriété, dans une société, parce que le sociétaire qui l'apporte conserve, comme associé, sa part dans le titre qu'il aliène au profit de la société dont il fait partie.

La cession est encore partielle lorsque, l'invention pouvant donner lieu à des exploitations diverses, le breveté aliène la propriété entière et absolue de l'un des modes d'exploitation en se réservant la propriété du brevet pour le surplus.

La cession partielle est souvent, dans la pratique, soumise à des restrictions ou réserves dont on a contesté, à tort, la légalité. Ces conditions spéciales tiennent à la nature du droit concédé. Ainsi, par exemple, on ne doit pas réputer potestative dans le sens de l'art. 1174 du Code civil, la condition par laquelle l'inventeur, faisant une cession partielle de son brevet, s'est réservé le droit d'être seul juge de l'opportunité du moment à choisir et des moyens à adopter pour l'exploitation (1).

Indépendamment de la cession proprement dite, soit totale, soit partielle, le breveté peut encore, tout en restant propriétaire du brevet, céder à une ou plusieurs personnes séparément la faculté d'exploiter son invention, soit en totalité, soit en partie. C'est ce que dans la pratique on appelle une *tolérance*. Dans ce cas, malgré l'autorisation d'exploiter que le breveté a cédée, il n'y a pas transmission du brevet, et, par conséquent, il n'est pas nécessaire d'observer, pour la régularité du contrat, les formes indiquées par l'art. 20 (2).

§ 2. — *Formalités de la cession.*

Des formes spéciales ont été imposées pour la validité des cessions en matière de brevets. Mais il est bien entendu que la cession à laquelle sont applicables les exigences de l'art. 20 n'est autre que la cession proprement dite, c'est-à-dire celle qui transmet à l'acheteur la propriété ou la copropriété du brevet. Quant aux simples tolérances accordées par le breveté, et à l'occasion desquelles la propriété du brevet ne change pas de mains, elles peuvent être accordées, comme nous l'avons démontré dans le paragraphe précédent, sans que la convention soit soumise à aucune formalité spéciale (3). Il en faut dire autant de l'acquisition d'une invention non encore brevetée. Les cessions de ce genre rentrent, pour leur validité et leur forme, dans le droit commun qui régit les conventions en général. C'est

(1) 21 août 1850. — C. Cass. — Delagarde : Garnier.

(2) 8 mars 1852. — C. Cass. — Lebrun-Bohmé : Pecquiriaux. — Arrêt : — Attendu que la Cour d'appel d'Amiens, saisie de l'interprétation d'une convention verbale, a fait un usage légitime de son droit en décidant qu'il n'y avait pas cession partielle du brevet mais simple concession de la faculté d'exploiter dans la cession faite, par le breveté à un tiers, du droit de fabriquer et de vendre comme lui-même les machines, objets du brevet; qu'elle a pu, dès lors, refuser à ce cessionnaire le droit de poursuivre les contrefacteurs; — Rejette.

(3) Voir l'instruction ministérielle du 31 octobre 1844.

donc à tort que l'administration exige, dans les cas ci-dessus, que le cessionnaire qui veut faire enregistrer sa convention avec le breveté, paye préalablement toutes les annuités à échoir. Dès qu'il n'y a pas transmission totale ou partielle du brevet, il n'y a nul intérêt à faire enregistrer la cession, et s'il convient à l'une des parties de le faire, on ne peut exiger le payement des annuités puisque le brevet reste dans la même main. Le système contraire conduirait à une criante injustice. En effet, les tolérances peuvent être accordées, simultanément, à plusieurs acheteurs. Or, dans ce cas, auquel imposera-t-on l'obligation de payer les annuités? pourquoi plutôt au premier en date qu'au second ou au dernier? Cette raison même, sans tenir compte de l'esprit de la loi, suffirait pour condamner la prétention que nous combattons et qui crée une entrave souvent ruineuse pour l'exploitation des brevets.

Les conditions imposées par la loi, pour la validité des cessions, ont eu uniquement pour but de donner aux tiers un moyen facile de savoir si la propriété du brevet a été aliénée et dans les mains de qui elle réside. Ces conditions sont 1° la forme de l'acte, et 2° l'enregistrement au secrétariat de la préfecture du département dans lequel l'acte a été passé.

La cession totale ou partielle d'un brevet ne peut être faite que par acte notarié ou, ce qui est la même chose, par un acte sous signature privée déposé, en minute, chez un notaire.

On doit considérer comme acte authentique l'expédition d'une décision de justice qui, rendue en dernier ressort ou passée en force de chose jugée, attribue la propriété d'un brevet. S'il en était autrement ce mode de transmission serait sans effet, puisqu'il ne pourrait jamais être régularisé. Ce que nous disons d'une décision de justice ne s'applique pas, comme on le verra au chapitre x, aux jugements qui prononcent la subrogation. La substitution du nom du subrogé à celui du titulaire primitif remplace la formalité de l'enregistrement.

Si la vente est faite hors de France, l'acte devra être dressé selon la forme usitée dans le pays pour donner l'authenticité aux actes. Nous avons dû prévoir cette hypothèse, qui se présentera souvent lorsque, par exemple, un inventeur breveté en pays étranger, au lieu d'user personnellement du droit que lui accorde l'art. 29 de la loi, voudra céder à un tiers la faculté de se faire breveter en France pour la même découverte.

Lorsque la cession d'un brevet, pris en pays étranger par un Français, sera faite en France, il sera, sinon nécessaire, au moins prudent, pour assurer les droits de l'acquéreur et leur exercice dans le pays où le brevet a été obtenu, de consulter la législation de ce pays et de remplir, autant que possible, les formalités imposées par la loi française, en les combinant avec celles du pays où le cessionnaire doit exercer les droits qui lui sont cédés.

L'acte de cession devra être précédé du payement de la totalité des annuités qui restent à échoir suivant la durée donnée au brevet dans la demande. Le cédant ne pourra pas, même d'accord avec les cessionnaires, renoncer à une partie de la durée pour avoir une somme moins forte à verser au moment de la cession, car le contrat, entre le fisc et le breveté, est formé au moment de la délivrance du brevet. Le versement anticipé de la totalité de la taxe atténue considérablement la disposition libérale relative aux payements par annuités. Mais on a pensé que les tiers pourraient avoir, dans certains cas, un recours difficile contre un cédant qui, postérieurement à la cession, aurait laissé déchoir un brevet faute du payement de la taxe. On a été surtout touché des difficultés qui seraient résultées du système contraire, lorsque la cession aurait été faite à plusieurs, et que, chargés, chacun pour sa part, du payement par annuités, l'un d'eux aurait négligé de payer sa part. Cette précaution n'en est pas moins une malheureuse innovation. La pratique a démontré, en effet, que l'obligation de payer toutes les annuités à échoir paralyse les transactions. Mieux vaut laisser aux parties le soin de prendre leurs sûretés, et le législateur réussit toujours mal quand il veut empiéter sur le rôle qui leur appartient.

Les circulaires ministérielles prescrivent aux préfets de ne considérer comme régularisées que les cessions qui, après l'enregistrement au secrétariat de la préfecture, auront été publiées au Bulletin des lois. La loi de 1844 n'a rien prescrit de semblable; elle est donc suffisamment obéie quand on s'est conformé aux dispositions de l'art. 20, qui n'exige que l'enregistrement au secrétariat de la préfecture. La conséquence de ceci c'est que la cession est valable par le seul fait de l'enregistrement, et qu'une opposition est tardive lorsqu'elle est formée après cet enregistrement quoique antérieurement à la publication de la cession dans le Bulletin des lois.

La loi n'a prescrit aucun délai pour l'enregistrement des cessions à la préfecture. Cette formalité peut donc être remplie valablement tant qu'il n'est pas intervenu une autre cession enregistrée. Il résulte de ceci que celui qui a traité de la propriété d'un brevet avec un premier acquéreur, dont la cession n'avait pas été enregistrée, peut régulariser les deux cessions en les faisant enregistrer en même temps (1).

Si l'acte de cession a été passé en pays étranger, l'acquéreur, pour se conformer aux exigences de la loi française, agira prudemment en faisant enregistrer sa cession en France, soit au secrétariat de la préfecture de la Seine, soit au secrétariat de la préfecture de son département.

Il suffira, pour obtenir l'enregistrement, de déposer un extrait authentique de l'acte de cession. Ce dépôt, au secrétariat de la préfecture, ne pourra jamais être refusé par le préfet, si ce n'est dans le seul cas où l'extrait de l'acte de cession ne serait pas revêtu de la forme authentique.

Le cessionnaire a le plus grand intérêt à faire au plus tôt enregistrer son titre à la préfecture du département, afin de s'assurer le bénéfice de l'art. 38, qui veut que, dans le cas où le brevet est attaqué pour nullité ou déchéance absolue, tous les ayants droit du breveté soient appelés en cause.

Il faut assimiler aux cessions, en ce qui concerne les formalités à remplir pour leur validité, toute rétrocession qui in-

---

(1) 25 mai 1855. — C. Imp. Paris. — Blondel : Tarral et autres. — *Boules inflammables.*

tervient soit de l'un des titulaires du brevet à l'autre, soit entre le vendeur et l'acheteur, parce que c'est là un acte de transmission, et que l'intérêt que la loi a eu en vue est le même (1). Toutefois, si la vente qu'il s'agit de résilier n'a pas encore été enregistrée à la préfecture, on conçoit aisément que l'acte de résiliation n'ait pas besoin d'être soumis à cette formalité.

La loi dit que, sans l'accomplissement des formalités spécialement exigées, la cession ne sera pas valable à l'*égard des tiers* : d'où ressort la conséquence que la cession est toujours valable, aux termes du droit commun, entre l'acheteur et le vendeur, quelle que soit la forme adoptée par eux. Il suffit, pour cela, que les parties se soient entendues sur la chose et sur le prix. Les formalités ne sont exigées que pour rendre l'acte de cession opposable aux tiers. Si donc une contestation relative à la cession s'élevait entre le breveté et son acquéreur, ce dernier pourrait toujours revendiquer ses droits contre le vendeur, bien que la cession eût été faite sous seing privé et sans enregistrement à la préfecture, et il pourrait le contraindre à réaliser la cession par acte authentique. Mais si l'acquéreur par acte sous seing privé se trouvait en contestation pour la propriété du brevet avec un acquéreur même plus récent, dont l'acte aurait été revêtu de toutes les formalités légales, il serait bien et dûment dépossédé par cette cession postérieure. Toutefois il pourrait actionner son vendeur en dommages-intérêts, pour avoir aliéné son brevet au mépris d'une vente antérieure. Ainsi, lorsque le breveté a la déloyauté de vendre son titre après l'avoir déjà aliéné au profit d'un autre, celui des deux acquéreurs qui, le premier, a rempli la formalité de l'enregistrement, doit être préféré, alors même que sa cession serait plus récente, et que l'autre acquéreur aurait payé le prix de l'acquisition. C'est uniquement pour cette hypothèse que le législateur a disposé.

Il importerait peu que l'acquéreur premier en date, mais dont le titre n'aurait pas été régularisé, eût reçu le brevet et

---

(1) *Contrà*. 14 avril 1849. — C. Cass. — Pinzold : Caron.

qu'il en fût détenteur ; le droit au brevet est indépendant de l'expédition du titre, dont on peut toujours se faire délivrer un duplicata. L'acquéreur régulier ne peut voir son droit paralysé par une vente incomplète et par conséquent sans valeur à son égard.

Ce que nous venons de dire de la préférence à accorder au cessionnaire régulier, ne peut s'appliquer aux porteurs de tolérances ou autorisations qui ont été accordées ou vendues par le breveté, avant qu'il cédât son brevet. Lorsque des tolérances ou autorisations ont été accordées par le breveté, avant la cession de son brevet, elles doivent être respectées par l'acquéreur, alors même que le breveté ne les lui aurait pas signalées. On ne peut reprocher à ceux qui sont pourvus de ces autorisations antérieures à la cession, d'avoir négligé la formalité de l'enregistrement, puisqu'ils ne sont pas cessionnaires du brevet. Il ne restera à l'acquéreur, lésé par ces autorisations qu'il ignorait, qu'un recours contre son vendeur, qui n'a pas eu la loyauté de les déclarer.

Il ressort bien clairement de ce qui précède que la nullité, résultant de l'inaccomplissement des formalités exigées par la loi, n'est pas absolue, mais qu'elle est, au contraire, essentiellement relative et doit s'appliquer exclusivement au cas où deux acquéreurs successifs prétendent droit au même brevet. Elle ne pourrait donc être invoquée utilement ni par le cédant ou le cessionnaire, ni par leurs représentants (1), et nous

---

(1) 20 novembre 1822. — C. Cass. — H^ers Bérard : Cabanis. — Bérard cède à Cabanis le droit de se servir de son brevet. Cette cession est faite par acte sous seing privé, et n'est point soumise à la formalité de l'enregistrement au secrétariat de la préfecture; elle est néanmoins fidèlement exécutée entre les parties. — La durée du brevet étant expirée, Bérard obtient du gouvernement une prorogation de jouissance pendant cinq ans, et Cabanis continue de se servir de l'appareil cédé. Enfin Bérard meurt sans avoir élevé la moindre réclamation. Mais après son décès, ses héritiers ont contesté à Cabanis la validité de la cession, en se fondant 1° sur la nécessité d'un acte notarié, et 2° sur la nécessité de l'enregistrement. Leur prétention, accueillie par le juge de paix, a été rejetée par le Tribunal civil de Montpellier. — Pourvoi. — Arrêt : Attendu que les dispositions de la loi spéciale, invoquées par les demandeurs, ne

ajouterons ni par les contrefacteurs. Le but unique de la loi, le seul que révèlent et les exposés des motifs et les discussions, est, par la publicité donnée aux cessions et par leur inscription au ministère, d'éviter les doubles ventes, fraude si facile en matière de droits incorporels. Si donc un cessionnaire sérieux et légitime, mais dont l'acte d'acquisition n'a point encore été régularisé, voit son privilége usurpé, il aura le droit incontestable d'intenter la poursuite sans que le contrefacteur puisse lui opposer l'irrégularité de la cession. Indépendamment des raisons ci-dessus, et qui nous paraissent justifier pleinement cette solution, il faut reconnaître qu'elle trouve un appui non moins solide dans les principes élémentaires du droit et dans les nécessités pratiques. Il est de règle que l'intérêt est aux yeux de la loi la mesure des actions : l'art. 34 a proclamé de nouveau ce principe. Or, on se demande quel est l'intérêt du contrefacteur à critiquer la forme de la cession? Sera-t-il moins coupable pour avoir dérobé la propriété du cédant et non celle du cessionnaire? Au surplus la loi punit la contrefaçon commise même avant la publication du brevet, alors que nul n'est averti de l'existence du privilége, pourquoi donc l'ignorance de la cession serait-elle une excuse? Et puis ne voit-on pas que si le contrefacteur pouvait critiquer la validité de la cession en la forme, il y aurait, pour lui, un temps d'impunité dont la durée serait illimitée et qui dépendrait de la lenteur apportée à l'expédition de l'enregistrement; or l'expédition peut se faire attendre longtemps, surtout si, comme l'a décidé un arrêt, le breveté est tenu d'engager une action contre le préfet qui refuse d'enregistrer la cession, et s'il doit attendre

---

concernent que l'intérêt des tiers; — Qu'il s'agit, dans l'espèce, d'un contrat qui a reçu une exécution pleine et entière; — Que Cabanis en a payé le prix; qu'il a construit un appareil et en a usé; — Que l'inventeur est décédé sans avoir jamais réclamé contre la cession dont il est question : de tout quoi il suit que les demandeurs, qui le représentent, ne sont pas recevables à proposer une exception que leur auteur n'aurait pas pu élever; qu'ainsi l'arrêt dénoncé, en ne s'y arrêtant pas, s'est conformé au véritable esprit de la loi; — Rejette, etc.

qu'on ait statué sur cette action pour commencer sa poursuite en contrefaçon (1). Le droit de propriété serait suspendu, car il ne serait pas encore au cessionnaire et il ne serait plus au cédant, qui, d'ailleurs, serait sans intérêt pour l'exercer. Cependant il n'est pas de matière où la poursuite doive être plus active, la saisie plus instantanée, la vigilance plus soutenue. Ce serait donc méconnaître la loi, son esprit, son but et la protection efficace qu'on veut donner à la propriété des inventeurs, que de permettre aux contrefacteurs de discuter la forme de la cession. Sans nul doute ils peuvent critiquer le caractère de la cession aussi bien que la validité du brevet, mais la nullité de la cession, provenant du défaut d'enregistrement, ne peut profiter qu'à ceux qui se prétendent acquéreurs du même brevet en vertu d'un titre régulier.

L'analogie est parfaite entre l'art. 20 de la loi de 1844 et l'art. 1690 du Code civil. Or il n'est venu à la pensée de personne de soutenir que celui qui aurait dérobé le titre d'une créance transportée pourrait se défendre en soutenant la nullité du transport, faute de signification par le plaignant. M. Mangin (tome 1er, page 519) fait nettement ressortir, en faveur de notre doctrine, les raisons tirées du droit commun. « Lorsqu'un délit, dit-il, a porté atteinte à une propriété et » qu'il est punissable quel que soit le propriétaire, le prévenu » n'a aucun intérêt à soutenir que l'objet du délit appartient » à telle personne plutôt qu'à telle autre. Ceci est évident en » ce qui concerne la peine proprement dite. Cela ne l'est pas » moins en ce qui concerne les réparations civiles qui peuvent » être la suite du délit, car, dans la supposition où ces réparations ont été prononcées en faveur de celui qui n'y a pas » droit, le prévenu est assurément libéré à l'égard du véritable » propriétaire, et ce n'est pas contre lui que ce dernier a une » action à exercer (2). »

---

(1) 12 mai 1849. — C. Cass. — Mothes-Lamoureux : Laval et Raynal.

(2) 4 janvier 1848. — C. R. Paris. — Hazard : Cartaux. — Considérant que les tiers dont parle l'art. 20 de la loi de 1844, sont ceux qui ont des titres ou des droits à faire valoir contre la cession et que, quant à présent, Cartaux ne

Même en acceptant la doctrine que nous combattons, sur les conséquences du défaut d'enregistrement, il faudrait décider que cette formalité n'est pas tardive si elle est accomplie avant le jugement. En effet l'enregistrement ne crée pas le droit de poursuite, il le régularise seulement. Il faut donc lui attribuer un effet rétroactif. Il en doit être ainsi, surtout, lorsque l'enregistrement n'a été obtenu que par suite d'instances et de sommations faites à l'administration, antérieurement à toute poursuite. C'est ce qu'on a toujours décidé, dans le cas analogue, où un greffier refuse de recevoir une déclaration de pourvoi. La sommation faite au greffier tient lieu, dans ce cas, de la formalité même. Enfin, et cette raison nous paraît déterminante, l'absence d'enregistrement ne révèle qu'un défaut de qualité pour le cessionnaire. Or il est de principe que le défaut de qualité peut se couvrir pendant l'instance. Ainsi, par analogie, la femme mariée et non autorisée, peut appeler et se pourvoir valablement si l'autorisation intervient avant le jugement.

L'enregistrement des cessions aura lieu au ministère sur un

---

justifie d'aucun titre ni droit, adoptant au surplus les motifs des premiers juges; — Confirme.

Idem. 2 mars 1849. — C. App. Paris. — Mothes : Laval. — Jugement : — Attendu que si l'art. 20 de la loi de 1844 exige, pour la validité des cessions de brevets à l'égard des tiers, qu'elle soit enregistrée au secrétariat de la préfecture, il résulte de l'ensemble des dispositions de cette même loi qu'on doit considérer comme tiers ceux-là seulement qui ont des titres ou des droits à faire valoir contre la cession et auxquels cette cession peut porter préjudice et non les contrefacteurs qui, placés à un autre point de vue, ne sauraient invoquer des formalités établies seulement dans l'intérêt des premiers. — Appel. — Arrêt : Considérant que si dans le mémoire descriptif du brevet, Vial déclare qu'il renonce entièrement à la pince simple, objet du brevet précédent, parce qu'il a reconnu des inconvénients à ce procédé et qu'il veut faire une économie de temps, cette renonciation ne saurait avoir la portée que lui attribuent les prévenus; — Qu'en effet, un brevet ne peut tomber dans le domaine public que par l'effet d'une disposition législative, et qu'aucun texte de loi ne met au nombre de ces dispositions la déclaration d'un inventeur qui, trouvant de meilleurs procédés que ceux déjà brevetés à son profit, annonce dans son brevet nouveau qu'il donnera dans sa fabrication la préférence aux procédés perfectionnés; — Sur la validité de la cession, adoptant les motifs des premiers juges; — Confirme.

registre spécialement destiné à recevoir les mutations intervenues sur chaque brevet (art. 21). Ce registre, contenant toutes les mutations ou cessions de brevets, opérées en France, fournira seul la preuve certaine de l'état des brevets, quant à la propriété. Ce renseignement général ne peut être puisé dans le registre de chaque département, lequel ne contient que les mutations opérées dans la circonscription.

Tous les trois mois une ordonnance royale proclamera, dans la forme déterminée par l'art. 14, c'est-à-dire par insertion au *Bulletin des lois*, les mutations enregistrées pendant le trimestre expiré.

La cession étant parfaite, entre le cédant et le cessionnaire, dès qu'ils se sont mis d'accord sur la chose et sur le prix, le cessionnaire ne peut se refuser à payer le montant du prix, soit parce que le brevet n'a pas encore été délivré ni publié, et qu'il n'est qu'à l'état de demande, soit parce que le prix de la cession devrait revenir aux créanciers du cédant. Le droit au brevet existe dès qu'on a effectué le dépôt des pièces. Toutefois, si le cessionnaire offre de prouver que le prix est frappé d'opposition dans ses mains ou que la demande se trouve dans l'un des cas où l'administration peut la rejeter, il ne devra être tenu qu'au dépôt du prix, jusqu'à la délivrance du brevet (1).

(1) 14 janvier 1840. — Trib. Civ. Paris. — Devilaine : Denis Hennecart. — Attendu que la loi du 25 mars 1791 n'exige pour la régularité de la cession des brevets que l'enregistrement à la préfecture; — Attendu que les formalités ultérieures, introduites par des motifs d'ordre public, doivent être remplies non par les parties mais par l'administration; — Attendu que, dans l'espèce, il y a eu enregistrement de la cession à la préfecture, par conséquent accomplissement des formalités imposées aux parties; — Attendu, d'ailleurs, que Denis ne justifie d'aucun trouble apporté à la jouissance de la chose par lui achetée; — Attendu que Denis ne peut point, pour retarder sa libération, se prévaloir des oppositions formées entre ses mains; qu'il pouvait consigner à la charge des oppositions, et par là éviter les frais du présent jugement; — Par ces motifs, ordonne que Devilaine sera tenu dans la huitaine d'apporter mainlevée des oppositions formées ès mains de Denis sur Devilaine, sinon et faute de ce faire, condamne Denis à déposer le prix de son adjudication à la charge des oppositions, ordonne que faute de payement en cas de rapport des mainlevées desdites opérations, ou de consignation dans le cas contraire, les poursuites commencées par Devilaine seront continuées, condamne Denis, etc.

Comme nous avons reconnu à toute partie intéressée le droit de former opposition à la délivrance du brevet, nous pensons qu'on peut aussi s'opposer à l'enregistrement d'une cession. Il ne peut y avoir, à cela, aucun inconvénient pour le cessionnaire, puisque la date de sa demande d'enregistrement sera toujours constatée et que les avantages de la priorité lui seront ainsi conservés. Il pourrait y avoir de graves dangers à permettre l'enregistrement nonobstant opposition. En effet, en vertu de cette cession, enregistrée malgré la défense signifiée, le cessionnaire pourra aussitôt aliéner, et plusieurs cessions se succédant ainsi en vertu d'un titre régulièrement enregistré, l'opposant se verrait contraint de les attaquer successivement. Il est plus simple et plus logique d'obéir à l'opposition et de surseoir à l'enregistrement jusqu'à ce que l'autorité judiciaire ait statué.

§ 3. — *Effets de la cession.*

La cession régulière a pour effet de conférer au cessionnaire tous les droits attachés au brevet au moment de la vente et même tous ceux qui, par la suite, viendraient étendre les limites du brevet par le fait du breveté. Ainsi les cessionnaires du brevet, et même ceux qui auront simplement acquis, par une tolérance, la faculté d'exploiter la découverte, profiteront de plein droit des certificats d'addition qui seront ultérieurement délivrés au breveté (art. 22).

Ce principe n'est que l'extension de la règle contenue dans le dernier paragraphe de l'art. 16. Au surplus le certificat d'addition n'est, ainsi que nous l'avons démontré, qu'une annexe, un accessoire du brevet, et, à ce titre, on devait lui réserver le même sort. On a pensé, d'ailleurs, que le perfectionnement est peu considérable, lorsque l'inventeur n'en demande la constatation que par un certificat d'addition. Que si, au contraire, le perfectionnement est important, s'il mérite qu'une indemnité soit payée par les cessionnaires, le breveté principal se fera délivrer un brevet de perfectionnement, et alors les cessionnaires, quels qu'ils soient, n'en profiteront qu'autant qu'il interviendra une nouvelle convention avec le cédant, s'il n'y en a déjà eu une pour les perfectionnements à venir, au moment de la cession du brevet principal.

Le sentiment d'équité qui a inspiré au législateur les dispositions de l'art. 22, se trouverait froissé si on appliquait la même règle aux cessions faites avant la loi de 1844. Pour que le cédant ou les cessionnaires du brevet puissent profiter des certificats d'addition, aux termes de l'art. 22, il faut que la cession du brevet ait été faite depuis que la loi nouvelle est en vigueur. Si la cession a été opérée sous l'empire des lois de 1791, il bien évident qu'on la modifierait contre toute justice et qu'on donnerait à la loi un effet rétroactif en appelant le cédant ou le cessionnaire à jouir des certificàts d'addition pris en vertu de la loi nouvelle et qui n'ont pu, au moment du contrat, entrer pour rien dans le prix de la cession.

La loi veut que les cessionnaires profitent de *plein droit* des certificats d'addition, cela veut dire que cet avantage n'aura pas besoin d'être stipulé dans l'acte. Mais la disposition de la loi ne fait pas obstacle à ce que les parties stipulent la renonciation à ce droit. Dans ce cas la règle posée dans l'art. 22 ne sera plus applicable, le contrat étant la seule loi des parties. Le cessionnaire profitant de plein droit des certificats d'addition ultérieurement délivrés au breveté, il en résulte, par voie de conséquence rigoureuse, que ledit cessionnaire a toujours le droit de poursuivre les contrefacteurs du perfectionnement comme ceux de l'invention (1).

Le droit que la loi assure aux cessionnaires sur les certificats d'addition, pris par le cédant, est également attribué, par une juste réciprocité, au breveté sur les certificats d'addition obtenus ultérieurement par les cessionnaires (art. 22). On s'est demandé comment le breveté, qui a cédé ses droits, pourra prendre un certificat d'addition, ou comment il pourra profiter des améliorations apportées par son acquéreur à une découverte

(1) 4 décembre 1846. — Trib. Civ. Paris, 4me ch. — Petit-Huguenin : Durost-Lagrange.

qui lui est devenue étrangère. Cette question n'est pas sérieuse et révèle seulement un vice de rédaction dans la loi. Il est évident que le breveté ou ses ayants droit ne peuvent prendre des certificats d'addition ou profiter de ceux qui seront délivrés plus tard au cessionnaire, que s'ils n'ont fait qu'une cession partielle de leur brevet, car s'ils l'ont cédé absolument et irrévocablement, sans aucune espèce de réserve, n'ayant plus droit au brevet, ils ne peuvent profiter des additions qui en émanent.

La cession d'un brevet confère à l'acheteur le droit le plus absolu, l'*uti* et l'*abutendi*. Il peut donc anéantir le brevet, modifier, dénaturer même l'invention, sans que l'inventeur ait le droit de se plaindre. La chose vendue ayant cessé d'être sienne, il n'a plus d'intérêt à critiquer l'usage qu'on en pourrait faire (1).

Lorsque le breveté a cédé le droit exclusif de fabriquer et de vendre les produits de son invention dans une localité déterminée, le cessionnaire ne peut se plaindre de ce que les produits fabriqués par le breveté sont introduits et vendus, par des tiers, sur le territoire qui lui est réservé, et réciproquement. Le cédant et le cessionnaire ne peuvent répondre que de leurs faits personnels. Ils sont donc à l'abri de tout reproche quand ils n'ont pas, directement ou indirectement, fabriqué ou introduit leurs produits sur la localité interdite. On ne peut empêcher les tiers, étrangers au contrat, d'aller se pourvoir où bon leur semble, et, dès que le produit n'est pas d'origine contrefaite, il peut circuler librement sur tous les points du territoire sans égard aux cessions partielles. Si le cédant a expédié ses produits sur la localité réservée au cessionnaire, ce dernier a une action en dommages-intérêts contre lui, mais il ne peut ni actionner les tiers détenteurs de l'objet expédié parce qu'ils ne sont pas liés envers lui, ni saisir lesdits objets parce qu'ils ne sont pas le produit de la contrefaçon (2).

---

(1) 26 août 1845. — C. R. Orléans. — Lachaire : Gâche-Lareck.

(2) 27 novembre 1845. — C. R. Lyon. — Fleury : d^lle Grenet. — Considé-

Celui qui a acheté un ustensile breveté ou un procédé, sans qu'il soit intervenu une convention écrite, de telle sorte que rien n'ait réglé ni limité le droit de s'en servir en tel lieu ou pendant tel temps, peut-il s'en servir partout où il lui plaira de le transporter? Sauf l'influence des faits, sauf ce qui pourra résulter de la nature de l'objet vendu, de la situation respective du breveté et de son cessionnaire, laquelle peut emporter virtuellement restriction du droit d'usage à la personne ou à la localité, il faut dire que le droit d'usage est absolu en ce sens que l'acheteur pourra s'en servir partout où il transportera son industrie. C'est là la présomption, et, aux termes de l'art. 1602 du Code civil, tout acte obscur ou ambigu s'interprète contre le vendeur (1).

---

rant que la d[lle] Grenet n'est pas cessionnaire d'un brevet d'invention et qu'il ne peut y avoir lieu à la confiscation des métiers, mais seulement à des dommages-intérêts; — considérant qu'elle ne peut diriger d'action contre Fleury, qui ne s'est pas engagé vis-à-vis d'elle, mais seulement contre Martin; que si Martin, déjà condamné par ce jugement dont Fleury a interjeté appel, est contrevenu de nouveau à la convention en faisant travailler Fleury, c'est contre Martin qu'elle peut de nouveau demander des dommages-intérêts; — Infirme et décharge Fleury des condamnations contre lui prononcées.

(1) 19 mai 1855. — Trib. Cambrai. — David-Labbez : Lenique. — Attendu que David-Labbez est inventeur d'un système d'épeutissage pour lequel il a obtenu un brevet, à la date du 6 décembre 1847; — Attendu que ce système consiste en deux lames métalliques armées d'une denture, posées parallèlement sur un châssis en bois évidé entre les lames, pour laisser passage au duvet provenant de l'épeutissage; — Attendu que l'outil fonctionne au moyen des bras d'un ouvrier, ou s'adapte à une machine qui le met en mouvement; qu'en allant et venant sur le tissu il saisit avec sa denture les aspérités qu'il rencontre, les enlève et rend l'étoffe entièrement lisse; — Attendu que deux séries d'instruments ont été saisies au domicile de Lenique; que l'une d'elles se compose des outils brevetés et l'autre des outils inventés par Lenique et argüés de contrefaçon; qu'il a été également saisi des étoffes qui ont été épeutiées avec les instruments de l'une et l'autre série; — Attendu que le délit de contrefaçon résulte de l'emploi d'un outil breveté, sans le consentement de l'inventeur, ou de l'emploi d'un instrument qui est l'imitation de cet outil; — Attendu qu'en vertu d'une convention intervenue entre David-Labbez et Lenique, un atelier d'épeutissage d'après le procédé breveté a été ouvert au Cateau par Lenique dans l'intérêt commun; que les outils fournis par David-Labbez devaient être employés dans l'intérêt de la société seulement et ne

Les principes du droit commun, en matière de vente, commandent la même solution pour le droit de sous-céder. Ainsi, il faudra dire que l'acheteur d'un objet breveté, produit ou procédé, pourra le vendre à son tour, où, quand et à qui il lui plaira. Mais il n'en sera pas de même si, s'agissant par exemple d'un procédé de fabrication, le breveté est resté titu-

---

pouvaient être transportés dans une autre localité; qu'en cas de dissolution de l'association, Lenique devait les rendre à David-Labbez et ne pouvait s'en servir dans son intérêt personnel; — Attendu que nonobstant cette convention, Lenique, sans avoir liquidé et sans en donner avis, quitta le Cateau en emportant les outils et vint s'établir à Cambrai, où il en fit usage dans son intérêt personnel sans le consentement du breveté; que ce fait constitue le délit de contrefaçon par l'emploi de l'objet breveté; — Attendu que l'outil inventé par Lenique est une imitation de l'instrument breveté, qu'il constitue un nouveau délit de contrefaçon, qu'il suffit de comparer et d'analyser les deux outils pour se convaincre qu'ils procèdent de la même idée; qu'en effet, l'outil de Lenique comme celui de David-Labbez consiste en deux lames dentées, fixées parallèlement sur un châssis évidé dans le milieu; que c'est là l'idée fondamentale du système breveté, que si les lames de Lenique ne sont pas armées de la même denture que celles de David-Labbez, elles sont néanmoins façonnées en forme de limes et présentent sur leurs bords une première rangée de dents qui enlèvent les aspérités du tissu ou les abandonnent, après les avoir soulevées, à l'action subséquente des autres dents qui constituent la lime, que c'est bien là la pensée de David-Labbez et la contrefaçon de l'outil pour lequel il est breveté; — Attendu que si la pierre ponce et le papier de verre ont suggéré à David-Labbez la pensée de son procédé, toujours est-il que ce procédé est nouveau dans son ensemble, qu'il a fait événement dans l'industrie, et qu'on ne peut sans délit lui enlever le bénéfice de son invention, en lui enlevant son outil ou en le copiant d'une manière plus ou moins exacte; — Attendu qu'aux termes de l'art. 49 de la loi de 1844 la contrefaçon donne lieu à la confiscation non-seulement de l'outil contrefait mais aussi des objets qui en sont le produit; — Attendu que les tissus saisis ont reçu l'épeutissage au moyen des outils brevetés ou au moyen des outils incités, que cet épeutissage est un produit qui doit être frappé de confiscation, mais que comme il ne peut être séparé des tissus il y a nécessité de confisquer les tissus pour confisquer l'épeutissage; — Attendu que l'union inséparable qui s'est opérée entre l'étoffe et l'épeutissage n'est pas le seul motif de confiscation, qu'il en existe un autre qui résulte de la modification que l'étoffe a subie, l'épeutissage l'a changée et transformée, et, en augmentant ses qualités et sa valeur, il lui a imprimé le caractère de produit contrefait et l'a ainsi soumise à la confiscation; — Prononce la confiscation et condamne, etc., etc.

laire du brevet et n'a cédé à l'acquéreur que le droit de se servir dudit procédé. Dans ce cas, les présomptions sont favorables au vendeur et l'usage cédé doit être, sauf stipulation contraire, limité dans tous les cas à la personne et souvent même à la localité pour laquelle l'autorisation a été vendue (1). La raison de cette solution différente est bien simple. Dans la première hypothèse que nous avons posée, l'aliénation étant complète et le droit sur la chose cédée étant de sa nature absolu, rien ne peut être critiqué dans l'usage qu'en fait l'acheteur. Dans la seconde hypothèse, l'acheteur n'a pas acquis la propriété, mais seulement l'autorisation de se servir du procédé. Or, une pareille autorisation n'a rien d'exclusif. Elle laisse au breveté le droit d'en disposer pour d'autres acheteurs. Elle est donc nécessairement présumée faite en vue de la personne, autrement le droit qui reste au breveté de disposer de

(1) 23 novembre 1854. — Trib. Lyon. — Lesobre : Bonnet-Loisel. — Considérant que les conventions s'interprètent par la commune intention des parties ; — Considérant qu'il est constant en fait que Lesobre, Ménard et Cie ont vendu à Bonnet un four et un pétrin mécanique, conformes au système pour lequel ils sont brevetés d'un brevet d'invention, avec destination d'être employé et exploité dans la fabrique d'étoffes de soie que Bonnet possède à Jujurieux, département de l'Ain, et servir aux maîtres, employés et ouvriers de cette fabrique; — Considérant que des faits et circonstances de la cause il résulte que Lesobre, Ménard et Cie ont voulu se réserver l'emploi exclusif de leur procédé breveté dans le département du Rhône, et qu'il n'est entré dans l'intention ni des vendeurs, ni de l'acquéreur que Bonnet pût faire transporter son appareil à Lyon, pour en céder la propriété et le droit d'exploitation à un industriel exerçant la boulangerie dans cette ville; — Considérant que Bonnet n'a pas pu disposer de ces appareils au détriment de Lesobre, Ménard et Cie, au mépris des droits qui résultent pour eux du brevet d'invention dont ils sont cessionnaires ; — Considérant, quant aux dommages-intérêts que Lesobre, Ménard et Cie ont à se reprocher de ne pas avoir assez formellement stipulé la prohibition de disposer des appareils pour un usage autre que celui indiqué, et qu'ainsi il n'y a pas lieu de leur accorder des dommages-intérêts ; — Par ces motifs, le Tribunal dit et prononce par jugement en premier ressort qu'il est fait défense à Loisel et Cie d'exploiter à Lyon le four et se servir du pétrin vendu, au mois de janvier 1853, par Lesobre, Ménard et Cie, à Bonnet pour le service de sa fabrique de Jujurieux, et que ledit four sera démoli ; — Renvoie Bonnet et Loisel de la demande en dommages-intérêts formée par Lesobre, Ménard et Cie.

la même manière en faveur de nouveaux acheteurs serait anéanti.

Il a été décidé, avec raison, que lorsque la cession d'un brevet est faite par un non-commerçant, elle ne constitue pas un acte de commerce alors même que l'invention serait destinée, par l'acheteur, à une exploitation commerciale et qu'il aurait été stipulé, dans le contrat, que le vendeur aiderait l'acheteur dans l'emploi du brevet (1). Mais il devrait en être autrement si le vendeur s'était, par une clause formelle, associé aux bénéfices devant résulter de l'exploitation de son invention par l'acheteur (2).

§ 4. — *De la résolution de la vente et de la garantie du vendeur.*

Lorsque la cession est pure et simple, l'acquéreur a toujours le droit de refuser le payement ou de se faire restituer, même avec dommages-intérêts, le prix de la cession, s'il arrive que le brevet soit plus tard frappé de nullité ou de déchéance. La vente, alors, n'a plus de cause, car c'était bien évidemment le monopole, la propriété exclusive que l'on avait entendu acquérir. En vain dirait-on, en cas de nullité, que le breveté n'a cédé que ce qui lui avait été accordé par le gouvernement et sans garantir la validité du brevet. D'abord la garantie est de droit et n'a pas besoin d'être stipulée. Si, en matière de brevet, le gouvernement n'est pas restituable, c'est qu'il stipule, aux termes de l'article 11, que cette garantie n'aura pas lieu, et qu'en définitive il ne vend rien, au contraire il achète au profit de la société, et il ne délivre, en retour, qu'un simple certificat de demande. Il faudra donc, pour s'affranchir de cette garantie, que le breveté le stipule formellement dans l'acte de cession; dans le cas contraire, il restera soumis à la garantie qui est de droit commun. Il ne pourra pas argumenter des dis-

---

(1) 16 novembre 1852. — C. Imp. Paris. — Fastier : Ch. Martin. *Contrà*. 5 février 1853. — C. Imp. Bourges. — Gendarme : Martin.

(2) 31 juillet 1848. — C. App. Colmar. — Broquette : Dolfus.

positions de l'art. 1632 du Code civil, qui dispense le vendeur de garantir les *vices apparents dont l'acheteur a pu se convaincre lui-même*, car tous les cas de déchéance ou de nullité ne sont pas des vices apparents dans le sens de la loi; il faut, pour les connaître, des vérifications qui ne sont pas toujours possibles à l'acquéreur. Au surplus, en considérant même ces vices comme apparents dans le sens légal, ils sont de nature à annuler le brevet, c'est-à-dire à anéantir l'objet vendu. Or, l'art. 1642, combiné avec les art. 1641 et 1643, ne s'applique évidemment qu'aux vices qui nuisent à l'usage de la chose, et non pas aux causes qui privent complétement l'acquéreur de sa jouissance, en anéantissant la chose vendue elle-même.

On s'est demandé s'il n'y a pas lieu à résiliation ou si, au contraire, la cession d'un brevet est valable entre le vendeur et l'acheteur, lorsque le breveté a encouru la déchéance pour défaut de payement d'une annuité, mais sans que cette déchéance ait été prononcée ni même demandée. Selon l'opinion que nous avons émise sur cette cause de déchéance et sur ses conséquences légales, la cession sera valable si la déchéance a été couverte par le payement de l'annuité et tant qu'elle n'aura pas été prononcée. Mais si on se place, pour la solution de cette question, au point de vue de la jurisprudence qui fait découler la déchéance, sans rémission, du défaut de payement, il faut dire que la cession est nulle, car la vente, qui portait sur un droit privatif, n'a plus d'objet. L'invention est tombée dans le domaine public, du jour de l'échéance de l'annuité non payée. La cession est, dès lors, sans cause. Cette solution s'applique même au cas où le cessionnaire a connu, avant d'acheter, le défaut de payement de l'annuité. En vain dirait-on qu'il a traité en connaissance de cause et qu'il se trouve dans le cas prévu par l'art. 1642 du Code civil, qui affranchit le vendeur de toute garantie pour les vices apparents dont l'acheteur a pu se convaincre lui-même. Nous avons expliqué plus haut la différence qui existe entre les vices de la chose vendue et la nullité du brevet, c'est-à-dire l'anéantissement, la destruction de la chose vendue. La nullité du brevet ne laisse plus rien à l'acquéreur pour le prix qu'il paye. Il faudrait, pour valider la cession, nonobstant les causes de nullité ou de déchéance, que l'acheteur, par une clause spéciale et expresse, eût déclaré qu'il connaissait les causes de nullité et de déchéance, et qu'il traitait à ses risques et périls, sans recours contre son vendeur. Dans ce cas il est manifeste que c'est, non plus le monopole, le droit privatif que le cessionnaire achète, mais seulement le titre de breveté dont il lui suffit de jouir jusqu'au jour où la nullité du brevet sera prononcée.

Lorsqu'il y a cession totale ou partielle du brevet, le législateur a prescrit le payement de toutes les annuités à échoir. Mais l'art. 20 ne dit pas que l'inaccomplissement de cette formalité viciera la cession. Il n'attache cet effet qu'au défaut d'acte authentique et d'enregistrement à la préfecture. Si donc il arrivait que, par impossible, la cession, en forme authentique, fût enregistrée sans qu'on eût exigé le payement préalable des annuités, la transmission du brevet n'en serait pas moins régulière à l'égard des tiers, à plus forte raison entre le vendeur et l'acheteur. Il n'y aurait donc pas lieu à résiliation.

Il faut renfermer dans de justes limites les conséquences de la garantie, et tenir compte au vendeur des avantages que l'acquéreur a retirés de la jouissance du brevet jusqu'au jour où la nullité en a été prononcée.

Il est même des circonstances dans lesquelles l'action en garantie ne pourrait être admise sans fausser le contrat et froisser l'équité. Ainsi, selon nous, la nullité et même la déchéance ne peuvent entraîner l'action en garantie de la part de ceux qui avaient acquis simplement une tolérance que le breveté pouvait accorder en même temps à tout autre. La perte du monopole ne fait aucun grief à ceux qui n'avaient qu'une permission de faire, sans prendre part au droit exclusif. Si les titulaires de simples tolérances se plaignent de ce que l'invention est tombée dans le domaine public, on peut leur répondre que le breveté ne s'étant pas interdit le droit de céder la même tolérance à tous ceux qui voudraient l'acheter, il importe peu qu'elle ait été donnée au public par le breveté ou par la décision qui prononce la nullité du brevet. Dans le traité intervenu entre le breveté et ceux qu'il a autorisés à se servir de son invention, l'exécution devant s'étendre à des époques successives, c'est seulement pour l'avenir que la convention se résout. Cette résiliation ne peut avoir un effet rétroactif, et l'une des parties ne peut réclamer à l'autre la restitution des sommes payées pendant le temps où elle a retiré, de la concession, les avantages qu'elle en attendait (1).

---

(1) 27 mai 1839. — C. Cass. — Veuve de Wendel : Taylor et autres. — Taylor, cessionnaire d'un brevet d'invention ayant pour objet la substitution de l'air chaud à l'air froid, afin d'activer la combustion, autorisa la dame de Wendel à se servir, pendant un certain nombre d'années, du procédé breveté, moyennant une redevance annuelle. Un jugement, confirmé par la Cour de Paris, prononça la déchéance du brevet. Cette dame, se fondant sur cette déchéance, actionna Taylor en nullité du traité et en restitution des sommes payées; jugement qui déclare le traité nul dès son origine, et condamne Taylor à restituer les sommes reçues. — Sur l'appel, arrêt de la Cour de Paris ainsi conçu : — Considérant que les conventions légalement formées font loi entre les parties et doivent recevoir toute l'exécution qu'elles comportent; — Considérant qu'au moment où sont intervenues les conventions du 6 mars 1834, entre Taylor et Wendel, mentionnées audit jugement, Taylor était en possession non contestée du brevet en question; que Wendel a reconnu elle-même cette possession en traitant librement avec la société de l'emploi du procédé faisant l'objet dudit brevet; qu'elle n'a pas prétendu alors, comme elle le pouvait faire, que ce procédé fût tombé dans le domaine public, et, qu'au contraire, elle s'est volontairement soumise à payer à la société une redevance pour les avantages que lui procurait l'usage dudit procédé; qu'ainsi les conventions ont été consenties et exécutées de bonne foi entre les parties; — Considérant que, si postérieurement auxdites conventions la déchéance du brevet a été prononcée par suite d'une instance dans laquelle Wendel est intervenue, l'erreur commune dans laquelle ont été les parties jusqu'à ce moment n'a pas vicié leur convention dans le principe; que seulement les effets ont été suspendus du jour où Wendel en a demandé l'annulation; que si la déchéance a annulé la convention pour l'avenir, elle pourrait d'autant moins anéantir ses effets pour le passé, qu'il est établi que son exécution de la part de Taylor a procuré des avantages matériels à Wendel; — Qu'en effet, il résulte de la correspondance des parties que c'est sur les indications de Taylor que Wendel a introduit dans ses usines le procédé en question, qu'elle ne connaissait pas avant ses rapports avec ladite société; qu'elle en a retiré de grands avantages, et que, dès lors, c'est à juste titre que Taylor a perçu la redevance convenue, jusqu'au jour où l'intervention de Wendel a fait cesser

Nous venons de dire que la garantie est de droit, et que, pour s'en affranchir, le breveté doit le stipuler expressément dans l'acte de cession. Toutefois, malgré cette stipulation de non-garantie, celui qui cède un brevet n'en reste pas moins garant de la possibilité d'appliquer l'invention et d'en obtenir les résultats annoncés. C'est là une conséquence du principe posé dans l'art. 1693 du Code civil. L'acquéreur d'un brevet ne peut être présumé avoir voulu acheter un procédé inapplicable, une découverte stérile. La clause qui exclut la garantie d'une manière générale, ne peut s'entendre, tout au plus, que du degré d'importance et de la nouveauté du procédé. On conçoit, en effet, que celui qui se croit sérieusement inventeur, et qui cède ses droits, veuille s'affranchir du soin de prouver

---

l'erreur commune et attaqué la convention... — Sur le pourvoi de la veuve Wendel, arrêt : « Attendu, en droit, qu'une convention dont l'exécution s'étend à des époques successives, quoique légalement formée, se résout si, étant tombée « *in eum casum a quo incipere non poterat* » (L. 140, ff., *De verb. obl.*), elle ne peut plus avoir lieu pour l'avenir ; mais qu'aucune des parties ne peut réclamer de l'autre la restitution des sommes qu'elle a payées pendant l'époque où la convention subsiste, et qu'elle a été réciproquement exécutée de bonne foi, lors surtout que la partie réclamante a retiré de cette exécution les avantages qu'elle s'en était promis, puisque, autrement, contre tous les principes de justice et d'équité qui régissent les contrats, l'un des contractants obtiendrait tout sans rien donner, tandis que l'autre donnerait tout sans rien obtenir ; — Et attendu, en fait, qu'il a été reconnu par l'arrêt attaqué : 1° que, par la convention du 6 mars, Taylor a mis Wendel, demanderesse en cassation, à même de faire usage du procédé contenu dans le brevet d'invention dont il s'agit au procès ; 2° que Wendel s'est volontairement soumise à payer à la société une redevance pour les avantages que lui procurait l'usage dudit procédé ; 3° qu'en effet, il résulte de la correspondance des parties que c'est sur les indications de Taylor que Wendel a introduit dans ses usines le procédé en question, qu'elle ne connaissait pas avant ses rapports avec ladite société, et qu'elle en a retiré de grands avantages ; 4° enfin, que ces effets de la convention ont cessé seulement à partir du jour de l'intervention de Wendel dans l'instance en déchéance du brevet ; — Que dans ces circonstances, en déboutant Wendel de sa demande en restitution des sommes par elle dues, et perçues par Taylor en vertu de la convention du 6 mars 1834, jusqu'au jour de ladite intervention, l'arrêt attaqué a fait une juste application de l'art. 1134 Cod. civ., sans violer les art. 1131, 1376 et 1377 même Code, invoqués et inapplicables à l'espèce ; — Rejette. »

la nouveauté de sa découverte, quand elle sera contestée. Il vend, alors, aux risques et périls de l'acquéreur. Mais le vendeur ne peut jamais, lorsque la clause de non-garantie est générale, prétendre qu'il ne doit pas être garant des autres cas de nullité prévus dans l'art. 30.

Le breveté qui a cédé son titre sans garantie est obligé, néanmoins, de donner au cessionnaire tous les renseignements nécessaires pour l'emploi du procédé, alors même que, dans l'acte, l'acquéreur aurait déclaré bien connaître la découverte et qu'il serait établi que le cédant a opéré devant lui (1). Cela se conçoit de reste; malgré cette déclaration et les expériences faites en sa présence, il se peut que l'acquéreur n'ait pas compris ou ait été trompé sur le mode d'application. Si l'on ne décidait pas que le vendeur sera obligé de mettre l'acquéreur en état de se servir de la découverte, il pourrait, après une expérience trompeuse, mettre à prix les renseignements nécessaires pour donner à l'acquéreur les moyens de se servir de son acquisition.

---

(1) 22 février 1845. — C. R. Paris. — Marchand : Lhuillier. — Attendu que Marchand a vendu à Lhuillier et Carlier la mise en activité et l'exploitation d'un brevet d'invention et de perfectionnement pour un genre d'impression sur verre; que cette vente a été faite moyennant 12,000 fr., ainsi qu'il résulte de l'acte notarié et de l'aveu verbal de Marchand; que sur cette somme 2,000 fr. ont été payés en marchandises et le surplus réglé en billets; — Attendu que, s'il est dit dans l'acte sus-nommé que Marchand vend les procédés de fabrication dont s'agit, sans garantie, il n'est pas moins tenu, à peine de nullité, aux termes de l'art. 1621 Cod. civ., à la garantie de ses faits personnels; — Attendu qu'il résulte des documents et explications fournis au délibéré que Marchand n'a jamais mis Lhuillier et Carlier à même de mettre en activité et d'exploiter l'invention dont s'agit; il n'a pas, par conséquent, rempli les obligations qui lui étaient imposées; — Déclare nulle et de nul effet la cession faite par Marchand à Carlier, les billets donnés en payement, et ordonne la restitution des sommes payées, etc. » — Sur l'appel, la Cour a confirmé en adoptant les motifs des premiers juges.

§ 5. — *Des transmissions par succession, donations, apports en société, etc.*

Tous les actes, sans exception, qui emportent mutation totale ou partielle de la propriété du brevet, doivent être déposés au secrétariat de la préfecture du département dans lequel la mutation a été opérée (art. 20). Ainsi toutes les fois que la propriété changera de mains, pour quelque cause que ce soit, vente, succession, donation ou apport en société, il y aura lieu à faire enregistrer le titre constatant cette mutation.

Néanmoins il a été décidé qu'une société, déjà propriétaire d'un brevet, lorsqu'elle se modifie ou se transforme en gardant la même raison sociale, n'est pas tenue de remplir la formalité d'enregistrement; qu'ainsi, ayant la même raison sociale, elle est recevable à poursuivre les contrefacteurs, nonobstant l'inaccomplissement de la formalité d'enregistrement (1). Cette doctrine nous paraît fort contestable, car il importe peu que le nom du cessionnaire soit le même si sa personne est autre. Or la société nouvelle, malgré la conservation de la raison sociale, n'en est pas moins une individualité différente, un être moral distinct du premier. Mais ce qui ne nous paraît pas douteux, c'est que l'enregistrement de l'acte de société ne soit pas nécessaire, lorsque le breveté est resté propriétaire du brevet dont il n'a apporté que la jouissance à la société.

§ 6. — *De la licitation.*

Toutes les fois qu'une chose commune ne peut être partagée, on la vend afin d'en diviser le prix entre les copropriétaires. C'est ce qu'on appelle *liciter* une propriété. La licitation ne doit être ordonnée par justice que lorsque la propriété ne peut pas se partager. Il faut conclure de là qu'un brevet ne peut jamais être licité sans le consentement de tous les propriétaires, puisque chacun d'eux, ainsi que nous l'avons démontré en

(1) 6 novembre 1854. — C. Cass. — Chollet et Cie : Chapuis, Loiseau.

traitant de la copropriété, peut user séparément du droit consacré par le brevet. Si donc nous nous occupons ici de la licitation, c'est que nous supposons le cas où toutes les parties sont d'accord pour vendre leur propriété commune au plus offrant et dernier enchérisseur. A part les exceptions ci-dessus, que nous puisons dans la nature même du brevet et dans l'appréciation des droits qui découlent de ce genre de propriété, nous n'avons qu'à renvoyer, pour la pratique, aux règles et aux formes consacrées par le droit commun pour la licitation en général.

SECTION 2. — *De la vente forcée.*

Les brevets constituent une propriété que le législateur a dû, eu égard à sa nature, placer sous la protection d'une loi spéciale. Toutefois cette loi n'est pas exclusive des principes du droit commun, qui trouvent leur application à cette matière toutes les fois qu'ils ne sont pas en opposition formelle et expresse avec la loi spéciale. Aussi on a toujours décidé que le brevet, faisant partie des biens du breveté, doit être le gage de ses créanciers aussi bien que les meubles, les immeubles et les droits incorporels qui lui appartiennent. Lors donc qu'un créancier poursuit, sur un breveté, le payement de sa créance, il peut faire saisir et vendre le brevet que celui-ci a obtenu, afin de se payer sur le prix provenant de cette vente.

On a constamment suivi, pour la vente forcée des brevets, les formes indiquées par la loi pour la saisie et la vente des rentes constituées sur particuliers. C'est donc le titre 10 du Code de procédure, modifié par la loi du 24 mai 1842, qu'il faut consulter pour exproprier le breveté.

La saisie du brevet a lieu par une simple opposition entre les mains du ministre de l'agriculture et du commerce, dans laquelle le créancier poursuivant énonce qu'il saisit et arrête le brevet, et qu'il entend, en conséquence, s'opposer à l'enregistrement de toute cession que le breveté voudrait faire de ses droits.

La saisie du brevet ne peut être opérée qu'en vertu d'un titre exécutoire, c'est-à-dire d'un jugement ou d'un acte notarié. Elle doit être précédée d'un commandement signifié au breveté dans les formes indiquées par les art. 636, 637 et suivants du Code de procédure civile, auxquels nous renvoyons pour toutes les autres formalités concernant la saisie et la vente du brevet.

La vente forcée d'un brevet ne peut être faite par le ministère des commissaires-priseurs. Il s'agit là d'un droit incorporel dont la vente doit être réservée aux tribunaux.

La vente forcée, régulièrement faite, produit tous les effets que nous avons exposés précédemment au sujet de la cession volontaire.

CHAPITRE VII.

DES FORMALITÉS RELATIVES A LA DEMANDE ET A LA DÉLIVRANCE DES BREVETS.

SECTION 1re. — *De la demande des brevets et des certificats d'addition.*

Pour donner au brevet, considéré comme une sorte de contrat d'échange entre la société et l'inventeur, toute l'authenticité que réclamait son importance, le législateur a imposé à ceux qui en sollicitent la délivrance l'obligation de remplir certaines formalités que nous allons indiquer dans l'ordre de leur accomplissement. Rien ne peut suppléer ces formalités ; aussi serait-ce vainement que l'inventeur déposerait les modèles de son invention et leur description au greffe du Tribunal de commerce ou au conseil des prud'hommes. Ce dépôt ne peut protéger les inventions susceptibles d'être brevetées ; il n'est utile que pour réserver la propriété des dessins de fabrique (1).

§ 1er. — *Des sommes à payer avant la demande.*

Celui qui veut obtenir un brevet doit, d'abord, verser à la caisse du receveur général une somme de 100 fr., qui représente la première annuité. Il peut même payer plusieurs ou toutes les annuités à échoir. Dans tous les cas il lui est délivré reçu des sommes qu'il paye.

§ 2. — *Du dépôt des pièces.*

Muni du récépissé que lui a délivré le receveur, le deman-

---

(1) 1er mars 1845. — C. R. Paris. — Fétizon : Delachaussée. — Fétizon a eu l'idée de découper d'une certaine façon les coiffes de shakos. Les fentes, d'après son système, au lieu de se terminer par un angle aigu, se terminent par un œillet ou trou rond fait à l'emporte-pièce. Il a déposé une coiffe au Tribunal de commerce, et, sur sa poursuite, il est intervenu un jugement qui fait défense à Delachaussée d'imiter les coiffes déposées, par le motif qu'elles constituent une amélioration industrielle, et qu'il n'est permis à personne de profiter, même indirectement, des idées d'autrui. — Appel. — Arrêt. — Considérant que le nouveau modèle de coiffe pour les shakos, déposé par Fétizon au greffe du Tribunal de commerce et dont il réclame la propriété exclusive, ne peut être regardé comme un dessin de fabrique, et que, par conséquent, les dispositions de la loi du 18 mars 1806 ne sont pas applicables ; — Considérant qu'à supposer que ce modèle pût constituer une invention, Fétizon n'a pris aucun brevet pour s'en assurer la propriété exclusive ; — Infirme.

Idem. 15 février 1854. — C. Imp. Paris. — Thirion : Bonneau-Desroches. — Considérant que les boules de verre dont il s'agit, et destinées à être appliquées sur des presse-papiers, ne peuvent être assimilées à des œuvres artistiques ni aux dessins de fabrique dont la propriété est susceptible d'être assurée par le dépôt aux archives des prud'hommes ; — Qu'en effet on ne saurait reconnaître le caractère des dessins de fabrique définis par la loi de 1806 dans la déformation irrégulière et bizarre desdites boules de verre au moment de leur fabrication, dans le but de produire divers effets d'optique ; — Que ce fait ne pourrait constituer qu'une invention qui ne serait garantie que par un brevet régulier, ce qui n'existe pas dans la cause ; — Confirme et renvoie les prévenus, etc.

Idem. 4 février 1847. — Paris. — Mullot : Schirodan. — Mullot avait imaginé de faire les lanternes de voiture à forme *pan coupé*, au lieu de la forme *carrée* usitée jusqu'alors. Le Tribunal décida que le dépôt de ce modèle au conseil des prud'hommes ne lui en garantissait pas la propriété. Voy. page 346.

deur doit déposer au secrétariat de la préfecture du département où il est domicilié, ou dans tout autre département en y élisant domicile, un paquet cacheté, joint au récépissé ci-dessus, et contenant les pièces que nous allons indiquer.

Le dépôt du récépissé et des autres pièces peut être fait par un fondé de pouvoir, mais, dans ce cas, la procuration doit être spéciale, et, si elle est rédigée sous seing privé, la signature du mandant devra être préalablement légalisée.

Le paquet cacheté contiendra les quatre pièces énumérées dans l'art. 5, et sur lesquelles nous allons nous expliquer successivement.

§ 3. — *De la demande.*

La demande, signée de l'inventeur ou de son fondé de pouvoir, et écrite à l'adresse du ministre chargé du département de l'agriculture et du commerce, sera faite en forme de lettre et devra contenir les nom, prénoms, profession et demeure du demandeur, et son élection de domicile dans le cas prévu ci-dessus.

Les préfets, chargés de recevoir la demande, ne sont que des intermédiaires entre l'inventeur et le ministre, qui seul a le pouvoir de vérifier la régularité des pièces déposées. Il suit de là que les préfets ne peuvent refuser les demandes dans aucun cas et sous aucun prétexte. Ils doivent les enregistrer sans se faire juges même de leur régularité. Le seul cas dans lequel le dépôt des pièces pourra être refusé par le préfet est celui où il ne serait point accompagné du récépissé constatant le payement de la somme de 100 fr., car ce droit de refus est formellement attribué aux préfets par l'art. 7, qui veut qu'aucun dépôt ne soit reçu que sur la production d'un récépissé constatant le versement d'une somme de 100 fr. à valoir sur le montant de la taxe du brevet.

Aussitôt après l'enregistrement de la demande, et dans les cinq jours de la demande du dépôt, les préfets transmettent au ministre toutes les pièces déposées, en y joignant une copie certifiée du procès-verbal de dépôt, le récépissé constatant le versement de la taxe, et, s'il y a lieu, le pouvoir mentionné dans l'art. 6.

Toutes les pièces ci-dessus doivent être envoyées, dans les cinq jours, au ministre par le préfet, qui ne peut faire l'ouverture du paquet. A l'arrivée des pièces au ministère, il sera procédé à l'ouverture, à l'enregistrement des demandes et à l'expédition des brevets, dans l'ordre de la réception desdites demandes. Il s'agit ici de l'ordre de réception au ministère, et non de l'ordre de la réception des demandes aux secrétariats de préfectures. Au reste cela importe peu, puisque c'est du jour du dépôt des pièces que le brevet prend date, qu'il entre en possession du droit exclusif, et que c'est aussi de ce jour que commence à courir la durée du brevet.

La demande indiquera le titre donné par l'inventeur à sa découverte. Ce titre devra renfermer la désignation sommaire et précise de l'objet de l'invention. Cette exigence nouvelle de la loi a pour but d'empêcher qu'on ne dissimule, sous une énonciation mensongère, le véritable objet du brevet, et qu'on ne trompe l'attention de ceux qui auraient intérêt à le consulter. Ainsi, par exemple, le titre de *Daguerréotype* n'aurait pu suffire pour un brevet. Il aurait fallu ajouter : *Appareil propre à reproduire les objets par l'action de la lumière.* Le breveté n'est pas lié par le titre qu'il a choisi ; il peut le modifier, le compléter, le changer même, tant que le brevet ne lui est pas délivré.

Dans tous les cas ce n'est pas le titre seul, mais le titre, les dessins et la description, qu'il faut combiner pour fixer la limite de l'invention (1). Le titre n'est que l'enseigne, mais cette enseigne est d'une importance incontestable, puisque du sens qu'on lui donne peut dépendre la délivrance du brevet. Ainsi, par exemple, si le titre annonce que la découverte a pour objet des compositions pharmaceutiques ou des plans et combinaisons de crédit ou de finances, la demande peut être rejetée.

Si le titre sous lequel le brevet a été demandé, indique frauduleusement un objet autre que le véritable objet de l'inven-

---

(1) 28 juin 1854. — C. Imp. Rouen. — Sax : Raoux. Voy. page. 483.

tion, le brevet sera nul. Il importe de bien préciser la portée de cette disposition, dont l'application ne sera pas sans difficulté lorsqu'il s'agira, par exemple, d'un brevet pris pour de simples perfectionnements. Il arrive fréquemment, dans ce cas, que l'inventeur ne distingue pas d'une manière assez précise, les perfectionnements dont il est l'auteur et l'invention à laquelle se rattachent ces perfectionnements. Mais ce n'est pas contre cette inexactitude que le législateur veut sévir. La loi a voulu seulement conserver au contrat, qui lie la société avec l'inventeur, le caractère de loyauté qui est l'âme de toutes les conventions. Aussi a-t-elle sévèrement proscrit toute désignation *frauduleuse* de l'objet du brevet. Il ne faut donc pas confondre le titre inexact avec le titre frauduleux. Il serait, en effet, souverainement injuste de prononcer la nullité d'un brevet, par cela seul que le titre du brevet aurait été inexact. C'est la fraude que la loi a voulu punir, et non l'ignorance du langage, ou l'expression incomplète.

La demande doit être limitée à un seul objet principal, avec les objets de détail qui le constituent et les applications qui auront été indiquées (art. 6). Il est bien entendu que le législateur n'a voulu proscrire que la réunion de plusieurs inventions ayant nécessairement une existence séparée. Mais lorsque l'une d'elles peut être appliquée à l'usage de l'autre, il n'y a plus qu'un tout composé de deux parties. Ainsi, le dévidoir pour tordre la soie se compose des bobines et du moteur. Chacun de ces objets, pris séparément, peut constituer un système brevetable; mais comme, dans la conception du breveté, l'un s'applique à l'autre, il y a là une réunion licite.

Il en est de même lorsqu'un brevet est pris pour un procédé nouveau, par exemple pour une mécanique nouvelle à l'aide de laquelle l'inventeur obtient un produit nouveau, spécifié au brevet. Il est bien certain que le brevet protége, à la fois, le moyen et le résultat; cependant la réunion de ces deux inventions n'est pas contraire à la loi, parce que l'une découle de l'autre. Elles sont nécessairement et étroitement liées, ainsi que nous le démontrons en traitant des effets du brevet.

Il a été décidé que le ministre a le droit de rejeter une demande de brevet qu'il juge complexe, mais qu'une fois le brevet délivré, le vice de complexité est couvert et ne peut être invoqué par le prévenu de contrefaçon comme constituant une cause de nullité du brevet (1).

La demande indiquera la durée que le demandeur entend assigner à son brevet, dans les limites de cinq, dix ou quinze ans fixées par l'art. 4. Mais il ne faut pas se dissimuler que cette exigence a perdu toute son importance : depuis que la taxe des brevets est fractionnée par annuités, tous les brevets sont demandés pour quinze ans.

La demande ne contiendra ni restrictions, ni conditions, ni réserves. Elle doit être pure et simple. Ainsi, par exemple, l'inventeur demanderait vainement que le brevet ne lui fût délivré que dans un an, ce temps lui étant nécessaire pour se mettre en état de fabriquer. Le brevet n'en serait pas moins délivré de suite et sa durée courrait du jour du dépôt des pièces. La loi doit s'étendre aussi à ces réserves à l'aide desquelles le breveté, donnant à sa découverte un caractère général et indécis, se réserverait ainsi le moyen d'étendre outre mesure les limites de son privilége. Ce système de réserve paralyserait l'industrie en donnant à la description du brevet une élasticité contraire à la précision avec laquelle l'objet de l'invention doit être déterminé dans l'intérêt de la société. Mais les réserves prohibées par l'art. 6 ne s'entendent pas des différentes modifications du principe breveté. Ainsi celui qui se ferait breveter, par exemple, pour l'application au violon d'un mécanisme particulier, pourrait s'en réserver l'application à tous les instruments de même nature. De même celui qui demanderait un brevet pour l'application aux chapeaux d'homme d'un cercle en métal, destiné à éviter les taches de sueur, peut se réserver l'emploi des cercles en bois, écorce de bois, liége, etc. Ce ne sont pas là des réserves proprement dites, mais des conséquences, des analogies du procédé breveté, lesquelles ne pré-

(1) 4 mai 1855. — C. Cass. — Laming : Cavaillon. Voy. page 458.

sentent aucun des inconvénients que la loi a voulu éviter en proscrivant les réserves.

Si l'administration avait accordé un brevet sans s'être aperçue que la demande contenait des conditions, des restrictions ou des réserves, le brevet serait bien et valablement délivré, mais sans que le titulaire pût, en aucun cas et d'aucune manière, se prévaloir des conditions, restrictions ou réserves qu'il aurait introduites dans sa demande.

La demande des brevets de perfectionnement exige quelques observations particulières que justifie la nature spéciale de ces sortes d'inventions. Ainsi nous dirons que lorsque le brevet est demandé pour un perfectionnement, il ne faut pas négliger d'indiquer si l'invention primitive est brevetée depuis moins d'un an, afin que l'administration, sachant qu'elle doit appliquer les dispositions de l'article 18, n'expose pas le demandeur à recevoir un brevet qui pourrait être revendiqué par l'inventeur primitif. Si l'invention principale est brevetée depuis moins d'un an, la demande sera transmise au ministère, où elle restera cachetée jusqu'à l'expiration de l'année à partir du premier brevet. Après ce délai le cachet sera brisé et le brevet délivré, sauf la préférence réservée au breveté principal s'il a lui-même, pendant l'année, demandé un brevet ou un certificat d'addition pour les mêmes perfectionnements, ainsi que nous l'avons expliqué aux sections 4 et 5 du chapitre IV.

Lorsque la demande d'un brevet n'indiquera pas qu'il a pour objet des perfectionnements se rattachant à une invention brevetée depuis moins d'un an, l'administration n'aura pas le droit d'imposer, d'office, son *veto* à la délivrance du brevet demandé. La loi n'a pu ni dû vouloir conférer au ministre l'examen des rapports qui peuvent exister entre l'objet d'un brevet et toute autre invention précédemment brevetée.

§ 4. — *De la description.*

Ce que nous venons de dire pour la demande, s'applique également à la description. Toutefois, au sujet de cette dernière, le législateur a imposé des obligations spéciales ; ainsi la description ne pourra être écrite en langue étrangère. Non pas que la loi ait voulu proscrire l'usage, adopté dans les sciences et l'industrie, d'emprunter aux idiomes étrangers certaines expressions techniques, qui ont une signification spéciale et qui sont sans équivalents dans notre langue. La prohibition de la loi ne doit s'entendre que de la description dans sa généralité et non de quelques expressions étrangères employées dans le cours de la spécification et qui, loin de nuire, ajoutent à sa clarté et à sa précision.

La description ne devra contenir aucune dénomination de poids et mesures autres que celles qui sont portées au tableau annexé à la loi du 4 juillet 1837. Il était logique, en effet, d'étendre aux descriptions de brevets les prescriptions de la loi sur les poids et mesures et de l'ordonnance du 17 avril 1839 qui l'a suivie, dont les dispositions ne s'appliquaient qu'aux actes, écritures et registres de commerce produits en justice.

La description ne devra présenter ni altérations, ni surcharges. Les mots rayés comme nuls seront comptés et constatés, les pages et les renvois paraphés. Ces exigences minutieuses de la loi sont une preuve de l'importance que le législateur attache à la parfaite authenticité de la description. Le brevet étant communiqué à quiconque le demande, aux termes de l'art. 22, il importe que nulle altération ne puisse être apportée à la description après la délivrance du brevet.

La description devra être claire, précise et complète, c'est-à-dire telle qu'on puisse, en la suivant exactement, se servir de la découverte aussi bien que l'inventeur. Toutefois, pour qu'une description soit considérée comme claire et complète, il n'est pas nécessaire qu'elle soit à la portée de toutes les intelligences. S'il en était ainsi, il faudrait renoncer à obéir au vœu de la loi dans certaines matières qui ne sont accessibles qu'aux esprits exercés. La description est suffisamment claire lorsqu'elle peut être comprise et appliquée par les individus ayant les connaissances spéciales, c'est-à-dire par les mécaniciens s'il s'agit de mécanique, par les chimistes s'il s'agit de chimie, etc., etc. (1).

De ce que la loi veut, à peine de nullité, que la description soit suffisante, complète et loyale, il faut conclure, *à fortiori*, que l'absence de description sera une cause de nullité du brevet, sauf le cas où les dessins suffisant à l'intelligence parfaite de l'invention, toute description serait sans utilité.

L'inventeur n'est pas obligé d'analyser les moyens qu'il emploie. Il n'en doit que l'indication exacte. Ainsi il n'est pas tenu à expliquer, par exemple, les lois mécaniques ou chimiques en vertu desquelles il procède. Une pareille explication est du domaine de la science, et la loi ne demande qu'une explication pratique. Aussi ne croyons-nous pas fondée la doctrine consistant à prétendre, par exemple (2), qu'un dessin, reconnu d'ailleurs suffisant pour la reproduction d'une machine motrice, ne peut suppléer au silence gardé par la description sur le but et les effets de certains organes. On ne voit pas en quoi importe l'indication réclamée, puisque le dessin suffit pour la reproduction de l'objet breveté (3).

---

(1) 11 juillet 1845. — C. R. Paris. — Bissonnet : Cabouret. Voy. page 475.

(2) 30 juin 1852. — C. Imp. Paris. — Guebhard : Schneider.

(3) 9 février 1853. — C. Cass. — Sax : Raoux. Voy. page 462.

Idem. 30 décembre 1852. — C. Cass. — Chaudun : Gevelot-Lemaire. — Jugement : — En ce qui touche le renflement du carton dans la direction du passage de la broche : — Attendu que dans la description jointe à son brevet du 28 février 1850 Chaudun ne mentionne point ce renflement comme un procédé constituant une amélioration, mais qu'on le voit figurer dans le dessin joint à la description ; que la priorité de son invention est donc régulièrement constatée, et lui assure, pour son exploitation, un droit privatif, etc., etc. — Sur l'appel, arrêt confirmatif. — Pourvoi et arrêt : — Attendu qu'il a été reconnu par les juges du fond que la description, combinée avec le dessin qui accompagnait la demande en délivrance du brevet de 1850, indiquait clairement le renflement du carton au point indiqué comme l'un des éléments essentiels de l'invention; que c'est ainsi que l'arrêt attaqué a jugé souverainement que d'après le brevet du 28 février 1850 ce renflement constitue une invention nouvelle, et que, sous ce rapport, cette décision en fait ne peut point tomber sous la censure de la Cour de cassation ; — Rejette.

Idem. 10 mars 1843. — Paris. — Bissonnet : Cabouret et Leroy.

Que doit-on entendre par une description déloyale? La loi s'est armée d'une juste sévérité contre les descriptions mensongères. Elle frappe le brevet de nullité, et livre ainsi l'invention au domaine public. Est-ce à dire qu'elle ait prétendu confondre aveuglément, dans sa réprobation, les lacunes involontaires avec les obscurités, les oublis calculés de la mauvaise foi? Nous ne pouvons le penser, et, comme cette nullité entraîne au profit de la société la confiscation de l'invention, il est de toute justice de tenir compte, dans l'appréciation de la description, de tous les faits et de toutes les circonstances qui peuvent venir en aide, soit à la spécification, soit à la loyauté de l'inventeur; on doit aussi consulter le titre, la demande et surtout les dessins joints à la description. Ils en sont le complément nécessaire et ne font qu'un tout avec elle puisqu'ils n'ont eu, dans la pensée du législateur, d'autre but que de la compléter ou de l'expliquer (1).

La description n'est pas exacte et doit même être regardée comme déloyale, lorsque le breveté y comprend un moyen ou une substance qu'il n'emploie pas réellement. En résumé, la description ne doit contenir rien de plus ni rien de moins que ce qui est nécessaire pour l'application de la découverte. Le breveté encourra donc la nullité aussi bien pour les moyens recélés que pour ceux ajoutés inutilement, à dessein de compliquer l'exécution ou de la rendre impossible. Il est bien entendu que l'emploi, par le breveté, de moyens non spécifiés dans son brevet, n'entachera la description de déloyauté que lorsqu'il sera démontré que ces moyens étaient connus de l'inventeur et employés par lui à l'époque où il a pris son brevet, car, s'ils n'ont été découverts que depuis, on ne peut lui reprocher de les avoir dissimulés en demandant son brevet.

Il importe, lorsqu'on veut prouver la dissimulation de la description, de préciser exactement les moyens omis volontairement par le breveté, autrement les tribunaux pourraient refuser d'en autoriser la preuve.

---

(1) 28 juin 1854. — C. Imp. Rouen. — Sax : Raoux, etc. Voy. page 483.

Une description est incomplète lorsque s'agissant d'un produit chimique, les doses des substances employées ne sont pas ou sont mal indiquées. Il importe peu que les doses puissent être découvertes à l'aide de l'analyse, car la loi veut une description complète, c'est-à-dire telle qu'on puisse fabriquer l'objet breveté en ne consultant que le brevet.

Bien que les tribunaux soient souverains appréciateurs de la validité d'une description, leur droit d'appréciation ne va pas jusqu'à les autoriser, sous prétexte d'erreur dans la rédaction de la description, à substituer aux expressions du brevet des termes qui ne s'y trouvent pas. Ils doivent la prendre telle qu'elle est formulée.

On a vu que la loi accorde au breveté un an pour faire breveter ses perfectionnements par préférence aux tiers, et qu'elle lui donne deux ans pour exploiter; il ne s'ensuit pas que pendant ce temps le breveté puisse exciper d'une description impraticable ou obscure. Dès la prise du brevet la description doit être claire, intelligible et industriellement applicable par les moyens qu'elle indique. Si le breveté pouvait se renfermer dans une description obscure pendant le délai qui lui est accordé pour perfectionner, le contrat passé entre lui et la société serait violé pendant le même temps; en effet il ne livrerait rien en retour de la protection qu'il recevrait, et il pourrait néanmoins paralyser des essais plus heureux et partant plus utiles à l'industrie. La conséquence de ceci c'est que si, même avant l'expiration de la deuxième année de la prise de son brevet, le breveté est attaqué en nullité pour cause d'insuffisance de la description, c'est vainement qu'il la complétera, la nullité devra être prononcée.

§ 5. — *Des dessins, échantillons et modèles.*

Les *dessins*, les *modèles* ou *échantillons* de l'invention seront joints à la demande, s'il y a lieu. La loi nouvelle, contrairement à la législation de 1791, ne les exige pas d'une manière absolue; elle laisse à l'inventeur le soin de juger, à ses risques et périls, si les dessins ou échantillons sont nécessaires à l'intelligence de la description ; mais aussi le défaut d'échantillons ou de dessins peut entraîner la nullité du brevet, si la description est insuffisante pour désigner la découverte. Dans tous les cas où les dessins ou échantillons seront possibles, l'inventeur fera donc sagement de les joindre à la demande.

Nous avons dit dans le paragraphe précédent que les dessins peuvent remplacer la description, mais c'est à la condition qu'ils suffiront pour la parfaite intelligence de l'invention. La loi est satisfaite dès que le brevet fournit au public le moyen d'exploiter la découverte quand elle tombera dans le domaine public.

Les dessins seront tracés à l'encre et d'après une échelle métrique. Ils peuvent aussi être gravés ou lithographiés, peints ou coloriés.

Les dessins ainsi que la description devront être doubles, afin de faciliter le travail des bureaux. En effet, l'un des doubles reste annexé à la demande et l'autre est remis à l'inventeur après avoir été visé par le ministre.

Chacune des pièces, ci-dessus indiquées, sera datée et signée par le demandeur ou par son mandataire, dont le pouvoir restera annexé à la demande. La loi ne prévoit pas le cas où l'inventeur ne saurait pas signer. Nous pensons que, pour obéir, autant que possible, au vœu de la loi, l'inventeur, s'il ne sait ou ne peut signer, devra faire inscrire sur chaque pièce la mention de cette impossibilité, ou bien faire présenter sa demande par un fondé de pouvoir qui signera pour lui. Enfin, l'inventeur joindra à sa demande un bordereau ou état des pièces contenues dans le paquet cacheté.

Le demandeur recevra, en échange de son dépôt et pour le constater, l'expédition du procès-verbal qui en sera dressé. Cette expédition lui sera remise par le préfet, moyennant le simple remboursement des frais de timbre.

Ce procès-verbal, dont l'expédition sera délivrée au déposant, est dressé, sans frais, par le secrétaire général de la préfecture, sur un registre à ce destiné, et il est signé par le demandeur. Il a pour but, comme nous venons de le dire, de constater chaque dépôt en énonçant le jour et l'heure de la remise des pièces. Cette énonciation du jour et de l'heure est importante pour le cas, par exemple, où deux inventeurs se disputeraient le bénéfice d'une même invention. La présomption, dans ce cas, est pour celui qui le premier a effectué son dépôt. Toutefois cette règle n'est pas absolue, ainsi que nous l'avons démontré au chapitre I.

SECTION 2. — *Délivrance des brevets et rejet de la demande.*

§ 1er. — *Délivrance.* — *Formalités.* — *Rejet de la demande.*

La loi dit que le brevet *sera* délivré et non pas *pourra* être délivré, toutes les fois qu'il aura été régulièrement demandé, c'est-à-dire lorsque l'inventeur aura suivi les formes indiquées. L'administration supérieure est seule juge de la régularité de la demande, qu'elle peut rejeter si elle ne la trouve pas conforme aux exigences légales.

Mais il fut bien entendu, lors de la discussion, que le contrôle de l'administration ne porterait que sur la régularité de la demande en ce qui touche seulement ses formes extérieures, sans pouvoir aller au delà, et que cette régularité une fois constatée on devrait délivrer le brevet. Cependant on permit de plus à l'administration d'exercer son droit de refus toutes les fois que le brevet serait demandé pour l'un des objets déclarés non brevetables par l'art. 3. Ainsi toute demande de brevet dans laquelle la découverte est désignée comme *remède*, peut être refusée (art. 13). Non pas que l'administration ait le droit d'examiner si, en réalité, la désignation de remède est ou n'est pas exacte : on doit la prendre telle qu'elle est présentée, et juger, ainsi que le disait l'un des orateurs de la chambre, sur l'étiquette du sac.

Le rejet de la demande devant être notifié à l'inventeur, où sera faite cette notification, à quel domicile, dans quel délai, dans quelle forme et par qui? Voilà autant de questions pratiques sur lesquelles la loi est restée muette; questions graves néanmoins, car le retard apporté à cette notification peut avoir les suites les plus désastreuses pour l'inventeur. Il importait donc que cette notification eût, à cause même de ses conséquences possibles, une authenticité que ne peut donner la correspondance, même officielle, d'un ministre.

Les conséquences qu'entraîne le rejet de la demande varient selon les motifs sur lesquels l'administration a fondé son refus. Si la demande a été rejetée par application de l'art. 3, c'est-à-dire par le motif que le brevet avait pour objet des découvertes non susceptibles d'être brevetées, la taxe payée par l'inventeur lui sera restituée intégralement. Si au contraire le rejet est fondé sur l'irrégularité de la demande, c'est-à-dire sur l'omission de l'une des formalités prescrites par les n°s 2 et 3 de l'art. 5 et par l'art. 6, la moitié de la taxe seulement sera restituée à l'inventeur et l'autre moitié restera acquise au trésor. Toutefois si l'inventeur reproduit la demande régularisée dans les trois mois de la notification du rejet, il lui sera tenu compte de la totalité de la taxe qu'il avait payée.

Lorsque la demande est jugée régulière en la forme, le brevet est délivré aux risques et périls du demandeur et sans garantie soit de la réalité, de la nouveauté ou du mérite de l'invention, soit de la fidélité ou de l'exactitude de la description. De ceci découlent deux conséquences : la première, c'est que le brevet doit être accordé tel qu'il a été demandé, et qu'on ne peut, sous aucun prétexte, exiger du demandeur ni suppressions ni modifications aucunes touchant la description; la seconde, c'est que l'administration ne peut se livrer à aucun examen préalable.

Le principe de non-examen préalable est absolu à ce point que les brevets doivent être délivrés alors même qu'ils paraissent contraires aux lois, à la morale et à l'ordre public. Cela résulte formellement des termes de l'art. 30, qui déclare nuls et de nul effet les brevets *délivrés* pour une découverte contraire à la morale ou à la sûreté publique; et du silence de l'art. 3, qui ne les range pas au nombre des objets non susceptibles d'être brevetés. L'administration n'a donc pas le droit de les refuser. Il n'y a, dans l'état de notre législation, nul danger à cette délivrance sans examen, puisqu'on peut toujours faire prononcer la nullité du brevet ainsi obtenu, tandis qu'il y aurait inconvénient grave à autoriser un refus de l'administration.

La première expédition des brevets sera délivrée sans frais au breveté ou à ses représentants; mais toute expédition ultérieure donnera lieu au payement d'une taxe de 25 francs. Dans cette somme de 25 francs ne se trouveront pas compris les frais de copie des dessins. Lorsque le breveté demandera une copie de sa spécification, il pourra se faire qu'il n'ait pas besoin des dessins; alors il l'indiquera dans sa demande, et il lui sera délivré copie seulement de la description. Mais s'il demande copie des dessins, il devra en supporter les frais que la loi n'a pu fixer à l'avance, parce que le prix variera nécessairement suivant l'étendue et la difficulté du travail. Toutes ces copies, soit des dessins, soit des descriptions, seront exclusivement faites par des employés dont le choix appartiendra à l'administration. On comprend qu'il eût été imprudent d'admettre tout individu à copier des titres aussi importants, et qu'il serait si facile d'altérer.

Toutes les dispositions qui régissent la demande et la délivrance des brevets d'invention s'appliquent, sans distinction, à la demande des certificats d'addition, lesquels sont délivrés dans la même forme que le brevet principal auquel ils se rattachent (art. 16). Ainsi les demandes de certificats d'addition doivent être reçues sans aucune espèce de contrôle de la part du préfet, qui n'a pas même le droit de les refuser par le motif que le brevet principal aurait été aliéné, en totalité ou en partie, par le demandeur.

Chaque demande de certificat d'addition donnera lieu au payement d'une taxe de 20 francs (art. 16). C'est à dessein que le législateur a dit *chaque demande*, et non pas *chaque addition*. C'est qu'en effet celui qui sollicite un certificat d'addition peut comprendre plusieurs additions dans une seule demande. La raison qui a fait proscrire les demandes collectives ne peut s'appliquer à la demande des additions qui viennent s'incorporer à l'invention et la compléter pour ne former, avec elle, qu'un seul tout.

Si l'inventeur qui s'est fait breveter pour sa découverte veut, pour un perfectionnement ou une addition, obtenir un brevet principal au lieu d'un certificat d'addition, il devra remplir les formalités prescrites par les art. 5, 6 et 7, et acquitter la taxe mentionnée dans l'art. 4 (art. 17).

Tous ceux à qui la loi (art. 16 et 22) attribue le droit de profiter des certificats d'addition, pourront en lever une expédition au ministère moyennant un droit de 20 fr.

§ 2. — *Des oppositions à la délivrance.*

Les parties intéressées peuvent former opposition, entre les mains du ministre, à la délivrance d'un brevet. La loi spéciale aux brevets ne le défend pas et la faculté de former opposition se trouve dans le droit commun. Mais cette opposition ne peut avoir d'autre effet que d'empêcher la délivrance du titre jusqu'à ce que l'autorité judiciaire ait statué sur la contestation et qu'elle ait prononcé, s'il y a lieu, la subrogation de l'opposant aux droits de celui qui sera déclaré avoir indûment pris le brevet. La mainlevée peut être, comme l'opposition elle-même, signifiée par acte d'huissier.

§ 3. — *De la quotité de la taxe et de son payement.*

Chaque brevet donnera lieu au payement d'une taxe de 500 fr. pour un brevet de cinq ans; 1,000 fr. pour un brevet de dix ans; 1,500 fr. pour un brevet de quinze ans.

La taxe imposée à chaque brevet doit être payée par annuité de 100 fr. et d'avance.

Ce système d'annuité, emprunté à la législation de l'Autriche, est, sans contredit, la plus heureuse innovation de la loi de 1844 et sa disposition la plus libérale. En facilitant la prise des brevets, elle laisse au breveté la faculté de s'affranchir du payement en renonçant à son invention si l'inutilité lui en est démontrée.

SECTION 3. — *De la publication des brevets.*

La législation nouvelle a emprunté aux lois de 1791 les dispositions relatives à la publication légale des inventions brevetées. Pour les porter à la connaissance du public, on promulgue les brevets dans la forme usitée pour les actes législatifs, c'est-à-dire que, tous les trois mois, une ordonnance, portant indication des brevets délivrés, est insérée dans le *Bulletin des lois;* de plus, les descriptions, dessins, échantillons et modèles restent, jusqu'à l'expiration des brevets, déposés au ministère, où ils sont communiqués sans frais, à toute réquisition, afin de donner aux industriels le moyen de s'assurer si l'invention pour laquelle ils veulent se faire breveter n'a pas été déjà l'objet d'un brevet. Toutefois, cette communication aura lieu comme sous l'empire de la loi de 1791, à laquelle elle a été empruntée, c'est-à-dire sans qu'il soit permis de copier, même par extrait, les pièces communiquées.

Comme il importe à l'industrie de ne créer aucune entrave à l'exercice de ce droit, on pourra obtenir communication des objets spécifiés ci-dessus, dès que le brevet sera délivré. Cette communication peut être obtenue, même pendant l'année réservée au breveté pour perfectionner sa découverte, aux termes de l'art. 18. Il devait en être ainsi, puisque les tiers peuvent former eux-mêmes des demandes de brevet de perfectionnement pendant le cours de cette première année, sauf la préférence accordée, en cas d'identité, à l'inventeur primitif.

Indépendamment de la communication autorisée par l'art. 23 et qui consiste dans la simple lecture des titres, chacun peut, aux termes du même article, se faire délivrer, à ses frais, copie desdites descriptions et dessins. Ces copies seront dressées, bien entendu, par des employés du ministère, comme nous l'avons dit pour la délivrance des duplicata, et par les mêmes raisons. Les motifs qui ont fait adopter cette mesure la rendent nécessairement applicable même aux brevets délivrés antérieurement à la loi de 1844. Le bon sens le veut ainsi.

A la publication des brevets par la voie du *Bulletin des lois* et à leur communication, la loi de 1844 a ajouté un système nouveau de publicité. L'art. 24 porte que les descriptions et les dessins seront publiés, mais seulement après le payement de la deuxième annuité, à la différence de la simple communication autorisée par l'art. 23 et qui peut être exigée aussitôt après la délivrance du brevet. La publication sera faite au choix du ministre, soit textuellement, soit par extrait.

Cette publication, jointe à la publicité donnée par le *Bulletin des lois* aux termes de l'art. 14, enlèvera aux contrefacteurs cette excuse banale qu'ils tiraient de leur ignorance, excuse que la jurisprudence avait proscrite, mais qu'il était utile de rendre plus inefficace encore par une grande publicité.

En outre de la publication dont nous venons de parler, on imprimera, au commencement de chaque année, un catalogue contenant les titres des brevets délivrés dans le courant de l'année précédente.

Le recueil des descriptions et dessins, et le catalogue publié en exécution de l'art. 24, seront déposés au ministère de l'agriculture et du commerce, et, en outre, au secrétariat de la préfecture de chaque département, où ils pourront être consultés sans frais (art. 25). Ainsi, même après les publications ci-dessus énumérées, l'administration doit toujours laisser consulter, à toute réquisition, non-seulement les recueils qui sont entre ses mains, mais encore toutes les pièces qu'elle détient.

A l'expiration des brevets, les originaux des descriptions et dessins seront déposés au Conservatoire des arts et métiers (art. 26); ce sont là, en quelque sorte, les archives industrielles qui restent constamment à la disposition du public.

CHAPITRE VIII.

DES NULLITÉS ET DES DÉCHÉANCES.

SECTION 1re. — *Caractères des nullités et des déchéances.*

La nullité est un vice radical qui affecte le brevet dès son origine et que rien ne peut couvrir, à la différence de la déchéance qui résulte de faits accomplis pendant le cours d'un brevet d'ailleurs valable. Comme l'annulation d'un brevet, soit pour cause de nullité, soit pour cause de déchéance, est une peine, les dispositions de la loi, sur ce point, doivent être considérées comme essentiellement limitatives. Elles ne peuvent donc être étendues, par voie d'analogie, à des cas autres que ceux spécialement prévus. Les principes que nous allons exposer ont d'autant plus d'importance que les tribunaux, dans l'appréciation des causes de nullité ou de déchéance, ont pour devoir de concilier, avec la protection et l'encouragement dus à l'inventeur, l'intérêt de la société qui stipule avec le breveté, et qui, en retour de son œuvre, doit assurer à ce dernier une sécurité dans laquelle il trouve la première garantie du succès.

La loi distingue les nullités et les déchéances en *absolues* et *relatives*. Les nullités ou déchéances sont relatives et n'ont de valeur que pour les individus qui ont été parties au procès, lorsqu'il a été statué sans l'intervention du ministère public; au contraire, lorsque le ministère public intervient, ou poursuit directement, les nullités ou déchéances qui sont prononcées anéantissent le brevet d'une manière irrévocable pour tout le monde. C'est désormais un titre mort et qui ne peut être invoqué par le titulaire en aucun cas. On a voulu, par le concours du ministère public, empêcher la fraude entre le titulaire d'un brevet illégal et les tiers qui se prêteraient par complaisance à une demande en déchéance. Cette demande, qui ne serait pas sérieusement soutenue, assurerait au breveté un succès facile dont il se ferait ensuite une arme contre les demandes sérieuses. Pour donner à la nullité absolue une efficacité plus certaine, la loi veut que, lorsque la nullité ou la déchéance absolue d'un brevet aura été prononcée par jugement ou arrêt ayant acquis force de chose jugée, il en soit donné avis au ministre et que la nullité ou la déchéance soit publiée dans la forme déterminée par l'art. 14 pour la proclamation des brevets (art. 39). Cette intervention du ministère public n'a pas donné ce qu'elle promettait. On pourrait même dire qu'elle est presque tombée en désuétude. Quoi qu'il en soit, elle reste dans les droits du ministère public qui peut toujours en user.

SECTION 2. — *Des différents cas de nullité.*

L'art. 30 énumère les cas de nullité : 1° le brevet est nul si la découverte, invention ou application n'est pas *nouvelle*. Il existe sur ce moyen de nullité une différence radicale entre la loi actuelle et les lois de 1791 qui voulaient que le brevet ne pût être invalidé, pour défaut de nouveauté de l'invention, que lorsque son objet aurait été consigné et décrit dans un ouvrage imprimé et publié avant le brevet. En dehors de cette condition, le fait d'antériorité laissait subsister le brevet (1). D'après la loi de 1844, il suffit, comme on le voit, que la découverte ne soit pas nouvelle pour que le brevet puisse être annulé (chap. IV, sect. 4, *Caractère de la nouveauté*).

2° Le brevet est nul si l'invention ou l'application n'est pas susceptible d'être brevetée. (Voir chap. IV.)

3° Il y a nullité du brevet si le titre sous lequel il a été demandé indique *frauduleusement* un objet autre que celui de l'invention. Le titre incomplet ou même obscur ne peut être une cause de nullité, s'il n'est pas prouvé que le breveté a choisi

(1) 9 février 1850. — C. App. — Boucherie : Renard-Perrin.

ou rédigé son titre dans le but de dissimuler l'objet de son brevet. (Voir chap. VII, sect. 1re.)

4° Le brevet est nul si la description n'est pas suffisante, complète et loyale dans ses indications. (V. chap. VII, sect. 1re.) Nous nous bornerons à ajouter que la description ne peut pas être déclarée insuffisante lorsque les échantillons, qui ont été joints à la demande pour la compléter, ont été égarés au ministère. Le breveté a satisfait aux exigences de la loi en déposant les échantillons jugés nécessaires pour l'intelligence de sa description. Il est donc de toute justice qu'il ne soit pas déclaré responsable d'une négligence qui n'est pas son fait personnel.

5° Le brevet peut être annulé lorsqu'il a été pris contrairement aux dispositions de l'art. 18. Nous avons expliqué précédemment (voir chap. IV et VII) dans quelles circonstances et à quelles conditions le breveté peut revendiquer le privilége qui lui est assuré pendant un an sur les perfectionnements de son invention. La jurisprudence a pleinement consacré les principes que nous avons adoptés (1).

6° Le brevet peut encore être annulé lorsqu'il a été pris frauduleusement et au préjudice du véritable propriétaire de l'invention. (Voir chap. X, sect. 1re.)

On s'est demandé si le brevet est nul lorsqu'il contient plusieurs inventions distinctes et ne se rattachant pas l'une à l'autre, contrairement aux dispositions de l'art. 6, § 1er. Ce qui a fait naître la question, c'est que cette nullité n'est pas expressément prononcée par la loi; mais l'inventeur, en réunissant dans une même description plusieurs inventions distinctes, a évidemment fraudé la taxe et trompé les tiers. Si on ne voit pas la sanction pénale attachée à l'infraction de l'art. 6, il n'en est pas moins certain qu'elle a dû trouver place dans la pensée du législateur. On pourrait aisément la faire ressortir de la combinaison des art. 4, 6 et 30, paragraphe dernier. En effet, l'art. 4 frappe de déchéance le brevet dont le titulaire n'a pas payé la taxe. Or, celui qui ne paye qu'une taxe, alors

(1) 4 mai 1855. — C. Imp. Paris. — Langry : Damiens. — Voy. page 484.

qu'il en doit plusieurs, est bien réellement débiteur du surplus. Quant à l'art. 30, nous venons de dire qu'il déclare nuls tous les certificats obtenus pour des additions ou perfectionnements qui ne se rattacheraient pas à l'objet du brevet principal. Pourquoi cette pénalité, si ce n'est parce que l'on comprendrait ainsi dans un seul brevet ce qui doit donner lieu à des brevets distincts et au payement de plusieurs taxes? C'est bien là précisément l'infraction aux dispositions de l'art. 6. L'art. 30 n'est donc que la déduction logique, avec sanction pénale, du principe posé dans l'art. 6. (Voir chap. VII, sect. 1re, § 3 et 4.) Mais le § 5 de l'art. 30 fournira toujours, au besoin, le moyen de nullité, car l'inventeur aura bien certainement dissimulé, dans le titre de son brevet, l'objet qu'il aura inséré indûment dans sa description.

Contrairement à la doctrine que nous venons de développer, et qui prouve, au moins et une fois de plus, toute la négligence apportée à la rédaction de la loi de 1844, il a été décidé que la réunion, dans un même brevet, de plusieurs inventions distinctes et que rien ne relie entre elles, peut bien donner à l'administration, dans un intérêt purement fiscal, le droit de rejeter la demande; mais que, lorsqu'elle n'a pas usé de ce droit de refus, l'irrégularité est couverte et ne peut plus être opposée au breveté. On a ajouté que cette irrégularité n'est pas une cause de nullité du brevet, et que d'ailleurs aucun texte de loi n'attribue, à l'autorité judiciaire, le droit d'en connaître, comme lorsqu'il s'agit d'un certificat d'addition ne se rattachant pas au brevet (1). Ces solutions peuvent être conformes au texte de la loi, mais nous les croyons diamétralement opposées à son esprit, au but qu'elle s'est proposé et que nous croyons avoir clairement indiqué plus haut.

7° Les certificats d'addition sont nuls lorsqu'ils ne se rattachent pas au brevet principal. Mais rien de plus large que l'expression dont s'est servi le législateur. Une invention peut, en

---

(1) 4 mai 1855. — C. Cass. — Laming : Cavaillon. — Arrêt du 20 janvier 1855. — Voy. page 458.

effet, se rattacher de diverses façons à un brevet, soit par l'identité de l'objet principal, soit par l'analogie des moyens, soit enfin par celle du résultat. La loi ne précise pas, et, par cela même, on doit admettre tout ce qui rattache le certificat d'addition au brevet.

Pour la saine interprétation de cette disposition de la loi, relative aux certificats d'addition, il faut noter deux points importants : le premier, c'est que le législateur n'exige pas que l'objet du certificat d'addition ne puisse se rattacher qu'à l'objet du brevet, et non à autre chose. On veut seulement, que l'objet du certificat se rattache au brevet, alors même qu'il pourrait aussi trouver son application ailleurs. Le second point à noter, c'est qu'il n'est pas nécessaire que le certificat soit la modification, l'addition ou le perfectionnement de l'invention consignée au brevet. Il suffit que l'objet du certificat se rattache au brevet, c'est-à-dire qu'il puisse s'y relier, bien qu'étranger à l'idée mère, à l'invention même, qui sert de base à ce brevet.

Ainsi supposons un brevet pris pour un mécanisme relatif à l'ouverture des parapluies, le breveté pourra très-valablement prendre un certificat d'addition pour un mécanisme remplaçant la monture en baleine des parapluies. Son certificat ne se rattachera pas à l'invention consignée dans le brevet, mais il se rattachera au brevet, lequel a été pris pour une modification apportée aux parapluies, et cela suffit. Cette interprétation ressort clairement de l'esprit et du texte de l'art. 30, § 7. En effet la pensée du législateur ne peut être douteuse : il a voulu qu'on ne pût pas entasser dans un même brevet plusieurs inventions distinctes et n'ayant entre elles aucun lien, aucun point de contact, ce qui aurait le double inconvénient de frauder le fisc et de soustraire la plupart de ces inventions aux recherches des parties intéressées. On comprend, en effet, que la bonne foi des tiers serait facilement surprise si une invention pouvait ainsi se cacher dans un brevet complexe sans que rien vînt y révéler son existence. Quant au texte de la loi, il justifie pleinement notre doctrine : ainsi le § 7 de l'art. 30 distingue entre les perfectionnements et les additions, puisqu'il les énumère séparément. Or ce qui fait la différence entre un perfectionnement et une simple addition, c'est que le perfectionnement améliore ce qui est breveté, tandis que l'addition ajoute au brevet. Donc le certificat d'addition peut être pris pour un objet ajouté au brevet, c'est-à-dire étranger à l'idée mère de l'invention, pourvu que cet objet se rattache à ce qui est contenu dans le brevet (1).

---

(1) 15 mars 1855. — C. Imp. Paris. — Charageat : Abadie. — En ce qui touche le moyen tiré des dispositions des art. 16, 35 et 6 de la loi du 5 juillet 1844 ; en ce que le certificat d'addition obtenu par Charageat le 1er juin 1852 ne se rapporte point à l'objet du brevet principal, obtenu le 20 mars 1852; — Attendu qu'il résulte des certificat, brevet et de leur examen, que l'un et l'autre avaient été demandés pour des perfectionnements indiqués à la fabrication mécanique des parapluies ou ombrelles s'ouvrant seuls; — Que si, dans ce brevet, le mécanisme à détente est appliqué à l'extérieur et, au contraire, dans le certificat d'addition à l'intérieur de la canne des parapluies, il n'en résulte pas moins que dans ces deux actes, l'inventeur manifestait l'intention bien arrêtée d'arriver à un même résultat, et qu'ainsi le certificat d'addition s'accorde et se rapporte au brevet principal dans les termes et l'esprit de la loi de 1844; — En ce qui touche les antériorités ; — Attendu qu'aucune ne peut être sérieusement opposée à Charageat par Abadie; que notamment dans les parapluies et ombrelles fabriqués par Harmachert et Conneret, l'ouverture du pavillon n'avait pas lieu d'elle-même et qu'il fallait nécessairement l'emploi des deux mains pour en opérer le déploiement; que si dans l'ombrelle fabriquée par Faulin de Beauville, ce déploiement progressif du pavillon a lieu par l'emploi d'un système de vis, placé à la base de la canne, on ne saurait trouver dans ce mécanisme une analogie avec celui des ombrelles de Charageat, s'ouvrant seules, comme par explosion, par la seule pression d'un bouton à la base de la canne; qu'ainsi il n'est justifié d'aucune antériorité par Abadie ; — En ce qui touche la contrefaçon imputée à Abadie par Charageat; — Attendu qu'il est établi par les débats, l'examen des pièces et tous les éléments de la cause, que dans le courant de l'année 1854 Abadie a contrefait le mécanisme d'ouverture à détente des parapluies ou ombrelles, en imitant ou copiant le système décrit au brevet et au certificat de Charageat; que dans le mécanisme d'Abadie comme dans celui de Charageat, l'ouverture du pavillon a lieu à l'aide d'une détente qui, faisant sortir la branche d'un tube où elle est enfermée, fait sortir cette branche au delà de l'endroit où existe une charnière qui, dépassant la hauteur des cylindres, fait tomber de lui-même et par son poids le pavillon; que si Abadie a substitué au bouton de pression un levier pour opérer cette détente, cette modification ne peut amoindrir en rien le caractère et l'intention de la contrefaçon, et qu'enfin l'amélioration qui aurait été

SECTION 3. — *Des différents cas de déchéance.*

La déchéance est l'annulation d'un brevet, valable dans son origine, mais vicié dans son cours par l'une des circonstances énumérées dans la loi. L'art. 32 précise les cas de déchéance du brevet.

La déchéance du brevet est encourue si le breveté n'a pas acquitté l'annuité avant le commencement de chacune des années de la durée de son brevet. Ainsi il ne suffit pas de payer les annuités, il faut les payer dans le délai que prescrit la loi, c'est-à-dire d'avance. Malgré la rigueur apparente de cette disposition, nous pensons qu'il n'a pas été dans la pensée du législateur de se montrer impitoyable à ce point de punir de la confiscation, c'est-à-dire de la ruine du breveté, un simple retard, souvent de quelques minutes et qui peut, d'ailleurs, avoir eu pour cause un cas de force majeure. Il ne faut pas confondre le retard dans le payement avec le défaut de payement. Nous pensons donc, avec M. Dalloz (*Répertoire*, v° *Brevet d'invention*), que le breveté devra pouvoir s'acquitter du terme arriéré tant que la déchéance de son brevet n'aura pas été demandée et même, dans ce cas, toutes les fois qu'il justifiera d'un empêchement de force majeure (1). C'est au surplus

---

faite par l'inculpé et qui ferait rentrer, à l'aide du même levier, la branche dans le cylindre, ne peut non plus affaiblir la contrefaçon et ce qu'a de coupable l'usurpation par Abadie de l'invention de Charageat; qu'ainsi Abadie est le contrefacteur du procédé inventé et décrit aux brevet et certificat obtenus par Charageat; — Déclare que dans les produits fabriqués par Abadie et qui ont motivé la plainte, il y a contrefaçon des produits de Charageat, en raison desquels il a obtenu un brevet d'invention.

(1) 1er juillet 1854. — Trib. Saint-Claude. — Michaud : Girod. — Sur la fin de non-recevoir opposée par Auguste Girod, prévenu du délit de contrefaçon et résultant de ce que Michaud, poursuivant, n'ayant pas régulièrement acquitté la taxe de son brevet avant le commencement de chaque année, doit être déclaré déchu de tous ses droits de breveté et, par suite, débouté de son action; — Considérant que, dans le but d'assurer le payement régulier des taxes affectées aux brevets d'invention, comme dans celui de stimuler l'inventeur contre sa propre insouciance et de faire profiter son industrie à la richesse pu-

dans ce sens que l'administration interprétait et appliquait les

---

blique, la loi de 1844 fait encourir la déchéance, notamment au breveté qui n'aura pas acquitté son annuité, avant le commencement de chacune des années de la durée de son brevet, et aussi à celui qui n'aura pas mis en exploitation sa découverte dans le délai de deux ans, ou qui aura cessé de l'exploiter pendant deux années consécutives; — Considérant qu'aux termes de cette même loi, art. 34 et 46, la déchéance du breveté n'a pas lieu de plein droit, mais doit être prononcée par les tribunaux; que le droit d'appliquer une disposition de la loi implique nécessairement celui d'apprécier les motifs qui justifient cette application; — Qu'ainsi, le droit d'appréciation est évident, dans les deux cas où le breveté n'aura pas exploité sa découverte pendant deux ans, puisque la loi a eu le soin de dire qu'il ne sera frappé de déchéance que s'il ne justifie pas des causes de son inaction; — Que, malgré les termes absolus et laconiques du § 1er de l'art. 38, les Tribunaux ne sont pas moins autorisés à examiner les causes qui se sont opposées au payement d'une annuité en temps utile; qu'en effet, ces causes de retard peuvent être tellement indépendantes de la volonté du breveté, et produites par des obstacles si imprévus, que les commentateurs de la loi, d'accord avec l'esprit du législateur, ont unanimement admis que, dans ces cas exceptionnels et comme de force majeure, la déchéance ne devait point être encourue; — Que la Cour de cassation elle-même, dans son arrêt du 7 juin 1851, invoqué par le défendeur, a consacré en faveur des Tribunaux exclusivement l'appréciation des cas où les diverses dispositions de l'art. 32 de la loi précitée sont applicables, appréciation de laquelle doit nécessairement dépendre l'application, plus ou moins rigoureuse, de ces mêmes dispositions; — Considérant, en outre, que la législation de 1844, évidemment plus protectrice des droits des brevetés que la législation de 1791, qui pour la première fois a consacré les droits de l'invention, ne doit pas être détournée de son esprit, et qu'en s'inspirant de la discussion qui a précédé son adoption, on reconnaît qu'à propos des § 2 et 3 de ce même art. 32, le législateur a voulu protéger avec sollicitude les brevetés contre une déchéance qu'ils auraient involontairement encourue; qu'ainsi, à cette occasion, le ministère a déclaré que « les Tribunaux auraient à apprécier les circon-» stances, pour savoir si la cessation de l'exploitation venait d'un mauvais vou-» loir ou de suggestions antifrançaises, ou si elle était le résultat d'impuissance » personnelle, de défaut de fonds, de circonstances particulières qui méritent » intérêt et faveur (une maladie, une absence, etc.); que, par là, se trouvent » conciliés les intérêts de l'industrie nationale et les ménagements que peut » commander la position du breveté; » — Considérant que ces observations, bien que se rapportant spécialement aux § 2 et 3 de l'art. 32, peuvent, dans une mesure réservée, s'appliquer aussi au cas de déchéance prononcé par le § 1er, la loi n'ayant pas voulu que le breveté fût victime d'une erreur ou d'une combinaison de circonstances dont il ne serait pas directement responsable; — Considérant que, dans l'espèce, le breveté Michaud, loin d'apporter une né-

lois de 1791 (1). Cette solution, conforme aux principes du droit commun et particulièrement aux règles de la péremption, avec laquelle la disposition dont il s'agit a la plus frappante analogie, nous paraît aussi la plus logique, car, sans léser les tiers, à qui elle laisse le droit de poursuivre la déchéance tant que les annuités n'ont pas été payées, elle concilie les intérêts du fisc avec ceux non moins respectables du breveté.

---

gligence volontaire ou involontaire dans l'acquittement de ses annuités, a toujours pris des mesures pour que les payements fussent faits en temps utile, c'est-à-dire avant l'échéance, qui est à la date du 3 avril 1849; — Qu'ainsi, il est justifié que le breveté, qui est domicilié à Morez, et qui devait acquitter sa taxe à la recette générale de Lons-le-Saulnier, a adressé à un banquier, son mandataire dans cette ville, des mandats à vue endossés, le 1er pour l'annuité de 1850, le 25 mars 1850; le 2e pour l'annuité de 1851, le 29 mars 1851; le 3e pour 1852, le 31 mars 1852; le 4e pour 1853, le 1er avril même année; enfin le 5e le 27 mars 1854 pour cette même année; — Considérant que, les mandats étant à présentation et le recouvrement devant en être immédiat, le breveté a dû se reposer d'autant plus sur l'exactitude de son mandataire, que celui-ci l'avait assisté dans ses démarches pour obtenir le brevet, et connaissait l'importance de la régularité du versement; — Considérant que si trois de ces versements ont été faits tardivement, savoir : le 8 *avril* pour l'année 1851, encore le 8 *avril* pour l'année 1853 et le 7 *avril* pour 1854, c'est par suite de causes accidentelles, l'absence peut-être du mandaire ou tout autre empêchement de sa part, causes entièrement indépendantes de la volonté du breveté, dont la sécurité était telle que non-seulement il continuait à acquitter sa taxe, depuis le premier versement tardif, mais que récemment encore, et en 1853, il avait obtenu une addition à son brevet; — Considérant que ces retards, sans importance du reste et qui avaient passé inaperçus de l'administration, laquelle continuait à recevoir les annuités subséquentes, comme ils étaient ignorés du breveté, à l'insu duquel ils s'étaient produits, n'ont été constatés qu'à la diligence du prévenu et depuis que des poursuites en contrefaçon ont été dirigées contre lui; que, dans ces circonstances, le breveté ne saurait être dépouillé d'un droit légitime protégé par la loi, et que ses efforts, dans les limites de la prévoyance ordinaire, ont tendu à conserver; — Par ces motifs, le Tribunal relève les demandeurs Michaud frère et sœurs de la déchéance par eux encourue, touchant le brevet d'invention qui leur a été concédé le 3 avril 1849; les déclare maintenus dans la jouissance des droits résultant dudit brevet, et par suite dit qu'ils ont qualité pour poursuivre l'action en contrefaçon par eux introduite contre Girod, et déboute celui-ci tant de l'exception indûment soulevée que de ses conclusions s'y rapportant.

(1) 13 juin 1850. — C. Cass. — Brossard-Vidal : Conaty, Lerebours et autres.

Mais la jurisprudence contraire tendant à s'établir, on fera sagement de payer les annuités d'avance, c'est-à-dire avant l'expiration de la dernière heure de chaque année (1). Nous disons

(1) 7 juin 1851. — C. Cass. — Jérosme : Gomel. — Attendu qu'aux termes des art 34 et 46 de la loi de 1844, les Tribunaux, soit civils, soit correctionnels, sont seuls juges, suivant le cas, des actions en nullité ou en déchéance des brevets; — Que, d'après les art. 4 et 32, le breveté est déchu de tous ses droits s'il n'a pas acquitté la taxe annuelle mise à sa charge par le premier de ces articles avant le commencement de chacune des années de la durée du privilége dont cette taxe est la condition et le prix; — Attendu que cette disposition est absolue; que l'appréciation des cas où elle est applicable, comme celle des autres cas spécifiés audit art. 32, étant indistinctement et exclusivement dévolue aux tribunaux, aucun acte administratif ne saurait avoir pour effet de relever le breveté de cette déchéance; — Qu'il s'ensuit que la Cour d'appel d'Amiens, loin d'avoir violé la loi de la matière, en a fait une juste et saine interprétation quand elle a décidé, d'une part, que l'examen et le jugement de l'exception prévue par le premier paragraphe de l'art. 32 précité étaient dans ses attributions; d'autre part, que le certificat d'addition et de perfectionnement, se confondant avec le brevet originaire et prenant fin avec lui, n'avaient pu, dans l'espèce, modifier en aucune sorte le point de départ de l'annuité; — Rejette ce moyen; — Mais attendu qu'à la poursuite en contrefaçon dirigée contre lui par Jérosme Gomel avait, devant les premiers juges, opposé l'exception de déchéance, faute de payement de l'annuité courante, que cette exception, qui constituait Gomel demandeur et ne tenait point au fond du procès, a été rejetée; — Que Gomel n'a point interjeté appel du jugement; que l'appel de Jérosme, sa partie adverse, n'a remis en question que les chefs dudit jugement qui lui faisaient grief; — Que, dès lors, l'arrêt attaqué, en annulant une disposition non frappée d'appel et qui avait acquis au profit de Jérosme un caractère irrévocable, a violé les articles susrappelés du Code d'instruction criminelle et du Code civil, l'autorité de la chose jugée, et fait une fausse application des art. combinés 34 et 36 de la loi du 5 juillet 1844; — Relativement au troisième moyen, consistant dans un excès de pouvoir et dans la violation de l'art. 32 n° 1 de la même loi, en ce que la déchéance du brevet de Jérosme aurait été prononcée avec effet rétroactif; — Attendu qu'il est constant au procès que la contrefaçon imputée à Gomel était antérieure à la déchéance encourue par le breveté; — Que le fait de la prévention était légalement établi; — Que le défaut de payement en temps utile de la taxe due par Jérosme, n'a pu porter atteinte ni au privilége qui lui était acquis en vertu d'un titre non encore infirmé, par cet inaccomplissement de la condition légale de sa validité, ni au droit de poursuite inhérent à ce privilége, et n'ayant d'autre terme que celui qui est assigné par les règles générales de la procédure à la durée de l'action dont il autorisait l'exercice; d'où il résulte que l'arrêt attaqué a commis un excès de pouvoir et violé l'art. 32 précité, en déniant au breveté la faculté

de la dernière heure, parce que ce n'est point par jour, mais par heure que se compte la durée d'un brevet. Si l'on comptait par jour, la durée du brevet se trouverait augmentée de deux jours, en vertu de cette règle de droit commun, qui ne comprend dans la supputation des délais ni le *dies a quo* ni le *dies ad quem;* le législateur n'a pas voulu qu'il en fût ainsi. La durée des brevets est précise, sans plus ni moins. Or le procès-verbal, qui constate le dépôt de la demande du brevet, portant l'indication de l'heure, tant que l'heure indiquée sur le brevet n'est pas sonnée, le payement qui s'effectue est donc fait d'avance conformément à la loi. Il doit être réputé fait avant l'heure fatale lorsqu'il est fait au jour indiqué, bien que le reçu de payement ne porte pas l'indication de l'heure. La présomption légale est pour celui qui se libère, et c'est à celui qui reçoit qu'incombe l'obligation de libeller le reçu avec plus de soin et de façon que la portée de l'acte qu'il délivre ne puisse être exagérée (1). Cette doctrine a été contredite par un arrêté ministériel (2). Mais cet arrêté ayant été annulé pour cause d'incompétence, par l'autorité supérieure, il n'y a aucune conséquence à en tirer contre notre solution.

---

de poursuivre l'auteur d'une contrefaçon consommée antérieurement à la déchéance du brevet ; — Casse.

Idem. 13 juin 1850. — C. Cass. — Brossard-Vidal : Conaty-Lerebours.

Idem. 2 août 1854. — C. Imp. Paris. — Debergue ; Aubert-Girard.

(1) 26 mai 1855. — C. Imp. Paris. — Blondel : Laligant et autres. V. page 562.

(2) 27 mai 1848. — Bélicard : Ministre de l'agriculture et du commerce. — Bélicard a déposé au secrétariat de la préfecture de la Seine, le 17 octobre 1844, à une heure cinq minutes, une demande de brevet d'invention. Le 17 octobre 1845 à une heure, il a versé au trésor la deuxième annuité de la taxe de son brevet, puis, dans le courant de la même année, il a demandé un certificat d'addition et de perfectionnement se rattachant à sa première invention. Le ministre de l'agriculture et du commerce lui a répondu, par lettre du 11 décembre, qu'il était déchu des droits qu'il tenait de son brevet, faute d'avoir, en conformité des art. 4 et 32 de la loi du 5 juillet 1844, acquitté la deuxième annuité de la taxe avant le commencement de la seconde année ; que, dès lors, il n'y avait pas lieu de statuer sur la demande en délivrance d'un certificat d'addition. — Bélicard fit aussitôt remarquer que le versement de la deuxième annuité avait précédé de 5 minutes l'expiration de la première année. Mais,

L'administration n'est pas tenue de provoquer le payement des annuités et de mettre en demeure les propriétaires de brevets. Toutefois elle a fait imprimer une circulaire qu'elle adresse assez ordinairement aux brevetés (1), et dans laquelle elle persiste, comme on peut voir, à exiger le payement des annuités avant le dernier jour de l'échéance. Cet avertissement n'est qu'officieux. Les brevetés feront donc sagement de n'y point compter.

Bien qu'on ait décidé que le défaut de payement de la taxe dans le délai voulu entraîne irrévocablement l'annulation du brevet, cependant on est d'accord sur ce point que ce défaut

---

par une nouvelle lettre du 24 décembre, le ministre a confirmé sa première décision par le motif que l'art. 8 de la loi de 1844, en disposant que la durée du brevet court du jour du dépôt, ne permettait pas de tenir compte de la différence des heures et des minutes. — Bélicard s'est pourvu contre ces deux décisions, qu'il a attaquées : 1° pour incompétence, en se fondant sur ce qu'aux termes de l'art. 34 de la loi du 5 juillet 1844, il n'appartient qu'aux tribunaux civils de connaître des actions en déchéance de brevets; 2° au fond, pour mal jugé. — La commission du pouvoir exécutif, etc., vu les décrets des 7 janvier et 25 mai 1791, vu la loi du 5 juillet 1844, en ce qui touche la compétence; — Considérant qu'aux termes de l'art. 34 de la loi du 5 juillet 1844, les actions en nullité et en déchéance de brevet d'invention, ainsi que toutes contestations relatives à la propriété des brevets, doivent être portées devant les tribunaux civils de première instance ; d'où il suit qu'en prononçant la déchéance du brevet d'invention obtenu par Bélicard, le ministre de l'agriculture et du commerce a excédé ses pouvoirs; — Sur les conclusions relatives au payement des annuités, à la demande d'un certificat d'addition et à la suspension du délai de durée du brevet d'invention et des certificats d'addition; — Considérant qu'en l'état il ne nous appartient pas d'en connaître ; — Art. 1er, les décisions du ministre de l'agriculture et du commerce, en date des 11 et 24 décembre 1845, sont annulées pour excès de pouvoir; — Art. 2, il n'y a lieu de statuer sur le surplus des conclusions du requérant.

(1) MINISTÈRE DE L'AGRICULTURE ET DU COMMERCE. — *Avis.* — Aux termes de la loi du 5 juillet 1844 sur les brevets d'invention, les brevetés ont la faculté de se libérer par versements annuels de 100 fr. ; mais, d'après l'art. 32 de la même loi, les annuités doivent être acquittées, *à peine de déchéance,* avant le commencement de chacune des années de la durée du brevet, laquelle compte du jour du dépôt de la demande à la préfecture, et non de la date de la délivrance du titre. — Les brevetés qui n'acquittent pas l'annuité de chaque année, *avant l'expiration de l'année précédente,* encourent donc la déchéance de plein droit prononcée par la loi, et l'administration n'a pas le droit de les en relever.

de payement n'emporte pas, *ipso facto*, la déchéance; il faut qu'elle soit prononcée par les tribunaux. Néanmoins le fait de non-payement, étant prouvé, a été considéré, même avant la décision de justice, comme un motif suffisant pour prononcer la dissolution d'une société qui aurait été formée pour l'exploitation du brevet (1).

On a soutenu que la déchéance prononcée par l'art. 32 n'avait pu être, même momentanément, suspendue par l'arrêté du ministre de l'agriculture et du commerce, en date du 25 février 1848, par lequel, vu les circonstances, le ministre relevait de la déchéance les brevetés qui, depuis le 22 du même mois, n'avaient pu acquitter, à Paris, les annuités de leur brevet.

Cet arrêté fut suivi, un an après, d'un second conçu en ces termes :

« Le président de la république, sur le rapport du ministre de l'agriculture et du commerce ; — Vu la loi du 5 juillet 1844 sur les brevets d'invention ; — Vu l'arrêté du 25 février 1848, portant :

« Les inventeurs brevetés qui, depuis le 22 de ce mois,
» n'auront pu acquitter à Paris les annuités de leurs brevets
» dans les délais fixés par la loi du 5 juillet 1844 seront rele-
» vés de la déchéance encourue aux termes de ladite loi en
» justifiant de l'acquittement de ces annuités avant une époque
» qui sera ultérieurement fixée ; »

» Arrête : — Art. 1er. L'arrêté du 25 février 1848 cessera d'avoir son effet à partir du 1er juillet 1849 ; — Les annuités échues depuis le 22 février 1848, et non payées, devront être acquittées avant la même époque ; — Les brevetés dont les annuités viendraient à échoir dans le délai ci-dessus stipulé auront également jusqu'au 1er juillet 1849 pour en acquitter le payement.

» Art. 2. Le ministre de l'agriculture et du commerce est chargé de l'exécution du présent arrêté, qui sera inséré au

(1) 19 juin 1847. — C. R. Douai. — Fabvier : Gouchon.

Bulletin des lois et au *Moniteur*; — Fait au palais de l'Élysée National, le 23 février 1849.

» L.-NAPOLÉON BONAPARTE. »

On ne peut contester la légalité de ces arrêtés, tous deux émanés de l'autorité qui concentrait alors tous les pouvoirs. Indépendamment de cette raison de droit, il ne faut pas oublier que c'est sur la foi de ces arrêtés que les brevetés ont agi et qu'il ne leur était pas permis de douter de leur efficacité. On a cherché à limiter leur application aux annuités échues depuis le 22 février 1848 jusqu'au 25 du même mois, époque de la publication de l'arrêté (1); mais cette interprétation est trop énergiquement démentie par les termes mêmes des arrêtés pour s'y arrêter (2).

---

(1) 14 janvier 1851. — Trib. Havre. — D^e Godde : Mazeline.

(2) 26 mai 1855. — C. Imp. Paris. — Blondel et Cie : Antrailles et autres. — Jugement : — En ce qui touche la fin de non-recevoir tirée de ce que les plaignants ne justifieraient pas d'une manière satisfaisante de leur qualité de cessionnaires des droits de Neveu, breveté ; — Attendu que les plaignants produisent une série d'actes de cession, de vente, et autres actes de mutation, qui établissent, sans aucune interruption, la transmission de propriété du brevet, depuis Neveu, originairement breveté, jusqu'à Blondel et Cie, cessionnaires actuels; que tous ces actes sont réguliers; que peu importe que Neveu n'y ait pas toujours figuré en son nom personnel comme vendeur; qu'il suffisait que l'aliénation fût faite au nom de ceux qui étaient investis de la propriété du brevet; que peu importe notamment, que l'adjudication du 30 novembre 1832 ait été faite au nom de la société Neveu et de Beaufort et non pas au nom de Neveu seul, puisque cette adjudication a eu lieu en vertu d'une sentence arbitrale, qui prononçait la dissolution de la société dont Neveu faisait partie, et qu'il était sans aucun droit pour s'opposer à l'exécution de cette sentence arbitrale, revêtue de toutes les formalités voulues par la loi; qu'à la vérité, plusieurs des actes ci-dessus énoncés sont restés, pendant un certain temps, dépourvus des conditions spéciales exigées vis-à-vis des tiers par l'art. 20 de la loi du 5 juillet 1844, soit en ce qu'ils n'avaient pas été faits devant notaire, soit en ce qu'ils n'avaient pas été précédés du payement de la totalité de la taxe, soit enfin parce qu'ils n'avaient pas été enregistrés au secrétariat de la préfecture; qu'il suit de là que tant que ces formalités n'ont pas été accomplies, ces actes étaient nuls vis-à-vis des tiers, ou tout au moins ne pouvaient leur être opposés, aux termes de l'art. 20 susénoncé; et que si, dans cette position, ceux qui étaient alors cessionnaires eussent voulu exercer des poursuites en contrefaçon en vertu desdits actes, ils y auraient été non-recevables; mais que tel n'est pas

Si le breveté n'a pas mis en exploitation sa découverte en France, dans le délai de deux ans, à dater du jour de la si-

---

aujourd'hui l'état des choses; que la société Blondel et Cie, qui intente aujourd'hui l'action en contrefaçon, se présente avec un titre régulier passé devant notaire, précédé du payement de la totalité de la taxe et enfin enregistré au secrétariat, et que toutes ces formalités étaient accomplies avant les poursuites; qu'aucune fin de non-recevoir, tirée du prétendu défaut de justification, ne peut donc lui être opposée; — Que vainement on prétendrait que la nullité de plusieurs actes antérieurs est une nullité absolue et radicale qui aurait vicié tous les actes postérieurs et qui pourrait être opposée même aux cessionnaires actuels, malgré la régularité des titres qui leur confère directement la propriété; — Attendu qu'on ne saurait admettre cette objection sans méconnaître l'esprit comme le texte de la loi du 5 juillet 1844; — Qu'en effet, l'intention du législateur telle qu'elle est exprimée dans l'art. 20 de ladite loi a été, non pas de déroger aux principes du droit commun en matière de transmission de propriété, mais seulement d'établir, dans l'intérêt des tiers, des conditions d'authenticité et de publicité qui les missent à l'abri de toute surprise et de poursuites intempestives de la part de prétendus cessionnaires, dont les droits pouvaient être incertains; que ce but est évidemment atteint quand l'acte de cession directe, en vertu duquel on agit, se trouve revêtu de toutes les formalités et accompagné de toutes les conditions exigées par l'art. 20 de ladite loi; — Attendu d'ailleurs qu'il est constant, en fait, que les actes de transmission qui ont précédé la cession faite à Blondel et Cie ne sont attaqués par personne; qu'aucun autre cessionnaire que Blondel et Cie ne se présente, et que lors même que d'autres cessionnaires ou ayants droit se présenteraient, ce qui n'est pas allégué, leurs actes de cession, n'ayant pas été enregistrés au secrétariat, ne pourraient, dans aucun cas, l'emporter sur celui de Blondel et Cie, qui a été enregistré, et ne sauraient paralyser le droit de poursuite de celui-ci contre les contrefacteurs; — En ce qui touche le moyen de déchéance qu'on prétend faire résulter de ce que la quatrième annuité, qui aurait dû être payée au plus tard le 4 décembre 1848, ne l'a été que le 30 juin 1849; — Attendu qu'aux termes de l'arrêté du gouvernement, rendu le 25 février 1848, il a été décidé que les inventeurs brevetés qui seraient en retard de payer leurs annuités échues depuis le 22 février, seraient relevés de la déchéance en justifiant de l'acquittement de ces mêmes annuités, avant une époque que le gouvernement se réservait de fixer ultérieurement; — Attendu que par un arrêté subséquent, en date du 23 février 1849, l'époque que le gouvernement s'était réservé d'indiquer a été fixée au 1er juillet 1849, et qu'il a été dit que ce délai de grâce profiterait à ceux dont les payements d'annuités viendraient à échoir pendant sa durée; — Attendu, en fait, que la quatrième annuité du brevet Neveu, échue le 4 décembre 1848, a été payée le 30 juin 1849, avant l'expiration du délai de prorogation; que, par conséquent, la déchéance n'a pas été encourue; — En ce qui touche le moyen de déchéance invoqué par les prévenus et consistant à sou-

gnature du brevet, ou s'il a cessé de l'exploiter pendant deux années consécutives, même alors que son brevet aurait été

---

tenir que la cinquième annuité du brevet Neveu, qui avait été pris à la date du 4 décembre 1845, ayant été payée le 4 décembre 1849, l'avait été tardivement, aux termes des art. 4 et 32 de la loi du 5 juillet 1844; — Attendu qu'il est constant, en fait, que le brevet Neveu avait été pris le 4 décembre 1845, à onze heures vingt minutes, et qu'il est articulé, et non contesté, que la cinquième annuité a été acquittée le 4 décembre 1849 avant onze heures vingt minutes; — Attendu qu'aux termes de l'art. 7 de la loi du 5 juillet 1844, les procès-verbaux constatant les demandes de brevet doivent énoncer non-seulement le jour, mais aussi l'heure des dépôts; qu'il en résulte que dans l'esprit de la loi, la durée du brevet, et par conséquent la première année de ce brevet, ne commence réellement à courir que de l'heure à laquelle la demande a été déposée; — Attendu que le payement de la cinquième annuité du brevet Neveu doit être considéré comme ayant été fait, aux termes de la loi, avant le commencement de la cinquième année; — Attendu d'ailleurs que si on écartait les applications toutes spéciales de la loi de 1844, en ce qui concerne l'heure du dépôt et si l'on comptait la durée du délai par jours et non par heures, le payement dont il s'agit aurait encore été fait dans le délai légal; qu'en effet, d'après les principes généraux du droit, auxquels la loi de 1844 n'a point fait d'exception, le jour à partir duquel court le délai ne doit pas être compté dans le délai lui-même; que, par conséquent, le 4 décembre 1849 ne doit pas être compté comme faisant partie de la cinquième année du brevet Neveu, qui ne commence à courir que le 5 décembre 1849; que, sous ce rapport, le moyen de déchéance devait donc être également rejeté; — En ce qui touche le moyen de déchéance tiré de ce que Neveu ou ses cessionnaires auraient laissé s'écouler deux années consécutives sans exploiter leur brevet; — Attendu qu'il est établi que leur brevet n'a jamais cessé d'être exploité; qu'on ne peut pas considérer comme une cessation d'exploitation du brevet l'interruption momentanée de l'emploi de quelques-unes des substances résineuses, qui avaient été désignées dans le brevet comme pouvant être employées soit alternativement, soit cumulativement; qu'il n'est pas d'ailleurs prouvé, en fait, que cette interruption ait duré deux années; — Attendu que la contrefaçon est constante; — Attendu que les prévenus ne peuvent exciper de leur bonne foi; que ceux des prévenus qui n'ont fait que débiter les objets contrefaits, de même que ceux qui les ont fabriqués, n'ont pu ignorer le droit privatif qui appartenait aux cessionnaires de Neveu; qu'indépendamment de la publicité légale qu'a reçue le brevet, des publications nombreuses ont eu lieu à l'aide de prospectus distribués dans le commerce; que non-seulement la bonne foi des prévenus n'est pas établie, mais qu'au contraire il résulte des documents de la cause, notamment des réponses faites par eux au moment des saisies et des constatations faites dans les procès-verbaux, qu'ils ont parfaitement su que les objets qu'ils vendaient étaient contrefaits; — Attendu que le prétendu aban-

délivré sous l'empire de la loi de 1791, il encourra la déchéance, à moins que dans l'un ou l'autre cas il ne justifie des

---

don que les cessionnaires de Neveu auraient fait de leurs droits et le prétendu consentement qu'ils auraient donné, à ce que l'invention qui fait l'objet de leur brevet fût exploitée par d'autres que par eux ne résulte nullement des documents et de la correspondance soumis au Tribunal, lesquels indiquent seulement qu'ils ont pu, accidentellement, faire fabriquer par d'autres, mais pour leur compte personnel, quelques boules ou fagots inflammables, non enduits de résine, dont ils se réservaient d'achever eux-mêmes la fabrication; — Condamne, etc., etc. — Appel. — Arrêt : — Considérant que la loi du 25 mai 1791, dans son titre 2, en reconnaissant à l'inventeur qui a obtenu un brevet : 1° par l'art. 14, le droit de contracter une société pour l'exploitation de son brevet; 2° par l'art. 15, le droit de céder son brevet en tout ou en partie, avait assujetti, non pas l'acte de société, mais seulement la cession du brevet, à la nécessité d'un acte authentique et d'un enregistrement; — Considérant que la loi de 1844 n'a rien changé à cet égard à celle de 1791, ainsi que le prouve l'exposé des motifs de cette loi, présenté à la séance de la Chambre des députés du 17 avril 1843, où il est dit que l'art. 21 (devenu l'art. 20 de la loi) reproduit en les complétant les dispositions de l'art. 14 de la loi du 7 janvier 1791, et 15, titre 2, de celle du 25 mai de la même année, et aussi des termes dudit art. 20, portant que *la cession totale ou partielle d'un brevet, soit à titre gratuit, soit à titre onéreux, ne pourra être faite que par acte notarié;* que cette distinction est fondée sur ce principe que la mise en société n'est pas une cession proprement dite; qu'il laisse la propriété au moins par indivis sur la tête du breveté, et que la dépossession ne devient définitive que lorsque, après dissolution et par le résultat de la liquidation, le brevet est échu à un autre que le titulaire; que celui qui devient alors propriétaire tient en réalité son droit du breveté, et que l'acte qui opère ce changement est à vrai dire le premier acte de cession; et, en conséquence, le premier qui doive être soumis à la nécessité d'un acte authentique et d'un enregistrement, dans les termes de l'art. 20 de la loi de 1844; — Considérant, en fait, que les actes qui établissent la propriété du brevet Neveu dans les mains de Blondel et Cie, sont, en la forme, authentiques et ont été enregistrés, conformément à l'art. 20 de la loi de 1844, le 23 novembre 1854; — Que l'adjudication faite par acte authentique le 5 avril 1854, au profit de Beaufort, et la vente faite par ce dernier à Blondel et Cie, aussi par acte authentique, le 11 novembre suivant, ont été enregistrées le même jour; — Que l'art. 20 de la loi du 5 juillet 1844 ne fixe pas de délai pour l'enregistrement des actes de cession; qu'il dispose, seulement, qu'aucune cession n'est valable, à l'égard des tiers, qu'après avoir été enregistrée, et qu'ainsi, dès que l'enregistrement a eu lieu, le cessionnaire a le plein exercice, à l'égard des tiers, de tous les droits résultant du brevet; — Qu'il n'est pas même articulé qu'une autre cession du brevet dont s'agit ait été enregistrée avant le 23 novembre 1854, et que les actes de poursuites et

causes de son inaction. Le vœu de la loi ne serait pas rempli, et la déchéance serait bien certainement encourue si l'inaction du breveté n'avait été interrompue que par des essais informes ou des travaux sans suite. Il faut une mise en activité et non un simulacre d'exploitation sans profit pour le public et le pays, et qui n'aurait pour but que d'éviter la déchéance en obéissant judaïquement à la loi. Les devoirs, comme les droits du breveté, doivent être pris au sérieux, et ce serait se jouer des prescriptions de la loi que de simuler un commencement d'exploitation. Les parties intéressées auront donc toujours le droit de critiquer le fait matériel de la mise en activité de la découverte.

La loi aurait dû, pour le défaut d'exploitation, distinguer entre un produit et un procédé. En effet, le breveté, en n'exploitant pas le procédé qu'il a découvert, ne fait tort qu'à lui-même, tandis qu'il fait tort aux consommateurs s'il n'exploite pas son produit. Si la loi n'a pas distingué, le bon sens dit que, quand il s'agit d'un procédé, le juge doit se montrer plus indulgent dans l'appréciation des excuses invoquées par le breveté à l'appui de son inaction.

Il suffit, pour éviter la déchéance, que le breveté ait exploité sa découverte conformément à sa description. On n'a pas le droit de lui demander compte de la qualité de ses produits, s'ils sont d'ailleurs conformes à la spécification du brevet. La loi n'exige du breveté que la mise en activité de la découverte telle qu'il l'a fait breveter.

Lorsque le procédé, objet du brevet, peut être appliqué de diverses manières, le breveté n'est pas obligé, pour éviter la déchéance, de mettre en pratique tous les moyens d'application de son procédé pendant les deux années qui suivent la prise de son brevet. Il suffit, pour obéir à la loi, que le procédé soit employé, c'est-à-dire la découverte exploitée. Peu importe le moyen, si, d'ailleurs, il est un de ceux indiqués

---

les saisies faites à la requête de Blondel et Cie sont postérieurs à cette date; adoptant au surplus, etc.; — Confirme.

Idem. 10 juillet 1852. — C. Imp. Paris. — Neveu : Toscan et autres.

au brevet (1). La disposition de la loi eût été incomplète et se serait trop facilement prêtée à la fraude si on n'avait pas assimilé la cessation d'exploitation à la non-exploitation dans le même délai de deux ans. Il faudra que la cessation ait duré deux années consécutives, afin de ne pas attribuer à plusieurs interruptions momentanées ayant ensemble deux années de durée, les effets que la loi n'a voulu attribuer qu'à une cessation assez longue pour faire présumer l'abandon de la découverte. Quant à l'exploitation qui aurait eu lieu entre plusieurs époques de cessation, elle doit avoir les caractères de sincérité que nous venons de développer, c'est-à-dire qu'elle doit être sérieuse, et n'avoir pas eu seulement pour but d'interrompre le cours des deux années. Il faut que la société ait pu en profiter.

Si l'on ne consulte que les termes de l'art. 32, le délai de deux ans, accordé au breveté pour commencer l'exploitation de sa découverte, devra partir *de la signature* du brevet. Mais c'est là une erreur de rédaction que démontrent jusqu'à l'évidence les diverses modifications apportées aux dispositions du projet primitif. En effet le projet du gouvernement faisait courir la durée des brevets (art. 8) et les deux années d'inaction (art. 32) du jour du dépôt de la demande. La commission de la chambre des pairs substitua le jour de la signature du brevet au jour du dépôt; mais cette modification a été, en définitive, repoussée, et on a conservé la rédaction du projet, c'est-à-dire le jour du dépôt de la demande. Toutefois, comme ce retour au projet primitif n'a été discuté qu'à l'occasion de la durée des brevets, cas le plus important, on a rétabli la rédaction primitive pour l'art. 8 et on a oublié d'en faire autant pour l'art. 32. Mais les motifs sont les mêmes, et cette différence n'est qu'un oubli et une des nombreuses imperfections de détail qu'on reproche, avec tant de raison, à la loi de 1844. C'est donc du jour du dépôt de la demande que doivent être

(1) 22 juin 1843. — Grenoble. — Jouvin : Ducruy. — Voy. page 491.
Idem. 26 mai 1855. — C. Imp. Paris. — Blondel : Antrailles. — Voy. p. 562.

comptées les deux années indiquées dans l'art. 32. Ce délai ne peut être compté, pour les additions, que du jour du dépôt de la demande qui les concerne. Si donc, dans le cours des deux premières années, le breveté vient à prendre un certificat d'addition ou un brevet de perfectionnement, cette circonstance ne prolongera pas le délai pour l'exploitation de l'invention principale. Le breveté sera tenu de mettre en usage son procédé primitif dans le délai de deux ans à partir de la demande du brevet, et il lui restera encore un délai de deux ans pour exploiter le procédé d'addition ou de perfectionnement, à partir de la demande du brevet ou du certificat d'addition les concernant.

L'inaction pendant deux années consécutives n'entraîne pas la déchéance de plein droit. La loi permet au breveté de se justifier, et cela devait être, car en le forçant à exploiter on n'a pu vouloir l'impossible. Si donc son procédé ne peut vaincre la routine, si les acheteurs ne se présentent pas ou s'ils cessent de se présenter, il suffira au breveté de prouver qu'il a fait tout ce qui dépendait de lui pour exploiter. Les tribunaux seront souverains appréciateurs des causes qui l'auront empêché d'appliquer sa découverte. Ils devront lui tenir compte, non-seulement des cas de force majeure, mais encore de l'absence, de la maladie, du défaut d'argent, et en général de toute circonstance exclusive d'un calcul frauduleux. Ce sont ces considérations, développées dans le cours de la discussion, qui ont fait réserver au breveté le droit de justifier son inaction, et qui font considérer cette déchéance comme une pénalité difficile à appliquer. On conçoit, en effet, que l'intérêt du breveté est un sûr garant de la sincérité de ses efforts pour arriver à une exploitation prompte et utile.

Si le breveté introduit en France des objets fabriqués en pays étranger et semblables à ceux qui sont protégés par son brevet, il encourt la déchéance. Il ressort très-expressément de l'exposé des motifs, et de la discussion devant les chambres, que cette introduction a été prohibée uniquement dans l'intérêt de l'industrie nationale. Cette disposition a la même origine que celle qui impose au breveté l'obligation d'exploiter son invention dans un délai déterminé. Ce n'est donc pas le fait matériel d'introduction, mais l'introduction dommageable à l'industrie française, que la loi a entendu prohiber. S'il en était autrement, il faudrait appliquer la déchéance même au fait d'introduction en transit d'un objet breveté; ce serait là une rigueur que rien ne pourrait justifier. Il faut donc dire que lorsque l'objet n'a été introduit qu'à titre d'échantillon, importé comme spécimen, qu'en un mot toutes les fois qu'il n'est pas établi que l'objet introduit était destiné à être vendu ou à être exploité commercialement, il n'y a pas lieu à appliquer la déchéance (1).

(1) 11 juillet 1846. — C. R. Douai. — Warlech : Pecquet de Beaurepaire. — Attendu qu'aux causes de déchéance des brevets, prévues par la loi du 7 janvier 1791, l'art. 32, n° 3, de la loi du 5 juillet 1844 a ajouté le fait, par le breveté, d'avoir introduit en France des objets fabriqués en pays étranger, et semblables à ceux qui sont garantis par son brevet; — Qu'une telle disposition, d'une utilité actuelle et incontestable, s'applique évidemment, dans la pensée du législateur, aux anciens brevets comme aux nouveaux; — Qu'en effet, il s'agit d'une protection accordée au travail national, et que cette protection, pour être efficace et rationnelle, doit s'appliquer indistinctement à l'importation des produits similaires, sans avoir égard à la date des brevets; — Qu'en disposant ainsi, la loi n'a pas rétroagi, puisqu'elle laisse à l'inventeur déjà breveté tous les avantages de sa découverte, sous la seule condition de l'exploiter loyalement au profit de la nation qui lui en a assuré le monopole dans un intérêt réciproque; — Que la déchéance ultérieure que peut encourir le breveté, provient donc uniquement de son fait, lorsqu'il enfreint sciemment la disposition réglementaire à l'observation de laquelle était attaché le maintien de son droit; — Qu'il suit de là que le troisième paragraphe de l'art. 32 de la loi du 5 juillet 1844 peut être invoqué contre Warlech, bien que le brevet de celui-ci remonte au 24 décembre 1843, avec d'autant plus de raison que ce brevet n'était pas encore en exercice lors de la promulgation de ladite loi; — Mais attendu qu'en appliquant cette loi à la cause, il n'y a pas lieu de prononcer la déchéance du brevet dont il s'agit; — Attendu, en effet, qu'en frappant de déchéance le brevet de celui qui introduit en France des objets fabriqués à l'étranger et semblables à ceux qui sont garantis par ledit brevet, le but de la loi a été d'obliger le breveté à exercer sérieusement en France l'industrie pour laquelle le brevet lui a été accordé, de faire profiter le travail national de la main-d'œuvre résultant de l'exploitation et d'empêcher le breveté de se créer, à l'aide d'un droit exclusif résultant de son brevet, le monopole du commerce en France d'objets fabriqués à l'étranger; — Que tous les docu-

La prohibition ne peut pas, non plus, frapper les matières brutes, quelles que soient leur destination et leur origine. Il en

---

ments attestent que tel a été le but du législateur, et que tel est le véritable sens de la loi ; — Qu'il résulte que, pour faire une juste application de ladite loi, il importe de rechercher si c'est en fraude de ses dispositions et en contravention aux engagements par lui contractés que le breveté a introduit en France des objets de fabrique étrangère ; — Que le fait matériel d'introduction n'implique pas nécessairement l'idée de fraude, comme le fait de contrefaçon l'implique à l'égard du contrefacteur, comme certains autres faits l'impliquent dans des matières spéciales, telles que celles répressives de la contrebande ; — Que la généralité des termes de l'art. 32, qui dispose sur un seul cas de contravention à la loi du contrat, ne fait pas obstacle à l'examen des circonstances dans lesquelles et pour lesquelles a eu lieu l'introduction ; — Que cette recherche est autorisée, même en cas de contrefaçon, par l'art. 41, à l'égard des tiers qui introduisent en France des objets contrefaits ; — Que, si cette disposition n'est pas directement applicable au breveté introducteur qui n'est pas un tiers, elle est du moins de nature à démontrer que la loi ne doit pas être entendue et appliquée avec la rigueur inflexible des lois exorbitantes dont il vient d'être parlé; — Qu'il en doit être ainsi avec d'autant plus de raison que, d'une part, il s'agit de déchéance, matière de droit strict, et que, d'autre part, la loi des brevets n'est pas une loi de faveur, mais une loi qui règle les conditions d'un contrat commutatif dans lequel la mise principale est faite par le breveté ; — Attendu, en fait, que les importations, à raison desquelles la déchéance est demandée, consistent : 1° en une certaine quantité de briquettes, combustible artificiel breveté ; 2° en un certain nombre d'objets destinés à la construction de la machine propre à fabriquer ce combustible ; — En ce qui touche les briquettes : — Attendu qu'il est reconnu, et d'ailleurs justifié au procès, que des pourparlers ont eu lieu entre l'appelant et Pecquet de Beaurepaire et Cie, dans le but de conclure une société pour l'exploitation du brevet dont il s'agit ; — Qu'il est également justifié que c'est dans l'unique but de mettre lesdits Pecquet et Cie à même de juger des produits que devait donner la fabrication que l'appelant a fait expédier ostensiblement, et par les voies ordinaires, d'Angleterre en France, des briquettes du modèle de celles qui devaient être fabriquées par la société projetée ; — Qu'il ne peut y avoir de doute à cet égard, si l'on consulte les documents produits dans la cause, et si l'on prend en considération, outre les circonstances dans lesquelles l'importation a eu lieu, la quantité dans laquelle l'importation a eu lieu, la quantité modique des briquettes demandées et expédiées, la diversité des matières et du calibre dont elles se composaient, leur valeur intrinsèque presque réelle, comparée à la dépense que leur expédition devait occasionner et a réellement occasionnée ; — Qu'il résulte manifestement de ces circonstances que lesdites briquettes n'ont été importées que comme échantillon de fabrication et pour parvenir à l'exploitation du brevet ; — Que les intimés n'ont pas même tenté d'assigner une autre

faut dire autant d'un métal extrait de la mine, en pays étranger, par un procédé breveté en France, car ce n'est pas la chose

---

cause à l'importation; — Qu'ils se sont bornés à prétendre qu'elle n'avait pas eu lieu sur leur propre demande, et à se prévaloir du fait purement matériel de ladite importation; — Que, dans les circonstances de la cause, le fait expliqué et justifié comme il vient d'être dit ne peut donner lieu à la déchéance demandée; — En ce qui touche les objets destinés à la construction de la machine: — Attendu que l'appelant, breveté pour des perfectionnements dans la construction de ladite machine, ne l'a pas été comme constructeur de machines de cette espèce, destinées à être par lui livrées au commerce; — Que l'objet véritable du brevet a été la fabrication d'un combustible artificiel et la machine à construire, le moyen d'opérer cette fabrication; — Qu'à l'égard de ladite machine, c'est pour le système de construction, pour l'agencement des diverses parties de l'appareil, pour l'emploi exclusif de quelques-unes desdites parties que l'appelant a été breveté, et non pour la fabrication des objets destinés à entrer dans l'ensemble de la construction; — Que rien dès lors ne l'empêchait de faire venir d'Angleterre ou d'ailleurs les matériaux et objets, même fabriqués, dont il pouvait avoir besoin; — Que l'introduction desdits matériaux et objets dont l'importation en France est licite pour tous et qui, pour la plupart, se fabriquent ou se vendent en France, ne peut donc, pas plus que celle des briquettes, emporter la déchéance du brevet, etc., etc.

Idem. 8 juin 1855. — C. Imp. Paris. — Santerre, Say : Journaud-Leblond. — Jugement : Attendu, en droit, que les dispositions de l'art. 32 ont pour but d'obliger le breveté étranger à faire fabriquer en France les objets par lui inventés pour faire profiter l'industrie nationale de la main-d'œuvre et de l'emploi de matières existantes en France, et qui devaient entrer dans la fabrication desdits produits brevetés; — Qu'il en résulte que, pour faire une juste application de la loi, il importe de rechercher si c'est en fraude de ces dispositions qu'un ou plusieurs des objets inventés auraient été introduits sur le territoire français, ou s'ils ne l'ont été que pour faciliter la prise du brevet, les associations avec des Français ou autres personnes habitant la France, ou toute autre opération relative au privilége de ces inventions, et étrangères d'ailleurs à la vente ou au débit industriel de leur produit; — Que la déchéance comme la nullité sont de droit strict; qu'elles doivent, pour être appliquées dans une rigueur absolue, être déclarées par le législateur comme étant de plein droit; mais que, dans les termes de la loi de 1832, les termes sont plutôt indicatifs qu'absolus, et que le législateur a entendu laisser aux Tribunaux le droit d'apprécier les causes et les motifs de cette déchéance, la bonne ou mauvaise foi qui aurait présidé aux actes des brevets auxquels on l'oppose; — Attendu, en fait, que s'il est établi que lors de son arrivée en France et depuis, Baker a introduit environ sept à dix machines à coudre, fabriquées à Boston et semblables à celles garanties par son brevet, il a été justifié suffisamment par ledit Baker que ces machines n'avaient été importées que pour

introduite qui a été brevetée mais uniquement le procédé d'extraction.

Le législateur n'a pas vu que la déchéance résultant de l'introduction pouvait être, dans une circonstance donnée, ou une disposition sans effet, ou une pénalité injuste. Ainsi supposons, par exemple, que l'introduction soit le fait isolé de l'un des copropriétaires du brevet, agissant à l'insu de l'autre. Dans ce cas, si la déchéance n'est pas prononcée, la disposi-

---

les faire parvenir aux différentes villes d'Allemagne ou du continent où il espérait obtenir des brevets; qu'il ne les a déposées en France que momentanément, et seulement pour les laisser examiner comme modèle et pour s'attirer ainsi, soit des associés pour l'exploitation de son brevet, soit des acquéreurs dudit brevet; — Attendu que Journaud-Leblond n'a établi aucun fait qui détruise ces allégations et ces justifications de Baker; qu'il ne peut argüer d'aucune vente ou location desdites machines en France, et que le fait même de celle donnée à titre de prêt à Charles Collebaut, tailleur, vient encore à l'appui de la prétention et du droit de Baker; — Qu'en effet, il résulte des débats et des déclarations faites à l'audience, que les premiers rapports intervenus entre Baker et Collebaut avaient eu pour objet l'acquisition du brevet de Baker par ce dernier; que Collebaut, n'ayant pu acheter pour lui-même ledit brevet, avait parlé à Baker de son influence sur un grand nombre de tailleurs à Paris, et que c'était ainsi qu'il lui avait demandé la cession d'une de ces machines qui serait vue fonctionner dans son atelier; que c'est à ces seules considérations que Baker a consenti à un prêt, moyennant une somme fixée, de cette machine, qui devait être remplacée définitivement plus tard par une machine de fabrication française; et que si la différence des langues des deux contractants a pu jeter quelque confusion sur les circonstances du contrat intervenu entre eux, ses termes et son objet ont été expressément fixés dans la quittance produite par Collebaut, et qui ne mentionne ni une vente ni un louage, mais le prêt d'une machine devant être plus tard remplacée par une autre évidemment de fabrique française; que Collebaut ne peut se prévaloir de sa prétendue ignorance de la valeur des termes de la quittance qu'il recevait de Baker, et qu'au contraire, de la part de ce dernier, la rédaction toute particulière et exceptionnelle de la quittance prouvait jusqu'à quel point il voulait conserver et sauvegarder ses droits d'inventeur breveté; — Attendu, dès lors, que, bien que l'introduction en France des modèles de la machine à coudre ne l'ait pas été avec l'autorisation du ministre du commerce, conformément à l'art. 32 de la loi du 5 juillet 1844, il est établi qu'elle a eu lieu de bonne foi, sans aucun motif de fraude et de faire bénéficier la fabrication étrangère au préjudice de l'industrie nationale, mais seulement dans le but de faciliter les conventions diverses relatives à la prise du brevet, des associations ou à la vente ou cession dudit brevet, déclare mal fondé Journaud-Leblond dans son exception de déchéance, etc. — Appel : arrêt confirmatif.

tion de la loi sera violée impunément; si, au contraire, le brevet est annulé, le copropriétaire, innocent du fait d'introduction, sera puni par la perte de son droit privatif. Entre ces deux dangers, et dans l'impossibilité de frapper le coupable sans atteindre l'innocent, la raison commande de préférer l'impunité.

Il est bien entendu que l'introduction opérée par des tiers ne peut engager la responsabilité du breveté. Ainsi un inventeur prend d'abord un brevet en pays étranger, où il fabrique et vend ses produits. Il est, en même temps, breveté en France pour le même objet. Si ses acheteurs étrangers introduisent en France l'objet fabriqué en pays étranger, la validité du brevet français n'en sera point affectée. Il serait contraire à la raison, à l'équité et à la loi de supposer que le paragraphe 3 de l'art. 32 met à la charge du breveté tout fait d'introduction, de quelque part qu'il vienne. Il y a un principe qui est élémentaire, et que le législateur de 1844 n'a pas eu un seul instant la pensée d'éluder, c'est qu'on n'est responsable que de ses faits personnels, ou des faits des personnes dont on doit répondre. Pour que ce principe, qui est de droit commun, fût détruit par une loi spéciale, il faudrait que les termes de cette dernière fussent explicites en ce sens. Une disposition expresse serait nécessaire. Or, nous ne trouvons rien de semblable dans la loi de 1844. Elle se borne à prononcer la déchéance contre *le breveté qui aura introduit* en France des objets fabriqués en pays étranger et semblables à ceux qui sont garantis par son brevet. Comme on le voit, ce n'est pas le fait, tel quel, d'introduction que la loi punit de déchéance, mais le fait d'introduction par le breveté. S'il en avait été autrement, le législateur aurait rendu impossibles les brevets d'importation; car il est toujours facile de faire introduire en France un objet breveté. Il ne faut que vouloir, et les rivaux d'industrie le voudraient toujours (1).

(1) 24 avril 1855. — Trib. Paris. — Goodycar : Aubert et Girard. — Voy. page 425.

Tous les objets *fabriqués* que le breveté introduit en France pour les y vendre, causent un préjudice à l'industrie française, alors même qu'ils ne seraient qu'une partie d'un mécanisme breveté. L'introduction partielle suffit donc pour entraîner la déchéance. La loi excepte, à bon droit, de ses rigueurs, les modèles des machines que l'inventeur a fait breveter antérieurement en pays étranger, cas prévu par l'art. 29. Il était juste, en effet, que le breveté pût introduire en France l'objet qu'il veut y faire breveter. Toutefois, cette introduction pourrait préjudicier à l'industrie française, si elle n'était pas limitée à de simples modèles nécessaires à la prise du brevet. Aussi le législateur a voulu que cette introduction fût toujours autorisée par le ministre, qui *pourra* la permettre quand il la jugera indispensable à l'exercice du droit consacré par l'art. 29. La loi en se servant du mot *pourra*, au lieu de dire *devra*, a indiqué suffisamment que le ministre sera toujours juge de l'opportunité de cette introduction, pour laquelle il aura le droit de refuser l'autorisation demandée.

La déchéance ne pourra raisonnablement atteindre celui qui, breveté seulement pour l'application nouvelle d'un mécanisme connu, aura fait fabriquer les machines en pays étranger. La loi ne veut qu'une chose, c'est que l'exploitation de la découverte profite à l'industrie française : or, dans l'espèce ci-dessus, la découverte ne repose ni sur l'invention ni sur la fabrication du mécanisme, puisqu'il était connu avant le brevet, mais bien sur l'application nouvelle de ce moyen. Il suffira donc, pour obéir à la loi, que le breveté en fasse l'application en France, et il pourra impunément faire fabriquer les mécanismes en pays étranger.

Lorsqu'un inventeur déclare, dans la description jointe à son brevet, qu'il s'en tiendra désormais au nouveau procédé qu'il vient de découvrir et qu'il renonce à employer celui qui faisait l'objet de son précédent brevet, cette renonciation n'équivaut pas à la preuve de l'inaction et ne fait pas tomber le procédé dans le domaine public. Tant que le premier brevet n'a pas été annulé pour l'une des causes prévues par la loi, il protége tout ce qui y a été décrit. C'est aux tiers à faire prononcer la déchéance s'ils prouvent que, fidèle à sa renonciation, le breveté est resté deux ans sans exploiter ledit procédé (1).

Le législateur de 1791, cédant aux idées politiques qui dominaient alors, avait prononcé la déchéance contre l'inventeur qui, après avoir obtenu un brevet en France, en obtenait un pour le même objet en pays étranger. Cette disposition, souverainement illogique, puisqu'elle permettait à tous les Français ce qu'elle n'interdisait qu'à l'inventeur et qui allait ainsi directement contre la justice et contre le but qu'elle voulait atteindre, a heureusement disparu de notre législation. Néanmoins elle est encore applicable aux brevets délivrés antérieurement à la loi de 1844 et qui ne sont pas expirés. Il importe donc de dire dans quels cas cette déchéance est encourue et avec quel soin la jurisprudence l'a toujours renfermée dans les plus étroites limites. Ainsi il a été décidé que cette déchéance ne peut être prononcée contre le breveté français qui a pris, pour la même invention, un brevet étranger sous le nom d'un tiers (2). A plus forte raison devait-on décider et a-t-on décidé, en effet, que cette déchéance ne peut atteindre le breveté qui s'est borné à communiquer à un tiers les éléments nécessaires à la prise du brevet étranger (3). Enfin on a décidé encore, et cela ne pouvait présenter une difficulté sérieuse, que la prohibition de se faire breveter en pays étranger ne peut s'appliquer à celui qui a pris en France un brevet d'importation, c'est-à-dire qui s'y est fait breveter pour une invention déjà brevetée en pays étranger. Il est manifeste, en effet, que le législateur de 1791, qui protégeait et encourageait les importations, les aurait éloignées, au contraire, s'il avait interdit à l'importateur, une fois son importation brevetée en France,

---

(1) 2 mars 1849. — C. R. Paris. — Mothès-Lamouroux : Laval et Raynal. — Voy. page 515.

(2) 7 mai 1851. — C. Cass. — Masse, Tribouillet : Poizat, etc. — Voy. page 252.

(3) 2 mai 1851. — C. Cass. — Thomas, Laurens : Dubu. — V. page 447.

de la porter ailleurs. Menacés d'une sorte de séquestration, les importateurs n'auraient pas manqué de porter l'invention dans tous les autres pays avant de venir la placer sous la protection de la législation française (1).

Pour éviter la déchéance dont il s'agit ici, les inventeurs se faisaient d'abord breveter en pays étranger, et, aussitôt après, ils venaient demander un brevet en France. Souvent, même, les deux brevets étaient pris simultanément. Dans ce cas, pour savoir lequel, du brevet français ou du brevet étranger, était antérieur, on a décidé qu'il fallait, aux termes de la loi de 1791 et du décret du 25 janvier 1807, s'attacher, non à la date de la demande, mais à la date de la délivrance, c'est-à-dire au jour où la signature du ministre a été apposée sur le brevet (2).

Il est inutile d'ajouter que les inventeurs qui ont été brevetés en France, sous l'empire de la loi de 1791, ont pu, depuis la loi de 1844, faire breveter la même invention en pays étranger. L'obtention du brevet en pays étranger est un fait licite, dès qu'il s'est accompli sous l'empire d'une loi qui ne le défend pas.

---

(1) 24 avril 1855. — C. Imp. Paris. — Goodycar : Aubert et Girard. — Voy. page 425.

(2) 7 mai 1851. — C. Cass. — Masse, Tribouillet : Poizat, etc. — Voy. page 252.

CHAPITRE IX.

DES ACTIONS EN NULLITÉ ET EN DÉCHÉANCE.

SECTION 1re. — *De l'action par le ministère public et de son intervention.*

Le brevet, conférant un monopole à l'inventeur, peut préjudicier à l'industrie, en général, s'il n'a pas été obtenu légalement. Il eût donc été juste de conférer au ministère public, gardien né des intérêts généraux, le droit de poursuivre, dans tous les cas, l'annulation des brevets lorsqu'il lui aurait paru que le monopole a été indûment conféré, ou que le breveté a encouru la déchéance. Néanmoins la loi ne lui a donné qu'un droit fort restreint. Ainsi le ministère public ne peut, en aucun cas, intenter une action directe en *déchéance;* il ne peut engager directement une action contre le breveté qu'autant qu'elle se fonde sur l'un des cas de *nullité* prévus aux nos 2, 4 et 5 de l'art. 30. Il est vrai qu'il peut intervenir dans toutes les demandes formées par des parties privées, soit pour cause de nullité, soit pour cause de déchéance; mais, puisqu'on jugeait la surveillance du ministère public utile aux intérêts de l'industrie, il ne fallait pas lui réserver un rôle secondaire et limiter ainsi son action.

Le droit d'intervention du ministère public est absolu à ce point qu'il peut l'exercer même quand l'action principale n'a pour but que de faire prononcer la main levée d'une saisie pratiquée en vertu du brevet. Il suffit, dans ce cas, que le demandeur excipe de la nullité ou de la déchéance du brevet (1).

Qu'il intervienne ou non, le ministère public doit être en-

(1) 7 février 1850. — C. App. Paris. — Bretmacher : Clerk-Dreyfus.

tendu, à peine de nullité du jugement, dans toute instance civile ayant pour objet une action en déchéance ou en nullité (1).

Lorsque le ministère public exerce son droit d'intervention, ou lorsqu'il agit directement contre le breveté, la loi veut (art. 38) que tous les ayants droit au brevet, dont les titres auront été enregistrés au ministère de l'agriculture et du commerce, soient mis en cause. Cette disposition est de toute justice : puisque l'effet du jugement doit s'étendre jusqu'aux ayants droit, il fallait bien les appeler à défendre leur titre attaqué et ne pas permettre que le breveté, seul appelé, pût compromettre leur propriété par une défense incomplète ou déloyale.

L'intervention du ministère public dans les actions en nullité ou en déchéance ne peut être exercée devant les tribunaux correctionnels, où les moyens de nullité et de déchéance ne sont opposés qu'exceptionnellement à la poursuite (2).

---

(1) 21 juillet 1845. — C. R. Paris. — Pinzold et Rolf : Caron.

(2) 28 décembre 1850. — C. R. Amiens. — Jérosme : Gomel. — Jugement : — Considérant que si l'art. 48 de la loi de 1844 prononce la nullité des descriptions ou saisies de l'objet contrefait, à défaut de citation dans la huitaine, ce qui se rencontre dans l'espèce, cette nullité entraîne d'autant moins la prescription de l'action, que, d'après l'art. 47, cette formalité de la saisie est seulement facultative de la part du demandeur; — Que Jérosme offre de suppléer à cette description par la preuve testimoniale, qui est admissible; — Considérant que, lors même que, faute de payement des annuités, Jérosme serait déchu des droits que lui confère son brevet, cette déchéance ne peut avoir lieu pour le temps où il en avait la pleine jouissance, et que c'est précisément à cette époque que la machine dont s'agit aurait été contrefaite; — Considérant que Gomel offre de prouver que la machine était connue dès avant le 9 juin 1846; — Le Tribunal admet les parties à prouver les faits respectivement articulés par elles; — Statuant sur les conclusions du ministère public, déclare Jérosme déchu de tous ses droits, à partir du 9 juin 1850. — Appel. — Arrêt : — En ce qui concerne l'intervention du ministère public; — Attendu que si l'art. 37 donne au ministère public le droit d'intervenir dans toute instance tendant à faire prononcer la nullité ou la déchéance des brevets, ce droit ne peut, d'après les termes de cet article, et d'ailleurs d'après la place qu'il occupe dans la loi du 5 juillet 1844, s'appliquer qu'aux instances qui ont pour objet principal et direct la nullité ou la déchéance des brevets, lesquels

SECTION 2. — *De l'action par les particuliers.*

§ 1er. — *Du droit de poursuivre l'annulation du brevet.*

Toute personne *y ayant intérêt* pourra, pour tous les cas énumérés dans les art. 30 et 32, demander l'annulation du brevet (art. 34). Ainsi, lorsqu'une action de ce genre sera intentée, la première question à examiner sera celle de savoir si le demandeur a intérêt à faire prononcer la nullité ou la déchéance du brevet. Il est certaines découvertes dont le monopole froisse les intérêts de tous, soit comme industriels, soit comme consommateurs. Dans ce cas, chacun a le droit de demander la nullité du brevet. Il est d'autres découvertes, et c'est l'hypothèse prévue par cet article, qui n'intéressent que certaines industries. Si donc un individu, étranger à cette industrie, se porte demandeur en nullité, les tribunaux ont le droit et le devoir de lui demander la preuve de l'intérêt qui le guide dans sa poursuite. Le législateur a essayé, par cette disposition, de retenir ces spéculateurs qui s'adressaient à la peur ou à l'inexpérience des brevetés, et qui, les effrayant de la crainte d'un procès, parvenaient à se faire concéder un droit dans l'exploitation de la découverte; mais, outre qu'elle nous paraît peu efficace, cette disposition présente plus d'une difficulté dans la pratique. On est d'accord sur ce point, que le demandeur devra justifier d'un intérêt sérieux

ne peuvent être intentées que devant les Tribunaux civils; — Attendu que, dans les art. 40 et 49 de la même loi, relatifs à la poursuite correctionnelle des délits de contrefaçon, il ne se rencontre aucune disposition qui confère au ministère public le même droit d'intervention; que, dès lors, en cette matière, les droits du ministère public ne sont pas autres que ceux qui lui appartiennent dans toutes autres affaires correctionnelles; — Attendu que si, par l'article 46 de la même loi, les juridictions correctionnelles sont investies du droit de prononcer sur les exceptions tirées et la déchéance, c'est une dérogation au principe général, que les juridictions correctionnelles ne doivent pas connaître des questions de propriété; que, dès lors, cette dérogation, créée en faveur des prévenus seulement, doit être rigoureusement restreinte aux cas et dans les termes dans lesquels elle est établie, etc., etc. — Confirme.

pour intenter une action en nullité ou en déchéance. Mais à quoi reconnaîtra-t-on cet intérêt? Faudra-t-il que, pour certaines découvertes spéciales, le demandeur exerce la même industrie que le breveté? Il y aurait injustice à l'exiger, car il attend peut-être que la déchéance ait été prononcée pour entrer dans cette industrie. Peut-être aussi ne veut-il pas exploiter, mais seulement perfectionner et tirer parti de son perfectionnement en le vendant. Le bon sens du juge devra rectifier, par une large interprétation, ce qu'il y a de restreint dans la disposition de la loi et, néanmoins, exiger du demandeur une justification sérieuse de son intérêt.

Le ministère public n'aura pas seul le droit de poursuivre la nullité fondée sur ce que l'objet du brevet est contraire aux lois ou aux bonnes mœurs. On aurait pu croire, au premier abord, que cette action devait lui appartenir exclusivement comme gardien naturel des lois et des mœurs; mais la déchéance d'un brevet pouvant importer à tous, soit comme commerçants, soit comme consommateurs, il en résulte que la puissance judiciaire peut être mise en mouvement, dans ce cas, aussi bien par les particuliers que par le ministère public, à la charge par ces derniers de justifier de leur intérêt.

Le prévenu de contrefaçon qui a triomphé de la poursuite dont il était l'objet n'en a pas moins un intérêt sérieux à demander la déchéance. En effet ne peut-il pas soutenir, entre autres motifs, qu'il est intéressé à ce que le breveté, son rival d'industrie, ne puisse annoncer son brevet et inspirer ainsi plus de confiance aux acheteurs?

On ne peut refuser de prononcer la nullité d'un brevet par le motif que celui qui la demande s'est fait lui-même breveter postérieurement pour une invention identiquement semblable. Cette sorte de fin de non-recevoir ne serait pas fondée; en effet, lorsque le poursuivant s'est fait breveter, il a pu croire, par exemple, que la découverte était nouvelle. D'ailleurs, alors même qu'il aurait sciemment pris un brevet pour une invention connue, sa fraude ne saurait valider le brevet attaqué, s'il est d'ailleurs démontré que la découverte était banale. Le demandeur est donc fondé à soutenir la nullité et il a intérêt à la faire prononcer, car si le brevet est maintenu, il peut être paralysé dans son industrie (1). Toutefois la circonstance ci-dessus doit être prise en très-sérieuse considération, car elle est, au moins, une grave présomption en faveur de la nouveauté de l'invention.

On ne peut pas demander la nullité partielle d'un brevet. L'invention qui y est décrite forme un tout dont la nouveauté ne doit être appréciée que dans son ensemble. Cela se conçoit, puisque, sans excepter même l'aérostat, la machine à vapeur ou le daguerréotype, ces trois inventions primesautières s'il en fut, on ne saurait citer une seule découverte qui n'ait emprunté quelque chose au domaine public. Il n'y a que le juge saisi d'une question de contrefaçon partielle qui ait le droit de distinguer ce qui appartient en propre à l'inventeur de ce qui était antérieurement connu. C'est qu'en effet le juge, dans le cas de contrefaçon partielle, est obligé de statuer sur l'un ou sur quelques-uns des éléments de l'invention. Et même quand il décide que tel élément employé par le prévenu appartient au domaine public, il n'annule pas, pour cela, le brevet partiellement, il limite seulement les droits de jouissance exclusive que le breveté a pu revendiquer dans l'action en contrefaçon. Le brevet reste d'ailleurs valable dans son ensemble.

§ 2. — *De la preuve à faire.*

Bien que les brevets soient accordés sans examen préalable et que leur délivrance, comme dit la loi (art. 11), n'implique nullement la nouveauté de la découverte qui y est consignée,

(1) 4 juin 1839. — C. Cass. — Lambert: Pocquet. — Attendu que l'arrêt attaqué a déclaré, en fait, que Pocquet avait encouru la déchéance de son brevet; que néanmoins il a infirmé le jugement qui avait déclaré la déchéance, et a mis les parties hors de Cour, par le motif que Lambert n'a pu opposer à Pocquet que sa prétendue importation était tombée dans le domaine public et qu'il y avait déchéance de son brevet, puisqu'en obtenant un brevet semblable, Lambert reconnaissait lui-même qu'il pouvait y avoir une propriété privée à cet égard; — Attendu qu'en se fondant sur ce motif pour se refuser à déclarer une déchéance que lui-même reconnaissait avoir été encourue, l'arrêt attaqué a créé une exception qui n'est pas dans la loi, et qu'il a ainsi commis un excès de pouvoir et violé la loi; Casse.

cependant c'est à celui qui soutient le défaut de nouveauté à le prouver. Mais il faut reconnaître qu'il précise suffisamment les faits d'antériorité quand il offre de prouver que tels individus se sont servis ou que lui-même a employé le procédé avant la demande du brevet. Il n'est tenu d'indiquer ni le jour, ni le lieu où les faits d'antériorité se sont accomplis, car dès qu'il sera juridiquement établi qu'ils ont eu lieu avant la date de la demande du brevet, le défaut de nouveauté sera suffisamment prouvé (1).

SECTION 3. — *Des autorités compétentes pour annuler les brevets.*

§ 1er. — *Compétence des Tribunaux et de l'administration.*

Le brevet peut être annulé, soit par l'autorité administrative, soit par l'autorité judiciaire ; mais il importe de fixer d'une manière précise la limite qui doit séparer l'action de ces deux pouvoirs. Cette limite, qui n'a point été tracée par la loi d'une manière explicite, ressort facilement du simple examen des différentes causes qui peuvent annuler le brevet. Ainsi, on comprend aisément que l'autorité judiciaire ait seule le droit de prononcer l'annulation quand elle sera fondée sur un fait sujet à contestation, soit pour sa matérialité, soit pour les conséquences à en déduire, ou lorsqu'il y aura lieu à une appréciation légale du fait invoqué. Ce principe posé, on voit que tous les cas de nullité, sans exception, visés dans l'art. 30, et tous les cas de déchéance énumérés dans l'art. 32, moins le défaut de payement de la taxe, seront du domaine exclusif des Tribunaux.

Quant à l'autorité administrative, elle ne pourra statuer sur l'existence du brevet que par voie de déchéance, et seulement lorsqu'il y aura défaut de payement de la taxe dans les délais impartis au breveté. La compétence ainsi restreinte de l'administration se justifie par le danger qu'il y aurait à livrer la propriété industrielle aux appréciations ministérielles, qui ont toujours lieu sans contradiction et par conséquent sans contrôle. Cet

(1) 30 mars 1849. — C. Cass. — Witz-Meunier : Godefroid-Muller. — Voy. page 467.

inconvénient ne se rencontre pas dans le cas où il s'agit, uniquement, de constater un fait, le défaut de payement de l'annuité échue.

On a contesté à l'administration le droit de prononcer la déchéance des brevets, même pour cause de non-payement de la taxe. Nous ne pouvons admettre ce système, qu'aucun texte de loi ne justifie; notre interprétation, au contraire, a pour elle l'usage adopté, sans inconvénient, sous l'empire de la loi de 1791, le texte de la loi actuelle qui autorise l'administration à rejeter la demande pour défaut de payement de la taxe et enfin l'abus qui naîtrait du système contraire. En effet, si la déchéance, fondée sur non-payement de la taxe, ne pouvait être prononcée par les Tribunaux, qui les saisirait de la question? le ministère public? Il ne peut agir directement en matière de déchéance. Les particuliers? Mais ils n'attaquent le brevet qu'autant qu'ils y ont un intérêt actuel; jusque-là, et pendant longtemps peut-être, le breveté pourrait exploiter privativement sans payer la taxe, ce qui est contraire à la loi.

Pour refuser à l'administration le droit de prononcer cette déchéance, on a, à tort, argumenté des art. 34 et 46. Ces articles n'ont été évidemment rédigés que dans le but de fixer, sur ces questions, la limite qui sépare les attributions respectives des Tribunaux civils et des Tribunaux correctionnels, compétence très-vivement contestée sous l'ancienne législation. Mais il n'y a rien de limitatif et d'exclusif dans les expressions dont s'est servi le législateur (1).

§ 2. — *Quel Tribunal est compétent.*

Les causes qui affectent la validité d'un brevet peuvent être soumises à l'appréciation des Tribunaux de deux manières, soit par une action principale, intentée contre le breveté, soit par une exception opposée au breveté par celui qu'il poursuit

(1) *Contrà*. 27 mai 1848. — Bélicard : le ministère du commerce. — Voy. page 559.

en contrefaçon. Nous ne nous occupons ici que des actions principales. Nous traiterons des exceptions en même temps que de la poursuite en contrefaçon.

Les actions qui ont pour but l'annulation d'un brevet, ainsi que toutes celles qui touchent à la propriété dudit brevet, ne peuvent être portées que devant les Tribunaux civils (art. 34).

On a quelquefois compris les tribunaux de commerce dans cette qualification générale de *tribunaux civils*, mais c'était seulement par opposition aux tribunaux de répression. La loi de 1844 ne permet pas cette confusion, car elle exclut, d'une manière absolue, la compétence des tribunaux consulaires en imposant aux parties l'obligation de communiquer au ministère public et en réservant à celui-ci le droit d'intervention. Au surplus les art. 631 et suivants du Code de commerce n'auraient pas laissé place au doute sur cette incompétence.

Il en faut dire autant de la juridiction arbitrale, puisque, aux termes de l'art. 1004 du Code de procédure civile, on ne peut compromettre sur les contestations sujettes à communication au ministère public.

Les raisons qui précèdent conduisent nécessairement aussi à décider que les arbitres, même forcés, ne peuvent connaître, à propos de contestations sociales, des demandes fondées sur les cas énumérés dans l'art. 34 et pour lesquelles demandes la communication au ministère public est obligatoire.

L'action sera toujours portée devant le Tribunal du domicile du propriétaire du brevet (art. 35), même dans le cas où la demande serait dirigée à la fois contre un ou plusieurs cessionnaires partiels. Le breveté est, en réalité, la seule partie en cause. Ce n'est qu'accessoirement, et uniquement dans leur intérêt, que les cessionnaires sont appelés au procès.

On ne doit pas considérer comme attributive de juridiction l'élection de domicile faite par le breveté dans le procès-verbal de saisie. Cette élection, exigée par l'art. 584 du Code de procédure, pour le cas où le poursuivant n'est pas domicilié dans le lieu où la saisie est pratiquée, n'a pour but, ainsi que l'indiquent les dispositions finales de cet article, que de permettre au saisi d'y faire toutes significations, même d'offres réelles et d'appel. Il en faut dire autant de l'élection de domicile faite dans la demande du brevet. Aux termes de l'art. 5, elle n'est exigée que pour faciliter les rapports de l'administration avec le breveté, et n'a pas d'autre but (1). Il ne peut y être dérogé que par une stipulation spéciale ou une élection de domicile formellement indiquée pour attribuer juridiction.

Lorsque l'action en contrefaçon est portée devant un Tribunal civil, si d'autres juges civils sont saisis de l'action principale en déchéance et en nullité, ils peuvent renvoyer cette demande devant le Tribunal chargé de statuer sur la contrefaçon. En effet ce Tribunal, puisqu'il juge au civil, a plénitude de juridiction et peut statuer sur le fond même de l'action en déchéance (2).

§ 3. — *Procédure devant les Tribunaux.*

Le législateur, dans sa sollicitude pour l'industrie, a cru devoir, malgré la gravité des intérêts engagés dans les procès de cette nature, réserver à ces actions les formes les plus simples et la marche la plus prompte. Aussi toutes les actions relatives à la validité des brevets seront instruites et jugées comme les matières sommaires. On s'étonne, avec raison, que ces actions n'aient point été affranchies du préliminaire de conciliation; leur caractère d'urgence le commandait.

Il résulte des termes de l'art. 35 que l'action en nullité ou

---

(1) 6 mars 1849. — Trib. Paris. — Lefèvre : Hermann-Villard. — Attendu que l'élection de domicile faite dans un brevet d'invention et exigée par la loi, n'a d'effet qu'en ce qui concerne les rapports du gouvernement avec le breveté et qu'elle est étrangère aux tiers qui, en conséquence, ne peuvent en exciper; — Mais attendu qu'il est établi que Villard, qui prétend demeurer à Strasbourg, n'y a point de domicile, et que le domicile d'origine, lui-même, n'est pas connu; que, dans cet état de choses, l'assignation étant parvenue à Villard, puisqu'il se présente devant le Tribunal, sa résidence à Paris suffit pour justifier la compétence du Tribunal de la Seine; se déclare compétent. — Sur l'appel, la Cour, 1re chambre, a confirmé le jugement.

(2) 3 décembre 1849. — Cass. — Lefèvre-Muller : Chabert.

en déchéance peut, même quand il existe un ou plusieurs cessionnaires partiels, être intentée soit contre le titulaire seul, soit contre ce dernier et en même temps contre les cessionnaires. Il n'y a pas, pour le poursuivant, nécessité de mettre en cause toutes les parties intéressées dans la propriété du brevet. Toutefois, lorsque le ministère public interviendra ou poursuivra directement la nullité aux termes de l'art. 37, tous les ayants droit au brevet, dont les titres auront été enregistrés au ministère, devront être appelés au procès. La nécessité de leur présence s'explique par les conséquences de la décision à intervenir qui doit statuer d'une manière absolue sur le sort du brevet.

Toutes les demandes doivent être communiquées au ministère public (art. 36), afin de faciliter son intervention dans les cas prévus par l'art. 37.

Tout ce qui, dans la loi de 1844, tient aux formes de la procédure et à la compétence, est applicable même aux brevets pris sous l'empire de la législation de 1791. Tel est le vœu formel du législateur exprimé dans l'art. 54.

SECTION 4. — *Des effets de la déchéance et de la nullité.*

§ 1er. — *Effets de la demande. — Sursis.*

La question de savoir si l'action principale en nullité ou en déchéance portée devant le Tribunal civil, a, pour effet nécessaire de faire surseoir à l'action en contrefaçon portée, soit avant, soit depuis la demande, devant un Tribunal correctionnel, est encore aujourd'hui fort controversée. Nous avons, dans notre premier traité sur la loi de 1844, adopté l'affirmative, que de nombreuses décisions venaient appuyer (1). Notre opinion avait été égarée par la rédaction vicieuse et les dispositions au moins inutiles de l'art. 46, qui ne fait que reproduire la règle de droit commun que nous avons développée en trai-

(1) 22 février 1845. — Paris. — Christofle : Leridais.
Idem. 18 décembre 1850. — Paris. — Huet : Piel.

tant la même question au livre Ier de la *Propriété littéraire*. Une étude plus attentive des principes du droit commun et des conséquences légales de la compétence correctionnelle, conséquence que nous développons plus loin en traitant de la chose jugée, nous a convaincu du droit laissé au juge de refuser le sursis. Cette solution se trouve encore corroborée par les facilités que la loi donne à tout industriel de s'éclairer sur la validité d'un brevet et d'en poursuivre l'annulation avant de se livrer à la contrefaçon. Nous pensons donc que le juge reste libre d'ordonner ou de refuser le sursis suivant les circonstances et en ne consultant que les intérêts de la justice (1).

(1) 27 novembre 1849. — Trib. Corr. Paris. — Tailbout, Verdier et Cie et Magnard frères : Blanchet-Gauthier. — Attendu qu'aux termes de l'art. 34 de la loi du 5 juillet 1844, toutes contestations relatives aux demandes en nullité ou déchéance des brevets d'invention, doivent être portées devant les Tribunaux civils; que si, par exception à ce principe, l'art. 46 de la même loi a donné au Tribunal correctionnel saisi d'une action pour délit de contrefaçon, le droit de statuer sur les exceptions qui seraient tirées par le prévenu, de la nullité ou de la déchéance du brevet, cette disposition a pour but d'écarter tous moyens dilatoires employés par la mauvaise foi; mais qu'il n'en résulte nullement pour le Tribunal correctionnel l'obligation de statuer immédiatement sur l'action en contrefaçon, lorsque le prévenu justifie de diligences loyalement faites, pour amener un jugement civil qui peut avoir pour conséquence d'anéantir le brevet à l'égard de tous; — Attendu qu'il est allégué et non contesté que les parties sont sur le point de recevoir, devant une chambre civile de ce Tribunal, une décision qui pourrait rendre sans objet l'action en contrefaçon; — Par ces motifs, sursoit à statuer, etc.

Idem. 14 février 1855. — C. Cass. — Rohlfs-Seyrig : Droulers. — Arrêt de Douai du 16 août 1854 : — En ce qui concerne le sursis : — Attendu que dès le 4 octobre 1852, à la requête de Rohlfs-Seyrig, il était procédé à la fabrique de Droulers, sise à Wasquehal, à la désignation et description détaillées prescrites par la loi, de deux turbines ou appareils à force centrifuge impugnés de contrefaçon, alors démontés et dont les tambours rotatifs avaient été, suivant la déclaration de Droulers, envoyés à Farinaux jeune, constructeur mécanicien à Lille, pour en changer le système; — Que le 7 novembre 1853 il était procédé à une nouvelle description desdits appareils, alors modifiés, remontés, imprégnés de matière sucrée et paraissant fonctionner journellement; — Que le 11 décembre suivant, Droulers était assigné à comparaître devant le Tribunal de Lille pour l'audience correctionnelle du 26; — Que le 13 janvier 1854 il se prévalut de l'intervention par lui formée, à la date du 5 du même mois, dans une instance en nullité, ou déchéance des brevets Rohlfs, Seyrig et Cie,

Mais, dans le cas où le sursis paraîtra pouvoir être ordonné, il ne devra pas être prononcé si le prévenu a déjà opposé la

---

alors portée devant le Tribunal civil de la Seine, concluant au sursis de l'action en contrefaçon contre lui formée, jusqu'à ce qu'il ait été définitivement statué en l'instance en déchéance ou nullité des brevets, dans laquelle il était intervenu et que devant la Cour il persiste dans sa demande à fin de sursis, le soutenant obligatoire pour la juridiction correctionnelle; — Considérant, en droit, qu'après avoir préalablement assuré à chacun les moyens de s'éclairer sur l'objet, l'importance, la validité ou la nullité des brevets d'invention, énuméré et défini avec soin les causes qui doivent faire déchoir le breveté de ses droits, la loi spéciale de 1844 a ouvert, au profit de toute personne y ayant intérêt, l'action en nullité ou en déchéance des brevets; — Qu'en présence de ces dispositions, il est impossible de méconnaître le devoir de déférer à justice la question de nullité ou de déchéance, avant de s'emparer des moyens ou des résultats auxquels s'applique le brevet; — Que si, par calcul, négligence, conviction, ou par tout autre motif, cette marche rationnelle et légale n'a pas été suivie, c'est à celui qui a préféré une autre voie d'accepter les conséquences de la direction qu'il a prise; — Considérant que, d'autre part, la loi, prévoyant l'atteinte portée aux droits du breveté, soit par la fabrication des produits, soit par l'emploi des moyens faisant l'objet du brevet, a ouvert aux brevetés une action principale et directe pour réprimer cette usurpation; — Que s'agissant d'atteinte portée aux droits d'autrui, en s'emparant de la chose, l'action devait, en raison de sa nature, appartenir à la juridiction correctionnelle; — Considérant que la durée du brevet est limitée; que l'invention ou la découverte à laquelle il s'applique peut à chaque instant se trouver en présence d'autres inventions, d'autres découvertes ou de circonstances qui en réduisent, ou même en annulent l'importance; que, par suite, il y a justice évidente à faire cesser au plus tôt l'usurpation si elle vient à se produire, et à la réprimer sans procédure dilatoire; — Que dans ce but, et pour lever toutes les incertitudes, le législateur a investi le juge du fait délictif, du droit de statuer sur la défense ou l'exception que le prévenu voudrait tirer, soit de la nullité, soit de la déchéance, soit des questions relatives à la propriété du brevet; — Qu'en l'édictant ainsi, le législateur a clairement montré qu'il voulait que l'exception ne pût arrêter la marche de l'action répressive; que le texte de la loi est formel, et qu'aucun doute ne peut exister quand on rapproche ce texte des motifs présentés, soit à la Chambre des pairs, dans la séance du 20 mars 1843, soit à la Chambre des députés, dans la séance du 17 avril suivant; — Considérant que si l'action civile en déchéance ou nullité, ouverte à toute personne dès l'obtention du brevet, pouvait ou même devait, comme on le soutient dans l'intérêt de Droulers, alors qu'elle serait intentée par l'individu poursuivi, dans le cours même de l'instance en contrefaçon, forcer à surseoir en tout état de cause, une telle action se prêterait trop évidemment aux calculs du contrefacteur, voulant à tout prix user le brevet et le perpétuer dans l'exploitation

nullité ou la déchéance devant le juge saisi de l'action en contrefaçon. La raison en est dans ce principe du droit commun,

---

d'un bénéfice illégitime ; — Considérant que dès 1852 Droulers était suffisamment mis en demeure de se pourvoir, aux fins de faire tomber les brevets de Rohlfs, Seyrig et Cie, s'il s'y croyait fondé et s'il voulait, sans s'exposer à l'action en contrefaçon, rétablir les appareils et continuer d'en user ; que, loin d'en agir ainsi, il a au contraire mené à fin les modifications par lui entreprises, rétabli ses appareils et continué de les employer ; qu'en cet état il a provoqué la description de 1853 et l'assignation qui l'a suivie ; qu'enfin il n'est intervenu dans l'instance civile portée devant le Tribunal de la Seine, que plus de quinze jours après la date fixée pour sa comparution devant la juridiction correctionnelle, légalement saisie par la société Rohlfs, Seyrig et Cie de l'action en contrefaçon et compétente pour statuer en même temps sur la nullité, la déchéance ou la propriété du brevet ; qu'en de telles circonstances, l'intervention dont se prévaut Droulers ne peut, sous aucun rapport, motiver le sursis, et que les faits de la cause se réunissent au contraire pour le faire rejeter ; — En ce qui concerne l'évocation : — Considérant qu'il est de principe constant, en matière correctionnelle, que la Cour ou le Tribunal d'appel, qui infirme un jugement pour autre cause que pour incompétence, doit retenir l'affaire et statuer au fond ; — Que ce principe s'applique de lui-même et dans toute sa force, au cas où le Tribunal supérieur reconnaît qu'à tort un sursis a été prononcé par les premiers juges, déclare que la loi et les circonstances de la cause les obligeaient à statuer immédiatement sur le fond ; infirme en conséquence leur décision et répare le vice de procédure qui en résultait ; — Que la Cour de cassation l'a ainsi formellement reconnu et décidé, en son arrêt du 7 décembre 1833 ; — En ce qui touche la contrefaçon : — Considérant qu'il résulte du procès-verbal de description que les deux turbines ou appareils à force centrifuge, trouvés dans la fabrique de Droulers, sont la reproduction évidente des dispositions essentielles de l'appareil breveté de Rohlfs, Seyrig et Cie, savoir, etc., etc. ; — En ce qui touche la fin de non-recevoir opposée par Droulers aux réquisitions du ministère public : — Attendu que le Tribunal correctionnel de Lille, ayant accueilli la demande en sursis de Droulers sans s'occuper du fond, le ministère public n'avait pas à interjeter appel dans l'intérêt de la vindicte publique ; — Attendu que Rohlfs, Seyrig et Cie, en interjetant appel, comme parties civiles, du jugement du Tribunal de Lille, ont conclu non-seulement au rejet du sursis demandé, mais aussi à ce que la Cour évoquât le fond et y statuât ; — Que la Cour, faisant droit sur ces conclusions, a ordonné de plaider à toutes fins, et qu'ainsi le débat s'est ouvert à nouveau et tout entier devant elle, tant pour le ministère public que pour les parties ; — Par ces motifs, la Cour dit qu'il n'y a pas lieu à accorder le sursis demandé ; — Prononce la confiscation des appareils contrefaits et condamne, etc., etc. — Pourvoi. — Arrêt : — Sur le deuxième moyen, première branche : — Vu les art. 34 et 46 de la loi du 5 juillet 1844 ; — Attendu que le principe général,

qui ne permet à une partie de revenir sur la voie judiciaire

---

que le juge de l'action est juge de l'exception, ne cesse d'être applicable que dans les cas où la loi l'a ainsi expressément ordonné; que l'art. 182 du Code forestier s'applique uniquement au cas où l'exception préjudicielle porte sur une question de propriété immobilière; que cette exception ne se rencontre pas en matière de contrefaçon; — Attendu que si l'art. 34 de la loi de 1844 porte que les actions en nullité ou en déchéance de brevets seront jugées par les Tribunaux civils, l'art. 46 de la même loi renvoie formellement au Tribunal correctionnel, saisi d'une poursuite en contrefaçon, le droit de statuer sur les exceptions que peut tirer le prévenu de cette même nullité ou déchéance; que, dès lors, le prévenu ne peut décliner cette juridiction en se fondant sur ce que, depuis la poursuite intentée, il a saisi un Tribunal civil d'une action principale; qu'autrement le but que la loi s'est proposé par cette disposition nouvelle serait manqué, et que la prompte décision qu'elle a voulu assurer à la plainte en contrefaçon, en donnant sur toutes les exceptions compétence au juge correctionnel, ne pourrait être obtenue; — Attendu que, dans l'espèce, Droulers, poursuivi pour délit de contrefaçon devant le Tribunal correctionnel de Lille, a fondé sa demande en sursis sur ce qu'il serait intervenu dans une instance pendante au Tribunal civil de la Seine, ladite demande ayant pour objet de faire prononcer la déchéance des brevets de la compagnie Rohlfs et Seyrig; — Attendu que l'arrêt attaqué constate que cette intervention est postérieure à la poursuite; qu'il en tire la conséquence légale que le juge correctionnel était compétent pour statuer sur l'exception que le demandeur voulait tardivement porter devant le juge civil; — Attendu que l'arrêt déclare que les faits de la cause se réunissent pour faire rejeter la demande en sursis; que cette appréciation est souveraine et échappe à toute censure; — Sur la deuxième branche du même moyen : — Vu l'art. 1351 du Code Napoléon; — Attendu que l'autorité de la chose jugée n'a lieu qu'à l'égard de ce qui a fait l'objet du jugement; — Que le jugement du Tribunal civil de la Seine, du 31 janvier 1854, auquel le demandeur prétend attacher cette autorité, décide au contraire que les deux actions portées devant des tribunaux différents, n'ont pas le même objet et qu'il n'existe pas de litispendance; que cette diversité entre les deux actions est exclusive de l'autorité de la chose jugée; et qu'enfin devant le même Tribunal, le demandeur avait pris des conclusions conformes à cette décision; — Attendu qu'il n'a pas explicitement proposé ce moyen, tiré de la chose jugée devant la Cour de Douai; qu'il l'a simplement énoncé dans des conclusions dont le dispositif tendait à faire écarter, comme non établi, le délit de contrefaçon; — Qu'ainsi ledit jugement du 31 janvier ne faisait pas obstacle à ce que la Cour de Douai statuât sur la question du sursis et par évocation sur le fond; — Sur le troisième moyen : — Attendu que, le moyen tiré de l'autorité de la chose jugée n'ayant pas été proposé dans des conditions expresses, la Cour n'était pas dans l'obligation d'y statuer; — Attendu d'ailleurs que l'arrêt attaqué est régulier dans la forme; — Rejette.

qu'elle a choisie qu'autant qu'elle y est forcée par les lois de la compétence (1).

Le juge qui ordonne le sursis peut fixer un délai pour faire statuer sur la déchéance, et il a toujours le droit d'apprécier la nature des diligences faites par le prévenu, pour décider si elles sont suffisantes ou bien s'il a procédé avec lenteur afin d'entraver le cours de la justice (2).

L'action en nullité ou en déchéance, que le contrefacteur intente contre le breveté, peut bien, dans certains cas, justifier le sursis à la poursuite, mais elle ne saurait avoir pour effet de suspendre l'exécution d'un jugement définitif. En effet, dès qu'il y a chose jugée sur la contrefaçon, on doit, avant tout, obéissance au titre exécutoire.

§ 2. — *Effets du jugement qui annule le brevet.*

L'annulation du brevet a les mêmes effets que l'expiration du temps pour lequel il a été accordé (3). Il faut donc se re-

---

(1) 5 mai 1848. — C. Cass. — Dida : Duchesne. — Attendu que Dida, dans ses conclusions en première instance, avait opposé à l'action en contrefaçon exercée contre lui, des moyens qui tendaient directement à la nullité ou à la déchéance du brevet sur lequel cette action était fondée; qu'après avoir ainsi proposé par voie d'exception cette nullité ou déchéance, il n'a pu, postérieurement au jugement correctionnel, saisir le Tribunal de la même demande et obliger la Cour, saisie de son appel, à différer de statuer définitivement sur la prévention; qu'en refusant de surseoir, cette Cour n'a fait dès lors que se conformer à l'art. 46 de la loi de 1844; — Rejette.

(2) 11 mars 1848. — C. App. Paris. — Duchesne : Brard.

(3) 5 février 1852. — C. Cass. — Brossard, Vidal : Lerebours, etc. — Attendu qu'aux termes de l'art. 16 de la loi du 5 juillet 1844, les certificats d'addition prennent fin avec le brevet principal; que cette loi ne fait aucune distinction entre le cas où le brevet principal finit, par l'expiration du temps pour lequel il avait été pris, ou par la déchéance qui peut être encourue aux termes de l'art. 32 de cette loi, et le cas où il ne peut produire d'effet, faute de porter sur une découverte ou une application industrielle nouvelle, conformément à l'art. 30 de la même loi; — D'où il suit que la Cour de Paris, ayant décidé que le brevet de 1844 ne pouvait produire d'effet, a eu raison de rejeter également le certificat d'addition qui s'y rattachait; — Rejette.

porter aux développements que nous avons donnés sur les effets de l'expiration des brevets. (Chap. III, sect. 4.)

L'annulation du brevet, pour cause de déchéance, ne fait pas obstacle à la poursuite en contrefaçon, fondée sur un fait accompli antérieurement à celui qui a motivé la déchéance (1). C'est là ce qui distingue les cas de déchéance des cas de nullité qui, viciant les brevets dans leur origine, couvrent tous les faits de contrefaçon, sans distinction d'époque.

Lorsque le brevet contient deux inventions bien distinctes, qui n'ont été comprises dans le même titre que parce que le breveté les appliquait l'une à l'autre, si l'une des inventions est déclarée du domaine public, l'autre n'en reste pas moins protégée par le brevet. Ainsi, par exemple, un papetier se fait breveter pour un emporte-pièce destiné à couper les enveloppes de lettres et pour un mécanisme propre à faire fonctionner l'emporte-pièce. La justice, appelée à connaître de la validité du brevet, décide que l'emporte-pièce est connu et depuis longtemps appliqué au même usage. Le moteur mécanique reste alors l'objet du brevet, ainsi que son application à l'emporte-pièce. Le brevet, dans ce cas, n'est pas annulé, mais limité.

§ 3. — *De la chose jugée sur la nullité ou sur la déchéance du brevet.*

Nous avons dit que les tribunaux civils sont seuls compétents pour connaître des actions principales en nullité ou en déchéance. Les Tribunaux correctionnels ne peuvent donc prononcer l'annulation d'un brevet, et le dispositif qui statuerait en ce sens serait, de par les art. 34 et 46 combinés, considéré comme non avenu; dès lors, il ne créerait pas la chose jugée sur ce point. Sans doute, le juge correctionnel peut admettre les griefs de nullité et de déchéance s'ils lui paraissent établis, mais seulement comme exception à la poursuite et pour

(1) 7 juin 1851. — Cass. — Jérosme : Gomel. — Voy. page 558.

motiver le renvoi du prévenu, seul point qui soit de sa compétence (1).

Il n'y a chose jugée, par la juridiction correctionnelle, sur la validité du brevet, que relativement au fait particulier, à l'objet matériel qui avait motivé la poursuite. Peu importe la généralité apparente de la formule dont le jugement ou l'arrêt se sera servi pour prononcer la déchéance ou la nullité; il n'aura toujours pu statuer que *pro subjectâ materiâ*, c'est-à-dire en vue et dans les limites du fait unique auquel il s'agissait de reconnaître ou de refuser le caractère de délit. La décision ne saurait donc, en droit, former obstacle à ce que le plaignant, qui a succombé, engageât une nouvelle action à ses risques et périls, contre le même adversaire, à l'occasion d'une nouvelle saisie d'objets similaires à ceux qui formaient le corps du délit dans la première poursuite. La doctrine contraire donnerait lieu à des contradictions et à des impossibilités pratiques qui suffiraient pour la faire proscrire, si les principes élémentaires du droit commun ne la rendaient pas inadmissible (2).

---

(1) 6 juillet 1854. — C. Imp. Paris. — Madeline : Maurin. — En ce qui touche le chef de conclusions de Maurin, tendant à faire prononcer la nullité du brevet pris par Madeline, à la date de 1847, et la disposition du jugement qui la prononce; — Considérant qu'aux termes des dispositions de la section 2 du titre 4 de la loi de 1844, l'action en nullité des brevets d'invention doit être portée devant les tribunaux civils, seuls compétents, pour y statuer; que le titre 5 de la même loi attribue juridiction aux tribunaux correctionnels, pour statuer seulement sur les actions en contrefaçon; que l'art. 46 ne leur donne le droit de connaître des questions de nullité, qu'en ce qu'elles sont opposées comme exception pour repousser l'action en contrefaçon, mais ne leur donne en aucun cas juridiction pour prononcer la nullité des brevets, etc.; — Au surplus et quant à la déclaration des faits reconnus constants, et à leur appréciation et sur les moyens de nullité qui en ont été tirés contre le brevet susdit, en tant qu'ils sont opposés comme exception, et pour repousser l'action en contrefaçon fournie par Madeline contre Maurin, adoptant les motifs des premiers juges, met l'appellation au néant; — Met également le jugement au néant, en ce qu'il déclare nul et de nul effet le brevet obtenu par Madeline; — Condamne le prévenu aux dépens.

(2) Notre opinion, sur les effets limités des décisions correctionnelles concernant la validité des brevets, a été soutenue et savamment développée dans une consultation dont nous avons extrait les passages suivants :

La loi en énumérant, dans son art. 30, les différents cas de nullité ou de déchéance, indique suffisamment que celui qui a

---

« Dans quels cas les jugements correctionnels constituent-ils la chose jugée au profit du prévenu acquitté? Il faut distinguer, à ce sujet, les jugements dans lesquels le ministère public est seul en cause, de ceux dans lesquels, à côté du ministère public, figure une partie civile. Quand le ministère public est seul en cause, le jugement est rendu conformément aux règles du Code d'instruction criminelle, appliquées dans toute leur pureté. Alors il est impossible d'emprunter au Code civil la définition qu'il donne de la chose jugée : on ne peut recourir qu'à l'art. 360 du Code d'instruction criminelle, qui dit : *Toute personne acquittée légalement ne pourra plus être reprise ni jugée à raison du même fait.* Ainsi, dans ce cas, il n'y a qu'une seule chose jugée, *le fait* qui a été l'objet de la poursuite. Quand une partie civile a signalé le fait punissable à la vigilance du ministère public et s'est jointe à lui, alors le débat devant les juges correctionnels peut, quant à cette partie, emprunter certaines règles au droit commun. La chose jugée s'établit pour ou contre cette partie civile, conformément aux dispositions de l'art. 1351 du Code civil, qui dit : *L'autorité de la chose jugée n'a lieu qu'à l'égard de ce qui a fait l'objet du jugement. Il faut que la chose demandée soit la même*, etc.

» En police correctionnelle, *l'objet du jugement* c'est le point de savoir si le prévenu est coupable du délit. — *La chose demandée* par la partie civile, c'est la déclaration que le délit existe, et puis, comme conséquence, la réparation du préjudice causé par ce délit. — *La chose demandée* par le prévenu c'est son acquittement, c'est la déclaration que le délit n'existe pas. Tout le surplus, quant au prévenu, toutes les exceptions qu'il invoque, toutes les fins de non-recevoir qu'il soulève, ne sont que des moyens de défense destinés à assurer son acquittement, et ne peuvent être considérés comme *faisant l'objet de la demande.* Il ne saurait en être autrement. L'ordre naturel des juridictions intéresse au plus haut degré l'ordre public. Si un Tribunal, et surtout un Tribunal d'exception, ne se renferme pas strictement dans les limites de ses attributions, s'il veut étendre sa compétence à des matières qui ne lui ont pas été déférées et qui, au contraire, ont été dévolues à un autre Tribunal, les intérêts des justiciables sont compromis et les garanties d'une bonne justice leur sont enlevées. Or, les Tribunaux de première instance seuls ont pleine et entière juridiction sur les affaires civiles. Les Tribunaux correctionnels n'ont été institués que pour connaître les délits que la loi définit. Ils ne sont compétents que lorsqu'il y a délit; quand ils statuent sur des intérêts civils, ils jugent encore comme Tribunaux de répression, car ces intérêts civils sont nécessairement des conséquences produites par un délit préalablement constaté. Mais lorsqu'ils déclarent que le délit n'existe pas, ils cessent d'avoir compétence pour examiner des demandes purement privées.

» Nous trouvons à cet égard dans le Code d'instruction criminelle une disposition qui mérite d'être signalée. L'art. 3 s'exprime ainsi : « L'action civile

succombé sur un de ces griefs, peut en opposer un autre que celui qu'il avait visé dans sa première demande. En consé-

---

» peut être poursuivie en même temps et devant les mêmes juges que l'action » publique. » Ce que cet article dit de l'*action civile*, il ne le dit point, ni aucun autre article, de l'*exception*, ayant la prétention d'être, non-seulement un moyen de défense, mais encore la source de la déclaration d'un droit purement civil. Donc, cette exception ainsi étendue ne peut être jointe à l'action publique et soumise à la police correctionnelle. Cette distinction n'abuse point du texte et n'en fait point une application judaïque. Pourquoi l'*action civile* a-t-elle le pouvoir de se produire en juridiction criminelle? C'est parce que, accessoire de l'action publique, elle puise son fondement dans le fait même du délit. — Pourquoi l'exception, envisagée comme moyen de défense, est-elle entendue et jugée en cette juridiction? C'est parce qu'en l'examinant le Tribunal correctionnel examine toujours le délit qui est de sa compétence. Pourquoi, au contraire, l'exception perdant son caractère de moyen de défense pour revêtir celui de demande civile, ne pourrait-elle jouir de la même faveur quand le délit est écarté? C'est parce que, ne se rattachant plus à un délit qui n'est pas, elle n'aurait plus avec elle, devant elle ou contre elle l'action publique, et ne serait plus qu'une contestation ordinaire dont la connaissance appartient à d'autres juges. Ainsi, quand un Tribunal correctionnel accueille un moyen de défense du prévenu, moyen de droit ou de fait, fin de non-recevoir ou exception péremptoire du fond, il ne statue qu'au point de vue du fait punissable, et sa décision ne peut avoir d'autre portée que celle de constater définitivement la culpabilité ou l'innocence quant à ce fait.

» Admettre le système contraire, ce serait dénaturer la juridiction des Tribunaux de police correctionnelle, qui ne sont et ne peuvent être que des Tribunaux de répression. Ce ne sont pas seulement le texte et l'esprit de l'art. 3 du Code d'instruction criminelle qui justifient cette solution, c'est encore la forme de procédure employée devant ces Tribunaux. Il est si vrai que les décisions correctionnelles n'établissent jamais la chose jugée que sur le *fait* qui est l'objet de la poursuite; il est si vrai que ces décisions n'emportent pas, en dehors de ce fait et pour l'avenir, des déclarations de droits généraux et réglementaires, que les conditions fondamentales de la loi pour que la chose jugée existe, pour que ces droits soient proclamés, peuvent ne pas être observées, et, le plus souvent, sont omises en juridiction correctionnelle. En effet, ce qui est le fondement de la chose jugée, c'est, avons-nous dit avec l'art. 1351 du Code civil, l'objet de la demande; ce qui peut consacrer pour l'avenir des droits généraux et réglementaires, c'est la demande des parties consignée en des conclusions, lesquelles, de toute nécessité, doivent être insérées dans les qualités des jugements et arrêts. Ces conclusions sont résumées dans un point de droit par lequel les juges posent les questions qu'ils ont à résoudre. Or, en juridiction correctionnelle, point de procédure nécessaire, quant au prévenu du moins. Que la partie civile soit obligée de formuler son intervention et sa de-

quence, après avoir épuisé sans succès et dans des procès différents chacune des causes de nullité, il peut en faire autant

---

mande, cela est hors de doute; mais le prévenu, lui, n'a point de conclusions à prendre, point de demande à former; il n'a qu'une chose à faire: justifier son innocence, soit en constatant l'exactitude ou le caractère des faits allégués, soit en démontrant que les titres invoqués contre lui sont sans valeur légale. Que, pour donner plus de précision au débat, le prévenu pose des conclusions et les fasse annexer au jugement, c'est là une superfétation qui ne vicie rien, qui peut avoir son utilité pratique, mais qui ne saurait devenir constitutive d'un droit général, étendant son empire absolu sur des faits à venir et autres que le fait poursuivi. Dès lors, tenons pour constant, qu'en règle générale les jugements correctionnels n'établissent la chose jugée que sur l'objet de la demande, qui est: 1° de la part du ministère public, le fait incriminé; 2° de la part de la partie civile, la réparation du préjudice causé par ledit incriminé; 3° de la part du prévenu, les moyens principaux ou exceptionnels à l'aide desquels il a repoussé les conséquences pénales ou civiles dudit fait incriminé.

» Voyons maintenant ce qui se passe dans les affaires en contrefaçon, recherchons si leur législation déroge aux règles générales, et constatons le sens du jugement rendu dans ces sortes d'affaires. La loi du 5 juillet 1844 ouvre trois moyens différents pour attaquer les brevets d'invention, et chacun de ces trois moyens a une valeur plus ou moins considérable. Le premier moyen, et aussi le plus faible dans ses résultats, c'est celui à l'aide duquel l'individu prévenu du délit de contrefaçon et traduit pour ce fait en police correctionnelle, démontre qu'il n'est pas coupable et qu'il doit être renvoyé des fins de la plainte; il se produit sous forme de moyen de défense, comme exception et devant les juges correctionnels, recherchant si le délit existe. Il constitue une simple *fin de non-recevoir*, et, par cela même quand il est admis, il n'a qu'une valeur relative au fait à l'occasion duquel et contre les conséquences duquel il est produit. Le deuxième moyen réside dans l'action directe portée devant le Tribunal civil par un individu ayant un intérêt sérieux à sauvegarder, se posant de son plein gré en adversaire du breveté et demandant l'annulation ou la déchéance du brevet. Quand il réussit, la déchéance ou la nullité sont absolues en faveur de celui qui l'a présenté; mais il ne profite point à ceux qui n'y ont point participé. (*Répertoire du Journal du Palais*, v° *Brevet d'invention*, n°s 379 et 380; — Etienne Blanc, *Code des inventeurs*, page 542; — Renouard, *Traité des brevets d'invention*, n°s 197, 201, 203 et 206; — Dalloz, *Répertoire méthodique*, v° *Brevet d'invention*, n°s 273 et 286; — Lesenne, *Brevet d'invention*, n° 281; — Goujet et Merger, *Dictionnaire du droit commercial*, v° *Invention*, n° 436.) Enfin le troisième moyen consiste dans le droit réservé au ministère public par l'art. 37 de la loi de 1844.

» Reprenons en détail les conséquences de la demande en nullité ou déchéance proposée, non pas devant le Tribunal civil et comme action principale, mais devant le Tribunal correctionnel et comme simple moyen de défense.

pour chacune des causes de déchéance. Cette solution est fort rigoureuse, sans doute, puisqu'elle expose le breveté à des

---

Lorsqu'un individu est traduit en police correctionnelle, comme prévenu de contrefaçon, quelle est la signification et le fondement de la poursuite? Le plaignant dit ceci : Je demande que le prévenu soit déclaré coupable de contrefaçon, *parce que* par tel fait il a porté atteinte aux droits que me donne mon brevet, qui est valable. A cette poursuite le prévenu répond, de son côté, en disant : Je demande à être renvoyé des fins de la plainte ; en effet, si j'ai commis le fait articulé et si j'ai porté atteinte aux droits du breveté, j'ai pu le faire légalement *parce que* le brevet est frappé de nullité ou de déchéance. Ici la nullité ou la déchéance dont se prévaut le prévenu et qu'il demande aux magistrats de constater, est donc uniquement *une défense* à la poursuite. Elle ne constitue pas une action principale ; elle n'est pas *l'objet* direct des débats ; elle n'est qu'une exception. Le fond du débat, l'objet de la demande, l'action même, sur lesquels les juges statuent, c'est la question de savoir si le prévenu est coupable ou innocent. Là seulement est la solution ; ailleurs il n'y a qu'un moyen pour arriver à cette solution. Dès lors, quand les Tribunaux correctionnels statuent sur la déchéance et la nullité, quels que soient les termes dont ils se servent, ils ne traversent cette question que pour arriver à la déclaration de l'innocence ou de la culpabilité du prévenu, déclaration qui est le but et la fin de leur mission.

» Les termes de l'art. 46 de la loi du 5 juillet 1844 ne s'opposent point à cette induction, ils en fournissent au contraire une éclatante démonstration. Cet article a-t-il voulu, non-seulement imposer aux juges correctionnels le devoir d'entendre le prévenu dans toute sa défense et de l'acquitter à l'aide d'un moyen emprunté à la législation civile, mais encore leur accorder le pouvoir, quand la défense a été complète et heureuse, de transporter en audience correctionnelle cette plénitude de juridiction qui n'appartient qu'aux Tribunaux civils? A la place de ce prévenu acquitté, a-t-il permis de substituer un demandeur reconventionnel, qui, n'ayant plus aucun compte à rendre à la justice correctionnelle, va cependant lui demander de lui réserver des droits pour l'avenir? Il nous est impossible de le croire. Si le législateur avait entendu bouleverser ainsi tout le système de la loi pénale, il s'en serait clairement expliqué et n'aurait pas déposé sa volonté dans une disposition tellement obscure qu'il serait possible de lui donner une portée diamétralement opposée. Non. Quand le législateur a permis aux Tribunaux correctionnels de statuer exceptionnellement sur la déchéance ; il n'a eu qu'un but : mettre ces Tribunaux en mesure de condamner et d'acquitter le prévenu en pleine connaissance de cause. Et cette concession était une impérieuse nécessité. A moins d'imposer aux Tribunaux de répression l'obligation de surseoir, il fallait bien leur accorder le droit de tout entendre, et par conséquent de vider l'exception. Comment auraient-ils pu équitablement condamner le prévenu si la déchéance du brevet a été encourue? Et comment auraient-ils pu équitablement l'acquitter si le brevet est

luttes incessantes, mais elle est commandée par l'esprit et le texte de la loi. Supposons, par exemple, que le poursuivant

---

valable? Dès lors, et pour nous résumer, en déclarant la déchéance ou la nullité du brevet, les juges correctionnels ne font qu'une chose, ils proclament l'innocence du prévenu. Dans ce cas, la déchéance ou la nullité prononcées sont donc purement et simplement relatives au fait déterminé qui a donné naissance à la poursuite. Pour que la déchéance ou la nullité cessent d'être relatives au fait, objet de la prévention, pour qu'elles deviennent absolues quant à la personne du prévenu acquitté, et le mettent à l'abri d'une nouvelle attaque, il faut que ces nullité ou déchéance aient fait l'objet d'une demande principale portée devant les juges civils.

» Ici se présente, pour l'adversaire du breveté, le second mode mis à sa disposition par la loi de 1844. Sans avoir traité la question, *Renouard* restreint à de justes proportions la portée de l'exception correctionnelle, et apprécie sainement le rôle que le Tribunal correctionnel est appelé à jouer en ces matières (n° 226, page 479, édit. 1844). *Etienne Blanc* a examiné la question de plus près, et, à notre avis, il la résout dans les termes les plus formels. (*L'Inventeur breveté*, page 357.) Un arrêt de la Cour de Paris du 14 janvier 1845 (*l'Inventeur breveté;* Etienne Blanc, page 586), a consacré ces principes et décidé qu'en effet, le prévenu condamné en police correctionnelle et contre lequel le brevet attaqué avait été déclaré valable, n'était pas dépouillé du droit de tenter une nouvelle attaque, en soumettant au Tribunal civil une action principale en nullité ou déchéance.

» La justice ne peut avoir deux poids et deux mesures. Est-ce que le prévenu, quand il réussit, peut invoquer la chose jugée alors que, quand il échoue, son adversaire ne serait pas armé du même bénéfice? Evidemment cette théorie, qui consacre le double droit du prévenu qui l'autorise, malgré son échec, à renouveler l'épreuve, conduit nécessairement, par une juste réciprocité, à cette théorie que, à son tour, le breveté peut engager une deuxième lutte.

» Allons plus loin, et, après avoir justifié notre avis par la jurisprudence et par l'opinion des auteurs, examinons les conséquences du système contraire. Ce système, qui tient pour certain qu'il y a chose absolument jugée et déchéance absolument prononcée en faveur du prévenu de contrefaçon, acquitté par la police correctionnelle, donnerait naissance à d'étranges anomalies et souvent à de véritables impossibilités judiciaires. Une première hypothèse se présente. Après ce succès du prévenu en police correctionnelle, après ce jugement tout spécial qui, à l'occasion d'un fait particulier, prononce la nullité ou la déchéance, une autre personne se présente, non plus comme prévenue, mais comme demanderesse. Elle réclame des Tribunaux civils, par voie d'action principale et non plus comme exception, la déchéance générale, absolue du brevet : elle échoue. Ce demandeur repoussé, un autre survient, puis d'autres encore. Ils échouent tous comme le premier, et de nombreuses décisions souveraines émanées de la juridiction civile conservent au brevet toute

demande à prouver que la découverte n'est pas nouvelle (art. 30, § 1er); de ce que le Tribunal aura décidé que cette découverte

---

sa force légale. Eh bien, que va-t-il arriver avec ce système de la chose absolument jugée en police correctionnelle en faveur du prévenu acquitté ? On arrivera à cet étrange résultat que le brevet sera valable pour presque tous et impuissant à l'égard d'un seul. Que l'ensemble des commerçants ne pourra, sous peine de contrefaçon, se servir de la chose brevetée, tandis que le prévenu, qui a réussi en police correctionnelle, jouissant d'un véritable privilége, pourra fabriquer, vendre et se constituer à l'aide de l'impunité un monopole de moitié avec l'inventeur! Vient une seconde hypothèse. Le prévenu d'un fait de contrefaçon est acquitté, et pour arriver à proclamer son innocence, le Tribunal correctionnel déclare le brevet nul ou déchu. — Postérieurement, un second fait de contrefaçon est constaté : le breveté porte plainte et signale ce fait nouveau au ministère public, qui ne peut agir qu'avec son concours (art. 45 de la loi de 1844). L'officier du ministère public partage la conviction du breveté, et, malgré la première décision, il croit à la validité du brevet. Son droit, et même son devoir, est de poursuivre tout délit, et la contrefaçon est un délit. Il veut user de son droit et accomplir son devoir, mais avec ce système de la chose jugée, non-seulement sur le premier fait, mais encore sur la nullité absolue du brevet, il a les mains liées et il est obligé de laisser le délit impuni. Et cependant la loi de 1844 proteste contre ce résultat. En effet, comme nous l'avons dit plus haut en rappelant le texte des art. 37 et 39, il n'y a de déchéance véritablement absolue, de déchéance à l'égard de la société et, par conséquent, du ministère public qui la représente, que lorsque le ministère public en a fait, dans une instance principale, l'objet de ses propres réquisitions. Hors de là il y a des parties qui gagnent leur procès et qui obtiennent des arrêts, lesquels ne sont bons que pour ceux qui les obtiennent et que pour l'objet sur lequel ils statuent. Dès lors, si, dans l'espèce, l'action publique ne saurait être repoussée sous prétexte de chose jugée, comme cette action publique ne peut, en cette matière, se mouvoir que sur la demande et sur la plainte de la partie civile, il faut nécessairement conclure que l'action civile est également recevable et que, si la partie civile a perdu un premier procès, indépendant de la nouvelle instance, elle a le droit de tenter à ses risques et périls une nouvelle épreuve judiciaire. Une troisième hypothèse va mettre encore mieux en relief la vérité de cette déduction. Un individu que nous appellerons Pierre a été prévenu à Douai de contrefaçon. Pour se défendre il a présenté aux juges correctionnels l'exception de déchéance. Cette exception a été repoussée : la Cour impériale reconnaissant valable le brevet dont on demandait la nullité, a déclaré, par arrêt souverain, Pierre coupable de contrefaçon. Cependant ce même Pierre, pendant qu'on le jugeait à Douai, a été traduit devant les tribunaux de Paris; comme à Douai, il a opposé pour sa défense la même exception de déchéance, et là il a obtenu un plein succès : arrêt souverain aussi qui a déclaré le brevet déchu et le pré-

est nouvelle, il ne s'ensuivra pas qu'il ait jugé, en même temps, que les autres griefs énumérés dans l'art. 30 ne sont pas fon-

---

venu acquitté. Voilà deux arrêts qui ne se heurtent pas, si, comme nous le soutenons, ils n'ont statué que sur un fait spécial et réglé uniquement les conséquences de ce fait. Mais avec le système contraire, avec la chose définitivement jugée entre la parte civile et le prévenu, comment les choses pourront-elles s'arranger? Supposons que Pierre devienne l'objet d'une troisième poursuite en contrefaçon, dira-t-il, pour la repousser, qu'il a été jugé par l'arrêt de Paris que le brevet est déchu et nul? Mais la partie civile lui répondra, avec l'arrêt de Douai, qu'il a été souverainement jugé, au contraire, que le brevet est valable. Quel est l'arrêt qui prévaudra? Comme autorité, celui de Douai vaut celui de Paris. Et comme en matière correctionnelle il n'y a pas de règlement de juges possible, comme la Cour de cassation ne peut faire cesser cet antagonisme, il s'ensuit que l'un des deux arrêts sera dépouillé de sa force exécutoire. Signaler cette conséquence, qui est forcée, c'est démontrer jusqu'à l'évidence le vice de la théorie que nous combattons. C'est précisément parce que la loi limite les effets des arrêts correctionnels aux faits sur lesquels ils ont prononcé et les localise, si l'on peut s'exprimer ainsi, que le législateur n'a pas admis en ces matières les règlements de juges destinés à prévenir ce spectacle de deux autorités également élevées dans la hiérarchie judiciaire entrant en lutte ouverte et rendant impossible l'exécution des ordres de justice.

» Après avoir ainsi rétabli les principes, il nous reste à rechercher si la jurisprudence peut nous fournir quelques renseignements utiles. La difficulté qui nous occupe n'a jamais été directement résolue. Nous n'avons trouvé aucun document positif, ni dans les recueils d'arrêts, ni dans les ouvrages généraux sur le droit criminel, ni dans les traités spéciaux sur les brevets d'invention. Cependant dans son arrêt du 8 mai 1844 (Pelisson et Gobert) la Cour de cassation après avoir admis, en droit, cette théorie contestée sous l'ancienne loi, que les Tribunaux correctionnels, juges de l'action en contrefaçon pouvaient être juges de l'exception de déchéance invoquée par le prévenu pour sa défense, constate en ces termes les effets du jugement rendu par les Tribunaux correctionnels : « Attendu que la décision du Tribunal correctionnel sur les exceptions tirées des faits qui seraient de nature à motiver une demande en nullité ou en déchéance, ne détruit pas d'une manière absolue la propriété du brevet, puisqu'elle n'a d'effet qu'au profit de son adversaire actuel, à la différence de ce qui a lieu quand la déchéance ou la nullité est demandée et obtenue par voie d'action principale et directe (*J. du Pal.*, t. de 1844). » Ainsi, suivant cet arrêt, en police correctionnelle, le prévenu profite de la décision, c'est-à-dire, il est renvoyé des fins de la plainte. Il ne peut plus, comme cela résultait de la maxime *non bis in idem*, et comme le veut l'art. 360 du Code d'instruction criminelle, être repris à raison du même fait. Sous ce rapport, il y a chose pleinement jugée, non-seulement contre la partie

dés, puisque ces griefs n'étaient pas invoqués. On peut donc intenter autant d'actions en nullité ou en déchéance qu'il y a

---

civile, mais encore contre le ministère public, qui a pris ou pu prendre des réquisitions. Mais quand il s'agit de contrefaçon, la nullité ou déchéance du brevet, admise comme exception, comme moyen de défense, comme argument pour arriver à proclamer l'innocence du prévenu, ne frappe pas d'une nécessité absolue le brevet dont l'application a été repoussée. Cette déchéance n'existe avec sa puissance absolue, avec sa généralité que lorsque, objet direct de la demande, elle a fait la base d'une action principale, portée devant les juges du droit commun et non devant des juges ayant juridiction spéciale restreinte à des faits empreints d'un caractère exceptionnel. Sur cette même question soulevée sous l'empire de la loi de 1838, de savoir si les Tribunaux correctionnels étaient compétents pour examiner l'exception de déchéance invoquée par le prévenu de contrefaçon, la Cour de Paris (arrêt du 18 mai 1842) admet l'affirmation comme la Cour de cassation. « Considérant, y est-il dit, qu'en matière criminelle, toutes les exceptions qui ont pour but de décharger les prévenus des conséquences pénales des actions dirigées contre eux peuvent par eux être invoquées et être admises par la Cour; — Considérant que, bien que l'exception présentée par Rowelisse et consorts tende à faire prononcer la nullité du brevet en vertu duquel ils sont poursuivis comme contrefacteurs, *cette exception n'est invoquée que comme moyen de défense;* qu'ainsi, en l'admettant, la Cour ne viole pas les règles de la compétence fixées par la loi de 1838 (S. V. 43. 2. 216).

» Ainsi le caractère de l'exception de déchéance, invoqué en police correctionnelle, est nettement défini : elle est et ne peut être qu'un simple moyen de défense, et, à ce titre, mais à ce titre seul, elle n'excède pas les règles de la compétence correctionnelle. Dès lors ses effets sont nécessairement limités à la poursuite à l'occasion de laquelle elle a été produite et accueillie. Une autre décision rendue dans une autre espèce, mais qui repose sur des principes analogues, peut être consultée avec fruit. La Cour d'Amiens (arrêt du 28 décembre 1850) a jugé que le ministère public ne peut provoquer la déchéance d'un brevet d'invention que devant les Tribunaux civils, soit par voie d'action principale, soit par une action en déchéance intentée par des tiers. Il n'a pas qualité pour demander cette déchéance devant la juridiction correctionnelle, dans une instance en contrefaçon intentée par le breveté. Pourquoi ce droit de demander la déchéance en police correctionnelle est-il dénié au ministère public? C'est d'abord parce que, suivant la place qu'il occupe dans la loi de 1844, l'art. 37 ne s'applique qu'aux instances qui ont pour objet principal et direct la déchéance ou la nullité des brevets, lesquels ne peuvent être intentées que devant les Tribunaux civils. C'est ensuite, et c'est là le motif qui s'applique à notre espèce, à cause de la nature exceptionnelle de la juridiction saisie de la poursuite en contrefaçon. « Attendu, dit l'arrêt, que si, par l'art. 46 de la même loi, les juridictions correctionnelles sont investies du

de causes distinctes de nullité ou de déchéance visées dans la loi. C'est là le droit, mais il ne faut pas se dissimuler la défa-

---

droit de prononcer sur les *exceptions* tirées de la déchéance, c'est une dérogation au principe général, que les juridictions correctionnelles ne doivent pas connaître des questions de propriété ; — Que, dès lors, cette dérogation créée en *faveur des prévenus seulement*, *doit être rigoureusement restreinte aux cas et dans les termes dans lesquels elle est établie.* » (S. V. 51. 2. 107.) — Délibéré à Paris, le 10 mars 1854. L. Nouguier.

» Le Conseil soussigné adhère aux opinions ci-dessus exprimées. Lorsqu'un Tribunal, en statuant sur une exception proposée par le défendeur, prononce sur un droit de propriété ou autre droit civil réclamé par le demandeur, le jugement a-t-il, en ce point, l'autorité de la chose jugée entre les parties? Il faut distinguer entre les jugements des Tribunaux civils et ceux des Tribunaux de répression. Devant un Tribunal civil, j'agis en vertu d'un acte, ou dans une certaine qualité; je suis demandeur. Le défendeur, par voie d'exception, attaque l'acte ou conteste la qualité ; le Tribunal annule l'attaque ou déclare que je n'ai pas la qualité qui m'a été déniée. Le jugement aura, entre mon adversaire et moi, l'autorité de la chose jugée, même dans d'autres contestations, parce que le Tribunal avait une juridiction complète et absolue pour prononcer sur la valeur de l'acte ou l'existence de la qualité. Mon adversaire, qui aurait pu, par action principale, lui déférer les questions relatives à l'acte ou à la qualité, a pu également les lui soumettre par voie d'exception; et l'effet de la décision doit être le même dans les deux cas.... Le Tribunal a été saisi d'une manière aussi parfaite et aussi étendue par l'exception, qu'il l'aurait été par une action principale, et ainsi la décision rendue sur l'exception doit avoir la même force de chose jugée qu'aurait eue une décision rendue sur une action principale.

» On ne peut appliquer aux Tribunaux de répression ce qui vient d'être dit des Tribunaux civils. La différence résulte de la nature limitée de leur juridiction. En thèse générale, un Tribunal correctionnel ou autre Tribunal de répression, est radicalement incompétent pour statuer sur une question de droit civil, telle qu'une question de propriété. Cependant il arrive souvent que, devant un Tribunal correctionnel, le prévenu se défend, en disant que ce qu'on lui reproche, il avait le droit de le faire. Par exemple, l'individu inculpé d'un délit de pâturage, prétend qu'il avait un droit de propriété, d'usufruit ou d'usage sur le terrain où le pâturage a eu lieu. Un individu, prévenu de vol, soutient que la chose soustraite lui appartient. Ce sont là des questions préjudicielles de droit civil, à laquelle la décision du Tribunal correctionnel est subordonnée. Ces questions préjudicielles étant par leur nature de la compétence des Tribunaux civils, il semble, au premier coup d'œil, que ce qu'il y aurait de plus logique en pareil cas, ce serait, de la part du Tribunal correctionnel, de prononcer un sursis jusqu'à ce que les parties eussent fait juger la question préjudicielle de droit civil par les Tribunaux civils. Mais on a re-

veur qui s'attacherait à l'exercice de ce droit, s'il était démontré que l'on a divisé les actions pour les multiplier.

---

connu que, dans la pratique, cette manière de prononcer aurait souvent d'immenses inconvénients, et entraverait, de la manière la plus fâcheuse, la vindicte publique. Les voleurs, par exemple, si l'on eût adopté cette marche, n'auraient guère manqué de se prétendre propriétaires et auraient obtenu des sursis, pendant lesquels les preuves du délit auraient disparu ou se seraient affaiblies.

» On a été conduit par là à une distinction, qui se trouve très-clairement exprimée dans une note que le savant président Barris a rédigée le 5 novembre 1813, à la suite d'une délibération de la chambre criminelle de la Cour de cassation, et qui est rapportée dans toute son étendue par M. Mangin (*Traité de l'action publique*, tome Ier, page 578 et suivantes). En matière immobilière le Tribunal de répression ne peut jamais connaître de l'exception préjudicielle; il est tenu de surseoir jusqu'à ce que la juridiction civile ait statué. En matière mobilière, il en est autrement : le Tribunal de répression statue sur l'exception; mais comment y statue-t-il? D'une manière restreinte; et en tant seulement que la décision de la question préjudicielle est indispensable pour mettre le Tribunal en état de juger le délit, c'est ce qui résulte de la note, ci-dessus rappelée, dont la doctrine a toujours été suivie par la jurisprudence, et le législateur l'a prise comme base des lois rendues depuis. Ainsi un Tribunal correctionnel connaît d'une question de droit civil, qui lui est soumise à titre d'exception, lorsqu'il ne s'agit que d'un objet mobilier; mais comment et dans quelles limites en connaît-il? Il statue sur cette question, *comme moyen de défense contre la prévention du fait criminel*. Ainsi l'unique portée de sa décision sur cette question, c'est d'avoir pour conséquence l'absolution ou la condamnation du prévenu; il y a chose jugée seulement sur l'innocence ou sur la culpabilité; mais en dehors du procès criminel, à l'occasion duquel la question de droit civil a été examinée et résolue, il n'y a pas chose jugée, relativement à l'existence ou à la non-existence de ce droit civil. Le Tribunal correctionnel avait sans doute compétence pour prononcer sur la question préjudicielle; mais sa compétence n'était pas absolue, elle n'était fondée que sur la nécessité de ne pas entraver la répression; elle n'avait donc d'existence et ne pouvait produire d'effet que dans le cercle du procès correctionnel. Tout pouvoir exceptionnel a des bornes, et ces bornes se trouvent posées par le motif qui a fait établir ce pouvoir exceptionnel. Le motif qui rend un Tribunal correctionnel habile à statuer sur une question préjudicielle de droit civil en matière mobilière, c'est de lui donner la possibilité de juger promptement le délit; donc sa décision, relativement à la question préjudicielle, n'a d'autorité qu'à l'égard du jugement correctionnel rendu par suite de cette décision.

» Les principes généraux que le soussigné vient d'énoncer reçoivent-ils exception en matière de brevets d'invention? Loin de là : l'esprit de la loi de 1844 y est absolument conforme. Il faut remarquer que, d'après le projet du gou-

Nous avons dit que la faculté d'épuiser, un à un, tous les cas énumérés dans les art. 30 et 32, ne pouvait être exercée

---

vernement, le Tribunal correctionnel ne devait jamais statuer sur *l'exception tirée de la nullité* ou de la *déchéance* du *brevet*. Le projet voulait que les règles qui sont en vigueur, relativement aux questions préjudicielles en matière immobilière, fussent appliquées aux brevets, quoique leur caractère fût mobilier. L'importance des brevets avait probablement déterminé le gouvernement à faire cette proposition, et si le projet eût été adopté sur ce point, les Tribunaux correctionnels n'auraient jamais statué sur ces sortes d'exceptions; ils auraient sursis jusqu'à ce que la question de déchéance ou de nullité eût été vidée au civil. Le projet fut amendé et l'art. 46 décrété tel qu'il existe; mais pourquoi? Uniquement pour éviter des longueurs, et parce que, comme le disait M. de Barthélemy, rapporteur à la chambre des pairs, « ... très-souvent les contrefacteurs ne dirigent cette action en nullité ou déchéance que pour gagner du temps et continuer leur industrie illicite, etc. » Ainsi c'est la nécessité d'une prompte répression qui a fait adopter l'amendement; les Tribunaux correctionnels ne sont appelés à connaître de la nullité ou de la déchéance qu'accessoirement au procès porté devant eux, et afin qu'ils puissent, rapidement et sans entraves, remplir leur office de juges de répression; donc, cet office une fois rempli, leur décision sur la nullité ou la déchéance n'a plus d'effet. Les termes de l'art. 46 sont conformes à ce que nous venons de dire : cet article ne dit pas que le Tribunal statuera sur la nullité, la déchéance ou la propriété du brevet; mais qu'il statuera sur.... *les exceptions* tirées de cette nullité ou déchéance, etc.... Ainsi ce n'est pas d'une manière absolue, mais seulement comme *exception* au moyen de justification, que le Tribunal correctionnel apprécie les questions de nullité, déchéance, etc. L'art. 34 s'exprime tout autrement : *Action en nullité*, *action en déchéance*. Là le jugement, qui émane d'un Tribunal civil, a, entre les parties, l'autorité de la chose jugée, dans toute l'étendue possible. Il n'en est pas de même dans le cas de l'art. 46, et voilà pourquoi les expressions sont différentes.

» Il y a, en cette matière, trois degrés d'autorité de chose jugée. Dans le cas prévu par l'art. 37, c'est-à-dire dans celui d'intervention du ministère public dans un procès civil en déchéance ou en nullité, l'autorité de la chose jugée a lieu d'une manière absolue et à l'égard de toute personne, même non partie au procès. Dans le cas prévu par l'article 34, c'est-à-dire dans celui d'une action principale au civil en nullité ou en déchéance, sans intervention du ministère public, l'autorité de la chose jugée est absolue, mais entre les parties seulement; elle est nulle à l'égard des tiers. Dans le cas prévu par l'art. 46, il y a chose jugée d'une manière absolue, quant à la condamnation ou à l'acquittement; mais quant à la nullité ou à la déchéance, il n'y a rien de jugé, même entre les parties, en dehors du procès correctionnel dans lequel la nullité ou déchéance a été appréciée à *titre de moyen de défense*. Ces gradations sont sages; elles sont conformes aux principes; elles sont le meilleur

qu'à une condition, c'est que la même cause de nullité ou de déchéance ne serait pas soulevée par la même personne. Aussi il faut se garder de confondre les cas de nullité avec les moyens à l'appui de ces cas déterminés; par exemple, celui qui aurait opposé le défaut de nouveauté de l'invention, en se fondant sur ce que tels ou tels individus désignés s'étaient servis de l'invention antérieurement au brevet, ne pourra plus, s'il a succombé définitivement sur ce chef, opposer au breveté que l'invention n'est pas nouvelle, parce qu'elle se trouve consignée dans tel ouvrage imprimé et publié avant le brevet. Les faits à l'appui du grief, c'est-à-dire les *moyens*, sont bien différents, mais le grief est le même. Or les principes de droit commun qui régissent la *chose jugée* ne permettent pas d'accueillir cette nouvelle preuve (1).

---

moyen de prévenir les inconvénients si bien indiqués dans la consultation. — Délibéré à Paris, le 12 avril 1854. — H. de Vatimesnil. »

Indépendamment de l'adhésion qui précède, MM. Dupin aîné, Duvergier, Paillet et Valette, avocats à la Cour impériale de Paris, ont, par des adhésions motivées, adopté l'opinion développée par M. Louis Nouguier.

Contrà implic. — 24 novembre 1854. — C. Cass. — Duchesne : Gibus.

(1) 18 juin 1852. — C. Cass. — Guillaume et Vinger : Piel. — Attendu que Piel, poursuivi en police correctionnelle à la requête de Guillaume et Vinger, pour contrefaçon de leur brevet d'invention pris en 1845, avait formé une demande principale en déchéance dudit brevet devant la juridiction civile, et que la Cour de Paris, première chambre, par un arrêt du 22 août 1851, confirmatif d'un jugement du Tribunal civil de la Seine du 28 mai 1851, a déclaré ladite demande en déchéance mal fondée; — Attendu que la cause ayant été reportée devant la juridiction correctionnelle, pour le jugement de la plainte en contrefaçon formée par Guillaume et Vinger contre Piel, et ce dernier ayant excipé dans de nouvelles conclusions de la nullité de leur brevet d'invention, la Cour de Paris, chambre des appels correctionnels, a, par arrêt du 1er mai 1852, déclaré nul ledit brevet; — Attendu que l'exception de nullité du brevet, proposée par Piel dans ses conclusions en police correctionnelle, avait le même objet que la demande principale en déchéance du brevet, par lui formée précédemment devant la juridiction civile; qu'elle était fondée sur la même cause, savoir la divulgation du procédé, antérieure à l'obtention du brevet; que ces demandes avaient été formées entre les mêmes parties procédant en la même qualité; — Attendu que la première décision rendue par la première chambre de la Cour d'appel de Paris, le 22 août 1851, sur la demande principale en déchéance du brevet d'invention de Guillaume et Vinger, avait, en ce qui concerne la dé-

Il faut reconnaître que ces solutions présentent un désaccord fâcheux avec le principe fondamental de la loi spéciale, qui ne permet pas qu'un brevet conserve sa force du moment où il est établi que l'invention n'est pas nouvelle. Mais il est impossible de concilier les règles du droit commun, sur la chose jugée, avec la loi de 1844. Il faut regretter que le législateur ait, sur ce point comme sur tant d'autres, négligé de prévoir des difficultés qu'une pratique d'un demi-siècle avait suffisamment révélées.

Si le demandeur en nullité, qui a succombé, peut attaquer encore le brevet, à plus forte raison doit-on admettre qu'un autre demandeur pourra, à son tour, soulever de nouveau la question de nullité ou de déchéance, jugée une première fois, et dont le breveté a triomphé. Cette nouvelle demande pourrait être fondée sur les mêmes faits et griefs que la première poursuite. La raison de le décider ainsi se puise dans les principes les plus élémentaires du droit commun; car si les questions à résoudre sont les mêmes, elles ne s'agitent pas entre les mêmes parties.

Le prévenu qui a été condamné comme contrefacteur est plus qu'aucun autre recevable à poursuivre la nullité du brevet, car plus qu'aucun autre il y est intéressé. Cependant on lui en a quelquefois contesté le droit, en lui objectant que sa condamnation avait préjugé la validité du brevet. C'est une er-

---

chéance ou nullité dudit brevet, l'autorité de la chose irrévocablement jugée et qu'à cette décision était attachée une présomption légale de vérité, que les juges ne pouvaient méconnaître sans violer la loi; — Attendu que si, dans les conclusions par eux prises devant le Tribunal de police correctionnelle, Guillaume et Vinger ne paraissent pas avoir opposé l'exception de la chose jugée, sur la question préjudicielle de déchéance du brevet, il résulte des documents de la cause que la juridiction correctionnelle avait elle-même sursis à statuer sur la plainte en contrefaçon, jusqu'à ce que la juridiction civile eût prononcé sur la demande principale en déchéance du brevet, et qu'ainsi la juridiction correctionnelle a dû nécessairement connaître la décision sur la question préjudicielle, à laquelle l'instance correctionnelle avait été subordonnée par le jugement de sursis; — Qu'il y a eu ainsi violation des art. 1350 et 1351 du Code Napoléon sur l'autorité de la chose jugée; — Casse, etc.

Idem. Juillet 1853. — C. App. Rouen. — Bouillaud : Collin-Royer.

reur; le juge qui a prononcé uniquement sur la contrefaçon, c'est-à-dire sur le fait de ressemblance, n'a ni jugé ni même préjugé la validité du brevet. Il l'a seulement supposée (1).

Il y a chose jugée sur l'exception de déchéance résultant du défaut de payement d'une annuité, lorsque le prévenu, condamné comme contrefacteur malgré ce moyen de défense, n'a point interjeté appel du jugement. Si donc la justice est, de nouveau, saisie de la poursuite par l'appel du plaignant, au point de vue des dommages-intérêts, elle ne peut admettre cette exception (2). Mais le prévenu conserve le droit de faire statuer, par action principale, sur ce moyen de déchéance en portant sa demande devant un Tribunal civil.

On ne peut opposer à un breveté que son invention est tombée dans le domaine public, par la déchéance prononcée contre un brevet postérieur au sien et qui avait été pris exactement pour la même invention. Ce deuxième brevet ne peut, par le fait même de sa date, affecter en quoi que ce soit la validité du brevet qui lui est antérieur. Ce qui a été décidé pour le dernier breveté est, pour le premier en date, *res inter alios acta;* il n'y a donc pas chose jugée.

---

(1) 20 décembre 1848. — C. App. Paris. — Ducray : Robert-Augier. — Attendu que l'art. 46 de la loi de 1844 défère au Tribunal correctionnel la connaissance de la question de déchéance ou de nullité du brevet, lorsque le prévenu de contrefaçon l'oppose comme moyen de défense; que ce n'est là qu'une exception à la règle générale contenue en l'art. 34 de la même loi, qui donne compétence aux Tribunaux civils pour toute action en déchéance ou en nullité des brevets; — Attendu dès lors que lorsque le prévenu s'est défendu au correctionnel, sans invoquer la déchéance du brevet, il peut ultérieurement et en tout état de cause saisir le Tribunal civil de cette action en déchéance ou en nullité.

(2) 7 juin 1851. — Cass. — Jerosme : Gomel. — Voy. page 558.

CHAPITRE X.

DES ACTIONS QUI PEUVENT ÊTRE DIRIGÉES CONTRE LE BREVETÉ.

SECTION 1re. — *Des actions relatives à la propriété des brevets.*

Indépendamment des actions en nullité ou en déchéance, qui font le sujet du chapitre précédent, le breveté est exposé à d'autres poursuites, telles, par exemple, que les demandes ayant pour objet de lui contester la propriété de son brevet. Les Tribunaux civils de première instance sont seuls compétents pour connaître de toutes les contestations de cette nature. Les termes de la loi sont généraux et absolus (art. 34), et doivent être appliqués, par conséquent, même au cas où la contestation s'élève entre commerçants ou individus associés pour la même industrie.

Lorsqu'une contestation s'engage sur la propriété d'une découverte brevetée, celui qui la revendique peut, comme dans tous les cas où il s'agit de fraude, établir son droit de propriété par tous les genres de preuves, même par de simples présomptions, conformément à l'art. 1353 du Code civil. Il n'est pas inutile d'ajouter que l'usurpateur de l'invention ne saurait être admis à soutenir que le réclamant n'est pas lui-même le véritable auteur de l'invention (1). La raison de le décider est exactement celle qui nous a fait refuser au contrefacteur le droit de critiquer la validité de la cession en vertu de laquelle il est poursuivi. (Chap. VI, sect. 1re, § 2.)

Si le réclamant justifie sa prétention, les Tribunaux doivent

(1) 28 janvier 1847. — C. Imp. Rouen. — Roduwich : Lefrançois.

ordonner que son nom sera substitué sur le brevet à celui du titulaire. C'est ce que dans la pratique on appelle une subrogation (1).

Si le demandeur s'est fait breveter, il peut, au lieu de la subrogation, demander la nullité du brevet pris frauduleusement avant le sien (2). Mais ce moyen a ses dangers, car il expose le breveté à ce que les contrefacteurs excipent de leur bonne foi, fondée sur l'annulation du premier brevet, annulation qui a pu leur faire croire que l'invention avait été, dès lors, livrée au domaine public.

Les tribunaux sont seuls compétents pour ordonner la subrogation. L'administration ne peut en aucun cas décider les questions de cette nature. Son rôle consiste uniquement à exécuter les jugements rendus sur ces matières lorsqu'ils sont définitifs et sur le vu de l'expédition qui lui est produite ou signifiée.

La subrogation ordonnée par justice n'entraîne pas, pour le subrogé, l'obligation de payer, comme pour les cessions, la totalité des annuités à échoir. Il ne s'agit point, dans ce cas, d'une transmission de propriété, mais d'une simple restitution.

Lorsqu'un débat est engagé sur la propriété d'un brevet, le Tribunal saisi peut ordonner que le brevet sera placé sous séquestre, et que l'usage en sera interdit à chacun des prétendants jusqu'à ce qu'il ait été statué sur la propriété. Toutefois le droit du Tribunal ne l'autorise pas à prolonger la séquestration jusqu'à l'expiration du brevet, car ce serait, au préalable, détruire la propriété (3).

SECTION 2. — *Des poursuites dirigées contre le breveté pour contravention à l'art.* 33.

Tant que l'industrie a été régie par les lois de 1791, l'ordonnance royale constituait seule le titre définitif du breveté.

(1) 27 décembre 1851. — Pothier-Lebrun : Ledamoiseau. — Voy. page 436.

(2) 7 juin 1845. — C. R. Paris. — Thollin : Duport.

(3) 22 janvier 1851. — C. Cass., chambre des requêtes. — Admission du pourvoi Chatelain-Massé, contre un arrêt de la Cour de Paris du 23 mars 1850.

Alors ces mots *breveté du roi*, ainsi que l'écusson royal, apparaissaient sur toutes les enseignes, marques et affiches de l'inventeur. Le législateur y a vu un abus que rendait encore plus dangereux l'ignorance du public sur la véritable valeur des brevets. Pour obvier à ces inconvénients, le législateur a attribué au ministre seul (art. 11, § 2) le droit de délivrer les brevets, qui ne consistent plus, dès lors, qu'en un simple arrêté du ministre, constatant seulement la date et la régularité de la demande. Enfin, pour forcer en quelque sorte le public à comprendre la véritable portée de l'acte appelé brevet, le législateur a eu la malheureuse idée d'exiger que le breveté, toutes les fois qu'il énoncerait son brevet, ajoutât ces mots : *sans garantie du gouvernement.* L'infraction à cette peine est punie d'une amende de 50 fr. à 1,000 fr. (art. 33).

Bien que cette exigence, au moins injuste, soit tombée en désuétude, nous devons la prendre au sérieux, tant qu'elle ne sera pas abrogée. Aussi disons-nous que la mention *sans garantie du gouvernement* doit être exigée toutes les fois qu'il est fait allusion, même indirectement, à un brevet. Mais on ne pourrait l'exiger de l'industriel qui aurait annoncé sur ses enseignes ou étiquettes, qu'il est seul inventeur. Il n'y a, dans cette énonciation, aucune indication de propriété exclusive et par conséquent rien qui révèle l'existence du brevet.

Le législateur a été mieux inspiré lorsqu'il a prohibé certaines énonciations mensongères. Ainsi on ne se faisait pas scrupule de s'intituler breveté sans posséder un brevet, ou de se dire breveté même après l'expiration du brevet. La loi punit ceux qui auront employé ces fausses énonciations. Toutefois, nous n'hésitons pas à admettre que l'on pourra mentionner un brevet lorsqu'il aura été frappé de nullité ou de déchéance, non absolue, mais seulement relative, car alors le brevet n'est annulé que pour ceux qui étaient parties au procès.

Les dispositions de l'art. 33 seraient illusoires, si elles n'étaient pas comprises en ce sens que nul ne pourra prendre la qualité de breveté, si ce n'est quand il s'agira de l'objet du brevet. Ainsi un industriel breveté pour une seule découverte ne pourrait prendre, d'une manière absolue, la qualité de breveté. Il ferait, par ce moyen, croire au public que tous les objets de son commerce sont brevetés. Ce qui serait aussi contraire à la loi que d'inscrire son nom sur une marchandise, en y ajoutant la qualification de breveté, si on n'a pas obtenu le brevet pour cette marchandise même. Il ne suffit donc pas d'avoir un brevet pour s'annoncer comme breveté, il faut encore avoir obtenu le brevet pour l'objet à l'occasion duquel on se dit breveté. Les dispositions de l'art. 33 sont applicables toutes les fois que, sans annoncer expressément un brevet, on se sert d'expressions équivalentes. Ainsi celui qui, dans ses prospectus ou annonces, menace de poursuivre les contrefacteurs, est passible des peines portées par l'art. 33 s'il n'a pas ou s'il n'a plus de brevet.

Le législateur, en classant parmi les délits les faits énumérés dans l'art. 33 et qui portent atteinte à l'industrie en général, a voulu confier au ministère public le soin de les poursuivre et de les faire réprimer. Mais ce droit de poursuite n'est point exclusif et peut être exercé par un particulier dans son intérêt personnel. Ainsi nul ne pourra contrevenir aux dispositions de l'art. 33 sans s'exposer aux poursuites de quiconque, par la nature de son industrie, aurait à souffrir des énonciations mensongères ou illégales employées en contravention aux dispositions précitées. Notre opinion est fondée sur le principe posé dans l'art. 1382 du Code civil, et il suffira que le demandeur, pour faire accueillir son action, prouve, non pas qu'il a souffert ou qu'il souffre de l'infraction à la loi, mais qu'il peut en souffrir (1).

SECTION 3. — *De la concurrence déloyale du breveté.*

Les brevets étant délivrés sans examen préalable, il importe de garantir avec soin l'industrie loyale contre les abus que peut commettre le breveté à l'aide du titre dont il est porteur. Ainsi

(1) 1er avril 1851. — Trib. Corr. Paris. — Dupetitmont : Neuville.

il n'est pas rare de voir un breveté, même convaincu de la nullité de son brevet, menacer ses rivaux d'industrie ou les desservir auprès des acheteurs sans oser affronter les regards de la justice. C'est là un fait dommageable qui, aux termes de l'art. 1382 du Code civil, peut être déféré aux Tribunaux. Si le breveté se croit fondé à se plaindre, il doit s'adresser aux Tribunaux, et non se faire justice à lui-même (1).

---

(1) 10 juin 1853. — Trib. Comm. Paris. — Pritchard-Monneron : Gigneau. — Attendu que Gigneau a répandu dans le commerce des circulaires par lesquelles il donnait avis que, inventeur breveté en France d'un procédé pour le caoutchouc vulcanisé, il se proposait de poursuivre comme contrefacteurs les vendeurs de tampons et de rondelles en caoutchouc qui, bien que d'une couleur différente de ses produits, n'étaient en réalité que des contrefaçons de son invention; — Attendu que dans les mêmes circulaires il visait les articles de la loi dont il voulait user contre les détenteurs de ses produits; — Attendu qu'il résulte des pièces produites que, sous l'empire de ces moyens comminatoires, les compagnies de chemin de fer, notamment celles de Rouen, du Nord et d'Orléans, ont retardé la commande d'ordres qu'ils avaient ou devaient donner pour les produits des demandeurs; — Attendu que Gigneau ne saurait prétendre que les circulaires qu'il a adressées, ne s'adressant qu'à la contrefaçon en général et rapportant le texte de la loi, n'étaient que l'usage légitime et légal de son droit d'inventeur; — Qu'en effet, dans le cours d'août 1852, une signification fut adressée régulièrement à Gigneau par les demandeurs, d'avoir à exercer ses poursuites, comme propriétaire de brevet, sur les produits que ces derniers avaient livrés à la compagnie de Saint-Germain, produits appliqués à la locomotive *l'Éole*, en gare aux Batignoles; — Que postérieurement à cette signification et sans avoir fait reconnaître son droit comme propriétaire d'une invention, le défendeur, dans un but de *concurrence déloyale*, a adressé à l'administration du chemin d'Orléans une lettre, dans laquelle il déclare que les produits des demandeurs notamment étaient exécutés en contrefaçon de ses brevets de création et de fabrication; — Attendu qu'un pareil usage d'un *droit contestable* ne saurait être toléré; qu'il y a lieu, dès lors, de faire droit à la demande en dommages-intérêts, pour réparation du préjudice éprouvé par les demandeurs; — Condamne, etc., etc.

CHAPITRE XI.

DE LA CONTREFAÇON.

SECTION 1re. — *Des contrefacteurs et de ceux qui leur sont assimilés.*

La loi classe en deux catégories ceux qui peuvent être poursuivis pour avoir porté atteinte aux droits du breveté : 1° les contrefacteurs, c'est-à-dire ceux qui ont fabriqué l'objet du breveté ou employé le procédé breveté ; 2° ceux qui ont sciemment recélé, vendu, exposé en vente ou introduit en France des objets contrefaits.

Le coauteur de la contrefaçon est bien évidemment passible des mêmes peines que l'auteur principal. Mais on s'est demandé s'il en est ainsi de celui qui n'a coopéré au fait de contrefaçon que par l'un des moyens énumérés dans l'art. 60 du Code pénal. On a prétendu que la loi de 1844, énumérant dans son art. 41 tous les faits constitutifs de la complicité en matière d'inventions contrefaites, avait implicitement écarté la complicité définie par le Code pénal. Cette doctrine nous paraît erronée. L'art. 41 n'a pas eu en vue de définir la complicité. Si telle avait été la pensée du législateur, il se serait borné à dire que ceux qui se rendront coupables de l'un des faits prévus dans l'art. 41 seront réputés complices, et alors la complicité aurait été nécessairement limitée aux cas prévus, à l'exclusion de ceux énumérés dans l'art. 60 du Code pénal. Au lieu de les désigner sous cette qualification, la loi soumet aux peines de la contrefaçon, c'est-à-dire qu'elle assimile à ce délit, chacun des faits qu'elle énumère. Ainsi le recel, la vente, l'introduction sont autant de délits distincts. La complicité définie par l'art. 60 du Code pénal suppose toujours qu'il y a eu entente entre le complice et l'auteur principal. L'art. 41 de la loi de

1844, au contraire, élève chacun des faits qu'il prévoit à la hauteur d'un délit particulier et sans exiger qu'il y ait eu un rapport quelconque entre le contrefacteur et le débitant, le recéleur ou l'introducteur. Disons ensuite que les lois spéciales, quand elles définissent les caractères du délit qu'elles ont en vue, excluent virtuellement tous les faits analogues, parce que, en matière pénale, on ne peut qualifier délit que ce qui est expressément prévu. Mais il n'y a pas de raison, à moins d'une disposition contraire et formelle, pour exclure la complicité telle qu'elle résulte du droit commun. Les décisions qui semblent consacrer la doctrine contraire ne sont intervenues que dans des cas où les faits, reprochés au prévenu, avaient été mal qualifiés (1). Sans aucun doute les arrêts qui ont été défé-

(1) 26 juillet 1850. — C. Cass. — Duchesne : Gibus. — Attendu que les art. 59 et 60 du Code pénal ne sont applicables aux délits prévus par une loi particulière qu'autant que cette loi n'a pas dérogé à leurs dispositions; que la dérogation peut être expresse ou résulter de l'ensemble des dispositions de la loi nouvelle; — Attendu que le droit conféré aux inventeurs par la loi du 7 janvier 1791 et par l'art. 1er de celle du 5 juillet 1844, est d'une nature spéciale; qu'il a toujours été réglé et protégé par une législation spéciale; que, jusqu'à la loi du 25 mai 1838 sur les justices de paix, l'atteinte portée à ce droit ne donnait lieu qu'à une action civile; qu'après qu'elle a été érigée en délit par l'art. 20 de cette loi, la loi du 5 juillet 1844, en réglant tout ce qui concerne les brevets d'invention, a déterminé les faits auxquels elle a voulu que ce caractère de délit fût attaché; qu'elle a puni d'abord, dans son art. 40, la fabrication de produits et l'emploi de moyens faisant l'objet du brevet, c'est-à-dire de la contrefaçon elle-même; qu'elle a puni ensuite, dans ses art. 41 et 43, ceux qui favorisent la contrefaçon, soit en recélant, vendant ou exposant en vente ses produits, soit en les introduisant sur le territoire français, soit enfin, de la part des ouvriers ou employés du breveté, en s'associant avec le contrefacteur; que l'énumération contenue dans lesdits art. 41 et 43 est limitative; qu'on ne peut étendre le cercle que cette loi spéciale a tracé à la pénalité, en recourant aux dispositions générales des art. 59 et 60 du Code pénal; — Attendu, en fait, que le demandeur a été déclaré coupable du délit de contrefaçon pour avoir été sciemment, auprès du contrefacteur, l'intermédiaire de Gibus, de Londres, qui lui avait commandé à plusieurs reprises des objets de contrefaçon, et qu'il a été condamné par application des art. 41 et 43 de la loi du 5 juillet 1844 et 60 du Code pénal; — Mais attendu que, d'après les principes ci-dessus posés, il ne pouvait y avoir lieu à l'application de l'art. 60 du Code pénal; que la Cour d'appel aurait dû rechercher, d'après les docu-

rés à la Cour suprême auraient échappé à sa censure si le juge du fait avait donné à la coopération du prévenu la qualification qui lui appartenait.

Ce que nous avons dit du coauteur doit être entendu en ce sens que tout fait de fabrication ou d'emploi, même indirect, range celui qui en est convaincu dans la première catégorie des contrefacteurs. Ainsi celui-là est réellement coauteur de la fabrication qui fait fabriquer par ses ouvriers les produits, ou qui leur fait employer les moyens brevetés. En vain se défendrait-il en disant que l'emploi du moyen breveté était sans profit pour lui et qu'il n'a profité qu'à ses ouvriers; il n'en serait pas moins coupable. En effet, la loi ne se préoccupe pas des avantages que le prévenu a retirés de la contrefaçon, mais uniquement de l'atteinte portée au droit du breveté. Or celui qui impose à ses fournisseurs ou à ses ouvriers l'obligation de fabriquer des objets contrefaits, ou de s'en servir, porte la plus grave atteinte au privilége du breveté, et, à bien considérer les choses, il est même plus coupable que les ouvriers qu'il a placés dans la nécessité de commettre le délit (1).

L'ouvrier, quoique digne d'intérêt dans le cas ci-dessus, n'en est pas moins passible des peines portées par la loi s'il est établi qu'il a agi sciemment. Celui qui n'a agi que comme un instrument aveugle et passif de son maître peut seul échapper aux poursuites du breveté.

Il a été décidé que le simple intermédiaire qui, à titre purement officieux, se charge, pour le compte d'autrui, de demander à un fabricant des objets contrefaits, ne peut être atteint par la loi, parce que le fait qui lui est reproché n'est prévu, ni dans les art. 40 et 41, ni dans l'art. 60 du Code pénal.

---

ments de conviction qui étaient soumis à son appréciation, s'il n'existait pas à la charge du demandeur des faits ayant le caractère de recel, de vente ou d'exposition en vente; que les faits qu'elle s'est bornée à déclarer ne rentrent pas dans les termes de l'art. 41 et encore moins dans ceux de l'art. 43 de la loi de 1844; — Casse.

Idem. 21 novembre 1851. — C. Cass. — Duchesne : Galibert.

(1) 25 février 1851. — Rhodez. — Vachon : Pouget.

Il est bien entendu que les faits qui, eu égard aux expressions limitatives de la loi de 1844 et du Code pénal, ne peuvent être considérés ni comme délit ni comme complicité de contrefaçon, peuvent néanmoins exposer leurs auteurs à une action fondée sur l'art. 1382 du Code civil. Rien dans la législation spéciale ne détruit le principe de droit commun sur la réparation du préjudice causé (1).

La fabrication des organes séparés d'une machine brevetée constitue la contrefaçon partielle, si ces organes, pris isolément, sont une invention, ou si, étant du domaine public, il est constaté que ces organes devaient servir à la construction de la machine dont l'ensemble seul est breveté (2).

---

(1) 29 mars 1853. — C. Cass. — Hossard : Guérin, Charrière. — 17 juin 1852, arrêt de la Cour de Paris qui rejette la demande de mise hors de cause de Guérin, par le motif que cette demande a été repoussée par le jugement du 3 février 1848, dont il n'avait pas été interjeté appel. — Au fond, l'arrêt décide que les instruments saisis sont une contrefaçon des appareils brevetés; que Guérin et Charrière se sont rendus coupables de cette contrefaçon. — Considérant qu'il résulte des débats et des faits et documents de la cause, qu'à partir de l'époque où Guérin a cessé d'employer Cottin à la fabrication des ceintures dites à flexion, dont il est l'auteur, il a transporté cette fabrication dans les ateliers de Charrière; qu'un ouvrier a été chargé particulièrement de l'exécution des commandes et prescriptions de Guérin; que la responsabilité de Charrière, bien qu'il soit resté personnellement étranger à cette fabrication, résulte de l'assentiment qu'il a donné au travail de son ouvrier; que la responsabilité de Guérin est déjà établie pour les commandes, qui sont avouées ou prouvées par le jugement du 3 février 1848. — En outre, l'arrêt rejette une demande en déchéance formée incidemment par Bienaimé Duvoir. — Pourvoi en cassation. — Arrêt : — Attendu qu'il n'a été soutenu, ni devant le Tribunal de première instance, ni devant la Cour de Paris, que la ceinture dont il s'agit ne fût pas susceptible d'être brevetée, en ce qu'elle n'aurait constitué qu'un mode de traitement des déviations de la taille; — Que d'ailleurs l'agent matériel, l'appareil mécanique, au moyen duquel ce traitement a lieu, est un véritable produit industriel et a pu devenir, à ce titre, la matière d'un brevet; — Attendu que l'arrêt attaqué constate que Guérin a fait fabriquer la ceinture dont il s'agit, d'abord dans son établissement orthopédique de la Muette, puis chez Charrière, par un ouvrier chargé particulièrement de l'exécution de ses commandes, et qu'il a employé, dans sa pratique, les appareils ainsi contrefaits au préjudice de l'industrie brevetée de Hossard; ce qui justifie pleinement les condamnations qui ont été prononcées; — Rejette.

(2) 24 avril 1855. — C. Imp. Orléans. — Motte : Laurence et Cotel. — Con-

Il importe peu que celui qui fabrique l'objet contrefait ne l'ait fabriqué que pour son usage personnel. La loi n'a pas dis-

---

sidérant que Motte rapporte la preuve de la cession qui lui a été faite régulièrement du brevet obtenu par Jacquin pour des métiers à tricot, le 8 mars 1841, ainsi que des additions qui l'ont suivi; — Considérant qu'en vertu d'une ordonnance, Motte a fait saisir au domicile de Laurence et mettre sous les scellés, notamment vingt rondelles en cuivre non terminées, 2° trente-six autres rondelles terminées, 3° et une certaine quantité de dents pouvant s'élever à deux ou trois cents, ainsi qu'il résulte d'un procès-verbal du 29 août dernier; — Considérant qu'il résulte, tant des déclarations des prévenus consignés audit procès-verbal, que de leur interrogatoire à l'audience, que deux des pièces du mécanisme Jacquin, les rondelles et les dents, étaient confectionnées dans les ateliers de Laurence, pour les besoins de son industrie, par les soins de Cotel, son préposé, et que celles saisies étaient d'une complète identité; — Considérant qu'il est également constant que les treize organes différents qui composent la machine Jacquin, sont connus et en quelque sorte insignifiants; que les quatre autres au contraire, et notamment les rondelles et les dents, sont la création particulière, l'œuvre spéciale de l'inventeur, qui leur a donné une forme différente de celles employées précédemment et qu'il les livre ainsi au commerce séparément de l'ensemble de la machine; — Considérant que la défense de Laurence consiste à dire qu'il ne commettrait le délit de contrefaçon que s'il faisait confectionner la machine Jacquin dans son entier, dans son ensemble, mais qu'en ne créant que deux parties du tout, il ne fait que réparer la machine brevetée, ce qui est son droit; — Considérant que si Laurence s'était borné à restaurer des rondelles ou des dents endommagées, mais sorties des magasins du breveté, il n'aurait opéré en effet qu'une réparation, mais qu'en confectionnant dans ses propres ateliers deux des organes les plus considérables de la machine Jacquin, sa création la plus spéciale, qu'il vend même séparément, c'est une création véritable d'une partie de la machine, et par suite une contrefaçon; — Qu'en effet, le droit exclusif de l'inventeur d'une machine brevetée porte, non sur l'ensemble, mais encore sur les détails, ceux surtout qui sont plus particulièrement l'objet de son brevet; que s'il en était autrement le breveté serait dépouillé pièce à pièce de son mécanisme; — Qu'il résulte des documents fournis par le plaignant, que la vente, soit des rondelles sans dents, soit des dents sans rondelles, forme une branche importante de son commerce, et que s'il était permis à tous et à chacun d'en fabriquer de semblables, il éprouverait un grave préjudice et perdrait les avantages que son brevet a pour but de lui conférer; — En ce qui concerne Cotel: — Considérant qu'il est mécanicien; — Considérant qu'il se trouve en état de récidive et qu'il a été précédemment condamné par arrêt de la Cour de Paris du 5 juillet dernier, pour contrefaçon du brevet Jacquin, et qu'en commettant le même délit chez Laurence, il ne saurait être considéré comme un instrument inintelligent et passif; — Condamne, etc. — Appel. — Arrêt confirmatif.

Idem. 5 juillet 1854. — C. Imp. Paris. — Motte : Berthelot.

tingué et ne pouvait le faire. Elle prohibe, en général, toute atteinte portée aux droits du breveté par la fabrication ou l'emploi. Or celui qui, uniquement pour son usage personnel, fabrique les produits ou emploie les moyens brevetés, s'il ne porte pas une atteinte aussi grave au droit de l'inventeur que celui qui fabrique pour vendre ou pour appliquer à son industrie, ne lui fait pas moins un préjudice appréciable, car, sans son fait de fabrication, l'objet aurait été acheté au breveté (1).

La loi de 1844 punit le recéleur d'objets contrefaits, sans définir le mot *recel*. Le Code pénal n'en dit pas davantage; mais la jurisprudence et la doctrine ont depuis longtemps fixé le sens de cette expression. Le recéleur est celui qui reçoit et garde par devers lui des objets qu'il sait provenir d'une source criminelle. On a quelquefois objecté qu'il n'y a recel que lorsque celui qui détient a caché ou fait cacher par un autre les objets détournés. C'est là, en effet, une circonstance qui accompagne le plus souvent le recel, mais elle n'en est pas la condition essentielle. Si elle était admise comme caractéristique du recel, elle ferait disparaître le délit. En effet, nul recéleur ne serait assez insensé pour cacher les objets volés ou contrefaits, alors qu'il suffirait de les exhiber publiquement pour échapper à toute pénalité. Les seules conditions constitutives du recel sont la *détention matérielle* et la *connaissance* que l'objet détenu provient d'un délit.

Le Code pénal n'exige même pas que le recéleur en ait tiré profit ou ait eu l'intention d'en tirer profit. Loin de là, il indique séparément (art. 62 et 380 combinés), pour les frapper néanmoins de la même peine, ceux qui ont *recélé* et ceux qui ont *appliqué à leur profit* les objets volés. La circonstance du bénéfice espéré ou réalisé est donc indifférente.

De ce qui précède il résulte que le simple acheteur d'un objet contrefait doit être puni comme recéleur lorsqu'il a acheté sciemment un objet contrefait. On s'est, à ce sujet, jeté dans des distinctions sans nombre entre l'usage personnel et l'usage

(1) 25 février 1851. — Rhodez. — Vachon : Pouget.

industriel, distinctions au milieu desquelles la doctrine nous paraît s'être égarée. Le seul point à examiner, selon nous, est celui de savoir si le détenteur a agi sciemment en achetant l'objet contrefait. S'il est de bonne foi, peu importe l'usage, industriel ou non, auquel l'objet aura été appliqué par lui, il devra être renvoyé de la poursuite. L'acheteur ou détenteur sera, au contraire, recéleur dans le sens de l'art. 41, s'il a acheté sciemment un objet contrefait même pour ne l'appliquer qu'à son usage personnel. Ne sera-t-il pas, en effet, dans les conditions de celui qui achète sciemment un objet volé? Nous ne voyons pas où pourrait conduire la différence dans l'emploi de la chose achetée, si ce n'est à constater un préjudice moindre dans le cas d'emploi personnel, mais le degré d'importance du préjudice ne peut rien changer à la nature légale du fait. Il faut ajouter, surabondamment, que ceux qui achètent sciemment un objet contrefait pour l'appliquer à leur usage personnel, sont les recéleurs les plus redoutables pour la propriété industrielle, parce qu'ils sont les consommateurs, et que leur impunité réduirait à néant les droits du breveté (1).

Le vendeur est celui qui vend ou fait vendre pour son compte des objets contrefaits. On doit assimiler au vendeur celui qui livre ou distribue gratuitement des objets contrefaits. Il est coupable, car il cause au breveté un préjudice bien plus considérable que celui qui vend et dont la concurrence, à prix égal et même à prix inférieur, peut être combattue par le breveté.

Pour qu'il y ait vente, dans le sens de l'art. 41, il n'est pas nécessaire que la vente soit consommée ; la tentative de vente suffit pour constituer la culpabilité, car la loi répute contrefacteur celui-là même qui a seulement exposé en vente l'objet contrefait. Ces mots *exposés en vente* ont toujours été interprétés, par la jurisprudence, autrement que dans leur sens

---

(1) 12 mars 1851. — Dijon. — Vachon : Baroche.
Idem. 5 août 1851. — C. Imp. Douai. — Jérosme : Gomel.
Contrà. 25 mars 1848. — C. Cass. — Christoffle : Crignon.

grammatical. Ainsi, des objets prohibés trouvés chez un marchand, ou chez un individu non marchand, mais en assez grande quantité pour faire croire à un commerce, sont réputés exposés en vente, bien qu'ils n'aient point été trouvés à un étalage, mais dans un coin obscur du domicile du saisi. C'est qu'en effet, par ces mots, *exposés en vente,* le législateur a en vue moins l'exposition, c'est-à-dire l'étalage, que la possession jointe à l'intention de vendre. Le principe consacré par cette jurisprudence trouve son application aux cas de contrefaçon.

Celui qui introduit sciemment, ou fait introduire sur le territoire français des objets contrefaits, est réputé contrefacteur, alors même que les objets n'auraient pas été introduits pour être vendus en France, mais pour l'usage personnel de l'introducteur, ou en transit pour être livrés dans un pays étranger. Dès qu'ils sont trouvés en France, le fait d'introduction est accompli, et par conséquent les peines sont encourues. Si le législateur avait voulu que les objets contrefaits en pays étranger ne fussent saisissables qu'autant qu'ils seraient vendus en France, il n'avait pas à se préoccuper de l'introduction et il suffisait d'avoir prévu le cas de vente. Si donc il a prohibé l'introduction, c'est que, dans sa pensée, le fait, même isolé, de la vente, constitue le délit de contrefaçon. En cela, le législateur a fait sagement, car la loi, ne pouvant atteindre le délinquant en pays étranger, atteindra au moins le corps de délit quand il viendra se placer à sa portée par le fait d'introduction (1).

---

(1) 14 juillet 1854. — C. Imp. Paris. — Gaupillat et Cie : Morin. — Considérant que Morin, agissant en qualité de commissionnaire de négociants étrangers, s'est fait adresser, *en transit*, d'Allemagne à Valenciennes, pour les expédier en Amérique par le Havre, trois caisses contenant des boîtes de capsules fabriquées en Allemagne, sur lesquelles ont été apposés frauduleusement les noms et la raison sociale de Gaupillat et consorts et l'indication de la fabrique des susnommés, dite manufacture de Bruyères de Sèvres et du Bas-Meudon; — Considérant que les trois caisses dont il s'agit ont été saisies à l'entrepôt de la douane du Havre le 13 janvier 1854; qu'il est établi par l'instruction et les débats, et avoué par Morin lui-même, que ce dernier avait connaissance de la fraude, et que, dans le courant de 1853, il avait servi d'inter-

On comprend que la disposition de la loi qui assimile l'introduction en France d'objets contrefaits à la contrefaçon elle-même, serait trop facilement éludée, s'il était permis d'introduire impunément les parties isolées d'un mécanisme breveté. Lorsque des parties séparées seront introduites en France il y aura délit accompli, s'il est démontré toutefois ou que la par-

---

médiaire par les mêmes moyens à de nombreuses expéditions de boîtes de capsules, portant les fausses indications ci-dessus relatées; qu'ainsi Morin a sciemment mis en circulation, sur le territoire français, des objets marqués des noms supposés de fabricants français qui n'en sont pas les auteurs, de la raison commerciale d'une fabrique autre que celle où lesdits objets ont été fabriqués, et du nom d'un lieu autre que celui de la fabrication; ce qui constitue le délit prévu par le § 2 de l'art. 1er de la loi du 28 juillet 1854; — Considérant que ce délit étant constant, il est superflu de rechercher quelle a pu être la participation de Morin dans la fabrication des marques supposées; — Considérant que la déclaration du transit a pour effet de permettre, au regard de l'administration des douanes, la traversée du territoire français à certaines marchandises, dont l'entrée est prohibée ou soumise à certains droits dans l'intérêt de l'industrie nationale; mais que les marchandises, quelles qu'elles soient, ne sont admises en transit que sous la réserve des droits de tiers et que la déclaration ne protége pas la circulation de produits portant les noms et marques supposés de fabricants français, laquelle est soumise à l'application de la loi précitée et de l'art. 423 du Code pénal, qui ordonne la confiscation des objets du délit; — Confirme et condamne, etc.

Idem. 20 novembre 1850. — Paris. — Jouvin : Letimbre. — Attendu qu'il résulte des débats qu'il a été saisi à la gare du chemin de fer du Nord diverses caisses contenant des gants, revêtues de fausse marque Jouvin, lesquelles caisses étaient expédiées en transit à un sieur Letimbre, de Saint-Malo; — Attendu que le fait d'usurper le nom d'un fabricant est un délit prévu et puni par l'art. 1er de la loi du 28 juillet 1824, dont les termes sont absolus et généraux; — Attendu qu'il n'y a pas lieu de s'arrêter à la déclaration de transit; que cette déclaration, fût-elle vraie, ne peut soustraire les marchandises saisies à l'action de la justice française; que la sécurité du commerce s'oppose à ce qu'on laisse circuler des objets portant des marques fausses; — Attendu toutefois que l'auteur du délit est resté inconnu, que le sieur Letimbre ne saurait être considéré comme y ayant participé directement ou indirectement, et que, dans cette position, le Tribunal ne peut prononcer aucune peine ni accorder aucuns dommages-intérêts; que c'est le cas seulement d'ordonner la confiscation des gants saisis, conformément au § 2 de l'art. 423 du Code pénal; déclare bonne et valable la saisie; ordonne la confiscation; — Condamne Letimbre aux dépens, sauf son recours contre l'expéditeur.

Idem. 20 novembre 1850. — Trib. Paris. — Jouvin : Letimbre.

tie introduite a une grande importance, eu égard à l'ensemble de l'invention, ou que, quelle que soit son importance, la partie introduite ne pouvait avoir d'autre destination que la confection de l'objet du brevet.

L'introducteur d'objets contrefaits ne peut argumenter, pour se soustraire aux poursuites du breveté, de ce qu'il a obéi aux lois de douane. Les droits de l'administration des douanes sont distincts de ceux du breveté. Dès que la taxe a été payée, la douane doit laisser passer, mais la contrefaçon n'en existe pas moins, et le privilége du breveté peut s'exercer sur les objets qui ont été introduits même en vertu de l'autorisation de l'administration des douanes (1).

On a prétendu que l'inventeur qui a cédé son brevet et qui, néanmoins, emploie ou fabrique l'objet breveté, ne se rend pas coupable d'un fait de contrefaçon qu'on puisse qualifier délit. On en a donné pour raison que le délit suppose l'atteinte portée aux droits de l'inventeur. C'est une erreur grave: l'art. 40 parle de l'atteinte portée aux droits du breveté, c'est-à-dire aux droits de celui qui est propriétaire du brevet. Or l'inventeur qui a aliéné la propriété de son invention, soit avant, soit depuis la prise du brevet, n'est plus le breveté. Il est un tiers quant à la propriété de l'invention, et dès lors il peut être poursuivi comme contrefacteur même devant les Tribunaux de répression.

Il a été décidé, avec raison, que le directeur d'une société anonyme, quoique n'ayant agi que comme mandataire de la société et dans la limite de ses pouvoirs, peut être poursuivi, même correctionnellement, comme coupable de contrefaçon (2).

Lorsque le contrefacteur s'est associé avec un individu étant ou ayant été soit l'ouvrier, soit le simple employé du breveté, et qu'il a eu, par suite de cette association, connaissance de l'invention, il n'est pas seul passible des peines portées par la

(1) 20 juillet 1830. — C. Cass. — Germain : Sevenc.
(2) 30 juin 1853. — Paris. — Thomas Laurens : Dubroca.

loi. L'ouvrier ou l'employé, bien qu'étrangers à la fabrication et à la vente, doivent être poursuivis comme ses complices.

En exigeant que le fait d'association ait procuré au contrefacteur la connaissance de la découverte, le législateur a suffisamment indiqué que les sévérités de l'art. 43 ne sont pas applicables au cas où l'association est postérieure au brevet, car la description du brevet étant publique, ce n'est pas à l'ouvrier ou employé qu'on pourrait attribuer la révélation de la découverte. La loi a voulu seulement prévenir, en la punissant avec une juste rigueur, la divulgation opérée par l'ouvrier, soit à son profit personnel s'il se fait contrefacteur, soit au profit d'un associé.

La disposition de l'art. 43 n'a point abrogé l'art. 418 du Code pénal, qui punit la révélation des secrets de fabrique; toutefois ce dernier article ne pourra recevoir d'application que dans le cas où l'inventeur aura renoncé, par suite de cette divulgation, à placer son invention sous la protection d'un brevet. Mais si, nonobstant cette divulgation, il s'est fait breveter, le brevet conservant toute sa valeur, ainsi que nous l'avons démontré à la sect. 2 du chap. IV, le breveté aura le droit de poursuivre le contrefacteur ainsi que l'ouvrier son complice. Alors la révélation ne lui ayant causé aucun préjudice, il ne pourra invoquer les dispositions de l'art. 418.

SECTION 2. — *Caractères de la contrefaçon.*

La loi définit la contrefaçon : toute atteinte portée aux droits du breveté, soit par la fabrication de produits, soit par l'emploi de moyens faisant l'objet de son brevet. Cette définition si nette a vu surgir, néanmoins, une prétention bien étrange, c'est celle qui consiste à dire que le *principe* d'une invention n'est pas brevetable et que l'inventeur ne peut garantir, par son brevet, que la propriété des formes matérielles dont il a revêtu ce principe. Cette objection est l'argument banal des contrefacteurs; tous les jours reproduite devant les Tribunaux, elle succombe tous les jours pour renaître le lendemain.

Elle avait même trouvé des échos dans les chambres, lors de la discussion de la loi; mais, après un examen approfondi, il fut positivement décidé que l'idée, le principe de l'*invention*, resterait la propriété de l'inventeur, quand le brevet en aurait *indiqué les applications industrielles*, et cette pensée est formellement consignée dans l'art. 30, § 3. Il ressort, en effet, des termes de cet article que le *principe*, le *système* ou la *méthode* peuvent être réservés à l'inventeur. Le législateur n'y met qu'une condition, c'est qu'on indiquera les applications industrielles dont l'objet du brevet sera susceptible. On peut donc se rendre coupable de contrefaçon en employant des moyens différents de ceux consignés au brevet, si, d'ailleurs, on a reproduit le principe de l'invention. C'est ce que nous avons déjà indiqué au chap. IV, sect. 1re, en traitant des brevets de principe (1).

Il n'est pas nécessaire, pour que le fait de fabrication constitue le délit de contrefaçon, que l'objet contrefait soit achevé. Le commencement ou la tentative de fabrication suffisent pour justifier la poursuite, car la partie fabriquée, si faible que soit son importance, est déjà une atteinte portée aux droits du breveté.

Les juges saisis d'une poursuite en contrefaçon doivent, pour l'appréciation qu'ils font du sens du brevet, prendre l'invention telle que le breveté l'a décrite. Ils ne pourraient la modifier sans violer la loi (2).

Pour savoir s'il y a atteinte aux droits du breveté, il ne faut pas comparer les objets argüés de contrefaçon avec les produits du breveté, mais bien avec la spécification de son brevet. Ce n'est pas ce que fait l'inventeur, c'est ce qu'il a désigné dans son brevet qui constitue le point de départ et la limite de son

(1) 23 juillet 1846. — Trib. Corr. — Porret-Blanchard : Nicole Fimbert, Creux, etc.

Idem. 30 mars 1846. — C. R. Douai. — Jourdan : Descat-Crouzet. — Voy. page 451.

(2) 17 janvier 1852. — C. Cass. — Rohlfs-Seyrig : Crespel-Delisle. — Voy. page 450.

droit. Il se pourrait qu'il fît autrement ou autre chose que ce qui est décrit dans son brevet, et dès lors, si on prenait ses produits pour objets de comparaison, on arriverait à lui attribuer un droit exclusif sur des choses non brevetées. On ne doit pas non plus comparer la description du brevet de l'inventeur avec la description d'un brevet que le prévenu aurait pris pour la même invention, mais avec les objets argüés de contrefaçon, car la prise d'un brevet, isolée du fait de fabrication ou de vente, ne porte aucune atteinte au droit privatif du breveté, et, par conséquent, ne constitue pas le délit de contrefaçon. L'identité entre les deux descriptions sera, il est vrai, une grave présomption, mais non une preuve suffisante du fait de contrefaçon (1).

Il n'est pas nécessaire, pour qu'il y ait atteinte aux droits du breveté dans le sens légal, que le contrefacteur ait employé tous les moyens qui font l'objet du brevet. La loi ne dit pas l'emploi *des* moyens, mais *de* moyens, ce qui indique suffisamment que l'emploi d'un seul des moyens indiqués au brevet peut constituer une usurpation. Les Tribunaux auront aussi à examiner si les différences introduites par le contrefacteur sont essentielles, ou si, au contraire, elles ne portent que sur la forme et n'ont eu uniquement pour but que de déguiser la contrefaçon.

Lorsqu'un brevet a été obtenu tant pour un procédé que pour le produit qu'il fournit, le changement de procédé ou d'appareil ne donne pas le droit de fabriquer le même produit. Il y a là deux inventions bien distinctes que le brevet protége également, et qui, bien que réunies dans un même titre, n'en ont pas moins chacune son existence propre, indépendante l'une de l'autre.

De la discussion devant les chambres, il résulte nécessairement que les agents nouveaux, employés dans une machine complexe, sont réservés au breveté, quant aux applications analogues qu'ils pourront recevoir dans d'autres machines.

---

(1) 30 décembre 1843. — C. Cass. — Pinchaut : Huaut et Benoît.

Ainsi, par exemple, si la machine à vapeur de Watt n'existait pas, supposez qu'un individu demande un brevet pour une machine à vapeur complexe, renfermant plusieurs organes constituant autant d'inventions, tels que 1° le parallélogramme articulé, qui a pour but d'établir un point rigide entre un point qui se meut circulairement et une tige qui se meut verticalement ; 2° un organe qui tend à ralentir la marche de la machine, lorsqu'elle va trop vite ; 3° un appareil prévenant l'inexplosibilité, ce qui n'a pas encore été trouvé ; 4° un autre pour ménager une économie de combustible, etc. Le brevet obtenu pour cette machine complexe sera valable pour chacun de ces organes pris isolément. Si donc un seul de ces organes était appliqué à un usage analogue, il y aurait contrefaçon.

Mais si ledit organe est appliqué par un tiers à un usage nouveau, ce tiers pourra se faire breveter pour l'usage spécial qu'il aura découvert. Toutefois il restera tributaire de l'inventeur pour la fabrication de l'organe, et il ne pourra s'en servir librement qu'à l'expiration du brevet principal. C'est ce que nous avons démontré à la sect. 2 du chap. III et à la sect. 1re du chap. IV.

Pour qu'il y ait contrefaçon il ne suffit pas que l'objet incriminé puisse, à l'aide de simples changements de dimension, remplacer l'objet breveté. Ce ne serait là qu'une possibilité, une éventualité de contrefaçon ; pour constituer la contrefaçon, il faut une reproduction actuelle. L'objet incriminé doit être apprécié dans sa forme, son application et son utilité au moment de la poursuite (1).

Il y a contrefaçon alors même que l'objet saisi n'a été con-

---

(1) 5 février 1841. — C. R. Paris. — Puget : Obert. — Le Tribunal correctionnel avait condamné Obert, par ce motif que les peignes de ce dernier pouvaient, à l'aide d'une modification facile, remplacer ceux de Puget. — Appel. — Arrêt : — Considérant qu'il résulte de l'audition des témoins et des débats qui ont eu lieu devant la Cour, que le peigne d'Obert, *dans son état actuel*, ne remplit pas le but auquel est destiné le peigne de Puget ; — Que le but et le résultat étant différents, la contrefaçon n'est pas établie ; — Infirme, renvoie Obert.

fectionné que pour modèle ou comme essai, et bien qu'il soit constant qu'il n'a jamais été mis en vente. Le juge ne pourrait, dans ce cas, se dispenser d'ordonner la destruction ou la confiscation, car c'est le seul moyen d'éviter que l'objet soit plus tard vendu ou employé au préjudice des droits du breveté (1). Cette doctrine peut paraître rigoureuse, mais elle est logique et nécessaire si l'on veut prendre au sérieux la protection que la loi accorde au breveté. Q'on ne dise pas qu'elle porte une mortelle atteinte à l'industrie, et qu'elle anéantit le droit consacré par la loi, et qui appartient à tous, de chercher des perfectionnements aux inventions brevetées. Celui qui voudra étudier une machine pour la perfectionner, par exemple, pourra l'acheter du breveté et faire ainsi ses expériences. Ne serait-ce pas donner un sauf-conduit illimité à la fraude que d'admettre la fabrication sous prétexte d'essai? Il est bien entendu, toutefois, que lorsque nous prohibons les essais, nous supposons des essais ou modèles applicables industriellement et non ces essais informes ou ces petits modèles, sorte de joujoux de la science et de l'industrie, qui n'ont aucune application possible (2).

(1) 20 juillet 1834. — Bataille : Hudelin. — Bataille, breveté pour une herse, fit saisir au domicile de Hudelin une herse construite d'après les mêmes principes que la sienne. — Jugement : — Considérant que de la vérification et de la comparaison, faites par le Tribunal sur les lieux, de la herse saisie avec celle de Bataille, il résulte qu'il y a identité parfaite entre ces deux machines et que la contrefaçon est évidente; — Considérant, néanmoins, que la machine de Hudelin est constamment restée chez lui *comme modèle*, et non comme devant fonctionner; qu'il n'est pas d'ailleurs articulé que Hudelin en ait confectionné et vendu de pareilles; — Que, dès lors, Bataille n'a éprouvé aucun préjudice réel, et que, là où il n'y a pas préjudice, il ne peut y avoir lieu à dommages-intérêts; — Le Tribunal déclare Hudelin contrefacteur de la herse pour laquelle Bataille a été breveté; en conséquence, ordonne que la herse et les accessoires saisis seront confisqués au profit de Bataille; dit qu'il n'y a lieu à dommages-intérêts, et condamne Hudelin aux dépens.

(2) 4 décembre 1839. — Trib. Corr. Paris. — Dubus, Bonnel : Péronnet. — Attendu, en fait, qu'il résulte de l'aveu de Dubus lui-même à l'audience, que le métier sur lequel se trouvait la partie de soie saisie n'est qu'un mauvais métier, sans importance pour une fabrication vraiment utile, et sans aucune analogie avec le métier dont il se sert pour la fabrication du tissage, et dont,

Lorsqu'il s'agit de la contrefaçon d'une combinaison mécanique, il importe de ne pas perdre de vue que ces sortes d'inventions se composent de trois éléments, savoir : le problème à résoudre, le principe mécanique adopté par l'inventeur et la combinaison des organes qu'il a adoptés. La solution du problème appartient à tous, mais à la condition de respecter le principe mécanique et, par conséquent, la combinaison des organes employés par le breveté. Un exemple fera mieux saisir notre pensée. Les chemins de fer ont, depuis longtemps, cherché le moyen d'indiquer au convoi qui passe le temps écoulé depuis le passage du convoi précédent. Un mécanicien a eu l'idée de placer le long de la voie une horloge mise en communication avec les rails. Quand un train passe, la pression qu'il exerce sur le rail fait remonter les deux aiguilles sur midi. Après le passage du train les aiguilles continuent à marcher, et si le cadran, lors de l'arrivée du convoi suivant, in-

---

suivant lui, la description est contenue dans son brevet; — Que, d'autre part, la soie saisie, et qui, suivant le procès-verbal, présenterait une partie de verre filé en tissus, offre, à cet égard, un produit si peu appréciable, qu'on ne doit reconnaître dans cet essai autre chose que le produit informe de la recherche d'un procédé inconnu ; — Que la recherche des éléments d'un procédé de la fabrication brevetée ne peut constituer la contrefaçon punie par la loi, puisque le breveté étant, aux termes de cette loi, obligé de donner une description exacte de ses moyens de fabrication, il ne peut être interdit de rechercher si ces moyens décrits donnent effectivement le résultat indiqué ; — Qu'il est vrai qu'une pareille recherche avait pour objet, de la part de Péronnet et Livet, suivant leur déclaration, d'arriver, en découvrant le mode de fabrication de Dubus, à s'approprier le droit de tisser en verre sur or et argent, vrai ou faux, genre de fabrication dont Dubus, suivant eux, ne se serait pas, par les termes de son brevet, réservé le monopole ; — Mais que le Tribunal n'a pas, quant à présent, à examiner si un pareil résultat obtenu par Péronnet et Livet, ne les constituait pas en état de contrefaçon des procédés pour lesquels Dubus et Cie sont brevetés; — Qu'en effet, en supposant l'affirmative d'une pareille question, les faits constants au procès ne constitueraient, de la part de Péronnet et Livet, qu'une simple tentative de contrefaçon; — Que la tentative, aux termes de l'art. 3 du Code pénal, ne pouvant être considérée comme délit que dans les cas déterminés par une disposition spéciale de la loi, Péronnet et Livet échapperaient à toutes condamnations, protégés qu'ils seraient par le silence de la loi sur les brevets d'invention, à l'égard de la tentative en matière de contrefaçon; — Le Tribunal renvoie Péronnet et Livet des fins de la plainte.

dique midi et 35 minutes, par exemple, c'est qu'il s'est écoulé 35 minutes depuis le passage du convoi précédent. Le même effet se reproduit par le passage de ce nouveau train, et celui qui suivra trouvera l'indication dont il a besoin. Le principe de l'invention, l'idée réservée au breveté, c'est l'horloge mise en communication avec les rails. On ne peut donc s'en emparer même en changeant la forme ou la combinaison des organes. S'il en était autrement, il serait trop facile, au moyen de simples changements, de déshériter l'inventeur des bénéfices de sa découverte.

Cette doctrine est la conséquence de celle que nous avons développée en traitant des brevets de principe. (Voir chap. IV, sect. 1re.)

Lorsqu'un brevet a été obtenu pour un produit nouveau, il y a contrefaçon de la part de celui qui fabrique un semblable produit, même en employant une autre matière que celle adoptée par le breveté. Dans ce cas, la matière importe peu, car c'est le produit seul qui est breveté. Il y a donc nécessité, alors, d'examiner si le caractère essentiel du produit a été usurpé (1).

Il n'y a pas contrefaçon à vendre une préparation dont l'application ou l'emploi sont seuls brevetés. En effet, le délit ne peut commencer qu'avec l'application spéciale qui fait l'objet du brevet. Toutefois, la preuve de l'emploi peut résulter de la

---

(1) 10 avril 1829. — Fournier : Piet. — Attendu que l'invention de la Dlle Fournier consiste essentiellement à avoir substitué aux bourrelets matelassés et dangereux pour les enfants, dont ils excitaient continuellement la transpiration, des bourrelets légers et à jour qui, en facilitant la circulation de l'air autour de la tête, préservent aussi les enfants du danger des chutes et des chocs; que si la baleine employée à ses bourrelets est préférable à toutes autres substances, à raison de sa flexibilité, de son élasticité et de sa légèreté, la matière importe peu dans l'espèce, le mérite de l'invention se réduisant à la légèreté des bourrelets et à la facilité de la circulation de l'air entre eux et la tête des enfants; qu'ainsi, quoique le sieur Piet ait substitué l'osier à la baleine, ce n'est pas moins avoir contrefait les bourrelets pour l'invention desquels Fournier est spécialement brevetée; — Condamne Piet, etc. — Sur l'appel, le jugement a été confirmé.

présence de cette préparation chez un industriel exerçant une profession telle qu'on puisse en conclure qu'il a pu ou dû se servir de la préparation pour l'usage breveté.

L'usurpation du titre seul de la découverte, alors d'ailleurs que la découverte elle-même n'a pas été usurpée, ne constitue pas le délit de contrefaçon. La loi ne punit comme contrefacteur que celui qui *fabrique, emploie, recèle* ou *vend* l'objet breveté. Le breveté a bien un droit exclusif pour la désignation adoptée dans son brevet, mais l'usurpation de ce dernier droit n'est ni prévue ni punie par la loi des brevets. C'est là un fait de concurrence déloyale qui peut bien donner lieu à une action ordinaire fondée sur l'art. 1382 du Code civil et justifier aussi de la part des acheteurs une action contre le vendeur, mais rien de plus. Toutefois, dans le cas où le poursuivi prétendra que le titre seul de l'invention est usurpé, ce sera à lui à le prouver, car la dénomination qu'il a adoptée dépose contre lui et doit suffire jusqu'à preuve contraire. S'il prouve qu'en réalité il n'a pas usurpé l'objet du brevet, il sera renvoyé de la poursuite; mais il devra être condamné aux dépens, car il a, seul, occasionné le procès en s'annonçant comme contrefacteur (1).

L'ouvrier qui, ayant été chargé de fabriquer des objets bre-

---

(1) 6 juillet 1854. — C. Imp. Paris. — Madeline : Morin. — Voy. page 593.

Idem. 26 décembre 1844. — C. R. Paris. — Robertson : Langlois. — Appel. — Arrêt : — En ce qui touche les fins de non-recevoir; — Considérant que si le brevet a été pris au nom de Robertson et Cie, il est représenté et a été exploité par Robertson; que si l'identité de l'individu qui se présente sous le nom de Robertson avec celui qui a obtenu et exploité le brevet est contestée, le défaut d'identité n'est nullement établi, qu'ainsi la citation est régulière; — Considérant, au fond, que Langlois a livré au commerce des bouteilles de cirage, revêtues d'une étiquette portant comme celle de Robertson cette énonciation : *Cirage au caoutchouc*, et que Langlois avoue que le cirage par lui vendu ne contient pas de caoutchouc; — Considérant qu'en employant des bouteilles et des étiquettes semblables à celles de Robertson, breveté pour le cirage caoutchouc, et en y apposant une étiquette mensongère, Langlois a donné lieu au procès en contrefaçon; qu'il a à s'imputer le préjudice qui peut en être résulté pour lui; — Infirme, donne acte à Robertson de l'aveu de Langlois, que le cirage par lui vendu ne contient pas de caoutchouc; déboute Langlois de sa demande en dommages-intérêts, et le condamne en tous les dépens.

vetés, ne reçoit pas le prix de son travail, peut disposer desdits objets sans le consentement du breveté. C'est là le gage naturel de son salaire, et il ne peut être accusé de contrefaçon, puisque la fabrication a eu lieu du consentement du breveté (1). Il est bien entendu que cette solution ne saurait s'appliquer au cas où l'objet fabriqué n'a point été payé pour cause de malfaçon constatée par jugement. Dans ce cas l'objet laissé pour compte ne pourrait être vendu sans porter atteinte aux droits du breveté.

Les raisons de décider, dans la question qui précède, s'appliquent également au cas où le breveté aurait donné en gage, à son créancier, la machine brevetée. Tant que le créancier reste nanti du gage, il ne peut s'en servir ni par lui ni par les tiers, parce que le gage ne cesse pas d'être la propriété du débiteur. Mais dès que le gage a été vendu, conformément à la loi, si la vente a été faite sans aucune réserve, l'acquéreur ne sera pas seulement propriétaire de l'objet matériel, mais encore du droit de s'en servir pour l'usage auquel elle a été destinée par l'inventeur lui-même.

Les réparations faites à un appareil breveté, par tout autre que le propriétaire du brevet, sont-elles licites? Non sans nul doute, si la réparation consiste, par exemple, à refaire à neuf l'un des organes qui, dans l'appareil, sont l'œuvre et la création du breveté. Chacun de ces organes, pris à part, est la propriété de son inventeur, et nul n'a le droit de le reproduire. Mais s'il s'agit simplement de réparations aux organes de l'ap-

---

(1) 4 novembre 1853. — C. Imp. Paris. — Gariel : Fritz Sollier. — Considérant qu'il résulte de l'instruction et des débats que Gariel avait chargé Sollier de fabriquer des pessaires, sans lui faire connaître d'ailleurs sa prétention à un droit privatif sur ces appareils ; que, par suite de contestations intervenues entre eux sur le règlement de leurs comptes, ayant refusé, après mise en demeure, de prendre livraison d'un certain nombre de pessaires fabriqués par Sollier, celui-ci a mis en vente ceux qui ont été saisis le 10 juillet 1851 ; que ces faits ne sauraient constituer à la charge de Sollier le délit de contrefaçon et ne pourraient donner lieu qu'à un débat civil ; — Renvoie Sollier des fins de la plainte. — Pourvoi de Gariel. — Rejet, par arrêt du 10 février 1854.

pareil vendu par le breveté, c'est là un fait qu'on ne peut ni proscrire ni admettre d'une manière absolue et *à priori*. Il faut, pour l'apprécier dans sa portée légale, ne point oublier qu'en achetant l'objet breveté on n'a acquis le droit de s'en servir que pendant sa durée, car c'est l'objet matériel qui a été cédé, et non le droit incorporel. Or si l'acheteur, par des réparations importantes, perpétue l'usage de l'appareil vendu, il est manifeste qu'il viole le contrat (1). Comme c'est là surtout une question de fait, nous concevons qu'on puisse en chercher la solution non-seulement dans la nature des réparations, mais encore et surtout dans les circonstances et les termes de l'acte d'achat (2). Il faut se rappeler, dans tous les cas, pour résoudre la question ci-dessus, qu'il y a trois manières d'exploiter un brevet : la cession du brevet, la simple licence accordée par le breveté qui reste propriétaire du brevet, et enfin la vente des objets brevetés. Ces trois moyens sont essentiellement distincts par leur but et par leur résultat. Or, les deux derniers n'en feraient plus qu'un, si, en achetant un objet breveté, on acquérait le droit d'en perpétuer l'usage par des réparations.

On s'est souvent demandé si celui-là est contrefacteur qui, ayant acheté du breveté le droit de se servir de l'invention, use de ce droit sans avoir payé le prix convenu? Nous n'hésitons pas à adopter la négative. Tant que la vente n'a pas été résiliée pour défaut de payement, l'acheteur agit du consentement du breveté et en vertu du droit qu'il tient du contrat. Il ne porte donc nulle atteinte aux droits de l'inventeur, à l'égard de qui il n'est, après tout, qu'un débiteur en retard de se libérer. Il ne faut pas oublier que la contrefaçon est un délit; elle constitue le vol industriel. Or il n'est jamais venu à la pensée de personne de considérer comme coupable de vol celui qui détient un objet acheté et dont il n'a pas payé le prix. Pour l'opinion contraire,

---

(1) 19 août 1854. — C. Imp. Paris. — Bergerat : Jullien.

Idem. 24 avril 1855. — C. Imp. Orléans. — Motte : Laurence. — Voy. page 616.

(2) 26 août 1845. — C. R. Paris. — Gâche-Lareck : la Compagnie des bateaux à vapeur.

on s'est appuyé sur un arrêt de la Cour de Metz, sanctionné par la Cour suprême (1). C'est une grave erreur; nous soutenions devant la Cour d'appel les droits du breveté; or voici quelle était la situation : l'inventeur du graissage des laines par l'oléine avait autorisé divers filateurs à graisser leurs laines, mais seulement avec les oléines qu'ils achetèraient chez lui. Les filateurs ayant opéré le graissage avec des oléines que l'inventeur ne leur avait pas vendues, ils ont été poursuivis. Vainement ont-ils invoqué le traité. On leur a répondu, avec raison, qu'il n'y avait pas dans le traité d'autre droit concédé que celui d'employer, conformément au brevet, l'oléine achetée chez le breveté. Donc toute oléine achetée ailleurs et employée à graisser les laines était en dehors du traité et son emploi constituait une atteinte aux droits du breveté. La jurisprudence ne peut donc être invoquée contre notre doctrine; elle l'a, au contraire, consacrée toutes les fois que la question s'est présentée (2).

CHAPITRE XII.

DE LA POURSUITE EN CONTREFAÇON.

SECTION 1re. — *De ceux qui peuvent poursuivre.*

Il peut y avoir contrefaçon dans l'emploi que fait l'acheteur de l'objet du brevet vendu par le breveté lui-même. C'est ce qui arrive lorsque l'emploi a lieu à une époque ou dans une localité autre que celle assignée à l'acheteur. En effet l'art. 40

---

(1) 20 août 1851. — C. Cass. — Alcan et Péligot : Bacot-Cunin, etc.

(2) 13 juin 1837. — C. Cass. — Griollet : Collier.

Idem. 30 juin 1853. — Trib. Corr. Paris. — Thomas-Laurens : Dubroca.

de la loi de 1844 définit le délit de contrefaçon par ces mots : *toute atteinte portée aux droits du breveté, soit par la fabrication de produits, soit* PAR L'EMPLOI *de moyens faisant l'objet du brevet.* Il résulte donc des termes de la loi que celui qui se borne à employer l'objet du brevet sans le consentement du breveté est aussi coupable que celui qui fabrique le même objet sans y être autorisé. C'est vainement qu'on objecterait qu'il y a eu consentement de la part du breveté, puisqu'il a permis l'emploi au moins dans une certaine localité, et que le fait reproché consiste uniquement à avoir violé les termes de ce consentement. Il est manifeste que quand un breveté autorise un tiers à se servir de son invention pendant un temps ou dans un lieu déterminé, il n'y a plus d'autorisation dès que les faits de fabrication ou d'emploi s'accomplissent en dehors du lieu ou du temps convenus. Il y a donc, dès lors, atteinte aux droits du breveté. Ainsi celui qui a fait construire dans son usine, par le propriétaire du brevet, l'appareil breveté, se rend coupable de contrefaçon s'il transporte ledit appareil dans une autre localité soit pour s'en servir, soit pour en céder l'usage (1).

Cependant on a jugé qu'en dehors de la règle ci-dessus, on peut rencontrer des combinaisons de faits telles que le juge est autorisé à décider que le fait dommageable dont se plaint le breveté n'est justiciable que des Tribunaux civils (2).

---

(1) 19 mai 1855. — Trib. Cambrai. — David-Labbez : Lenique. — Voy. page 520.

Idem. 23 novembre 1854. — Trib. Civ. Lyon. — Lesobre : Bonnet-Loisel. — Voy. page 522.

(2) 15 mars 1845. — C. R. Paris. — Giraudeau : Blevanus. — Attendu qu'il résulte des explications données et des pièces produites à l'audience que Hue, inventeur des pipes-cigares, a concédé à Blevanus, le 3 août 1844, partie de ses droits à la fabrication et à la vente desdites pipes, sous la condition qu'en cas éventuel et ultérieur d'une cession de son brevet, à tous autres et notamment à Giraudeau, Blevanus ne s'opposerait en rien à cette cession ; qu'il renoncerait à la fabrication, et que le prix d'achat des matières premières et de façon serait réglé entre Huc et Blevanus pour partager les bénéfices et les pertes par portions égales ; — Attendu qu'il est articulé pour la défense et qu'il n'est

Pour compléter les développements qui précèdent sur les caractères constitutifs de la contrefaçon, il est nécessaire de se reporter aux chapitres III, IV et VI du présent livre, où nous traitons des effets du brevet, des objets susceptibles d'être brevetés et de la cession des brevets.

§ 1er. — *De la poursuite par le ministère public.*

La contrefaçon étant un délit, le droit de poursuite devait appartenir au ministère public, selon les principes du droit commun. Le législateur ne l'a pas voulu, et il a, au contraire, subordonné l'action publique à l'initiative de la partie civile.

---

pas dénié par le demandeur, que ces conditions n'ont pas reçu leur exécution; — Que Blevanus n'a pas été mis en demeure de cesser sa fabrication, et qu'aucun compte n'a été réglé entre lui et le sieur Hue; d'où il suit que la convention dont s'agit a dû conserver tout son effet, et autoriser Blevanus à se croire en droit de continuer l'exploitation qui lui est aujourd'hui reprochée; — Renvoie Blevanus, etc. — Appel. — Considérant que Blevanus a été autorisé par Hue à fabriquer des pipes-cigares faisant l'objet du brevet; — Qu'à l'époque où Giraudeau a traité avec Hue de la cession de son brevet, il a eu connaissance des conventions intervenues antérieurement entre Hue et Blevanus; — Que si ce dernier a continué depuis à fabriquer lesdites pipes-cigares, ce fait ne constitue pas le délit de contrefaçon, et pourrait seulement donner lieu à une action devant les Tribunaux civils; — Confirme.

Idem. 13 juin 1846. — C. R. Paris. — Degrand : Derosne et Cail. — Jugement du 14 février 1846 : — Attendu qu'en admettant que les tuyaux, chaudières, condenseurs et autres pièces détachées, décrites par le procès-verbal du 5 août dernier, doivent nécessairement servir à la construction des appareils pour lesquels Reybaud et Degrand ont été brevetés, à la date du 2 novembre 1833, il résulte des conventions des parties, et notamment de la transaction notariée du 20 mars 1835, que le droit exclusif de fabriquer lesdits appareils a été accordé par Reybaud et Degrand à Derosne; que, par conséquent, il n'est pas étonnant que l'on ait trouvé dans les ateliers de ce dernier des pièces détachées des appareils dont il s'agit; qu'à la vérité il est articulé par Degrand que Derosne et Cail auraient violé les conditions sous lesquelles ce droit exclusif de fabriquer leur aurait été accordé; mais que ce fait ne pourrait donner lieu à une action en contrefaçon, mais à une action en résolution des conventions, conformément à l'art. 22 de la transaction, ou à des dommages-intérêts au profit de Degrand; — Renvoie Derosne et Cail de la plainte. — Appel. — Arrêt confirmatif.

Aucun acte de poursuite ne peut donc être accompli par le ministère public si ce n'est sur la plainte de la partie lésée.

Le motif de cette dérogation au droit commun n'est autre que l'impossibilité, pour le ministère public, d'engager la poursuite sans savoir si le breveté n'a pas consenti aux faits qui paraissent constituer une contrefaçon et l'impossibilité, d'ailleurs, de soutenir la prévention sans le concours actif du breveté, qui, seul, peut renseigner la justice sur les éléments constitutifs de son invention et sur ceux du délit.

On s'est demandé si le breveté a la faculté d'arrêter la poursuite commencée. Nous le croyons, et notre opinion se justifie par les raisons mêmes qui ont fait réserver au breveté, seul, le droit d'engager la poursuite. Or, en disposant ainsi, le législateur a formellement placé l'intérêt du breveté au-dessus de l'intérêt public. Cela étant, il faut, sous peine de contradiction, laisser au breveté le droit d'arrêter la poursuite. Autrement il hésitera à s'adresser à la justice, ou bien il trouvera les prévenus peu disposés à transiger si, au delà du désistement de la partie lésée, ils ont encore des rigueurs à redouter (1).

On s'est encore demandé si le ministère public ne peut poursuivre qu'autant que la plainte qu'il a reçue émane d'un cessionnaire dont l'acte a été régularisé par l'enregistrement à la préfecture. Comme nous ne reconnaissons pas aux contrefacteurs le droit d'argumenter de l'art. 20 de la loi de 1844, nous pensons naturellement que le ministère public peut agir valablement en vertu de la plainte formée par un cessionnaire dont l'acte n'a pas encore été régularisé. Mais nous concevons que, la doctrine contraire étant admise, il y ait lieu de refuser au ministère public l'action qui n'aurait été provoquée que par la plainte d'un cessionnaire porteur d'un titre non régularisé (2).

---

(1) *Contrà.* 20 janvier 1852. — C. Imp. Paris. — Christofle : N.....

(2) 11 août 1853. — C. Imp. Paris. — Nesme-Dubort : Tragit et autres.

§ 2. *De la poursuite par le propriétaire du brevet.*

Le droit de poursuivre la contrefaçon appartient, tout naturellement et d'abord, au propriétaire du brevet. Mais ce droit peut n'être pas entièrement absorbé par lui. Il peut le partager, il peut l'aliéner même, tout en restant propriétaire du brevet. Ces modifications de son droit sont licites par cela seul qu'elles ne sont prohibées ni par la loi spéciale, ni par le droit commun, car il est de principe élémentaire que chacun peut user de son droit soit personnellement, soit par les tiers légalement substitués.

Lorsque le propriétaire d'un brevet est en état de faillite, peut-il poursuivre les contrefacteurs en son nom et sans le concours de ses syndics? L'affirmative a été décidée par un jugement du Tribunal de la Seine, du 5 septembre 1817 (Erard et Plane), qui se fonde sur ce que l'état de faillite est purement relatif; qu'il n'est qu'une manière d'être du débiteur envers ses créanciers; qu'ainsi, en prenant un exemple dans l'art. 494 du Code de commerce, un tiers ne pourrait pas plus soutenir le failli incapable de plaider que le failli ne pourrait, pour l'exécution d'un engagement commercial contracté depuis la faillite, le renvoyer à plaider contre les syndics, afin de s'affranchir ainsi du payement et de la contrainte par corps; que l'art. 494 n'interdit pas au failli les actions en demandant; que l'exercice de ce droit ne pourrait lui être enlevé que par une disposition formelle, qu'autrement il faudrait en conclure que le failli ne pourrait ni porter plainte en calomnie ou se pourvoir en réparations d'injures, ni poursuivre sa séparation de corps, ni même réclamer son salaire. La dévolution des droits du failli à ses créanciers finit, disait-on, là où commencent les droits attachés à la personne, conformément à l'art. 1166 du Code civil; que l'honneur attaché à une découverte est personnel à l'inventeur, etc., etc. Malgré ces raisons et le jugement cité à l'appui, nous n'hésitons pas à décider que, tant que le failli est dessaisi de l'administration de ses biens, les syndics seuls ont le droit de poursuivre les contrefacteurs. En effet, son brevet et tous les avantages qui s'y rattachent forment une portion de son actif; or, l'administration de tous les biens du failli appartient exclusivement à ses syndics. En vain dira-t-on que l'état de faillite est une manière d'être du failli envers ses créanciers; il est certainement dans la même position à l'égard de ses débiteurs, et l'objection ne prouve rien. L'analogie tirée du cas où le failli aurait à poursuivre une action en diffamation, n'est pas plus exacte. Cette poursuite ne touche qu'à sa personne et non à l'administration de ses biens. Or, il ne s'agit ici que d'une action relative à ses biens, au nombre desquels il faut placer le brevet en première ligne. Quant à l'honneur attaché à une découverte, il ne fournit pas un argument de droit. Le brevet est, aux yeux de la loi, une spéculation, un contrat d'échange avec la société, et rien de plus. La question de gloire appartient à un autre ordre d'idées, et ne peut être d'aucun poids dans la solution de la difficulté. Les actions en contrefaçon doivent donc être intentées par les syndics, lorsque le breveté est dans les liens d'une faillite, ou continuées par eux, si la faillite est intervenue pendant l'instance.

§ 3. — *De la poursuite en cas de copropriété du brevet.*

Ce que nous avons dit en traitant, chap. V, de la copropriété d'un brevet, et, chap. VI, de la cession, trouve ici son application. Il est nécessaire de s'y reporter pour conclure, comme nous n'hésitons pas à le faire, que la poursuite en contrefaçon peut être intentée par l'un des propriétaires seul, et sans le concours des autres. Sa poursuite ne peut trouver d'autre obstacle que l'autorisation donnée, à son insu, au contrefacteur par son copropriétaire. Dans ce cas, sa poursuite peut bien être déclarée mal fondée; mais elle aura été légalement intentée.

Il en est différemment des copropriétaires associés pour l'exploitation. Ils ne sont plus alors qu'un être collectif, et pour eux, comme pour les sociétés commerciales propriétaires d'un brevet, la poursuite n'est régulière qu'autant qu'elle est exercée au nom de tous ou au nom de ceux qui sont, par le statut social, chargés de représenter la société.

En un mot, dans les cas ci-dessus, le droit de poursuite suit le sort du droit à la jouissance du brevet. Suivant que ce droit est individuel ou collectif, la poursuite doit être individuelle ou collective (1).

§ 4. — *De la poursuite par les cessionnaires.*

Lorsque la propriété du brevet, par suite d'un acte de cession régulière, est sortie des mains de l'inventeur, c'est au cessionnaire qu'appartient tout naturellement le droit de poursuite. Il est dès lors propriétaire, et son droit est régi par les règles que nous avons développées au § 2 de la présente section.

Mais il s'est présenté plus d'une difficulté sur le droit de poursuite, lorsque la cession du brevet n'a été que partielle, soit quant à l'objet cédé, soit quant au temps ou au lieu fixés pour la jouissance exclusive. Et d'abord, il importe de ne pas confondre la cession du droit de poursuivre les contrefacteurs avec la cession du brevet. Nous venons de voir ce qu'il advient du droit de poursuite en cas de cession du brevet. Quant à la cession du droit de poursuivre les contrefacteurs avec aliénation des dommages-intérêts éventuels que peut produire la poursuite, c'est là un acte très-licite et dont on ne trouve la prohibition ni dans le droit commun, ni dans la loi spéciale. Le breveté peut donc, tout en restant titulaire du brevet, céder le droit de poursuite, sauf les prescriptions des art. 1699 et suiv. du Code civil. Cette cession, n'entraînant pas transmission du brevet, n'est pas soumise aux prescriptions de l'art. 20 de la loi de 1844. Les formalités prescrites par cet article seraient sans objet puisque le brevet ne change pas de mains.

(1) 26 décembre 1841. — C. R. Paris. — Robertson : Langlois. — Voy. page 630.

Lorsque la cession consentie par le breveté a été partielle, comme aussi lorsque le breveté a accordé des licences exclusives, dans tous ces cas et ceux analogues le droit de poursuite se trouve virtuellement aliéné. La logique veut qu'il suive la jouissance exclusive dans toutes ses modifications et partout où elle existe. Cela se conçoit : la contrefaçon ne porte atteinte qu'au droit privatif. Si donc le breveté a cédé, privativement, le droit de se servir d'une partie de son invention sur tout le territoire, le cessionnaire étant seul lésé par la contrefaçon, c'est à lui seul qu'appartiendra le droit de poursuite. Si le breveté a renoncé, au profit d'un tiers, à se servir de son invention dans telle ou telle localité, ou pendant tel ou tel temps, c'est le tiers qui aura, pendant le temps ou dans la localité déterminés, le droit exclusif de poursuivre les contrefacteurs, parce que, seul, il est lésé par l'atteinte portée aux droits que garantit le brevet.

C'est pourquoi il a été décidé que le porteur d'une simple licence sous seing privé, par laquelle le breveté lui confère le droit exclusif d'exploiter dans une localité, peut, dans l'étendue de cette localité, exercer en son nom personnel des poursuites en contrefaçon. On ne peut même lui opposer que le breveté, au moment où il accordait la licence, avait aliéné son brevet, si ces aliénations n'étaient pas enregistrées au secrétariat de la préfecture, conformément à l'art. 20 de la loi de 1844 (1).

(1) 26 avril 1854. — Trib. Paris. — Blétry : Lamirelle. — Attendu qu'il agit en vertu d'une licence régulièrement consentie; qu'en admettant que le brevet de Brunfaut ait subi toutes les mutations successives dont il a été parlé, elles seraient nulles et non avenues à l'égard des tiers, aux termes de l'art. 20 de la loi du 5 juillet 1844; que, d'ailleurs, les actes invoqués aujourd'hui contre Blétry n'ont jamais eu de réalité, n'ont jamais reçu d'exécution et sont restés à l'état de projet; — En ce qui touche les fours du quai Jemmapes; — Attendu que de leur examen comparatif et de la description contenue au procès-verbal de l'architecte commis pour assister l'huissier chargé de la saisie (description), il résulte qu'ils présentaient avec les fours brevetés la ressemblance la plus manifeste et la plus exacte; que toutes les dispositions essentielles et caractéristiques des uns se rencontrent dans les autres; que notam-

Les héritiers ou légataires du breveté peuvent exercer le droit de poursuite, puisqu'ils représentent l'inventeur; mais ce droit

---

ment la flamme, dans tous les deux, au lieu de chauffer en premier lieu la sôle pour de là se rendre à la voûte, et de là gagner la cheminée d'appel, chauffe d'abord la voûte, puis se contourne et redescend sous la sôle, pour monter ensuite avec lenteur vers cette cheminée d'appel, ce qui constitue véritablement l'invention et la découverte; que la voûte, du reste, soit faite en tôle ou en maçonnerie, qu'il y ait un ou plusieurs foyers, que les carneaux ou conduits soient droits ou circulaires; qu'on ait apporté certaines modifications plus ou moins heureuses, l'élément principal n'en est pas moins le même, et ne saurait disparaître sous des perfectionnements douteux, dont le but est de dissimuler la contrefaçon; — En ce qui touche les fours de Montreuil; — Attendu, il est vrai, qu'ils ont été vendus par la société Hazard; qu'elle avait pour objet l'exploitation du brevet Brunfaut père, que Brunfaut fils s'était engagé à apporter dans la société; que l'apport promis n'a pas été réalisé et que, par arrêt de la Cour impériale de Paris en date du 27 décembre 1853, motivé précisément sur ce que Brunfaut père n'avait pas consenti à la cession de sa propriété, cette société a été déclarée nulle; qu'ainsi donc elle ne pouvait continuer à calciner ou à cuire du plâtre par les procédés brevetés, ni se servir des fours construits, et que ce droit, qu'elle n'avait plus elle-même, elle n'a pu valablement l'abandonner à d'autres; — Attendu, dans ces circonstances, que Daveu, Lamirelle et Gilbert, en fondant, exploitant et gérant les fours du quai Jemmapes et de Montreuil, se sont rendus coupables du délit de contrefaçon; — Condamne. — Appel. — Arrêt infirmatif du 1er mars 1855 : — Considérant que Blétry ne justifie pas avoir le droit d'agir en son nom, comme cessionnaire des brevets Brunfaut; qu'il résulte de l'art. 20 de la loi du 5 juillet 1844, sur les brevets d'invention, que la propriété d'un brevet ne peut être cédée, en tout ou en partie, que par acte notarié, et que les cessions de brevets ne peuvent avoir d'effet à l'égard des tiers qu'après avoir été enregistrées à la préfecture du département dans lequel les actes ont été passés; que Prosper Blétry est porteur d'un simple acte sous seing privé en date du 15 janvier 1854, enregistré le 25 du même mois, qu'on ne justifie pas avoir été enregistré à la préfecture; par lequel Joseph Brunfaut, titulaire d'un brevet du 9 octobre 1847 pour un système particulier de four à plâtre, a concédé à Blétry seulement le droit d'exploiter son brevet pendant deux ans dans le département de la Seine, avec pouvoir de poursuivre, conformément à la loi sur les brevets d'invention, ceux qui dans l'avenir pourraient porter atteinte au droit exclusif à lui concédé; que ledit acte n'autorise pas Blétry à se présenter devant les Tribunaux comme cessionnaire du brevet de Brunfaut, d'une part, parce qu'il ne contient pas cession d'un droit de propriété et transfère une simple concession d'un droit d'exploitation limité, quant au temps et au lieu; d'autre part, parce que cet acte n'est pas notarié et n'a pas été enregistré à la préfecture, suivant les prescriptions impérieuses de l'art. 20 de la loi du 5 juillet 1844, ce qui ne permet

est subordonné à l'usage que le breveté a fait de la faculté de transmettre tout ou partie de sa propriété. Si donc il n'a laissé à ses héritiers ou donné à ses légataires que la nue propriété du brevet, le droit de poursuite n'appartiendra qu'à celui qui aura le droit de jouissance exclusive, et qui le possédera au moment où la contrefaçon aura été accomplie. En effet, ce n'est pas au brevet que la contrefaçon porte atteinte, mais aux droits du breveté, c'est-à-dire à la jouissance exclusive, au monopole, et par conséquent à celui qui est investi de ces droits.

§ 5. — *A partir de quel jour la poursuite peut être exercée.*

Le breveté peut poursuivre dès qu'il a formé sa demande de brevet, c'est-à-dire dès qu'il a rempli, à la préfecture, les

---

pas qu'il soit opposé aux tiers; que Blétry ne peut soutenir son action en alléguant qu'elle aurait été intentée par lui comme fondé des pouvoirs de Brunfaut; que c'est une maxime du droit français que nul en France, excepté le souverain, ne plaide par procureur; que l'art. 61 du Code de procédure civile déclare que tout exploit d'assignation doit, à peine de nullité, contenir les nom, prénoms, profession et domicile du demandeur; que Blétry, en conséquence, n'aurait pu valablement intenter l'action en contrefaçon, en son propre nom, comme procureur de Brunfaut; que s'il avait entendu intenter l'action au nom de celui-ci à la simple diligence, il aurait dû l'exprimer de manière à ce que le jugement pût être opposé à Brunfaut, partie au procès, et l'exploit d'assignation eût dit les nom et prénoms, profession et domicile de Brunfaut, qui ne s'y trouvent pas et dont l'absence rendrait nul cet exploit, suivant l'art. 61 du Code de procédure civile; — Par ce motif, met les appellations et le jugement dont est appel au néant; — Emendant, décharge Daveu, Lamirelle et Gilbert des condamnations contre eux prononcées; — Statuant en appel, les renvoie des fins de poursuites, et déclare Blétry non recevable dans son action en contrefaçon; fait mainlevée des *saisies;* — Attendu qu'elles ont causé à Daveu, Lamirelle et Bérillon, un préjudice dont il leur est dû réparation, et que la Cour a les éléments nécessaires pour l'apprécier; — Condamne Blétry par corps à payer la somme de 1,000 fr., à titre de dommages-intérêts, aux sieurs Daveu, Camille et Gilbert, administrateurs des fours, quai Jemmapes, et la somme de 2,000 fr., aux mêmes titres, au sieur Lamirelle, ancien gérant des fours à plâtre de Montreuil, et Bérillon, liquidateur de la société.

formalités exigées par l'art. 5. En effet, c'est du jour de sa demande qu'il entre en jouissance du droit exclusif à l'exploitation de sa découverte (art. 8); or, comme la contrefaçon est une atteinte portée à ce droit, il serait dérisoire de lui accorder le monopole en lui refusant les moyens de le faire respecter. C'est donc vainement qu'on objecterait l'art. 47, qui exige que le brevet soit représenté au président qui doit autoriser la saisie. D'abord, la saisie, comme on le verra, n'est pas un préliminaire obligé de l'action en contrefaçon; ensuite ces mots *la représentation du brevet*, doivent être entendus en ce sens que l'inventeur doit fournir la preuve de sa demande. Seulement nous reconnaissons que, une fois la poursuite engagée, si la représentation du titre est rendue nécessaire par la nature des moyens de défense du prévenu, il y aura lieu, par le Tribunal, soit de se faire apporter les pièces déposées au ministère, soit de surseoir à la décision jusqu'à la délivrance du brevet. Entendre la loi autrement, ce serait en violer directement l'esprit, et travailler, contre toute justice, au profit des contrefacteurs, qui seraient sûrs de l'impunité tant que le brevet ne serait pas délivré, et qui ne manqueraient pas de profiter largement de cette sécurité. Ce qui ajouterait encore à l'iniquité d'une pareille interprétation, c'est que, aux termes de l'art. 8 de la loi, la durée du brevet n'en aurait pas moins son cours, et que les années de jouissance *exclusive*, assurées au breveté, se trouveraient diminuées de tout le temps que l'administration aurait mis à délivrer le brevet.

Lorsqu'il y a eu cession, l'acquéreur peut intenter les poursuites en son nom, du jour où la vente est parfaite entre lui et le vendeur. Il n'est pas tenu d'attendre que son titre soit enregistré à la préfecture, ainsi que nous l'avons démontré chap. VI, sect. 1re.

L'inventeur, dont le brevet est expiré, peut néanmoins poursuivre les contrefacteurs, pourvu que le fait constituant le délit, c'est-à-dire, la fabrication, l'emploi, le recel, le débit ou l'introduction, soient antérieurs à l'expiration du brevet, et ne soient point prescrits au moment où la poursuite est intentée (1). Nous ajouterons même que l'individu poursuivi pour un simple fait de fabrication, antérieur de quelques jours seulement à l'expiration du brevet, ne pourrait se justifier en alléguant qu'il a fait fabriquer seulement en vue de la fin prochaine du brevet et pour vendre après son expiration. Cette circonstance n'exclut pas le délit qui résulte du fait matériel de fabrication en temps prohibé. Elle ne peut avoir d'influence que sur l'appréciation du préjudice causé.

SECTION 2. — *De ceux qui peuvent être poursuivis.*

La poursuite en contrefaçon qui peut être intentée contre tous les contrefacteurs proprement dits et contre ceux qui doivent leur être assimilés, ainsi que nous l'avons démontré au chapitre précédent, peut encore être dirigée, dans certaines circonstances que nous allons énumérer, contre des tiers étrangers au délit.

Lorsque le contrefacteur est tombé en faillite, la poursuite, même quand elle est portée devant le Tribunal correctionnel, doit comprendre les syndics qui ont seuls qualité pour défendre aux actions intentées contre le failli. Sans la présence des syndics, les condamnations pécuniaires, qui interviendraient contre le failli, seraient sans objet.

Lorsque le délit de contrefaçon a été commis par une société, on peut diriger la poursuite contre le gérant ou contre les associés en nom collectif, ou bien encore contre les administrateurs, lorsque la société est anonyme (2). Les associés commanditaires ne pourraient être compris dans la poursuite, que s'ils s'étaient immiscés dans l'administration de la société (3).

Si la société qui s'est rendue coupable du fait de contrefaçon est en liquidation, au moment où l'action est intentée, on peut

(1) 20 août 1851. — C. Cass. — Alcan-Péligot : Bacot, Cunin et autres.

(2) 8 juin 1855. — C. Imp. Paris. — Bessas-Lamegie : les administrateurs du chemin de fer d'Orléans.

(3) 30 juin 1853. — Jugement. — Thomas-Laurens : Dubroca.

comprendre les liquidateurs dans la poursuite, mais en leur qualité de liquidateurs seulement. Inutile d'ajouter que les condamnations pécuniaires, qui seront prononcées contre eux en cette qualité, devront être supportées par l'actif de la société en liquidation, et non par les liquidateurs personnellement (1).

SECTION 3. — *De la saisie et de la description.*

§ 1er. — *De la requête à fin de saisie.*

Le premier soin du breveté, pour assurer le succès de son action en contrefaçon, doit être de constater le fait matériel, c'est-à-dire l'existence des objets contrefaits. S'il ne peut ou ne veut se procurer un de ces objets, en les achetant du contrefacteur ou du vendeur, il devra les faire saisir ou simplement décrire (art. 47). Mais le plus sûr est de pratiquer une saisie, afin de rendre impossible toute dénégation (2).

Avant de faire procéder à la saisie ou à la description, le poursuivant présentera, soit en personne, soit par le ministère d'un officier ministériel, une requête au président du Tribunal de première instance (art. 47). Cette requête contiendra les nom, prénoms, profession et domicile du demandeur, l'indication de l'objet du brevet, et, autant que possible, le nom et l'adresse des contrefacteurs chez qui la saisie doit être opérée; nous disons *autant que possible*, car il peut arriver qu'un individu, dont le breveté ignore le nom, se trouve nanti d'objets contrefaits. Imposer au demandeur l'obligation de désigner, par avance, le nom, le domicile et tous les lieux dans lesquels les contrefacteurs auront déposé des objets contrefaits, ce serait lui refuser d'une manière indirecte le droit de saisie. En effet,

---

(1) 19 août 1853. — Cass. — Thomas et Laurens : Riant, Michel et Tartois.

(2) 18 mai 1844. — C. R. Paris. — Gibus : Lejeune. — Gibus, breveté, avait fait acheter un chapeau, portant intérieurement le nom de Lejeune imprimé sur la coiffe. Lejeune nia avoir fabriqué ledit chapeau et il fut renvoyé de la poursuite.

au moment où l'on pratique une saisie chez le fabricant, si on apprend que des objets contrefaits se trouvent chez un débitant, il faut pouvoir les y saisir immédiatement; sinon, sur l'avertissement du fabricant, les objets auront bientôt disparu. Aussi, on fera sagement d'énoncer dans la requête qu'on se propose de saisir chez le contrefacteur désigné, et chez tous vendeurs ou recéleurs qu'on pourra découvrir.

Le plaignant joindra à sa requête le brevet, s'il est délivré, et, dans le cas contraire, le récépissé constatant le dépôt des pièces à la préfecture. Il n'a rien de plus à prouver que sa demande. Puisque la délivrance du brevet est obligatoire, le récépissé doit suffire. D'ailleurs, nous avons démontré et nous répétons encore, qu'il serait souverainement injuste de contraindre le poursuivant à souffrir la contrefaçon tant que le brevet ne lui est pas délivré. Ce résultat serait contraire au vœu de la loi, qui n'a pu avoir en vue qu'une protection sérieuse et efficace.

Le président du Tribunal rendra son ordonnance sur le vu de la requête et des pièces qui y auront été jointes. Il pourra, pour le cas où le plaignant, au lieu de se contenter d'une simple description, voudra faire pratiquer la saisie, lui imposer l'obligation de verser un cautionnement qu'il sera tenu de consigner avant d'y faire procéder. Le président a la *faculté* et non pas le *devoir* d'imposer le cautionnement, et la loi le laisse juge souverain de l'utilité de cette mesure. Mais lorsque le breveté est étranger, le cautionnement préalable à la saisie doit toujours être exigé de lui. Dans ce cas, le président a le *devoir* et non la *faculté* d'exiger un cautionnement, et lorsqu'il a refusé ou omis d'imposer le cautionnement à l'étranger, la saisie, pratiquée en vertu de cette ordonnance, est nulle. Il en est ainsi, même lorsque la nationalité du breveté n'a pas été révélée au magistrat qui a rendu l'ordonnance. Cette nullité, quelque rigoureuse et inutile qu'elle soit, ressort de la combinaison des deux dispositions finales de l'art. 47 (1).

(1) 3 mai 1855. — Trib. Corr. Paris. — Sax : Raoux, etc.

Il est bien entendu que le cautionnement ne peut être exigé que par la partie chez laquelle la saisie a été pratiquée. Donc, lorsque la saisie a été pratiquée chez un tiers, le cautionnement ne peut être exigé par le propriétaire des objets saisis, à moins qu'il ne se trouve compris dans la poursuite.

Si le président, en signant la requête, n'a pas usé du droit que la loi lui confère d'exiger le cautionnement, la partie saisie peut toujours et en tout état de cause le réclamer, soit par la voie du référé, soit par action principale, à moins qu'il ne préfère demander la nullité de la saisie, dans le cas où il s'agit de l'omission du cautionnement à exiger d'un breveté étranger, comme nous l'avons démontré précédemment.

Si le président a refusé d'imposer le cautionnement au breveté, comme dans le cas où il a imposé un cautionnement insuffisant ou refuser d'autoriser la saisie, y a-t-il un recours possible contre cette décision? De nombreux monuments de jurisprudence établissent le droit absolu, pour le président, de statuer sur toutes les questions relatives à l'autorisation de constater la contrefaçon et de fixer le cautionnement à fournir par le saisissant (1), lequel ne peut, dit-on, en aucun cas, se

---

(1) 11 février 1846. — C. R. Paris, 4e chambre. — Caron : Pinzoldt. — Pinzoldt a présenté requête à M. le président afin d'être autorisé à saisir les machines contrefaites par Caron. M. le président autorisa la saisie, après dépôt d'un cautionnement de 1,200 fr., et ordonna qu'en cas de difficulté il lui en serait référé. Caron s'opposa à la saisie et introduisit un référé, sur lequel intervint une ordonnance qui porta à 15,000 fr. le cautionnement en cas de saisie totale, ou à 3,000 fr. si la saisie ne portait que sur une seule machine. Pinzoldt a interjeté appel. — Arrêt : — Considérant que les pouvoirs conférés au président du Tribunal civil par l'art. 47 de la loi du 5 juillet 1844, comme ceux à lui conférés par l'art. 558 du Code de procédure civile, constituent une juridiction non contentieuse ; que les décisions prises alors par ce magistrat ne portent que sur des mesures urgentes et provisoires, et ne sont sujettes à aucun recours ; — Déclare l'appel non recevable.

Idem. 2 août 1845. — C. Imp. Paris. — Jourdan : Colombe-Lalan.
Idem. 27 juin 1853. — C. Imp. Paris. — Martineau : Marchal.
Idem. 30 août 1854. — C. Imp. Paris. — Darlincourt : Letrange.
Contrà. 8 mars 1845. — C. R. Paris. — Parizot : Pauvels.
Idem. juin 1855. — C. Imp. Paris. — Mallet : Cavaillon.

pourvoir par appel contre l'ordonnance intervenue. Cette doctrine a le tort de s'appuyer sur les règles du droit commun. Le droit spécial est fondé sur d'autres principes et a d'autres exigeances. Ainsi, selon les règles du droit commun, on décide, il est vrai, que l'autorisation de saisir, accordée par le président, constitue un acte de juridiction gracieuse contre lequel on ne peut se pourvoir par appel; mais la saisie, dans ce cas, n'est qu'une mesure purement conservatoire qui n'intéresse en rien le fond du droit. Au contraire, la saisie autorisée par la loi de 1844, si elle est une mesure conservatoire, est avant tout et surtout un moyen de constater le délit, moyen sans lequel la poursuite serait le plus souvent impossible. La doctrine que nous combattons aurait donc pour résultat de rendre le président arbitre souverain de la poursuite qu'il pourrait paralyser, dans la plupart des cas, en refusant d'autoriser la saisie ou en élevant le cautionnement à un chiffre considérable.

Pour justifier le droit qu'on veut attribuer au président de refuser l'autorisation de saisie, droit que nous lui dénions, on a parlé de la dignité du magistrat qu'on ne pouvait réduire à un rôle purement passif, et dont l'autorisation préalable ne peut se justifier si on lui enlève la faculté de refuser; enfin on a objecté les abus qui résulteraient du droit de saisie abandonné au libre arbitre des plaignants. Aucune de ces raisons ne nous satisfait. Seul responsable des conséquences de son action, le breveté doit être seul juge de l'opportunité des moyens dont il emploie les rigueurs pour la défense de son droit. Il est porteur d'un titre, attaquable sans doute comme tous les titres, mais qui, jusqu'à preuve contraire, établit une présomption en sa faveur. Cela suffit pour l'autoriser à placer sous la main de la justice, quand il le juge utile, les produits créés en violation de son droit privatif. Quant à la dignité du magistrat, elle n'a point à souffrir d'une doctrine qui lui laisse le droit de juger quel peut être le danger de la saisie, et qui lui permet d'élever, en conséquence et à son gré, le chiffre du cautionnement pour lequel la loi n'a fixé aucune limite. A coup sûr, ce n'est pas là un rôle purement passif et son importance ne peut être contestée. Le droit absolu, revendiqué pour le magistrat, d'accorder ou de refuser l'autorisation de saisir, nous paraît d'ailleurs repoussé par le texte et surtout par l'esprit de la loi. En effet, la loi veut (art. 49) que, en cas de condamnation, les objets confisqués soient toujours remis au plaignant, car cette confiscation est la première et souvent la seule satisfaction donnée au breveté; or, que deviendra cette disposition, si le président refuse l'autorisation de saisir ou s'il la limite à un certain nombre d'objets? La confiscation ne pourra pas être prononcée ou ne le sera que sur un nombre restreint d'objets contrefaits. Le président aura ainsi disposé, au profit du contrefacteur et au grand préjudice du breveté, d'une propriété que la loi attribue, dans tous les cas, à ce dernier.

Comment pourrait-on, enfin, imposer raisonnablement au breveté l'obligation de se borner à faire décrire, même par un expert, les objets contrefaits au lieu de les saisir? Ne serait-ce pas l'exposer à se présenter devant la justice avec une preuve incomplète? Sans doute pour la science, habituée au langage technique et comprenant à demi-mot, la description suffira toujours à l'étude et à l'intelligence de l'objet désigné. Mais la science, quand la justice invoque ses lumières, expertise et ne juge pas. Il faut que le magistrat comprenne et apprécie par lui-même, puisque l'avis des experts n'est pas une loi pour lui. Or, pour l'appréciation du juge, la description ne sera-t-elle pas souvent insuffisante ou inintelligible? D'ailleurs la saisie avec scellés peut seule faire obstacle à ce que le contrefacteur modifie l'objet argüé de contrefaçon et substitue un agent à un autre, ce qu'il pourrait faire dans plus d'un cas sans sortir, d'une manière sensible, des termes et des détails de la description. Le texte et l'esprit de la loi, l'intérêt de l'industrie et l'équité, tout refuse donc au magistrat le pouvoir exorbitant de maîtriser la constatation de la contrefaçon autrement que par le chiffre du cautionnement qu'il peut élever à son gré.

On a prétendu que la loi de 1844 n'autorisant pas expressément l'apposition des scellés sur les objets saisis, le président ne pouvait pas autoriser cette mesure rigoureuse. Sans doute le mot scellé ne figure pas dans le texte de la loi, mais il ne faut pas oublier que la contrefaçon est un délit et que, par cette raison, le mode de constatation et de poursuite doit être celui du droit commun, c'est-à-dire celui indiqué et réglé par le Code d'instruction criminelle en tant que ses dispositions ne sont pas en opposition avec la loi de 1844. Or, d'après le droit commun, le corps de délit peut toujours être placé sous la main de justice par l'apposition des scellés. D'ailleurs ce mode de saisie ressort même du texte de la loi de 1844. En effet, l'article distingue expressément entre la description et la saisie; or en quoi la *saisie* différera-t-elle de la *description* si elle ne consiste, comme cette dernière, qu'à inventorier les objets argüés de contrefaçon? Il n'y a, bien évidemment, que l'apposition des scellés qui puisse marquer la limite qui sépare les deux modes de constatation autorisés par la loi de 1844. Cette interprétation du texte est d'ailleurs conforme aux nécessités pratiques que nous avons développées plus haut en traitant de la nécessité de la saisie.

Le président excède ses pouvoirs s'il ordonne que la saisie sera pratiquée par un huissier de son choix. Lorsqu'un huissier doit être commis, la loi s'en explique en termes formels. Ici rien de semblable, et, au contraire, il est dit que le breveté pourra s'adresser indifféremment *à tout huissier* (art. 47).

L'ordonnance du président contiendra, s'il y a lieu, la nomination d'un expert, pour aider l'huissier dans la description des objets argüés de contrefaçon. L'assistance de l'expert étant accordée uniquement dans l'intérêt du breveté et pour faciliter la description, s'il arrive que l'utilité de son concours ne soit démontrée ni à la partie, ni à l'huissier, ou bien encore s'il y a urgence de saisir et que l'expert refuse la mission ou ne puisse se mettre immédiatement à la disposition du poursuivant, on pourra passer outre à l'exécution. Nous le répétons, l'adjonction facultative de l'expert n'est point une entrave, mais un auxiliaire autorisé par la loi. Nous ajoutons que l'expert ne reçoit de la loi et ne peut recevoir de personne la mission de juger s'il y a ou non contrefaçon. Sa mission doit se borner à rédiger la description.

L'obligation de *consigner* un cautionnement prouve que la loi exige expressément le dépôt d'une somme en argent, et que le saisi pourrait s'opposer à ce qu'il fût passé outre, si, au lieu d'une somme consignée, le plaignant offrait une caution et même la plus notoirement solvable.

§ 2. — *Par qui et en présence de qui peut être pratiquée la saisie.*

La loi veut (art. 47) que la saisie, pratiquée à la requête du breveté, ne puisse avoir lieu que par le ministère des huissiers et sur l'ordonnance du président appelé ainsi à maîtriser l'action du plaignant par le cautionnement. Toutefois, cette disposition relative aux huissiers ne fait pas obstacle à ce que la saisie soit opérée par les commissaires de police, puisque la contrefaçon est un délit. Mais la saisie, dans ce cas, aura dû être requise par le ministère public ou ordonnée par un juge d'instruction ; c'est ce qui arrivera lorsque le breveté, au lieu de poursuivre directement en son nom, aura porté plainte contre les contrefacteurs. L'action publique, mise alors en mouvement aux termes de l'art. 45, suivra son cours conformément au droit commun, qui permet, au ministère public, de faire constater les délits par les officiers de police judiciaire.

Le breveté peut assister l'huissier chargé d'opérer la saisie des objets contrefaits, bien que, dans les saisies-exécutions ordinaires, cette assistance soit interdite à peine de nullité. Mais la dérogation au droit commun se justifie ici par la nécessité de désigner à l'huissier, d'une manière précise, quels sont les objets argüés de contrefaçon, désignation qu'il est presque toujours impossible de donner à l'avance, et que l'expert le plus habile, même nanti des brevets, ne pourrait donner à l'huissier sans une étude préalable, toujours incompatible avec la nécessité d'une prompte exécution ; d'ailleurs le saisissant agit à ses périls et risques; il est donc de toute justice qu'il ait le droit de diriger l'opération (1).

L'huissier est obligé, dans tous les cas, de consigner sur son procès-verbal les dires du saisi et d'obtempérer à son désir d'en référer au président. Mais, tout en acceptant le référé, il devra, si le plaignant le requiert ou s'il juge qu'il y ait urgence, pratiquer néanmoins la saisie. S'il en était autrement, le référé laisserait au contrefacteur, averti par la tentative d'exécution, le temps de faire disparaître ou de modifier les objets contrefaits, et le but serait manqué.

L'huissier ne peut refuser de saisir, sous prétexte qu'il n'y a pas contrefaçon. On ne peut lui reconnaître un droit que l'esprit et le texte de la loi refusent au magistrat, et qui aurait pour résultat de constituer l'officier ministériel juge souverain et unique en ces graves matières, pour lesquelles les lumières réunies des experts et d'un Tribunal sont souvent nécessaires. Il arrêterait ainsi le procès dans sa source, et rendrait illusoire le droit du breveté.

L'huissier ne peut non plus se borner à constater qu'il y a identité parfaite entre l'objet saisi et l'objet désigné au brevet; car il n'est pas chargé d'apprécier, mais seulement de décrire ou de saisir.

§ 3. — *Des formes de la saisie et de la description.*

La loi donne au breveté deux moyens bien distincts de constater la contrefaçon, à savoir la description avec saisie et la

(1) 27 avril 1847. — Ord. de référé. — Plattard : Séguin. — Attendu qu'en accordant aux exposants l'autorisation de faire procéder à une désignation et description des objets dont s'agit, notre intention était d'autoriser les porteurs de brevets à faire procéder à l'opération dont s'agit en leur présence; — Que s'il est dit dans l'ordonnance qu'il y sera procédé par le ministère d'un huissier, cet officier ministériel n'est désigné que pour dresser procès-verbal sur les réquisitions et indications des parties intéressées; que, s'il en était autrement, l'opération autorisée serait impraticable; qu'en outre, la loi de juillet 1844, sur les brevets, autorise expressément la présence des saisissants; — En conséquence, ordonnons qu'il sera passé outre à ladite opération, en présence de MM. Chevolat et Plattard susnommés.

description sans saisie. La différence entre ces deux moyens est suffisamment indiquée par le sens grammatical. La description ne comprend que la désignation détaillée de l'objet qui est laissé à la disposition du poursuivi, lequel peut en disposer ou s'en servir à ses risques et périls. La saisie consiste dans la mise sous la main de justice par apposition de scellés ou par dépôt au greffe des objets argüés de contrefaçon. Elle se distingue donc de la description par cette circonstance que le poursuivi ne conserve pas la disposition des objets, et qu'il ne peut ainsi ni les modifier ni les détourner. De ce qui précède il résulte que lorsque l'ordonnance du président autorise la saisie, le breveté peut, à son choix, enlever le corps de délit, pour le déposer au greffe ou le faire placer sous les scellés.

Dans la pratique on combine ordinairement ces deux moyens, en limitant la saisie à un échantillon ou aux objets rigoureusement nécessaires pour prouver la contrefaçon, sauf à détailler, dans le même procès-verbal, la nature et l'importance de ce qui est laissé à la disposition du prévenu.

Le breveté n'a pas le droit de placer un gardien, même à ses frais, auprès des objets contrefaits. Cette mesure serait purement vexatoire et sans intérêt pour lui. En effet, la loi met à sa disposition deux moyens de prouver la contrefaçon, c'est-à-dire la simple description ou la saisie, à son choix. Si la description ne lui paraît pas possible ou suffisante, qu'il fasse pratiquer la saisie et apposer les scellés. S'il craint le bris des scellés, il peut encore enlever l'objet saisi et le déposer au greffe du Tribunal. Le gardien est nécessaire en matière de saisie-exécution, parce que cette mesure consiste simplement dans la description des objets mis sous la main de justice, dont l'usage doit être laissé, jusqu'à la vente, à la personne saisie; mais, comme nous venons de le démontrer, il n'en est pas de même de la saisie opérée sur des objets contrefaits.

§ 4. — *De la nullité de la saisie et de ses effets.*

Nous ne devons traiter ici que des nullités tirées de l'inexécution des formalités prescrites par la loi spéciale aux brevets, sans nous occuper de celles qui sont puisées dans le droit commun.

Nous ne reviendrons pas sur ce que nous avons dit des saisies pratiquées en vertu d'une cession non enregistrée, et nous nous bornerons à quelques explications sur les causes de nullité énumérées dans l'art. 47.

La nullité est prononcée par la loi, dans le cas où l'huissier a omis de laisser au détenteur des objets décrits ou saisis, copie tant de l'ordonnance du président que du procès-verbal de saisie et de l'acte constatant le dépôt du cautionnement. Les prescriptions de l'art. 47 sont formelles.

Aux termes de l'art. 48, le procès-verbal, constatant la saisie ou la description, sera encore nul si le poursuivant a négligé de se pourvoir, soit par la voie civile, soit par la voie correctionnelle, dans le délai de huitaine, outre un jour par trois myriamètres de distance entre le lieu où se trouvent les objets saisis ou décrits, et le domicile du contrefacteur, recéleur, introducteur ou débitant. Il ne faut pas conclure de cette disposition, que le saisissant soit obligé d'assigner tous ceux qui ont, directement ou indirectement, coopéré à la contrefaçon. Il est le maître de sa poursuite, et il la dirige contre qui il lui plaît d'agir. Il peut donc ne poursuivre que le débitant et négliger le contrefacteur, ou bien agir séparément contre ce dernier.

Lorsque le breveté dirige sa poursuite contre plusieurs, il a suffisamment obéi à la loi s'il a assigné l'un d'eux dans la huitaine de la saisie, car alors il s'est pourvu en justice dans le délai légal, et l'art. 48 n'exige rien de plus. Il pourra donc, très-régulièrement, assigner les autres prévenus après la huitaine expirée.

On a répondu aux exigences de l'art. 48 lorsque l'assignation a été signifiée à une date antérieure à l'expiration de la huitaine, alors même qu'elle ne porterait ajournement que pour un jour au delà de ladite huitaine.

La nullité portée par l'art. 48, ci-dessus cité, s'applique au cas de simple description comme au cas de saisie. Le texte est formel, et d'ailleurs les motifs sont les mêmes. On n'a pas voulu que le poursuivi restât indéfiniment sous le coup d'une poursuite.

On a prétendu que la saisie est nulle lorsqu'elle a été formée en vertu d'une ordonnance périmée, et surtout lorsqu'elle a été pratiquée sur un individu qui n'a pas été nommément désigné dans l'ordonnance. Nous ne savons ce que c'est qu'une ordonnance *périmée* lorsqu'elle ne fixe pas un délai au delà duquel on ne pourra plus s'en servir. De plus, nous ne voyons rien dans la loi qui oblige le saisissant à savoir, à l'avance, les noms de tous ceux qui ont usurpé son invention ou qui la recèlent ou la débitent. La saisie ne porte pas sur les individus mais sur les objets. Donc, pourvu que l'objet revendiqué soit spécifié dans l'ordonnance, le saisissant aura pleinement obéi à la loi, et il pourra saisir partout où il trouvera des objets contrefaits. D'ailleurs il ne faut pas oublier que les nullités sont de droit étroit et qu'elles ne peuvent être suppléées. Or la loi ne prononce nulle part la nullité de la saisie dans les cas ci-dessus. Vainement dit-on que l'ordonnance du juge serait, dans notre doctrine, une sorte de blanc-seing, une véritable lettre de cachet. S'il en était ainsi, nous ne savons trop si le contrefacteur serait bienvenu à s'en plaindre. Mais le reproche n'est pas fondé, puisque le saisi peut toujours, même après la saisie consommée, en référer au président pour faire imposer au saisissant un cautionnement. Le droit réservé au magistrat par l'art. 47 est donc respecté, et ainsi tombe le seul motif, sérieux en apparence, sur lequel se fonde l'opinion que nous combattons (1).

(1) *Contrà.* 13 août 1853. — C. Imp. Paris. — Duchesne : Hérot. — En ce qui touche les conclusions du ministère public, concernant la nullité des saisies pratiquées chez les prévenus ; — Considérant que la faculté accordée par l'article 47 de la loi du 4 juillet 1844 aux propriétaires de brevets, de faire procéder à la désignation et description des objets prétendus contrefaits, en vertu d'une ordonnance délivrée par le président du Tribunal, sur requête, ne se peut entendre que d'une ordonnance spéciale à la contrefaçon dénoncée dans la

Lorsque le procès-verbal de l'huissier a été annulé, le breveté peut nonobstant suivre sur son action. Il peut même faire procéder à une nouvelle constatation en vertu de la même ordonnance, car ce n'est pas l'ordonnance qui est anéantie, ni le droit de poursuite, mais seulement l'acte dressé par l'huissier (1). Aussi cette nécessité est, à nos yeux, une mesure sans profit sérieux pour le prévenu. En effet, le procès-verbal, bien qu'annulé, n'en conservera pas moins, pour la conscience des juges, l'autorité d'un fait accompli qui viendra, au besoin, suppléer à l'insuffisance des preuves. Enfin, la nullité de l'acte de saisie n'empêcherait pas l'huissier instrumentaire d'être appelé comme témoin pour déposer de l'existence des objets contrefaits. Ajoutons que, dès qu'un prévenu de contrefaçon excipe de la nullité, le breveté peut faire pratiquer une nouvelle saisie avant la levée de la première, et ainsi la pénalité devient illusoire.

Tant que la poursuite en contrefaçon n'est point intentée,

---

requête; — Qu'autrement, la mesure prévue par l'art. 47, et destinée à protéger les intérêts des brevetés, pourrait devenir dans leurs mains un moyen de persécution contre ceux de leurs concurrents qu'il leur conviendrait de gêner dans l'exercice de leur industrie; — Considérant que c'est dans cet esprit que l'article 47 de la loi du 4 juillet prévoit le cas où le juge peut, selon les circonstances et le degré de moralité ou de responsabilité relative, soit du breveté, soit du prétendu contrefacteur, subordonner à une caution préalable l'autorisation de saisir ou décrire les objets argüés de contrefaçon; — Considérant que cette disposition deviendrait superflue si, au moyen d'une autorisation générale que le breveté pourrait obtenir dès la prise de son brevet, il pouvait, pendant toute sa durée, opérer discrétionnairement des saisies chez tous les fabricants de produits similaires; — Considérant que, quelque larges que soient les termes de l'ordonnance accordée à Duchesne en 1850, ils ne se pouvaient entendre que de saisie ou de description à faire à une époque contemporaine de sa date; d'où il suit que les saisies et descriptions faites chez les appelants en 1853, bien que s'appuyant sur cette ordonnance, doivent être considérées comme faites sans autorisation; — Considérant, néanmoins, que ni la saisie ni la description des objets argüés de contrefaçon, ne sont pas une condition substantielle de la validité de la poursuite; — Déclare nulles les saisies et descriptions; — Ordonne la restitution des objets saisis; et, pour statuer au fond, remet la cause, etc.

(1) 28 décembre 1850. — C. Imp. Amiens. — Jérosme : Gomel. Voy. p. 578.

la question de nullité de la saisie doit être portée devant le Tribunal civil. Le Tribunal correctionnel ne peut en connaître que comme accessoire de l'action en contrefaçon qui lui est soumise. La raison en est simple : une action correctionnelle ne peut se fonder que sur un délit : or une saisie nulle n'a pas le caractère d'un délit, et ne peut entraîner l'application d'aucune peine. Le Tribunal correctionnel ne peut donc être saisi de la question de nullité par action principale. Mais lorsque l'instance correctionnelle est engagée sur le délit de contrefaçon, le prévenu ne peut plus porter devant le Tribunal civil la question de savoir si la saisie est nulle en la forme. Puisque la juridiction correctionnelle est appelée à connaître de la poursuite en contrefaçon, c'est à elle seule qu'appartient désormais le droit de juger toutes les questions qui se rattachent à la saisie, tant en la forme qu'au fond. Toutes ces nullités de forme sont des moyens de défense, des exceptions à la poursuite, et il est de principe que le juge de l'action est aussi le juge de l'exception.

Dès qu'il a été statué sur la question de contrefaçon, l'exception de nullité de la saisie est couverte. Cela se conçoit de reste ; puisqu'on s'est défendu sur le fait, c'est qu'on a accepté la légalité, en la forme, des preuves à l'aide desquelles le fait a été établi.

Dans le cas où la saisie a été ordonnée par un juge d'instruction, la mainlevée ne peut en être ordonnée que par la chambre du conseil ou, plus tard, par le Tribunal correctionnel chargé de statuer sur le fond du procès. Ce serait donc vainement que le poursuivi, croyant avoir à se plaindre des lenteurs de l'instruction, s'adresserait aux Tribunaux civils pour obtenir la mainlevée de la saisie. Dans ce cas, la saisie est une mesure d'instruction sur laquelle les juges civils n'ont aucun droit de censure (1).

Les Tribunaux qui peuvent annuler une saisie et en pronon-

(1) 7 janvier 1845. — Trib. Paris. — Elkington : Simon. — Jugement confirmé sur appel.

cer la mainlevée, comme nous venons de le démontrer, ne peuvent statuer sur le droit de saisir, et sur le mérite d'une saisie, qu'autant qu'elle a été pratiquée. Ainsi, celui qui est menacé d'une saisie ne peut assigner le breveté afin de faire prononcer contre lui des défenses, alors même qu'il y aurait eu déjà une tentative d'exécution. Pour que le Tribunal soit régulièrement appelé à prononcer sur un fait, il faut que ce fait soit accompli; il est donc nécessaire que le breveté ait pratiqué la saisie. S'il en était autrement, il n'y aurait qu'une éventualité, une possibilité de saisie sur laquelle il n'est ni logique ni légal d'appeler l'attention de la justice (1). La loi donne, à celui qui craint une saisie, le moyen, sinon de détourner la saisie, au moins de la rendre plus difficile : c'est de discuter le cautionnement et d'en faire élever le chiffre, ou d'attaquer la validité du brevet; mais, selon nous, nulle puissance ne peut s'opposer à la saisie que veut pratiquer le breveté, qu'il pratique, d'ailleurs, à ses risques et périls, et sous la garantie du cautionnement.

§ 5. — *Quand et où la saisie peut être pratiquée.*

Le breveté peut faire pratiquer la saisie dès qu'il a le droit d'exercer des poursuites contre les contrefacteurs, c'est-à-dire dès qu'il a déposé sa demande régulière au secrétariat de la préfecture.

La saisie des objets contrefaits n'est pas une formalité nécessairement préalable à la poursuite; c'est un moyen d'arri-

(1) 18 avril 1844. — Trib. Paris. — Pellerin : Debain. — Pellerin, breveté, se présente chez Debain, assisté d'un commissaire de police, pour saisir des instruments qu'il prétend être la contrefaçon des siens. Le commissaire de police, ne jugeant pas qu'il y eût contrefaçon, se refuse à passer outre. Pellerin se disposait à faire pratiquer la saisie par un autre commissaire, lorsque Debain introduisit un référé, afin de faire défense à Pellerin de commencer de nouvelles poursuites. Le référé, renvoyé à l'audience (5e ch.), fut suivi d'un jugement ainsi conçu : — Attendu qu'il n'y a pas de poursuites exercées, puisque aucune saisie n'a été pratiquée; que le Tribunal ne peut statuer sur des poursuites à venir ou éventuelles; dit qu'il n'y a lieu à référé.

ver à la fois à la constatation du délit et à la confiscation. On peut donc, en tout état de cause, soit avant, soit pendant la poursuite, saisir les objets argüés de contrefaçon qu'on découvre, et partout où on les trouve.

La saisie peut même être pratiquée pendant le cours d'une instance en déchéance ou en nullité. En effet, si les actions de ce genre s'opposent à ce que l'action en contrefaçon soit intentée, elles n'enlèvent pas au breveté le droit de faire les actes conservatoires et les constatations qu'il juge nécessaires. S'il en était autrement, l'action en nullité la plus évidemment dérisoire protégerait le contrefacteur, qui pourrait ainsi fabriquer et vendre impunément et qui aurait tout le temps de faire disparaître le corps du délit quand il verrait arriver le jour du jugement définitif sur son action déloyalement intentée.

La saisie peut être pratiquée en tout lieu, même dans le local de l'exposition nationale de l'industrie. Vainement dirait-on qu'un objet n'est pas exposé en vente, mais simplement offert à l'admiration publique dans le local destiné aux expositions solennelles de l'industrie. Il est trop évident que les industriels exposent pour vendre, et vendent en effet quand l'acheteur se présente. Ils n'ont pas seulement pour but d'exciter l'admiration, mais aussi de se créer des acheteurs. L'objection n'aurait donc rien de sérieux.

Le droit de saisir entre les mains du simple détenteur est consacré par les termes de l'art. 47, § 5, et par l'art. 49 combinés. Nous avons expliqué au chap. XI ce qu'il fallait entendre par simple détenteur.

§ 6. — *Quels objets on peut saisir ou décrire.*

Nous avons démontré que la saisie n'est pas seulement pratiquée pour procurer les moyens de constater la contrefaçon, mais aussi pour conserver les droits du poursuivant en préparant la confiscation qui doit lui profiter. Le saisi ne peut donc, pas plus que le magistrat, s'opposer à la saisie de la totalité des objets contrefaits, sous prétexte que quelques-uns suffiront pour établir le délit. Il ne faut pas oublier que la saisie est faite aux périls et risques du poursuivant; or cette responsabilité est, avec le cautionnement, une garantie suffisante pour le saisi (1).

La saisie peut être pratiquée, non-seulement sur les objets contrefaits, mais encore sur les différentes parties destinées à être réunies pour former l'objet contrefait. Ainsi, par exemple, s'il s'agit d'un mécanisme dont les pièces se trouvent éparses dans des lieux différents, on peut saisir chacune d'elles séparément; autrement le contrefacteur pourrait aisément se soustraire à la poursuite en ne réunissant les différentes parties qu'au moment de la livraison du mécanisme. D'ailleurs la fabrication de chacune de ces parties constitue un fait de contrefaçon pouvant servir de base à la poursuite, et il faut appliquer ici les réflexions que nous a suggérées le § 3 de l'art. 32, qui prononce la déchéance du brevet en cas d'introduction de machines confectionnées en pays étranger.

Le breveté a le droit de saisir tous instruments ou ustensiles destinés spécialement à la fabrication des objets contrefaits (art. 49). Peu importe que ces ustensiles aient ou n'aient point encore servi à la contrefaçon; ils peuvent être saisis dès qu'ils

---

(1) 22 septembre 1827. — Houllet : Blondel. — Jugement : — En ce qui concerne la mainlevée provisoire, demandée par Blondel, d'une partie des objets saisis; — Attendu qu'il n'est pas fondé à prétendre que la saisie juridique autorisée par la loi n'ayant d'autre objet que d'obtenir des pièces à conviction, elle ne peut ni ne doit s'étendre à la totalité des objets argüés de contrefaçon dont le saisi se trouve privé pendant le cours de la contestation; — Attendu que cette prétention est entièrement en opposition avec le but de la loi qui autorise ladite saisie, laquelle veut que non-seulement on puisse obtenir des pièces de conviction, mais aussi qu'il soit ménagé au breveté une indemnité par la confiscation à son profit des marchandises contrefaites; d'où il suit que, si le système de Blondel pouvait être admis, le vœu de la loi ne serait pas rempli; — Attendu d'ailleurs que, si la saisie ne pouvait faire découvrir aucun objet fabriqué en fraude, la loi a prévu les pertes que le saisi pourrait éprouver en ordonnant que le poursuivant devra en supporter les peines; — Déboute Blondel de sa demande en mainlevée provisoire de la saisie.

sont trouvés chez le contrefacteur et que leur destination spéciale est prouvée.

Quant aux objets qui ont servi réellement à la contrefaçon, ils peuvent être saisis quelle que soit leur nature, c'est-à-dire qu'ils soient ou non d'une application spéciale à la contrefaçon.

Si l'invention consiste dans un mécanisme destiné à être adapté à des objets du domaine public, on pourra saisir en même temps le mécanisme et les objets auxquels il aura été adapté, s'ils ne peuvent en être séparés sans être endommagés.

Lorsque l'invention consiste dans un procédé, on peut saisir tous les produits obtenus par ces procédés et même tous les objets auxquels ledit procédé aura été appliqué.

En résumé on peut saisir tous les objets sur lesquels peut porter la confiscation, dont nous traçons les règles à la sect. 7 du présent chapitre (1).

SECTION 4. — *Du juge compétent pour connaître de la contrefaçon.*

La contrefaçon étant un délit donne nécessairement ouverture à deux actions, l'une d'intérêt public, l'autre d'intérêt civil. Ces actions peuvent marcher séparément ou simultanément, au choix du breveté.

§ 1er. — *Tribunaux correctionnels.*

Lorsque l'action en contrefaçon est intentée par le ministère

(1) 2 mai 1832. — C. Cass. — Fougerol : Chedebois. — Saisie d'une cheminée à laquelle avait été adapté un larmier breveté.

Idem. 31 décembre 1822. — Cass. — Delarue : Vermont. — Saisie de nankins sur lesquels avait été appliqué un apprêt breveté.

Idem. 20 janvier 1847. — C. R. — Jourdan : Colomb et Lalan. — Saisie d'étoffes teintes à l'aide d'une machine contrefaite.

Idem. 20 août 1851. — C. Cass. — Alcan-Péligot : Baccot, Cunin-Gridaine, etc. — Saisie de laines dégraissées, mais qui avaient été précédemment graissées par l'oléine.

Idem. 13 mai 1853. — C. Cass. — David-Labbez : Hennegrave. — Saisie de mérinos épeutis à l'aide d'un outil breveté.

public, ce qui, aux termes de l'art. 45, ne peut avoir lieu que sur la plainte du breveté, la poursuite doit être portée devant les juges correctionnels, par ce motif que le ministère public n'agit que dans l'intérêt de la loi, c'est-à-dire pour la répression du délit, et qu'il ne peut s'adresser qu'aux juges compétents pour appliquer la peine au délinquant.

Comme le délit, en violant la loi, a aussi porté atteinte au droit de propriété, il est dû réparation à la partie lésée, qui, dès lors, peut saisir directement le Tribunal correctionnel de sa plainte, ou intervenir dans l'action du ministère public pour demander la réparation du préjudice qui lui a été causé. Les juges correctionnels prononceront, tant sur les réquisitions pénales du ministère public que sur les conclusions du plaignant pour la fixation de l'indemnité qui lui est due.

Le choix entre la juridiction civile et la juridiction correctionnelle appartient exclusivement au breveté. Aussi, alors même que le défendeur à la contrefaçon aurait porté sa demande en mainlevée de la saisie devant la juridiction civile, le breveté n'en conserverait pas moins le droit d'engager l'action en contrefaçon devant le tribunal correctionnel. S'il en était autrement, il dépendrait du contrefacteur de se soustraire à la peine de son délit (1).

Dans le cas où la poursuite est dirigée par le ministère public, si le breveté laisse prononcer le jugement correctionnel sans intervenir, il ne perd pas pour cela son droit à une indemnité, mais il ne peut plus la demander qu'aux Tribunaux civils, car les juges correctionnels ont épuisé leur compétence en donnant satisfaction à la vindicte publique qui réclamait seule par l'organe de son défenseur naturel.

Devant les juges correctionnels, s'il y a partage sur l'une des questions soulevées par le prévenu, fût-ce même sur une question de nullité ou de déchéance, il y a lieu d'acquitter le prévenu, bien que le partage n'eût pas eu le même résultat si la question avait été portée devant la juridiction civile. Ainsi

(1) 24 mars 1852. — Jugement. Paris. — Christoffle : Lecomte.

le veulent les règles du droit commun sur les décisions rendues par les Tribunaux correctionnels (1).

La poursuite correctionnelle en contrefaçon peut être portée devant le Tribunal soit du domicile ou de la résidence du contrefacteur, ou de l'un d'eux s'ils sont plusieurs ayant participé au fait de contrefaçon, soit du lieu où le prévenu peut être trouvé, soit enfin devant le juge du lieu où s'est accompli le fait de recel, de vente, de fabrication ou d'introduction, c'est-à-dire où s'est accompli le fait reproché au prévenu ou à l'un d'eux, et le Tribunal ne cesse pas d'être compétent lorsqu'il renvoie de la poursuite le débitant dont la présence au procès avait seule justifié sa compétence (2).

Toutefois, lorsque le fabricant est seul poursuivi, il ne peut être traduit devant le juge du lieu où l'objet contrefait a été vendu, à moins que ce fait de vente ne lui soit personnel, auquel cas, cumulant le fait de fabrication et le fait de vente, il pourrait être poursuivi au choix du plaignant, dans le lieu de la vente ou dans le lieu de la fabrication.

Lorsque les objets contrefaits ont été saisis dans le local de l'exposition nationale de l'industrie, l'action correctionnelle en contrefaçon peut être portée devant le Tribunal du lieu où

---

(1) 22 décembre 1849. — C. Cass. — Bochorst : Remy.

(2) 8 janvier 1852. — C. App. Paris. — Dupré : Fau-Pujos. — Attendu en fait, qu'il a été saisi aux domiciles de Vidal et Perlet des capsules métalliques, que Dupré soutient avoir été fabriquées par des procédés qu'il a fait breveter ; — Attendu qu'il a fait citer devant le Tribunal, tout à la fois, 1° Vidal et Perlet, comme ayant sciemment recélé et débité des objets contrefaits ; — Pujos et Fau comme ayant fabriqué ces mêmes objets ; — Attendu qu'il est de principe, en matière criminelle, que la connaissance d'un délit peut être attribuée, soit au Tribunal du domicile du prévenu, soit au Tribunal du lieu où le délit a été commis ; — Attendu que, dans l'espèce, le délit spécial reproché à Vidal et Perlet aurait été commis à Paris ; que le délit de fabrication reproché à Pujos et Fau est connexe à celui-ci, s'agissant des mêmes objets recelés et débités par les uns et fabriqués par les autres ; — Attendu que la saisie pratiquée à Bordeaux ne constate pas un délit nouveau, mais qu'elle vient à l'appui du délit constaté par la saisie faite à Paris ; — Se déclare compétent. — Appel. — Confirmation pure et simple.

Idem. 29 août 1851. — C. Cass. — Martin-Renou : Cailly.

l'objet saisi a été exposé, alors même qu'il n'y a eu là ni fabrication, ni vente, mais simple exposition. La question aurait pu faire doute sous la législation de 1791, qui ne punissait que la fabrication et le débit; mais l'art. 41 assimile au contrefacteur celui qui a exposé en vente. Or, le fait d'avoir exposé dans le local de l'industrie constitue l'exposition en vente, ainsi que nous l'avons démontré en traitant de la saisie.

Le fait seul de la saisie de l'objet contrefait n'attribue pas juridiction au Tribunal du lieu où elle a été pratiquée, s'il ne s'y joint aucun des faits constitutifs du délit de contrefaçon. Ainsi, on ne pourrait assigner le contrefacteur devant le Tribunal d'un lieu où les objets contrefaits auraient été saisis, par exemple, chez un entrepreneur de roulage qui se serait, en réalité, borné à les recevoir d'un pays pour les diriger sur un autre (1).

§ 2. — *Tribunaux civils.*

Le breveté, alors qu'il se plaint de la contrefaçon, exerce une action qui est, quant à lui, essentiellement civile. Il en résulte qu'il peut toujours porter sa demande devant les Tribunaux civils (art. 48), comme il arrive pour toute partie lésée par un fait que la loi qualifie délit. Les Tribunaux civils proprement dits, sont 1° les Tribunaux de paix, auxquels on s'adresse lorsque la demande n'excède pas 200 francs; 2° les Tribunaux civils de première instance, qui sont compétents pour statuer sur la demande dès qu'elle s'élève à une somme supérieure à 200 fr.

Les Tribunaux de commerce sont bien compris, ordinairement, sous la qualification de Tribunaux civils, mais c'est, comme nous l'avons démontré à la sect. 3 du chap. VII, seulement par opposition aux Tribunaux de répression. Nous pensons qu'ils ne peuvent, en aucun cas, connaître des actions en contrefaçon. En effet, ils constituent une juridiction exceptionnelle, en dehors du droit commun, qui a ses lois et

(1) 22 mai 1835. — C. Cass. — Chapsal : Barbou.

ses attributions spéciales. Ils ont été institués dans l'intérêt seul du commerce, pour statuer sur des contestations qui ne sont bien jugées ordinairement qu'autant qu'elles le sont avec célérité, et par des hommes plus aptes, par leur position et leurs relations, à apprécier l'étendue et la valeur des engagements commerciaux, réglés plus encore par les usages que par la loi. Les limites de leur compétence sont fixées par l'article 631 du Code de commerce, dont les termes ne peuvent s'appliquer, en aucun cas, à l'action en contrefaçon. En effet, la contrefaçon n'est pas autre chose que l'exploitation frauduleuse d'une propriété usurpée, et l'action à laquelle donne lieu cette violation n'a pour but que la réparation du préjudice causé. Le plaignant et le contrefacteur ne se sont pas liés réciproquement par un engagement dont le plaignant demanderait l'exécution. Ajoutons que l'art. 632 du Code de commerce énumère et définit les actes de commerce. La contrefaçon ne se rencontre pas dans cette énumération, et son caractère même l'en éloigne. Enfin l'action intentée par le breveté renferme une revendication du droit de propriété. Or, la Cour suprême, d'accord avec le sens le plus clair et le moins contestable de la loi, a constamment décidé que, jamais et dans aucun cas, le Tribunal de commerce ne peut résoudre une question de propriété sous quelque forme qu'elle se présente et sous quelque prétexte qu'il en soit saisi.

L'inventeur ne peut actionner les contrefacteurs, même devant les Tribunaux civils, qu'autant qu'il s'est fait breveter. En vain dirait-on que la contrefaçon a causé un préjudice, et qu'aux termes de l'art. 1382 toute personne lésée a le droit de demander la réparation du préjudice qu'elle a souffert. Cela est incontestable en règle générale, mais en matière d'invention il n'y a usurpation et partant préjudice, dans le sens légal, que là où il y a brevet, parce que sans brevet il n'y a pas propriété exclusive, et que dès lors chacun peut impunément se servir de la découverte (1).

---

(1) 1er mars 1845. — C. R. Paris. — Fetizon : Delachaussée. — Voy. page 532.

§ 3. — *Tribunaux militaires.*

L'art. 3 du titre 1er de la loi du 3 pluviôse an 2 et l'avis du conseil d'État du 7 fructidor an 12, attribuent aux conseils de guerre la connaissance exclusive de tous les délits, de quelque nature qu'ils soient, commis par les militaires, excepté durant un congé. En conséquence, si un militaire, pendant qu'il est sous les drapeaux, se rend coupable de contrefaçon, il doit être poursuivi devant les Tribunaux militaires, qui seuls pourront lui appliquer les peines portées par la loi contre les contrefacteurs (1).

§ 4. — *Tribunal arbitral.*

Les raisons qui nous ont fait repousser la compétence des arbitres en matière de nullité ou de déchéance, ne sauraient être invoquées quand il s'agit de poursuites en contrefaçon. Vainement objecterait-on que toute poursuite en contrefaçon soulève, de la part du poursuivi, des questions de nullité et de déchéance. Cela est vrai, mais les arbitres ne devront pas prononcer la nullité du brevet. Ils se borneront à accueillir, mais comme moyen d'exception seulement, les griefs de nullité s'ils les trouvent fondés, parce qu'il est de principe que le juge de l'action est aussi juge de l'exception. Enfin, et cette raison est décisive, la loi ne soumet pas les poursuites en contrefaçon à la communication au ministère public. Les parties peuvent donc compromettre, c'est-à-dire déférer la question de contrefaçon à des arbitres.

§ 5. — *Procédure et instruction.*

Les formes et les délais des ajournements pour les demandes relatives à la contrefaçon, sont entièrement soumis aux règles tracées, soit par le Code de procédure, lorsque l'action est

(1) 9 février 1827. C. Cass. Muller, auteur de la *Théorie de l'escrime à cheval*, contre le général Durfort, commandant de l'École militaire de Saint-Cyr.

portée devant un Tribunal civil, soit par le Code d'instruction criminelle lorsque le breveté a saisi le Tribunal correctionnel de sa poursuite. La loi de 1844 n'a rien changé aux règles du droit commun. Ainsi les juges ont la faculté d'ordonner une expertise. Dans ce cas, les experts peuvent recueillir, de la déclaration des tiers ou de leur examen personnel, tous les renseignements propres à éclairer la justice (1).

SECTION 5. — *Des moyens à opposer à la poursuite.*

Tout individu poursuivi comme contrefacteur, soit au civil, soit au correctionnel, peut repousser la demande du plaignant par des moyens qu'on nomme *exceptions*. Tels sont les moyens de défense tirés de l'incapacité personnelle du poursuivant, de la nullité ou de la déchéance du brevet. Tels sont aussi tous les moyens puisés dans le droit commun.

Lorsque le cédant du brevet figure à la poursuite en même temps que le cessionnaire, sa présence couvre toutes les fins de non-recevoir tirées par le prévenu, à tort ou à raison, de la nullité de la cession (2).

L'application de certaines exceptions, à la matière spéciale que nous traitons, rend quelques explications nécessaires.

§ 1er. — *De la chose jugée sur la contrefaçon.*

Les effets de la chose jugée sur la contrefaçon spécialement, c'est-à-dire sur la ressemblance ou la différence qui existe entre l'objet breveté et l'objet saisi, varient suivant que la question a été décidée par les Tribunaux civils ou par les Tribunaux correctionnels.

Devant les Tribunaux correctionnels, ainsi que nous l'avons démontré pour la nullité et la déchéance, il n'y a jamais rien de jugé définitivement. La question de ressemblance peut donc

---

(1) 14 mars 1845. — C. Cass. — Joyeux : Petitjean. — Voy. page 445.

(2) 23 juillet 1846. — Trib. — Porret et Blanchard : Nicole et Fimbert.

renaître avec tout son cortége d'objections à chaque saisie ou constatation d'un objet matériellement distinct. Ce nouveau corps de délit, fût-il identique à celui qui a été l'objet du premier procès, doit être examiné et jugé à nouveau. Nous en avons donné les raisons au chap. IX, sect. 4.

Quant à la chose jugée au civil sur la contrefaçon proprement dite, c'est-à-dire sur la ressemblance, il en est autrement. Ainsi, lorsque la poursuite recommence sur un objet identique à celui déjà jugé, il suffit d'établir cette identité et d'invoquer la chose jugée.

Lorsque le Tribunal correctionnel a renvoyé le prévenu de la plainte, par le motif qu'il a agi de bonne foi, sans prononcer la confiscation, le breveté peut encore demander aux Tribunaux civils la remise des objets contrefaits, et même, s'il y a lieu, la condamnation du poursuivi à des dommages-intérêts, sans que celui-ci puisse opposer l'exception de chose jugée. Le Tribunal correctionnel n'a statué que sur le fait qualifié délit; or, de ce qu'il a reconnu que le prévenu n'était pas coupable d'un délit, il ne s'ensuit pas qu'il n'y ait pas eu, de la part de ce dernier, un fait matériel préjudiciable et donnant lieu, dès lors, à une action en réparation du dommage causé.

Il n'y a pas chose jugée contre la veuve, et on ne peut lui opposer le jugement obtenu contre son mari, si ce jugement ne se rapporte pas à un fait pour lequel elle ait pu être réputée avoir été représentée dans l'instance par son mari (1).

§ 2. — *Du sursis.*

Indépendamment des moyens de sursis puisés dans le droit commun, le prévenu peut demander qu'il soit sursis à la poursuite lorsqu'il a porté, devant les Tribunaux civils, une action dont le but est de faire annuler le brevet. Le sursis n'est pas obligatoire, ainsi que nous l'avons démontré au chap. IX, sect. 4,

(1) 10 juillet 1846. — C. Cass. — Duvelleroy : Aubert et v[e] Petit. — Voy. page 453.

en traitant des effets de la demande en nullité ou en déchéance.

Lorsque, sur la plainte en contrefaçon, le prévenu a conclu devant le juge correctionnel à l'annulation du brevet, il ne peut, sur l'appel, demander à la Cour un sursis fondé sur ce qu'il aurait porté son action en nullité ou en déchéance par voie principale devant le Tribunal civil (1).

§ 3. — *De la caution* judicatum solvi.

Lorsque le poursuivant est étranger, et que le président lui a imposé le cautionnement exigé par l'art. 47, on peut encore exiger de lui, et cumulativement, la caution *judicatum solvi,* aux termes de l'art. 166 du Code de procédure civile. En effet, le cautionnement, qui a pour but de garantir la réparation du préjudice causé par une saisie vexatoire ou injuste, diffère essentiellement de la caution, qui n'est exigée que pour assurer le remboursement des frais du procès. Elle n'a pas besoin d'être requise avant la saisie, mais seulement devant le Tribunal et avant toute défense au fond (2). La caution *judicatum solvi* ne peut être exigée de l'étranger admis, par le gouvernement, à résider en France (3). Au contraire, le cautionnement doit être imposé à l'étranger, quel qu'il soit, commerçant ou non, et sans se préoccuper de la question de savoir s'il a été admis à jouir de ses droits civils en France. C'est ce qui ressort des termes généraux de l'art. 47.

Aux termes de l'art. 22 de la loi du 17 mars 1791, aucun

---

(1) 5 mai 1848. — C. Cass. — Dida : Duchesne. — Voy. page 591.

(2) 4 mars 1847. — Trib. Corr. — Pinzold et Rolf : Risler.

(3) 11 décembre 1852. — C. Imp. Paris. — Daud : Barral. — Considérant que, par décret du président de la République du 16 décembre 1851, Daud a été admis à établir son domicile en France et qu'il y réside; qu'aux termes de l'art. 13 du Code Napoléon il jouit de tous les droits civils, au nombre desquels doit être placé celui de plaider devant les Tribunaux comme un Français, sans être tenu de donner caution; qu'ainsi c'est à tort que les premiers juges l'ont astreint à fournir une caution; — Annule le jugement dont est appel; dispense Daud de fournir caution, etc.; — Pour statuer au fond, etc.

individu assujetti à prendre une patente, ne peut former une demande en justice, pour fait relatif à son commerce ou à sa profession, s'il ne produit sa patente. Il suit de là qu'on peut opposer au breveté ce défaut de patente, mais seulement dans le cas où il exploite personnellement son invention, et lorsqu'il est demandeur en contrefaçon, car s'il ne fait que se défendre à une action intentée contre lui, il n'est pas astreint à produire sa patente. La loi précitée ne lui refuse que le droit d'actionner sans être pourvu d'une patente, mais elle ne parle pas du droit de se défendre.

§ 4. — *De l'exception de bonne foi.*

Indépendamment des moyens de défense que nous venons d'énumérer, le contrefacteur peut encore exciper de sa bonne foi ; car la loi, en rangeant la contrefaçon au nombre des délits, n'a point exclu les prévenus de contrefaçon du bénéfice de ce principe qui domine toutes les législations pénales, c'est qu'il n'y a pas délit s'il y a eu bonne foi de la part du délinquant. Toutefois, il faut renfermer l'application de ces principes dans les limites commandées par l'esprit de la loi et par la nature spéciale du délit de contrefaçon.

Ainsi, d'après les articles 40 et 41, les contrefacteurs sont divisés en deux classes : 1° ceux qui ont fabriqué ou fait fabriquer l'objet contrefait, ou qui ont employé le procédé breveté ; 2° ceux qui, étrangers à la fabrication, ont seulement recélé, vendu, exposé en vente ou introduit en France l'objet incriminé. Pour les contrefacteurs de la première classe, ils ne peuvent argumenter utilement de leur bonne foi, qu'autant qu'elle résulte de la croyance où ils auraient été que le breveté les avait autorisés à se servir de sa découverte. Ainsi, par exemple, si le contrefacteur établit, soit par sa correspondance ou par l'interprétation de son contrat avec le breveté, soit par toutes autres preuves, qu'il a dû croire à une autorisation, il est alors de bonne foi, et le délit disparaît pour ne laisser place qu'à une réparation civile. Il en est de même des contrefacteurs désignés dans l'art. 41 ; ils peuvent opposer à la poursuite tous les moyens qui tendent à établir qu'ils n'ont pas agi *sciemment*.

Il ne faut pas se tromper sur le sens de ce mot *sciemment*. La loi n'a pas pu entendre que les prévenus de contrefaçon, désignés dans cet article, pourraient repousser l'action du breveté en se fondant sur l'ignorance du brevet. Ce serait un non-sens grossier, puisque les prévenus dont il s'agit doivent et peuvent savoir, aussi bien et aussi facilement que le fabricant auteur de la contrefaçon, qu'il existe un brevet. La publicité donnée aux découvertes brevetées est la même pour tous (1). Mais la loi, en se montrant plus indulgente pour les prévenus non fabricants, suppose qu'ils ont pu croire que l'objet acquis par eux émanait du breveté ou d'un individu autorisé par lui. C'est à cette circonstance seule que peut raisonnablement s'appliquer le mot *sciemment*. On a considéré que ce serait apporter des entraves sans nombre au commerce, que de contraindre ceux qui achètent pour revendre à s'enquérir de la provenance des objets dont ils deviennent détenteurs. Tandis que celui qui fabrique, c'est-à-dire l'auteur principal de la contrefaçon, sait fort bien qu'il n'a pas été autorisé à se servir de l'objet du brevet.

Il ne faut pas conclure des termes de l'art. 41, que le plaignant sera obligé, pour obtenir la condamnation des recéleurs, vendeurs ou introducteurs, d'établir qu'ils ont agi *sciemment*. Le breveté n'a jamais autre chose à prouver que l'existence de son brevet et le fait matériel de contrefaçon, de recel, de vente ou d'introduction. Quand cette preuve est fournie, c'est

(1) 29 avril 1845. — Deschamps : Gouaille, Aveline et autres. — Les prévenus, simples débitants, prétendaient ignorer que l'invention fût brevetée et que la plupart d'entre eux avaient acheté les objets contrefaits de colporteurs, dont ils ne savaient même pas les adresses. — Jugement : — Attendu que d'après la publicité que ce brevet a reçue et les communications de tous les instants qui existent entre les fabricants et les marchands dans chaque branche d'industrie, il n'est pas permis à ces derniers d'invoquer leur bonne foi; qu'ainsi il est vrai de dire qu'ils ont agi sciemment, etc., etc. ; — Condamne, etc.

au prévenu à faire valoir son moyen d'excuse, que le plaignant admet ou combat, et que le Tribunal apprécie. Mais il n'y a rien de plus dans la loi que la faveur accordée aux contrefacteurs désignés dans l'art. 41, de prouver qu'ils n'ont pas agi en connaissance de cause et avec intention d'usurper les droits du breveté.

On ne peut considérer comme excuse de bonne foi le silence gardé par le breveté sur la contrefaçon, alors même qu'il l'aurait tolérée pendant plusieurs années. Le breveté est maître de son droit. Il l'exerce quand et contre qui il lui paraît le plus utile à ses intérêts de l'exercer. Voir dans la tolérance du breveté une circonstance exclusive de la contrefaçon, ce serait évidemment introduire dans la loi un cas de déchéance qu'elle n'a pas admis (1). Cette circonstance peut, dans certains cas, venir en aide au prévenu et le protéger contre une pénalité rigoureuse, mais elle n'altère en rien les droits du breveté.

§ 5. — *Du désistement.*

En traitant de l'action en contrefaçon intentée par le ministère public, nous avons démontré (sect. 1re du présent chapitre), que ce désistement doit arrêter la poursuite. Nous n'y reviendrons pas.

§ 6. — *De la prescription.*

L'art. 40 range formellement la contrefaçon au nombre des délits. Il s'ensuit que l'action en contrefaçon est prescrite, lorsqu'il s'est écoulé trois ans depuis que le fait constituant le

---

(1) 28 nivôse an 11. — C. Cass. — Lange : Noel. — Attendu que la loi énumère les cas dans lesquels celui qui a obtenu un privilége peut en être déclaré déchu ; — Que cette loi ne place pas au nombre des cas de déchéance, celui auquel l'inventeur privilégié aurait souffert, pendant plusieurs années, que d'autres personnes se servissent de son procédé ; — D'où il suit que le Tribunal d'appel a excédé ses pouvoirs, en créant un cas de déchéance qui n'est pas dans la loi ; — Casse.

délit s'est accompli. Mais comme chaque fait de fabrication ou d'emploi de la chose brevetée constitue un délit complet qui peut être l'objet d'une poursuite distincte, il s'ensuit que la prescription ne couvre que les faits antérieurs à trois ans. Il importe donc peu que le premier usage de la chose brevetée remonte à plus de trois ans, si cet usage s'est continué en deçà de ce délai. En effet le délit se renouvelle à chaque fait de fabrication, d'emploi, de vente, etc. C'est ainsi, et à plus forte raison, qu'il faut appliquer les règles de la prescription, lorsqu'il y a eu, de la part du contrefacteur, un usage permanent de la contrefaçon pendant plus de trois ans. Dans ce cas, les faits accomplis il y a plus de trois ans ne peuvent pas plus échapper à la poursuite que les faits antérieurs à ces trois années. Le délit résultant de l'emploi d'un objet contrefait est un délit essentiellement successif, car il consiste non pas dans un fait une fois accompli, mais dans l'usage journalier de l'objet contrefait. C'est un délit qui s'est continué depuis le premier fait jusqu'au dernier. La prescription sera donc impuissante à couvrir aucun des faits accomplis successivement, quelle que soit leur ancienneté, et cela tant qu'il ne se sera pas écoulé trois ans depuis le dernier fait constaté (1).

---

(1) Mangin, *de l'Action publique*, tom. 2, pag. 159.

Idem. 1er juin 1853. — C. Imp. Besançon. — Thomas-Laurens : Bouchot. — Attendu qu'il résulte de la combinaison des art. 637 et 638 du Code d'instruction criminelle, que l'action publique et l'action civile résultant d'un délit, se prescrivent après trois ans, à partir du jour où le délit a été commis; — Attendu que cette disposition, dans son esprit comme dans son texte, ne peut s'appliquer qu'à partir du dernier acte qui précède les poursuites, aux délits successifs, c'est-à-dire à ceux qui se perpétuent et s'enchaînent, et qui, en se renouvelant à chaque instant, mettent celui qui s'y livre en état permanent d'infraction à la loi, puisque jusqu'au dernier acte on ne peut dire que le délit a été commis, et qu'il est plus vrai de dire qu'il se commet actuellement; — Attendu, en fait, qu'il est articulé par les appelants que depuis 1844, dans l'usine de Clerval, appartenant aux intimés, des appareils permanents ont été établis en contrefaçon de leurs inventions brevetées, appareils servant continuellement à l'exploitation de l'usine et servant étroitement à sa marche; qu'à supposer ces faits prouvés par les demandeurs, la permanence de l'instrument en question établirait la permanence et la perpétuité du délit; qu'il suit de là

La prescription peut être opposée, aussi bien dans le cas où l'action civile s'exerce seule et devant les Tribunaux civils, que dans le cas où l'action civile se produit simultanément avec l'action publique et devant la même juridiction. C'est ce qui résulte de la combinaison des art. 2, 3, 637 et 638 du Code d'instruction criminelle (1).

Lorsqu'il y a prescription du délit, on ne peut plus atteindre le contrefacteur, même par une poursuite fondée sur l'art. 1382 du Code civil, car ce serait permettre au plaignant de faire indirectement ce que la loi lui défend de faire directement. Au surplus cette action, fondée sur l'art. 1382, serait toute civile; or l'art. 638 du Code d'instruction criminelle, qui se réfère à l'art. 637, dit formellement que l'action publique et l'*action civile* sont atteintes par la même prescription; il n'y a donc pas d'équivoque possible.

SECTION 6. — *De l'action en garantie.*

L'action en garantie, dirigée contre celui qui a vendu ou commandé l'objet contrefait, a pour but d'obtenir la réparation du préjudice qu'on a éprouvé par la poursuite.

---

que les premiers juges ont à tort fixé à trois années la limite possible des dommages à réclamer par les appelants, et qu'il y a lieu de ce chef à réformer leur sentence; — Attendu que le jugement étant ainsi infirmé, il y a lieu de renvoyer la cause et les parties, pour la suite du procès, devant le Tribunal de Besançon, spécialement désigné à cet effet; — Par ces motifs, la Cour, prononçant sur l'appel émis par Laurens et Thomas, d'un jugement du Tribunal correctionnel de Beaume du 25 janvier 1853, et faisant droit audit appel; — Déclare que c'est à tort qu'en principe, le moyen de prescription par trois ans a été accueilli par le Tribunal de Beaume; — Admet, en conséquence, Laurens et Thomas à prouver que la contrefaçon dont ils se plaignent est pratiquée par les intimés, sans interruption, depuis 1844; — Ordonne aux experts de rechercher l'époque à laquelle cette contrefaçon a commencé, et les moyens par lesquels elle s'est continuée; ordonne aux intimés de communiquer aux experts les livres de leurs usines, afin d'y faire les recherches ordonnées; — Ordonne l'exécution du surplus du jugement; renvoie la cause et les parties devant le Tribunal de Besançon.

Idem. 21 février 1845. — C. Cass. — Le ministère public : Fremont.

(1) 24 février 1855. — Vatel : Ragani.

La garantie peut être exercée par celui qui n'est encore que prévenu, comme par celui qui, vu sa bonne foi constatée, a été renvoyé de la poursuite et n'a subi que la confiscation, laquelle est prononcée même en cas d'acquittement. Mais le bénéfice de l'action en garantie doit être refusé à celui qui a été condamné comme contrefacteur. En effet, reconnu coupable d'un fait qualifié délit, il agirait en garantie contre son complice, ce qui n'est pas moins contraire à la loi qu'à la morale et au bon sens.

L'action en garantie n'étant pas fondée sur un délit et ne pouvant ainsi entraîner l'application d'aucune peine, ne peut être introduite devant les Tribunaux de répression. Il suit de là que si la poursuite en contrefaçon est portée devant un Tribunal correctionnel, le prévenu, qui a le droit de se faire garantir, devra attendre l'issue du procès pour exercer sa garantie devant la juridiction civile.

Mais si la poursuite en contrefaçon est introduite devant un Tribunal civil, le poursuivi peut appeler son garant dans le même procès, afin de faire statuer sur le tout par un seul jugement.

Section 7. — *Des condamnations.*

Les condamnations encourues par les contrefacteurs sont : l'amende, l'emprisonnement, les dommages-intérêts, la confiscation, l'affiche et l'insertion du jugement.

§ 1er. — *De l'amende et de l'emprisonnement.*

L'amende et l'emprisonnement sont des peines, proprement dites, qui ne profitent qu'à la vindicte publique. Elles ne peuvent donc être prononcées contre le contrefacteur que lorsqu'il est traduit devant les Tribunaux correctionnels, seuls compétents pour appliquer les peines.

L'amende peut être de 100 à 2,000 francs.

Si le condamné pour contrefaçon est en état de récidive, le juge devra cumuler l'amende et l'emprisonnement; il résulte en effet de ces mots *sera prononcée* (art. 43), que l'emprisonnement, dans ce cas, n'est pas facultatif, mais obligatoire pour le Tribunal.

Il y a récidive lorsqu'il a été rendu contre le prévenu, dans les cinq années antérieures, une première condamnation pour un des délits de contrefaçon prévus par la présente loi (art. 43); les délits prévus par l'art. 33, bien que compris dans la même loi, ne peuvent être pris pour éléments de la récidive en fait de contrefaçon.

Il n'est pas nécessaire, pour que la peine de récidive soit applicable, que le prévenu ait déjà commis une contrefaçon du même objet, ou au préjudice du même breveté, ou enfin une contrefaçon de même nature, c'est-à-dire par recel, fabrication ou vente ; il suffit que, dans le délai fixé, un des faits de contrefaçon prévus par la présente loi ait été commis par le même prévenu, et qu'il ait amené contre lui une condamnation.

De ce que la loi exige une condamnation précédente, il s'ensuit que le prévenu ne serait pas en état de récidive légale s'il avait été seulement poursuivi et renvoyé de la poursuite, même avec confiscation de l'objet saisi, aux termes de l'art. 49. En effet, celui qui est renvoyé de la poursuite, même avec confiscation, est réputé de bonne foi. Cet antécédent ne pourrait donc présenter, contre lui, les éléments constitutifs de la récidive légale.

Hors la récidive, la peine de l'emprisonnement ne pourra être prononcée que dans les cas prévus par l'art. 43, dont les termes sont généraux et s'appliquent à tous ceux qui ont travaillé pour le breveté, soit chez lui, soit chez eux (1).

Cet article est encore applicable au gérant de l'établissement du breveté. Il l'est même au cas où la contrefaçon, résultant de la coopération de l'ouvrier, a précédé la demande du brevet. Dans le sens de l'article ci-dessus, le mot *breveté* doit s'entendre non-seulement de l'inventeur déjà pourvu du brevet au mo-

(1) 30 mars 1854. — C. Imp. Paris. — Fontaine : Hubert, Lieux.

ment de la contrefaçon, mais encore de celui qui ne l'a obtenu que postérieurement à la contrefaçon, s'il est démontré, d'ailleurs, que c'est par le fait de cette contrefaçon que l'inventeur, qui voulait garder le secret de sa fabrication, a cru devoir se faire breveter (1).

§ 2. — *De la confiscation.*

La loi de 1844 a complétement changé le caractère de la confiscation. Cette mesure n'est plus qu'une restitution au profit du breveté. Elle doit être ordonnée sans préoccupation de la valeur des objets confisqués. Nous disons qu'elle est une restitution parce que, en rendant obligatoire, même en cas d'acquittement, la remise des objets contrefaits, le législateur a manifestement considéré ces objets comme étant la propriété du breveté à qui ils auraient été dérobés. Ainsi la confiscation a perdu son caractère de pénalité pour entrer dans le domaine purement civil.

La confiscation n'étant autre chose que la remise des objets contrefaits au poursuivant pour l'indemniser d'autant du préjudice que lui a causé la contrefaçon, on ne doit donc point la considérer comme une peine qui ne puisse être prononcée que par les Tribunaux correctionnels. Elle peut et doit être ordonnée même par les Tribunaux civils appelés à statuer sur le fait de contrefaçon.

Nous disons que la confiscation *doit* être ordonnée. C'est qu'en effet elle n'est pas facultative pour le juge, qui est obligé de la prononcer dans tous les cas, quelle que soit la valeur des objets confisqués, et même lorsque le poursuivi est acquitté à cause de sa bonne foi. Il était impossible au législateur de trouver une formule plus nette et de poser d'une manière plus absolue le principe de la confiscation. La règle ne supporte donc aucune exception (2). On a prétendu, néanmoins, que lorsque l'individu poursuivi, par exemple, comme recéleur, est re-

(1) 28 mai 1853. — C. Cass. — Dastis : Caujolle.

(2) 9 décembre 1848. — C. Cass. — Duchesne : Gibus.

connu avoir acheté de bonne foi, il doit être acquitté sans confiscation, parce que la confiscation, même en cas d'acquittement, n'est prescrite que contre le recéleur, introducteur ou débitant. Or, dit-on, il n'est plus recéleur dès que sa bonne foi est reconnue (1). Mais on n'a pas vu qu'avec une telle interprétation, l'art. 49 ne serait jamais applicable, car dès qu'un prévenu est acquitté, à cause de sa bonne foi, il n'est plus recéleur, ni introducteur, etc.

Nous devons constater que la jurisprudence s'est constamment conformée au langage énergique et précis du législateur sur la confiscation. Sous l'empire même de la loi de 1791, qui laissait une place bien plus large à l'arbitraire, on n'a jamais hésité à prononcer la confiscation. Ainsi, quand le brevet ne portait que sur un procédé, on confisquait le produit obtenu par l'emploi de ce procédé, alors même que ce produit était du domaine public (2).

Cette voie, suivie jusqu'à ce jour, vient d'être abandonnée par la Cour suprême. Deux arrêts successifs ont consacré une doctrine contraire au principe de la confiscation absolue en décidant qu'on ne peut prononcer la confiscation des marchandises ou objets de fabrication auxquels l'instrument ou le procédé breveté ont été appliqués, qu'autant qu'il est reconnu expressément, par les juges du fait, que les objets confisqués ont, par suite de cette application illicite, subi dans leur nature, dans leur forme ou dans leur valeur des modifications telles qu'ils doivent être considérés comme contrefaits (3).

---

(1) 12 juillet 1851. — C. Cass. — Vachon : Chauveau et Simon. — Attendu que l'art. 49, se référant aux dispositions de l'art. 41, ordonne il est vrai, même en cas d'acquittement, la confiscation des objets reconnus contrefaits et celle des instruments et ustensiles spécialement destinés à leur fabrication, mais seulement contre le contrefacteur, le recéleur, l'introducteur ou le débitant; — Attendu que l'arrêt attaqué ayant établi que Chauveau et Simon avaient acheté de bonne foi et pour leur usage personnel lesdites machines, aucune des qualifications spécifiées dans l'art. 49 ne peut leur appartenir; que c'est donc à juste titre que la confiscation n'a pas été prononcée; — Rejette.

(2) Voir les décisions rapportées page 661.

(3) 28 mai 1853. — C. Cass. — Dastis : Caujolle et Rech.

Idem. 13 mai 1853. — C. Cass. — David Labbez : Hennegrave. Voy. page 661.

Cette doctrine nouvelle nous paraît en opposition avec l'esprit et le texte de l'art. 49. Ce texte absolu ne laisse place à aucune distinction, car il envisage la contrefaçon aussi bien au point de vue du produit qu'au point de vue des moyens. Produits et moyens, tout est déclaré par lui matière à confiscation. La raison le voulait ainsi : en effet, tout ce qui émane de la contrefaçon porte atteinte, par le seul fait de son existence, au droit exclusif du breveté, et, aux termes de l'art. 40, toute atteinte de ce genre constitue le délit de contrefaçon. On doit donc, sous peine de distinguer là où la loi ne distingue pas, prononcer la confiscation des marchandises ou objets fabriqués dans tous les cas où le procédé breveté leur a été appliqué.

Néanmoins, en posant la règle que nous combattons, la Cour suprême devait reconnaître et a reconnu, en effet, qu'il appartient souverainement au juge du fait d'apprécier, suivant les circonstances, si les matières premières, marchandises ou objets de fabrication auquel le procédé breveté a été appliqué, ont subi, par suite de cette application, dans leur nature, leur forme ou leur valeur, des modifications suffisantes pour pouvoir être considérés comme objets contrefaits (1).

Les termes de la loi sur la confiscation sont tellement absolus que les Tribunaux ne pourraient accorder au condamné la faculté de choisir entre la remise des objets saisis et le payement d'une somme d'argent. Ce sont les objets eux-mêmes et en nature qui doivent être remis, s'ils existent encore. Le prévenu ne doit être condamné à en payer la valeur qu'autant qu'il lui est matériellement impossible de les livrer.

On ne doit pas considérer comme une circonstance exclusive de la confiscation, le droit accordé, sur les objets confisqués, au propriétaire des lieux qu'ils garnissent. Par cela seul que ces objets sont déclarés contrefaits, ils sont réputés être et avoir toujours été la propriété du breveté, et il faut statuer à leur égard comme on le ferait pour des objets volés (2). Ainsi

---

(1) 28 mai 1853 — C. Cass. — Dastis : Caujolle et Rech.

(2) 18 juin 1850. — Référé. — Prélard : Boucherie. — En ce qui touche

le jugement qui prononce la confiscation crée, en faveur du breveté, un privilége sur le corps de délit.

Dans tous les cas où les objets contrefaits sont réunis à des objets non contrefaits desquels les premiers sont inséparables, ou dont ils ne pourraient être séparés sans détérioration, la confiscation doit être prononcée pour le tout (1).

La Cour de cassation a même décidé que le vin pouvait être confisqué avec les tonneaux contrefaits. Cette doctrine, toutefois, nous paraît exagérée, car il nous semble que le seul motif qui puisse justifier la confiscation du principal avec l'accessoire, ou de l'accessoire avec le principal, quand l'un des deux seulement est argüé de contrefaçon, c'est l'impossibilité de les séparer sans décompléter ou avarier l'objet saisi, qui forme le corps de délit. Or, ce motif n'existe pas dans l'espèce sur laquelle est intervenu l'arrêt de la Cour suprême que nous signalons.

Pour nous résumer sur la confiscation, nous dirons qu'en général elle peut comprendre tous les objets que le breveté a eu le droit de saisir ou de décrire, objets que nous avons énumérés à la sect. 3 du présent chapitre. Cette énumération complète nos observations sur l'étendue du droit de confiscation.

Que doit-on décider lorsqu'il n'y a eu ni saisie ni simple description, et que néanmoins le jugement ordonne la remise des objets contrefaits? Dans ce cas la disposition est sans exécution possible. Elle est même nulle, car elle présente tous les caractères d'une disposition par voie réglementaire prohibée par

---

Prelard, propriétaire de l'usine à la Villette, et Caze, propriétaire de la maison boulevard du Temple; — Attendu que les objets contrefaits et ustensiles ayant servi à la production d'iceux, sont frappés de confiscation par la loi; — Que cette peine place ces objets, au regard de l'inventeur, hors du commerce, puisqu'ils ne peuvent être vendus que par lui; qu'ils doivent lui être remis et qu'il aurait même le droit de les détruire; d'où il suit qu'ils ne peuvent être un gage des loyers du propriétaire; — Que Caze et Prelard ne peuvent avoir, relativement à Boucherie, plus de droits que Renard-Perrin et Cie; ordonnons la continuation des poursuites commencées par Boucherie.

(1) Voir les arrêts cités page 661.

l'art. 5 du Code civil, puisqu'elle aurait pour résultat d'autoriser le breveté à s'emparer de tous les objets similaires, sans soumettre son action à l'appréciation des Tribunaux. Les mêmes réflexions s'appliquent au cas où le Tribunal, après avoir ordonné la confiscation des objets saisis ou décrits, prononce en outre la confiscation de tous ceux qui pourront être trouvés par la suite.

La disposition du jugement qui ordonne la remise au plaignant de tous les objets contrefaits, lui attribue, sans contredit, le droit de s'emparer de tous les objets dont l'existence a été constatée soit avant, soit même pendant la durée du procès, mais non de ceux dont l'existence n'aurait été constatée que postérieurement à la condamnation. Pour ces derniers, la saisie a besoin d'être validée par un nouveau jugement.

Le jugement qui prononce la confiscation des objets *saisis* ne doit s'entendre que des objets qui ont été réellement mis sous la main de justice, et non de ceux qui ont été simplement décrits au procès-verbal. Il faut donc, pour que la confiscation puisse atteindre tous les objets contrefaits dont l'existence a été constatée par un procès-verbal, que le jugement déclare que la confiscation portera sur tous les objets saisis ou décrits. Cette doctrine se fonde sur les termes formels de l'art. 47, qui distingue expressément entre la saisie et la simple description (1).

(1) 19 février 1853. — C. Imp. Paris. — Chaudun : Lemaire et Gevelot. — Considérant que dans les droits qu'elle confère aux brevetés, la loi distingue la faculté de faire saisir et celle de faire décrire les objets argüés de contrefaçon; qu'elle autorise, dans le cas de saisie, le prévenu de contrefaçon à demander une caution; qu'ainsi est démontré l'intérêt de la distinction dans le mode de procéder; — Considérant que le procès-verbal du 27 avril 1852, dressé en exécution de l'ordonnance du président, a procédé par description à l'égard des 89,975 cartouches et par voie de saisie à l'égard des 25 cartouches seulement; que si la description rapprochée des documents du procès suffit pour assigner le caractère d'objets contrefaits à la totalité des 90,000 cartouches, l'arrêt du 14 août 1852 ne prononce pas la confiscation de tous les objets contrefaits, mais seulement celle des objets contrefaits frappés de saisie; — Déboute Chaudun de ses conclusions nouvelles, et le condamne aux dépens.

§ 3. — *Des dommages-intérêts.*

Quel que soit le nombre des objets confisqués, si les Tribunaux pensent que, eu égard à leur valeur et à leur confection défectueuse, ils ne peuvent suffire pour indemniser le breveté, ils doivent, en outre de la confiscation, condamner le contrefacteur à payer des dommages-intérêts. Mais quelle doit être, en matière d'usurpation d'un procédé breveté, la base à adopter par la justice pour l'évaluation des dommages-intérêts? La loi, en assurant au breveté la jouissance exclusive de l'invention, lui réserve par conséquent tous les bénéfices que produit, soit la fabrication de l'objet breveté, s'il s'agit d'un produit, soit son emploi, s'il s'agit d'un procédé. Ce sont les termes formels des art. 1er et 40 combinés de la loi de 1844. Si donc le contrefacteur, usurpant la fabrication ou l'emploi de l'invention, a réalisé des bénéfices, il est tenu de les restituer intégralement au breveté. Les bénéfices ainsi obtenus, étant illégitimes, doivent retourner à celui qui seul a la jouissance de l'invention. Ce n'est là qu'une restitution de sommes indûment perçues, et c'est justice. Ce n'est pas à dire que si le contrefacteur n'a tiré aucun profit de la contrefaçon, ou que si elle ne lui a causé que des pertes, il sera affranchi de toute condamnation au profit du breveté. Le système, qui limiterait ainsi aux bénéfices du contrefacteur la réparation due au breveté, conduirait à cette conséquence désastreuse que le droit de poursuite pourrait rester entièrement stérile dans les mains du breveté. Il suffirait, en effet, que le contrefacteur se résignât à exploiter ou à vendre volontairement à perte pendant un certain temps, pour consommer bientôt et sûrement la ruine du breveté. En résumé, les bénéfices réalisés par le contrefacteur sont chose due au breveté. En vain dirait-on qu'il n'est pas juste de lui attribuer des bénéfices qu'il n'aurait peut-être pas réalisés par son exploitation ou par les autorisations qu'il aurait concédées. Un pareil raisonnement ne tendrait à rien moins qu'à donner à la contrefaçon une sécurité parfaite, et par conséquent un encouragement qui serait la négation du droit de propriété industrielle. En effet, que risquerait le contrefacteur? Plus il étendrait l'usurpation, plus les bénéfices qu'il aurait réalisés seraient considérables, et plus aussi il aurait de chances de gain, étant toujours sûr de garder la portion des bénéfices qui excédera le chiffre que le breveté aurait pu atteindre par son exploitation personnelle. Il n'aurait à payer qu'une somme égale à ce dernier chiffre, et il lui en coûterait peu, puisqu'il le payerait sur son gain. Il faut donc dire que la restitution doit toujours être égale aux bénéfices réalisés par le contrefacteur.

Mais, si la restitution intégrale est obligatoire dans tous les cas, comme la raison et l'équité le commandent, il n'en faut pas conclure que le contrefacteur ne doive rien au delà de la restitution des bénéfices qu'il aura réalisés. La *restitution* n'est pas la seule base de l'indemnité due au breveté; elle n'exclut pas la *réparation*, qui est due toutes les fois que le breveté justifie d'un préjudice causé. Ainsi son industrie a pu être déconsidérée; son droit privatif, mis en question par l'usurpation, a pu écarter de lui les concessionnaires; l'usurpation a pu faire naître ou encourager l'usurpation; la valeur et par conséquent l'avenir de son invention ont pu être compromis par tel ou tel emploi qui en a été frauduleusement fait dans les ateliers du contrefacteur. Ce sont là autant d'éléments de préjudice dont les Tribunaux doivent tenir un compte sérieux. Ils ne peuvent oublier que dans cette appréciation, toujours et nécessairement arbitraire, puisque les éléments n'ont jamais rien de précis, il est logique de faire au breveté la part plus large qu'au contrefacteur. Il y a toujours chance d'erreur dans l'appréciation du dommage causé, cela est incontestable; mais il ne serait pas juste que le breveté en souffrît. Si la justice se trompe, ce doit être au profit du breveté; le contrefacteur n'a pas le droit de s'en plaindre (1).

(1) 8 août 1851. — Trib. Corr. Paris. — Masse-Tribouillet: Moinier, Jaillon, Poisat. — En ce qui touche Moinier, Jaillon; — Attendu, en principe général, que les contrefacteurs doivent restituer aux brevetés dont ils ont usurpé la propriété, tous les bénéfices illégitimes qu'ils ont réalisés à l'aide de leurs

Le Tribunal ne peut décider que les prévenus seront solidaires pour le payement des dommages-intérêts, que dans le

---

pratiques frauduleuses; qu'ils doivent aussi leur tenir compte du gain dont ils les ont frustrés; qu'ils doivent pareillement réparer le tort qu'ils leur ont causé, par la baisse du prix des marchandises fabriquées et la hausse du prix des matières premières, conséquence habituelle et presque nécessaire d'une concurrence déloyale; qu'ils doivent enfin les indemniser largement de tout ce qu'ils ont souffert dans leur crédit, des sacrifices de toute nature qu'ils ont été forcés de subir et de tous les frais qu'ils ont été obligés d'avancer pour soutenir leurs droits et les faire consacrer; qu'à ces conditions seulement, les grandes industries dont s'honore le pays, et qui ont trop souvent à lutter contre les manœuvres coupables de la contrefaçon, peuvent se maintenir et se défendre; — Qu'au cours de 1849, le bénéfice a dû être au total de la somme de.....; que s'ils n'ont pas réalisé ce bénéfice, ils doivent néanmoins en tenir compte à Masse et Tribouillet, qui l'auraient certainement réalisé, et qu'ils ont été frustrés en les forçant de réduire leur fabrication par leur concurrence déloyale; — Attendu, en outre, qu'ils ont porté atteinte à leur crédit commercial; — Attendu qu'ils doivent aussi réparer le préjudice résultant pour Masse et Tribouillet des sacrifices onéreux qu'ils ont dû s'exposer à supporter, afin de lutter contre les manœuvres d'une contrefaçon coupable, et des frais qu'ils ont été obligés de faire afin de soutenir un procès, porté devant tous les degrés de juridiction; que le Tribunal a les éléments nécessaires pour apprécier ces diverses causes de dommages-intérêts, qui sont d'autant plus importantes qu'il s'agit ici d'un commerce plus étendu et d'une industrie plus puissante; — En ce qui touche la provision demandée; — Attendu que la solution définitive de l'affaire pouvant encore entraîner des lenteurs et subir des délais, il y a lieu à allouer une provision qui, d'après les éléments de la cause, doit être portée au quart de la somme allouée; — En ce qui touche Poisat; — Attendu qu'il est établi au procès que Poisat oncle et Cie, après avoir pris en France un brevet d'invention, lequel, par arrêt souverain passé en force de chose jugée, a été déclaré être brevet de contrefaçon, en ont traité à l'étranger et l'ont vendu aux États-Unis d'Amérique, en Espagne et en Russie, moyennant une somme de 167,500 fr.; — Qu'ils prétendent, à la vérité, que la propriété de Masse et Tribouillet ne résidant pas sur le sol français, n'était inviolable qu'en France; qu'un brevet est limité quant au lieu où il s'exerce, comme quant à sa durée; qu'en dehors du cercle qui lui est tracé, il n'y a plus de contrefaçon, partant plus de dommages-intérêts; que la transmission du brevet de Masse et Tribouillet à l'étranger n'a donc pas été pour eux le principe d'un bénéfice illicite, et qu'en agissant comme ils ont agi ils n'ont fait qu'user d'une faculté commune à tous; mais que pour raisonner de la sorte, ils se placent dans une position qui ne leur appartient pas; qu'ils ne sont pas semblables à un tiers ordinaire; qu'ils ont contrefait en France, qu'ils ont exploité en France, qu'ils ont commis un délit en France, et que c'est d'ailleurs à l'aide de leur

cas où ils ont participé au même fait de contrefaçon. C'est ce qui arrive, lorsque le breveté poursuit en même temps ceux

---

contrefaçon, à l'aide de leur exploitation et de leur délit, qu'ils ont attiré à eux les étrangers; que c'est en se livrant à des expériences manufacturières et en fabricant qu'ils les ont amenés à traiter avec eux; que, dans tous les cas, ils les auraient frustrés d'un gain considérable, en détournant les acheteurs à leur préjudice; — Qu'il est manifeste, en effet, que s'ils ne s'étaient pas indûment emparés de leur propriété et s'ils ne l'avaient pas vendue, Masse et Tribouillet auraient pu eux-mêmes la vendre, à des conditions au moins aussi avantageuses; — Que vainement Poisat et Cie opposent qu'ils n'ont pas touché l'intégralité de la somme moyennant laquelle ils ont traité; qu'ils ont un droit de créance qu'ils pourront exercer à leurs risques et périls; que peu importe aussi qu'ils se soient associés pour leur opération avec une ou plusieurs personnes, qu'ils auront leur recours contre elles ainsi qu'ils aviseront; qu'ils n'en doivent pas moins payer à Masse et Tribouillet la somme totale de 167,500 fr., soit à titre de restitution, soit à titre de réparation; — Attendu qu'il est également établi qu'ils ont vendu une licence à la maison Rousselle frères, à Pau, et que cette vente a été faite au prix de 3,500 fr.; qu'en vertu des principes posés et développés plus haut, Poisat et Cie sont tenus nécessairement de restituer cette somme aux brevetés, mais que là ne peut s'arrêter l'indemnité qu'ils doivent de ce chef; — Qu'en effet, il faut reconnaître qu'en présence de cette licence, la propriété de Masse et Tribouillet était en quelque façon frappée d'interdit entre leurs mains, et qu'ils ne pouvaient plus en tirer tout le parti qu'ils en auraient tiré si on l'avait respectée; qu'une somme de 12,000 fr. paraît être une réparation en proportion avec le préjudice que, sous ce point de vue, ils ont éprouvé; — Attendu, en outre, que pendant deux années Poisat oncle et Cie n'ont pas cessé de fabriquer; qu'en supposant qu'ils n'aient distillé, ainsi qu'ils le soutiennent, que 172,504 kilogrammes de suifs et 17,345 kilogrammes d'acides gras, ce qui est invraisemblable (mais ce qu'il faut admettre cependant puisque la preuve du contraire n'est pas fournie), il est impossible d'admettre le chiffre de 13,613 fr. 80 c. comme le taux de leurs bénéfices réels; que, d'abord, on ne fait pas de la contrefaçon pour un si mince intérêt; qu'ensuite les éléments de la cause, les renseignements pris, les vérifications faites, repoussent invinciblement un pareil chiffre; — Que le bénéfice a dû s'élever à....; que c'est ce chiffre qui doit être considéré par le Tribunal comme celui des bénéfices réalisés par Poisat oncle et Cie, durant leur fabrication; que c'est ce chiffre qui doit être alloué à Masse et Tribouillet, qui certainement l'auraient atteint si leur industrie s'était exercée librement et avec toute la plénitude des forces productives dont elle pouvait disposer; — Qu'il reste encore des causes de dommages-intérêts non appréciées jusqu'ici par le Tribunal et qui doivent être prises en sérieuse considération, telles que l'atteinte portée à la position commerciale de Masse et Tribouillet, la perturbation violente jetée dans leur industrie, le discrédit de leur établissement, la réduction forcée de

qui ont fabriqué et ceux qui ont vendu, recélé ou introduit le même objet argüé de contrefaçon.

Les Tribunaux ne peuvent pas prononcer, contre un contrefacteur, des dommages-intérêts pour les faits de contrefaçon dont il se rendra coupable dans l'avenir. Une pareille condamnation serait sans exécution possible, et serait d'ailleurs illégale et manifestement contraire à l'art. 5 du Code civil, qui défend aux juges de décider par voie de dispositions générales et réglementaires. Les faits nouveaux ont besoin d'être constatés et appréciés, et doivent faire l'objet d'une instance nouvelle (1).

Le Tribunal correctionnel qui a condamné un prévenu de contrefaçon à des dommages-intérêts à fixer par état, est compétent pour statuer sur l'allocation de ces dommages. C'est en vain que l'on soutiendrait que le Tribunal ayant épuisé sa compétence, en prononçant une condamnation pour le délit de contrefaçon et en ordonnant une allocation de dommages-intérêts, le Tribunal civil seul serait dès lors appelé à en fixer la quotité (2).

Lorsque dans une transaction, intervenue entre le breveté et le contrefacteur, ce dernier, en vue d'arrêter la poursuite, s'est engagé à payer à l'avenir et pour chaque contrefaçon, une somme déterminée sans préjudice des dommages-intérêts qui seraient alloués au plaignant par la justice, la clause pénale ne se confond pas avec les dommages-intérêts réclamés. Dès lors le breveté peut porter devant le Tribunal civil son

---

leur fabrication, la diminution dans la valeur de leurs brevets, résultant de la diminution dans la durée utile desdits brevets, les conditions onéreuses subies pour faire face à une lutte acharnée qui s'est prolongée pendant deux années, les frais de toute nature qu'ont entraînés des procès soutenus devant tous les degrés de juridiction; — Que ces causes diverses de dommages-intérêts, qui sont d'autant plus importantes qu'il s'agit d'un commerce plus étendu et d'une industrie plus puissante, ne peuvent être évaluées à moins de.....; — Par ces motifs, condamne, etc. — Appel suivi de désistement.

(1) 14 décembre 1844. — C. R. Paris. — Larenaudière : Béranger Guyot.

(2) 8 août 1851. — Trib. Corr. Paris. — Masse-Tribouillet : Moinier, Jaillon. — Voy. page 683.

action en payement de la somme stipulée comme clause pénale, et s'adresser, ensuite, au Tribunal correctionnel pour faire statuer sur les dommages-intérêts résultant du délit (1).

§ 4. — *De l'affiche et de l'insertion du jugement.*

L'affiche du jugement peut être ordonnée, soit sur la demande du plaignant, soit même d'office par le Tribunal, ainsi que le permet l'art. 1036 du Code de procédure civile. Mais, par ces mots, *s'il y a lieu*, l'art. 49 laisse au juge le soin de décider s'il est juste d'ajouter cette pénalité à la condamnation; d'où la conséquence que l'on ne peut afficher un jugement qu'autant que son dispositif le permet formellement.

Le droit d'afficher ne peut être exercé au delà du nombre d'affiches fixé par le jugement. Il en doit être ainsi, soit que l'on considère l'affiche comme une peine, soit qu'on la considère comme une réparation accordée au breveté. Dans l'un comme dans l'autre cas, il n'est pas permis à la partie qui triomphe d'aggraver le sort du vaincu.

Le plaignant qui fait apposer ou qui distribue un nombre d'affiches supérieur à celui qui a été fixé par le jugement, ou qui fait insérer ce jugement dans un plus grand nombre de journaux que ceux indiqués, peut donc être poursuivi en réparation du préjudice causé par cette publicité. Toutefois, cet excès de publicité ne peut être considéré comme une diffamation (2).

On a aussi considéré comme ayant abusé du droit d'afficher, celui qui convertit l'une des affiches ordonnées en un tableau permanent. L'affiche, dit-on, s'entend du mode habituel d'affichage, essentiellement éphémère, et qu'on ne peut, sans exagérer la disposition du jugement et sans aggraver le sort du condamné, convertir en une sorte de pilori perpétuel (3).

---

(1) 7 mai 1852. — C. Cass. — André Aubin : Roussoulière.

(2) 6 juin 1844. — Trib. Corr. Paris. — Demarson : Bourbonne.

(3) 21 janvier 1841. — C. R. — Ganilh : Appert.

Cependant nous devons reconnaître que l'opinion contraire a été également et plusieurs fois consacrée par la justice (1).

Dans la pratique, l'insertion du jugement dans les journaux est assimilée à l'affiche et ordonnée par les Tribunaux.

Lorsque le Tribunal a ordonné l'insertion de son jugement dans les journaux aux frais du condamné, le prix de ces insertions peut être réduit s'il est démontré que le plaignant a augmenté les frais en employant, pour l'insertion, des caractères trop forts, ou qu'il a multiplié les alinéas (2).

Lorsque le Tribunal a ordonné l'affiche ou l'insertion du jugement dans les journaux, cela doit s'entendre non-seulement du dispositif, mais du jugement dans son entier, ainsi qu'il est défini par l'art. 141 du Code de procédure, et tel qu'il est contenu dans l'expédition que délivre le greffier (3).

§ 5. — *De la condamnation aux dépens.*

La partie qui succombe doit toujours supporter les dépens du procès. Cependant il peut arriver que le contrefacteur, bien que renvoyé de la poursuite, soit condamné aux dépens. C'est ce qui a lieu, par exemple, lorsqu'il a été poursuivi comme coupable de contrefaçon sur les énonciations mensongères de ses étiquettes ou annonces. Ses dires ont fait croire au délit et

(1) 25 octobre 1837. — Paris. — Mottard-Demilly : Souchet et Doudeuil. — Jugement : — Attendu qu'en ordonnant l'affiche du jugement, et fixant le nombre des affiches à apposer, le Tribunal n'a pas déterminé le temps pendant lequel durerait chacune d'elles, et qu'il n'a statué ni sur la durée de ce mode de publicité ni sur les moyens de conservation qu'il est loisible d'employer à la partie qui a obtenu le jugement; — Attendu que, dans l'espèce, il n'y aurait lieu à la suppression ou destruction des affiches que s'il était justifié que le nombre ordonné par le jugement aurait été dépassé, et qu'il n'est fait à cet égard aucune justification, déclare Mottard-Demilly non-recevable, etc.

Idem. — Vero : Bontoux. — Paris. — *Idem.* Ardisson : la *Compagnie mutuelle.*

(2) 19 septembre 1844. — Trib. Civ. Paris. — Desertine : Dolivier.

(3) 9 avril 1844. — Trib. Civ. Paris. — Canquoin : Beauvoisin.

Idem. 21 janvier 1841. — Paris. — Ganilh : Appert.

motivé la poursuite. Il est donc juste qu'il supporte seul les frais qu'il a seul occasionnés (1).

Le prévenu peut encore être condamné aux dépens lorsque le Tribunal correctionnel, usant de la faculté que lui accorde l'art. 49, le renvoie de la poursuite, eu égard à sa bonne foi, et, néanmoins, ordonne la confiscation de l'objet contrefait. En effet, en accordant au Tribunal la faculté de condamner le prévenu à la confiscation, même quand il le renvoie de la poursuite, la loi fait entrer le juge correctionnel dans le domaine du droit civil. Le magistrat statue alors en l'absence de tout délit; il peut donc apprécier si le prévenu qu'il acquitte n'a pas été imprudent ou négligent, s'il n'a pas ainsi occasionné le procès, et s'il ne doit pas supporter la totalité ou une partie des dépens (2).

§ 6. — *Des demandes reconventionnelles.*

Bien que la loi ne reproduise pas la disposition de la législation de 1791, le poursuivi n'en conserve pas moins le droit de demander la réparation du préjudice qui lui a été causé par la saisie, et même par la poursuite non accompagnée de saisie ou de description. Mais la demande en dommages-intérêts, formée par le prévenu, ne peut être soumise aux Tribunaux correctionnels que reconventionnellement, c'est-à-dire qu'autant que le juge correctionnel est encore saisi de la poursuite du plaignant par une assignation régulière. Nous disons par une assignation régulière, car la saisie ne peut suffire pour attribuer juridiction au Tribunal correctionnel. C'est ce que la loi a entendu dire par ces expressions de l'art. 48 : *dans la forme prescrite par l'art.* 36. Ainsi toutes les fois que la saisie ou la description n'auront pas été suivies d'une poursuite en contrefaçon, dans le délai fixé par la loi, le saisi ne pourra s'adresser qu'aux Tribunaux civils pour obtenir la mainlevée de la

(1) 26 décembre 1841. — C. R. Paris. — Robertson : Langlois. V. page 630.

(2) 28 janvier 1845. — Trib. Corr. Paris. — Deschamps : Vadot et Bon.

saisie et la réparation du préjudice qu'elle lui aura causé (1). Si, au contraire, le plaignant a porté son action devant la justice, le prévenu peut demander aux juges, saisis de l'action en contrefaçon, que des dommages-intérêts lui soient alloués pour réparer le préjudice causé par la poursuite. Mais il doit y conclure pendant les débats et avant la prononciation du jugement. Dès que la plainte est jugée, le prévenu renvoyé de la poursuite ne peut plus rien demander aux mêmes juges. Il n'a plus alors qu'à se pourvoir au principal par une action directe, dans la forme indiquée pour l'hypothèse qui précède.

§ 7. — *Du cumul des peines.*

L'art. 42 proscrit le cumul des peines en matière de contrefaçon des inventions brevetées, et exige que la peine la plus forte soit seule prononcée pour tous les faits antérieurs au premier acte de poursuite.

En présence de cette disposition si formelle, nous avons peine à comprendre la doctrine qui veut qu'en matière de contrefaçon, lorsqu'une saisie a eu lieu dans deux ateliers, encore bien qu'il n'y eût qu'un même procès-verbal, le breveté peut, après avoir fait condamner le contrefacteur pour les faits constatés dans un atelier, obtenir une nouvelle condamnation pour ceux constatés dans l'autre (2). Il y a bien là une violation manifeste, sinon de la maxime *non bis in idem*, au moins de la règle du non-cumul des peines, admise par l'art. 42.

(1) 23 août 1842. — Trib. Corr. Paris. — Guilloteaux : Delisle.

(2) 2 septembre 1853. — C. Cass. — Girardin : N.... — Rejet du pourvoi contre un arrêt de Paris du 1er juillet 1853.

CHAPITRE XIII.

DU RECOURS CONTRE LES JUGEMENTS.

SECTION 1re. — *Opposition.* — *Appel.*

La loi spéciale n'a dérogé, en aucun point, au droit commun, en ce qui concerne l'opposition au jugement par défaut et l'appel. Nous dirons seulement que le demandeur en contrefaçon n'est pas admis à se servir, pour la première fois en appel, d'un brevet d'invention qu'il n'a pas opposé devant les premiers juges. Ce brevet nouvellement produit doit être apprécié dans sa validité, et il ne pourrait l'être pour la première fois en appel sans priver le prévenu du bénéfice des deux juridictions. Le plaignant qui se fonde sur ce brevet doit intenter une nouvelle action en contrefaçon (1).

L'individu poursuivi comme contrefacteur peut, pour la première fois devant les juges d'appel, opposer une exception fondée sur la nullité, la déchéance ou la propriété du brevet. L'art. 464 du Code de procédure civile dit, en effet, qu'on peut, en cause d'appel, former toute nouvelle demande si elle sert de défense à l'action principale. Or les exceptions ci-dessus sont, sans contredit, le premier et le plus sérieux argument de la défense en matière de contrefaçon.

SECTION 2. — *De la tierce opposition.*

Le jugement rendu au profit d'un breveté contre un contrefacteur ne peut être attaqué par voie de tierce opposition par

(1) 8 février 1827. — C. Cass. — Adam : Pastré.

un autre individu qui serait breveté antérieurement pour le même objet. Celui-ci n'a contre le premier que l'action en contrefaçon et en nullité de brevet. Cela se conçoit : le jugement n'a rien jugé ni même préjugé contre le brevet antérieur, qui n'était pas en cause.

Section 3. — *Du pourvoi en cassation.*

§ 1er. — *Des griefs de cassation.*

Les moyens de cassation sont renfermés dans d'étroites limites, puisque la Cour suprême ne peut connaître que de la procédure et de la qualification ou appréciation légale des faits dont la constatation appartient souverainement aux Tribunaux (1).

Toutefois, si les constatations de fait des arrêts attaqués échappent à la censure de la Cour suprême, ce n'est qu'autant que ces constatations sont conformes aux énonciations des brevets et qu'elles donnent à ces énonciations leur véritable portée légale. Il a même été décidé que, bien que la Cour ne puisse critiquer les faits constatés par les premiers juges, cependant son droit de censure n'est pas limité à ce point qu'il ne lui soit pas permis d'examiner si l'arrêt attaqué n'a pas, par des compensations et des équivalents, restreint ou étendu la portée d'une description opposée au breveté (2).

La Cour de cassation a décidé, à tort, selon nous, qu'elle ne pouvait censurer une décision qui, appréciant l'invention brevetée, avait distingué les procédés qui lui sont essentiels, et qui la constituent, de ceux qui lui sont indifférents et qu'on peut changer ou usurper à volonté (3). Tout ce qui figure dans la description d'un brevet doit être réservé au breveté, et c'est violer la loi que de l'en priver pour tout autre motif que l'ab-

---

(1) 9 août 1844. — C. Cass. — Delisle : Dulaurier.
Idem. 18 janvier 1845. — C. Cass. — Benoît : Lacroix et Vallery.
(2) 13 février 1839. — Cass. — Taylor : Wendel. Voy. page 526. 27 mai 1839.
(3) 30 décembre 1843. — Cass. — Pinchaut : Huaut-Benoît.

sence de nouveauté. Or toute violation de la loi tombe sous la censure de la Cour suprême.

On a admis, aussi, que le breveté ne pouvait fonder son pourvoi en cassation sur ce que les juges du fait n'auraient tenu aucun compte de certains éléments de son brevet s'il ne les a pas expressément signalés dans ses conclusions. Nous ne croyons pas cette doctrine fondée. Ce ne sont pas les conclusions du breveté qui doivent être la base de l'appréciation du fait de contrefaçon, mais bien la description du brevet. Si donc l'élément revendiqué figure au brevet, les premiers juges du fait ont dû le réserver au breveté, sans même qu'il ait eu besoin de le signaler distinctement dans ses conclusions. Ainsi, par exemple, il suffit que le breveté ait conclu, d'une manière générale, à la contrefaçon, pour que le Tribunal doive envisager le délit au point de vue de tout ce qui est indiqué, non pas seulement dans les conclusions, mais encore et surtout dans la description.

§ 2. — *Des effets du pourvoi en cassation.*

Le sursis à l'instance correctionnelle doit être ordonné lorsqu'il y a pourvoi en cassation contre la décision du jugement de répression qui a, préalablement à la contrefaçon, statué sur les exceptions de nullité ou de déchéance du brevet. Mais le pourvoi formé contre la décision rendue par les Tribunaux civils sur la déchéance ou la nullité, ne peut être suspensif de l'instance correctionnelle. Ainsi le veut l'art. 16 de la loi du 1er déc. 1790, qui porte expressément que le pourvoi n'arrêtera pas l'exécution du jugement, et que, dans aucun cas et sous aucun prétexte, il ne pourra être accordé de sursis. La raison de cette différence dans les effets du pourvoi, touchant les mêmes questions, tient à la différence des juridictions qui ont prononcé sur ces questions. En matière correctionnelle le pourvoi est toujours suspensif, il ne l'est jamais en matière civile. La doctrine contraire a été consacrée, mais sous l'empire de la loi de 1791 (1).

(1) 10 avril 1844. — C. R. Paris. — Elkington : Bedier et autres. — Arrêt :

On s'est appuyé sur ce que l'action en déchéance était opposée comme exception à une plainte en contrefaçon. Ce motif restreindrait l'effet de cette décision au cas où l'action en déchéance aurait été introduite, par le prévenu, pendant l'instance correctionnelle en contrefaçon. Notre doctrine resterait donc entière dans le cas où l'action en déchéance aurait été engagée par tout autre que le prévenu, ou par ce dernier avant toute poursuite en contrefaçon. Mais nous pensons que, dans aucun cas, le pourvoi civil ne peut arrêter la marche de l'instance correctionnelle.

CHAPITRE XIV.

DISPOSITIONS TRANSITOIRES.

Le législateur a écrit, en tête de nos lois, qu'elles ne disposent que pour l'avenir, et ne peuvent réagir sur les faits accomplis antérieurement. Néanmoins, quelles que soient la clarté et la précision des termes dont le législateur s'est servi pour formuler ce grand principe, il n'en donne pas moins lieu, dans la pratique, à de nombreuses et sérieuses difficultés, C'est autant pour les prévenir que pour en faciliter la solution

— En ce qui touche la fin de non-recevoir; — Considérant qu'il s'agit d'une exception d'ordre public intéressant les juridictions, et qui peut être proposée en tout état de cause; — En ce qui touche le sursis demandé : — Considérant que la demande en nullité d'un brevet d'invention, opposée comme exception à une plainte en contrefaçon, soulève une question préjudicielle qui doit être portée devant le Tribunal civil et suspend les poursuites correctionnelles; que ces poursuites ne peuvent être reprises qu'autant qu'il a été définitivement et irrévocablement statué sur cette question; qu'autrement, les Tribunaux correctionnels pourraient être amenés à prononcer une condamnation pour un fait qui, en définitive, ne constituerait pas un délit; adoptant, au surplus, les motifs des premiers juges; confirme.

que l'on a terminé la loi nouvelle par quelques dispositions transitoires, c'est-à-dire destinées à faciliter le passage d'une législation à une autre, et dont l'effet cessera quand tous les brevets délivrés sous l'empire des lois de 1791 seront expirés. Il était indispensable, en effet, de savoir quelle influence la loi nouvelle devait exercer soit sur les brevets pris, soit sur les instances engagées avant l'époque de sa promulgation.

SECTION 1re. — *Effets de la loi de* 1844 *sur les brevets antérieurs.*

Pour tracer les limites dans lesquelles la loi de 1844 peut être appliquée aux brevets anciens, sans violer le principe de non-rétroactivité, il importe de bien se fixer sur le sens de ces mots *effet rétroactif.* On donne à la loi un effet rétroactif lorsqu'on la fait revenir sur le passé qu'elle modifie au préjudice des droits acquis avant sa promulgation. Ainsi, pour prendre un exemple dans le droit spécial aux brevets, nous dirons que l'importateur qui a pris, avant la loi nouvelle, un brevet en France pour une découverte faite en pays étranger, dont il n'est pas l'inventeur, ne peut voir son brevet annulé, par le motif que la loi de 1844 a restreint le bénéfice de l'importation en le réservant à celui-là seul qui a été breveté en pays étranger pour la découverte importée. Les droits dont l'importateur jouit remontent à une époque où la loi sanctionnait le contrat qui a été passé entre lui et la société. Il serait inique de frapper de nullité, dans son cours, et par une disposition nouvelle, un acte valable dans son origine, et qui avait été passé sous la garantie et la protection des lois alors en vigueur. S'il en était ainsi, on confisquerait au profit du domaine public une invention que son auteur n'a révélée à la société qu'en vue de la protection qui lui était offerte. C'est ce que nous avons démontré au chapitre VI, en traitant des cas de nullité et de déchéance prévus par la loi nouvelle, et qui n'existaient pas sous l'empire de la législation précédente. Ainsi les nullités et les déchéances ne peuvent être appliquées aux brevets pris sous la loi de 1791, qu'autant qu'elles sont écrites dans cette loi.

Section 2. — *Effets de la loi de 1844 sur les procédures.*

Nous n'avons rien à dire des procédures entamées sous l'empire de la loi de 1791, et qui sont aujourd'hui et depuis longtemps jugées.

Mais que faudra-t-il décider pour celles qui seront engagées sous l'empire de la loi de 1844 et concernant des brevets pris antérieurement. Dans ce cas, la règle tracée par la loi, malgré ou plutôt à cause de sa généralité, a besoin d'être renfermée dans les limites que lui tracent les principes du droit commun. Ces principes ont été consacrés par de nombreuses décisions qui toutes ont distingué entre les formalités judiciaires qui appartiennent seulement à l'instruction et celles qui appartiennent au fond même de la cause. Pour les premières, il n'y a nul inconvénient à les appliquer même à des droits acquis sous l'empire d'une ancienne législation; quant aux autres, au contraire, comme elles peuvent être décisives pour le droit, elles doivent rester ce qu'elles étaient quand se sont accomplis les faits qu'il faut apprécier. Ainsi, s'il s'agit d'une preuve à faire, la question de savoir quels témoignages seront admis sera résolue, selon la loi ancienne, parce que l'admissibilité de telle ou telle preuve tient au fond de la cause. Mais, une fois ce point résolu, la forme de l'enquête sera régie par la loi du temps où il y sera procédé.

Ces principes établis, il n'est pas permis de soutenir qu'on pourrait faire juger, d'après la loi de 1844, les actions en contrefaçon, en nullité ou en déchéance, concernant dès brevets pris antérieurement. Cette interprétation outragerait à la fois le bon sens et les principes fondamentaux de notre législation en général, et serait, de plus, manifestement contraire au texte comme à l'esprit de la loi; nous n'hésitons donc pas à dire que lorsqu'une action en nullité ou en déchéance a été formée depuis la promulgation de la loi nouvelle, elle doit être suivie, quant à la procédure et à la compétence, d'après les règles posées dans cette loi, quelle que soit d'ailleurs l'époque de la délivrance du brevet. Mais, qnand il s'agira de juger le fond du droit, il est bien évident qu'il faudra consulter la loi sous l'empire de laquelle le brevet a été demandé, car c'est alors que le contrat s'est formé entre la société et l'inventeur. L'art. 54 ne parle que des formes de la procédure, et il laisse intact le fond du droit. Pour appliquer à notre thèse l'exemple cité ci-dessus, nous dirons que si, depuis la promulgation de la loi de 1844, on intente une action principale en nullité d'un brevet délivré sous l'empire des lois de 1791, on ne pourra prouver par témoins que le procédé n'était pas nouveau, quand le brevet a été délivré ; on devra se soumettre à l'art. 16 de la loi de janvier 1791, qui ne prononce la déchéance qu'autant que l'invention était décrite avant le brevet dans un ouvrage imprimé et publié. Le simple fait d'usage antérieur au brevet était impuissant alors, et suffit aujourd'hui pour entraîner la déchéance. S'en faire une arme contre un brevet ancien, c'est bien évidemment faire réagir la loi de 1844, sur les droits acquis avant sa promulgation.

Les solutions qui précèdent ne sont pas seulement conformes aux principes généraux du droit, elles répondent rigoureusement aux dispositions de l'art. 53 de la loi spéciale, qui veulent que tous les brevets, sans distinction, délivrés ou prorogés sous l'empire de l'ancienne législation, conservent leur effet pendant tout le temps qui aura été assigné à leur durée.

Il faut en dire autant de l'effet des cessions et des perfectionnements qui, d'après la loi, profitent réciproquement au cessionnaire et au cédant. Tout cela touche au fond du droit, et la loi actuelle ne peut ni changer ni modifier, en quoi que ce soit, les contrats passés antérieurement.

LIVRE VIII.

DES ENSEIGNES, DES DÉSIGNATIONS DE MARCHANDISES ET DES NOMS DE COMMERÇANTS.

CHAPITRE PREMIER.

DES CARACTÈRES DE L'ENSEIGNE ET DE LA DÉSIGNATION.

Il est d'usage, dans le commerce, d'adopter certaines indications spéciales, pour désigner un établissement ou un produit et le recommander à la faveur du public. Ces désignations, qu'il ne faut pas confondre avec les marques de fabrique, acquièrent souvent une grande importance, et l'expérience prouve chaque jour que, mettant à part le mérite de l'industriel, la désignation adoptée pour un produit ou pour un établissement peut être un élément sérieux de prospérité.

Les principales désignations sur lesquelles se sont arrêtés les regards et la protection de la justice, sont l'*enseigne* adoptée par le marchand ou le fabricant; — le *nom* spécial ou même la *forme* qu'il donne à un produit; — la *forme* et la *couleur* des *boîtes* ou des *enveloppes;* — le *texte* ou la *configuration* des annonces, prospectus, factures ou affiches; — les *plaques*, les *panonceaux*, les *écussons*, et bien d'autres désignations encore, que l'on retrouve dans les nombreuses décisions rendues en cette matière. La jurisprudence les protége toutes contre l'usurpation. Toutefois, pour donner une juste idée de la protection qu'on leur accorde, il faut dire que ce n'est pas précisément la *propriété* que l'on défend contre les usurpations, mais bien plutôt le *crédit*, la *faveur publique*, en un mot l'*achalandage* attaché à l'emploi de telle ou telle enseigne ou désignation.

Chaque industriel a le droit de choisir et d'adopter la désignation ou l'enseigne qui lui convient. La pratique, d'accord avec l'équité, n'a imposé qu'une limite à ce droit : c'est le devoir, pour chacun, d'éviter, dans le choix que lui dicte son caprice ou les exigences de son commerce, toute ressemblance qui serait de nature à amener la confusion entre deux établissements rivaux. Ainsi, pour qu'une enseigne ou une désignation quelconque soit digne de la protection de la justice, il faut qu'elle offre un caractère particulier et nouveau, soit par les détails, soit par l'ensemble, soit même par l'application qui en est faite, et que ce caractère ne permette de la confondre avec aucune des désignations précédemment adoptées dans la même industrie. Nous indiquons au chap. V, en traitant *de l'usurpation*, à quels caractères on reconnaît qu'il y a possibilité de confusion entre deux désignations.

CHAPITRE II.

DU DROIT DE PROPRIÉTÉ.

SECTION 1re. — *De l'origine du droit de propriété.*

La propriété des désignations et des enseignes n'est régie spécialement par aucun texte de loi. Aussi les Tribunaux, quand ils sont heureusement entrés dans cette voie de répression contre la fraude, n'ont-ils été guidés que par le bon sens et le sentiment éclairé de la loyauté commerciale. Cette jurisprudence d'ailleurs n'est pas nouvelle, puisqu'on trouve, dans

Denisart, plusieurs arrêts rendus contre l'imitation même partielle des enseignes. Le Code civil (art. 1382) ne devait pas être moins efficace que l'ancienne législation. Le principe écrit dans la loi civile prête donc un appui suffisant à la sévérité des Tribunaux. Mais c'est là un principe général qui n'indiquait pas au magistrat la véritable base du droit de jouissance exclusive en matière d'enseigne ou de désignation. La pratique a bientôt démontré que le droit de propriété, en pareille matière, n'est autre que le droit du premier occupant. Peu importe d'ailleurs que celui qui introduit une enseigne ou une désignation dans une industrie, l'ait inventée, ou qu'il l'ait seulement empruntée à une industrie différente (1) ; il suffit qu'il en ait la possession première dans l'industrie à laquelle il appartient, et, s'il l'a empruntée à une industrie analogue, il faut que cette industrie y ait renoncé, comme nous le démontrons au chap. III, où nous traitons *de la durée du droit de propriété* (2).

---

(1) 23 novembre 1852. — C. App. Riom. — Bru : Larbaud. — Bru avait adopté, pour vignette, la vue de l'établissement thermal de Vichy. Larbaud, qui l'avait imitée, a été condamné à la supprimer de ses prospectus et étiquettes.

(2) 19 janvier 1852. — C. Imp. Paris. — Briet : Riche. — Appareil dit *Gazogène Briet*, pour la fabrication instantanée de l'eau de Seltz.

Idem. 7 juin 1853. — Trib. Comm. Paris. — Foubet : Marquetti. — Attendu que Foubet fonde son droit à sa propriété de l'enseigne *Café du Cirque Napoléon*, sur une autorisation qui lui aurait été donnée à cet égard par Dejean, directeur dudit Cirque. — Attendu qu'il est justifié que Dejean n'exploite pas l'établissement du café annexé à son théâtre; que sa qualité de directeur du théâtre ne lui donne aucun droit d'intervenir dans une question d'enseigne où figure le nom dudit théâtre appliqué à un établissement tout à fait étranger à son exploitation et qui ne peut lui faire aucune concurrence; — Qu'il s'ensuit que la dénomination dont s'agit doit rester dans le domaine public pour appartenir au premier occupant, et enfin que c'est l'antériorité seulement de la prise de possession qui doit en régler le droit de propriété. — Attendu, dans l'espèce, qu'il résulte des débats et documents produits, que ce n'est ni Foubet, ni Marchetti qui ont les premiers employé, pour désigner leurs établissements, les mots : *Café du Cirque Napoléon;* qu'ils sont alors sans droits, l'un et l'autre, pour en demander la radiation; — Que dès longtemps avant leur prétention, Quéranne et Commissaire, propriétaires d'une autre maison du même genre, les avaient adoptés pour enseigne; — Qu'il s'ensuit que la demande

L'usage pour les huissiers d'avoir des *panonceaux* est si ancien et si général, qu'il doit être considéré, en leur faveur, comme droit de premier occupant. En conséquence, un huissier peut faire condamner un agent d'affaires, son voisin, à enlever les panonceaux dont il se sert comme enseigne, surtout lorsque le voisinage de l'agent d'affaires peut amener une confusion dommageable pour l'huissier (1).

Le droit de premier occupant est tel qu'il a été décidé qu'un directeur de théâtre est sans droit pour autoriser un limonadier à employer, exclusivement à tous autres, le nom de son théâtre à titre d'enseigne (2).

C'est par la même raison qu'il a été interdit au propriétaire d'un immeuble appelé le *Château Rouge*, d'établir dans sa propriété un bal portant ce nom, parce qu'il en existait déjà un connu antérieurement sous la désignation de *Bal du Château Rouge* (3).

Il faut dire également que le maître d'un hôtel garni, qui établit un restaurant dans son hôtel, ne pourra donner le nom de cet hôtel à son nouveau restaurant, s'il en existe un autre portant déjà ce nom (4).

Les mêmes raisons ont fait décider que l'éditeur de musique, agréé comme seul fournisseur du Conservatoire, ne peut pas s'opposer à ce qu'un autre éditeur conserve pour enseigne :

---

de Foubet et Marchetti doit être rejetée, et qu'il y a lieu de faire droit à celle de Quéranne et Commissaire relative à la radiation desdits mots; — Fait défense à Foubet d'employer à l'avenir cette désignation pour son établissement, etc.

Idem. 31 mars 1841. — Trib. Comm. Paris. — Robertson : Langlois. — Attendu qu'il résulte des documents produits, que Robertson a le premier employé en France, pour le cirage, les étiquettes à la congrève; — Que celles dessinées sur les produits de Langlois en sont la reproduction complète et peuvent porter préjudice à Robertson; — Fait défense à Langlois, etc.

(1) 27 août 1844. — T. Com. Paris. — Villot : Dubas.

(2) 7 juin 1853. — Trib. Com. Paris. — Foubet : Marquetti. Voy. page 700.

(3) 5 septembre 1845. — Trib. Civ. Paris. — Bobœuf : Vidou.

Idem. 22 juillet 1345. — Trib. Civ. Paris. — Bobœuf : Carton.

(4) 6 mars 1844. — Trib. Com. Paris. — Daussier : Boniface.

Magasin de musique du Conservatoire, si ce dernier était en possession de cette enseigne avant lui (1).

La pratique a signalé quelques exceptions au droit du premier occupant ; l'étranger, par exemple, qui viendrait s'établir en France, lorsque déjà son enseigne y a été adoptée par un rival d'industrie, ne pourrait conserver cette enseigne. Il a donc été jugé qu'une compagnie d'assurances peut s'opposer à ce qu'une compagnie semblable, fondée avant elle, mais en pays étranger, puisse venir établir une succursale en France, sous sa dénomination d'origine, si la compagnie française est déjà en possession de cette dénomination. Peu importe que les deux enseignes diffèrent par l'idiome, si elles ont la même signification (2).

Il faut considérer comme étranger, au moins quant à la localité, celui qui, possesseur d'une enseigne, transporte son établissement dans une localité nouvelle ; il doit respecter les droits acquis au rival d'industrie habitant cette localité avant lui. Ainsi il a été jugé qu'un marchand colporteur qui est en possession, depuis plusieurs années, d'une enseigne placée sur son établissement au lieu de son domicile, et qu'il emploie dans les diverses localités où il déballe, ne peut faire usage de cette enseigne pour le magasin qu'il établit dans une ville où un marchand sédentaire est connu par une enseigne semblable (3).

Les désignations empruntées à l'industrie étrangère ne peuvent devenir, en France, la propriété exclusive de celui qui, le premier, s'en est emparé pour l'appliquer au même produit (4). C'est trop déjà que de pareils emprunts, qui ont pour

---

(1) 17 octobre 1854. — Trib. Comm. Paris. — Dame Sandrier : Heugel.

(2) 1er septembre 1854. — Trib. Comm. Paris. — La *Compagnie Nationale* contre la *Compagnie Anglaise*.

(3) 31 mars 1845. — C. Imp. Douai. — Dame Tragin : Wolf.

(4) 26 mars 1822. — C. R. Paris. — Benoît, Mérat et Desfontaines, fabricants de bonnets de laine semblables à ceux qui se fabriquent à *Tunis* et à *Alger*, pour l'usage des Turcs et des Arabes, ont, pour accréditer leurs produits dans le Levant, adopté les désignations des fabricants de *Tunis* et d'*Alger*.

but et pour résultat de tromper l'acheteur sur la provenance du produit, soient tolérés par la loi française. Si, de plus, ils donnaient un droit de jouissance exclusive, la fraude y trouverait un encouragement fâcheux.

SECTION 2. — *De l'étendue du droit de propriété.*

Nous avons dit, au chap. Ier, que le droit réservé aux possesseurs d'enseignes ou de désignations n'a pas pour base la propriété, mais seulement la jouissance exclusive (1). Nous le répétons, et nous ajoutons que cette jouissance n'est pas absolue; elle a pour limite l'intérêt du possesseur. Ainsi le marchand, en possession d'une enseigne, ne saurait éprouver aucun tort de ce qu'un autre marchand, exerçant un commerce entièrement différent, fait usage d'une enseigne semblable. Il serait donc mal fondé à vouloir y mettre obstacle. Par la même raison, on devra décider que, même dans une industrie semblable, le droit de propriété ne saurait être invoqué si la rivalité est impossible entre le nouvel établissement et celui du premier possesseur de l'enseigne. Cette question de la rivalité, et par conséquent du préjudice possible, est un point de fait dont l'appréciation varie selon les circonstances. Ainsi il a été jugé que les propriétaires de la *Belle Jardinière*, à Paris, pouvaient s'opposer à ce que d'autres marchands établissent, sous le même nom, des magasins du même genre dans les différentes villes de France. Le motif de cette décision, c'est que les propriétaires de la *Belle Jardinière* avaient, dès l'abord, exprimé l'intention, depuis lors réalisée, d'établir des succursales dans la province, et qu'alors leurs intérêts se trouvaient lésés par

---

Plus tard, Benoît et Trotry-Latouche, fabricants de produits similaires, ont adopté les mêmes désignations. Il a été décidé que les premiers ne pouvaient s'en plaindre.

(1) 13 février 1855. — Cass. Paris. — Compère : Bajou. — Bajou avait vendu son fonds de Paris et le droit de se servir de son estampille. Toutefois, il s'était réservé le droit de fabriquer à Grenoble. Il usa de ce droit et voulut marquer ses produits de son nom. Il fut condamné à supprimer son nom.

l'usurpation de leur enseigne dans quelque ville que ce fût. Par le même motif, on a jugé qu'il n'était pas nécessaire, en principe, que deux établissements fussent voisins pour que l'usurpation par l'un de l'enseigne de l'autre constituât un fait répréhensible ; c'est qu'en effet, l'établissement le plus éloigné, dans certaines industries dont les relations s'étendent au delà de la localité et même en pays étranger, peut détourner l'achalandage, et que, comme nous l'avons dit, c'est l'intérêt du propriétaire et le préjudice auquel il est exposé qui déterminent l'étendue de son droit.

L'enseigne est une chose essentiellement mobilière. Elle appartient au fonds de commerce, et non à l'immeuble où ce fonds s'exploite. En conséquence, le locataire qui, au commencement de son bail, a apporté une enseigne dont il était déjà propriétaire, en remplacement de celle sous laquelle un établissement semblable était déjà exploité dans le même local, a le droit de reprendre son enseigne à la fin de son bail, et le propriétaire ne peut prétendre la retenir comme accessoire incorporé à sa propriété à raison du remplacement opéré par le locataire (1).

Il en serait autrement si le propriétaire de l'immeuble était en même temps propriétaire de l'enseigne, et qu'il eût donné cette enseigne à exploiter à son locataire en lui louant les lieux. Dans ce cas, évidemment, la propriété de l'enseigne revient au propriétaire à l'expiration du bail, et il peut s'opposer à ce que tout autre, et notamment son ancien locataire, se serve de cette enseigne hors de sa maison.

Pour déterminer, d'une manière précise, l'étendue du droit à la jouissance d'une enseigne ou d'une désignation, il importe de diviser les désignations en deux catégories, celles qui sont *nécessaires*, et celles qui sont purement *arbitraires*.

§ 1er. — *De la désignation nécessaire.*

La désignation nécessaire est celle qui tient à la nature même de la chose désignée. C'est le nom propre, unique, l'appellation

(1) 21 décembre 1853. — C. Cass. — Gauthier : Bonet.

générique de l'objet. La désignation nécessaire étant imposée à tous par la nature du produit ou de l'établissement, on comprend aisément qu'elle ne puisse être l'objet d'une jouissance privative. Quiconque aura un établissement de ce genre ou vendra des produits de même nature pourra donc se servir de la même enseigne ou de la même désignation. Il n'y a dans ce cas qu'un moyen d'éviter la confusion entre les rivaux d'industrie, c'est de différencier son enseigne ou sa désignation par certains signes apparents et particuliers, par exemple par les couleurs, par la forme spéciale des lettres, par une disposition particulière des détails extérieurs du magasin, etc.

De ce qu'une désignation ou une enseigne est vraie, il ne s'ensuit pas qu'elle doive être rangée dans la catégorie des désignations nécessaires, dont l'usage est permis à tous. Ainsi, celui qui a pris pour enseigne le numéro d'une maison ou le nom d'une rue a le droit incontestable de s'opposer à ce qu'un rival d'industrie prenne pour enseigne le même numéro ou le même nom. Vainement ce dernier objecterait-il qu'il occupe soit la même rue, soit, dans la même ou dans une autre rue, une maison portant le même numéro; il devra adopter une autre désignation (1). Sans doute s'il habite la même rue ou la même maison, il pourra inscrire le numéro sur son enseigne, mais il ne devra pas faire, du numéro ou du nom de la rue, la partie principale de cette enseigne.

Aussi est-ce à tort que l'on a décidé que la dénomination de *glacière napolitaine* ne pouvait pas être considérée comme une usurpation de l'enseigne *glaciers napolitains*, par le motif que chacun de ces établissements était tenu par des glaciers de Naples (2). Ces mots *glacière napolitaine*, *glaciers napolitains*, exprimaient sans doute, dans ce cas, un fait vrai, mais on pouvait adopter une autre désignation que celle de la nationalité. D'où la conséquence que ce n'était pas une désignation nécessaire, et que dès lors le choix de l'enseigne à la *glacière*

(1) 19 mai 1832. — Trib. Civ. — Bonnard : Sprouck.
Idem. 7 mai 1844. — Meunier : Camus-Tardif.
(2) 15 juin 1845. — Trib. Com. Paris. — Durand : Huet-Laïffa.

napolitaine ne pouvait s'expliquer que par le désir de profiter de la réputation acquise par les devanciers qui, les premiers, avaient adopté pour enseigne l'indication de leur nationalité. C'est ce qui a été jugé, à bon droit, pour l'enseigne *Pharmacie anglaise* (1) et pour le produit auquel on avait donné le nom de *bleu de France* (2). Tout était vrai dans ces dénominations; néanmoins elles étaient arbitraires, et on a décidé, en conséquence, qu'elles devaient être respectées.

Nous ne pouvons, par les motifs que nous venons de développer, regarder comme désignation nécessaire celle de *Union des propriétaires de vignobles*. Celui qui a adopté postérieurement cette enseigne aurait pu, au moins, se servir du mot *société*, ou *compagnie*, ou enfin *association des propriétaires de vignobles*. Aussi l'arrêt qui s'est borné à exiger que l'enseigne la plus récente, en conservant cette désignation, fût seulement différenciée par sa configuration, ne nous paraît pas avoir fait assez dans l'intérêt du premier occupant (3).

Une enseigne, telle que celle d'*Agence américaine*, n'est pas une désignation professionnelle, c'est-à-dire nécessaire : l'usurpation doit en être réprimée, et la différence des langues employée dans les deux enseignes ne saurait être une excuse suffisante pour en justifier l'emploi (4).

Un nom de ville peut être adopté comme enseigne. Si donc il est démontré que la même dénomination, adoptée postérieurement par un établissement rival, peut être une cause de préjudice, soit par le voisinage, soit par la nature de l'achalandage, il y a lieu de faire respecter le droit du premier occupant (5).

---

(1) 17 mai 1832. — Roberts : Langlois. — Roberts avait adopté pour enseigne *Pharmacie anglaise;* Langlois, ayant plus tard adopté la même désignation, a été condamné à la supprimer.

(2) 25 avril 1842. — Trib. Com. Paris. — Merle : Depouilly.

(3) *Contrà.* 18 janvier 1854. — C. Cass. — Solignac : Livannier.

(4) 10 septembre 1850. — Trib. Com. Paris. — Combier : Lambert Maillard. *Idem.* 1er septembre 1854. — Trib. Com. — La compagnie *Nationale* contre la compagnie *Nationale anglaise.*

(5) 19 septembre 1845. — Trib. Com. Paris. — Hardouin : Lestrade.

On a jugé que la dénomination *poudre de Seltz* est depuis longtemps dans le domaine public, et que, dès lors, elle peut être considérée comme désignation nécessaire (1).

La qualification de *gazogène* appartient à celui qui, le premier, l'a appliquée à un appareil propre à fabriquer instantanément l'eau de Seltz, bien que cette dénomination fût déjà employée pour désigner un appareil produisant le gaz d'éclairage. En effet, ce n'est plus une désignation nécessaire dès qu'elle est appliquée à un appareil ayant une destination différente (2).

De ce qu'un produit se vend, de temps immémorial, dans un petit pot, ces mots : *au petit pot,* ne constituent pas pour cela une désignation nécessaire, et partant celui qui, le premier, l'a adoptée, a le droit incontestable d'en revendiquer l'usage exclusif (3).

On a décidé dans le même sens pour ces mots *siccatif brillant* appliqués à une sorte d'encaustique. Cette expression, quoique indiquant un fait vrai, n'est pas néanmoins une désignation nécessaire (4).

§ 2. — *De la désignation arbitraire.*

Par opposition à la désignation *nécessaire,* la désignation *arbitraire* est celle qui ne ressort ni de la nature ni du genre de l'objet désigné, de telle sorte que le produit ou l'établissement puisse être aussi bien reconnu sous un autre nom. L'un des plus anciens exemples de la désignation arbitraire, c'est celle de l'*encre de la petite vertu.* Le mot *encre* est une désignation nécessaire ; aussi chacun peut s'en servir. Mais les mots qui l'accompagnent sont un accessoire de fantaisie que nul autre que le premier possesseur ne peut employer (5).

---

(1) 16 octobre 1844. — Trib. Com. Paris. — Fèvre : Chagnet.
(2) 19 janvier 1852. — C. Imp. Paris. — Briet : Riche. Voy. page 700.
(3) 8 février 1854. — Trib. Com. Paris. — Raffy : Gerard.
(4) Septembre 1854. — Trib. Com. Paris. — Raphanel : N...
(5) 27 juillet 1835. — C. R. Paris. — Larenaudière : Perine-Guyot.

Les observations qui précèdent sont applicables à toutes les désignations arbitraires. La pratique et la jurisprudence ont considéré comme telles, savoir : la forme et la couleur du papier des *enveloppes* (1); la forme, la couleur et la disposition des détails typographiques dont se compose une *étiquette*. Tout cet ensemble doit être respecté, alors même que chacun des détails ci-dessus, pris isolément, aurait été employé dans la même industrie (2); — la forme et la couleur des *boîtes, vases* ou *flacons* (3); — la *forme spéciale* donnée à un produit, pourvu que cette forme ne soit pas commandée par la nature même de l'objet (4). Ainsi on a décidé que le pharmacien qui, pour les toiles vésicantes sortant de son officine, a adopté une *couleur* avec *une division métrique* formant de petits carrés, a droit de s'opposer à la fabrication de toute toile vésicante de même couleur portant une division analogue (5). Cette jurisprudence est un heureux abandon de celle qui avait admis que des lignes droites, tracées parallèlement sur les faces d'un morceau de savon, ne constituent pas une désignation commerciale digne de la protection de la justice (6).

---

(1) 2 juin 1854. — C. Imp. Paris. — Menier : Besnier. — 17 janvier 1851. — C. Imp. Paris. — Lecoq : Walker.

(2) 28 juillet 1853. C. Imp. Paris. Menier : Pelletier. — 16 janvier 1852. C. Imp. Lyon. Lecocq : Boudin. — 31 mars 1841. Trib. Com. Paris. Robertson : Langlois. Voy. page 701. — 15 février 1854. Trib. Com. Paris. Menier : Abraham.

(3) 5 septembre 1854. Trib. Com. Paris. Lamouroux-Pujol : Ravaut. — 19 juillet 1849. Trib. Com. Paris. Vallet : Villet. — 12 août 1846. Trib. Com. Paris. Vallet : Jouan et Faure. — 12 octobre 1847. Trib. Com. Paris. Sevin : Prevot. — 13 mai 1846. Trib. Com. Paris. Brunet : Piver.

(4) 17 février 1852. — Trib. Com. Paris. — Aubineau : Guillemont. — Verres de lanterne dont une partie est dépolie en forme ovale.

(5) 21 janvier 1850. — C. Imp. Paris. — Leperdriel : Devallée. — Leperdriel avait adopté, pour ses toiles vésicantes, une couleur spéciale et il avait tracé sur lesdites toiles, à des distances égales, des lignes parallèles dans le sens de la largeur et de la hauteur, de façon à figurer un quadrillé. Devallée adopta une nuance analogue et une sorte de quadrillé pour ses toiles vésicantes. Il fut condamné à supprimer la couleur et les lignes.

(6) 28 février 1844. — Trib. Com. Paris. — Dimilly : Droux.

La vignette qu'un commerçant a adoptée le premier, et dont il se sert en tête de ses lettres et factures, ne peut être employée par un rival d'industrie (1).

La *couleur* d'une enseigne et son aspect d'ensemble sont considérés comme une désignation qui doit être respectée (2).

Il en doit être de même de la *couleur de la cire* employée à cacheter les bouteilles contenant un produit naturel ou fabriqué (3). Cependant on a décidé que les *capsules de zinc*, adoptées pour la fermeture des bouteilles de cirage, peuvent être employées par un rival d'industrie, parce qu'elles appartiennent au domaine public, et ne peuvent dès lors être considérées comme une invention (4). Il ne s'agit pas, en pareille matière, de savoir si le mode de bouchage revendiqué est une invention, mais s'il a été adopté comme moyen de distinguer un produit. On aurait dû, non pas si l'on veut en réserver l'usage au premier occupant, mais au moins obliger le dernier venu à employer des capsules d'une couleur différente.

En ce qui concerne les voitures publiques, on comprend aisément ce qu'il faut entendre par désignation *nécessaire* ou *arbitraire*. Ainsi *fiacre, cabriolet, messagerie* sont des expressions génériques et nécessaires. Tout entrepreneur peut s'en servir; mais il en serait tout autrement de la désignation spéciale affectée à telle ou telle voiture. Ainsi les noms de *Citadines*, *Lutéciennes*, *Parisiennes*, *Courbevoisiennes*, *Tricycles*, sont la propriété exclusive de ceux qui les ont primitivement adoptés (5).

Les voitures de transport en commun, dans l'intérieur des villes, ont pris, dès l'origine, le nom d'*Omnibus;* cette désignation, quoique essentiellement générique, adoptée depuis par l'usage pour désigner toutes les voitures affectées au même emploi, n'en est pas moins la propriété exclusive de

---

(1) 7 avril 1843. — C. R. Paris. — Raoux : Dauthuille.

(2) 5 janvier 1853. — C. Imp. Paris. — Lebat : Parlongue.

(3) 21 août 1851. — C. R. Lyon. — Badoit : André.

(4) 30 avril 1851. — Trib. Com. Paris. — Daniel-Houtret : Lesage.

(5) 1828. — C. R. Paris. — L'entreprise des *Citadines* a fait condamner Rada à supprimer le nom de *Citadins* apposé sur ses cabriolets.

ceux qui l'ont créée dans l'origine, car elle n'est, après tout, qu'une désignation arbitraire.

§ 3. — *De la propriété du nom.*

De toutes les désignations, la plus respectable, sans doute, c'est le nom du fabricant. Nous ne nous occupons ici de la jouissance exclusive du nom qu'au point de vue des enseignes. Le nom placé sur la marchandise constitue une marque proprement dite, dont la propriété est garantie par la loi de 1824. (Voir liv. IX, *Des marques de fabrique.*)

Le nom est la propriété incontestable du commerçant qui le porte. Il peut donc le faire figurer sur son enseigne, sur ses prospectus et ses factures.

Le droit à l'usage du nom peut être exercé, sauf dans certains cas que nous examinerons, par celui qui le porte ou par ses successeurs.

Le nom ne peut tomber dans le domaine public. Admettre le contraire, ce serait reconnaître qu'il est licite de tromper l'acheteur sur la provenance de la chose vendue. Cependant on a prétendu que le nom d'un fabricant, lorsqu'il est devenu générique quant à ses produits, peut être employé par ceux qui vendent des produits similaires, surtout lorsque le brevet qui protégeait ce produit est expiré (1). Nous ne craignons pas de dire que c'est là une doctrine non-seulement erronée, mais fâcheuse pour la moralité commerciale et pour l'intérêt du consommateur. Comment fixer, d'ailleurs, le moment où le nom du fabricant devient générique ? Il y aurait là une large voie ouverte à la fraude des industriels et à l'arbitraire du juge. Aussi c'est par ces motifs qu'on a fait respecter le nom de *Lépine,* qui est incontestablement devenu générique dans l'horlogerie (2), comme celui d'*Irroë,* pour la poudre purgative qui porte son nom (3) et pour celui de *Vallet* appliqué aux pilules

(1) 9 juillet 1852. — C. Cass. — Barbier : Tavernier. — *Eau de Botot.*
(2) 14 décembre 1853. — C. Imp. Paris. — Boulay-Lepine : Elie Ducas.
(3) 20 novembre 1847. C. R. Paris. Monnier des Taillades : Letellier. — En ce

ferrugineuses (1). On a décidé dans le même sens pour le nom de *Bonjean*, qui est devenu générique et sert à désigner certains draps d'une fabrication spéciale (2).

Nous concevons qu'il puisse en être autrement dans le cas où le fabricant, breveté pour un produit ou un procédé, n'a donné dans son brevet d'autre désignation à son invention que le nom propre qu'il porte, ou encore dans le cas où cette invention, quelle que soit d'ailleurs la désignation portée au brevet, ne serait connue du public que sous le nom de son auteur. L'objet désigné dans le commerce uniquement sous ce nom ne serait vendu, après l'expiration du brevet, que par l'inventeur. Ce dernier verrait ainsi se prolonger indéfiniment la jouissance exclusive, que la loi cependant ne lui a garantie que pour la durée de son brevet. Il faut donc qu'il se résigne, dans ce cas, à voir son nom suivre le sort de son invention. Non pas que nous admettions que les rivaux d'industrie pourront, à l'échéance du brevet, se servir du nom d'une manière

---

qui touche l'appel de Letellier sur ses fins de non-recevoir opposées à l'action de Monnier des Taillades, et la demande en nullité des brevets du plaignant; — Considérant que ce dernier est propriétaire du remède inventé en 1760 par un de ses auteurs, en vertu de brevets à la date de 1768 et 1774, d'actes de propriété et autorisations administratives d'une époque postérieure; — Considérant qu'aux termes de l'art. 1er du décret du 27 prairial an 13, la défense d'annoncer des remèdes secrets, portée par l'art. 36 de la loi du 21 germinal an 11, ne concerne pas les préparations et remèdes qui, avant la publication de ladite loi, avaient été approuvés et dont la distribution avait été permise dans les formes usitées; — Que le décret du 18 août, étant resté sans exécution, quant au règlement des indemnités dues aux propriétaires des remèdes secrets, n'a pas fait cesser les droits résultants, au profit de Monnier des Taillades, des dispositions du décret du 25 prairial an 13 : d'où il suit que Monnier des Taillades a droit et qualité pour se porter partie civile, et que la saisie a été régulièrement autorisée et pratiquée; — En ce qui touche l'appel de Monnier des Taillades quant à l'usurpation du nom; — Considérant qu'il résulte du procès-verbal de saisie et des débats que Letellier a usurpé le nom de Monnier des Taillades en employant les prospectus de ce dernier pour vendre les remèdes susnommés, délit prévu par l'art. 1er de la loi du 28 juillet 1824; — Confirme.

(1) 12 août 1846. — Trib. Com. Paris. — Vallet frères : Jouan-Faure.

(2) 13 mars 1841 — C. R. Paris. — Berteche-Bonjean : Royer.

absolue. Nous pensons, au contraire, qu'ils devront ne se servir du nom qu'en le faisant précéder de ces mots : *façon de, système de*, afin de ne pas tromper le public sur la provenance. C'est ce qui a été décidé pour le nom de *Carcel*, inventeur des lampes mécaniques (1). Cette doctrine équitable a le mérite de mettre d'accord la loyauté commerciale avec l'intérêt du consommateur et les droits du domaine public.

Aussi, conformément à ce qui précède, a-t-on jugé que lorsqu'un produit n'a jamais été breveté, si chacun peut le fabriquer et le vendre, nul ne peut le vendre sous le nom de son inventeur (2).

L'eau de mélisse peut-elle être vendue sous la dénomination *des carmes*, qui l'ont inventée, alors qu'elle ne provient pas de leur fabrication. Cette question a d'abord été résolue négativement (3); plus récemment, l'affirmative a été adoptée (4). Cette dernière décision s'est fondée à tort, selon nous, sur ce que l'eau de *mélisse*, fabriquée selon la formule des carmes, est dans le *Codex*, et par conséquent dans le domaine public. On a évidemment confondu le *produit* avec le *nom* des inventeurs. Sans doute le produit peut être fabriqué par tous, puisqu'il n'a jamais été ou n'est plus protégé par un brevet, et qu'ainsi il appartient au domaine public; mais on ne peut le vendre sous le nom *des carmes*, quand il ne provient pas de leur fabrication. Tout au plus nous semblerait-il licite de se servir de la qualification d'eau de mélisse, *dite des carmes* ou *selon la formule des carmes*. C'est au surplus ce qui a été décidé, comme nous venons de le dire, pour la poudre d'*Irroë*, pour les pilules de *Valette*, produits qui figurent au *Codex*, et pour la *liqueur de la Chartreuse* (5).

---

(1) 27 avril 1843. — Trib. Com. Paris. — Hochsteller, successeur de Carcel : Deville. Voy. page 440.

(2) 22 décembre 1853. — Trib. Com. Paris. — Frère et Vallet : Villette. — Pâte de *Regnault*. — Pilules ferrugineuses de *Vallet*.

Idem. 12 août 1846. — Trib. Paris. — Vallet, Frère : Jouan et Faure.

(3) 12 mai 1835. — C. R. Paris. — Raffy : Massieu.

(4) 10 novembre 1843. — C. R. Paris. — Boyer : Derrée.

(5) 12 août 1846. Vallet : Jouan. — 20 novembre 1847. Voy. page 710.

L'interdiction de se servir du nom doit s'étendre même à ceux qui portent réellement le même nom, toutes les fois qu'il est démontré qu'ils ne sont entrés dans une industrie que pour profiter, à l'aide de cette similitude dans les noms, de la réputation acquise par leur homonyme. Les Tribunaux ont longtemps hésité à adopter cette doctrine, qui leur paraissait dépasser les limites de la protection due au commerce loyal (1). Mais, vaincus dans leurs louables scrupules par les tentatives incessantes de la fraude, les magistrats ont enfin compris qu'il n'y a aucun danger, et qu'il y a, au contraire, toute justice à contrarier ces vocations industrielles que l'appât d'un gain illégitime a seul décidées (2).

On a jugé que lorsque l'emploi d'un nom commun à deux rivaux d'industrie est fait sans fraude de la part du nouveau venu, il suffit d'imposer à ce dernier l'obligation de ne se servir de ce nom qu'en le faisant précéder de ses prénoms, en caractères d'égale grosseur (3). Si, par hasard, les prénoms sont les mêmes, ce qui laisserait subsister la possibilité d'une confusion, on doit alors interdire au nouveau venu l'usage de son nom. Il n'a rien à perdre à cette mesure; le nom du fabricant qui est au début de sa carrière n'a aucune valeur industrielle; son devancier, au contraire, serait exposé à perdre, par la confusion entre les deux établissements, tout le fruit

---

Idem 25 mai 1853. — C. Imp. Grenoble. — Le P. Garnier : Rivière. — *Liqueur de la Chartreuse.*

(1) 25 juin 1841. — C. R. Bordeaux. — Monnier : Jobit. — La Cour a décidé que les commerçants qui portent le même nom ont un droit égal à s'en servir et que l'un ne peut en interdire l'usage à l'autre.

(2) 4 février 1852. — C. Cass. — Clicquot-Ponsardin : Clicquot, Frantz et Rille. — Le nom de Clicquot a été interdit aux défendeurs parce qu'il a été démontré qu'ils n'avaient admis le sieur Clicquot, dans leur société, que pour faire à l'ancienne maison Clicquot une concurrence déloyale à l'aide de la similitude des noms.

Idem. 23 janvier 1845. — C. R. Lyon. — Jacquand : Trarieux. — 28 mars 1822. Lyon. — 12 juillet 1833. Poitiers. — 18 juin 1834. Riom. — 26 mars 1836. Toulouse. — 25 juin 1841. Bordeaux.

(3) 24 novembre 1846. — C. Cass. — Nicolas Stevenel : Nicolas Stevenel.

Idem. 27 août 1847. — Trib. Com. Lyon. — Jacquand : Marin-Jacquand.

d'une réputation loyalement acquise. Aussi nous estimons que la justice ne fait pas assez pour le premier occupant, lorsqu'elle se borne à imposer au nouveau venu, qui porte les mêmes noms et prénoms, l'obligation d'ajouter à son nom une désignation quelconque. Malgré cette désignation, il est à craindre que la confusion naisse toujours de la ressemblance des noms; la fraude serait d'ailleurs trop facile.

A plus forte raison faut-il interdire à une maison de commerce de choisir, pour son enseigne, le nom de celui de ses associés qui a un homonyme en réputation dans la même industrie. Cependant, dans une espèce semblable, la justice s'est bornée à exiger que le nom fût précédé des prénoms (1).

Il est un usage assez fréquent dans le commerce, surtout en province, c'est de joindre au nom du commerçant celui de sa femme, afin de le distinguer des autres membres de la même famille. Cet usage doit être interdit lorsqu'il peut amener la confusion entre deux maisons de commerce du même genre : au moins doit-on exiger que les deux noms soient écrits d'égale grandeur, s'il n'y a eu d'ailleurs aucune intention frauduleuse (2).

Les Tribunaux ont eu souvent à statuer sur l'emploi de certaines désignations vraies, mais abusives, telles que : *élève, ancien ouvrier, apprenti, successeur, veuve, neveu, gendre* ou *fils*. Ces désignations, quoiqu'elles expriment un fait vrai, ne sont pas, par cela seul, des désignations nécessaires et qu'on doive considérer comme licites. Ainsi celui qui a travaillé en qualité d'*ouvrier* ou d'*apprenti* ne peut prendre aucune de ces qualités sur ses annonces, factures ou prospectus, non plus que sur son enseigne. La raison de décider ainsi vient de ce que le nom du maître étant sa propriété exclusive, il ne doit être permis à personne de s'en prévaloir, même en l'accompagnant d'une des désignations ci-dessus. On comprend, en effet, le tort sérieux qui pourrait en résulter pour tel fabricant qui, pendant le cours

(1) 12 avril 1847. — C. R. Paris. — Larenaudière (successeur de Guyot) contre B. Guyot.

(2) 9 juin 1843. — Trib. Com. Paris. — Klein, successeur de Pinson : Loiseau-Pinson.

d'une longue carrière, a pu faire un très-grand nombre d'élèves ou d'apprentis. Ceux-ci se serviraient ainsi indirectement de son nom, et porteraient un préjudice notable soit à lui-même, soit à ses successeurs (1).

On a objecté, pour l'élève ou apprenti, qu'ayant payé son apprentissage soit par son argent, soit par son travail, le maître a dû, en retour, l'initier à tous ses procédés (2). Sans doute on a dû lui enseigner toutes les ressources de la profession; mais nous ne voyons guère que ce soit une raison pour lui livrer, en outre, le nom de son maître et la vogue qui y est attachée. Il suffit au surplus, pour repousser cette doctrine, de remarquer qu'un ouvrier inintelligent ou qui n'aura pas su profiter des leçons qu'il aura reçues pourra, par la désignation d'*élève* ou d'*apprenti*, discréditer le nom de celui qui fut son maître. C'est donc à tort, selon nous, qu'on autoriserait l'ancien *apprenti* à se servir de cette désignation, même en lui imposant l'obligation de ne pas faire ressortir d'une manière trop ostensible le nom de son maître; c'est là une demi-mesure que rien ne justifie et qui ne remédie à rien.

Ce que nous venons de dire de l'*élève* ou de l'*apprenti* ne fait pas obstacle à ce qu'un commerçant puisse, dans certains cas, annoncer sur son enseigne sa qualité d'*ancien associé* d'une autre maison de commerce. Les raisons de décider, dans ce cas, ne sont pas les mêmes que pour l'apprenti. En effet, l'associé a coopéré pour sa part au succès de l'établissement commun. Toutefois, il devra éviter de faire confondre sa maison avec celle dont il était l'associé (3). Nous ne nous dissimulerons pas cependant qu'il peut se présenter des circonstances, résultant par exemple des conditions de la dissolution d'une société, qui pourront enlever à l'ancien associé le droit que que nous lui attribuons en règle générale.

(1) 21 mars 1850. — Trib. Com. Paris. — Gotten : Fontaine.
(2) 29 août 1845. — C. R. Paris. — Renaut : Joanneau-Hervé.
Idem. 13 octobre 1841. — Trib. Com. Paris. — Fardel : Millery-Renack.
Contrà. 16 octobre 1844. — Renaut : Joanneau.
(3) 21 mai 1850. — C. App. Lyon. — Maderni : Casati.

Le titre de *successeur* ou *ancienne maison de...* ne peut être adopté que par celui qui a acquis, par une cession régulière, le droit de remplacer le fabricant retiré ou décédé. Ainsi nul ne peut s'intituler *successeur* de tel parce qu'il serait le seul qui fabriquât les mêmes produits après la mort ou la retraite du premier fabricant. Il en serait de même de celui qui désignerait son établissement sous le nom de *ancienne maison de,* parce qu'il occuperait un local où demeurait, avant lui, un individu exerçant la même profession (1).

Celui qui a acheté le fonds d'un commerçant a seul le droit de s'intituler son *successeur;* il peut donc s'opposer à ce que tout concurrent fasse annoncer et publier qu'il est digne de remplacer l'ancien propriétaire de ce fonds (2). Ce serait là encore une usurpation de nom déguisée. Aussi est-ce à tort qu'on a autorisé un prestidigitateur à annoncer sur ses affiches qu'il donne des scènes de Robert-Houdin (3).

On s'est demandé si le successeur peut s'opposer à ce que les enfants de son prédécesseur s'intitulent *fils* de ce dernier. L'affirmative ne nous paraît pas douteuse. Permettre ainsi à un rival d'industrie de joindre à son nom la qualification qui désigne son degré de parenté, celle de *fils, cousin, neveu, gendre, etc.,* c'est l'autoriser à tromper l'acheteur en lui faisant croire qu'on est le véritable successeur. En effet, une telle désignation ou n'a aucun sens, ce que l'acheteur ne doit pas supposer, ou n'a d'autre signification que celle de *successeur*, et c'est précisément ce qu'on ne doit pas tolérer, puisque cette signification a le double inconvénient de n'être pas vraie et d'encourager la fraude (4).

---

(1) 21 novembre 1826. — Héritiers Gallin : Lemoine. — A la mort de Gallin, auteur du *méloplaste*, Lemoine, son élève, s'intitula son *successeur* parce qu'il professait la même méthode. — Jugement qui lui interdit ce titre.

(2) 11 mai 1844. — Trib. Com. Paris. — Durousseau : Desurmont.

(3) 21 octobre 1854. — Trib. Havre. — Hamilton : Cocherie.

(4) 16 avril 1846. — Trib. Com. Paris. — Baillon : Fiquet.

Contrà. 16 juin 1835. — La demoiselle Morin fut autorisée à s'annoncer comme *seul enfant* de *Morin*, malgré les réclamations de Moynial, véritable successeur de ce dernier.

Il a été décidé que l'acheteur d'un fonds de commerce autorisé à se servir du nom de son prédécesseur a le droit d'exiger qu'un concurrent d'industrie, portant le même nom, inscrive sur son enseigne une qualification qui le distingue de son devancier (1). Nous n'adoptons cette solution qu'autant qu'il est constant que le nouveau venu n'a eu aucune pensée de concurrence déloyale en adoptant l'industrie qu'il exerce; car, dans le cas contraire, nous n'hésiterions pas à regarder comme insuffisante la qualification supplémentaire, et nous inclinerions, comme nous l'avons dit plus haut, à l'interdiction du nom.

La *veuve* d'un commerçant est tenue de faire précéder sa raison sociale du prénom de son mari, lorsque l'omission de ce prénom est de nature à amener une confusion préjudiciable à autrui (2).

La loi n'ayant interdit aucune espèce de désignation, le fabricant peut donc adopter une dénomination quelconque, même un nom propre autre que le sien, pourvu que ce nom n'ait pas été déjà employé dans la même industrie. On a quelquefois objecté que la loi de 1824 s'opposait à ce qu'on adoptât un nom supposé; c'est une grave erreur : la loi de 1824 a interdit les usurpations de nom, c'est-à-dire le fait de l'industriel qui s'empare du nom d'un concurrent. Mais celui qui prend un nom imaginaire n'usurpe rien, et, dès lors, il ne trompe pas le public sur la provenance de ses produits. La désignation, consistant dans un nom supposé, est une dénomination arbitraire dont la jouissance exclusive doit être protégée à l'égal de toute autre désignation, puisque les raisons sont les mêmes (3).

(1) 15 août 1851. — Trib. Com. Paris. — Dida : Gibus neveu.

(2) 20 novembre 1846. — C. R. Paris. — Veuve Isidore Duprey : Vagneur-Duprey.

(3) 27 juin 1854. — C. Imp. Paris. — Treyfousse : Chausson. — Treyfousse signait les gants sortant de sa fabrique du nom de *Chatouilleur*, avec paraphe. Chausson a été condamné pour avoir signé ses gants, avec un paraphe à peu près semblable, du nom de *Chatouiller*.

Idem. 9 février 1852. — C. Imp. Bordeaux. — Rousse : Cahuzac. — Jules

SECTION 3. — *De la formalité du dépôt.*

A la différence des marques, dont la propriété ne se conserve qu'à la condition qu'elles auront été déposées dans les formes voulues, les désignations donnent droit à la jouissance exclusive par le seul fait de la possession première. Ainsi la formalité du dépôt préalable n'est point exigée (1). Toutefois cette formalité n'est pas inutile, et lorsqu'il sera matériellement possible d'effectuer le dépôt d'une désignation, le propriétaire y trouvera une garantie de plus pour établir, au besoin, sa priorité de possession. Il fera donc toujours sagement d'employer ce moyen pour prendre date. D'ailleurs il y aura avantage pour lui; car, lorsque la désignation consiste dans un nom de convention ou dans un signe quelconque empreint sur la marchandise ou apposé sur son contenant, elle devient, par le dépôt, une marque dans le sens légal, et l'usurpation peut, dès lors, en être poursuivie même devant les Tribunaux de répression. C'est aussi ce qui aura lieu si la vignette revendiquée consiste en un dessin légalement déposé conformément à la loi de 1793 sur les œuvres d'art. L'usurpation de ce dessin constituera le délit de contrefaçon (2).

Rousse marquait ses eaux-de-vie du nom de *John Alberty*. Cahuzac s'étant emparé de ces noms a été condamné à les supprimer.

(1) 16 janvier 1852. — C. App. Lyon. — Lecoq : Boudin.

Idem. 27 juin 1854. — C. Imp. Paris. — Treyfousse : Chausson. Voy. page 717.

Idem. 30 décembre 1843. — C. R. Paris. — Fromont, qui avait pris pour enseigne *au Moulin de Jacques*, a fait condamner Durel, qui avait adopté l'enseigne de *au Moulin renversé*. Durel avait opposé l'absence du dépôt.

Idem. 4 juillet 1851. — Trib. Com. Paris. — Lecoq : Chausson-Leduc. Forme et couleur des enveloppes de la marchandise.

(2) 7 avril 1843. — C. Imp. Paris. — Raoux : Dauthuille.

CHAPITRE III.

DE LA DURÉE DU DROIT DE PROPRIÉTÉ.

Quelle est la durée de la propriété d'une enseigne, d'une étiquette ou d'une désignation? Cette question se résout par l'application des principes qui justifient la protection accordée à cette sorte de propriété.

La propriété d'une enseigne ne constitue pas un droit absolu, mais relatif. L'enseigne n'est qu'un moyen et non pas un but. La jouissance ne peut donc en être revendiquée par le propriétaire qu'autant que, par lui ou ses successeurs, il a besoin d'en conserver l'usage. S'il cesse de fabriquer le produit ou s'il renonce à son commerce, sans céder son établissement, l'enseigne cesse de lui appartenir pour tomber dans le domaine public, car il ne peut la conserver que pour la possession directe ou indirecte. Ainsi rentrée dans le domaine public, elle pourra devenir, de nouveau, la propriété du premier qui s'en emparera (1).

(1) 29 mars 1844. — Trib. Com. Paris. — Ronse : Girard.

Idem. 14 mars 1853. — C. Imp. Paris. — Briet : Riche. — Attendu que la demande tend à deux fins : 1° de faire disparaître des annonces du défendeur le mot *gazogène* et, 2° l'interdiction du mot *gazhygiène* pour désigner ses appareils; — 1° Attendu que par arrêt infirmatif, du 19 janvier dernier, la Cour a défendu à Riche de se servir du mot *gazogène* dont la priorité de possession a été attribuée à Briet et a dit qu'en cas d'infraction il serait fait droit; — Attendu que l'arrêt n'ayant pas renvoyé devant le Tribunal pour statuer sur ce faire droit, le cas échéant, c'est à la Cour qu'il appartient de le faire et que le Tribunal est incompétemment saisi de ce chef de demande; — 2° Attendu que l'emploi du mot *gazhygiène* est un fait distinct sur lequel il n'a pas été statué; que c'est donc à tort que le défendeur excipe d'incompétence en raison d'exécution du jugement; — Le Tribunal se déclare incompétent sur le premier chef; renvoie à cet égard les parties devant les juges qui doivent en connaître;

Il y aurait lieu de décider autrement si l'interruption de la jouissance provenait d'un cas de force majeure, et qu'il ne fût pas établi que le propriétaire avait renoncé à créer un nouveau fonds. C'est ce qui a été jugé dans une affaire Jesson contre Minot, dans les circonstances suivantes : A la suite d'un incendie, qui détruisit à la fois le théâtre et le café de l'Ambigu-Comique, Minot, propriétaire du *Café des Arts*, situé rue de Bondy, vis-à-vis l'emplacement que devait occuper la nouvelle salle, avait fait inscrire sur sa boutique : *Café de l'Ambigu-Comique.* Jesson, propriétaire du café détruit par l'incendie, s'est pourvu devant les Tribunaux pour avoir justice de cette usurpation. Le Tribunal a condamné Minot à supprimer l'enseigne qu'il avait usurpée sur Jesson et l'a condamné aux dépens. (Octobre 1827. Trib. civ. Paris.)

On peut, dans certaines circonstances, considérer comme force majeure l'interruption de jouissance provenant de la vente par autorité de justice du tableau sur lequel l'enseigne est peinte. La question s'est présentée dans l'espèce suivante : Vacheron, entrepreneur de monuments funèbres, avait adopté une enseigne intitulée : *Aux tombeaux de Jacques Delille et du général Foy*. Ces deux monuments étaient, en effet, représentés sur un tableau placé au-dessus de sa porte. Vacheron fit faillite, et son enseigne fut adjugée à vil prix à un sieur

— Retient la cause sur le deuxième chef et statuant au fond : — Attendu qu'après l'arrêt précité, Riche a innové le mot *gazhygiène* qu'il a inséré dans ses prospectus, enseignes, factures et adresses; — Attendu que bien qu'il prétende démontrer à nouveau que Briet a commis lui-même une usurpation flagrante à l'égard d'un sieur Fèvre, du mot *gazogène* (ce que le Tribunal n'a pas à examiner), la similitude du mot qu'il a composé avec celui qui lui est interdit, alors que ses propres appareils avaient toujours été dénommés *vases aérofuges*, témoigne d'un désir persistant de produire une confusion aux yeux du public entre ses produits et ceux de Briet et d'éluder la décision de la justice; qu'il y a donc là un fait de concurrence déloyale à réprimer et qu'il s'ensuit que le deuxième chef de demande de Briet doit être accueilli; — Fait défense à Riche d'employer à l'avenir dans ses prospectus, enseignes et factures ou en quoi que ce soit le mot *gazhygiène*. — Appel : arrêt confirmatif, etc., etc.

Idem. 9 décembre 1851. — Trib. Comm. Paris. — Pouget : Riff.

Plessis. Celui-ci prétendit qu'il avait le droit de se servir de cette enseigne, qu'il n'avait certainement pas achetée comme objet d'art. Vacheron soutenait au contraire que Plessis n'avait acheté que l'objet en lui-même, c'est-à-dire le bois, le fer et la toile dont il se composait, mais non le droit de s'en servir comme enseigne; que son achalandage était attaché à cette enseigne, et qu'il serait absurde de supposer que Plessis, en l'achetant à vil prix, eût le droit d'user de tous les avantages y attachés, et de confisquer ainsi, à son profit, un achalandage qu'il n'avait pas payé. Malgré ces raisons, le Tribunal (3e chambre) débouta Vacheron de sa demande. Pour apprécier cette décision, il faudrait connaître certains détails qui sont la base de toute solution en cette matière: c'est-à-dire qu'il serait nécessaire de savoir dans quels termes avait eu lieu la vente de l'enseigne. Il ne suffirait pas que l'acheteur alléguât qu'il n'a pu ni dû acheter l'enseigne que pour s'en servir; il faudrait consulter encore le prix de la vente; car, ainsi que le disait dans l'espèce le demandeur, il n'est ni juste ni raisonnable de supposer qu'on ait vendu, pour le prix seul des matériaux de l'enseigne, l'achalandage qui y était attaché. Les juges devront aussi apprécier la valeur de cet achalandage, qui, bien que provenant d'un fonds exproprié, peut avoir néanmoins une importance relative. Ainsi on ne peut pas décider, en règle générale, que le failli sera dépossédé de son enseigne par la vente, qui serait faite à un tiers, du cadre sur lequel elle est apposée. Ce serait s'exposer à fausser la commune intention des parties et à ruiner le débiteur malheureux, non pas dans l'intérêt de ses créanciers, mais dans l'intérêt d'un concurrent adroit qui confisquerait ainsi, à son profit, un achalandage que les créanciers ont contribué à former par le crédit accordé au failli. Ce serait aussi déshériter celui-ci du droit qu'il avait de compter sur la vogue attachée à son enseigne, pour reprendre, sur un nouveau crédit, le cours de ses opérations, et arriver à un meilleur sort, ce qui est dans son droit lorsque c'est l'enseigne seule qui a été vendue comme objet matériel et non comme accessoire du fonds exproprié. Aussi le jugement que nous venons de citer ne peut être considéré comme posant une règle générale, et la question qu'il soulève n'en serait pas une évidemment, si les créanciers, après avoir vendu séparément le fonds et le matériel, avaient compris dans ce matériel le cadre sur lequel se trouvait l'enseigne. Dans ce cas, il serait bien évident que l'acquéreur du fonds conserverait seul le droit de se servir de l'enseigne.

Lorsque l'interruption de jouissance vient de ce que le possesseur de la désignation, tout en continuant son industrie, croit devoir changer son enseigne ou son étiquette, on ne saurait autoriser les rivaux d'industrie à s'emparer, au moins immédiatement, de la désignation abandonnée. Cette prohibition se justifie par ce double motif qu'il faut un certain temps avant de pouvoir affirmer que l'abandon est définitif, et parce que la fraude s'emparerait trop facilement de l'achalandage d'autrui.

La tolérance d'un commerçant qui laisse subsister pendant longtemps une dénomination ou une enseigne rivale a-t-elle pour effet de détruire son droit de propriété, c'est-à-dire de le rendre non recevable à poursuivre l'usurpation? Non évidemment. Le silence du propriétaire peut être attribué au défaut d'intérêt. Du moment où un préjudice vient à naître pour lui par suite de l'usurpation, il peut s'opposer à ce que cette usurpation continue, et on ne saurait se prévaloir contre lui de ce qu'il a usé de son droit avec modération (1). Cependant la solution devrait être différente si les circonstances démontraient que la tolérance du premier possesseur n'a eu d'autre but que de laisser grandir la réputation de l'établissement rival, pour la confisquer ensuite à son profit et s'attribuer, sans bourse délier, tous les bénéfices d'une vogue loyalement obtenue et d'une publicité opérée à grands frais.

La durée du droit de propriété, lorsque la désignation s'applique à un produit breveté, est limitée à la durée du brevet;

(1) 18 janvier 1844. — C. R. Paris. — Lainé : Bernheim Dreyfus. — L'enseigne *au Pauvre Diable* était imitée depuis plusieurs années par celle *aux Pauvres Diables*. Néanmoins, sur la demande du premier possesseur, l'enseigne des *Pauvres Diables* fut supprimée.

comme nous l'avons déjà indiqué en parlant du nom, dans la sect. 2, chap. II du présent livre. Ainsi tant que durera le brevet, l'inventeur aura seul le droit de se servir de cette désignation. Mais à l'expiration de son privilége, le produit tombant dans le domaine public, chacun pourra le fabriquer, l'annoncer et le vendre sous sa dénomination primitive. La raison en est que cette dénomination étant la seule qui, pour les acheteurs, caractérise l'objet dont il s'agit, le domaine public n'aurait qu'un droit illusoire si on ne pouvait vendre ce produit que sous une désignation nouvelle, à laquelle personne ne le reconnaîtrait.

CHAPITRE IV.

DE LA CESSION DE L'ENSEIGNE OU DE LA DÉSIGNATION.

Celui qui vend un établissement industriel, sans réserve, est toujours censé avoir vendu en même temps l'enseigne, le nom ou l'emblème sous lesquels cet établissement est connu du public, ainsi que les étiquettes, enveloppes et désignations de toutes sortes dont il se servait pour désigner ses produits (1). Il a même été décidé, avec raison selon nous, qu'à défaut de stipulation contraire, l'acheteur d'un fonds de commerce peut, dans ses factures, faire accompagner son nom de celui de son prédécesseur, malgré même l'opposition de ce dernier (2). A plus forte raison, lorsqu'il a autorisé son successeur à continuer de

(1) 13 décembre 1853. — C. Imp. Caen. — David : Durand. — Enseigne d'un café.

Idem. 12 juillet 1833. — C. R. Bordeaux. — Seignette : Seignette.

(2) 10 mai 1845. Trib. Comm. Paris. Vallier : Lasseu. — 19 novembre 1824. C. R. Paris. Auger : Dumont. — 22 mai 1829. C. R. Aix. — 9 juillet 1829. C. R. Rouen.

se servir de son nom, ne peut-il plus s'en servir, même lorsqu'il reprend les affaires dans une autre ville, ainsi qu'il s'en était réservé le droit (1). La cession de l'enseigne et des désignations peut donc être expresse ou tacite, suivant qu'elle a été l'objet de conventions formelles ou qu'elle résulte seulement de la vente du fonds, opérée sans réserve.

Deux conséquences découlent de ce qui précède : c'est que, d'abord, le vendeur d'un fonds de commerce ne peut s'établir de nouveau que dans des conditions de genre d'industrie ou de localité qui ne puissent causer aucun préjudice même indirect à l'acheteur; c'est, ensuite, qu'en supposant que le vendeur ait conservé le droit de rentrer dans la même industrie, il lui est interdit, d'une manière absolue, de prendre la même enseigne, les mêmes désignations ou des désignations analogues qui puissent donner lieu à méprise et détourner les acheteurs. C'est d'ailleurs la juste application de l'art. 1625 du Code civil, qui dit que le vendeur doit garantir à l'acquéreur la possession paisible de la chose vendue.

Toutefois le droit, attribué au successeur, de se servir du nom de son prédécesseur, ne va pas jusqu'à lui permettre d'interdire l'usage de ce nom à un autre fabricant qui le portait déjà légitimement (2).

Lorsque la vente du fonds a eu lieu par autorité de justice, le propriétaire a été, par la vente, dépossédé de tout ce qui composait son fonds en principal, accessoires, marchandises et achalandage. Or, l'enseigne et les désignations spéciales sont l'accessoire obligé du fonds, et souvent même la partie principale en ce qui concerne l'achalandage. L'adjudicataire peut donc prendre la qualification de successeur de l'exproprié, et celui-ci ne peut ouvrir un établissement semblable avec la même enseigne, à moins, comme nous venons de le dire, que les conditions de l'établissement nouveau ne soient exclusives de tout préjudice possible (3).

---

(1) 13 février 1855. — C. Cass. — Compère : Bajou. — Voy. page 703.

(2) 28 mai 1853. — C. Imp. Paris. — Colas : J.-M. Farina.

(3) 19 novembre 1824. — C. R. Paris. — Dumont : Auger.

Il va sans dire que l'acheteur perd le droit de prendre le titre de *successeur,* et d'employer l'enseigne et les désignations de son vendeur, lorsque, pour défaut de payement, il est à son tour exproprié de l'établissement qui lui a été vendu. Le contrat est rompu par le défaut de payement, c'est-à-dire par l'inaccomplissement de la condition stipulée en faveur du vendeur, qui reprend alors sa chose intégralement.

La cession d'un nom est invariablement proscrite, commercialement parlant, lorsqu'elle est non pas l'accessoire de la vente d'un fonds de commerce, mais l'objet principal et unique du contrat passé entre le vendeur et l'acheteur. Ces sortes de ventes sont toujours empreintes d'un caractère frauduleux (1).

CHAPITRE V.

DE L'USURPATION.

SECTION 1re. — *Caractères généraux de l'usurpation.*

Aucune loi pénale ne prévoit et punit la reproduction des enseignes et des désignations. Ce fait ne constitue donc pas le délit de contrefaçon; il est seulement une cause de préjudice contre laquelle les Tribunaux, armés du principe posé dans l'art. 1382 du Code civil, ont le droit incontestable de sévir en condamnant les usurpateurs à supprimer les désignations imitées et à réparer le tort causé par cette imitation.

(1) 13 août 1828. — Trib. Paris. — Farina : Bourassé. — Jugement qui interdit à Bourassé l'usage du nom de Farina qu'il avait acheté d'un sieur Farina de Cologne.

La première condition pour qu'il y ait usurpation d'enseigne ou de désignation, c'est que l'industrie soit la même, comme nous l'avons dit à la section 2 du chapitre II du présent livre, où nous traitons de l'étendue du droit de propriété. Sans cette condition, on conçoit que la rivalité ne pouvant exister, on ne serait pas admis à se plaindre d'une reproduction qui serait dès lors sans intérêt et ne blesserait pas les droits que la jurisprudence a voulu protéger.

Il faut observer cependant qu'il n'est pas nécessaire que les deux industries soient identiquement les mêmes; il suffit qu'elles aient un seul point de contact. — Ainsi, un épicier et un droguiste, un quincaillier et un coutelier, en un mot deux commerçants qui vendront seulement quelques objets de même espèce, ne pourront reproduire l'enseigne l'un de l'autre, parce qu'il y aurait, dans ce cas, détournement possible des acheteurs, au moins en ce qui concerne les produits qu'ils vendent concurremment.

La reproduction d'une enseigne peut motiver une condamnation, alors même que les deux établissements rivaux ne sont pas voisins l'un de l'autre. La distance doit être appréciée non pas seulement par l'éloignement, mais encore et surtout par l'importance de l'établissement dont l'enseigne a été usurpée. Ainsi, par exemple, le propriétaire du débit de tabac de *la Civette*, connu de tout Paris et même des départements, peut se plaindre d'une enseigne pareille ou d'une enseigne portant *à la Civette d'or* qui serait adoptée par un débitant de tabac dont l'établissement serait situé même à l'une des extrémités de la ville. C'est au juge à apprécier la distance sous le double point de vue de l'éloignement et de la nature de l'achalandage (1).

Il peut y avoir usurpation, même de la part d'un commerçant qui, ayant adopté depuis longtemps une enseigne, irait transporter son établissement auprès d'un individu exerçant la même profession, et ayant depuis aussi longtemps la même enseigne. Il y aurait dans ce changement de quartier une ma-

(1) 13 février 1855. — C. Cass. — Compère : Bajou. — Voy. page 703.

nœuvre frauduleuse qui ne porterait plus, il est vrai, sur l'usurpation de l'enseigne, mais sur le fait d'avoir cherché à détourner les acheteurs. C'est précisément là ce que la jurisprudence a voulu éviter en protégeant les enseignes. Lorsqu'elle a réservé au premier possesseur la jouissance exclusive d'une enseigne, ce n'est pas, sans aucun doute, à cause de l'invention, qui n'exige pas ordinairement un grand effort d'imagination, comme, par exemple, celle de *Botte rouge* pour un cordonnier, et tant d'autres du même genre. On n'a en vue que les avantages qui sont attachés à l'enseigne, ainsi que l'achalandage qui s'est formé sous sa désignation.

Lorsque l'enseigne se compose uniquement de l'énonciation de la profession à laquelle se livre son propriétaire, elle doit préciser la nature de cette profession et n'être pas rédigée en termes qui puissent faire confusion avec une autre industrie analogue qu'exercerait un voisin. C'est ainsi qu'il a été décidé que le titulaire d'un brevet d'imprimeur *lithographe* ne peut écrire sur son enseigne le mot *imprimerie* sans y ajouter celui de *lithographique* (1), alors qu'il vient transporter son établissement dans le voisinage d'une *imprimerie*. En effet, la propriété d'une enseigne professionnelle appartient exclusivement à ceux qui exercent la profession, et il ne saurait être permis à ceux qui y sont étrangers d'employer une désignation qui pût laisser croire qu'ils ont le droit de l'exercer (2).

Section 2. — *De la reproduction totale ou partielle.*

La reproduction totale se juge par les principes que nous avons développés au chapitre II du présent livre, où nous traitons de la *propriété* et de l'*étendue* de ce droit. Nous n'avons rien de plus à y ajouter, si ce n'est qu'il y a reproduction totale

(1) 26 décembre 1845. — C. R. Paris. — Thomas Malvin : Lacouture Roger.
(2) 27 août 1844. — Trib. Comm. Paris. — Villot : Dubas.

d'une désignation arbitraire, bien qu'on ait ajouté à la désignation usurpée une épithète quelconque (1).

La reproduction partielle doit être jugée, comme la reproduction totale, par les principes que nous avons développés au chap. II. Mais, indépendamment des questions soulevées sur la propriété et sur l'étendue du droit qu'elle confère, la reproduction partielle doit être appréciée suivant certaines règles que le bon sens et la pratique ont tracées en l'absence d'une législation spéciale, mais qui sont loin d'être absolues, car c'est surtout dans l'appréciation du fait que le juge doit puiser les éléments de sa décision. Ainsi, pour qu'une reproduction partielle soit répréhensible, il faut que la partie reproduite ait assez d'importance, soit par sa nature, soit par son étendue, pour amener une confusion préjudiciable. Ainsi un commerçant annonce sur son enseigne qu'il tient les produits de N..., il a soin d'écrire en très-gros caractères soit la désignation arbitraire du produit, soit le nom de N..., chez qui il se fournit en réalité. Il y a dans ce fait une reproduction partielle de l'enseigne de N... (2).

Mais si la partie usurpée n'a pas d'importance sérieuse; si,

---

(1) 11 février 1854. — C. Imp. Paris. — Roussuge : Arnould. — *A la vraie Botte rouge*, imité par *à la vraie* GRANDE *Botte rouge*.

Idem. 2 décembre 1854. — Paris. — Dlle Lequeux : De Berthier. — *Grand hôtel d'Angleterre*, reproduit par *grand hôtel* DE FRANCE *et d'Angleterre*.

Idem. 31 mars 1843. — C. R. Douai. — Wolf : Tragin. — *Au Pauvre Diable*, imité par *aux Pauvres Diables*.

Idem. 29 mai 1834. — Ravier : Soudan. — *Café des Dames*, imité par NOUVEAU *café des Dames*.

Idem. 14 février 1834. — *Petites-Affiches*, imitées par *Petites-Affiches* DU COMMERCE *et* DE L'INDUSTRIE.

Idem. 28 avril 1833. — *Au Mortier d'or*, imité par *au Mortier d'or* ET DE BRONZE.

Idem. 3 février 1850. — Trib. Comm. Paris. — *La France*, imité par *la France* MUTUELLE.

(2) 3 avril 1833. — Petit : Leclerc. — Ce dernier prend pour enseigne, *au Gagne* PETIT. Le mot PETIT est écrit en gros caractères et les mots qui précèdent en caractères beaucoup moins grands. Petit, son voisin, exerçant la même industrie, a obtenu la modification de cette enseigne.

par exemple, il n'y a eu reproduction que d'une phrase qui se trouve déjà dans le prospectus d'un concurrent, il n'y a pas là usurpation, parce qu'il n'y a pas préjudice possible (1).

Les dissemblances n'excluent pas nécessairement l'usurpation. Il suffit pour justifier la répression qu'il y ait dans l'imitation, plus ou moins exacte, la cause d'un préjudice même éventuel. En d'autres termes, l'usurpation ne dépend pas seulement du fait matériel, mais encore et surtout des conséquences possibles de ce fait.

Aussi croyons-nous qu'on a eu tort de décider qu'il n'y a pas usurpation d'enseigne dans le fait de former un établissement sous le titre de *régisseur-assureur*, alors qu'il en existe déjà un connu sous le nom de *régisseur général* (2). Il y a là une dissemblance qui n'est pas suffisante pour exclure la possibilité d'une confusion. D'ailleurs cette désignation est essentiellement arbitraire, puisqu'elle pouvait être remplacée par celle de *régie des immeubles, gérance, etc.*

La couleur d'une devanture de boutique, ses ornements, sa forme même, sont des désignations qu'on ne peut imiter sans s'exposer à des dommages-intérêts (3).

On a même décidé que cette imitation n'est pas licite lorsque l'établissement, possesseur primitif de ces désignations, a été transféré ailleurs et a modifié son extérieur (4).

---

(1) 16 octobre 1844. — Paris. — Fèvre : Chagnet.

Idem. 30 décembre 1843. — C. R. Paris. — Froment : Durel. — Voy. page 718.

(2) 12 octobre 1844. — Trib. Comm. Paris. — Jouvente : Dufrey.

(3) 5 janvier 1853. — C. Imp. Paris. — Lebat : Parlingue.

Idem. 19 mars 1847. — Trib. Comm. Paris. — Leseurre-Moreau : Marchais. — Il s'agissait, dans cette affaire, de l'établissement si ancien et si renommé, situé place de l'École, à Paris, où se sont vendus les premiers fruits confits à l'eau-de-vie et connus sous le nom de *Chinois*.

(4) 17 février 1847. — Trib. Comm. Paris. — Houssaye : Caron. — Attendu que le magasin de thé du demandeur a depuis longtemps une porte chinoise; — Qu'il résulte de l'examen des lieux occupés, rue de la Bourse, par Caron, qu'un auvent, de forme chinoise, se trouve placé à l'entrée de son magasin, et que cet auvent est à peu près semblable à celui de Houssaye; — Attendu que cette similitude peut induire le public en erreur, d'autant plus aisément que

Celui qui a acquis le droit d'être, dans une localité déterminée, le seul dépositaire d'un produit, à l'exclusion de tous autres, peut faire défendre à un marchand qui vend ces produits dans la même localité d'intituler son magasin *grand dépôt de...* (1). Mais celui qui n'est que principal dépositaire, sans privilége exclusif, n'a pas d'action contre ceux qui s'annoncent comme dépositaires, surtout s'il est justifié que ceux-ci ont pu, ainsi que le public, se fournir directement chez le fabricant (2).

Le fabricant qui a reçu, comme tous les exposants à Londres, la médaille simplement commémorative de cette exposition, se rend coupable d'usurpation lorsqu'il dispose l'intitulé de ses factures de manière à faire croire que ses produits ont été récompensés par la médaille d'honneur. Tous ceux qui exercent la même industrie, et surtout celui qui a reçu ladite récompense, ont le droit incontestable de faire cesser cette manœuvre (3). En vain prétendrait-on que les récompenses décernées par le gouvernement à la suite des expositions sont purement honorifiques. Elles ont une valeur industrielle très-sérieuse et qui peut être légitimement utilisée par ceux qui les ont obtenues : elles ne peuvent donc être usurpées sans préjudice pour le titulaire et sans dommage pour le public, qui peut être ainsi trompé sur l'importance d'un établissement ou sur la qualité de ses produits.

---

le demandeur était, l'an dernier encore, établi rue de la Bourse, vis-à-vis Caron ; — En ce qui touche les dommages-intérêts ; — Attendu que si Houssaye n'établit pas de quelle importance a été jusqu'ici le préjudice par lui éprouvé, son droit d'exiger la suppression de l'auvent ne peut lui être contesté, l'enseigne d'un magasin étant une véritable propriété ; — Condamne à supprimer l'auvent, etc.

Idem. 29 décembre 1852. — C. Imp. Paris. — Lebat : Parlongue.

(1) 22 avril 1854. — Trib. — Verwaede ; Toquaire. — *Eaux minérales de Bussang.*

(2) 12 mai 1854. — Trib. Comm. Paris. — Dubonnet : Vᵉ Cognac. — Dépôt de la liqueur dite *de la Grande Chartreuse.*

(3) 20 décembre 1853. — C. Imp. Bordeaux. — Sandoval, Colomès : Louit. *Idem.* 4 mai 1854. — C. Imp. Lyon. — Robert Warly : N.

Toute modification d'un emblème déjà existant, pour le rendre plus semblable à l'emblème d'un concurrent, constitue une usurpation (1).

Celui qui usurpe la forme d'une étiquette, d'une bouteille ou d'une enveloppe, doit être condamné à changer cette forme alors même qu'il a eu soin d'inscrire son nom en gros caractères sur l'objet usurpé (2).

Lorsque deux sociétés d'assurances ont été, à la même époque, autorisées sous la même dénomination, mais que l'une n'a pas eu d'existence réelle pendant les premières années, l'autre a le droit de s'opposer à ce que des tiers, se disant continuateurs de la première, se servent du même nom (3).

Il y a usurpation de désignation de la part de celui qui se sert, pour marque industrielle, du signe emblématique qu'un autre commerçant a adopté seulement pour enseigne (4).

En matière de noms de commerçants, l'usurpation d'enseigne se reproduit sous des formes très-diverses. Les Tribunaux devront la réprimer toutes les fois qu'il sera évident que l'usurpateur a eu en vue de faire une concurrence déloyale. Ainsi il y a usurpation lorsqu'un commerçant, dans le but de faire naître une confusion entre sa maison et une autre maison de commerce, retranche une partie de ses prénoms et ne laisse subsister sur son enseigne que deux prénoms accompagnant son nom (5). Par la même raison, on a décidé que le choix fait par une maison de commerce du nom de l'un de ses associés, pour en faire la raison sociale, dans le but de faire concurrence à une maison rivale en possession du même nom, constitue une usurpation (6).

---

(1) 18 août 1847. — Trib. Corr. Paris. — Geoffroy : Bresson.

(2) 23 août 1847. — Trib. Comm. Paris. — Mothès : Houitte.

Idem. 13 octobre 1847. — Trib. Comm. Paris. — Sevin : Prevost.

Contrà. 14 juin 1854. — C. Imp. Paris. — Fournier : Darra, Richard.

(3) 10 janvier 1845. — Trib. Civ. Paris. — Lefrançois : Carbonnet Thomas.

(4) 18 août 1847. — Trib. Comm. Paris. — Geoffroy : Bresson.

(5) 2 janvier 1844. — C. Cass. — Colas : Krammer.

(6) 4 février 1852. — C. Cass. — Clicquot : Clicquot. — Voy. page 713.

Il y a usurpation de nom dans le fait du commerçant qui publie que *seul il est digne de remplacer* un fabricant décédé et auquel une maison de commerce avait acheté le droit de succéder (1).

Il y a encore usurpation de nom dans le fait du directeur de théâtre qui se sert du nom de *Tom Pouce* pour attirer le public, lorsque l'individu qui s'est fait connaître sous ce nom n'est pas attaché à son théâtre (2). Il en est de même du pharmacien qui, sans y être autorisé, prend pour enseigne *Pharmacie S. Raspail*, en alléguant que la lettre *S* qui précède le nom signifie *système* Raspail (3).

Il a été décidé que tout fabricant de chaux, qui tire la pierre calcaire de l'une des localités du canton de *Doué*, peut vendre la chaux qu'il fabrique sous le nom de chaux hydraulique de *Doué* (4).

Il n'y a pas usurpation du nom d'un fabricant lorsque, son produit étant tombé dans le domaine public par l'expiration de son brevet, celui qui le vend sous le nom de l'inventeur ajoute son propre nom précédé de ces mots : *préparé par, etc.* (5).

SECTION 3. — *De la reproduction par imitation.*

La reproduction totale ou partielle n'est pas la seule préjudiciable. Les Tribunaux ont encore le droit de sévir contre les imitations qui se déguisent sous des analogies plus ou moins transparentes, mais dont le résultat est toujours d'amener la confusion entre des établissements rivaux. Des décisions nombreuses ont consacré cette doctrine. Ainsi il a été jugé que l'enseigne *au Roi de Prusse* est une imitation dommageable de celle *au Grand Frédéric* (6), et que *à la Reine d'Angleterre* peut

(1) 26 juin 1844. — Trib. Paris. — Dornet : Desurmont.

(2) 24 avril 1845. — Trib. Comm. Paris. — *Tom-Pouce* : Roqueplan.

(3) 25 mai 1852. — C. App. Paris. — Raspail : Girard.

(4) 24 février 1840. — C. Cass. — Delaleu : Grignon.

(5) 16 janvier 1851. — C. Imp. Paris. — Landon : Lamare.

(6) 13 janvier 1852. — C. Imp. Bordeaux. — Destonnet : Cohen et Rodrigues.

être confondue avec *à la Reine Victoria* (1). La société d'assurance *la France* a fait interdire l'enseigne de la société d'assurance *la Française* (2) ; l'enseigne du *Rocher de Cancale* est usurpée par celle de *Rocher du Cantal* (3). Le *Pigeon noir* est une usurpation du *Pigeon ramier* (4), et la *Botte rouge* est frauduleusement imitée par la *Botte rose, aurore, ponceau* ou *orange* (5).

Le mot *gazogène* ayant été appliqué à des appareils destinés à fabriquer instantanément les eaux de Seltz, on a décidé que la dénomination de *gazhygiène*, employée pour désigner des appareils similaires, était une imitation frauduleuse (6).

Celui qui copie l'étiquette d'un concurrent en se contentant de défigurer son nom d'une manière burlesque, par exemple, en substituant *Cadet-Roussel* à *Delacourcelle*, se rend coupable d'usurpation (7).

Une fraude assez fréquente est celle qui s'exerce à l'aide de l'imitation des étiquettes ou des prospectus. Ordinairement les deux compositions comparées mot pour mot, signe par signe, sont totalement dissemblables ; cependant elles ont une telle similitude d'aspect et d'ensemble, que, vues séparément, elles peuvent être facilement prises l'une pour l'autre. C'est surtout cette usurpation que les Tribunaux doivent apprécier sans tenir compte des différences de détail, si les ressemblances sont telles que la confusion soit possible lorsque les deux étiquettes sont vues séparément (8).

---

(1) 1854. — Trib. comm. Paris. — N : N.

(2) 17 janvier 1845. — C. R. Paris. — *La France : la Française.*

(3) 22 juin 1840. — C. R. Paris. — Borel : Percet.

(4) 26 mai 1845. — C. R. Paris.

(5) 7 août 1832. — Trib. Comm. Paris. — Chassang : Persan et autres.
Contrà. 1er juillet 1844. — Trib. Comm. Paris. — Raybaud : Muraour et Bourguignon. — Il a été décidé que le *Vert Galant* n'est pas l'imitation déguisée du *Vert Pré*.

(6) 14 mars 1853. — C. Imp. Paris. — Briet : Riche. — Voy. page 719.

(7) 25 mars 1851. — Trib. Comm. — Delacourcelle : Doualles.
Idem. 30 décembre 1826. — Verdier, fabricant de cannes, a fait condamner Mercadé, aussi fabricant de cannes, qui avait fait peindre sur son enseigne un oiseau au-dessous duquel il avait écrit : *Au Verdier*.

(8) 30 novembre 1840. — C. R. Rouen. — Bresson : Lelarge.

L'emploi par un commerçant dans ses marques et étiquettes du nom de convention adopté par un autre commerçant doit être considéré comme une usurpation, encore bien qu'il ait introduit dans ce nom quelques légères modifications et que la vignette qui l'encadre soit différente. Ainsi la marque *Jean Albrety* doit être considérée comme la contrefaçon de la marque *John Alberty* (1).

Les imitations dont nous venons de donner quelques exemples doivent être sévèrement réprimées. En effet, la ruse employée pour les dissimuler révèle par elle-même une intention frauduleuse. Elles ne sont pas d'ailleurs les moins dangereuses, car elles atteignent, aussi sûrement que des reproductions serviles, le but de leurs auteurs, qui est de tromper le public et de profiter de la réputation loyalement acquise par un devancier.

Il importe, pour compléter ce que nous venons de dire sur l'usurpation, de se reporter au chap. II du présent livre, où nous traitons de la *propriété* des désignations et de l'*étendue* de ce droit.

CHAPITRE VI.

DE LA POURSUITE.

SECTION 1re. — *Du droit de poursuite.*

§ 1er. — *De la poursuite en général.*

Le droit de poursuite, en matière d'usurpation d'enseigne ou de désignation, ayant pour base unique le préjudice possible, il s'ensuit que celui-là seul peut exercer ce droit qui

(1) 9 février 1852. — Bordeaux. — Cahuzac : Rousse. — Voy. page 717.

établit que c'est son intérêt qui est directement menacé par l'imitation (1). Ainsi l'industriel qui a vendu son établissement ne pourrait pas, pour justifier sa poursuite, se prévaloir de ce que l'usurpation peut l'empêcher, en ruinant son acheteur, de toucher le prix qui lui est encore dû pour la vente de son fonds. En vain objecterait-il encore qu'il s'est engagé à garantir la chose vendue à son acheteur ; il n'a garanti que la propriété, et il n'est point responsable du trouble apporté par des tiers. Dès qu'il n'est plus possesseur du fonds, il ne peut exercer le droit de poursuite qu'autant que le tiers, qui a usurpé l'enseigne ou la désignation, prétendrait y avoir été autorisé par lui.

Le droit de poursuite n'appartient pas seulement à celui qui a la possession première d'une enseigne ou d'une désignation ; il peut être exercé par quiconque est lésé dans ses intérêts par une enseigne ou une désignation mensongère, car c'est là un acte de concurrence déloyale. Ainsi un dentiste n'a pas le droit de se dire le *dentiste des collèges* dans les annonces qu'il met dans les journaux, lorsque ce titre ne lui appartient pas, et à plus forte raison lorsqu'il appartient réellement à un autre (2).

Cependant il a été décidé qu'un industriel n'a pas qualité pour demander la suppression des mots *manufacture royale* placés sur l'enseigne de son concurrent, bien que celui-ci n'y ait été autorisé par aucun titre émané du gouvernement. C'est à tort qu'on entendrait réserver à l'administration, seule, le droit de faire cesser cet abus (3). Dès qu'il y a fraude, dès que cette fraude nuit à ceux qui exercent la même industrie, chacun d'eux

---

(1) 28 mai 1846. — Trib. Comm. Paris. — Colas : Krammer. — Colas, dont la fabrique est à Paris, se plaint de ce que Krammer, successeur d'un sieur Farina de Cologne, mais aussi fabricant à Paris, annonce, sur ses étiquettes, que son produit est fabriqué à Cologne. Il demande la suppression de cette indication mensongère ; — Il est débouté de sa demande.

(2) 12 mars 1846. — Trib. Comm. Paris. — Delmand : Aimé de Nevers.

(3) 28 janvier 1846. — Trib. Civ. Paris. — Durand Delbut : Beranger Roussel.

Idem. 28 mai 1846. — Trib. Comm. Paris. — Colas : Krammer. — Voy. ci-dessus.

a le droit de demander la suppression de l'enseigne. Ne voit-on pas, d'ailleurs, que cette fraude, qui fait grief aux rivaux d'industrie, nuit aussi aux acheteurs, puisqu'elle donne à l'établissement une importance et une renommée qui ne lui sont pas dues? Tout concourt donc à justifier la poursuite des tiers.

On a jugé qu'on ne peut pas forcer une société en commandite, agissant sous une raison sociale, à abandonner son enseigne, *Teinturerie du bleu de France*, sous prétexte qu'elle ferait croire à l'existence d'une société anonyme (1). Cette décision nous paraît à l'abri de toute critique, parce qu'il n'y a pas apparence d'un préjudice pour les concurrents.

Indépendamment de l'action en réparation du préjudice causé, action purement civile, on peut poursuivre, même correctionnellement, l'auteur des fraudes que nous venons d'énumérer, si elles ont pour résultat de tromper l'acheteur sur la nature de la chose vendue. Dans ce cas le droit de poursuite appartient à toute personne lésée par l'usurpation, alors même qu'elle n'aurait pas acheté le produit. Ainsi le fabricant du véritable produit peut intenter cette action. C'est ce qui a été jugé pour un produit vendu sous le nom de *gluten granulé*. Il a été décidé que le fabricant du véritable *gluten* pouvait poursuivre, pour fait de tromperie sur la nature de la chose vendue, ceux qui, sous le nom de *gluten*, vendaient tout simplement de la pâte de froment granulée (2).

§ 2. — *De la poursuite exercée par un étranger.*

Un étranger peut-il exercer, en France, des poursuites en revendication de nom, de désignation ou d'enseigne? Cette question est encore aujourd'hui très-vivement controversée. On en a cherché la solution dans l'origine de cette propriété que les uns ont prétendu être du droit des gens et que les autres ont classée dans les droits civils.

---

(1) 25 avril 1842. — Trib. Comm. Paris. — Merle : Depouilly.

(2) 15 février 1851. — C. Cass. — Veron : Manchion.

Pour prouver qu'elle est du droit des gens on dit que, lors des travaux prépàratoires du Code civil, il a été entendu par *droits civils* tout ce qui tient au mariage, à la faculté de tester, à la puissance paternelle, à la tutelle, à la majorité, en un mot tout ce qui touche à l'état et à la capacité de la personne; d'où la conséquence que l'action en réparation d'un préjudice causé serait du droit naturel. On ajoute qu'un des premiers principes de l'équité naturelle est que tout dommage causé à autrui exige une réparation, et que si ce principe a été consacré par la loi (art. 1382 du Code civil), elle n'a fait que le proclamer et ne l'a pas créé; qu'il doit donc être appliqué dans tous les temps et dans tous les pays (1).

---

(1) 30 novembre 1840. C. R. Paris. — 8 mai 1845. C. R. Rouen. — Rowland : Gueland. — Attendu que l'action portée par Rowland and Son, Anglais, et leurs cessionnaires, devant les Tribunaux français, a pour but de réclamer des dommages-intérêts en réparation du préjudice que leur a fait souffrir l'usurpation de leurs noms et de leur signature, apposée par des négociants français sur des produits de fabrication française analogues aux produits émanés des établissements industriels des demandeurs, situés en Angleterre. — Attendu que Rowland and Son n'ont pas été admis par l'autorisation du roi à la jouissance des droits civils en France, et qu'aucun traité entre la France et l'Angleterre n'admet réciproquement les fabricants des deux pays à exercer dans tous deux leurs droits et actions contre l'usurpation de leur nom et de leur signature; — Qu'ainsi, d'après les art. 11 et 13 du Code civil, Rowland and Son ne sont recevables dans leur action que si elle n'est pas l'exercice d'un pur droit civil; — Qu'en effet si les étrangers sont exclus des droits civils, qui ne sont que des créations de la loi française, ils doivent cependant jouir des droits qui ont leur fondement dans le droit naturel ou dans le droit des gens, et dont la loi française s'est bornée à reconnaître l'existence ou à régler l'exercice; — Attendu qu'un des premiers préceptes de l'équité naturelle est que tout dommage fait à autrui exige une réparation de celui qui l'a causé; — Que si ce principe est formellement consacré par la loi française, elle ne l'a pas créé, elle n'a fait que le proclamer, le sanctionner, et qu'ainsi, quoique compris dans nos lois civiles, il n'en conserve pas moins son caractère primitif, qui le rend applicable dans tous les temps, dans tous les pays, à l'étranger comme au régnicole; — Attendu que cette maxime d'équité naturelle ne peut être infirmée, parce qu'il s'agirait dans la cause du dommage causé par l'usurpation d'un nom et par son emploi sur des produits industriels dont la propriété ne serait établie et réglée que par la loi civile; — Attendu en effet que le respect dû à la propriété d'autrui n'est pas une obligation qui dérive du droit civil, mais bien du

Pour démontrer, au contraire, que la propriété dont il s'agit ici est purement de droit civil, on a soutenu que les lois françaises spéciales à l'industrie n'ont eu pour but que de protéger l'industrie nationale; que, dès lors, le droit de se prévaloir de cette protection constitue une faculté purement civile, dont l'exercice est subordonné, en ce qui concerne les étrangers, à la condition de réciprocité stipulée dans les conventions internationales. Cette doctrine a prévalu. Ainsi la Cour suprême a constamment refusé le droit de poursuite en France à l'étranger non admis à y jouir de ses droits civils. Il résulte de nombreuses décisions sur cette question que le refus doit être opposé dans tous les cas à l'étranger qui n'a pas été admis à exercer les droits civils en France, ou qui ne peut pas, à défaut de cette admission, invoquer au moins les dispositions d'un traité entre son pays et la France; que cette fin de non-recevoir est absolue et s'applique aussi bien à l'étranger résidant en France, et y ayant son principal établissement, qu'à l'étranger qui a cédé son nom ou sa marque à un industriel français, lequel exercerait alors la poursuite en son propre nom (1).

---

droit naturel ou du droit des gens; que la propriété du nom d'un commerçant peut avoir une grande importance, en qu'en tout cas personne n'a le droit d'y porter atteinte; que cette propriété, la plus personnelle de celles qui puissent appartenir à l'homme, n'est pas créée par la loi civile, et peut se conserver sans elle : que si la loi française intervient pour la protéger contre les atteintes qui peuvent y être portées, elle ne dénature pas cette propriété en la reconnaissant, en la défendant, car elle ne fait que prêter son appui à une propriété qui a son fondement dans le droit des gens de toutes les nations civilisées; — Attendu qu'aucune des lois spéciales invoquées dans la cause n'a créé d'exceptions aux principes généraux qui viennent d'être établis; — Adoptant au surplus les motifs qui ont déterminé les premiers juges; — Confirme. — Ces deux arrêts ont été cassés.

Idem. 22 mars 1855. — C. Imp. Paris. — Warton, Perry : Klug.

(1) 12 avril 1854. — C. Cass. — Kirby-Beard : Neuss.

Idem. 11 juillet 1848. — C. Cass., ch. réun. — Rowland : Gueland (*huile de Macassar*). — Vu les art. 1er de la loi du 28 juillet 1824, 11 et 13 du Code civil; — Attendu que l'action en indemnité intentée par Rowland et fils contre Gueland et consorts, par suite de l'apposition de leur nom et de leur raison

La doctrine qui a prévalu nous paraît fort contestable, au moins en ce qui touche les marques proprement dites. Dans ce cas, en effet, l'usurpation est qualifiée *crime* quand il s'agit d'une marque emblématique (Code pén., art. 142 et 143) et *délit* quand il s'agit d'un nom (loi du 24 juillet 1824). Or il nous a toujours paru du droit naturel et des gens de protéger, même les étrangers, contre les crimes ou délits commis à leur égard en France.

Quant aux enseignes ou simples désignations dont il s'agit dans le présent livre, nous remarquons que ceux-là même qui ont revendiqué et soutenu le droit des étrangers, concédaient la faculté d'usurper impunément en France leurs enseignes ou

---

sociale sur des produits industriels mis en vente par ces derniers, n'est légalement autorisée ni par le droit spécial ni par le droit général; — Attendu que, si le fait ainsi caractérisé rentre, par sa nature et par son objet, dans les dispositions prohibitives de l'art. 1er de la loi du 28 juillet 1824, cette loi n'a pas déclaré le bénéfice desdites dispositions applicable aux étrangers non admis à jouir des droits civils en France; — Attendu qu'aux termes combinés des art. 11 et 13 du Code civil, ces étrangers ne jouissent en France que des droits civils respectivement accordés par les traités de la nation à laquelle ils appartiennent, et qu'il n'y a d'exception à cette règle que dans les cas déterminés par une loi expresse; — Attendu que la loi précitée du 28 juillet 1824, en punissant l'emploi frauduleux du nom commercial, a eu essentiellement en vue de protéger l'industrie nationale; — Que, dès lors, le droit de se prévaloir de cette protection constitue une faculté purement civile, dont l'exercice est subordonné, en ce qui concerne les étrangers, à la condition de réciprocité stipulée dans les conventions diplomatiques et internationales; — Et attendu, en fait, que Rowland et fils, domiciliés à Londres, ne justifient ni d'une autorisation qui les ait dûment admis à la jouissance des droits civils en France, ni d'un traité entre la France et l'Angleterre attribuant réciproquement aux fabricants de chacun des deux pays la faculté d'exercer dans l'autre leurs droits et actions contre l'usurpation de leurs noms; — Attendu, quant à Bouveret, que Rowland et fils n'ont pu lui transmettre un droit d'action dont ils n'étaient pas eux-mêmes investis; d'où il suit qu'en les déclarant recevables dans leurs poursuites l'arrêt attaqué a violé les dispositions des art. 11 et 13 du Code civil et 1er de la loi du 28 juillet 1824; — Casse.

Idem. 14 août 1844. — C. Cass. — Rowland : Gueland et consorts. — Attendu que l'arrêt attaqué a eu pour objet d'accorder aux défendeurs en cassation la réparation des dommages à eux causés par l'apposition de Rowland and Son sur les produits commerciaux mis en vente par les demandeurs; — Attendu que l'action n'était nullement autorisée ni par le droit général ni par

désignations, et ils bornaient leur prétention au *nom* du fabricant étranger (1). Il nous semble que les mêmes principes doivent régir les enseignes et les marques, bien que les raisons ci-dessus, puisées plus directement dans l'interprétation des lois sur la matière, militent particulièrement en faveur des marques.

En présence d'une jurisprudence constante, si, pour les désignations comme pour les marques, il était encore permis de choisir entre le droit des gens et le droit civil, la logique, non moins que notre profond respect pour les principes de propriété et de loyale concurrence, nous conduiraient à décider

---

le droit spécial; — Attendu que la législation spéciale qui donne action en réparation du dommage causé par l'apposition sur deux objets fabriqués du nom d'un fabricant autre que celui qui en est l'auteur est la loi combinée du 24 juillet 1824 avec la loi du 22 germinal an 11; que ces lois ne déclarent, par aucune de leurs dispositions, que le bénéfice en soit applicable aux étrangers non admis à jouir des droits civils en France; — Attendu que la disposition générale qui règle les droits civils des étrangers en France est l'art. 11 du Code civil; — Attendu qu'aux termes des art. 11 et 13, l'étranger non admis à la jouissance des droits civils par autorisation du roi ne jouit en France que des droits civils réciproquement accordés aux Français par les traités de la nation à laquelle cet étranger appartient; — Attendu qu'il n'y a exception à cette règle générale que dans les cas spécialement prévus par une loi expresse, et qu'aucune loi expresse n'ouvre aux fabricants étrangers une action civile en réparation des dommages commerciaux à eux causés par l'emploi de leur nom; — Attendu qu'il n'est aucunement allégué que Rowland et fils aient été admis par autorisation du roi, à la jouissance des droits civils en France; — Attendu qu'aucun traité entre la France et l'Angleterre n'admet réciproquement les fabricants des deux pays à exercer dans tous deux leurs droits et actions contre l'emploi de leurs noms; — Attendu que Bouveret, sujet français, n'aurait qualité pour se plaindre du nom de Rowland qu'autant que ceux-ci lui auraient valablement transmis un droit à cet égard, et que Rowland et fils n'ont pu transmettre à Bouveret un droit d'action devant les Tribunaux français, puisque eux-mêmes n'étaient point investis de ce droit; — Dont il suit que l'arrêt attaqué, en prononçant pour emploi du nom de Rowland and Son des condamnations contre les demandeurs, a formellement violé les lois précitées; — Casse.

Dans la même affaire la Cour a rendu, en outre, deux autres arrêts les 12 avril 1845 et 27 janvier 1846.

Idem, 28 janvier 1846. — C. Cass. — Spencer, Stubs : Meunier, Huré.

(1) (*Journal du Palais* 1844, t. 2, p. 340.) Voir les conclusions des demandeurs en cassation.

que cette propriété est du droit naturel et des gens. Il ne faut pas se dissimuler, toutefois, que la doctrine qui a prévalu et que l'on pourrait peut-être contester au point de vue de la définition des droits civils et du droit des gens, s'est inspirée d'un sentiment de légitime représaille qui touche de près au premier devoir du législateur, c'est-à-dire à la protection due aux intérêts nationaux. Or chacun sait avec quelle scandaleuse impunité on usurpe en pays étranger les désignations, les étiquettes, les noms et même jusqu'à la signature des industriels français (1). En présence de pareils méfaits, on s'est demandé si la législation française comprendrait bien les intérêts qu'elle a mission de défendre en répondant par une généreuse protection à cette ruineuse impunité de l'usurpation étrangère. Il y a longtemps, en effet, que le gouvernement français a agi selon ce que l'honnêteté et les principes d'éternelle justice lui commandaient, en offrant aux nations étrangères une loyale réciprocité. En attendant qu'elles s'y soumettent, on a pensé que ce qu'il y avait de mieux à faire, c'était d'user de représailles. C'est à ce sentiment, bien plus qu'à la saine interprétation de la loi, que les partisans de la protection limitée nous paraissent avoir obéi.

§ 3. — *De la poursuite exercée en pays étranger.*

Dans l'état actuel de nos relations internationales, et en présence de cet égoïsme étroit et inintelligent dans lequel se

(1) 16 août 1838. — Chancellerie anglaise. — Sentence qui repousse la plainte de Pelletier-Delondre, fabricant de *sulfate de quinine*, dont on avait usurpé les flacons, les étiquettes et même la signature.

Idem. 20 mars 1848. — C. Cass. Belgique. — Mothes, Lamouroux, fabricants de capsules gélatineuses, ont vu rejeter leur pourvoi formé contre un arrêt de la Cour royale de Bruxelles du 15 janvier 1848, qui déclare non recevable une plainte formée pour les mêmes motifs que dans l'espèce ci-dessus.

Contrà. 30 mai 1855. — C. App. Bruxelles. — Fumouze-Albespeyres : Brunin-Lobineau. — Fumouze, négociant français, a porté plainte contre Brunin-Lobineau, de Bruxelles, qui avait apposé le nom du plaignant sur ses produits. Le contrefacteur a été condamné à un an de prison pour tromperie sur la nature de la marchandise.

renferment les nations étrangères, il faut se résigner à l'impuissance de faire réprimer l'usurpation qui s'accomplit au delà de nos frontières.

Toutefois cette impuissance, si regrettable dans les conditions ordinaires, nous paraîtrait de plus souverainement illogique s'il s'agissait d'une désignation consacrée par un jury international comme celui qui, après une exposition universelle, décerne les récompenses à ceux des exposants qui lui en ont paru dignes. Ce concours de plusieurs nations, représentées dans le sein du jury par leurs mandataires officiels, n'élève-t-il pas les décisions rendues en commun au niveau d'un véritable traité international? Nous le pensons, et nous n'hésitons pas à dire que celui qui a obtenu du grand jury de l'exposition universelle une médaille, ou une simple mention honorable, a le droit de la revendiquer dans tous les pays qui ont concouru, par leurs représentants, aux décisions de ce jury. La logique et l'équité imposent à toutes les nations qui ont été représentées au jury le devoir d'une protection efficace envers l'industriel dont on usurperait la récompense (1).

SECTION 2. — *Des formes de la poursuite et du juge compétent.*

La procédure en matière d'usurpation d'enseigne ou de désignation est celle du droit commun.

Quant au juge qui est compétent pour connaître de ces sortes d'actions, nous devons dire que la pratique nous paraît en désaccord avec la loi. Ainsi les actions en dommages-intérêts, pour réparation du préjudice causé par l'usurpation des désignations énumérées dans le présent livre, sont presque toujours portées devant le Tribunal de commerce. Cet usage, qui a généralement prévalu, est certainement une violation des principes les plus élémentaires en matière de compétence. Le fait d'usurpation n'a rien de commercial, et l'action en réparation

(1) *Contrà.* 16 novembre 1853. — Jugement du Tribunal d'Elberfeld (Prusse Rhénane). Confirmé par arrêt de la Cour royale de Cologne le 9 novembre 1854. — Hayem, fabricant français contre Baddinghaus.

du préjudice causé étant basée, comme nous venons de le dire, sur l'art. 1382 du Code civil, doit être portée devant les Tribunaux civils. On argumente, à tort, de l'art. 6 du décret du 16 juin 1809, qui n'est applicable qu'aux actions relatives aux marques proprement dites, et c'est précisément parce que cette législation est spéciale que les principes n'en peuvent être étendus à la matière que nous traitons ici, quelle que soit son analogie avec l'usurpation des marques. On n'est pas mieux fondé à s'autoriser des dispositions des art. 631 et 632 du Code de commerce. En effet, l'usurpation d'enseigne ou de désignation ne se trouve pas comprise dans l'énumération que fait l'art. 632 des actes de commerce, énumération dont les termes sont évidemment limitatifs. On est donc conduit, par la loi commerciale elle-même, à reconnaître la compétence exclusive du Tribunal civil en cette matière (1).

Section 3. — *Des condamnations.*

L'usurpation d'une étiquette ou d'une désignation, n'étant prévue par aucune loi, ne peut donner lieu à la confiscation des produits auxquels la désignation est incorporée ou sur lesquels l'étiquette est appliquée. Il ne faut pas oublier que, comme nous l'avons dit déjà, ce n'est pas précisément la propriété de la désignation qu'on revendique, mais bien la jouissance exclusive. On se plaint d'un préjudice causé, d'une concurrence déloyale. Il n'y a rien dans cet ordre d'idées qui conduise à la confiscation ou à toute autre mesure analogue. La seule condamnation à prononcer, indépendamment des dommages-intérêts, bien entendu, consiste dans la destruction des étiquettes et dans la suppression de la désignation, si elle est indépendante du produit. Dans le cas où elle lui serait incorporée de façon à ne pouvoir en être séparée, il faut ou ordonner la destruction du produit, ou prendre tout moyen qui conciliera l'écoulement de ce produit avec les intérêts de celui qui se plaint.

(1) 10 février 1845. — C. R. Paris. — Battarel : Vallier.
Contrà. 22 mars 1855. — C. Imp. Paris. — Perry, Warton : Klug.

LIVRE IX.

DES MARQUES DE FABRIQUE.

CHAPITRE PREMIER.

HISTORIQUE DE LA LÉGISLATION.

L'intérêt du commerce, aussi bien que celui des consommateurs, a donné naissance à la législation spéciale sur les marques de fabrique. La protection de la loi a longtemps manqué à cette branche d'économie politique; mais dès que l'industrie s'est trouvée affranchie des trop longues entraves qui avaient embarrassé sa marche, le législateur a compris que, dans le double intérêt que nous venons de signaler, il était utile que les produits de chaque fabrique fussent reconnus par une marque particulière qui en garantirait la qualité et la source, et dont la propriété serait régie par une législation à part. C'est dans cette pensée que furent portées les lois, spéciales à certaines industries, qui reconnaissent aux fabricants le droit d'adopter une marque distinctive pour leurs produits. Le bienfait en fut bientôt étendu à toutes les fabriques, et le législateur alla même jusqu'à imposer à quelques-unes l'*obligation* d'adopter une marque.

L'importance des marques de fabrique s'est accrue en raison des progrès de l'industrie; et aujourd'hui cette propriété est, sans contredit, l'un des éléments de succès les plus honorables et les plus actifs. « Il n'y a pas de propriété plus sacrée, disait » le comte Chaptal à la chambre des pairs (*Rapport sur la loi du* » *28 juillet — 4 août* 1824), que le nom d'un fabricant qui,

» par un travail assidu, une conduite sans tache et des découvertes utiles, s'est placé honorablement parmi les bienfaiteurs » de son pays et les créateurs de son industrie.

» Le nom d'un fabricant devenu célèbre par la supériorité » constante de ses produits, la fidélité et la bonne foi dans ses » relations commerciales, de même que celui d'une ville qui a » créé un genre d'industrie connu et réputé dans toutes les » parties du monde, sont donc plus qu'une propriété privée; » ils forment une propriété publique et nationale. Les produits » revêtus de ces noms sont admis partout avec confiance, et » cette confiance est telle que dans plusieurs lieux on les reçoit » *sans rompre balle.* »

Les premières lois sur les marques de fabrique, bien antérieures à notre émancipation industrielle, furent empreintes de cette rigueur et de cette exagération pénale qui marquent toujours les essais du législateur. Il semble qu'il veuille rendre en sévérité ce que son indifférence a trop longtemps refusé aux besoins de la société. On en trouve la trace dans les statuts accordés, le 26 octobre 1666, à la fabrique de draps de Carcassonne : ces statuts punissaient du *carcan pendant six heures* les contrefacteurs des marques de fabricants. Le législateur se reposa sur la sévérité de ces dispositions jusqu'en 1745, où des lettres patentes furent données sur le règlement des ouvrages de quincaillerie qui se fabriquaient dans la ville de *Thiers,* et dès lors chaque fabricant fut autorisé à poursuivre les contrefacteurs après avoir déposé sa marque, qui était incrustée dans une table de plomb.

L'arrêté du 23 nivôse an 9 vint étendre à tous les marchands quincailliers et couteliers le bienfait de cette protection. Cette loi se contenta de reconnaître la propriété exclusive de la marque à celui qui le premier en ferait le dépôt conformément à la loi; mais elle ne frappait le contrefacteur d'aucune peine, de telle sorte que l'atteinte portée à cette propriété n'exposait le contrefacteur qu'à une action en réparation du préjudice causé. Un arrêté du 7 germinal an 10 autorisa la *manufacture nationale de bonneterie orientale d'Orléans* à apposer, sur les produits qu'elle envoyait à l'étranger, un cartouche conforme au dessin préalablement soumis au gouvernement.

Jusque-là la législation, comme on le voit, était ou locale ou spéciale à certaines professions; il fallait enfin reconnaître qu'une égale protection était due à toutes les industries : c'est cette pensée que réalisa le décret du 22 germinal an 11, qui, en même temps qu'il consacrait le droit exclusif de chaque fabricant à la jouissance de sa marque, portait des peines sévères contre la contrefaçon, en l'assimilant au faux en écriture privée.

Ce décret avait le tort de spécifier à quels signes on reconnaîtrait la contrefaçon. Il allait jusqu'à indiquer les mots caractéristiques de la contrefaçon qui ne devait résulter que de cette expression : *façon de...*, jointe au nom d'un autre fabricant ou d'une autre ville. Cette précision dans les termes engendra de nombreux abus, et les prescriptions de la loi furent facilement éludées. Ainsi, pour éviter la pénalité dont le contrefacteur était menacé, on marquait par ces mots : *fabrique de*, etc. C'est à ces inconvénients, et à ceux résultant de l'excessive rigueur des peines qui amenaient trop souvent l'impunité, que les lois postérieures ont obvié, comme nous le verrons plus bas.

Le décret du 11 juin 1809 règle les formes du dépôt de la marque, et attribue aux conseils de prud'hommes le droit d'arbitrer si les différences sont ou ne sont pas suffisantes entre les marques proposées et celles déjà adoptées; et si la voie d'arbitrage reste inefficace, la contestation doit être soumise aux Tribunaux de commerce.

Les art. 142 et 143 du Code pénal, promulgué en 1810, vinrent confirmer les dispositions du décret du 22 germinal an 11, et porter les peines du faux contre les contrefacteurs de marques.

Les imperfections que nous avons signalées dans le décret du 22 germinal an 11, en ce qui concerne la rigueur des peines que le Code pénal avait renouvelées, furent corrigées par le décret du 5 septembre 1810, seulement pour les marques de *coutellerie* et de *quincaillerie*. La peine fut réduite à une amende de 300 fr., doublée en cas de récidive, et augmentée d'un emprisonnement de six mois.

On s'aperçut bientôt que ce décret n'avait pas complétement atteint le but du législateur, car il était spécial à un genre d'industrie, et le décret du 22 germinal an 11 conservait pour toutes les autres professions les difficultés qu'avaient engendrées soit la pénalité, soit sa rédaction sur la définition des signes caractéristiques de la contrefaçon.

L'industrie eut donc encore à se plaindre de nombreux abus, surtout en ce qui concerne la supposition des noms, la plus facile et la plus nuisible des contrefaçons. Une loi destinée spécialement à prévoir et punir ce délit fut portée le 4 août 1824. Elle définit la supposition de nom d'une manière plus large, la fait entrer dans un texte plus élastique, proportionne plus exactement la peine au délit, et assure ainsi à l'industrie une protection plus efficace.

Pour ne pas interrompre l'enchaînement analytique des lois que nous venons d'énumérer, nous avons à dessein omis de parler de deux décrets rendus à la date du 22 décembre 1812. Le premier établit une marque particulière pour les *savons à l'huile* fabriqués à *Marseille*. Il complète, en s'y référant, les dispositions du décret du 18 septembre 1811, sur la même matière. Le second porte que toutes les manufactures de draps pourront obtenir l'autorisation de mettre à leurs produits une *lisière* particulière à chacune d'elles. Ce décret est le complément de celui du 25 juillet 1810 sur la même industrie.

Une ordonnance du 8 août 1816 porte que tout fabricant *d'étoffes pleines ou mélangées en laine ou en coton, et de tous autres tissus dont l'importation est prohibée*, sera tenu de revêtir ses produits d'une marque indicative de la ville et du nom du fabricant, ou de tout autre signe qu'il aura déclaré choisir ; et, pour les peines à prononcer contre les contrefacteurs, l'ordonnance se réfère aux art. 142, 143 et 423 du Code pénal.

Une autre ordonnance du 26 mai 1819 dispose que tout paquet de coton filé, avant qu'il soit recouvert de l'enveloppe usitée, devra être entouré d'une bande de papier appliquée sur les écheveaux et empreinte de la marque du fabricant.

L'analyse qui précède, sur la législation qui régit la propriété des marques de fabrique, démontre jusqu'à l'évidence la nécessité d'une réforme complète. On conçoit difficilement, en effet, que le délit le plus grave et le plus dangereux, celui que prévoit et punit la loi du 4 août 1824, soit frappé d'une peine beaucoup moins sévère que les autres genres de contrefaçon qui entraînent l'application des art. 142 et 143 du Code pénal, c'est-à-dire la réclusion. Comment concevoir que cette législation draconienne, et renouvelée, pour ainsi dire, des statuts de 1666, ait échappé aux législateurs chargés de réformer le Code pénal en 1832? Disons toutefois que, dans la pratique et pour éviter l'application d'une loi qui, effrayant la conscience du juge, pourrait causer une scandaleuse impunité, on se contente de poursuivre devant les Tribunaux civils la réparation du préjudice causé, et la suppression des marques indûment employées. Mais cette nécessité enfante un double mal, en ce que la loi est méconnue, et que l'industrie n'est pas suffisamment protégée par la réparation civile, à laquelle l'insolvabilité du contrefacteur peut le soustraire.

CHAPITRE II.

LÉGISLATION.

ARRÊTÉ

Du 23 nivôse an 9,

Relatif à la marque des ouvrages de quincaillerie et de coutellerie.

Art. 1er. Les fabricants de quincaillerie et de coutellerie de la république sont autorisés à frapper leurs ouvrages d'une marque particulière, assez distincte des autres marques pour ne pouvoir être confondue avec elles : la propriété de cette marque ne sera assurée qu'à ceux qui l'auront fait empreindre sur des tables communes, déposées à cet effet dans l'une des salles du chef-lieu de la sous-préfecture. Il leur sera délivré un titre qui en constatera le dépôt.

ARRÊTÉ

Du 7 germinal an 10,

Relatif à la manufacture de gasquets à Orléans.

Art. 1er. La manufacture de *gasquets*, à Orléans, est autorisée à prendre le titre de *manufacture nationale de bonneterie orientale.*

Art. 2. Les propriétaires de cette manufacture sont autorisés à mettre, sur leurs envois à l'étranger, un cartouche conforme au dessin par eux déposé.

Art. 3. Les contrefacteurs de cette marque seront poursuivis conformément aux lois contre la contrefaçon des marques.

DÉCRET

Du 22 germinal an 11,

Relatif aux manufactures, fabriques et ateliers.

TITRE IV. — *Des marques particulières.*

Art. 16. La contrefaçon des marques particulières, que tout manufacturier ou artisan a le droit d'appliquer sur les objets de sa fabrication, donnera lieu 1° à des dommages-intérêts envers celui dont la marque aura été contrefaite ; 2° à l'application des peines prononcées contre le faux en écritures privées.

Art. 17. La marque sera considérée comme contrefaite quand on y aura inséré ces mots : *façon de....* et à la suite le nom d'un autre fabricant ou d'une autre ville.

Art. 18. Nul ne pourra former action en contrefaçon de sa marque s'il ne l'a préalablement fait connaître d'une manière légale, par le dépôt d'un modèle au greffe du Tribunal de commerce d'où relève le chef-lieu de la manufacture ou de l'atelier.

DÉCRET

Du 21 septembre 1807,

Concernant règlement pour l'estampille impériale, et les conditions auxquelles les draps destinés pour le Levant seront assujettis pour en être revêtus.

Art. 24. Le fabricant ou négociant qui serait convaincu d'avoir contrefait ou falsifié l'estampille impériale, de l'avoir dérobée ou transportée sur une pièce différente de celle vérifiée, sera puni conformément à l'art. 5 de la loi du 22 germinal an 11.

DÉCRET

Du 16 juin 1809,

Contenant règlement sur les conseils de prud'hommes.

(La rédaction de ce décret a été modifiée comme il suit par un avis du Conseil d'État du 7-10 février 1810.)

SECTION 1re. — *Des attributions des conseils de prud'hommes.*

Art. 4. Les conseils de prud'hommes seront chargés de veiller à l'exécution des mesures conservatrices de la propriété des marques empreintes aux différents produits de la fabrique.

Art. 5. Tout marchand fabricant, qui voudra pouvoir revendiquer devant les Tribunaux la propriété de sa marque, sera tenu d'en adopter une assez distincte des autres marques pour qu'elles ne puissent être confondues et prises l'une pour l'autre.

Art. 6. Les conseils de prud'hommes réunis sont arbitres de la suffisance ou insuffisance de différence entre les marques déjà adoptées et les nouvelles qui seraient proposées, ou même entre celles déjà existantes ; et en cas de contestation, elle sera portée au Tribunal de commerce, qui prononcera après avoir vu l'avis du conseil des prud'hommes.

Art. 7. Indépendamment du dépôt ordonné par l'art. 18 de la loi du 22 germinal an 11, au greffe du Tribunal de commerce, nul ne sera admis à intenter action en contrefaçon de sa marque, s'il n'a en outre déposé un modèle de cette marque au secrétariat du conseil des prud'hommes.

Art. 8. Il sera dressé procès-verbal de ce dépôt sur un registre en papier timbré, ouvert à cet effet, et qui sera coté et parafé par le conseil des prud'hommes. Une expédition de ce procès-verbal sera remise au fabricant pour lui servir de titre contre les contrefacteurs.

Art. 12. Les conseils de prud'hommes ne connaîtront que comme arbitres des contestations entre fabricants ou marchands pour les marques, comme il est dit à l'art. 6.

CODE PÉNAL.

Du 28 février 1810.

Art. 142. Ceux qui auront contrefait les marques destinées à être apposées, au nom du gouvernement, sur les diverses espèces de denrées ou de marchandises, ou qui auraient fait usage de ces fausses marques ; ceux qui auront contrefait le sceau, timbre ou marque d'une autorité quelconque ou d'un établissement particulier de banque ou de commerce, ou qui auront fait usage de sceaux, timbres ou marques contrefaits, seront punis de la réclusion.

Art. 143. Sera puni de la dégradation civique quiconque, s'étant indûment procuré les vrais sceaux, timbres ou marques ayant l'une des destinations exprimées en l'art. 142, en aura fait une application ou usage préjudiciable aux droits ou intérêts de l'État, d'une autorité quelconque, ou même d'un établissement particulier.

Art. 423. Quiconque aura trompé l'acheteur sur le titre des

matières d'or ou d'argent, sur la qualité d'une pierre fausse vendue pour fine, sur la nature de toutes marchandises; quiconque, par usage de faux poids ou de fausses mesures, aura trompé sur la quantité de choses vendues, sera puni de l'emprisonnement pendant trois mois au moins, et un an au plus, et d'une amende qui ne pourra excéder le quart des restitutions et dommages-intérêts, ni être au-dessous de 50 fr. — Les objets du délit, ou leur valeur, s'ils appartiennent encore au vendeur, seront confisqués : les faux poids et les fausses mesures seront aussi confisqués, et de plus seront brisés.

DÉCRET

Du 25 juillet 1810,

Qui fixe la lisière des draps fabriqués à Louviers.

Art. 1er. Les dispositions de l'arrêt du Conseil d'État du 5 décembre 1782, portant règlement pour la fabrication des étoffes de laine dans la généralité de Rouen, sont remises en vigueur en ce qui concerne la ville de Louviers. Les fabricants de cette ville jouiront, en conséquence, de l'autorisation exclusive d'avoir à leurs draps une lisière jaune et bleue.

Art. 2. Il est défendu aux fabricants de draps des autres villes de notre empire d'employer la lisière dont il est question dans l'article précédent. Toute convention à cette disposition sera punie, pour la première fois, d'une amende de 3,000 fr.; en cas de récidive, elle sera de 6,000.

DÉCRET

Du 5 septembre 1810,

Relatif à la contrefaçon des marques de quincaillerie et de coutellerie.

Art. 1er. Il est défendu de contrefaire les marques que, par un arrêté du 23 nivôse an 9, les fabricants de quincaillerie et de coutellerie sont autorisés à mettre sur leurs ouvrages. Tout contrefacteur à cette disposition sera puni, pour la première fois, d'une amende de 300 fr., dont le montant sera versé dans la caisse des hospices de la commune. En cas de récidive, cette amende sera double, et il sera condamné à un emprisonnement de six mois.

Art. 2. Les objets contrefaits seront saisis et confisqués au profit du propriétaire de la marque; le tout sans préjudice des dommages-intérêts qu'il y aura lieu de lui adjuger.

Art. 3. Nul ne sera admis à intenter action en contrefaçon de sa marque, s'il n'a fait empreindre cette marque sur les tables communes établies à cet effet, et déposées au tribunal de commerce, selon l'art. 18 de la loi du 22 germinal an 11.

Art. 4. Dans les villes où il y a des conseils de prud'hommes, les tables seront déposées, en outre, au secrétariat de ces conseils, selon l'art. 7 du décret du 7 février 1810.

Art. 5. Il sera dressé procès-verbal des dépôts sur un registre en papier timbré, ouvert à cet effet, et qui sera coté et parafé. Une expédition de ce procès-verbal sera remise au propriétaire de la marque, pour lui servir de titre contre les contrefacteurs.

Art. 6. Tout particulier qui voudra s'assurer la propriété de sa marque est tenu, conformément à l'art. 9, section 1re du titre 2 de notre décret du 11 juin 1809, de verser une somme de 6 fr. entre les mains du receveur de la commune. Cette somme ainsi que toutes les autres qui seraient comptées pour le même objet seront mises à la disposition des prud'hommes ou du maire, et destinées à faire l'acquisition des tables, et à les entretenir. Le préfet en surveillera la comptabilité.

Art. 7. Il sera payé 3 fr. pour l'expédition du procès-verbal de dépôt : tout greffier du tribunal de commerce, tout secrétaire du conseil des prud'hommes, qui aurait exigé une somme plus considérable, sera poursuivi comme concussionnaire.

Art. 8. La saisie des ouvrages, dont la marque aurait été contrefaite, aura lieu sur la simple réquisition du propriétaire de cette marque. Les officiers de police sont tenus de l'effectuer sur la présentation du procès-verbal de dépôt; ils renverront ensuite les parties devant le conseil des prud'hommes, s'il y en a un dans la commune; s'il n'y en a point, le juge de paix prendra connaissance de l'affaire.

Art. 9. Le conseil des prud'hommes, ou le juge de paix, entendra d'abord les parties et leurs témoins; il prononcera ensuite son jugement, qui sera mis à exécution sans appel ou à la charge de l'appel avec ou sans caution, conformément aux dispositions du décret du 3 août, présent mois.

Art. 10. Dans le cas où la dénonciation pour contrefaçon ne serait point fondée, celui qui l'aura faite sera condamné à des dommages-intérêts proportionnés au trouble et au préjudice qu'il aurait causés.

Art. 11. Tout jugement emportant condamnation, rendu en matière de contrefaçon d'une marque, sera imprimé et affiché aux frais du contrefacteur. Les parties ne pourront, en aucun cas, transiger sur l'affiche et la publication.

DÉCRET

Du 1er avril 1811,

Tendant à prévenir ou à réprimer la fraude dans la fabrication des savons.

Art. 1er. Tout fabricant de savon dans l'étendue des terres de notre domination, sera tenu d'apposer sur chaque brique de savon sortant de sa fabrique, une marque déposée au tribunal de commerce et au secrétariat du conseil des prud'hommes.

Art. 2. Cette marque sera différente pour le savon fabriqué à l'huile d'olive, pour celui fabriqué à l'huile de graines, et pour celui fabriqué au suif ou à la graisse.

Art. 3. Tout savon non marqué, ou tout savon marqué comme savon à l'huile, quoiqu'il soit à la graisse, ou marqué d'une fausse marque, sera saisi dans les magasins des fabriques ou chez les marchands, à la diligence des prud'hommes, de tout officier de police judiciaire et municipale, ou à la réquisition de toute partie intéressée ; et la confiscation en sera prononcée par les autorités compétentes, moitié au profit des hospices, moitié au profit des officiers de police ou des parties requérantes, sans préjudice d'une amende qui ne pourra excéder 3,000 fr., et qui sera double en cas de récidive, ou d'autres peines portées par les lois et règlements.

Art. 4. Tout fabricant convaincu, par la décomposition, d'avoir fraudé dans la fabrication du savon, par l'introduction d'une quantité surabondante d'eau ou de substances propres à en altérer la qualité, sera poursuivi et son savon confisqué, comme il est dit à l'article précédent, sans préjudice des dommages-intérêts, s'il y a lieu.

Art. 5. Les prud'hommes des villes où il y a des fabriques de savon auront, sur les magasins où le savon fabriqué se dépose, ou dans les lieux de débit, le droit d'inspection pour l'exécution des articles précédents, indépendamment de la juridiction qui leur est attribuée par les lois et règlements.

Art. 6. Le présent décret n'est applicable qu'aux savons destinés aux blanchisseries, teintures et dégraissage, et non à la fabrication des savons de luxe et de toilette.

DÉCRET

Du 18 septembre 1811,

Qui détermine la marque des savons.

Art. 1er. La marque pour le savon fabriqué à l'huile d'olive sera de forme concave ovale, et portera dans le milieu, en lettres rentrées, ces mots : *Huile d'olive.*

Celle pour le savon fabriqué à l'huile de graines sera de forme concave carrée, et portera dans le milieu aussi, en lettres rentrées, ces mots : *Huile de graines.*

La marque pour le savon au suif ou à la graisse sera de forme concave triangulaire, et devra porter également dans le milieu, aussi en lettres rentrées, ces mots : *Suif* ou *Graisse.*

A la suite de chaque marque, qui devra être en caractères

assez gros pour être aperçus sans difficulté, sera le nom du fabricant et de la ville où il fait sa résidence.

Art. 2. A compter du 1er avril prochain, il ne pourra plus être vendu par les fabricants de savons destinés aux blanchisseries, teintures et dégraissage, s'ils ne sont revêtus de la marque ci-dessus, sous peine de 100 francs d'amende, et du double en cas de récidive.

Art. 3. Les contraventions à l'article ci-dessus seront portées devant nos Cours et Tribunaux comme matières de police.

DÉCRET

Du 22 décembre 1812,

Qui établit une marque particulière pour les savons à l'huile fabriqués à Marseille.

Art. 1er. La forme des marques prescrite par notre décret du 18 septembre 1811 continuera d'être employée dans toutes les fabriques de savons de notre empire. Ces fabriques les mettront, en conséquence, sur tous les savons qui sortiront de leurs ateliers.

Art. 2. A compter de ce jour, la ville de Marseille aura une marque particulière pour ses savons à l'huile d'olive. Cette marque présentera un *pentagone*, dans le milieu duquel seront en lettres rentrées ces mots : *Huile d'olive,* et à la suite le nom du fabricant et celui de la ville de *Marseille.*

Art. 3. Tout particulier établi dans une ville autre que celle de *Marseille* qui versera dans le commerce des savons revêtus de la marque accordée par l'article précédent sera puni, pour la première fois, d'une amende de 1,000 francs; en cas de récidive cette amende sera double; les savons seront, en outre, confisqués.

Le montant de cette confiscation et de l'amende sera versé dans la masse des hospices du lieu où les savons auront été vendus; et, dans les cas où il n'y aurait point d'établissement de ce genre, dans celle des hospices de la commune voisine.

Art. 4. La saisie des savons revêtus de la marque appartenant à la ville de *Marseille* aura lieu sur la réquisition des autorités constituées de cette ville, ou de ceux de ses fabricants qui seraient munis de patente. Les contestations auxquelles elle donnera lieu seront portées devant nos Cours et Tribunaux comme matière de police.

Art. 5. Dans le cas où la plainte en usurpation de la marque ne serait point fondée, celui qui l'aura faite sera condamné à des dommages-intérêts proportionnés au trouble et au préjudice qu'il aura causés.

Art. 6. S'il était fabriqué à *Marseille* du savon avec de l'huile de graines, du suif ou de la graisse, alors la marque sera la même que celle qui est prescrite pour les savons de cette nature par notre décret du 18 septembre 1811, notre intention étant qu'on applique exclusivement aux briques de savon à l'huile d'olive fabriquées à *Marseille* celle dont la forme présente un *pentagone.*

Art. 7. Il n'est point dérogé aux dispositions énoncées au titre 4 de la loi du 22 germinal an 11, lesquelles dispositions seront affichées de nouveau dans les villes de fabriques, à la diligence de notre ministre des manufactures et du commerce.

DÉCRET

Du 22 décembre 1812,

Portant que toutes les manufactures de draps de l'empire pourront obtenir l'autorisation de mettre à leurs produits une lisière particulière à chacune d'elles.

Art. 1er. Toutes les manufactures de draps de notre empire sont admises à participer à la faveur qui a été accordée à celles de *Louviers.* Elles pourront, en conséquence, obtenir l'autorisation de mettre à leurs produits une lisière qui sera particulière à chacune d'elles.

Art. 2. Les fabriques, qui désireront d'obtenir une lisière exclusive, seront tenues d'en adopter une tellement distincte, qu'on ne puisse la confondre avec celles que d'autres villes auraient déjà obtenues, dont, par conséquent, elles auraient la possession exclusive. Ces lisières seront accordées d'après le vœu qu'émettront les chambres de commerce ou les chambres consultatives de manufactures, qui joindront à leurs délibérations un modèle de celle qui aura paru devoir être choisie de préférence......

Art. 3. La lisière ayant pour objet d'indiquer quelle est la manufacture qui a confectionné les produits, il est ordonné aux fabricants de la ville à laquelle il en aura été accordé une de la mettre aux draps qu'ils seront dans le cas d'établir. Ceux qui ne se conformeront pas à cette disposition seront punis conformément à l'art. 479 du Code pénal. L'amende sera double en cas de récidive : le montant des amendes sera versé dans la caisse des hospices de la commune.

Art. 4. Lorsqu'une ville aura obtenu une lisière exclusive, les fabricants des autres villes auront un délai de six mois pour achever celles des pièces qu'ils auront commencées avec cette lisière. A l'expiration de ce délai, il leur est défendu de l'employer ; tout contrevenant à cette défense sera poursuivi conformément à ce qui est dit pour les marques particulières (art. 16 de la loi du 22 germinal an 11).

Art. 5. Les poursuites pour raison de contrefaçon d'une lisière ne pourront être dirigées contre les débitants, à moins que, pris en contravention, ils ne se refusent à donner les renseignements nécessaires pour découvrir l'auteur du délit ; elles n'auront lieu que contre les manufacturiers, pour les draps seulement qu'ils fabriqueront après le délai de six mois déterminé par l'article précédent.

Art. 8. La saisie des draps dont la lisière aura été contrefaite aura lieu sur la réquisition d'un ou de plusieurs fabricants de la ville à laquelle cette lisière appartient. — Les officiers de police sont en conséquence tenus de l'effectuer sur la présentation de la patente de ces fabricants : ils renverront ensuite les parties devant le conseil des prud'hommes, s'il y en a un dans la commune, comme arbitres, aux termes de l'art. 12 du décret du 20 février 1810 ; et, pour la prononciation de la peine, devant nos Cours et Tribunaux.

Si les parties n'ont pas été conciliées sur leurs intérêts civils, les mêmes Cours et les mêmes Tribunaux prononceront.

Art. 9. Dans le cas où la plainte en contrefaçon d'une lisière ne serait pas fondée, celui qui l'aura présentée sera condamné à des dommages-intérêts, proportionnés au trouble et au préjudice qu'il aura causés.

Art. 10. Tout jugement emportant condamnation sera imprimé et affiché aux frais du contrefacteur de la lisière. Les parties ne pourront, en aucun cas, transiger sur l'affiche et la publication.

LOI

Du 28 juillet 1824,

Relative aux altérations ou suppositions de noms sur les produits fabriqués.

Art. 1er. Quiconque aura, soit apposé, soit fait apparaître par addition, retranchement, ou par une altération quelconque, sur des objets fabriqués, le nom d'un fabricant autre que celui qui en est l'auteur, ou la raison commerciale d'une fabrique autre que celle où lesdits objets auront été fabriqués, ou enfin le nom d'un lieu autre que celui de la fabrication, sera puni des peines portées en l'art. 423 du Code pénal, sans préjudice des dommages-intérêts, s'il y a lieu.

Tout marchand, commissionnaire ou débitant quelconque sera passible des effets de la poursuite, lorsqu'il aura sciemment exposé en vente ou mis en circulation les objets marqués de noms supposés ou altérés.

Art. 2. L'infraction ci-dessus mentionnée cessera, en conséquence, et nonobstant l'art. 17 de la loi du 12 avril 1803 (22 germinal an 11), d'être assimilée à la contrefaçon des marques particulières, prévue par les art. 142 et 143 du Code pénal.

CHAPITRE III.

DES DIFFÉRENTES ESPÈCES DE MARQUES.

SECTION 1re. — *Caractères généraux de la marque.*

Les marques, proprement dites, diffèrent des simples désignations en ce qu'elles ont été déposées conformément à la loi, et qu'elles sont appliquées directement sur la marchandise ou sur ce qui lui sert d'enveloppe; telle serait, par exemple, une simple étiquette que son propriétaire aurait déposée (1). Toute marque qui n'a point été déposée, ou qui, ayant été déposée, ne figurerait que sur l'enseigne ou sur les factures du fabricant, ne constituerait qu'une de ces désignations dont la propriété est garantie seulement par l'art. 1382 du Code civil, ainsi que nous l'avons démontré au livre VIII.

Les marques ne sont protégées par la législation spéciale, que nous avons analysée dans le chapitre précédent, qu'autant qu'elles sont appliquées à des produits industriels, c'est-à-dire à des objets manufacturiers dont elles garantissent l'origine et la bonne fabrication. Si donc une marque, même déposée, a été appliquée à des produits naturels qui n'ont exigé aucun travail de manipulation, par exemple, à des récoltes, cette marque n'est plus alors qu'une simple désignation qui ne peut être revendiquée par le premier possesseur qu'en vertu de l'art. 1382 du Code civil. Toutefois les vins doivent être placés dans la classe des produits fabriqués. Les propriétaires et agriculteurs jouissent donc, pour les vins provenant de leur

(1) 2 mars 1854. — C. Imp. Paris. — Heidsik : Ant. Leblanc.
Idem. 23 novembre 1852. — C. Imp. Riom. — Bru : Larbaud. V. page 700.

récolte, de la protection accordée par la loi du 28 juillet 1824 aux fabricants d'objets manufacturés (1).

Les propriétaires d'un cru ont *seuls*, mais aussi ils ont *tous*, le droit de marquer les fûts contenant leur vin par une estampille qui rappelle ce cru (2).

SECTION 2. — *Caractères spéciaux de la marque.*

Avant que le législateur eût réglementé la propriété de la marque, que toute maison de commerce peut adopter pour distinguer ses produits, la pratique en avait déjà consacré l'emploi, et avait distingué deux espèces de marques : la marque *nominale* et la marque *emblématique*.

§ 1er. — *De la marque nominale.*

La marque nominale est celle qui consiste dans l'emploi d'un nom. Ce nom peut être soit celui de la fabrique (3) ou du lieu où est située la fabrique, soit celui du fabricant qui a confectionné le produit, ou du marchand qui l'a fait confectionner pour le vendre. Cette marque est protégée par la loi de 1824.

La propriété d'un nom de lieu a donné naissance à plus d'une difficulté. On s'est demandé à quelle limite du territoire s'arrêterait, pour le fabricant qui y a sa fabrique, le droit de se servir du nom de la localité. On a décidé que le fabricant des environs d'une ville manufacturière a le droit d'inscrire sur ses lisières de draps des marques indiquant le nom de cette ville où cependant il n'a pas sa fabrique, lorsqu'il est prouvé que ces draps sont fabriqués par les mêmes procédés et avec les mêmes matières que dans la ville même (4) : cette décision

(1-2) 8 juin 1847. — C. Cass. — Fabre de Rieunègre : De Laloubie.

Idem. 12 juillet 1845. — C. Cass. — Veuve Clicquot : Martigny-Besnard et autres.

Idem. 24 août 1854. — C. Imp. Paris. — Chrétien : Balmont. *Vin de Lunel.*

(3) 25 mai 1853. — C. Imp. Grenoble. — Le P. Garnier : Rivoire. — *Liqueur de la Chartreuse.*

(4) 28 mars 1844. — C. Cass — Ministère public : Loupot.

nous paraît, au moins par ses motifs, contraire à l'esprit qui a dicté la loi. Le législateur, en effet, ne s'est pas préoccupé et ne devait pas se préoccuper de la qualité des matières premières ou de la similitude des procédés. S'il en était ainsi, il faudrait interdire au fabricant de Marseille, par exemple, le droit de se servir du nom de cette ville, s'il était démontré qu'il emploie des matières ou des procédés différents de ceux généralement adoptés à Marseille, et, par la même raison, il faudrait autoriser à se servir du nom de Marseille tous les fabricants qui, à une certaine distance de Marseille, fabriquent par les procédés usités dans cette ville. Il nous paraît que, pour rester fidèle à l'esprit de la législation sur la matière, il faut, abstraction faite de la nature des procédés et de la qualité des produits, limiter le droit de se servir du nom de la ville à tous les fabricants qui y ont leur établissement ou qui fabriquent dans les localités dépendant de cette ville, soit que cette dépendance résulte de leur division administrative, soit qu'elle résulte d'une désignation que l'usage aurait consacrée. Ainsi on appelle broderies de Nancy des travaux d'aiguille qui sont exécutés par des ouvrières disséminées dans les campagnes souvent fort éloignées de la ville. On donne le nom de marrons de Lyon à des marrons qui sont récoltés dans le Vivarais et dans des localités beaucoup plus rapprochées de certaines villes que de Lyon. Dans l'état de notre législation si imparfaite, l'usage doit être la base généralement adoptée pour fixer la limite du droit de marque par un nom de lieu.

Tous les propriétaires de vignobles, dans une localité connue sous une dénomination générale, ont le droit de marquer leurs vins du nom de cette localité, sans que le propriétaire du domaine qui porte plus spécialement ce nom puisse s'y opposer (1).

Le nom du lieu d'où sont tirés des produits quelconques ne

---

(1) 24 mars 1846. — C. R. Bordeaux. — Chadeuil : Villeneuve-Durfort. *Idem.* 2 avril 1846. — C. R. Bordeaux. — Fabre de Rieunègre : Laloubie.

peut pas devenir la propriété d'un fabricant à l'exclusion de tous ceux qui fabriquent dans le même lieu (1).

§ 2. — *De la marque emblématique.*

La marque emblématique est celle qui consiste dans l'emploi d'un signe quelconque autre que le nom du fabricant ou autre que le lieu de la fabrication. Il n'est donc pas nécessaire que le signe adopté soit accompagné soit du nom, soit des initiales du fabricant (2).

Il ressort clairement de l'exposé des motifs de la loi de 1824 et de la discussion devant les chambres que le dépôt et l'emploi d'un nom de fantaisie, lequel n'est ni celui du fabricant, ni celui du lieu de fabrication, ne constitue qu'une marque emblématique, et n'est pas protégé par la loi de 1824, alors même qu'on aurait donné à ce nom la configuration d'une signature.

Les marques emblématiques sont réglées par les décrets du 22 germinal an 11, du 16 juin 1809, et par les art. 142 et 143 du Code pénal.

La vignette adoptée et déposée par un fabricant comme marque de ses produits constitue une propriété exclusive, alors même qu'elle représenterait un établissement public appartenant à l'État, ou qu'elle aurait été placée antérieurement sur des publications scientifiques (3).

La forme donnée à un produit, par exemple la forme d'une pipe, ne peut être assimilée à une marque de fabrique. Si la forme est artistique, elle constituera une sculpture industrielle. Dans le cas contraire, elle ne sera qu'une simple désignation de marchandises protégée par l'art. 1382 du Code civil (4).

---

(1) 24 février 1840. — C. Cass. — Delaleu : Grignon.

(2) 30 novembre 1840. — C. R. Rouen. — Lelarge : Bresson.

(3) 23 novembre 1852. — C. App. Riom. — Bru : Larbaud. Voy. page 700.

(4) 25 mars 1844. — Trib. Morlaix. — Fiolet : Duval.

SECTION 3. — *De la marque obligatoire et de la marque facultative.*

Les marques, soit nominales, soit emblématiques, se divisent en deux catégories, celles qui sont *obligatoires* et celles qui sont *facultatives*.

§ 1er. — *De la marque obligatoire.*

La marque obligatoire est celle que tout fabricant a non pas seulement le droit, mais encore le devoir d'appliquer à ses produits. Ainsi le législateur a imposé à certaines industries l'obligation d'adopter une marque spéciale, dont il détermine les caractères. Telles sont les marques que les fabricants de savons sont tenus d'apposer sur leurs produits destinés au blanchissage, à la teinture et au dégraissage. Les savons de luxe et de toilette en sont affranchis.

La marque obligatoire est régie :

1° Par les décrets des 1er avril et 18 septembre 1811, pour toutes les fabriques de savon en général ;

2° Par le décret du 22 décembre 1812, pour les savons à l'huile fabriqués à Marseille.

Les décrets ci-dessus déterminent la forme de la marque et l'inscription qu'elle doit contenir.

§ 2. — *De la marque facultative.*

La marque facultative est celle que tout fabricant a, non pas le devoir, mais simplement le droit d'employer. Parmi les marques facultatives, il en est de spéciales à tous les industriels du même genre dans une localité déterminée ; telle est la lisière *jaune* et *bleue* que les fabricants de drap de la ville de *Louviers* ont le droit exclusif d'employer, aux termes du décret du 25 juin 1810. Il est bien entendu que cette marque spéciale à la localité n'empêche pas chaque fabricant d'adopter une marque particulière, soit nominale, soit emblématique.

Les marques apposées sur les ouvrages de quincaillerie ou de coutellerie sont facultatives. Elles sont régies d'une manière *spéciale* par les décrets des 23 nivôse an 9 et 5 septembre 1810, et d'une manière *générale* par la loi du 28 juillet 1824.

CHAPITRE IV.

DE LA PROPRIÉTÉ ET DU DÉPOT DES MARQUES.

SECTION 1re. — *De l'origine de la propriété.*

La propriété de la marque nominale a la même origine que la propriété du nom qu'elle reproduit, et elle découle des mêmes faits. Quant à la marque emblématique, la propriété s'acquiert par le fait seul de la priorité de possession. Ainsi le droit exclusif est attribué au premier occupant, comme nous l'avons démontré au chapitre II du livre VIII, où nous traitons des désignations de marchandises et des enseignes.

On comprend que le droit de propriété exclusive doit varier dans ses effets suivant que la marque est nominale ou emblématique.

La marque emblématique est, sans contredit, la propriété absolue du premier occupant, et le droit de jouissance exclusive n'a pas de limite dans la profession pour laquelle une marque a été créée. Mais en dehors de cette profession, elle peut devenir la propriété également exclusive de tout industriel qui, le premier dans sa spécialité commerciale, l'adoptera pour marquer ses produits.

La marque nominale ne donne pas un droit si absolu, parce qu'elle n'a pas la même base. Deux industriels du même genre, portant le même nom, ont, sous toute réserve de la fraude, un droit égal à l'emploi du nom qui leur appartient. Nous disons sous toute réserve de la fraude, car s'il est démontré, comme cela arrive trop souvent, que l'un des homonymes n'a adopté la marque nominale, ou n'est entré dans l'industrie qu'il exerce, que pour s'emparer indûment, à l'aide de la similitude des noms, de la réputation acquise par son devancier, on peut, on doit même lui interdire l'emploi de son nom. En pareille circonstance les Tribunaux se sont longtemps bornés à imposer au nouveau venu l'obligation de différencier sa marque par l'addition de ses prénoms à son nom. Mais le moyen ne remédiait qu'imparfaitement aux effets de cette concurrence déloyale ; la fraude se reproduisait sans cesse et avec fruit pour le rival d'industrie. C'est alors qu'on a compris la nécessité de contrarier ces vocations industrielles que la similitude seule du nom a décidées, et qui portent une si grave atteinte aux réputations loyalement acquises.

La propriété des marques ayant la même origine que la propriété des enseignes et des désignations, et les principes qui régissent la cession des marques étant les mêmes, nous ne reproduirons pas ici les développements et les exemples que nous avons donnés au livre VIII qui précède.

Section 2. — *Du dépôt des marques.*

Les nombreux décrets qui régissent soit les marques en général, soit les marques spéciales à certaines industries, disposent que celui qui veut s'assurer la propriété exclusive de la marque qu'il a choisie est tenu de la déposer au secrétariat du Tribunal de commerce du chef-lieu d'où dépend son établissement, et, de plus, au secrétariat du conseil des prud'hommes, s'il en existe un dans la ville où il fabrique les objets de son industrie. Pour les marques de quincaillerie et de coutellerie, seulement, il est dit qu'elles devront être empreintes sur des tables communes établies à cet effet dans les secrétariats ci-dessus désignés.

Il résulte du silence de la loi de 1824, silence commandé par la nature même des choses, que la formalité du dépôt n'est point exigée pour les marques nominales. En effet, on ne comprendrait pas le dépôt d'un nom propre ou d'un nom de lieu (1).

Le dépôt ne donne point la propriété ; il n'est point attributif, mais seulement déclaratif de la propriété de la marque. Cette formalité n'est nécessaire que pour donner au premier possesseur le droit de poursuivre les contrefacteurs. Il faut donc décider que le fabricant, qui n'a déposé sa marque qu'après avoir reconnu la contrefaçon, peut néanmoins en poursuivre les auteurs. Aussi les différentes lois qui prescrivent un dépôt préalable dans les matières que nous venons de rappeler emploient les mêmes expressions que celles consignées dans les art. 18 de la loi du 22 germinal an 11 et 7 de la loi du 11 juin 1809. C'est aussi la même pensée que le législateur exprimait et le même but qu'il voulait atteindre. Il faut en effet distinguer entre l'action en contrefaçon d'une marque de fabrique et la prise de possession de la marque. A la vérité, on ne peut poursuivre avant le dépôt ; mais ce n'est pas par cette formalité qu'on acquiert la propriété de la marque. Cette propriété est acquise à celui qui le premier en a fait usage, et par cela seul qu'il s'en est servi. Le dépôt n'est exigé que comme condition préalable de l'action en contrefaçon (2).

Le dépôt exigé par la loi doit s'entendre des marques appliquées sur les enveloppes de la marchandise, comme de celles qui sont directement apposées sur l'objet fabriqué. En effet les expressions dont le législateur s'est servi sont générales, et il serait difficile, en présence des textes, de justifier une distinction quelconque entre les marques sur étiquettes et enveloppes et les marques inhérentes à la marchandise. Cependant un arrêt de la Cour suprême a admis cette distinction (3). Malgré cette autorité imposante, nous n'hésitons pas à adopter l'opinion contraire, qui nous paraît plus conforme à la fois au texte et à l'esprit des lois sur la matière. C'est à tort qu'on argumente

(1) 20 juin 1831. — C. R. Orléans. — App. Corr.
(2) 28 mai 1822. — C. Cass. — Forest : Guérin.
(3) 22 janvier 1807. — C. Cass. — Laugier, Laboulie : Mira, Lebon.

de la différence qui existe entre l'authenticité des unes et des autres. Toutes les marques ont également pour résultat d'indiquer que la marchandise sort de telle fabrique. Celui qui contrefait une étiquette ou une enveloppe, pour débiter ses propres produits, cause au propriétaire de la marque un préjudice aussi notable que si la marque eût été inhérente à la marchandise. Il y a d'ailleurs plusieurs espèces de marchandises sur lesquelles la marque ne peut être apposée. Pourquoi ceux qui les fabriquent n'obtiendraient-ils pas une égale protection et le droit de poursuivre les contrefacteurs par les mêmes moyens? Le fait et le droit concourent donc à proscrire la distinction adoptée par la Cour suprême, et la législation sur les *marques* doit être appliquée à tout ce qui peut être rangé sous cette dénomination générique, y compris même les plaques, vignettes, étiquettes appliquées sur les enveloppes, et même les boîtes, bouteilles, futailles, etc., dans lesquelles sont contenues les marchandises, puisque toutes ces désignations passent à l'état de marque légale dès qu'elles ont été déposées (1).

Nous avons dit que le dépôt est simplement déclaratif et non attributif de propriété; aussi le manufacturier français qui, pour faciliter le débit des produits de sa fabrique dans un pays étranger, y apposerait la marque d'une manufacture de ce pays, n'acquerrait pas la propriété de cette marque. C'est en vain qu'il en ferait le dépôt; il n'aurait pas le droit de poursuivre les contrefacteurs. On ne peut, en remplissant la formalité du dépôt, convertir un vol en un acte légitime et le placer sous la sauvegarde des lois. Le bon sens, l'équité, le droit s'y refusent. Or, il y a évidemment vol, tromperie, sur la nature de la marchandise vendue, fût-elle d'une meilleure qualité; il y a manœuvre frauduleuse dans l'adoption de cette marque, et ce n'est pas pour garantir la propriété d'une pareille usurpation que le législateur a disposé (2). Une autre conséquence à tirer

(1) 28 mai 1822. — C. Cass. — Forest : Guérin.
Idem. 1821. — Consultations de M. Pardessus.

(2) 26 mars 1822. — C. R. Paris. — Benoit, Mérat : Benoit, Trotry. Voy. page 702.

du caractère purement déclaratif du dépôt, c'est que, la formalité du dépôt une fois remplie, le contrefacteur se défendra vainement en prouvant qu'il a cessé, depuis le dépôt, de se servir de la marque usurpée. Il devra être condamné même pour les faits antérieurs au dépôt (1).

L'article 18 de la loi du 22 germinal an 11 impose à tout fabricant l'obligation de déposer sa marque *au greffe du tribunal de commerce d'où relève le chef-lieu de sa manufacture.* Le décret du 16 juin 1809, art. 7, porte que le dépôt de la marque devra être effectué *au secrétariat du conseil des prud'hommes.* On s'est demandé si ce dernier décret abroge le premier, et s'il suffit de faire le dépôt au secrétariat du conseil des prud'hommes. Pour résoudre cette question il suffit de faire, à l'espèce, l'application des principes du droit commun en matière d'abrogation. Une loi qui prescrit une formalité n'abroge pas de plein droit la loi antérieure qui en prescrit une différente, à moins que les deux formalités ne soient exclusives l'une de l'autre : *Nisi sint contrariæ* (§ 28, au Digeste : *De legibus*). Or, le dépôt au conseil des prud'hommes n'exclut pas le dépôt au greffe du tribunal de commerce. D'ailleurs la pensée du législateur se manifeste ouvertement dans la nouvelle rédaction du décret du 11 juin 1809, adoptée par un avis du conseil d'État du 20 février 1810. En effet, la nouvelle rédaction de l'art. 7 de ce décret est ainsi conçue : *Indépendamment du dépôt ordonné par l'art. 18 de la loi du 22 germinal an 11 au greffe du tribunal de commerce, nul ne sera admis à intenter action en contrefaçon de sa marque, s'il n'a, en outre, déposé un modèle de cette marque au secrétariat du conseil des prud'hommes.*

La même raison se tire des art. 3 et 4 du décret du 5 septembre 1810, qui est postérieur aux deux décrets ci-dessus, et qui n'avait été porté que pour les résumer et les modifier. Ce décret de 1810 est, il est vrai, spécial aux marques de coutellerie et de quincaillerie; mais, outre que la raison est la même, on voit aisément qu'il n'est que la reproduction et le

---

(1) 7 août 1832. — Arrêt. — Schmidt, Born : Abat et Cie.

résumé des deux décrets de germinal an 11 et juin 1809. Ce décret n'est point abrogé, mais seulement modifié par la loi de 1824. Ainsi le double dépôt est exigé toutes les fois qu'il existe, dans le chef-lieu de la manufacture, un conseil de prud'hommes et un tribunal de commerce.

CHAPITRE V.

DES CARACTÈRES DE LA MARQUE.

SECTION 1re. — *Des ressemblances. — Conseil des prud'hommes.*

Le législateur, qui comprenait le besoin de protéger d'une manière efficace la propriété des marques, devait, en créant pour l'industriel le droit d'appliquer une marque sur ses produits, lui imposer pour devoir de ne choisir qu'une marque assez distincte de celles précédemment adoptées pour qu'elle ne pût être confondue avec elles. C'est à cette condition seulement qu'il peut obtenir la protection de la loi. On conçoit aisément que si le législateur avait *indistinctement* protégé toutes les marques pour lesquelles les formalités auraient été accomplies, il se serait souvent exposé à sanctionner la contrefaçon. Toutes les règles que nous avons développées, dans le livre précédent, sur les caractères de l'*enseigne* et de la *désignation*, c'est-à-dire sur les ressemblances prohibées, trouvent ici leur application. Nous n'avons donc rien à ajouter sur ce point.

Mais le législateur a cru devoir, en ce qui concerne les marques proprement dites, tracer des règles spéciales pour les contestations qui s'élèvent sur les ressemblances entre les marques adoptées par des industriels du même genre.

Dans la prévision de l'abus qu'on pourrait faire de l'accomplissement des formalités légales, la loi a investi le conseil des prud'hommes du droit d'arbitrer la *suffisance* ou l'*insuffisance* de différence entre les marques déjà adoptées et les nouvelles qui seraient proposées, ou même entre celles déjà existantes; en un mot, toutes les contestations qui naissent entre fabricants relativement aux marques, sont préalablement soumises à l'arbitrage des prud'hommes. (Articles 6 et 12 du décret du 20 février 1810.)

La loi n'impose pas au fabricant le devoir de faire vérifier la marque qu'il veut adopter; elle indique seulement cette précaution, pour mettre la bonne foi du fabricant à l'abri de tout reproche, et cette formalité ne devient obligatoire que dans le cas de contestation.

Si les parties n'ont pu se concilier devant le conseil des prud'hommes, la contestation sera alors portée devant le Tribunal de commerce, qui statuera après avoir consulté l'avis du conseil des prud'hommes.

Toutefois l'inaccomplissement de cette dernière formalité peut être couvert par la défense des parties au fond devant le Tribunal de commerce. L'avis des prud'hommes ne doit être considéré que comme un préliminaire de conciliation, de telle sorte que le jugement du Tribunal de commerce ne peut être rendu qu'en premier ressort (1).

Lorsqu'un arrêt, passé en force de chose jugée, décide qu'une marque est suffisamment distincte, les prud'hommes ne peuvent pas refuser de l'admettre. S'ils persistent à en refuser l'admission, la partie intéressée doit se pourvoir devant la Cour pour faire ordonner l'exécution de l'arrêt (2).

Lorsqu'il s'agit des marques de coutellerie ou de quincaillerie, le conseil des prud'hommes n'intervient pas pour donner son avis préalable sur la ressemblance ou la différence, mais il est seul compétent pour juger, en premier ressort, toutes les questions relatives à la ressemblance comme à l'usurpation.

---

(1) 2 juin 1848. — Trib. Comm. Paris. — Christophe : Proyet.

(2) 6 août 1844. — C. R. Riom. — Goutte Granctias : le conseil des prud'hommes.

CHAPITRE VI.

DE LA CONTREFAÇON.

SECTION 1re. — *De l'usurpation de la marque.*

Les règles que nous avons développées sur les caractères généraux de la contrefaçon en matière d'*enseignes* et de *désignations* de marchandises (voir au livre précédent) trouvent ici leur application.

Nous nous bornerons à quelques observations spéciales à l'imitation des marques.

L'imitation d'une marque peut résulter d'une ressemblance occasionnée même par la simple inclinaison d'un poinçon, ou seulement par l'effet de l'émoulure, en ce qui concerne par exemple les marques apposées sur des objets de coutellerie; dans ce cas la justice a le droit de rejeter la marque proposée pour prévenir toute fraude, ou de supprimer la marque existante pour mettre un terme à la confusion. Ainsi, ce n'est pas seulement la confusion certaine et inévitable que la loi proscrit, mais encore la confusion possible (1).

Il peut arriver que la ressemblance entre deux marques existe même involontairement. Elle n'en est pas moins dangereuse, et, dans ce cas, s'il n'y a pas contrefaçon dans les termes de la loi, il n'y a pas moins un fait matériel d'imitation qu'il importe de faire cesser. Les juges, dans ce cas, tout en écartant les peines relatives au délit de contrefaçon, devront toujours ordonner la suppression ou le changement de marques, et

(1) 18 février 1834. — Dumas : Bernard.

même, s'il y a lieu, condamner à des dommages-intérêts pour la réparation du préjudice causé (1).

Il y a usurpation de marque alors même qu'elle n'est apposée que sur une partie non apparente du produit ou de son contenant, par exemple sur l'intérieur des liéges qui bouchent les bouteilles de vin de Champagne. Ce fait peut constituer, en outre, le délit de tromperie envers l'acheteur (2).

Le fabricant de vin *champagnisé* qui appose la marque d'une maison de commerce de vin de Champagne, sur la partie intérieure des bouchons fermant les bouteilles de son vin, commet le délit prévu par l'art. 1er de la loi du 28 juillet 1824, indépendamment du délit de tromperie envers les acheteurs (3).

Le débitant commet un acte frauduleux lorsqu'il adopte pour enseigne la marque de celui dont il vend les produits. Mais ce n'est là qu'un fait illicite, dommageable, et non une usurpation de marque, puisque les produits émanent véritablement de celui dont on a pris la marque pour enseigne.

On a décidé que c'est dans l'imitation des marques elles-mêmes, et non pas dans l'imitation de leur disposition, qu'il peut exister un fait susceptible de donner lieu à des dommages-intérêts, lorsque d'ailleurs le nom des fabricants est indiqué sur les produits livrés au commerce (4). Nous ne pouvons nous ranger à cette doctrine, car elle consiste, en résultat, à juger la contrefaçon par les dissemblances sans tenir compte des ressemblances. Si la disposition d'une marque frappe plus les regards que la marque elle-même ou que le nom du fabricant, c'est la disposition qui devient l'élément essentiel de la marque, et il y a fraude autant que préjudice possible à s'en emparer.

---

(1) 18 février 1834. — Dumas : Bernard.

(2) 12 juillet 1845. — C. Cass. — Ministère public : Bernard et autres.

(3) 12 juillet 1845. — C. Cass. — Clicquot : Chapat-Bernard et autres.

(4) 23 juillet 1851. — C. R. Paris. — Pecking : Cottiaux.

Section 2. — *De l'usurpation du nom.*

La loi de 1824 prévoit le cas où il y a usurpation soit du nom d'un fabricant, soit du nom d'un lieu de fabrique. Elle s'applique aussi bien à l'usurpation du nom d'un *fabricant* qu'à l'usurpation du nom d'un *débitant*. Lorsque le produit vendu ne porte que le nom du vendeur, ce nom est, par le fait, le nom de fabrique, puisque le fabricant s'est effacé pour laisser au débitant tout le mérite et toute la responsabilité de la fabrication.

Il y a usurpation de nom, aux termes de la loi ci-dessus, même lorsque le nom est défiguré. C'est ce qui résulte des expressions de l'art. 1er, qui prévoit le cas où on aura non-seulement apposé, mais *fait apparaître* le nom d'autrui par *addition*, *retranchement* ou par une *altération quelconque*. Ainsi *Cardy Penaudier* a été considéré comme l'usurpation de la raison sociale *Tardy Blanchet*. La ressemblance était surtout dans l'imitation de l'écriture et du paraphe. Il faut ajouter qu'il n'existait pas de maison portant réellement les noms *Cardy Penaudier* (1). Une décision semblable, et dans les mêmes circonstances que ci-dessus, est intervenue pour le nom *Alexandre*, imité par celui de *Alexanedre* (2).

Le nom d'un artiste, apposé sur ses œuvres originales, n'est pas une marque de fabrique. En conséquence, l'usurpation de ce nom ne constitue pas le délit prévu par la loi de 1824. Mais il en est autrement lorsque l'artiste place son nom sur les reproductions industrielles de son dessin ou de sa statue, par exemple sur des lithographies, des bronzes ou des plâtres. Il est évident que, le nom étant apposé sur un produit industriel, il y a là l'usurpation de nom prévue par la loi de 1824 (3).

---

(1) 13 mai 1853. — C. Imp. Paris. — Tardy-Blanchet : Posso-Léon et Sallabery.

(2) 29 juillet 1853. — C. Imp. Paris. — Alexandre Muller : Phil. Ponçan.
Idem. 29 juillet 1828. — C. R. Paris. — Humblot-Conté : Jouel et Comte. — Le nom de Conté avait été imité par ceux de Comte et Gonte.

(3) 12 mai 1855. — C. Imp. Paris. — Susse : Jeanini.

Il y a, non pas usurpation de marque, mais l'usurpation de nom prévue par la loi de 1824, lorsque la marque, consistant en de simples initiales, a été reproduite. Il faudrait ranger la marque par initiales au nombre des marques emblématiques si la loi avait dit expressément que la marque nominale sera seulement celle qui reproduira le véritable nom du fabricant. Telle n'est pas la disposition de la loi, et nous avons démontré, précédemment, qu'il y a usurpation de nom même dans la reproduction d'un nom de convention. Or, qu'est-ce que l'emploi des initiales, si ce n'est un diminutif du nom? Les initiales sont évidemment plus près du véritable nom que le nom de convention (1).

L'usurpation d'un nom, faite *verbalement,* ne saurait constituer le délit prévu par la loi de 1824. Ainsi l'individu qui, profitant de son voisinage avec un industriel de la même profession, se donne aux acheteurs pour celui-ci, n'est pas un contrefacteur, mais il n'en cause pas moins un préjudice dont il doit la réparation (2).

On a décidé qu'il n'y a pas délit consommé d'usurpation de nom, mais seulement tentative d'usurpation de la part de celui qui fabrique des flacons portant ces mots : *Eau de Bottot*, si les flacons, bien que destinés à renfermer une eau dentifrice qui n'était pas fabriquée par Bottot, ne contenaient pas encore le liquide annoncé. L'arrêt reconnaît, néanmoins, que cette tentative constitue un fait dommageable qui peut donner lieu à une action civile (3).

Il a été maintes fois décidé, et avec raison, que l'usurpation d'une marque ou d'un nom ne pouvait être légitimée par l'usage

(1) 26 avril 1851 — C. Imp. Paris. — J. Bardou : Lassauzée. — *Papier à cigarettes.* Marque J.◇.B.

22 août 1853. — C. Imp. Paris. — Bloch : Delon-Bourton.

Contrà. 19 novembre 1843. — Trib. Corr. Paris. — Barthélemy : Laujardière.

Idem. 12 juillet 1851. — C. Cass. — Christofle : Morel.

(2) 30 septembre 1830. — Trib. Paris. — Lepere, pharmacien : N....

(3) 9 juillet 1852. — C. Cass. — Barbier : Tavernier.

même le plus ancien. Le propriétaire du nom est seul juge de l'opportunité des poursuites. Il les exerce quand et contre qui il lui plaît de les exercer (1).

Il n'y a pas usurpation d'un nom de lieu lorsque des vins sont marqués du nom d'un lieu autre que celui où le marchand possède ses magasins et bâtiments d'exploitation, pourvu que le nom du lieu soit bien celui du cru où est récolté le raisin (2).

SECTION 3. — *Des contrefacteurs.*

On peut appliquer ici les règles que nous avons développées dans les livres précédents sur les caractères auxquels on reconnaît ceux qui peuvent être poursuivis comme contrefacteurs ou complices de la contrefaçon. Toutefois la législation spéciale aux marques admet une distinction. Lorsqu'il s'agit de l'usurpation d'une marque emblématique, le législateur de germinal an 11, ayant égard sans doute à la sévérité excessive des peines qu'il édictait, n'a pas admis la complicité du débitant. Il en est autrement lorsqu'il s'agit de l'usurpation de la marque nominale prévue et punie par la loi de 1824. Cette loi, plus sage en ce qu'elle porte une pénalité moins rigoureuse, est par cela même plus complète et plus efficace. Elle autorise la saisie contre les marchands et débitants d'objets marqués de noms supposés ou altérés, lorsqu'ils les ont sciemment vendus ou exposés en vente.

Il en est de même en ce qui concerne les lisières de draps. Les poursuites, pour raison de contrefaçon de ces lisières, peuvent être dirigées contre les débitants, mais seulement lorsque, pris en contravention, ils se refusent à donner les

---

(1) 24 juillet 1846. Trib. Amiens. — Raoult : Audicq. — *Vinaigres d'Orléans.*

Idem. 31 décembre 1852. — C. Imp. Grenoble. — Le P. Garnier : Rivoire. — *Liqueur de la grande Chartreuse.*

Idem. 24 août 1854. — C. Imp. Paris. — Chrétien : Balmont. — *Vin de Lunel de la côte du Mazet.*

(2) 8 juin 1847. — Cass. — Fabre de Rieunègre : de Laloubie.

renseignements nécessaires pour découvrir l'auteur du délit. (Art. 5 du décret du 22 décembre 1812.)

Peu importe que l'auteur d'une usurpation de marque prétende n'avoir agi que comme mandataire d'un tiers. S'il a agi sciemment il est coupable, et, dans le cas contraire, il n'en doit pas moins la réparation du préjudice qu'il a causé par son fait (1).

CHAPITRE VII.

DE LA POURSUITE.

SECTION 1re. — *De ceux qui ont le droit de poursuivre.*

Lorsque la marque est particulière à un industriel il a le droit de poursuite toutes les fois qu'il est dans les conditions que nous avons énumérées au chapitre VI du livre précédent.

Lorsque la marque appartient à une localité, le droit de poursuivre les usurpations peut être exercé par tout fabricant de la localité. Cela se conçoit : le préjudice résultant de l'usurpation atteint les intérêts de quiconque a le droit d'employer la marque spéciale. Ainsi les fabricants d'une localité ont tous, agissant ensemble ou séparément (2), et ils ont seuls, à l'exclusion de tous autres (3), le droit de s'opposer à ce qu'un autre fabricant, n'habitant pas la même localité, inscrive faussement sur ses produits le nom de cette localité comme lieu de sa fabrication.

(1) 9 février 1852. — Bordeaux. — Cahuzac : Rousse. — Voy. page 717.

(2) 21 juillet 1846. Trib. Corr. Rouen. Ministère public : Souchet. — 24 juillet 1846 Trib. Civ. Amiens. Raoult : Audicq. — 7 août 1846. Trib. Corr. Corbeil. Ministère public : Thiercelin. — 27 août 1846. Trib. Civ. Abbeville. Vinaigriers d'Orléans : Guichet. — 19 novembre 1846. Trib. Corr. Orléans. Ministère public : Thiercelin.

(3) 28 mai 1846. — Trib Paris. — Collas : Krammer. — Voy. page 735.

L'usurpation du nom d'un artiste peut être poursuivie tant par l'auteur que par son éditeur. Chacun d'eux, en effet, quoique à des degrés et des points de vue différents, éprouve un préjudice dont il a le droit de demander la réparation (1).

Les étrangers non autorisés à résider en France et n'y jouissant d'aucun droit civil peuvent-ils y poursuivre la contrefaçon de leurs marques? Nous avons examiné cette question au chapitre VI du livre précédent. Nous n'y reviendrons pas.

SECTION 2. — *De la saisie.*

Le propriétaire d'une marque, lorsqu'il s'en est assuré la propriété en remplissant les formalités exigées par les lois spéciales, peut, ainsi que les cessionnaires de son droit de propriété, requérir tout officier ministériel ou de police pour faire saisir les fausses marques. Il sera fait droit à sa réquisition sans autre formalité, et sur la simple présentation d'un acte de dépôt. (Art. 7, décret du 16 juin 1809, et art. 8, décret du 22 décembre 1812.)

Les objets revêtus de fausse marque, qui ont été fabriqués et marqués en pays étranger, peuvent être saisis en France même lorsqu'ils n'y circulent qu'en transit et à destination d'un autre pays (2). En effet l'art. 1er de la loi de 1824 n'a

---

(1) 12 mai 1855. — C. Imp. Paris. — Susse : Jeanini.

(2) 7 décembre 1854. — C. Cass. — Gaupillat : Morin. — Attendu qu'il est constaté, en fait, par l'arrêt attaqué, que Morin, en sa qualité de commissionnaire, a déposé à la douane de Valenciennes, pour être expédiées en transit en Amérique par la voie du Havre, des marchandises fabriquées en Allemagne et revêtues de fausses marques de la fabrique Gaupillat et consorts, sise aux Bruyères, commune de Sèvres, au Bas-Meudon; que le commissionnaire connaissait la fraude et que, précédemment, il avait servi d'intermédiaire, par les mêmes moyens, à de nombreuses expéditions de boîtes de capsules, revêtues de fausses marques de la fabrique desdits Goupillat et consorts; qu'ainsi ledit Morin a sciemment mis en circulation sur le territoire français trois caisses de ces capsules; et que, de concert avec Glaenzer, commissionnaire, condamné pour sa participation à ces faits, il se proposait de les expédier en Amérique lorsqu'elles ont été saisies à la douane du port dont il s'agit; —

pas distingué entre les différents modes de circulation des objets revêtus de fausse marque. Le fait de circulation en France suffit donc, quel qu'il soit, pour justifier la saisie. Dans tous les cas, et alors même qu'on voudrait donner à la déclaration de transit l'efficacité que nous lui refusons, le juge du fait aurait à apprécier, et apprécierait souverainement, la question de savoir si la déclaration de transit est sincère ou frauduleuse (1).

SECTION 3. — *Du juge compétent.*

Pour régler la compétence du juge, en matière de contrefaçon des marques, il y a nécessité de distinguer. Les lois sur

---

Attendu, en droit, que les lois en vigueur sur le transit, portées dans l'intérêt de la navigation et de l'industrie françaises, n'ont pour but que d'établir les droits de ce transit à l'égard des marchandises étrangères prohibées ou soumises à des tarifs pour la consommation intérieure; — Attendu que ces lois réservent le droit des tiers, et dès lors ne font pas obstacle à l'action légitime des fabricants français ou propriétaires de marchandises, lorsque la mise en circulation par cette voie a pour effet de léser leurs droits; — Attendu que, par son article 1er la loi du 28 juillet 1824 prévoit et réprime comme un délit l'apposition de fausses marques de fabrique, et que, spécialement, d'après le deuxième alinéa de cet article, tout « commissionnaire devient passible des » effets de la poursuite lorsqu'il a sciemment exposé en vente ou mis en cir- » culation les objets marqués des noms supposés ou altérés; » — Attendu que cette disposition ne s'applique pas seulement à la mise en circulation en France, dans le but de livrer à la consommation française, mais que les termes généraux de la loi s'appliquent aussi à l'expédition de la marchandise à l'étranger, lorsqu'elle s'appuie sur un fait de circulation qui a emprunté une portion du territoire français, circulation dont le résultat est de tromper, même à l'extérieur, sur l'origine de la fabrication et de lui donner indûment le caractère apparent d'une fabrication française; d'où il suit, dans l'espèce, qu'en déclarant Morin coupable d'avoir sciemment commis cette fraude de nature à porter un préjudice évident à l'industrie française et à léser les droits des fabricants français, et, par suite, en le déclarant coupable du délit prévu par l'art. 1er de la loi de 1824, l'arrêt attaqué, loin d'avoir faussement interprété le deuxième alinéa de l'art. 1er de cette loi, a fait à Morin une juste application de la peine établie contre ce délit; — Rejette.

Idem. 28 novembre 1854. — Trib. Havre. — De Montebello : Jebens.

(1) 13 mai 1853. C. Imp. Paris. — Tardy-Blanchet : Léon-Posso. V. p. 774.

la matière prévoient et punissent deux espèces de contrefaçon : celle qui a lieu par l'imitation des marques emblématiques, et celle qui consiste à usurper le nom d'un fabricant ou d'un lieu de fabrique.

Celui qui reproduit et applique, soit sur ses marchandises, soit sur leurs enveloppes, la marque d'un autre fabricant, commet le crime de faux prévu et puni par le décret du 22 germinal an 11 et par les art. 142 et 143 du Code pénal, auxquels il se réfère. L'action doit donc être portée, dans ce cas, devant les Cours d'assises. Néanmoins on a vu rarement cette juridiction saisie de l'action en contrefaçon. La gravité de la peine serait trop souvent une cause d'acquittement. L'usage est de poursuivre par la voie civile, dans les formes prescrites par les art. 4, 6 et 12 du décret du 16 juin 1809.

Si au contraire la contrefaçon a porté sur un nom de fabricant ou de lieu, le contrefacteur, poursuivi en vertu de la loi de 1824, n'a commis qu'un délit prévu et puni par l'art. 423 du Code pénal, et qui rentre dans les attributions des tribunaux correctionnels, devant lesquels l'action devra être portée (1).

Cette bizarre différence est une des mille imperfections de notre législation sur les marques. Elle est de plus une criante injustice, car elle réserve la peine la moins sévère à la contrefaçon du nom, la plus redoutable, sans contredit, et la plus facile. Il n'en faut pas conclure que la loi s'est trompée dans son appréciation. Lorsque le législateur eut compris, par une longue expérience, que le décret de germinal était d'une sévérité outrée qui amenait souvent l'impunité, il voulut obvier à ce mal qui laissait la contrefaçon impunie, et, dans ses préoccupations de réforme, il ne songea qu'à la contrefaçon des *noms*, la plus fréquente et la plus dangereuse, et la loi de 1824 fut promulguée. Cette loi laissa au décret de germinal toute sa force en ce qui concerne la contrefaçon des marques emblématiques. Telle est la seule cause de cette inconséquente distribution des peines en matière de contrefaçon des marques.

(1) 8 décembre 1827. C. Cass. Grangé : Pradier.

La contrefaçon d'une marque, dont la partie principale est le nom du fabricant, ne constitue pas le crime prévu et puni par l'art. 142 du Code pénal, mais seulement le délit spécifié par l'art. 1er de la loi du 28 juillet 1824 et puni de l'emprisonnement. En conséquence, la juridiction correctionnelle est compétente à l'exclusion de la Cour d'assises pour connaître de la prévention (1).

En matière de marques de coutellerie ou de quincaillerie, les conseils de prud'hommes sont seuls compétents pour statuer sur les poursuites relatives à la contrefaçon des marques (2). Dans le cas où il n'y a pas, dans la commune, de conseils de prud'hommes, c'est le juge de paix qui prend connaissance de la contestation. (Art. 8 et 9 du décret du 3 septembre 1810.) Le jugement qui intervient peut être frappé d'appel dans le délai de trois mois, à partir du jour où il aura été signifié, et dans ce cas l'appel est porté soit devant un Tribunal civil, si c'est le juge de paix qui a prononcé, soit devant un Tribunal de commerce, si le jugement attaqué émane d'un conseil de prud'hommes, et, à défaut de tribunal de commerce, devant le Tribunal civil de première instance, aux termes de l'art. 2 du décret du 3 août 1810.

Le juge saisi de la question de savoir si une marque de fabrique a été contrefaite n'est pas obligé de recourir à une expertise pour s'éclairer, si déjà sa conviction est formée sur le fait de contrefaçon (3).

SECTION 4. — *Des exceptions contre la poursuite.*

Le défendeur, dans une poursuite en contrefaçon de marques, peut repousser la demande du plaignant par des exceptions ordinaires. Ainsi il peut argüer de sa bonne foi pour se soustraire, sinon à la confiscation, au moins à des dommages-inté-

---

(1) 29 novembre 1847. — C. Cass. — Levaillant et Pelletier : Bulla.

(2) Mars 1854. — C. Imp. — Bricard : Wattré.

(3) 24 juillet 1844. — C. Cass. — Buisson : Martin.

rêts et aux peines. Il peut encore, s'il y a lieu, invoquer la chose jugée. A l'égard de cette dernière exception, il y a lieu de faire une distinction. Ainsi il a été jugé qu'une ordonnance de non-lieu de la chambre du conseil qui se borne à décider que le fait imputé au prévenu ne constitue ni crime ni délit, ne statue que sur l'action publique; l'action civile demeure entière et peut être portée devant le juge compétent, non plus comme résultant d'un délit, mais d'un fait simplement dommageable (1).

Une autre décision a reconnu, par les mêmes motifs, qu'il n'y a pas fin de non-recevoir contre une action civile en dommages-intérêts dans l'arrêt correctionnel qui a décidé que la marque imitée ne constituait pas une contrefaçon (2).

Lorsque le propriétaire d'une marque la laisse usurper pendant plusieurs années sans se plaindre, il n'en conserve pas moins le droit d'en demander la suppression; mais il ne serait pas juste de lui allouer une réparation proportionnée à la durée de l'usurpation, s'il est démontré que les défendeurs ont agi de bonne foi; autrement ce serait encourager un silence qui pourrait devenir une tactique ruineuse pour les débitants, lesquels ont pu n'avoir d'autre tort que de croire à l'abandon de la marque (3).

Section 5. — *Des condamnations.*

L'usurpation des marques emblématiques et des lisières de draps est punie des peines portées contre le crime de faux. L'usurpation de la marque nominale est un simple délit qui donne lieu à l'emprisonnement, à l'amende et à la confiscation des objets contrefaits, indépendamment des dommages-intérêts dus à la partie lésée.

Lorsqu'une étiquette est devenue une véritable marque de

---

(1) 9 février 1852. — Trib. Bordeaux. — Cahuzac : Rousse. Voy. page 717.

(2) 5 mai 1851. — C. R. Bordeaux. — Castillon : Castillon.

(3) 25 mai 1853. — C. Imp. Grenoble. — Le P. Garnier : Rivoire. — Liqueur dite *de la grande Chartreuse*.

fabrique, par le dépôt qui en a été effectué, il y a lieu d'en prononcer la confiscation en cas d'usurpation. Toutefois la confiscation nous paraîtrait dépasser les limites que la raison lui assigne, si, les étiquettes pouvant être supprimées sans altérer le produit, on prononçait la confiscation du produit luimême (1).

Il en est autrement si la marque est apposée sur les marchandises elles-mêmes. Dans ce cas la confiscation portera sur la marchandise qui constitue alors le corps du délit, et qu'il n'est pas possible de séparer de la fausse marque (2).

---

(1) 3 décembre 1828. — Trib. Comm. Paris. — Farina : Guelaud.

Contrà. 2 mars 1854. — C. Imp. Paris. — Heidsik : Leblanc. Il s'agissait d'étiquettes contrefaites apposées sur des bouteilles de vin de Champagne. On a prononcé la confiscation des étiquettes, des bouteilles et du vin qu'elles contenaient.

(2) 14 juillet 1854. — C. Imp. Paris. — Gaupillat : Morin. — Voy. page 620, et C. Cass. 7 décembre 1854, page 778.

FIN.

TABLE

DES JUGEMENTS ET ARRÊTS.

LIVRES I, II, III ET IV.

ŒUVRES LITTÉRAIRES, MUSICALES, DRAMATIQUES ET ARTISTIQUES.

LIVRE V.

DESSINS DE FABRIQUE.

LIVRE VI.

TITRES D'OUVRAGES ET NOMS D'AUTEURS.

LIVRE VII.

BREVETS D'INVENTION.

LIVRES VIII ET IX.

DES DÉSIGNATIONS DE MARCHANDISES, DES NOMS DE COMMERÇANTS, DES ÉTIQUETTES, DES ENSEIGNES ET DES MARQUES DE FABRIQUE.

FIN DE LA TABLE DES JUGEMENTS ET ARRÊTS.

TABLE ALPHABÉTIQUE.

D

F

G

R

U.

V.

FIN DE LA TABLE ALPHABÉTIQUE.

PARIS. TYPOGRAPHIE HENRI PLON, RUE GARANCIÈRE, 8.

www.ingramcontent.com/pod-product-compliance
Lightning Source LLC
LaVergne TN
LVHW021000300926
849160LV00007B/203